Direito Civil
BRASILEIRO

Direito das Sucessões

CARLOS ROBERTO GONÇALVES

Direito Civil BRASILEIRO

Direito das Sucessões

19ª edição
2025

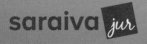

- O autor deste livro e a editora empenharam seus melhores esforços para assegurar que as informações e os procedimentos apresentados no texto estejam em acordo com os padrões aceitos à época da publicação, *e todos os dados foram atualizados pelo autor até a data da entrega dos originais à editora.* Entretanto, tendo em conta a evolução das ciências, as atualizações legislativas, as mudanças regulamentares governamentais e o constante fluxo de novas informações sobre os temas que constam do livro, recomendamos enfaticamente que os leitores consultem sempre outras fontes fidedignas, de modo a se certificarem de que as informações contidas no texto estão corretas e de que não houve alterações nas recomendações ou na legislação regulamentadora.

- Data do fechamento do livro: 11/11/2024

- O autor e a editora se empenharam para citar adequadamente e dar o devido crédito a todos os detentores de direitos autorais de qualquer material utilizado neste livro, dispondo-se a possíveis acertos posteriores caso, inadvertida e involuntariamente, a identificação de algum deles tenha sido omitida.

- Direitos exclusivos para a língua portuguesa
  Copyright ©2025 by
  Saraiva Jur, um selo da SRV Editora Ltda.
  Uma editora integrante do GEN | Grupo Editorial Nacional
  Travessa do Ouvidor, 11
  Rio de Janeiro – RJ – 20040-040

- Atendimento ao cliente: https://www.editoradodireito.com.br/contato

- Reservados todos os direitos. É proibida a duplicação ou reprodução deste volume, no todo ou em parte, em quaisquer formas ou por quaisquer meios (eletrônico, mecânico, gravação, fotocópia, distribuição pela Internet ou outros), sem permissão, por escrito, da **SRV Editora Ltda.**

- Capa e diagramação: Lais Soriano

- **DADOS INTERNACIONAIS DE CATALOGAÇÃO NA PUBLICAÇÃO (CIP)**
  ODILIO HILARIO MOREIRA JUNIOR – CRB-8/9949

  G635d   Gonçalves, Carlos Roberto
  Direito civil brasileiro v. 7 – direito das sucessões / Carlos Roberto Gonçalves. –
       19. ed. – São Paulo: Saraiva Jur, 2025.

  544 p. – (Direito civil brasileiro; v. 7)
  Sequência de: Direito Civil Brasileiro v. 6 – direito de família
  ISBN 978-85-5362-612-0 (Impresso)

  1. Direito civil. 2. Código civil. 3. Sucessões. 4. Herança. I. Título.

	CDD 347
2024-3231	CDU 347

  Índices para catálogo sistemático:
  1. Direito civil   347
  2. Direito civil   347

ÍNDICE

INTRODUÇÃO AO DIREITO DAS SUCESSÕES

Capítulo Único
ORIGEM E FUNDAMENTO DO DIREITO DAS SUCESSÕES

1. Conceito	1
2. Evolução histórica	3
3. Fundamento do direito das sucessões	6
4. Conteúdo do direito das sucessões	10

Título I
DA SUCESSÃO EM GERAL

Capítulo I
DISPOSIÇÕES GERAIS

1. Abertura da sucessão	13
2. Momento da transmissão da herança. Comoriência	15
3. Transmissão da posse: o princípio da *saisine*	18
4. Espécies de sucessão e de sucessores	21
4.1. Sucessão legítima e testamentária	21
4.2. Liberdade de testar	23
4.3. Sucessão a título universal e a título singular	24
4.4. Sucessão contratual	24
4.5. Sucessões irregulares	25
4.6. Espécies de sucessores	26
5. Lugar em que se abre a sucessão	26

Capítulo II
DA HERANÇA E DE SUA ADMINISTRAÇÃO

1. Herança como um todo unitário 29
2. Indivisibilidade do direito dos coerdeiros 30
3. Responsabilidade dos herdeiros 31
4. Cessão de direitos hereditários 33
   4.1. Conceito 33
   4.2. Forma e objeto 35
   4.3. Direito de preferência do coerdeiro 37
5. Abertura do inventário 38
   5.1. Foro competente 39
   5.2. Nomeação do inventariante 39
   5.3. Natureza jurídica da inventariança 43
   5.4. Remoção do inventariante 43
6. Administração provisória da herança 44

Capítulo III
DA VOCAÇÃO HEREDITÁRIA

1. Legitimação para suceder: regra geral e exceção 46
2. Legitimação para suceder por testamento 48
3. Os que não podem ser nomeados herdeiros testamentários nem legatários 56
4. Simulação de contrato oneroso e interposição de pessoa 60

Capítulo IV
DA ACEITAÇÃO E RENÚNCIA DA HERANÇA

1. Conceito de aceitação de herança 63
2. Espécies de aceitação 65
   2.1. Quanto à sua forma 65
   2.2. Quanto ao agente 68
3. Características da aceitação 71
4. Irretratabilidade da aceitação 73
5. Anulação da aceitação 74

6.	Conceito de renúncia	74
7.	Espécies de renúncia	78
8.	Restrições legais ao direito de renunciar	79
9.	Efeitos da renúncia	82
10.	Ineficácia e invalidade da renúncia	83
11.	Irretratabilidade da renúncia	84

Capítulo V
DOS EXCLUÍDOS DA SUCESSÃO

1.	Conceito e fundamento da indignidade	86
2.	Causas de exclusão por indignidade	87
3.	Falta de legitimação para suceder, indignidade e deserdação	94
4.	Procedimento para obtenção da exclusão	96
5.	Reabilitação ou perdão do indigno	100
6.	Efeitos da exclusão	102
7.	Validade dos atos praticados pelo herdeiro aparente	104

Capítulo VI
DA HERANÇA JACENTE E DA HERANÇA VACANTE

1.	Conceito de herança jacente	107
2.	Natureza jurídica da herança jacente	108
3.	Hipóteses de jacência	109
4.	Conceito de vacância da herança	110
5.	Efeitos da declaração de vacância	111

Capítulo VII
DA PETIÇÃO DE HERANÇA

1.	Conceito	114
2.	Natureza jurídica da ação	116
3.	Partes legítimas	118
4.	Efeitos da sentença	120
5.	Herdeiro aparente	122
6.	Prescrição	124

Título II
DA SUCESSÃO LEGÍTIMA

Capítulo I
DA ORDEM DA VOCAÇÃO HEREDITÁRIA

1. Introdução... 127
2. Da ordem da vocação... 130
   2.1. Sucessão dos descendentes. Parentalidade socioafetiva.............. 133
      2.1.1. Igualdade do direito sucessório dos descendentes........ 137
      2.1.2. Sistema de vocação concorrente do cônjuge com os descendentes do autor da herança. Direito real de habitação.. 139
      2.1.3. Reserva da quarta parte da herança em favor do cônjuge sobrevivente na concorrência com os descendentes 149
      2.1.4. Concorrência sucessória do companheiro sobrevivo... 151
   2.2. Sucessão dos ascendentes.. 152
   2.3. Sucessão do cônjuge sobrevivente... 154
   2.4. Sucessão do companheiro sobrevivente... 160
      2.4.1. Regulamentação da união estável antes do Código Civil de 2002 160
      2.4.2. União estável no Código Civil de 2002........................ 161
         2.4.2.1. Igualdade de direitos sucessórios do companheiro e do cônjuge proclamada pelo Supremo Tribunal Federal 167
         2.4.2.2. Concorrência do companheiro com o cônjuge sobrevivente... 171
   2.5. Sucessão dos colaterais.. 172
   2.6. Recolhimento da herança pelo Município, Distrito Federal e União 174

Capítulo II
DOS HERDEIROS NECESSÁRIOS

1. Introdução... 176
2. Restrição à liberdade de testar. Legítima e metade disponível............. 178
3. Cláusulas restritivas... 181

VIII

3.1. Cláusula de inalienabilidade	184
3.2. Cláusula de incomunicabilidade	185
3.3. Cláusula de impenhorabilidade	185
3.4. Sub-rogação de vínculos	186

Capítulo III
DO DIREITO DE REPRESENTAÇÃO

1. Conceito	187
2. Fundamento jurídico	188
3. Requisitos do direito de representação	189
4. Linhas em que se dá o direito de representação	191
5. Efeitos da representação	192

Título III
DA SUCESSÃO TESTAMENTÁRIA

Capítulo I
DO TESTAMENTO EM GERAL

1. Introdução	194
2. Antecedentes históricos	196
3. Conceito de testamento	198
4. Características do testamento	199

Capítulo II
DA CAPACIDADE DE TESTAR

1. A capacidade testamentária ativa como regra	204
2. Incapacidade em razão da idade	206
3. Incapacidade por falta de discernimento ou enfermidade mental	207
4. Incapacidade testamentária dos relativamente incapazes	211
5. Hipóteses não geradoras de incapacidade	213
6. Momento em que se exige a capacidade	215
7. Impugnação da validade do testamento. Captação da vontade	216

Capítulo III
DAS FORMAS ORDINÁRIAS
DE TESTAMENTO

1. Introdução 220
2. Invalidade do testamento conjuntivo 222
3. Perda ou destruição e reconstituição do testamento 223
4. Testamento público 224
   4.1. Requisitos e formalidades 225
      4.1.1. Lavratura pelo tabelião ou seu substituto legal em seu livro de notas 225
      4.1.2. Leitura em voz alta na presença de duas testemunhas .. 229
      4.1.3. Necessidade da presença das testemunhas durante todo o tempo 231
      4.1.4. Data e assinatura 234
      4.1.5. Menção da observância das formalidades legais 236
   4.2. Registro e cumprimento do testamento público 237
5. Testamento cerrado 238
   5.1. Requisitos e formalidades 239
      5.1.1. Cédula testamentária 240
      5.1.2. Ato de entrega do testamento cerrado 242
      5.1.3. Auto de aprovação 243
      5.1.4. Cerramento 244
   5.2. Abertura, registro e cumprimento do testamento cerrado 245
6. Testamento particular 247
   6.1. Requisitos e formalidades 249
   6.2. Publicação e confirmação do testamento particular 254
   6.3. Confecção do testamento particular em circunstâncias excepcionais 256
7. Testemunhas instrumentárias 257

Capítulo IV
DOS CODICILOS

1. Conceito 260
2. Objeto do codicilo 261
3. Redução do valor ou dos bens pelo juiz 263
4. Requisitos do codicilo 265

5.	Espécies de codicilo	266
6.	Revogação do codicilo	267
7.	Execução do codicilo	269

Capítulo V
DOS TESTAMENTOS ESPECIAIS

1.	Introdução	270
2.	Testamento marítimo	272
	2.1. Conceito	272
	2.2. Requisitos do testamento marítimo	273
	2.3. Formas de testamento marítimo	273
	2.4. Caducidade do testamento marítimo e do aeronáutico	275
3.	Testamento aeronáutico	276
	3.1. Conceito	276
	3.2. Formas e requisitos do testamento aeronáutico	276
4.	Testamento militar	277
	4.1. Conceito	277
	4.2. Requisitos do testamento militar	278
	4.3. Formas de testamento militar	279
	4.4. Caducidade do testamento militar	281
	4.5. Disposições processuais	282
5.	Testamento vital	282

Capítulo VI
DAS DISPOSIÇÕES TESTAMENTÁRIAS EM GERAL

1.	Introdução	287
2.	Interpretação dos testamentos	288
	2.1. Regras práticas estabelecidas pela doutrina e pela jurisprudência	290
	2.2. Normas interpretativas do Código Civil	292
3.	Regras proibitivas	296
	3.1. Nomeação de herdeiro a termo	296
	3.2. Instituição de herdeiro sob condição captatória	298
	3.3. Referência a pessoa incerta	299
	3.4. Favorecimento de pessoa incerta, a ser identificada por terceiro	300

3.5.	Delegação ao herdeiro, ou a outrem, da prerrogativa de fixar o valor do legado	301
3.6.	Favorecimento de pessoas a que se referem os arts. 1.801 e 1.802..	302
4.	Regras permissivas	302
4.1.	Nomeação pura e simples	303
4.2.	Nomeação sob condição	303
4.3.	Nomeação com imposição de encargo	308
4.4.	Disposição motivada	313
4.5.	Nomeação a termo, nas disposições fideicomissárias	314
4.6.	Disposição com cláusula de inalienabilidade	315

Capítulo VII
DOS LEGADOS

DISPOSIÇÕES GERAIS

1.	Introdução	323
2.	Classificação	326
2.1.	Legado de coisas	326
2.1.1.	Legado de coisa alheia	326
2.1.2.	Legado de coisa comum	329
2.1.3.	Legado de coisa singularizada	329
2.1.4.	Legado de coisa localizada	330
2.2.	Legado de crédito ou de quitação de dívida	331
2.3.	Legado de alimentos	332
2.4.	Legado de usufruto	333
2.5.	Legado de imóvel	334

DOS EFEITOS DO LEGADO E DO SEU PAGAMENTO

1.	Aquisição dos legados	335
2.	Efeitos dos legados quanto às suas modalidades	337
2.1.	Frutos da coisa legada. Legado de dinheiro	337
2.2.	Legado de renda ou pensão periódica	338
2.3.	Legado de coisa incerta	339
2.4.	Legado alternativo	340
3.	Responsabilidade pelo pagamento do legado	341

DA CADUCIDADE DOS LEGADOS

1. Introdução 342
2. Causas objetivas 343
   2.1. Modificação substancial da coisa legada 343
   2.2. Alienação da coisa legada 344
   2.3. Perecimento ou evicção da coisa legada 346
3. Causas subjetivas 347
   3.1. Indignidade do legatário 348
   3.2. Premorte do legatário 348
   3.3. Renúncia do legatário 349
   3.4. Falecimento do legatário antes do implemento da condição suspensiva 349
   3.5. Falta de legitimação do legatário 349

Capítulo VIII
DO DIREITO DE ACRESCER ENTRE HERDEIROS E LEGATÁRIOS

1. Conceito 350
2. Princípios fundamentais 352
3. Requisitos do direito de acrescer 352
4. Espécies de disposições conjuntas 353
5. Direito de acrescer entre coerdeiros 353
6. Direito de acrescer entre colegatários 355
7. Direito de acrescer no legado de usufruto 357

Capítulo IX
DAS SUBSTITUIÇÕES

1. Conceito 358
2. Espécies de substituição 359
3. Substituição vulgar 360
4. Substituição fideicomissária 362
5. Substituição compendiosa 366
6. Direitos e deveres do fiduciário 367
7. Direitos e deveres do fideicomissário 370
8. Caducidade do fideicomisso 372

XIII

9.   Nulidade do fideicomisso 374

10. Fideicomisso por ato *inter vivos*... 376

11. Fideicomisso e usufruto 376

Capítulo X
DA DESERDAÇÃO

1.   Conceito 379

2.   Distinção entre deserdação e indignidade.................................... 381

3.   Requisitos de eficácia da deserdação... 382

4.   Causas de deserdação 384

5.   Efeitos da deserdação.. 390

Capítulo XI
DA REDUÇÃO DAS DISPOSIÇÕES TESTAMENTÁRIAS

1.   Conceito... 392

2.   Origem do instituto 393

3.   Redução nas doações inoficiosas 394

4.   Ordem das reduções 397

5.   Redução em legado de bem imóvel 399

6.   Ação de redução.. 400

Capítulo XII
DA REVOGAÇÃO DO TESTAMENTO

1.   Conceito... 402

2.   Formas de revogação do testamento 403

3.   Revogação por testamento ineficaz 407

4.   Revogação do testamento revogatório... 408

Capítulo XIII
DO ROMPIMENTO DO TESTAMENTO

1.   Conceito... 410

2.   Superveniência de descendente sucessível.................................... 411

3.   Surgimento de herdeiros necessários ignorados, depois do testamento .. 414

4.   Subsistência do testamento se conhecida a existência de herdeiros necessários... 415

Capítulo XIV
DO TESTAMENTEIRO

1. Conceito 417
2. Natureza jurídica 418
3. Espécies de testamenteiro 420
4. Nomeação do testamenteiro 422
5. Aceitação do encargo pelo testamenteiro 423
6. Atribuições do testamenteiro 424
7. Responsabilidade do testamenteiro 426
8. Remuneração do testamenteiro 427
9. Cessação da testamentaria 428

Título IV
DO INVENTÁRIO E DA PARTILHA

Capítulo I
DO INVENTÁRIO

1. Introdução 430
2. Conceito de inventário 431
3. Bens que não se inventariam 433
4. Abertura do inventário judicial 437
5. Espécies de inventário 439
6. Inventário negativo 439
7. Inventariança 440
   7.1. Nomeação do inventariante 440
   7.2. Atribuições do inventariante 443
   7.3. Remoção e destituição do inventariante 444
8. Processamento do inventário 446
   8.1. Foro competente 446
   8.2. Pedido de abertura 448
   8.3. Prestação das primeiras declarações 448
   8.4. Citação dos interessados 451
   8.5. Fase das impugnações. Questões de alta indagação 452
   8.6. Avaliação dos bens inventariados 453
   8.7. Últimas declarações do inventariante 455
   8.8. Liquidação dos impostos 455

9. Fase da partilha 457

10. Arrolamento sumário... 457

    10.1. Conceitos e requisitos 457

    10.2. Fases processuais... 459

    10.3. Eliminação de termos e dispensa de avaliação 460

11. Arrolamento comum 461

    11.1. Conceito e requisitos.. 461

    11.2. Plano de partilha 461

12. Inventário administrativo.. 462

    12.1. Introdução 462

    12.2. Caráter facultativo do procedimento administrativo.................. 463

    12.3. Dispensa de homologação judicial da partilha............................ 464

    12.4. Partes interessadas 465

    12.5. Lavratura de escritura pública por tabelião de notas 466

    12.6. Assistência de advogado 467

    12.7. Sobrepartilha pela via administrativa.. 468

    12.8. Inventário negativo 468

    12.9. Alvará para levantamento ou recebimento de valores 469

Capítulo II
DOS SONEGADOS

1. Introdução... 470

2. Conceito 471

3. Quem está sujeito à pena de sonegados.. 471

4. Pressuposto subjetivo 472

5. Pena cominada 473

6. Momento em que se caracteriza a sonegação 475

7. Ação de sonegados 475

Capítulo III
DO PAGAMENTO DAS DÍVIDAS

1. Introdução... 477

2. Responsabilidade do espólio e dos herdeiros....................................... 478

3. Habilitação dos créditos. Reserva e separação de bens......................... 479

4. Despesas funerárias.. 482

5. Herdeiro devedor do espólio 482

XVI

Capítulo IV
DA COLAÇÃO

1. Conceito 484
2. Fundamento da colação 485
3. Pessoas sujeitas à colação 486
4. Dispensa da colação 489
5. Modos de efetuar a conferência 494
6. Doação feita por ambos os cônjuges 496

Capítulo V
DA PARTILHA

1. Conceito 498
2. Espécies de partilha 501
3. Partilha em vida 503
4. Regras sobre a partilha 505
5. Sobrepartilha 506

Capítulo VI
DA GARANTIA DOS QUINHÕES HEREDITÁRIOS

1. Efeito declaratório da partilha 509
2. Responsabilidade pela evicção 510

Capítulo VII
DA ANULAÇÃO DA PARTILHA

1. Anulabilidade da partilha 513
2. Rescindibilidade da partilha 514
3. Nulidade da partilha 516
4. Correção de erro de fato e de inexatidões materiais 517

Bibliografia 519

INTRODUÇÃO AO DIREITO
DAS SUCESSÕES

Capítulo Único

ORIGEM E FUNDAMENTO DO DIREITO DAS SUCESSÕES

Sumário: 1. Conceito. 2. Evolução histórica. 3. Fundamento do direito das sucessões. 4. Conteúdo do direito das sucessões.

1. CONCEITO

A palavra "sucessão", em sentido amplo, significa o ato pelo qual uma pessoa assume o lugar de outra, substituindo-a na titularidade de determinados bens. Numa compra e venda, por exemplo, o comprador *sucede* ao vendedor, adquirindo todos os direitos que a este pertenciam. De forma idêntica, ao cedente *sucede* o cessionário, o mesmo acontecendo em todos os modos derivados de adquirir o domínio ou o direito.

A ideia de sucessão, que se revela na permanência de uma relação de direito que perdura e subsiste a despeito da mudança dos respectivos titulares, não ocorre somente no direito das obrigações, encontrando-se frequente no direito das coisas, em que a tradição a opera, e no direito de família, quando os pais decaem do poder familiar e são substituídos pelo tutor, nomeado pelo juiz, quanto ao exercício dos deveres elencados nos arts. 1.740 e 1.741 do Código Civil.

Nas hipóteses mencionadas, ocorre a sucessão *inter vivos*[1].

No direito das sucessões, entretanto, o vocábulo é empregado em sentido estrito, para designar tão somente a decorrente da morte de alguém, ou seja, a sucessão *causa mortis*. O referido ramo do direito disciplina a transmissão do patrimônio, ou seja, do ativo e do passivo do *de cujus* ou autor da herança a seus sucessores.

A expressão latina *de cujus* é abreviatura da frase *de cujus sucessione* (ou *hereditatis*) *agitur*, que significa "aquele de cuja sucessão (ou herança) se trata".

Direito das sucessões, segundo BINDER, citado por ORLANDO GOMES[2], é "*a parte especial do direito civil que regula a destinação do patrimônio de uma pessoa depois de sua morte*". Refere-se apenas às pessoas naturais. Não alcança as pessoas jurídicas, uma vez que não têm a natureza de disposições de última vontade os preceitos estatutários que regulam o destino do patrimônio social.

CLÓVIS BEVILÁQUA, por sua vez, conceitua o direito das sucessões como "*o complexo dos princípios segundo os quais se realiza a transmissão do patrimônio de alguém que deixa de existir*"[3].

Merece transcrição, pela abrangência, a definição de CARLOS MAXIMILIANO: "Direito das sucessões, em sentido *objetivo*, é o conjunto das normas reguladoras da transmissão dos *bens* e *obrigações* de um indivíduo em consequência da sua morte. No sentido *subjetivo*, mais propriamente se diria – direito de suceder, isto é, de receber o acervo hereditário de um defunto"[4].

Ao aludir à transmissão de *bens* e *obrigações*, o mencionado autor enfatiza que a sucessão hereditária envolve a transferência, para o sucessor, do patrimônio do falecido, ou seja, tanto do ativo como do seu passivo.

O Livro do Direito das Sucessões reveste-se de fundamental importância, como assevera EDUARDO DE OLIVEIRA LEITE, "*na medida em que entre a vida e a morte se decide todo o complexo destino da condição humana. O aludido direito se esgota exatamente na ideia singela, mas imantada de significações, de continuidade para além da morte, que se mantém e se projeta na pessoa dos herdeiros. A sucessão, do latim succedere (ou seja, vir ao lugar de alguém), se insere no mundo jurídico como que a afirmar o escoamento inexorável do tempo conduzindo-nos ao desfecho da morte que marca, contraditoriamente, o início da vida do direito das sucessões*"[5].

---

[1] Washington de Barros Monteiro, *Curso de direito civil*, v. 6, p. 1; Lacerda de Almeida, *Sucessões*, p. 10.

[2] *Sucessões*, p. 1.

[3] *Direito das sucessões*, p. 44.

[4] *Direito das sucessões*, v. I, p. 2.

[5] *Comentários ao novo Código Civil*, v. XXI, p. XIV-XV.

É inquestionável, aduz o mencionado autor, "a importância das *sucessões* no direito civil. Porque o homem desaparece, mas os bens continuam; porque grande parte das relações humanas transmigra para a vida dos que sobrevivem, dando continuidade, via relação sucessória, no direito dos herdeiros, em infinita e contínua manutenção da imagem e da atuação do morto, em vida, para depois da morte".

2. EVOLUÇÃO HISTÓRICA

O direito sucessório *remonta à mais alta antiguidade, sempre ligado à ideia de continuidade da religião e da família.*

Em Roma, na Grécia e na Índia, a religião desempenha, com efeito, papel de grande importância para a agregação familiar. Relata FUSTEL DE COULANGES, a propósito, que o culto dos antepassados desenvolve-se diante do altar doméstico, não havendo castigo maior para uma pessoa do que falecer sem deixar quem lhe culte a memória, de modo a ficar seu túmulo ao abandono. Cabe ao herdeiro o sacerdócio desse culto[6].

Essa a razão, segundo SILVIO RODRIGUES, por que a sucessão, a esse tempo e durante séculos, *transmite-se apenas pela linha masculina, pois, como o filho é o sacerdote da religião doméstica, é ele, e não sua irmã, quem recebe o patrimônio da família.* Aí, portanto, a explicação da regra segundo a qual a herança se transmite ao primogênito varão[7].

O afastamento da filha se justificava, também, pelo fato de que esta iria se casar, e pelo casamento passaria a integrar a família do marido, perdendo qualquer espécie de laço com a família de seu pai, cultuando, inclusive, os deuses da nova família.

O conhecimento da evolução histórica do direito das sucessões torna-se mais nítido a partir do direito romano. A Lei das XII Tábuas concedia absoluta liberdade ao *pater familias* de dispor dos seus bens para depois da morte. Mas, se falecesse sem testamento, a sucessão se devolvia, seguidamente, a três classes de herdeiros: *sui, agnati* e *gentiles.*

Os *heredi sui et necessarii* eram os filhos sob o poder do *pater* e que se tornavam *sui iuris* com sua morte: os filhos, os netos, incluindo-se também, nessa qualificação, a esposa. Os *agnati* eram os parentes mais próximos do falecido. Entende-se por agnado o colateral de origem exclusivamente paterna, como o irmão consanguíneo, o tio que fosse filho do avô paterno, e o sobrinho, filho desse mesmo tio. A herança

---

[6] *La cité antique*, p. 77.
[7] *Direito civil*, v. 7, p. 4.

não era deferida a todos os agnados, mas ao mais próximo no momento da morte (*agnatus proximus*). Na ausência de membros das classes mencionadas, seriam chamados à sucessão os *gentiles*, ou membros da *gens*, que é o grupo familiar em sentido lato[8].

Somente no Código de Justiniano, todavia, a sucessão legítima passa a fundar-se unicamente no parentesco natural, estabelecendo-se a seguinte ordem de vocação hereditária: *a) os descendentes; b) os ascendentes, em concurso com os irmãos e irmãs bilaterais; c) os irmãos e irmãs, consanguíneos ou uterinos; e d) outros parentes colaterais.*

Conheceram os romanos, ainda, a sucessão testamentária por diversas formas e compreensiva de todo o patrimônio do testador. Tinham eles verdadeiro horror pela morte sem testamento. Como anota Sumner Maine, invocado por Washington de Barros Monteiro, nenhuma desgraça superava a de falecer *ab intestato*; maldição alguma era mais forte do que a de augurar a um inimigo o morrer sem testamento. Finar-se *ab intestato* redundava numa espécie de vergonha[9].

O direito germânico desconhecia, porém, a sucessão testamentária. Só os herdeiros pelo vínculo de sangue eram considerados verdadeiros e únicos herdeiros (*heredes gignuntur, non scribuntur*).

Na França, desde o século XIII fixou-se o *droit de saisine*, instituição de origem germânica, pelo qual a propriedade e a posse da herança passam aos herdeiros, com a morte do hereditando – *le mort saisit le vif*. O Código Civil francês, de 1804 – *Code Napoléon* –, diz, no art. 724, que os herdeiros legítimos, os herdeiros naturais e o cônjuge sobrevivente recebem de pleno direito (*son saisis de plein droit*) os bens, direitos e ações do defunto, com a obrigação de cumprir todos os encargos da sucessão[10].

No Código Civil alemão – BGB, arts. 1.922 e 1.942, seguindo o direito medieval, afirma-se, igualmente, que o patrimônio do *de cujus* passa *ipso jure*, isto é, por efeito direto da lei, ao herdeiro.

Do entrechoque entre as duas concepções resultou, no direito sucessório contemporâneo, a sua fusão: os parentes, herdeiros pelo sangue, são os sucessores legítimos, se não houver testamento, ou se este não prevalecer.

Desse modo, se houver testamento, acata-se a vontade do *de cujus*. *Todavia, se este tem herdeiros necessários (CC, art. 1.845), só poderá dispor da metade de seus bens, ou seja, da quota disponível, porque a outra metade, denominada legítima, pertence de direito aos aludidos herdeiros.*

---

[8] Orlando Gomes, *Sucessões*, cit., p. 3; Giselda Maria Fernandes Novaes Hironaka, *Comentários ao Código Civil*, v. 20, p. 5.

[9] *Curso*, cit., v. 6, p. 4.

[10] Zeno Veloso, *Novo Código Civil comentado*, p. 1597.

Com a Revolução Francesa, aboliu-se o direito de primogenitura e o privilégio da masculinidade, de origem feudal. Assim, os que eram concedidos ao herdeiro varão e ao primogênito pertencem agora ao passado, encontrando-se expungidos do direito civil.

Com a promulgação do Código Napoleão, mantêm-se a unidade sucessória e a igualdade de herdeiros do mesmo grau, estabelecendo-se, entretanto, uma distinção entre herdeiros (parentes do morto) e sucessíveis. Assim, na França, a linha de vocação hereditária inicia-se com os herdeiros (filhos e descendentes; ascendentes e colaterais privilegiados – pai, mãe, irmãos, irmãs e os descendentes destes –, demais ascendentes e seus colaterais – a princípio até o 12º grau, posteriormente até o 4º grau apenas), e, na falta destes, completa-se a vocação com os sucessíveis (filhos então tidos como naturais, o cônjuge sobrevivo e o Estado)[11].

O princípio da *saisine* foi introduzido no direito português pelo Alvará de 9 de novembro de 1754, reafirmado pelo Assento de 16 de fevereiro de 1786. O Código Civil português de 1867, já revogado, dizia, no art. 2.011: "A transmissão do domínio e posse da herança para os herdeiros, quer instituídos, quer legítimos, dá-se no momento da morte do autor dela".

A mesma solução constou no art. 978 da Consolidação das Leis Civis, de Teixeira de Freitas, e do art. 1.572 do Código Civil de 1916, que dispunha: "Aberta a sucessão, o domínio e a posse da herança transmitem-se, desde logo, aos herdeiros legítimos e testamentários". Filiou-se tal diploma, portanto, ao sistema germânico-francês.

A influência da codificação francesa do início do século XIX fez-se sentir, com efeito, em nossa legislação, mesmo antes do diploma de 1916. A legislação pré-codificada previa linha de vocação hereditária formada pelos descendentes, ascendentes, colaterais até o 10º grau, e só posteriormente o cônjuge supérstite e, por fim, o fisco.

A Lei n. 1.839, de 1907, inverteu a posição do cônjuge sobrevivente com os colaterais, limitando o direito destes ao 6º grau – limite mantido no Código de 1916. Em razão de alteração posterior, determinada pelo Decreto-Lei n. 9.461, de 15 de julho de 1946, reduziu-se a vocação dos colaterais ao 4º grau, limite mantido no Código Civil de 2002 (art. 1.829, IV, c/c o art. 1.839).

Todavia, em comparação com o anterior, o diploma civil ora em vigor sofreu diversas modificações, supressões e novas inserções que resgataram seu papel no ambiente geral do direito civil, mantendo seu escopo fundamental de "direito da mortalidade". Recebeu as alterações que se impunham, em decorrência da mudança

---

[11] Giselda Hironaka, *Comentários*, cit., v. 20, p. 8-9.

dos padrões culturais, das posturas éticas e das escalas de valores que norteiam a nova sociedade brasileira, e que serão destacadas no n. 4, *infra*, concernente ao conteúdo do direito das sucessões[12].

A Constituição Federal trouxe duas importantes disposições atinentes ao direito sucessório: a do art. 5º, XXX, que inclui entre as garantias fundamentais o direito de herança; e a do art. 227, § 6º, que assegura a paridade de direitos, inclusive sucessórios, entre todos os filhos, havidos ou não da relação do casamento, assim como por adoção.

As Leis n. 8.971, de 29 de dezembro de 1994, e 9.278, de 10 de maio de 1996, *regularam o direito de sucessão entre companheiros*. A Lei n. 10.050, de 14 de novembro de 2000, acrescentou o § 3º ao art. 1.611, *atribuindo ao filho deficiente incapacitado para o trabalho igual direito concedido no § 2º ao cônjuge casado pelo regime da comunhão universal, qual seja, o direito real de habitação*.

Por fim, a Lei n. 10.406, de 10 de janeiro de 2002, instituiu o vigente Código Civil, apresentando, como mencionado, inúmeras inovações, destacando-se a inclusão do cônjuge como herdeiro necessário e concorrente com descendentes e ascendentes.

Em síntese, como arremata Caio Mário da Silva Pereira, a propriedade, embora individual, "é como que assegurada aos membros do grupo familiar, não porque a todos pertença em comum, mas em razão do princípio da solidariedade, que fundamenta deveres de assistência do pai aos filhos, e por extensão a outros membros da família, bem como do filho ao pai, por força do que dispõe o art. 229 da Constituição de 1988. Visa, então, a transmissão hereditária a proporcionar originariamente aos descendentes a propriedade do antecessor, segundo o princípio da afeição real ou presumida, que respectivamente informa a sucessão legítima e a testamentária"[13].

3. FUNDAMENTO DO DIREITO DAS SUCESSÕES

O fundamento da transmissão sucessória, ou seja, a razão pela qual se defere a uma pessoa indicada por lei, ou pela vontade manifestada em vida pelo autor da herança, o acervo de direitos e obrigações que até então a este pertencia, apresenta variações conforme o momento histórico que se esteja a analisar e a corrente de pensamento a que se queira filiar.

---

[12] Eduardo de Oliveira Leite, *Comentários*, cit., v. XXI, p. XIV-XV.
[13] *Instituições de direito civil*, v. VI, p. 6-7.

O primeiro fundamento da sucessão foi de ordem religiosa. A propriedade era familiar e a família era chefiada pelo varão mais velho, que tomava o lugar do *de cujus* na condução do culto doméstico, como já mencionado.

Quando, todavia, a propriedade passa a ser individual, o fundamento da sucessão desloca-se para a necessidade de conservar o patrimônio dentro de um mesmo grupo, como forma de manter poderosa a família, impedindo a divisão de sua fortuna entre os vários filhos. É então que se desenvolve o período medieval da primogenitura, iniciando-se a discussão filosófica e jurídica a respeito de seu fundamento[14].

Malgrado as antigas regras sobre a sucessão, quer inspiradas em motivos religiosos, quer fundadas no anseio de fortalecer a família, não levassem em consideração o sentimento de equidade, que recomenda a igualdade de tratamento entre herdeiros da mesma classe e grau, foi nesse sentido que o direito hereditário evoluiu. No direito contemporâneo a sucessão legítima, na generalidade dos países, processa-se entre os herdeiros que se encontram no mesmo grau e que, por conseguinte, recebem partes iguais[15].

Para alguns autores, como CIMBALI, D'AGUANO e CARLOS MAXIMILIANO, *o fundamento do direito das sucessões repousa na continuidade da vida humana, por meio das várias gerações. Há no direito hereditário, afirmam, uma sequência da hereditariedade biopsicológica entre ascendentes e descendentes, não só das características genéticas como também das características psicológicas. A lei, ao permitir a transmissão patrimonial, o faz em homenagem a tal continuidade biopsíquica, bem como à afeição e unidade familiar.*

Tal concepção peca, todavia, pela sua manifesta fragilidade, como o demonstra WASHINGTON DE BARROS MONTEIRO: "A sequência da vida humana não depende da sucessão, ela subsiste sem esse instituto, porque se subordina precipuamente ao instinto sexual. Aliás, tal doutrina explicaria apenas a transmissão da herança entre ascendentes e descendentes, jamais a sucessão entre cônjuges, entre colaterais e entre o *de cujus* e o Estado"[16].

Para ORLANDO GOMES não é preciso recorrer, porém, à construção artificial para justificar o direito hereditário. A sucessão *mortis causa* encontra sua justificação "nos mesmos princípios que explicam e justificam o direito de propriedade individual, do qual é a expressão mais enérgica e a extrema, direta e lógica consequência. Esse, o seu fundamento racional"[17].

---

[14] Giselda Hironaka, *Comentários*, cit., v. 20, p. 10.
[15] Silvio Rodrigues, *Direito civil*, cit., v. 7, p. 5.
[16] *Curso*, cit., v. 6, p. 7.
[17] *Sucessões*, cit., p. 3.

Na mesma linha, obtempera WASHINGTON DE BARROS MONTEIRO que "o verdadeiro ponto de vista é aquele que, sem perder a visão de seu aspecto econômico, descortina no direito das sucessões natural complemento do direito de propriedade, projetando-se além da morte do autor da herança conjugado ou não com o direito de família"[18].

Propriedade que se extinga com a morte do respectivo titular e não se transmita a um sucessor, aduz o aludido mestre paulista, *"não é propriedade, porém mero usufruto*. Como ensina DEMOLOMBE, a propriedade não existiria se não fosse perpétua, e a perpetuidade do domínio descansa precisamente na sua transmissibilidade *post mortem"*.

O direito sucessório tem sofrido, todavia, numerosas impugnações, especialmente dos jusnaturalistas e escritores da escola de MONTESQUIEU e ROUSSEAU, ao argumento de que a sucessão, como a propriedade, constitui pura criação do direito positivo, que este pode consequentemente eliminar, logo que isso interesse às conveniências sociais.

Endossando a tese, afirmam os socialistas que a sucessão contraria princípios de justiça e interesse social. A herança, prosseguem, gera desigualdade entre os homens, acumulando riquezas nas mãos de alguns indivíduos apenas. Além disso, gera o desestímulo, colocando em mãos afortunadas bens para cuja acumulação não concorreram, e que lhes proporcionam facilidades que os dispensam de lutar e produzir, em prejuízo da riqueza coletiva[19].

Os aludidos socialistas, ao negar legitimidade ao direito de propriedade privada, entendendo pertencerem os bens ao Estado e a ele devendo retornar, em benefício de toda a comunidade, negam, em consequência, legitimidade à transmissão *causa mortis* de bens de produção e consumo, uma vez que, admitindo-a, estariam reforçando as desigualdades sociais existentes e permitindo a aquisição da propriedade por outra forma que não a única socialmente entendida como apta a legitimar a utilização dos bens que pertencem à sociedade como um todo, *qual seja, o trabalho*[20].

Em posição oposta situam-se os que defendem a transmissão hereditária, assentando a riqueza da nação sobre a riqueza individual, ou defendendo a transmissibilidade dos bens como meio de desenvolver a poupança e de assegurar na descendência a continuação dos valores acumulados, estimulando o trabalho e a economia[21].

---

[18] *Curso*, cit., v. 6, p. 7-8.
[19] Washington de Barros Monteiro, *Curso*, cit., v. 6, p. 5; Caio Mário da Silva Pereira, *Instituições*, cit., v. VI, p. 7.
[20] Giselda Hironaka, *Comentários*, cit., v. 20, p. 11.
[21] Caio Mário da Silva Pereira, *Instituições*, cit., v. VI, p. 7-8.

Acrescentam os adeptos dessa corrente que o interesse pessoal constitui um móvel irresistível de progresso. Abolindo a herança, suprime o socialismo um dos mais poderosos estímulos da atividade humana, o desejo de transmitir à prole os meios necessários ao seu conforto e bem-estar. Ninguém mais se preocupará com a acumulação de bens, se obrigado a deixá-los à coletividade após sua morte. Desaparecerá o interesse pela economia, em detrimento da sociedade, uma vez que, embora indiretamente, visando adquirir a riqueza, *o homem atua no sentido do maior interesse social*[22].

Sem herança, incompleto se tornaria, efetivamente, o direito de propriedade. THEODOR KIPP entende tão necessária a sucessão *causa mortis* à integração do conceito de propriedade que, a seu ver, esta se desfiguraria, *convertendo-se em mero usufruto vitalício, se viesse a ser abolida*[23].

A extinta URSS, depois de abolir a herança, logo após a revolução de outubro (Decreto de 27-4-1918, art. 1º), voltou atrás. Tal experiência demonstrou na prática, como assinala SILVIO RODRIGUES, "se não a impossibilidade, ao menos a inconveniência da supressão do direito hereditário, pois, havendo abolido a sucessão *causa mortis* e assim suspendido a atuação do interesse pessoal, não conseguiu manter a proibição. Com efeito, de tal orientação resultaram tamanhas e tão funestas consequências para a economia nacional que o legislador russo teve de recuar de sua posição inicial, restabelecendo a possibilidade da transmissão de bens *causa mortis*. E de fato, na antiga União Soviética, o direito sucessório não encontrava barreiras maiores que nos países capitalistas"[24].

Em realidade, *enquanto perdurar a organização do Estado capitalista, fundado no princípio da livre iniciativa, e admitindo a apropriação privada dos bens de consumo e de produção, a herança subsistirá, como consequência natural e necessária.* Fazendo coro com inúmeros doutrinadores, assinala CAIO MÁRIO DA SILVA PEREIRA que os excessos do aludido regime econômico "podem e devem ser corrigidos, mediante o balanço equilibrado de dois princípios: a restrição na ordem de vocação hereditária e a tributação progressiva"[25].

Acrescenta o citado civilista: "A transmissão aos descendentes e ao cônjuge é a consequência normal desta tendência de filosofia política. A sucessão dos ascendentes já seria um favor do Estado, porque não obedece ao mesmo critério de conservação dos bens acumulados no grupo familiar, e de segurança aos dependentes. A dos colaterais não se compadece com esses princípios econômicos, salvo entre irmãos. Fora deste âmbito, já constitui favorecimento".

---

[22] Silvio Rodrigues, *Direito civil*, cit., v. 7, p. 5; Cunha Gonçalves, *Tratado de direito civil*, v. 9, p. 467.

[23] Enneccerus, Kipp e Wolff, *Tratado de derecho civil*: derecho de sucesiones, v. 1, § 1º.

[24] *Direito civil*, cit., v. 7, p. 6.

[25] *Instituições*, cit., v. VI, p. 9.

Em conclusão, aduz: "Limitada que seja a vocação hereditária aos descendentes, cônjuge, ascendentes e irmãos, completar-se-ia a correção dos excessos com a incidência de imposto progressivo, em face do distanciamento em graus como do volume transferido. Desta sorte, o Estado, pela tributação, associa-se aos sucessores, na medida em que o valor da herança aumenta e que a necessidade de proteção arrefece".

É indubitável o interesse da sociedade em conservar o direito hereditário como um corolário do direito de propriedade. Deve o Poder Público assegurar ao indivíduo a possibilidade de transmitir seus bens a seus sucessores, pois, assim fazendo, estimula-o a produzir cada vez mais, o que coincide com o interesse da sociedade. A Constituição Federal de 1988, por isso, no art. 5º, XXII e XXX, garante o direito de propriedade e o direito de herança.

O Código Civil de 2002 elevou o cônjuge e o companheiro a sucessores em grau de concorrência com os descendentes e ascendentes do de cujus, em quota-parte dependente da verificação de certos pressupostos. Assim agindo, o legislador, como observa Giselda Hironaka[26], "parece ter-se enquadrado entre aqueles que veem como fundamento do direito sucessório não apenas o direito de propriedade em sua inteireza como também o direito de família, com o intuito de protegê-la, uni-la e perpetuá-la".

4. CONTEÚDO DO DIREITO DAS SUCESSÕES

A Constituição Federal assegura, em seu art. 5º, XXX, o direito de herança. E o Código Civil disciplina o direito das sucessões em quatro títulos, que tratam, respectivamente, da sucessão em geral, da sucessão legítima, da sucessão testamentária e do inventário e partilha.

O Título I abrange normas concernentes à administração da herança, à sua aceitação e renúncia, à vocação hereditária e aos legitimados a suceder, à herança jacente, à petição de herança, bem como aos excluídos da sucessão por indignidade. Tais normas aplicam-se quer à sucessão decorrente da lei, quer à derivada de testamento.

Nessa parte procedeu o legislador a inúmeras inovações, destacando-se a que inclui o companheiro ou companheira supérstites na sucessão do falecido, quanto aos bens adquiridos onerosamente na vigência da união estável, em concorrência com descendentes e colaterais (art. 1.790).

Mencionem-se, ainda, as seguintes inovações: a) a cessão de direitos hereditários ganha regramento próprio, nos arts. 1.793 a 1.795, que estabelecem

---

[26] *Comentários,* cit., v. 20, p. 14.

requisitos e condições e põem termo às divergências doutrinárias e jurisprudenciais sobre a necessidade de escritura pública e do direito de preferência dos coerdeiros; b) os companheiros foram colocados ao lado dos cônjuges, como responsáveis pela administração da herança até o compromisso do inventariante (art. 1.797); c) disciplinou-se a legitimação para suceder, no tocante aos *nasciturus conceptus* e *nondum conceptus*, estabelecendo-se prazo razoável para consolidação da herança (arts. 1.798 a 1.800); d) a legitimação da deixa testamentária ao filho do concubino, quando também o for do testador (art. 1.803); e) melhor e mais precisa disciplina da matéria relativa à aceitação da herança (art. 1.804); introdução de capítulo relativo à petição de herança (Capítulo VII), estabelecendo-se a sua real dimensão no direito sucessório.

O Título II, de destacada importância, trata da *sucessão legítima*, ou seja, da que se opera por força de lei em favor das pessoas constantes da ordem de vocação hereditária, quer por direito próprio, quer por direito de representação.

Inovação significativa foi introduzida nessa parte com a alteração da ordem de vocação hereditária. *O cônjuge sobrevivente passa a concorrer com os descendentes, em primeiro lugar, e com os ascendentes, em segundo lugar.* Deixa a condição de herdeiro legítimo facultativo e de ocupante do terceiro lugar no rol estabelecido no diploma de 1916 e passa ao *status* de herdeiro legítimo necessário, colocado em primeiro lugar na ordem de preferência (arts. 1.829 e 1.845).

O Código de 2002 ainda suprime qualquer diferença entre os filhos outrora denominados "legítimos" e "ilegítimos", reconhecendo, sem qualquer restrição, o direito sucessório dos filhos adotivos.

O Título III, que cuida da *sucessão testamentária*, é o mais extenso. Contém regras atinentes à transmissão de bens por ato de última vontade. Simplificou-se a elaboração dos testamentos, com a redução do número de testemunhas, restringindo-se a possibilidade de inserção das cláusulas restritivas (inalienabilidade, impenhorabilidade etc.), agora submetidas à expressa indicação da justa causa que as legitima (art. 1.848).

Criou-se mais uma forma de testamento especial, o testamento aeronáutico. Houve melhor sistematização dos dispositivos concernentes ao direito de acrescer entre herdeiros e legatários (arts. 1.941 a 1.946), realizando-se ainda a revisão e melhor detalhamento do instituto do fideicomisso, com a previsão de sua conversão em usufruto (art. 1.952)[27].

No Título IV, sobre *inventário e partilha*, além da atualização das normas que lhe dizem respeito, compatibilizando-as com o diploma processual civil, houve

---

[27] Eduardo de Oliveira Leite, *Comentários*, cit., v. XXI, p. XIX-XXI; Carlos Roberto Gonçalves, *Principais inovações no Código Civil de 2002*, p. 87-98.

um aprofundamento e reexame da matéria relativa à colação e à redução das doações feitas em vida pelo autor da herança, em decorrência do princípio da intangibilidade da legítima dos herdeiros necessários (arts. 2.002, 2.003 e 2.007).

Apesar da inocorrência da previsão quanto ao convivente ou companheiro, merece ele o mesmo tratamento do cônjuge, pelo teor do *Enunciado n. 97 do CJF/STJ, aprovado na I Jornada de Direito Civil,* cuja redação é pertinente e com o qual é de se concordar, pelo que consta no art. 226, § 3º, da CF/1988: "Art. 25: no que tange à tutela especial da família, as regras do Código Civil que se referem apenas ao cônjuge devem ser estendidas à situação jurídica que envolve o companheirismo, como por exemplo na hipótese de nomeação de curador dos bens do ausente (art. 25 do CC)".

Consta também do Título IV capítulo sobre sonegados, em que se disciplina matéria da maior relevância (arts. 1.992 a 1.996).

Título I

DA SUCESSÃO EM GERAL

Capítulo I

DISPOSIÇÕES GERAIS

> *Sumário*: 1. Abertura da sucessão. 2. Momento da transmissão da herança. Comoriência. 3. Transmissão da posse: o princípio da *saisine*. 4. Espécies de sucessão e de sucessores. 4.1. Sucessão legítima e testamentária. 4.2. Liberdade de testar. 4.3. Sucessão a título universal e a título singular. 4.4. Sucessão contratual. 4.5. Sucessões irregulares. 4.6. Espécies de sucessores. 5. Lugar em que se abre a sucessão.

1. ABERTURA DA SUCESSÃO

Dispõe o art. 1.784 do Código Civil:

"Aberta a sucessão, a herança transmite-se, desde logo, aos herdeiros legítimos e testamentários".

O diploma de 2002 aperfeiçoou a redação do dispositivo, não mais falando em transmissão do "domínio e posse da herança", como o fazia o art. 1.572 do Código de 1916. O vocábulo "domínio" tem acepção restrita aos bens corpóreos, enquanto a palavra "herança" tem maior amplitude, abrangendo o patrimônio do *de cujus*, que não é constituído apenas de bens materiais e corpóreos, como um imóvel ou um veículo, mas representa uma universalidade de direito, o complexo de relações jurídicas dotadas de valor econômico (CC, art. 91).

A herança é, na verdade, um somatório, em que se incluem os bens e as dívidas, os créditos e os débitos, os direitos e as obrigações, as pretensões e ações de que era titular o falecido, e as que contra ele foram propostas, desde que transmissíveis. Compreende, portanto, o ativo e o passivo (CC, arts. 1.792 e 1.997)[1]. Os bens incorpóreos não se enquadram no termo "domínio". Daí a sua correta substituição, no dispositivo em apreço, pela palavra "herança".

A existência da pessoa natural termina com a *morte real* (CC, art. 6º). Como não se concebe direito subjetivo sem titular, no mesmo instante em que aquela acontece *abre-se a sucessão*, transmitindo-se automaticamente a herança aos herdeiros legítimos e testamentários do *de cujus*, sem solução de continuidade e ainda que estes ignorem o fato.

Na impossibilidade de se admitir que um patrimônio permaneça sem titular, o direito sucessório impõe, mediante uma ficção jurídica, a transmissão da herança, garantindo a continuidade na titularidade das relações jurídicas do defunto por meio da transferência imediata da propriedade aos herdeiros[2].

Não há falar em herança de pessoa viva, embora possa ocorrer a abertura da sucessão do ausente, presumindo-se-lhe a morte (CC, arts. 26 e s.). Destarte, constituem pressupostos da sucessão: a) que o *de cujus* tenha falecido: b) que lhe sobreviva herdeiro. Se o autor da herança estiver vivo, não haverá sucessão (*viventis nulla hereditatis*). A morte civil (*ficta mors*), admitida no direito romano, não subsiste no direito moderno. Abre-se a sucessão somente com o óbito, real ou presumido[3].

Com a morte, pois, transmite-se a herança aos herdeiros, de acordo com a ordem de vocação hereditária estabelecida no art. 1.829 do Código Civil. Na falta destes, será a herança recolhida pelo Município, pelo Distrito Federal ou pela União, na conformidade do disposto no art. 1.844 do mesmo diploma.

A morte a que se refere o legislador é a morte natural. Não importa o motivo que a tenha determinado. A expressão "abertura da sucessão" é, todavia, abrangente. Por conseguinte, mesmo no caso de suicídio abre-se a sucessão do *de cujus*.

A lei prevê, ainda, ao lado da morte natural, a *morte presumida do ausente*, como referido. O art. 6º do Código Civil, com efeito, refere-se à ausência como morte presumida.

Ausente é a pessoa que desaparece de seu domicílio sem dar notícia de seu paradeiro e sem deixar um representante ou procurador para administrar-lhe os bens (CC, art. 22). Protege o Código, por meio de medidas acautelatórias, inicialmente o seu patrimônio, pois quer esteja ele vivo, quer esteja morto, é importante considerar o interesse social de preservar os seus bens, impedindo que se deteriorem ou pereçam (arts. 22 a 25). Prolongando-se a ausência e crescendo a possibilidade de que haja falecido, a proteção legal volta-se para os herdeiros, cujos interesses passam a ser considerados (arts. 25 a 38).

---

[1] Zeno Veloso, *Novo Código Civil comentado*, p. 1596.
[2] Eduardo de Oliveira Leite, *Comentários ao novo Código Civil*, v. XXI, p. 5.
[3] Washington de Barros Monteiro, *Curso de direito civil*, v. 6, p. 15.

Assim, a lei autoriza os herdeiros do ausente, num primeiro momento, a ingressarem com o pedido de abertura de *sucessão provisória*. Se, depois de passados dez anos da abertura dessa sucessão, o ausente não tiver retornado, ou não se tiver confirmação de sua morte, os herdeiros poderão requerer a *sucessão definitiva*, que também terá a duração de dez anos. Pode-se, ainda, requerer a *sucessão definitiva*, provando-se que o ausente conta 80 anos de idade, e que de cinco datam as últimas notícias dele (CC, art. 38).

O ausente, pois, é uma exceção dentro do sistema sucessório, tendo em vista que se admite a abertura de sua sucessão simplesmente em razão de seu desaparecimento, sem que se tenha certeza de seu falecimento[4].

Em regra é indispensável, para que se possa considerar aberta a sucessão de uma pessoa, a prova de sua morte real, mediante a apresentação do atestado de óbito. Tal espécie de atestado, todavia, só é fornecida a partir da constatação, mediante o exame do cadáver, da morte biológica, uma vez que, conforme já observado, o direito pátrio não admite a morte civil.

Há situações, entretanto, em que, embora haja uma evidência da morte, o corpo do *de cujus* não é encontrado, por ter desaparecido em naufrágio, inundação, incêndio, terremoto ou outra catástrofe, impossibilitando a aludida constatação e o fornecimento do atestado de óbito, bem como o registro deste.

Para esses casos, a Lei dos Registros Públicos (Lei n. 6.015/73) prevê um procedimento de justificação. O Código Civil de 2002, por sua vez, amplia, no art. 7º, I e II, as hipóteses de *morte presumida*, que pode ser declarada *sem decretação de ausência*, usando expressão genérica: "*se for extremamente provável a morte de quem estava em perigo de vida*".

Desse modo, o novel dispositivo abrange não somente aqueles que desapareceram em alguma catástrofe, como também os que estavam *em perigo de vida* decorrente de qualquer situação, sendo extremamente provável a sua morte. Nesse caso, só poderá ser requerida a declaração (mediante ação declaratória e não simples justificação judicial) de morte presumida "*depois de esgotadas as buscas e averiguações, devendo a sentença fixar a data provável do falecimento*" (CC, art. 7º, parágrafo único).

2. MOMENTO DA TRANSMISSÃO DA HERANÇA. COMORIÊNCIA

Segundo a lição de Zeno Veloso, "a morte, a abertura da sucessão e a transmissão da herança aos herdeiros ocorrem num só momento. Os herdeiros,

---

[4] Débora Gozzo, *Comentários ao Código Civil brasileiro*, v. XVI, p. 34.

por essa previsão legal, tornam-se donos da herança ainda que não saibam que o autor da sucessão morreu, ou que a herança lhes foi transmitida. Mas precisam aceitar a herança, bem como podem repudiá-la, até porque ninguém é herdeiro contra a sua vontade. Mas a aceitação tem o efeito – como diz o art. 1.804 – de tornar *definitiva* a transmissão que *já havia ocorrido* por força do art. 1.784. E, se houver renúncia por parte do herdeiro, tem-se por não verificada a transmissão mencionada no mesmo artigo (art. 1.804, parágrafo único)"[5].

Assim, aduz o mencionado autor, "o legislador concilia a transmissão automática e por força da lei da herança, no próprio momento da morte do *de cujus*, com a necessidade de os herdeiros aceitarem a herança e com a possibilidade de eles preferirem repudiá-la".

Aberta a sucessão, *devolve-se* a herança, ou melhor, *defere-se* o acervo hereditário a este ou àquele herdeiro. Tal abertura é também denominada *delação* ou *devolução sucessória* e beneficia desde logo os herdeiros, como visto.

Na dicção de LACERDA DE ALMEIDA, "*devolve-se* a herança aos herdeiros necessários; aos testamentários *defere-se*". Não se confundem, aduz, os vocábulos "abertura" e "delação" da sucessão. Com a *abertura*, pela morte do *de cujus*, nasce o direito de herdar, não importa para que herdeiro. A *delação* ou *deferimento* da herança, no entanto, pode não coincidir com a abertura da sucessão, como nos casos, por exemplo, em que a instituição de herdeiro depende de condição ou de termo, ou quando a delação se faz muito tempo depois da morte do autor da herança (testamento anulado e consequente vocação *ab intestato*). A delação, acrescenta, "extingue-se para uns, nasce para outros (*Aufhebung der Delation*, dizem os alemães), transmite-se, depende; a abertura é imutável, é ponto de partida de todo o direito à herança"[6].

Quanto aos legatários, a situação é diferente: adquirem a propriedade dos bens infungíveis desde a abertura da sucessão; a dos fungíveis, porém, só pela partilha. A posse, em ambos os casos, deve ser requerida aos herdeiros, que só estão obrigados a entregá-la por ocasião da partilha e depois de comprovada a solvência do espólio (CC, art. 1.923, § 1º).

Como foi dito, para que haja sucessão é necessário que o herdeiro sobreviva ao hereditando. Há casos, no entanto, em que ambos falecem em condições que impossibilitam precisar qual deles morreu primeiro e se ocorreu ou não a sobrevivência do herdeiro. Essas hipóteses de morte simultânea recebem a denominação de *comoriência*, disciplinada no art. 8º do Código Civil, nestes termos:

"*Se dois ou mais indivíduos falecerem na mesma ocasião, não se podendo averiguar se algum dos comorientes precedeu aos outros, presumir-se-ão simultaneamente mortos*".

---

[5] *Novo Código*, cit., p. 1598.
[6] *Sucessões*, p. 55, nota 3.

Idêntica solução encontra-se no Código alemão (art. 20), no novo Código italiano e no Código português de 1966 (art. 8º, n. 2). Alguns países, todavia, adotaram outros critérios. O direito romano estabelecia uma variedade de presunções que complicavam a situação. Acontece o mesmo com o direito francês. Ambos, baseados em fatores arbitrários, presumem que a mulher morre mais cedo do que o homem, que o mais velho morre antes do mais novo etc., chegando a detalhar as diversas situações que podem ocorrer.

A solução do nosso direito afigura-se melhor, uma vez que não há base científica para essas presunções.

Quando duas pessoas morrem em determinado acidente, somente interessa saber qual delas morreu primeiro se uma for herdeira ou beneficiária da outra. Do contrário, inexiste qualquer interesse jurídico nessa pesquisa.

O principal efeito da presunção de morte simultânea é que, não tendo havido tempo ou oportunidade para a transferência de bens entre os comorientes, um não herda do outro. Tanto o Código anterior como o atual utilizam a expressão "desde logo" para designar o momento exato em que o de cujus é substituído por seus herdeiros nas relações jurídicas que compõem a herança que lhes transmite.

Não há, pois, transferência de bens e direitos entre comorientes. Por conseguinte, se morre em acidente casal sem descendentes e ascendentes, sem saber qual morreu primeiro, um não herda do outro. Assim, os colaterais da mulher ficarão com a meação dela; enquanto os colaterais do marido ficarão com a meação dele.

Diversa seria a solução se houvesse prova de que um faleceu pouco antes do outro. O que viveu um pouco mais herdaria a meação do outro e, por sua morte, a transmitiria aos seus colaterais. O diagnóstico científico do momento exato da morte, hodiernamente representado pela paralisação da atividade cerebral, circulatória e respiratória, só pode ser feito por médico legista. *Se este não puder estabelecer o exato momento das mortes, porque os corpos se encontram em adiantado estado de putrefação, por exemplo, presumir-se-á a morte simultânea, com as consequências já mencionadas. A situação de dúvida que o art. 8º pressupõe é a incerteza invencível*[7].

Para que se configure a comoriência não é mister que as mortes tenham ocorrido no mesmo lugar. WASHINGTON DE BARROS MONTEIRO cita, a propósito, hipótese

---

[7] Carlos Roberto Gonçalves, *Direito civil brasileiro*, v. 1, p. 153. "Falecendo no mesmo acidente o segurado e o beneficiário e inexistindo prova de que a morte não foi simultânea, não haverá transmissão de direitos entre os dois, sendo inadmissível, portanto, o pagamento do valor do seguro aos sucessores do beneficiário. É preciso que o beneficiário exista ao tempo do sinistro" (*RT*, 587/121). "A presunção legal de comoriência estabelecida quando houver dúvida sobre quem morreu primeiro só pode ser afastada ante a existência de prova inequívoca de premoriência" (*RT*, 639/62).

ventilada por CARVALHO SANTOS, *em que se aplica, por analogia, a regra do art. 8º:
"dois indivíduos falecem na mesma ocasião, mas em lugares diferentes, por exemplo,
um na Europa e outro na América. Não há meio de verificar qual deles morreu primeiro.
Resolve-se o impasse com a invocação do questionado dispositivo, se existe mútuo direito
sucessório entre os falecidos"*[8].

3. TRANSMISSÃO DA POSSE: O PRINCÍPIO DA *SAISINE*

Uma vez aberta a sucessão, dispõe o art. 1.784 do Código Civil, retrotranscrito, a herança transmite-se, desde logo, aos herdeiros. Nisso consiste o princípio da *saisine*, segundo o qual o próprio defunto transmite ao sucessor a propriedade e a posse da herança.

Embora não se confundam a morte com a transmissão da herança, sendo aquela pressuposto e causa desta, a lei, por uma ficção, torna-as coincidentes em termos cronológicos, presumindo que o próprio *de cujus* investiu seus herdeiros no domínio e na posse indireta de seu patrimônio, porque este não pode restar acéfalo[9].

Para que a transmissão tenha lugar é necessário, porém: a) que o herdeiro exista ao tempo da delação; e b) que a esse tempo não seja incapaz de herdar[10].

O princípio da *saisine* surgiu na Idade Média e foi instituído pelo direito costumeiro francês, como reação ao sistema do regime feudal. Por morte do arrendatário, a terra arrendada devia ser devolvida ao senhor, de modo que os herdeiros do falecido teriam de pleitear a imissão na posse, pagando para tal uma contribuição. Para evitar o pagamento desse tributo feudal, adotou-se a ficção de que o defunto havia transmitido ao seu herdeiro, e no momento de sua morte, a posse de todos os seus bens[11].

Segundo esclarece PLANIOL[12], *saisine* quer dizer posse, e *saisine héréditaire* significa que os parentes de uma pessoa falecida tinham o direito de tomar posse de seus bens sem qualquer formalidade. Essa situação se expressava pela máxima *le mort saisit le vif*, princípio que se encontra consignado no art. 724 do Código Civil francês, pelo qual os herdeiros são *investidos de pleno direito* nos bens, direitos e ações do defunto ("Les héritiers legitimes et les héritiers naturels sont saisis de plein droit des biens, droits et actions du defunt, sous l'obligation d'acquiter toutes les charges de la succession").

---

[8] *Curso*, cit., v. 6, p. 16.
[9] Giselda Hironaka, *Comentários ao Código Civil*, v. 20, p. 21.
[10] Lacerda de Almeida, *Sucessões*, cit., p. 56.
[11] Colin e Capitant, *Cours élémentaire de droit civil français*, t. III, n. 1.204.
[12] *Traité élémentaire de droit civil français*, t. 3, n. 1.929 e 1.930.

A máxima *le mort saisit le vif* significava que o herdeiro *ab intestato*, assim como o herdeiro testamentário não tinham necessidade de se dirigir ao senhor feudal ou à Justiça para tomar posse dos bens da sucessão. Eles adquiriam os frutos e as rendas da sucessão desde o momento da morte e a partir do momento dela tinham direito à proteção possessória, mesmo que não tivessem tomado posse das coisas deixadas pelo defunto[13].

Informa PONTES DE MIRANDA: "Foi o Alvará de 9 de novembro de 1754, seguido de Assento de 6 de fevereiro de 1786, que introduziu no direito luso-brasileiro a transmissão automática dos direitos que compõem o patrimônio da herança, aos sucessores, legítimos ou não, com toda a propriedade, a posse, os direitos reais e os pessoais. O que era propriedade e posse do decujo passa a ser propriedade e posse do sucessor, ou dos sucessores, em partes iguais, ou conforme a discriminação testamentária. Dá-se o mesmo com os créditos transferíveis e as dívidas, as pretensões, as obrigações e as ações"[14].

O Código Civil de 1916 acolheu o aludido princípio no art. 1.572, reproduzido no art. 1.784 do diploma de 2002, sem, no entanto, qualquer referência à transferência do "domínio e posse". Optou o novel legislador, como já dito, por se referir à transmissão da *herança*, subentendendo a noção abrangente de propriedade.

O que o aludido dispositivo reafirma, e de forma veemente, obtempera EDUARDO DE OLIVEIRA LEITE, "é o direito de *saisine* oriundo do direito francês e que confirma a ideia de que a posse da herança se transmite *in continenti* aos herdeiros"[15].

Urge ressaltar que "*a herança defere-se como um todo unitário, ainda que vários sejam os herdeiros*" (CC, art. 1.791) e "*regular-se-á pelas normas relativas ao condomínio*" (parágrafo único), uma vez que não foram ainda individualizados os quinhões hereditários. Entre a abertura da sucessão e a partilha, o direito dos coerdeiros à herança será, pois, indivisível[16].

Desse modo, como preleciona WASHINGTON DE BARROS MONTEIRO, "se é verdade que a herança passa ao herdeiro, desde a abertura da sucessão, o mesmo não se pode dizer da qualidade e quantidade dos bens de que se há de compor o quinhão respectivo"[17].

---

[13] Eduardo de Oliveira Leite, *Comentários*, cit., v. XXI, p. 10.

[14] *Tratado de direito privado*, v. 55, § 5.587, p. 16-17.

[15] *Comentários*, cit., v. XXI, p. 6.

[16] "O instituto da saisine, embora assegure a imediata transmissão da herança, deve ser obtemperado, pois até a partilha os bens serão considerados indivisíveis." STJ. AgInt no REsp n. 1.810.230/RS, relator Ministro Raul Araújo, Quarta Turma, julgado em 26/6/2023, DJe de 28/6/2023.

[17] *Curso*, cit., v. 6, p. 15.

O princípio da *saisine*, acolhido no mencionado art. 1.784, harmoniza-se com os arts. 1.207 e 1.206, pelos quais o *"sucessor universal continua de direito a posse do seu antecessor"*, com *"os mesmos caracteres"*. Compatibiliza-se, também, com os arts. 617 e 618 do Código de Processo Civil de 2015 e 1.797 do estatuto civil, mediante a interpretação de que o inventariante administra o espólio, tendo a *posse direta* dos bens que o compõem, enquanto *os herdeiros adquirem a posse indireta*. Uma não anula a outra, como preceitua o art. 1.197 do Código Civil.

Ambos ostentam, simultaneamente, a condição de possuidores. Por conseguinte, desde a abertura da sucessão poderão os herdeiros valer-se dos interditos possessórios para a defesa da posse dos bens da herança. Se tais medidas já haviam sido tomadas, o herdeiro continua as ações possessórias intentadas pelo autor da herança, sem solução de continuidade[18].

Desse modo, se houver necessidade de recorrer aos interditos possessórios, compete em princípio ao inventariante, a quem cabe representar a herança em juízo, ativa e passivamente (CPC/2015, art. 75, VII), ajuizá-los. Mas o herdeiro também tem legitimidade para promover ação possessória relativa a bens do espólio.

Em decorrência do princípio da *saisine*, *"regula a sucessão e a legitimação para suceder a lei vigente ao tempo da abertura daquela"* (CC, art. 1.787).

Assim, por exemplo, se a abertura da sucessão tiver ocorrido pouco antes do advento da vigente Constituição Federal, que igualou os direitos sucessórios dos filhos adotivos aos dos consanguíneos, qualquer que seja a forma de adoção (art. 227, § 6º), o adotado pelo sistema do Código Civil de 1916 (adoção restrita) quando o adotante já possuía filhos consanguíneos nada receberá, mesmo que o inventário seja aberto após tal advento. Herdará, entretanto, em igualdade de condições com estes, se a abertura ocorrer depois da entrada em vigor da Carta Magna.

A propósito, decidiu o *Tribunal de Justiça de São Paulo*: "Inventário. Pedido a envolver direito sobre usufruto vidual. Falecimento do autor da herança quando já em vigor o Código Civil de 2002. Alegado direito à aplicação do disposto no art. 1.611, § 1º, do CC de 1916. Impossibilidade de retroação. Aplicação da nova legislação, nas circunstâncias. Arts. 1.787, 1.829, I, 1.791 e 1.831"[19].

---

[18] "Aberta a sucessão, a posse exercida pelo autor da herança passa aos herdeiros, que podem somá-la à anterior, mas não usucapir individualmente, uma vez que não está delimitada a posse" (*RT*, 776/368).

[19] AgI 316.674-4/9-Batatais, 4ª Câm. Dir. Priv., rel. Des. Jacobina Rabello, j. 6-11-2003. *V.* ainda: "Sucessão. Vocação hereditária. Código Civil antigo. Prevalência. A arguição de direito adquirido cai por terra diante do art. 2.041, também contemplada pelo Código Civil/2002, devendo prevalecer a vocação hereditária ditada pelo inc. II do art. 1.603 do Código Civil/1916, vez que a sucessão em exame fora aberta em abril/1996" (TJRJ, Ap. 2004.001.26323, 9ª Câm. Cív., rel. Des. Renato Simoni, reg. em 17-3-2005, *ADCOAS*, 8236661).

Com efeito, aberta a sucessão, a herança se transmite imediatamente aos herdeiros, como preceitua o art. 1.784 do Código Civil, tornando-se estes titulares de direitos adquiridos. Tal situação, "definitivamente constituída, não pode ser afetada ou comprometida por fato novo, ou por lei nova, *ex vi* do estatuído no art. 5º, n. XXXVI, da Constituição Federal de 1988 e no art. 2.041 do Código Civil de 2002. Em matéria de vocação hereditária não se legisla para alcançar o passado, mas apenas para reger o futuro. A lei do dia da morte rege todo o direito sucessório, quer se trate de fixar a vocação hereditária, quer de determinar a extensão da quota hereditária. Não pode a lei nova disciplinar sucessão aberta na vigência da lei anterior"[20].

A eficácia das disposições testamentárias é, igualmente, sempre regida pela lei do tempo da abertura da sucessão. Entretanto, no que tange à elaboração do testamento, às suas formalidades ou à capacidade para testar, prevalece a lei do tempo em que é feito o testamento. Assim, se a disposição for válida de acordo com a lei anterior, mas a lei vigente ao tempo da morte negar-lhe validade, dever-se-á considerar como não escrita a cláusula testamentária[21].

Outra consequência do princípio da *saisine* consiste em que o herdeiro que sobrevive ao *de cujus*, ainda que por um instante, herda os bens por este deixados e os transmite aos seus sucessores, se falecer em seguida.

Por derradeiro, uma vez que a transmissão da herança se opera no momento da morte, é nessa ocasião que se devem verificar os valores do acervo hereditário, de forma a determinar o monte partível e o valor do imposto de transmissão *causa mortis*. Dispõe a *Súmula 112 do Supremo Tribunal Federal*: "O imposto de transmissão *causa mortis* é devido pela alíquota vigente ao tempo da abertura da sucessão".

4. ESPÉCIES DE SUCESSÃO E DE SUCESSORES

4.1. Sucessão legítima e testamentária

Proclama o art. 1.786 do Código Civil:

"*A sucessão dá-se por lei ou por disposição de última vontade*".

Por isso se diz que a sucessão, considerando-se a sua *fonte*, pode ser *legítima* ou "*ab intestato*" e *testamentária*. Quando se dá em virtude da lei, denomina-se *sucessão legítima*; quando decorre de manifestação de última vontade, expressa em testamento ou codicilo, chama-se *sucessão testamentária*.

---

[20] Washington de Barros Monteiro, *Curso*, cit., v. 6, p. 18.
[21] Eduardo de Oliveira Leite, *Comentários*, cit., v. XXI, p. 31; Giselda Hironaka, *Comentários*, cit., v. 20, p. 37.

Por sua vez, prescreve o art. 1.788 do Código Civil:

"*Morrendo a pessoa sem testamento, transmite a herança aos herdeiros legítimos; o mesmo ocorrerá quanto aos bens que não forem compreendidos no testamento; e subsiste a sucessão legítima se o testamento caducar, ou for julgado nulo*".

Morrendo, portanto, a pessoa *ab intestato*, transmite-se a herança a seus herdeiros legítimos, expressamente indicados na lei (CC, art. 1.829), de acordo com uma ordem preferencial, denominada *ordem da vocação hereditária*. Costuma-se dizer, por isso, que a sucessão legítima representa a *vontade presumida* do *de cujus* de transmitir o seu patrimônio para as pessoas indicadas na lei, pois teria deixado testamento se outra fosse a intenção.

A *sucessão legítima* sempre foi a mais difundida no Brasil. A escassez de testamentos entre nós é devida a razões de ordem cultural ou costumeira, bem como ao fato de o legislador brasileiro ter disciplinado muito bem a sucessão *ab intestato*, chamando a suceder exatamente aquelas pessoas que o *de cujus* elencaria se, na ausência de regras, tivesse de elaborar testamento. Poder-se-ia dizer, como o fez antes, na França, o insuperável Planiol, que a regulamentação brasileira a respeito da sucessão *ab intestato* opera assim como se fosse um "testamento tácito" ou um "testamento presumido", dispondo exatamente como o faria o *de cujus*, caso houvesse testado[22].

O Código Civil de 2002 não alterou a ordem da vocação hereditária estabelecida no diploma de 1916, mas incluiu o cônjuge supérstite no rol dos herdeiros necessários (art. 1.845), determinando que concorra com os herdeiros das classes descendente e ascendente (art. 1.829, I e II), e faça parte da terceira classe, com exclusividade.

Essa alteração reduziu ainda mais a probabilidade de as pessoas elaborarem testamento, uma vez que uma das principais razões era privilegiar o cônjuge supérstite.

Será, ainda, *legítima* a sucessão se o testamento *caducar* ou for julgado *nulo*, como consta da parte final do retrotranscrito art. 1.788. O testamento originariamente válido pode vir a caducar, isto é, a tornar-se ineficaz por causa ulterior, como a falta do beneficiário nomeado pelo testador ou dos bens deixados. Acrescente-se a essas hipóteses a revogação do testamento.

O citado art. 1.788 sofre críticas pertinentes da doutrina. O novo Código Civil incorre na erronia já verificada no diploma de 1916, adverte Ricardo Fiuza. Na sequência, aduz o mencionado autor: "Analisando o art. 1.575 do Código Civil de 1916 – que equivale à parte final do art. 1.788 – Clóvis Beviláqua expõe

---

[22] Giselda Hironaka, *Comentários*, cit., v. 20, p. 33-34.

que sua redação é censurável por discrepar da técnica jurídica, e por não dar ao pensamento da lei toda a extensão necessária. O pecado técnico, diz Clóvis, está em usar o vocábulo nulo para significar nulo e anulado; a insuficiência da expressão consiste em reduzir a ineficácia do testamento aos casos de caducidade e nulidade, deixando de mencionar, como se estivessem contidas nestas palavras, as ideias de ruptura e anulação"[23]. Por isso, no Projeto de Lei n. 276/2007 propõe o citado jurista que a parte final do mencionado dispositivo tenha a seguinte redação: "e subsiste a sucessão legítima se o testamento caducar, romper-se, ou for inválido".

A sucessão poderá ser, também, *simultaneamente legítima e testamentária* quando o testamento não compreender todos os bens do *de cujus*, pois os não incluídos passarão a seus herdeiros legítimos (CC, art. 1.788, 2ª parte).

A *sucessão testamentária* dá-se por disposição de última vontade. Havendo herdeiros necessários (ascendentes, descendentes ou cônjuge), divide-se a herança em duas partes iguais e o testador só poderá dispor livremente da metade, denominada *porção disponível*, para outorgá-la ao cônjuge sobrevivente, a qualquer de seus herdeiros ou mesmo a estranhos, pois a outra constitui a *legítima*, àqueles assegurada no art. 1.846 do Código Civil.

4.2. Liberdade de testar

Não havendo herdeiros necessários, plena será a *liberdade de testar*, podendo o testador afastar da sucessão os herdeiros colaterais (art. 1.850)[24].

Estabelece, com efeito, o art. 1.789 do Código Civil:

"Havendo herdeiros necessários, o testador só poderá dispor da metade da herança".

Se o testador for casado no regime da comunhão universal de bens, o patrimônio do casal será dividido em duas meações, e só poderá dispor, em testamento, integralmente, da sua, se não tiver herdeiros necessários, e da metade, correspondente a um quarto do patrimônio do casal, se os tiver.

Como enfatiza Washington de Barros, "não se deve perder de vista que, se o testador é casado pelo regime da comunhão universal (art. 1.667), a metade dos bens pertence ao outro cônjuge; portanto, para o cálculo da legítima e da porção disponível ter-se-á em vista, exclusivamente, a meação que toca ao testador. Por igual, de acordo com o art. 1.790, há que ser considerada a parte que ao

---

[23] *O novo Código Civil e as propostas de aperfeiçoamento*, p. 289.

[24] "A liberdade de testar encontra restrições estabelecidas na lei, porém esta não distingue, quanto às conseqüências [sic] jurídicas, a sucessão testamentária em relação aos legatários e herdeiros necessários". REsp n. 176.473/SP, relator Ministro Luis Felipe Salomão, Quarta Turma, julgado em 21/8/2008, DJe de 1/9/2008.

companheiro ou companheira caiba quanto aos bens adquiridos onerosamente na vigência da união estável, que a ele ou a ela já pertence como condômino"[25].

Perante o nosso direito, acrescenta o mencionado autor, a porção é fixa, invariável, ao contrário do que sucede nos direitos português, francês e italiano, em que pode variar conforme o número de herdeiros. A legítima, prossegue, "constitui um freio ao poder de dispor por ato de última vontade. Em face do nosso direito, é sagrada e intangível. Herdeiro necessário dela não pode ser privado, a menos que ocorra algum caso de deserdação (art. 1.961). A partir da legítima, reservada aos herdeiros em linha reta, ascendente ou descendente, obtém-se a tutela da família, também colimada pelo direito das sucessões".

4.3. Sucessão a título universal e a título singular

A sucessão pode ser classificada, ainda, quantos aos *efeitos*, em *a título universal* e *a título singular*.

Dá-se a *sucessão a título universal* quando o herdeiro é chamado a suceder na totalidade da herança, fração ou parte alíquota (porcentagem) dela. Pode ocorrer tanto na sucessão legítima como na testamentária.

Nessa modalidade, o sucessor sub-roga-se na posição do finado, como titular da totalidade ou de parte da *universitas iuris*, que é o seu patrimônio, de modo que, da mesma maneira que se investe na titularidade de seu ativo, assume a responsabilidade por seu passivo[26].

Na *sucessão a título singular*, o testador deixa ao beneficiário um bem certo e determinado, denominado *legado*, como um veículo ou um terreno, por exemplo.

Legatário, portanto, não é o mesmo que *herdeiro*. Este sucede a título universal, pois a herança é uma universalidade; aquele, porém, sucede ao falecido a título singular, tomando o seu lugar em coisa certa e individuada.

A sucessão legítima é sempre a título universal, porque transfere aos herdeiros a totalidade ou fração ideal do patrimônio do *de cujus*. A testamentária pode ser a título universal ou a título singular. Será a título singular quando envolver coisa determinada e individualizada, conforme a vontade do testador.

4.4. Sucessão contratual

Nosso direito não admite outras formas de sucessão, especialmente a *contratual*, por estarem expressamente proibidos os pactos sucessórios, *não podendo*

---

[25] *Curso*, cit., v. 6, p. 10-11.
[26] Silvio Rodrigues, *Direito civil*, v. 7, p. 17.

ser objeto de contrato herança de pessoa viva (CC, art. 426). Aponta-se, no entanto, uma exceção: podem os pais, por ato entre vivos, partilhar o seu patrimônio entre os descendentes.

Dispõe, efetivamente, o art. 2.018 do Código Civil:

"*É válida a partilha feita por ascendente, por ato entre vivos ou de última vontade, contanto que não prejudique a legítima dos herdeiros necessários*".

A sucessão contratual era também condenada no direito romano, porque pode representar um *votum captandae mortis,* encobrindo sentimentos menos nobres. Por isso, era chamada de *pacta corvina* – o que demonstra a repulsa provocada por semelhante estipulação.

O art. 314 do Código de 1916, que admitia a estipulação, no pacto antenupcial, de doações para depois da morte do doador, não foi reproduzido no novo diploma. Tal omissão significa que essa forma de doação não mais pode ser efetuada.

Comenta MARIA HELENA DINIZ, a propósito, que esse novo posicionamento é consentâneo com o disposto no art. 426 do Código Civil, que proíbe seja objeto de contrato herança de pessoa viva, apesar de no art. 1.799, I, o aludido diploma acatar a capacidade sucessória de prole eventual da pessoa indicada pelo testador[27].

Prossegue a mencionada autora aplaudindo o atual Código por não mais admitir esse tipo de doação *causa mortis,* "diante do exposto no seu art. 1.655 de que é nula convenção que contrarie disposição absoluta de lei".

4.5. Sucessões irregulares

Sucessão *anômala* ou *irregular* é a disciplinada por normas peculiares e próprias, não observando a ordem da vocação hereditária estabelecida no art. 1.829 do Código Civil para a sucessão legítima.

Assim, por exemplo, o art. 692, III, do diploma de 1916, ainda aplicável às *enfiteuses constituídas durante sua vigência, por força do disposto no art. 2.038 do Código de 2002,* prevê a extinção destas, em caso de falecimento do enfiteuta sem herdeiros, em vez da transmissão do imóvel para o Município; o art. 520 do atual Código prescreve que o direito de preferência, estipulado no contrato de compra e venda, não passa aos herdeiros; a Constituição Federal estabelece, no art. 5º, XXXI, benefício ao cônjuge ou filhos brasileiros, na sucessão de bens de estrangeiros situados no País, permitindo a aplicação da lei pessoal do *de cujus,* se mais favorável.

Podem ser elencadas, ainda, entre outras, as seguintes hipóteses de sucessão anômala, em que a transmissão dos bens foge aos cânones comuns, passando a ser disciplinada por normas peculiares: a Lei n. 9.610, de 19 de fevereiro de 1998,

---

[27] *Curso de direito civil brasileiro,* v. 5, p. 226.

que regula os direitos autorais, prescrevendo que pertencem ao domínio público as obras de autores falecidos que não tenham deixado sucessores (art. 45, n. I), e que acrescer-se-ão aos dos sobreviventes os direitos do coautor que falecer sem sucessores (art. 42, parágrafo único); o Decreto-Lei n. 5.384, de 8 de abril de 1943, segundo o qual, na falta de beneficiário nomeado, pagar-se-á o seguro de vida metade à mulher e metade aos herdeiros do segurado, o mesmo acontecendo no tocante aos pecúlios deixados em Institutos de Previdência, que, na falta de designação especial de beneficiários, se deferem aos herdeiros e cônjuge supérstite; o Decreto-Lei n. 3.438, de 17 de julho de 1941, que proíbe sucessão de cônjuge estrangeiro em terrenos de marinha (art. 18, § 2º)[28].

4.6. Espécies de sucessores

Em relação aos herdeiros, estabelece o Código Civil que *legítimo* é o indicado pela lei, em ordem preferencial (art. 1.829).

Testamentário ou *instituído* é o beneficiado pelo testador no ato de última vontade com uma parte ideal do acervo, sem individuação de bens. A pessoa contemplada em testamento com coisa certa e determinada, como já foi dito, não é herdeiro instituído ou testamentário, mas *legatário*.

Herdeiro *necessário*, *legitimário* ou *reservatário* é o descendente ou ascendente sucessível e o cônjuge (CC, art. 1.845), ou seja, todo parente em linha reta não excluído da sucessão por indignidade ou deserdação, bem como o cônjuge, que só passou a desfrutar dessa qualidade no Código Civil de 2002, constituindo tal fato importante inovação.

Costuma-se chamar de *herdeiro universal* o herdeiro único, que recebe a totalidade da herança, mediante auto de adjudicação (e não de partilha) lavrado no inventário, seja em virtude de lei, seja em virtude de renúncia dos outros herdeiros ou de testamento.

5. LUGAR EM QUE SE ABRE A SUCESSÃO

Dispõe o art. 1.785 do Código Civil:

"*A sucessão abre-se no lugar do último domicílio do falecido*".

É esse o foro competente para o processamento do inventário, mesmo que o óbito tenha ocorrido em outro local ou, até, no exterior e ainda que outros sejam os locais da situação dos bens.

---

[28] Washington de Barros Monteiro, *Curso*, cit., v. 6, p. 21.

O dispositivo supratranscrito, norma de direito substantivo, deve ser conjugado ao art. 48, *caput*, e parágrafo único do Código de Processo Civil. Cumpre salientar que abertura da sucessão não é o mesmo que abertura do inventário. Há, todavia, uma coincidência entre a norma substantiva e a de natureza processual, pois o aludido art. 48 estabelece que "o foro do domicílio do autor da herança, no Brasil, é o competente para o inventário, a partilha, a arrecadação, o cumprimento de disposições de última vontade, a impugnação ou anulação de partilha extrajudicial e para todas as ações em que o espólio for réu, ainda que o óbito tenha ocorrido no estrangeiro".

Tendo em vista que o domicílio do falecido pode ser incerto, houve por bem o legislador processual, outrossim, especificar a regra, no tocante ao local da abertura do inventário, fazendo-o incidir, nesse caso, no local da situação dos bens. Prescreve, com efeito, o parágrafo único, I, do aludido art. 48 que, se o autor da herança não possuía domicílio certo, é competente "o foro da situação dos bens imóveis".

Se, porventura, os bens que compõem a herança se situarem em locais diversos, tem aplicação o disposto no inciso II do mencionado parágrafo único, segundo o qual é competente o foro "do lugar em que ocorreu o óbito, se o autor da herança não tinha domicílio certo e possuía bens em lugares diferentes". Entendeu o legislador, nesse caso, não ser possível a multiplicidade de inventários relativos a uma mesma herança, bem imóvel indivisível por determinação legal[29].

Para a hipótese de pluralidade domiciliar, permitiu o legislador a abertura do inventário em qualquer foro correspondente a um dos domicílios do finado (CPC/2015, art. 46, § 1º)[30].

Predomina na jurisprudência o entendimento de que é *relativa* a incompetência de qualquer outro juízo, suscetível de prorrogação, ante o silêncio dos interessados. *Nesse sentido posicionou-se a 2ª Seção do Superior Tribunal de Justiça:*

---

[29] "Demonstrada a existência de dois domicílios do falecido, e havendo concomitância destes na realização de seus negócios, considera-se competente o foro para o processamento do inventário o local em que ocorreu o óbito" (*RT*, 786/435).

[30] "Possuindo o *de cujus* vários domicílios, qualquer das comarcas é competente para a abertura e processamento do inventário dos bens por ele deixados" (*RT*, 674/92). "Determina-se a competência, por prevenção, do juiz que primeiro conheceu do inventário, quando, ante a existência de duplo domicílio do autor da herança, com bens em vários municípios de diferentes Estados, com óbito verificado em comarca diversa das dos domicílios e de situação dos bens, se conflitam positivamente os juízes dos dois domicílios do falecido" (STJ, CComp 6.539-9-RO, 2ª Seção, rel. Min. Dias Trindade, *DJU*, 11-4-1994, p. 7584); "Se os juízes em conflito tomaram conhecimento da inicial no mesmo dia, prevalece a competência do juiz onde primeiro foi prestado o compromisso de inventariante" (TFR, CComp 7.487-PA, 1ª Seção, rel. Min. Milton Luiz Pereira, *DJU*, 3-5-1989, p. 6735).

"A competência para o processo sucessório é relativa, não podendo ser arguida de ofício"[31].

O art. 672 do Código de Processo Civil trata dos casos em que se processam inventários conjuntos. Dispõe o aludido dispositivo que "É lícita a cumulação de inventários para a partilha de heranças de pessoas diversas quando houver: I – identidade de pessoas entre as quais devam ser repartidos os bens; II – heranças deixadas pelos dois cônjuges ou companheiros; III – dependência de uma das partilhas em relação à outra".

Efetivamente, a herança, como universalidade de bens deixados pelo casal, é uma só. Por conseguinte, não se mostra razoável a abertura de dois inventários distintos, com a nomeação de dois inventariantes para a administração da mesma e única herança indivisa.

Na esfera da competência internacional, dispõe o art. 23, II, do Código de Processo Civil que compete à autoridade judiciária brasileira, com exclusão de qualquer outra, "em matéria de sucessão hereditária, proceder à confirmação de testamento particular e ao inventário e partilha de bens, situados no Brasil, ainda que o autor da herança seja de nacionalidade estrangeira ou tenha domicílio fora do território nacional".

Somente, portanto, se o brasileiro ou estrangeiro, falecido no exterior, deixar bens no Brasil é que o foro competente será o da Justiça brasileira. Se os bens deixados estão localizados no exterior, o processamento do inventário e partilha, quanto a esses bens, escapará à jurisdição brasileira, competindo ao país onde se situem. Se forem feitos inventário e partilha de bens situados no Brasil em país estrangeiro, a sentença não terá validade no Brasil, nem induzirá litispendência[32].

O juízo do inventário, pelo caráter universal da sucessão (CC, art. 91), atrai todas as ações que lhe sejam relativas (CPC/2015, art. 48).

A nomeação de inventariante é, hoje, matéria regulada no art. 615 do Código de Processo Civil.

---

[31] CComp 3.646-6-PR, rel. Min. Ruy Rosado de Aguiar, *DJU*, 25-9-1995, p. 31059. No mesmo sentido: "A competência para o processo sucessório com a abertura de inventário, por ser de natureza territorial, é relativa, não comportando a declaração de incompetência de ofício, ainda que o Juiz assim proceda em sua primeira intervenção no processo, em face do disposto na Súmula 33 do STJ" (TJSP, *RT*, 766/242).
V. Súmula 58 do TFR: "Não é absoluta a competência definida no art. 96, do Código de Processo Civil, relativamente à abertura de inventário, ainda que existente interesse de menor, podendo a ação ser ajuizada em foro diverso do domicílio do inventariado".
[32] Sebastião Amorim e Euclides de Oliveira, *Inventários e partilhas*, p. 314-315. "Com respaldo doutrinário, cabe salientar que os bens do *de cujus* estrangeiro situados em território brasileiro aqui serão objeto de inventário e partilha. Existentes, todavia, em espaço alienígena, este simples fato acarreta a fixação da competência no foro da respectiva situação" (*RT*, 583/88). No mesmo sentido: *RT*, 713:224.

Capítulo II

DA HERANÇA E DE SUA ADMINISTRAÇÃO

Sumário: 1. Herança como um todo unitário. 2. Indivisibilidade do direito dos coerdeiros. 3. Responsabilidade dos herdeiros. 4. Cessão de direitos hereditários. 4.1. Conceito. 4.2. Forma e objeto. 4.3. Direito de preferência do coerdeiro. 5. Abertura do inventário. 5.1. Foro competente. 5.2. Nomeação do inventariante. 5.3. Natureza jurídica da inventariança. 5.4. Remoção do inventariante. 6. Administração provisória da herança.

1. HERANÇA COMO UM TODO UNITÁRIO

O capítulo do Código Civil de 1916 intitulado "Da Transmissão da Herança" não foi mantido no atual diploma. Como inovação criou-se o ora em estudo, concernente à herança e sua administração, dispondo o art. 1.791:

"A herança defere-se como um todo unitário, ainda que vários sejam os herdeiros.

Parágrafo único. Até a partilha, o direito dos coerdeiros, quanto à propriedade e posse da herança, será indivisível, e regular-se-á pelas normas relativas ao condomínio".

Por uma ficção legal, como vimos, a morte do titular do patrimônio, a abertura da sucessão e a transmissão da herança aos herdeiros ocorrem num só momento. O art. 1.791 supratranscrito e seu parágrafo único reafirmam duas ideias fundamentais do direito sucessório: a) a da devolução unitária da herança aos herdeiros; e b) a noção de indivisibilidade do monte hereditário, no momento da abertura da sucessão, até a partilha final.

Antes da partilha, nenhum herdeiro tem a propriedade ou a posse exclusiva sobre um bem certo e determinado do acervo hereditário. Só a partilha individualiza e determina objetivamente os bens que cabem a cada herdeiro. Julgada a partilha,

29

diz o art. 2.023 do Código Civil, *"fica o direito de cada um dos herdeiros circunscrito aos bens do seu quinhão"*[1].

A herança, tanto quanto o patrimônio, é *bem*, classificada entre as universalidades de direito (CC, art. 91) – *universum jus, universa bona*. Não se confunde com o *acervo hereditário* constituído pela massa dos bens deixados, porque pode compor-se apenas de dívidas, tornando-se *passiva*. Constitui um *núcleo unitário*. Não é suscetível de divisão em *partes materiais* enquanto permanece como tal[2].

É a data da abertura da sucessão que determina a devolução da herança, que produz o seu efeito translativo. Deferindo-se como "um todo unitário" a transmissão dos direitos do *de cujus* se opera *de plano*. É nesse momento que nasce a indivisão, no caso de pluralidade de herdeiros. E "quando ocorrer a divisão, com seu efeito declarativo (na partilha), é a esta data que remontarão os direitos privativos dos herdeiros sobre os bens correspondentes a suas cotas respectivas"[3].

2. INDIVISIBILIDADE DO DIREITO DOS COERDEIROS

O aludido parágrafo único do art. 1.791 do Código Civil reafirma, como visto, o princípio da indivisibilidade da herança, considerando-a um todo unitário e indivisível[4], até a partilha, tendo os herdeiros seus direitos de propriedade e posse regulados pelas disposições relativas ao condomínio.

Por conseguinte, cada um dos herdeiros tem os mesmos direitos e deveres em relação ao todo, não cabendo a nenhum deles direitos e deveres sobre um ou mais bens determinados da herança; é esta uma *universitas iuris*.

A *indivisibilidade* diz respeito ao domínio e à posse dos bens hereditários, desde a abertura da sucessão até a atribuição dos quinhões a cada sucessor, na partilha. Antes desta, o coerdeiro pode alienar ou ceder apenas sua quota ideal, ou seja, o direito à sucessão aberta, que o art. 80, II, do Código Civil considera bem imóvel, exigindo escritura pública e outorga uxória, não lhe sendo permitido transferir a terceiro parte certa e determinada do acervo.

Prescreve o § 2º do art. 1.793 do Código Civil que *"é ineficaz a cessão, pelo coerdeiro, de seu direito hereditário sobre qualquer bem da herança considerado singularmente"*. Sendo a herança uma universalidade, e indivisível, somente com a partilha serão determinados os bens que comporão o quinhão de cada herdeiro.

---

[1] Silvio Rodrigues, *Direito civil*, v. 7, p. 23.
[2] Orlando Gomes, *Sucessões*, p. 7.
[3] Eduardo de Oliveira Leite, *Comentários ao novo Código Civil*, v. XXI, p. 69.
[4] STJ. REsp n. 1.817.849/SP, relator Ministro Paulo de Tarso Sanseverino, relator para acórdão Ministro Moura Ribeiro, Terceira Turma, julgado em 15/9/2020, DJe de 29/10/2020.

Em razão dessa indivisibilidade, qualquer dos coerdeiros pode reclamar a universalidade da herança em face de terceiro, não podendo este opor-lhe, em exceção, o caráter parcial do seu direito nos bens da sucessão (CC, arts. 1.825 e 1.827).

As regras aplicáveis são as concernentes ao condomínio. *Ipso facto*, o coerdeiro pode alienar, respeitada a preferência estabelecida no art. 504 do Código Civil, "a terceiro sua parte indivisa, ou seja, a fração ideal de que é titular; pode mesmo alienar uma parte alíquota de seu quinhão, mas não pode, jamais, alienar um bem que componha o acervo patrimonial ou hereditário, pois este bem é insuscetível de ser alienado por um dos condôminos sem assentimento dos demais. Na hipótese de todos os comproprietários desejarem fazer a venda de um bem, é a comunidade que procede à alienação, e o preço recebido, até ser dividido entre os interessados, sub-roga-se no lugar da coisa vendida, pelo princípio da sub-rogação real. *In judicis universalibus res succedit in loco pretii et praetium in loco rei*"[5].

Segundo a lição de CLÓVIS BEVILÁQUA, do princípio da indivisibilidade tira-se a "consequência de que qualquer dos herdeiros pode reclamar de terceiro, estranho à herança, a totalidade dos bens. Um herdeiro não pode pedir de outro a entrega da totalidade da herança, porque ambos têm direito igual (...) O inventariante (...) tem a faculdade de usar das ações possessórias contra estranhos, ou contra herdeiros (...) assim como o herdeiro pode acionar o estranho à herança pela totalidade dela, na sua qualidade de condômino"[6].

3. RESPONSABILIDADE DOS HERDEIROS

Prescreve o art. 1.792 do Código Civil:

"*O herdeiro não responde por encargos superiores às forças da herança; incumbe-lhe, porém, a prova do excesso, salvo se houver inventário que a escuse, demonstrando o valor dos bens herdados*".

No direito romano a responsabilidade do herdeiro pelas dívidas do *de cujus* era ilimitada e absoluta. Era ele pessoalmente obrigado pelas dívidas da herança, independente de seu montante. O seu patrimônio se confundia com o do *de cujus* – o que podia prejudicá-lo, bem como os seus próprios credores, uma vez que respondia *ultra vires hereditares* (além das forças da herança) pelos débitos deste[7].

Com a transmissão da herança, passavam aos herdeiros, assim, todos os haveres e todos os encargos do falecido, por estes respondendo obrigatoriamente

---

[5] Silvio Rodrigues, *Direito civil*, cit., v. 7, p. 24.
[6] *Código Civil dos Estados Unidos do Brasil*, p. 760.
[7] Eduardo de Oliveira Leite, *Comentários*, cit., v. XXI, p. 70-71.

o sucessor. Fossem os ônus maiores que os valores positivos, poderiam importar na ruína do contemplado com os bens do *de cujus*[8].

Para obviar tal inconveniente, criou-se, num primeiro momento, o *ius abstinendi*, mediante autorização do pretor aos herdeiros *sui*, para renunciarem à herança. Mais tarde surgiu um remédio contra tal inconveniente: permitiu-se ao herdeiro a aceitação da herança livre das dívidas. Finalmente, JUSTINIANO, em 531, franqueou e disciplinou a aceitação da herança *sob benefício do inventário*, o que significa que não se opera, desde logo, a confusão de patrimônios, de modo que o herdeiro só aceitará a sucessão que lhe é devolvida se, após o inventário, verificar que o ativo supera o passivo[9].

No direito brasileiro, durante a vigência das Ordenações Filipinas, prevalecia a doutrina romana: o herdeiro precisava dizer que aceitava a herança *a benefício do inventário*. A aceitação pura e simples impunha ao herdeiro todos os encargos do monte. Somente a invocação expressa da aludida cláusula produzia o efeito de exonerar o aceitante das responsabilidades e obrigações excedentes das forças da herança.

O benefício do inventário é, pois, uma medida de acautelamento do herdeiro contra o excesso das dívidas. O herdeiro que aceita sob tal cláusula não quer abster-se da herança, não intenta abrir mão de seus direitos pelo receio de comprometer bens individuais seus; pretende, ao contrário, pondo-os a salvo, aceitar a herança, mas limitar a sua responsabilidade[10].

Como no direito pré-codificado tornou-se costume a aceitação da herança sob *benefício de inventário*, o legislador de 1916 houve por bem torná-la regra geral. Assim, o art. 1.587 do aludido diploma dispôs que as responsabilidades dos herdeiros nunca ultrapassariam as forças da herança. Tal determinação foi reproduzida no art. 1.792 do atual diploma, ora comentado.

Pode-se dizer, desse modo, que em nosso direito a aceitação da herança *é sempre a benefício de inventário*, "*ex vi legis*" e sem necessidade de ressalva expressa, como bem esclarece ORLANDO GOMES: "Conquanto se confundam o patrimônio do *de cujus* e o dos herdeiros, não respondem estes pelos encargos da sucessão, *ultra vires hereditatis*. Toda aceitação é, entre nós, a *benefício de inventário*. Nestas condições, se o passivo do acervo hereditário for superior ao ativo, forma-se o *concurso de credores*, regendo-se as *preferências e privilégios* pelas regras próprias"[11].

---

[8] Caio Mário da Silva Pereira, *Instituições de direito civil*, v. VI, p. 55.
[9] Silvio Rodrigues, *Direito civil*, cit., v. 7, p. 25; Caio Mário da Silva Pereira, *Instituições*, cit., v. VI, p. 55.
[10] Lacerda de Almeida, *Sucessões*, p. 139.
[11] *Sucessões*, cit., p. 296.

O aludido concurso de credores instaura-se em procedimento de declaração de insolvência (CPC/73, arts. 748 e 991, VIII; CPC/2015, arts. 618, VIII, e 1.052), incumbindo ao inventariante requerê-la.

Para que o herdeiro não responda pelas dívidas que ultrapassarem as forças da herança exige a lei, todavia, que prove tal excesso, *"salvo se houver inventário que a escuse, demonstrando o valor dos bens herdados"* (CC, art. 1.792, 2ª parte).

No inventário é feito um levantamento do patrimônio do falecido, relacionando-se os bens, créditos e débitos que deixou. As dívidas são da herança, que responde por elas (CC, art. 1.997). Só serão partilhados os bens ou valores que restarem depois de pagas as dívidas, isto é, depois de descontado o que, de fato, pertence a outrem.

4. CESSÃO DE DIREITOS HEREDITÁRIOS

4.1. Conceito

A relação obrigacional é passível de alteração na composição de seu elemento pessoal, sem que esse fato atinja sua individualidade, de tal sorte que o vínculo subsistirá na sua identidade, apesar das modificações operadas pela sucessão singular ativa ou passiva.

KARL LARENZ pondera que todos os direitos suscetíveis de avaliação pecuniária constituem o patrimônio da pessoa. Ora, é próprio dos direitos patrimoniais a transmissibilidade. Se o crédito representa um valor patrimonial, assim reconhecido pelo ordenamento jurídico, é evidente que pode ser objeto do comércio jurídico, do mesmo modo que outros bens integrantes do patrimônio do sujeito[12].

O direito à sucessão aberta, portanto, como qualquer direito patrimonial de conteúdo econômico, pode ser transferido mediante cessão. A cessão de direitos hereditários é negócio jurídico translativo *inter vivos*, pois só pode ser celebrado depois da abertura da sucessão. O nosso direito não admite essa modalidade de avença estando vivo o hereditando. Antes da abertura da sucessão a cessão configuraria pacto sucessório, contrato que tem por objeto a herança de pessoa viva, que nossa lei proíbe e considera nulo de pleno direito (CC, arts. 426 e 166, II e VII)[13].

Todavia, aberta a sucessão, mostra-se lícita a cessão de direitos hereditários, ainda que o inventário não tenha sido aberto. Se não foi imposta aos bens deixados

---

[12] *Derecho de obligaciones*, t. I, p. 445.
[13] Silvio Rodrigues, *Direito civil*, cit., v. 7, p. 26-27; Débora Gozzo, *Comentários ao Código Civil brasileiro*, v. XVI, p. 62.

pelo *de cujus* nenhuma cláusula de inalienabilidade, desde a abertura da sucessão já pode o herdeiro promover a transferência de seus direitos ou quinhão, por meio da aludida cessão. Não poderá mais fazê-lo, no entanto, depois de julgada a partilha, uma vez que a indivisão estará extinta e cada herdeiro é dono dos bens que couberem no seu quinhão.

Nessa hipótese, estando definidos concretamente os bens atribuídos a cada herdeiro, qualquer alienação será considerada uma venda, e não uma cessão, já que este vocábulo só se aplica à transmissão de bens incorpóreos.

Pode-se dizer, assim, que *a cessão de direitos hereditários*, gratuita ou onerosa, "consiste na transferência que o herdeiro, legítimo ou testamentário, faz a outrem de todo quinhão ou de parte dele, que lhe compete após a abertura da sucessão"[14].

Sendo gratuita, a aludida cessão equipara-se à doação; e à compra e venda, se realizada onerosamente.

O Código Civil de 1916 não disciplinava expressamente a cessão de direitos hereditários, mas apenas se referia a ela de forma indireta, ao tratar da cessão de crédito, proclamando, no art. 1.078: "As disposições deste título aplicam-se à cessão de outros direitos para os quais não haja modo especial de transferência".

O atual diploma regula a matéria nos arts. 1.793 a 1.795. Dispõe o primeiro artigo citado:

"*Art. 1.793. O direito à sucessão aberta, bem como o quinhão de que disponha o coerdeiro, pode ser objeto de cessão por escritura pública.*

§ 1º Os direitos, conferidos ao herdeiro em consequência de substituição ou de direito de acrescer, presumem-se não abrangidos pela cessão feita anteriormente.

§ 2º É ineficaz a cessão, pelo coerdeiro, de seu direito hereditário sobre qualquer bem da herança considerado singularmente.

§ 3º Ineficaz é a disposição, sem prévia autorização do juiz da sucessão, por qualquer herdeiro, de bem componente do acervo hereditário, pendente a indivisibilidade".

Ao afirmar que tanto "*o direito à sucessão aberta*" como "*o quinhão de que disponha o coerdeiro*" podem ser objeto de cessão por escritura pública, refere-se o dispositivo supratranscrito a duas situações distintas, embora geradoras das mesmas consequências.

Cede *direito à sucessão aberta* o herdeiro que ainda não tenha declarado, de forma expressa ou tácita, aceitar a herança. Por outro lado, cede *o quinhão de que dispõe* o herdeiro que já a tenha aceitado. No primeiro caso, ao ceder o seu direito à sucessão aberta, pelo mesmo ato estará aceitando a herança, ainda que tácita ou implicitamente, uma vez que o herdeiro só pode ceder direito que tenha aceitado[15].

---

[14] Maria Helena Diniz, *Curso de direito civil brasileiro*, v. 6, p. 109.
[15] Giselda Hironaka, *Comentários ao Código Civil*, v. 20, p. 73.

34

Em princípio, a cessão de direitos hereditários deve ser lavrada por escritura pública. Entretanto, afirma o Tribunal de Justiça do Mato Grosso do Sul, "considerando-se que essa providência pode ser realizada extrajudicialmente, ante a inexistência de divergência entre os herdeiros, com muito mais razão essa providência pode ser adotada por termo nos autos"[16].

4.2. Forma e objeto

O direito abstrato à sucessão aberta é considerado *bem imóvel*, ainda que os bens deixados pelo *de cujus* sejam todos móveis ou direitos pessoais. Neste caso, o que se considera imóvel não é o direito aos bens componentes da herança, mas o direito a esta, como uma unidade abstrata (CC, art. 80, II). A lei não cogita das coisas que estão na herança, mas do direito a esta. Somente depois da partilha é que se poderá cuidar dos bens, individualmente.

Assim, a cessão de direitos hereditários, por versar sobre bem imóvel, exige, no tocante à forma, *escritura pública* e *outorga uxória* ou *autorização marital*, como condição de validade do negócio (CC, arts. 1.793, 1.647, *caput,* e inciso I, e 166, IV).

A posição clara do legislador encerra antiga divergência acerca da necessidade ou não da escritura pública, malgrado boa parte da doutrina já se inclinasse por sua exigência em razão de o diploma de 1916 também considerar o direito à sucessão aberta bem imóvel para os efeitos legais (art. 44, III).

No instrumento público deve constar se a cessão é feita a título gratuito ou oneroso, bem como se abrange a totalidade da herança, quando o cedente é herdeiro único, ou parte dela, e todo o seu quinhão ou parte dele. Os direitos hereditários são, em última análise, o objeto do contrato.

O cedente deve ser capaz de alienar, não bastando a capacidade genérica. O cessionário recebe a herança no estado em que se encontra, correndo, portanto, os riscos de ser mais ou menos absorvida pelas dívidas. Aquele garante a existência do direito cedido, não a sua extensão ou quantidade dos bens, a não ser que haja ressalva expressa. Dado o caráter aleatório da cessão, não responde o cedente pela evicção[17]. Assinala, a propósito, ARNALDO RIZZARDO, que na cessão transparece, em especial, "o caráter aleatório, não muito comum em outros contratos, pois nem sempre, quando consumada a cessão, há o conhecimento da quantidade e da extensão do patrimônio e dos encargos. Isto principalmente se o contrato envolve a quota do herdeiro, integrada por bens e dívidas. Possível, pois, que uma aparente vantagem,

---

[16] TJMS, AC 0824172-38.2015.8.12.0001-MS, rel. Des. Claudionor Miguel Abss Duarte, 3ª Câm. Cív., j. 4-9-2020.

[17] Caio Mário da Silva Pereira, *Instituições,* cit., v. VI, p. 70-71.

evidenciada por razoável patrimônio, venha a desaparecer frente às obrigações que posteriormente surgem"[18].

Quanto à capacidade, tem-se decidido que "nula é a cessão de direitos hereditários relativa a imóveis, envolvendo interesses de herdeiro incapaz, sem assistência, tendo ainda sido efetivada por instrumento particular"[19].

O cessionário assume o lugar e a posição jurídica do cedente, ficando sub--rogado em todos os direitos e obrigações, como se fosse o próprio herdeiro, recebendo, desse modo, na partilha, o que o herdeiro cedente haveria de receber[20].

O *coerdeiro* somente pode ceder quota-parte ou parcela de quota-parte naquele complexo hereditário (*universitas*), mas nunca um ou mais bens determinados. Tal regra decorre da indivisibilidade da herança como um todo e da incerteza relativa aos bens que tocarão a cada coerdeiro quando ultimada a partilha. Se discriminar as coisas que pretende alienar, não obriga com isso os coerdeiros, perante os quais é ineficaz a alienação (CC, art. 1.793, § 2º).

Nada obsta a que o cedente especifique um bem como integrante de sua quota-parte, mas tal especificação não obriga aos coerdeiros. Se estes concordarem com a cláusula aposta no instrumento de cessão, podem acordar que o bem especificado faça parte da quota que caberia ao cessionário, mas não estão obrigados a fazê-lo, exceto por cortesia[21].

A cessão abrange, em princípio, apenas os direitos hereditários havidos até a data de sua realização. Se, depois dela, houver em favor do cedente *substituição* ou *direito de acrescer*, como na hipótese, e. g., de renúncia de coerdeiro prevista no art. 1.810 do Código Civil, os direitos daí resultantes presumem-se não abrangidos no ato de alienação do quinhão hereditário, conforme proclama o § 1º do retro-transcrito art. 1.793 do mesmo diploma. Nada impede, todavia, que as partes, prevendo qualquer daquelas hipóteses, estabeleçam regra oposta[22].

Como bem esclarece EDUARDO DE OLIVEIRA LEITE, por meio da cessão "é transferida, do herdeiro para o adquirente, a titularidade do quinhão ou legado e não, certamente, a qualidade de herdeiro, pessoal e intransferível. Por isso, o § 1º ressalva que os direitos, conferidos ao herdeiro em consequência de substituição ou de direito de acrescer, não estão abrangidos pela cessão feita anteriormente"[23].

---

[18] *Direito das sucessões*, p. 100.
[19] STJ, REsp 301-PR, 4ª T., j. 30-10-1990, *RSTJ*, 17/267.
[20] Silvio Rodrigues, *Direito civil*, cit., v. 7, p. 27.
[21] Giselda Hironaka, *Comentários*, cit., v. 20, p. 74.
[22] Caio Mário da Silva Pereira, *Instituições*, cit., v. VI, p. 71.
[23] *Comentários*, cit., v. XXI, p. 80-81.

Adverte o mencionado autor que "uma coisa é a cessão de bens (quinhão ou legado), outra, é o direito que o herdeiro continua tendo, no caso de substituição ou acréscimo, situações eventuais, posteriores à cessão".

O § 3º do aludido art. 1.793, por sua vez, trata não da hipótese de o herdeiro ceder *a sua quota*, fazendo-a incidir sobre bem da herança considerado singularmente, mas da cessão do próprio bem, como se fosse um legado. A disposição nesse caso é ineficaz, exceto se o juiz da sucessão a tiver autorizado.

Assinala GISELDA HIRONAKA, com razão, que o valor do aludido bem deve ser descontado da quota-parte cabível ao coerdeiro que teve a iniciativa de requerer a autorização judicial, demonstrando interesse em cedê-lo, ainda que para deferi-la o juiz tenha ouvido os demais coerdeiros, como deve realmente fazer[24].

Não se confunde tal situação com a venda de determinado bem feita pelo próprio espólio, também mediante autorização judicial, como comumente se faz para pagamento de dívidas da herança, do imposto de transmissão *mortis causa* ou de despesas com o inventário, prevista no art. 619, I, do Código de Processo Civil. Nesse caso, o produto da venda ingressa no acervo e será dividido, no lugar do bem, entre todos os herdeiros, na proporção de suas quotas.

4.3. Direito de preferência do coerdeiro

O Código Civil de 2002 teve a virtude de encerrar a divergência doutrinária e jurisprudencial existente a respeito da necessidade de escritura pública para a cessão da quota hereditária, como visto no item anterior, bem como a de fazer cessar a que pairava acerca da *anuência dos coerdeiros*.

Com efeito, durante a vigência do Código Civil de 1916 dissentiam os tribunais sobre a aplicabilidade do art. 1.139 do aludido diploma – que vedava a um condômino em coisa indivisível alienar a sua parte a estranhos, se outro consorte a quisesse, tanto por tanto – à cessão de direitos hereditários.

Sendo o direito dos coerdeiros, quanto à propriedade e posse da herança, indivisível, e aplicando-se-lhes as normas relativas ao condomínio, como expressamente prevê o parágrafo único do art. 1.791 do novo diploma, não poderia ser diferente o posicionamento do novel legislador, a não ser o de prescrever que o coerdeiro não poderá ceder a sua quota hereditária a pessoa estranha à sucessão, se outro herdeiro a quiser, tanto por tanto.

Preceitua, efetivamente, o art. 1.794 do Código Civil:

"*O coerdeiro não poderá ceder a sua quota hereditária a pessoa estranha à sucessão, se outro coerdeiro a quiser, tanto por tanto*".

---

[24] *Comentários*, cit., v. 20, p. 75-76.

Equivale a dizer que, para efeitos do direito de preferência, os coerdeiros são equiparados aos coproprietários, em caso de alienação de quinhão hereditário a estranhos.

Complementa o art. 1.795 do mesmo Código:

"O coerdeiro, a quem não se der conhecimento da cessão, poderá, depositado o preço, haver para si a quota cedida a estranho, se o requerer até cento e oitenta dias após a transmissão.

Parágrafo único. Sendo vários os coerdeiros a exercer a preferência, entre eles se distribuirá o quinhão cedido, na proporção das respectivas quotas hereditárias".

Repete o legislador o que já havia determinado no art. 504, *caput*, ao disciplinar a venda de coisa indivisível em condomínio. O coerdeiro preterido pode exercer o seu *direito de preferência* ou *prelação* pela *ação de preempção*, ajuizando-a no prazo decadencial de cento e oitenta dias, contados da data em que teve ciência da alienação[25], e na qual efetuará o depósito do preço pago, havendo para si a parte vendida ao terceiro.

Em linha de princípio, a orientação legal é no sentido de evitar o ingresso de estranho no condomínio, preservando-o de futuros litígios e inconvenientes[26].

A preferência, todavia, só pode ser exercida nas cessões onerosas, como se depreende da expressão "tanto por tanto" (art. 1.794). Não há, por conseguinte, direito do coerdeiro se a transferência da quota hereditária é feita gratuitamente. Como não existe preferência se o coerdeiro cede o seu quinhão a outro coerdeiro, que, logicamente, não é pessoa estranha à sucessão[27].

5. ABERTURA DO INVENTÁRIO

Estabelece o art. 1.796 do Código Civil:

"No prazo de trinta dias, a contar da abertura da sucessão, instaurar-se-á inventário do patrimônio hereditário, perante o juízo competente no lugar da sucessão, para fins de liquidação e, quando for o caso, de partilha da herança".

O art. 611 do Código de Processo Civil prevê, todavia, o prazo de 2 (dois) meses, a contar da abertura da sucessão, para a instauração do inventário, que deve ser ultimado "nos 12 (doze) meses subsequentes, podendo o juiz prorrogar esses prazos, de ofício ou a requerimento de parte".

---

[25] *RT*, 432/229, 543/144; STJ, REsp 71.731-SP, 4ª T., rel. Min. César Asfor Rocha, *DJU*, 13-10-1998, p. 110.

[26] STJ, *RF*, 329/223.

[27] Silvio Rodrigues, *Direito civil*, cit., v. 7, p. 29.

A inobservância do prazo para o início do inventário pode acarretar sanção de natureza fiscal, com a imposição de multa sobre o imposto a recolher. Proclama a *Súmula 542 do Supremo Tribunal Federal* que "não é inconstitucional a multa instituída pelo Estado-membro, como sanção pelo retardamento do início ou da ultimação do inventário".

No Estado de São Paulo, o imposto é calculado com acréscimo da multa de 10%, nos inventários não requeridos dentro do prazo de sessenta dias da abertura da sucessão, e de 20%, se o atraso for superior a cento e oitenta dias (Lei n. 10.705, de 28-12-2000). O atraso não implica indeferimento de sua abertura pelo juiz.

O requerimento de abertura do inventário será instruído obrigatoriamente com certidão de óbito do *de cujus* e com a procuração outorgada ao advogado que assinar a petição. Tendo sido deixado testamento, o respectivo instrumento deverá ser também anexado à inicial, além de qualquer outro documento de interesse dos herdeiros.

Se nenhuma das pessoas legitimadas, elencadas nos arts. 615 e 616 do Código de Processo Civil, tomar a iniciativa de postular a instauração do inventário no prazo de sessenta dias, o juiz determinará, de ofício, que se inicie.

5.1. Foro competente

O foro competente para a abertura e processamento do inventário, conforme já estudado no n. 5 do Capítulo I, *retro*, ao qual nos reportamos, é o lugar do último domicílio do *de cujus* (CC, art. 1.795; CPC/2015, art. 48).

5.2. Nomeação do inventariante

Ao despachar a inicial de abertura do inventário, o juiz nomeará inventariante, que prestará compromisso e, em vinte dias, as primeiras declarações.

O inventariante é a pessoa que tem por função administrar os bens do espólio, sendo o seu representante legal. Só podem exercer esse *munus* pessoas capazes e que não tenham, de algum modo, interesses contrários aos do espólio.

As declarações do inventariante, depois de compromissado, presumem-se verdadeiras, em vista do *munus* que exerce. A presunção é da seriedade e da veracidade das declarações, como se tem decidido: "As declarações do inventariante são 'comunicações de conhecimento' e gozam da presunção de verdade, merecendo ser acreditadas, até prova em contrário"[28].

---

[28] TJRS, AgI 591.015.029, 7ª Câm. Cív., j. 25-5-1991, *RJTJRS*, 152/425.

Apurando-se, no entanto, falsidades ou ocultação de bens, incidem as penas de sonegados ou do crime de apropriação indébita, conforme seja a declaração de inexistência ou haja a apropriação[29].

A ordem preferencial das pessoas que podem ser nomeadas para o aludido cargo é estabelecida no Código de Processo Civil, *verbis*:

"Art. 617. O juiz nomeará inventariante na seguinte ordem:

I – o cônjuge ou companheiro sobrevivente, desde que estivesse convivendo com o outro ao tempo da morte deste;

II – o herdeiro que se achar na posse e na administração do espólio, se não houver cônjuge ou companheiro sobrevivente ou se estes não puderem ser nomeados;

III – qualquer herdeiro, quando nenhum deles estiver na posse e na administração do espólio;

IV – o herdeiro menor, por seu representante legal;

V – o testamenteiro, se lhe tiver sido confiada a administração do espólio ou se toda a herança estiver distribuída em legados;

VI – o cessionário do herdeiro ou do legatário;

VII – o inventariante judicial, se houver;

VIII – pessoa estranha idônea, quando não houver inventariante judicial".

Em princípio, deve o juiz observar a citada ordem preferencial, respeitando os direitos dos indicados pela lei. Todavia, havendo razões relevantes, devidamente explicitadas, pode o juiz desatendê-la.

Nessa linha, proclamou o *Superior Tribunal de Justiça*: "*A ordem de nomeação de inventariante insculpida no art. 990 do CPC (de 1973; CPC/2015, art. 617) deve ser rigorosamente observada, excetuando-se as hipóteses em que o magistrado tenha fundadas razões para desconsiderá-la, com o fim de evitar tumultos processuais desnecessários ou mesmo a sonegação de bens, como no caso, em face da patente litigiosidade existente entre as partes*"[30].

Em primeiro lugar, na aludida ordem, figura o *cônjuge sobrevivente*, desde que estivesse convivendo com o outro ao tempo da morte deste.

---

[29] Arnaldo Rizzardo, *Direito das sucessões*, p. 633.

[30] REsp 283.994-SP, 4ª T., rel. Min. César Asfor Rocha, *DJU*, 7-5-2001, p. 150. No mesmo sentido: "Inventariante. A ordem de nomeação não é absoluta. O fato de não se observar a ordem não implica ofensa ao art. 990. Caso em que a nomeação do inventariante dativo se deveu à necessidade de eliminar as discórdias atuais e prevenir outras" (STJ, REsp 88.296-SP, 3ª T., rel. Min. Nilson Naves, *DJU*, 8-2-1999, p. 275). "Inventariante. CPC, art. 990. Essa ordem não é absoluta, *podendo* ser alterada se houver motivos que aconselhem a sua inobservância" (*RTJ*, 101/667).

Como o inciso I do art. 617 do estatuto processual civil, não exige que o cônjuge seja casado sob o regime da comunhão, admite-se a preferência do cônjuge supérstite ainda que a união tenha se realizado no regime da separação convencional de bens, em que não existe meação, uma vez que poderá ele ser herdeiro em concorrência com os descendentes, como prevê o art. 1.829, I, do Código Civil.

Para ser inventariante, o cônjuge sobrevivo, como foi dito, deverá estar convivendo com o autor da herança por ocasião do falecimento. Presume a lei que, se estivessem separados, não teria ele o necessário conhecimento da situação patrimonial do morto e não poderia, assim, prestar declarações completas e fiéis.

Se não houver cônjuge, mas *companheiro*, este desfrutará da mesma preferência, não só em face da Constituição Federal (art. 226, § 3º), senão especialmente em razão da redação do inciso I do art. 617 do Código de Processo Civil, que o incluiu expressamente no aludido rol preferencial.

Antes mesmo dessa alteração legislativa já assentara o *Superior Tribunal de Justiça*: "Não contraria o art. 990 do CPC (de 1973; CPC/2015, art. 617), que não se reveste de caráter absoluto, a decisão que mantém como inventariante a pessoa que, casada pelo religioso com o extinto, com ele viveu, em união familiar estável, durante longos anos, tendo o casal numerosos filhos. Improcedência da impugnação manifestada por alguns dos filhos do leito anterior"[31].

Na falta ou impedimento do cônjuge supérstite ou companheiro sobrevivente, será nomeado o *herdeiro que se achar na posse e administração dos bens* do espólio (CPC/2015, art. 617, II). Se nenhum preencher esse requisito, atribuir-se-á a inventariança a *qualquer herdeiro* (inciso III), legítimo ou testamentário, a critério do juiz[32]. Será escolhido o que, além de idôneo, demonstre aptidão para o cargo. Se todos se encontrarem nessa situação, deverá ser nomeado o mais velho, aplicando-se o critério estabelecido no art. 1.797, II, do Código Civil para a indicação de administrador provisório.

Na vigência do Código de Processo Civil de 1973 entendia-se que o herdeiro menor não podia ser nomeado inventariante, tendo em vista a extensão e relevância das funções por este exercidas; nem exercer a inventariança por intermédio de seu tutor[33]. Eventualmente, à falta de outros interessados na herança, poderia ser investido no cargo, como dativo, o representante legal do incapaz.

---

[31] *RSTJ*, 7/333. Assim também decidiu o Tribunal de Justiça de São Paulo: "Na falta de cônjuge, também o companheiro sobrevivente pode ser nomeado inventariante, uma vez que lhe assiste direito à herança, desde que comprovada a união estável" (AgI 73.160-4/3, 2ª Câm. Dir. Priv., rel. Des. J. Roberto Bedran, *Bol. AASP*, 2.091, de 25-1-1999).

[32] "Para a nomeação de inventariante, a lei não distingue entre herdeiro legítimo e testamentário" (*RT*, 503/103).

[33] *RT*, 490/101; *Bol. AASP*, 1.621/18.

O atual Código de Processo Civil, inovando e afastando a regra de exercício pessoal da inventariança, prevê, no inciso IV do aludido art. 617, a possibilidade de "*o herdeiro menor, por seu representante legal*", ser nomeado inventariante.

Em quinto lugar, na ordem preferencial, aparece o *testamenteiro*, se lhe foram atribuídas a posse e a administração dos bens, nos termos do art. 1.977 do Código Civil, isto é, se for *testamenteiro universal*, bem como se toda a herança estiver distribuída em *legados*.

Relembre-se que a posse e a administração da herança cabem, preferencialmente, ao cônjuge ou companheiro e aos herdeiros necessários. Só podem ser conferidas ao testamenteiro, pelo testador, se aqueles não existirem, não quiserem ou não puderem exercê-las.

Efetivamente, ainda que o testador haja determinado o contrário, o herdeiro necessário precede sempre ao testamenteiro universal, que, por sua vez, precede aos colaterais. Se o testamenteiro é particular, sem a posse e a administração da herança, só caberá sua convocação após todos os herdeiros legítimos, necessários e colaterais[34].

Vem, em seguida (CPC/2015, art. 617, VI), o "*cessionário do herdeiro ou do legatário*", como credor do *de cujus*, que já desfrutava de legitimidade, que lhe é reconhecida agora expressamente.

Na sequência, consta o *inventariante judicial*, que é figura em desuso. Não o havendo, o juiz nomeará (inciso VIII) pessoa estranha idônea como *inventariante dativo*, que desempenhará todas as funções inerentes à inventariança, mas não poderá representar ativa e passivamente a herança.

Dispõe o art. 75, § 1º, do estatuto processual civil que, "*quando o inventariante for dativo, os sucessores do falecido serão intimados no processo no qual o espólio seja parte*", ou seja, nesse caso, todos os herdeiros e sucessores do falecido participarão, como autores ou réus, nas ações em que o espólio for parte.

O inventariante dativo faz jus a uma remuneração pelos serviços prestados, que será arbitrada, por analogia, de acordo com a regra do art. 1.987 do Código Civil, que trata da vintena do testamenteiro.

Certas situações incompatibilizam a pessoa para o exercício do cargo de inventariante, como a posição de credor ou de devedor do espólio, de titular de interesse contrário a este, de excluído do rol de herdeiros etc. O cessionário de direitos só pode ser inventariante na falta de herdeiros.

Intimado da escolha, o nomeado prestará, dentro de cinco dias, o compromisso de bem e fielmente desempenhar o cargo (CPC/2015, art. 617, parágrafo único).

---

[34] Washington de Barros Monteiro, *Curso de direito civil*, v. 6, p. 29.

5.3. Natureza jurídica da inventariança

O inventariante desempenha função de suma importância no procedimento de inventário. É ele quem arrecada os bens e os administra até a entrega de cada porção aos herdeiros por ele relacionados, sendo ainda quem representa a herança até que passe em julgado a sentença de partilha ou adjudicação.

A natureza jurídica da inventariança, todavia, é controvertida na doutrina. Há quem considere o inventariante um *depositário*, pelo fato de ter a posse direta dos bens do espólio, guardando-os até o momento de entregá-los aos herdeiros. No entanto, malgrado algumas semelhanças, a inventariança é mais ampla. O seu exercício tem pertinência com a administração de bens e representação da herança, enquanto as obrigações do depositário limitam-se à guarda, conservação e restituição da coisa.

A analogia da inventariança com o *mandato* é também lembrada, uma vez que o inventariante representa os demais herdeiros. O mandato é, todavia, um contrato *intuitu personae*, que perdura enquanto subsistir a confiança dos mandantes. O inventariante, entretanto, muitas vezes atua no inventário mesmo contra a vontade dos herdeiros, sem que estes possam removê-lo ou destituí-lo.

Tende a doutrina a considerar a inventariança um *munus* público, um encargo público, sujeito à fiscalização judicial. Desempenha o inventariante, efetivamente, as funções de auxiliar da justiça, reunindo poderes de guarda, administração e assistência do acervo hereditário[35].

5.4. Remoção do inventariante

Exercendo o inventariante um *munus* público, como foi dito, está sujeito à fiscalização judicial e pode ser removido, quando infringidas determinadas obrigações alinhadas no art. 622 do Código de Processo Civil.

Poderá assim, de acordo com o aludido dispositivo legal, ser removido, a requerimento de qualquer interessado: a) se não prestar, no prazo legal, as primeiras ou as últimas declarações; b) se não der ao inventário andamento regular, se suscitar dúvidas infundadas ou se praticar atos meramente protelatórios; c) se, por culpa sua, bens do espólio se deteriorarem, forem dilapidados ou sofrerem dano; d) se não defender o espólio nas ações em que for citado, se deixar de cobrar dívidas ativas ou se não promover as medidas necessárias para evitar o perecimento de direitos; e) se não prestar contas ou as que prestar não forem julgadas boas; f) se sonegar, ocultar ou desviar bens do espólio.

---

[35] Washington de Barros Monteiro, *Curso*, cit., v. 6, p. 31-32; Arnaldo Rizzardo, *Direito das sucessões*, cit., p. 619-620.

A enumeração é meramente exemplificativa, podendo ser removido por outras causas ou faltas que o incompatibilizem com o exercício do cargo[36]. Já decidiu, com efeito, o *Supremo Tribunal Federal:* "Não é exaustiva a enumeração do art. 995 do CPC (de 1973; CPC/2015, art. 622), nada impedindo que outras causas que denotem deslealdade, improbidade, ou outros vícios, sejam válidas para a remoção do inventariante"[37].

Mas a simples demora na terminação do inventário não justifica tal remoção. É preciso, segundo a jurisprudência, "que a demora tenha por causa a culpa do inventariante"[38].

Admite-se que a remoção seja determinada *ex officio*[39] pelo juiz ou a pedido de qualquer interessado. Nesses casos, o inventariante deverá ser intimado para, no prazo de quinze dias, defender-se e produzir provas (CPC/2015, art. 623), correndo o incidente em apenso aos autos do inventário. Se o juiz remover o inventariante, nomeará outro, observada a ordem do art. 617.

Nessa linha enfatizou o *Superior Tribunal de Justiça:* "*O despacho de remoção deve ser fundamentado; e o juiz deve obedecer ao disposto no art. 996 (CPC/73; CPC/2015, art. 623), ordenando a intimação do inventariante para oferecer defesa e indicar as provas que pretende produzir*"[40].

6. ADMINISTRAÇÃO PROVISÓRIA DA HERANÇA

Como já mencionado, o inventário deve ser instaurado no prazo de dois meses, a contar da abertura da sucessão (CPC/2015, art. 611). Desde então e até que o inventariante seja nomeado e preste compromisso – quando passará a administrar a herança até a homologação da partilha –, continuará o espólio na posse do administrador provisório (CPC/2015, art. 613).

O administrador provisório é aquele que está na posse da herança. Representa ativa e passivamente o espólio, é obrigado a trazer ao acervo os frutos que

---

[36] "A jurisprudência do STJ é assente em afirmar que o rol do art. 622 do CPC/2015 não é taxativo, admitindo-se a remoção do inventariante quando o juiz verifica que a excessiva animosidade entre as partes inviabiliza o processamento do inventário. Incidência da Súmula n. 83/STJ" STJ. AgInt no REsp n. 1.921.746/DF, relator Ministro Antonio Carlos Ferreira, Quarta Turma, julgado em 10/5/2022, DJe de 20/5/2022.

[37] *RTJ*, 94/738. No mesmo sentido: TJSP, *JTJ*, Lex, 192/205.

[38] *RT*, 479/97; *Bol. AASP*, 877/273.

[39] STF, *RTJ*, 109/751; STJ, REsp 163.741-BA, 3ª T., rel. Min. Waldemar Zveiter, *DJU*, 10-4-2000, p. 83.

[40] REsp 163.741. No mesmo sentido: *RT*, 514/100; *RF*, 260/259.

desde a abertura da sucessão percebeu, tem direito ao reembolso das despesas necessárias e úteis que fez e responde pelo dano a que, por dolo ou culpa, der causa (CPC/2015, art. 614).

Caberá ao juiz indicar o administrador provisório sempre que tal encargo tiver sido assumido por pessoa que não integra o rol estabelecido no art. 1.797 do Código Civil, que assim dispõe:

"Até o compromisso do inventariante, a administração da herança caberá, sucessivamente:

I – ao cônjuge ou companheiro, se com o outro convivia ao tempo da abertura da sucessão;

II – ao herdeiro que estiver na posse e administração dos bens, e, se houver mais de um nessas condições, ao mais velho;

III – ao testamenteiro;

IV – a pessoa de confiança do juiz, na falta ou escusa das indicadas nos incisos antecedentes, ou quando tiverem de ser afastadas por motivo grave levado ao conhecimento do juiz".

O administrador provisório que tiver obrado em prejuízo do espólio pode ser substituído pelo juiz. Nada obsta, por outro lado, a que a nomeação para o cargo de inventariante venha a recair sobre a mesma pessoa, desde que seja idônea e conste do elenco previsto no art. 990 do estatuto processual, inexistindo, nesse caso, interrupção da administração.

Capítulo III

DA VOCAÇÃO HEREDITÁRIA

Sumário: 1. Legitimação para suceder: regra geral e exceção. 2. Legitimação para suceder por testamento. 3. Os que não podem ser nomeados herdeiros testamentários nem legatários. 4. Simulação de contrato oneroso e interposição de pessoa.

1. LEGITIMAÇÃO PARA SUCEDER: REGRA GERAL E EXCEÇÃO

Tratando de matérias próprias de outros títulos, algumas delas concernentes à sucessão testamentária, o Código Civil de 2002 incluiu no Título I do livro sobre o direito das sucessões os Capítulos "Da Vocação Hereditária" e "Dos Excluídos da Sucessão". Nestes, cuida primeiro da legitimação para invocar a titularidade da herança e, depois, das causas pelas quais o legitimado vem a ser excluído da sucessão.

A *legitimidade passiva* é a regra e a ilegitimidade, a exceção. No direito sucessório vigora o princípio de que todas as pessoas têm legitimação para suceder, exceto aquelas afastadas pela lei.

A disposição *genérica* vem expressa no art. 1.798 do Código Civil, *verbis*:

"Legitimam-se a suceder as pessoas nascidas ou já concebidas no momento da abertura da sucessão".

Só não se legitimam, portanto, como dito, as pessoas expressamente excluídas. Ressalvou-se o direito do *nascituro*, por já concebido.

Como o dispositivo em apreço refere-se somente a *"pessoas"*, não podem ser contemplados animais, salvo indiretamente, pela imposição ao herdeiro testamentário do encargo de cuidar de um especificamente. Também estão excluídas as coisas inanimadas e as entidades místicas, como os santos. As disposições testamentárias a estes consideram-se feitas às diversas igrejas existentes no lugar do domicílio do falecido.

Tanto as pessoas naturais como as jurídicas, de direito público ou privado, podem ser beneficiadas. Só as pessoas *vivas* ou *já concebidas* ao tempo da abertura da sucessão podem ser herdeiras ou legatárias. Caducam as disposições testamentárias que beneficiarem pessoas já falecidas, pois a nomeação testamentária tem caráter pessoal (*intuitu personae*).

O retrotranscrito art. 1.798 refere-se tanto à sucessão legítima quanto à testamentária. Andou bem o legislador, no tocante à capacidade sucessória, ao englobar as duas realidades, deslocando o princípio geral para o capítulo da vocação hereditária, que estava restrito à sucessão testamentária no diploma anterior, como se as pessoas nascidas ou já concebidas fossem apenas titulares de direito hereditário na sucessão testamentária.

O princípio geral, de que são capazes de herdar as pessoas nascidas ou já concebidas no momento da abertura da sucessão, passa, assim, como sublinha EDUARDO DE OLIVEIRA LEITE, "a reger toda a matéria sucessória, acompanhado, de perto, pelo segundo princípio (regra geral que admite exceção, como veremos), ou seja, que a condição para herdar é a existência do herdeiro ao tempo da morte do *de cujus*"[1].

A *regra geral* segundo a qual só têm legitimação para suceder as pessoas nascidas por ocasião da abertura da sucessão encontra exceção no caso do *nascituro*. De acordo com o sistema adotado pelo Código Civil acerca do começo da personalidade natural (art. 2º), tem-se o nascimento com vida como o marco inicial da personalidade. Respeitam-se, porém, os direitos do nascituro, desde a concepção, pois desde esse momento já começa a formação do novo ser.

Os *nascituros* podem ser, assim, chamados a suceder tanto na sucessão legítima como na testamentária, ficando a eficácia da vocação dependente do seu nascimento. Podem, com efeito, ser indicados para receber deixa testamentária.

Segundo a definição de SILVIO RODRIGUES[2], nascituro "é o ser já concebido, mas que ainda se encontra no ventre materno. A lei não lhe concede personalidade, a qual só lhe será conferida se nascer com vida. Mas, como provavelmente nascerá com vida, o ordenamento jurídico desde logo preserva seus interesses futuros, tomando medidas para salvaguardar os direitos que, com muita probabilidade, em breve serão seus".

Nascendo com vida, a existência do *nascituro*, no tocante aos seus interesses, retroage ao momento de sua concepção, como já proclamava o Digesto (Livro I,

---

[1] *Comentários ao novo Código Civil*, v. XXI, p. 99.

[2] *Direito civil*, v. 1, p. 36.

Tít. V, frag. 7): "*nasciturus pro iam nato habetur quoties de eius commodis agitur*" (o nascituro é tido como nascido no que se refere aos seus interesses). Os direitos que lhe são assegurados encontram-se em estado potencial, sob condição suspensiva. Para resguardá-los pode a mulher que o está gerando requerer ao magistrado competente a nomeação de um curador: o *curator ventris* (curador ao ventre).

Todavia, se porventura nascer morto o feto, não haverá aquisição de direitos, como se nunca tivesse existido. Com isso, nem recebe nem transmite direitos. Nesse caso, a herança ou quota hereditária será devolvida aos herdeiros legítimos do *de cujus*, ou ao substituto testamentário, se tiver sido indicado, retroagindo a devolução à data da abertura da sucessão.

O segundo princípio que se aplica a ambas as espécies de sucessão, legítima e testamentária, já mencionado, é o de que o herdeiro ou legatário tem de sobreviver ao *de cujus*. A herança não se defere no vazio, não se transmite ao nada. A delação da herança pressupõe que o herdeiro exista e seja conhecido: *nascitur ubi sit et an sit*. Se naquele instante o herdeiro já é morto, defere-se a herança aos outros de sua classe, ou aos da imediata, se for ele o único[3].

Trata-se do denominado *princípio da coexistência*, ao qual alude CARLOS MAXIMILIANO: "Herdar é adquirir a propriedade do espólio; ora o *nada* não pode adquirir. A sucessão transmite-se no momento da morte; logo nesse momento é preciso haver sucessor, *coexistirem* hereditando e herdeiro, testador e legatário". Não basta, aduz o mencionado autor, "que no momento da morte do *de cujus* o sucessor *já viva*; é indispensável, também, que *ainda* viva. Continua de pé a mesma regra – da coexistência necessária do hereditando e do herdeiro; deve este sobreviver àquele"[4].

Tal princípio, com a ressalva que admite a vocação do nascituro, aplica-se também à sucessão testamentária, para a qual, todavia, o Código Civil dedica algumas regras especiais, que serão estudadas no item seguinte, como a legitimação da prole eventual (concepturo) e da futura fundação (arts. 1.799 e 1.800).

2. LEGITIMAÇÃO PARA SUCEDER POR TESTAMENTO

Preceitua o art. 1.799 do Código Civil:

"*Na sucessão testamentária podem ainda ser chamados a suceder:*

I – os filhos, ainda não concebidos, de pessoas indicadas pelo testador, desde que vivas estas ao abrir-se a sucessão;

---

[3] Caio Mário da Silva Pereira, *Instituições de direito civil*, v. VI, p. 30.
[4] *Direito das sucessões*, v. I, p. 130.

II – as pessoas jurídicas;

III – as pessoas jurídicas, cuja organização for determinada pelo testador sob a forma de fundação".

O dispositivo, como se vê, indica outras pessoas, além das existentes ou já concebidas quando da abertura da sucessão, que também podem ser contempladas. Diferentemente do art. 1.798, que trata dos que podem ser chamados a suceder, de forma genérica e abrangendo herdeiros legítimos, testamentários e legatários, cuida o presente artigo de pessoas que só podem receber a herança ou os legados por *disposição de última vontade.*

O inciso I abre exceção à regra geral ao permitir que os filhos não concebidos, de pessoas indicadas pelo testador, e vivas ao abrir-se a sucessão, venham a recolher a herança. Refere-se à prole eventual do anterior Código Civil.

Os contemplados, verdadeiramente, "são os próprios filhos, que poderão ser concebidos e nascer. A deixa não é feita em favor das pessoas indicadas pelo testador, passando, com a morte destas, a seus filhos, o que seria substituição fideicomissária. O testador como que dá um salto, passando por cima dos genitores, contemplando os filhos que estes tiverem, e se tiverem"[5].

Não se trata mais do nascituro (*conceptus*), mas do *nondum conceptus*, ou seja, de indivíduo nem ainda concebido. Em tais casos, a transmissão hereditária é condicional, subordinando-se a aquisição da herança a evento futuro e incerto.

O Código de 1916 (art. 1.718) admitia a disposição do testador à *prole eventual* de pessoas por ele designadas e existentes ao abrir-se a sucessão. Logo se travaram discussões sobre o alcance da aludida expressão, se abrangia somente filhos ou também netos ou bisnetos de pessoas indicadas pelo testador.

O novo diploma refere-se a *"filhos, ainda não concebidos"*, colocando termo final à aludida polêmica, de modo a não deixar espaço para qualquer dúvida: é preciso que os concepturos sejam *filhos*, e não quaisquer outros descendentes.

Reafirmando a regra anterior, o dispositivo em apreço coloca como requisito que as pessoas indicadas pelo testador estejam "*vivas*" ao abrir-se a sucessão. Operar-se-á a sucessão unicamente se nascerem os filhos da pessoa indicada e esta estiver viva por ocasião do falecimento do testador. Se morrer antes da abertura da sucessão, a disposição testamentária será ineficaz. Desse modo, se o autor da herança beneficia em testamento, por exemplo, a prole que sua filha eventualmente venha a ter, e esta, ao abrir-se a sucessão, já está morta, caduca a disposição testamentária.

Aberta a sucessão, os bens da herança serão confiados, após a liquidação ou partilha, "*a curador nomeado pelo juiz*". Salvo disposição testamentária em contrário,

---

[5] Zeno Veloso, *Novo Código Civil comentado*, p. 1616.

"*a curatela caberá à pessoa cujo filho o testador esperava ter por herdeiro e, sucessivamente, às pessoas indicadas no art. 1.775*" (CC, art. 1.800, *caput*, e § 1º).

A nomeação de curador não fica, portanto, ao arbítrio do juiz, pois deve ele deferir o *munus* à pessoa cujo filho o testador pretende beneficiar, ou seja, ao pai ou mãe do concepturo. Se tal, no entanto, não for possível, a nomeação recairá nas pessoas designadas no art. 1.775 do Código Civil, *no que couber*, visto que nem todas as opções constantes do aludido dispositivo mostram-se adequadas.

Na realidade, a única alternativa *aplicável à curatela do concepturo é a prevista no § 2º do art. 1.775, que permite ao juiz a nomeação de curador dativo, na falta das pessoas anteriormente mencionadas. Por essa razão, mais correto e apropriado seria a remissão ao art. 1.797 do Código Civil, e não, como foi feito, ao art. 1.775.*

A norma do § 1º do citado art. 1.800 tem caráter dispositivo, ressalvando a possibilidade de o administrador ser quem o testador indicar ("*Salvo disposição testamentária em contrário* (...)").

Infere-se do exposto que, aberta a sucessão que beneficia a prole eventual, a herança é posta sob administração, permanecendo nessa situação até que a condição se cumpra ou haja a certeza de que não pode cumprir-se. A "certeza de que o nascimento não poderá ocorrer se dá quando morre o progenitor, indicado pelo testador do concepturo instituído, ou quando ele for declarado impotente, por exemplo, numa ação de anulação de casamento ou em ação de impugnação de paternidade presumida, ou, ainda, na hipótese prevista no § 4º do art. 1.800, ou seja, se decorridos dois anos após a abertura da sucessão, não for concebido o herdeiro esperado"[6].

O mencionado § 4º do art. 1.800 provoca uma questão paralela, que é a admissibilidade, ainda que por breve tempo, da existência de direitos sem sujeito. O Código de 2002 manteve a sistemática anterior, no sentido de que as pessoas que devem existir quando da abertura da sucessão são os pais do beneficiado, não este, que nem precisa estar concebido. Com isso, não se dá solução à questão da titularidade dos bens enquanto não recolhidos pelo *concepturo*, apenas determinando-se que fiquem confiados a curador nomeado pelo juiz.

Tal critério, como lembra José Luiz Gavião de Almeida, não resolve alguns problemas que podem surgir, como o da responsabilidade pelo fato da coisa, em regra do proprietário, e o da possibilidade de os bens serem adquiridos pela simples ocupação, já que não têm dono. Melhor, aduz o mencionado autor, "era a opção pela sucessão provisória, entregando-se aos herdeiros legítimos, até o advento da condição suspensiva imposta, qual seja, o nascimento com vida do contemplado, os bens hereditários"[7].

---

[6] Eduardo de Oliveira Leite, *Comentários*, cit., v. XXI, p. 106.
[7] *Código Civil comentado*, v. XVIII, p. 109-110.

Se o testador institui herdeiros já existentes e também prole eventual, *a partilha deve ser realizada sob condição resolutiva*, como preconizam RICCI, na Itália, e JOSÉ TAVARES, PEREIRA COELHO e outros, em Portugal, doutrinadores estes citados por EDUARDO DE OLIVEIRA LEITE, que tece a esse respeito o seguinte comentário: "Faz-se provisoriamente a partilha entre os herdeiros já existentes, com a obrigação de recomporem sucessivamente o respectivo quinhão aos herdeiros que de futuro forem nascendo. A partilha fica sujeita à condição resolutiva de posteriormente nascerem mais herdeiros. Os herdeiros nascidos recebem os bens em propriedade resolúvel"[8].

Nascendo com vida o herdeiro esperado, *"ser-lhe-á deferida a sucessão, com os frutos e rendimentos relativos à deixa, a partir da morte do testador"*. Se, *"decorridos dois anos após a abertura da sucessão, não for concebido o herdeiro esperado, os bens reservados, salvo disposição em contrário do testador, caberão aos herdeiros legítimos"* (CC, art. 1.800, §§ 3º e 4º).

Os bens também caberão aos herdeiros legítimos se o herdeiro aguardado e concebido nascer morto.

A estipulação do chamado "prazo de espera" supre omissão do Código de 1916, que possibilitava a perpetuação da situação de espera do herdeiro aguardado. O período fixado limita, porém, a instituição, que jamais será feita em favor da prole eventual de pessoa que não possa gerar ou conceber no prazo de dois anos, contados da data da morte do testador, sendo este pessoa idosa e aquela de tenra idade, por exemplo.

Durante a vigência do Código de 1916 e até o advento da Constituição Federal de 1988, predominava o entendimento de que, no caso de prole eventual de pessoas indicadas pelo testador, a capacidade para adquirir por testamento não compreendia os *filhos adotivos* das pessoas por ele designadas, a menos que houvesse referência expressa por parte do testador. Argumentava-se que "este não podia ter tido em vista tais beneficiários, quando elaborou o ato de última vontade. Seu desejo não poderia, portanto, ser desviado ou substituído pela vontade arbitrária da pessoa designada. De outra forma, fácil se tornaria a esta última burlar a disposição testamentária, bastando-lhe realizar o ato de adoção"[9].

A prole eventual a que se referia o diploma de 1916 seria, portanto, a descendência natural, compreensiva de filhos legítimos, legitimados ou ilegítimos, mas filhos carnais.

Tal posicionamento não merece ser mantido, tendo em vista que a atual Constituição não faz distinção e proíbe quaisquer designações discriminatórias

---

[8] *Comentários*, cit., v. XXI, p. 107-108.
[9] Washington de Barros Monteiro, *Curso de direito civil*, v. 6, p. 44.

entre os filhos, seja qual for a sua origem ou a espécie de relação mantida por seus genitores (art. 227, § 6º). Diante da equiparação de todos os filhos, com a proibição expressa de qualquer discriminação, inclusive no campo do direito sucessório, é de concluir que a disposição testamentária há de prevalecer e o adotivo poderá receber a herança ou o legado a que tem direito[10].

Esse entendimento é reforçado pelo art. 1.596 do Código Civil de 2002, que reafirma o princípio da igualdade entre os filhos no que concerne a todos os direitos e qualificações, sejam eles nascidos ou não de justas núpcias, sejam eles adotivos, restando proibidas quaisquer formas de discriminação.

Ademais, dispõe o art. 1.626 do mesmo diploma que a adoção atribui a situação de filho ao adotado, rompendo-se todos os laços com sua família de origem, exceto quanto aos impedimentos matrimoniais[11].

Em suma, os filhos a que se refere o inciso I do art. 1.799 são tanto os filhos biológicos como aqueles que vieram ter à família pelos laços do afeto e do coração, como afirma GISELDA HIRONAKA[12].

Acrescenta a autora, na sequência: "Contemplar os *ainda não concebidos* representa, para o testador, contemplar os filhos das pessoas que indicou, filhos estes que não conheceu nem conhecerá, quer porque não concebidos, quer ainda porque não adotados antes de sua morte. Em qualquer das hipóteses há um único traço condutor do querer do testador: contemplar aqueles seres que venham a ser filhos das pessoas por ele nomeadas em testamento".

Em princípio não se pode falar em direitos sucessórios daquele que foi concebido por inseminação artificial *post mortem*, uma vez que a transmissão da herança se dá em consequência da morte (CC, art. 1.784) e dela participam as *"pessoas nascidas ou já concebidas no momento da abertura da sucessão"* (art. 1.798).

A questão, no entanto, é tormentosa e cabe à doutrina e à jurisprudência fornecer subsídios para sua solução. A doutrina brasileira se inclina no sentido de negar legitimação para suceder aos filhos havidos por métodos de reprodução assistida, quer na hipótese de a morte do ascendente preceder à concepção, quer na de implantação de embriões depois de aberta a sucessão. Solução favorável à criança ocorreria se houvesse disposição legislativa favorecendo o fruto de inseminação *post mortem*[13].

Não há como esquivar-se, todavia, do disposto nos arts. 1.597 do Código Civil e 227, § 6º, da Constituição Federal. O primeiro afirma que se presumem *"concebidos"*

---

[10] Zeno Veloso, *Novo Código*, cit., p. 1614.

[11] Débora Gozzo, *Comentários ao Código Civil brasileiro*, v. XVI, p. 82.

[12] *Comentários ao Código Civil*, v. 20, p. 93.

[13] Eduardo de Oliveira Leite, *Comentários*, cit., v. XXI, p. 110; Caio Mário da Silva Pereira, *Instituições*, cit., v. VI, p. 33-34.

na constância do casamento *"os filhos havidos por fecundação artificial homóloga, mesmo que falecido o marido"* (inciso III). O segundo consagra a *absoluta igualdade de direitos entre os filhos,* proibindo qualquer distinção ou discriminação.

Se, assim, na sucessão legítima, são iguais os direitos sucessórios dos filhos, e se o Código Civil de 2002 trata os filhos resultantes de fecundação artificial homóloga, posterior ao falecimento do pai, como tendo sido *"concebidos na constância do casamento",* não se justifica a exclusão de seus direitos sucessórios. Entendimento contrário conduziria à aceitação da existência, em nosso direito, de filho que não tem direitos sucessórios, em situação incompatível com o proclamado no art. 227, § 6º, da Constituição Federal[14].

O inciso II do retrotranscrito art. 1.799 do Código Civil permite que a deixa testamentária beneficie *"as pessoas jurídicas".* A existência legal das pessoas jurídicas de direito privado começa com a inscrição do ato constitutivo no respectivo registro (CC, art. 45). Antes disso, não passam de meras sociedades de fato ou sociedades não personificadas.

Qualquer pessoa jurídica pode ser contemplada, seja simples, seja empresária, de direito público ou de direito privado. Tratando-se, porém, de pessoas jurídicas de direito público externo, pesam restrições legais: estão impedidas de adquirir no Brasil bens imóveis ou suscetíveis de desapropriação (LINDB, art. 11, § 2º), excetuando-se os imóveis necessários para seu estabelecimento no País.

Segundo a lição de Itabaiana de Oliveira[15], "não é só por testamento que estas pessoas estão impedidas de adquirir, ou possuir, bens imóveis no Brasil, mas *por qualquer título,* como a compra e venda, a permuta, a doação; porque seria um perigo para a soberania nacional o permitir a qualquer nação adquirir terras no Brasil, pois nesses bens poderiam elas instalar os seus súditos, criando dificuldades para o pleno exercício da soberania nacional. Quanto aos prédios destinados à residência dos diplomatas e dos cônsules, eles são considerados como prolongamento do território da Potência que representam os respectivos titulares".

A jurisprudência formada no período que antecedeu à promulgação do Código Civil de 2002 beneficiava as *sociedades de fato* que já atuavam e realizavam negócios mas não tinham existência legal por falta de registro de seus atos constitutivos. Eram equiparadas aos nascituros, sendo dotadas, segundo a referida orientação, da *testamenti factio passiva.*

O referido diploma não ressalvou essa possibilidade, fazendo-o somente no tocante às *fundações.* O inciso III do art. 1.799 abre, com efeito, outra exceção, em favor das pessoas jurídicas cuja organização for determinada pelo testador sob a

---

[14] José Luiz Gavião de Almeida, *Código Civil comentado,* cit., v. XVIII, p. 104.
[15] *Tratado de direito das sucessões,* v. II, p. 36.

forma de *fundação*. Esta pode ser criada por escritura pública ou por *testamento*, como proclama o art. 62. No último caso, por ainda não existir a pessoa jurídica idealizada pelo testador, aberta a sucessão os bens permanecerão sob a guarda provisória da pessoa encarregada de instituí-la, até o registro de seus estatutos, quando passará a ter existência legal.

Justifica-se a regra pelo fato de o testador efetivar a dotação de bens para a instituição da fundação, instituição esta que interessa à sociedade em virtude dos fins nobres que deve ter tal espécie de pessoa jurídica (CC, art. 62, parágrafo único).

Por conseguinte, se quiser testar em favor de pessoa jurídica já instituída, fá-lo-á o testador com fulcro no inciso II do art. 1.799 do Código Civil, *ainda que de fundação se trate*. O inciso III do mesmo dispositivo cogita da hipótese de o testador pretender *criar* uma fundação, mediante a dotação de bens livres e desembaraçados, para fins religiosos, morais, culturais ou de assistência (art. 62, parágrafo único).

A interpretação literal do dispositivo em apreço tem levado parte da doutrina a entender que, salvo o caso de fundação, expressamente ressalvado na lei, a pessoa jurídica tem de existir, precisa ter personalidade no momento da abertura da sucessão – o que se dá com a inscrição do ato constitutivo no respectivo registro[16].

Afastada estaria, assim, perante o atual Código, a possibilidade de o testador beneficiar mera associação ou sociedade de fato, ou seja, aquelas que já atuam no mundo dos negócios, mas não têm ainda existência legal por falta de registro de seus atos constitutivos.

A tendência, todavia, é a de manter a *testamenti factio passiva* das aludidas pessoas jurídicas, por ser evidente o paralelismo com o nascituro. Basta lembrar que o atual Código Civil disciplina a sociedade irregular ou de fato no livro concernente ao Direito de Empresa, como "sociedade não personificada" (arts. 986 a 990).

Dispõe inicialmente o art. 986: *"Enquanto não inscritos os atos constitutivos, reger-se-á a sociedade, exceto por ações em organização, pelo disposto neste Capítulo, observadas, subsidiariamente e no que com ele forem compatíveis, as normas da sociedade simples"*. Tal regra aplica-se também às associações que já exercem atividades não lucrativas, mas ainda não têm existência legal.

Não bastasse, prescreve o art. 75, IX, do Código de Processo Civil que serão representadas em juízo, ativa e passivamente, "a sociedade e a associação irregulares e outros entes organizados sem personalidade jurídica, pela pessoa a quem couber a administração dos seus bens". Têm legitimidade, pois, para cobrar em juízo os seus

---

[16] Silvio Rodrigues, *Direito civil*, v. 7, p. 44; Zeno Veloso, *Novo Código*, cit., p. 1614; José Luiz Gavião de Almeida, *Código Civil comentado*, cit., v. XVIII, p. 107-108; Arnaldo Rizzardo, *Direito das sucessões*, p. 256.

créditos, não podendo o devedor arguir a irregularidade de sua constituição para se furtar ao pagamento da dívida e, assim, enriquecer ilicitamente.

O que não se pode admitir é que a deixa testamentária seja atribuída a uma pessoa jurídica ainda não existente nem mesmo embrionariamente, exceto no caso expresso da fundação. Se já existe uma pessoa jurídica em formação, existe sujeito de direito para assumir o patrimônio. Da mesma forma que, para o nascituro, haverá alguém para zelar por seus bens até seu nascimento com vida[17].

Preleciona ORLANDO GOMES, "a relação de continuidade, que deve existir entre o *de cujus* e o herdeiro, impede, em tese, a designação de herdeiro inexistente. Mas, podendo o testador instituir *fundação*, óbvio se torna que essa pessoa jurídica, ainda não constituída, pode suceder, formando-se, precisamente, com a dotação especial que aquele lhe fizer"[18].

O Código de 1916 não se referia à possibilidade de as pessoas jurídicas, inclusive as fundações, adquirirem bens deixados em testamento. A doutrina, no entanto, era unânime em acolher tal legitimação. E a jurisprudência, como foi dito, reconhecia tal direito mesmo às sociedades de fato, equiparando-as aos nascituros. Com maior razão deve a aludida legitimação ser agora reconhecida, tendo em vista que o novo diploma a confere, expressamente, a pessoas jurídicas que nem sequer existem embrionariamente, como as fundações a serem ainda criadas.

As sociedades de fato, como mencionado, já existem, realizam negócios e são representadas em juízo, ativa e passivamente, pela pessoa que administrar os seus bens, sendo disciplinada a sua situação nos arts. 986 e seguintes do Código Civil. Daí admitir-se, como preleciona CAIO MÁRIO DA SILVA PEREIRA[19], que "a instituição hereditária permaneça deferida a uma sociedade ainda não legalmente constituída (*sociedade de fato*), aguardando-se torne em sociedade regular quando, então, opera-se a transmissão".

Na opinião de EDUARDO DE OLIVEIRA LEITE, a deixa testamentária, no tocante às sociedades sem personalidade jurídica, "considera-se feita aos seus sócios, nessa qualidade, e acresce ao patrimônio coletivo. Assim, e só com este alcance, a vocação é dirigida à sociedade, cabendo o exercício do direito de suceder a quem legalmente a represente"[20].

Sobreleva salientar que a sucessão por morte ou por ausência obedece à lei do país em que era domiciliado o defunto ou o desaparecido, qualquer que seja a

---

[17] Antonio Cicu, *Successioni per causa di morte*, p. 243; Sílvio de Salvo Venosa, *Direito civil*, v. VII, p. 208.

[18] *Sucessões*, p. 31.

[19] *Instituições*, cit., v. VI, p. 35.

[20] *Comentários*, cit., v. XXI, p. 111.

natureza e a situação dos bens (LINDB, art. 10). É a lei do domicílio do *de cujus*, portanto, que rege as condições de validade do testamento por ele deixado. Mas é a lei do domicílio do herdeiro ou legatário que regula a *capacidade para suceder* (§ 2º).

A sucessão de *bens de estrangeiros* situados no País será regulada pela lei brasileira em benefício do cônjuge ou dos filhos brasileiros, ou de quem os represente, sempre que não lhe seja mais favorável a lei pessoal do *de cujus* (LINDB, art. 10, § 1º, com a redação dada pela Lei n. 9.047, de 18-5-1995).

3. OS QUE NÃO PODEM SER NOMEADOS HERDEIROS TESTAMENTÁRIOS NEM LEGATÁRIOS

O art. 1.801 do Código Civil menciona outras pessoas que não podem ser nomeadas herdeiras nem legatárias:

"Não podem ser nomeados herdeiros nem legatários:

I – a pessoa que, a rogo, escreveu o testamento, nem o seu cônjuge ou companheiro, ou os seus ascendentes e irmãos;

II – as testemunhas do testamento;

III – o concubino do testador casado, salvo se este, sem culpa sua, estiver separado de fato do cônjuge há mais de cinco anos;

IV – o tabelião, civil ou militar, ou o comandante ou escrivão, perante quem se fizer, assim como o que fizer ou aprovar o testamento".

O dispositivo reporta-se à incapacidade testamentária passiva de pessoas – quer sejam herdeiros, quer legatários – que não podem adquirir por testamento, por serem consideradas suspeitas. Exceto o caso do concubino, em que há o propósito de proteger a família, as proibições inspiram-se em questão de segurança, objetivando evitar que tais pessoas se vejam tentadas a abusar da confiança nelas depositada e procurem alterar a vontade do testador para obter algum benefício para si ou seus parentes, ou, ainda, para o cônjuge ou companheiro.

Reproduziu-se basicamente o texto do art. 1.719 do Código de 1916, com as alterações determinadas pela evolução natural da sociedade. Nessa consonância, o inciso I refere-se também ao "*companheiro*", em decorrência do reconhecimento, pela Constituição Federal, da união estável como entidade familiar.

Do mesmo modo, aperfeiçoou-se a redação do inciso III, que se referia tão somente à concubina, acrescentando-se a possibilidade de o concubino ser contemplado pelo testador casado, se este "*estiver separado de fato do cônjuge há mais de cinco anos*".

Entendem alguns autores que o dispositivo em tela cuida de situações de incapacidade relativa, sendo absoluta a da pessoa ainda não concebida ao tempo da morte do testador. As hipóteses não são, todavia, de incapacidade relativa, mas de *falta de legitimação*, pois as pessoas mencionadas não podem ser beneficiadas em determinado testamento, conquanto possam sê-lo em qualquer outro em que não existam os apontados impedimentos.

Figura *em primeiro lugar* (CC, art. 1.801, I), entre os incapazes de receber por testamento, *a pessoa que o escreveu a rogo do testador*. Excluiu-a a lei por motivo de suspeição, como já referido. Poderia tal pessoa, com efeito, ser tentada a abusar da confiança nela depositada pelo testador e modificar deliberadamente o teor de sua última vontade, ou, ainda, movida pela cobiça, induzi-lo a testar em seu benefício, ou de algum parente próximo[21].

Além de quem escreveu a rogo o testamento, igualmente não pode ser nomeado herdeiro ou legatário seu *"cônjuge, ou companheiro, ou os seus ascendentes e irmãos"*. Mesmo quando a pessoa encarregada de escrever o testamento fosse fiel ao transcrever as palavras do testador, "poderia influir em seu espírito, induzindo-o a gratificar uma daquelas pessoas, interferindo, desse modo, em sua liberdade de dispor[22].

Diferentemente do Código de 1916, o atual diploma não incluiu, no dispositivo ora em estudo, os *descendentes* da pessoa que redigiu o testamento, mesmo altamente suspeitos, no rol das pessoas impedidas de serem contempladas em ato de última vontade. Todavia, o parágrafo único do art. 1.802 supre a omissão, presumindo pessoas interpostas, dentre outros, os *descendentes* do não legitimado a suceder e considerando nulas as disposições testamentárias em seu favor.

Em *segundo lugar*, ainda para evitar a influência, por interesse, na vontade do testador, o legislador estende a restrição às *testemunhas do testamento* (CC, art. 1.801, II). A segurança e a veracidade das disposições *causa mortis* melhor se asseguram, efetivamente, mediante o testemunho de pessoas despidas de interesse nas liberalidades do testador.

A proibição alcança as testemunhas do auto de aprovação, no testamento cerrado, malgrado não tenham conhecimento do teor da cédula testamentária.

O *concubino do testador casado* também não pode ser beneficiado em ato *causa mortis* (CC, art. 1.801, III). Constituem concubinato, segundo estatui o art. 1.727 do novo diploma, *"as relações não eventuais entre o homem e a mulher, impedidos de casar"*.

A vedação complementa a série de dispositivos destinados a proteger a família legítima e a coibir o adultério, dentre eles o art. 550 do Código Civil, que declara anulável a doação do cônjuge adúltero ao seu cúmplice, e o art. 1.642, V, que permite tanto ao marido quanto à mulher reivindicar os bens doados ou

---

[21] Washington de Barros Monteiro, *Curso*, cit., v. 6, p. 45.
[22] Silvio Rodrigues, *Direito civil*, cit., v. 7, p. 44.

transferidos pelo outro cônjuge ao concubino. Não seria correto limitá-la aos atos *inter vivos*.

A restrição atinge tanto o homem quanto a mulher, mas limita-se ao caso de concubinato denominado adulterino, em que o testador vive com o cônjuge e mantém relação extraconjugal, não se aplicando às hipóteses em que a sociedade conjugal já se encontra dissolvida, *de direito* ou apenas *de fato*, há mais de cinco anos, sem culpa sua.

Idêntica ressalva consta do art. 2.196, letra *a*, do Código Civil português, para o qual, todavia, o prazo de separação de fato deve ser de mais de seis anos, à data da abertura da sucessão.

A fixação do prazo de cinco anos para o afastamento da vedação conflita com o disposto no art. 1.723 do mesmo diploma de 2002, que não estabelece prazo para a configuração da união estável, bem como com o art. 1.830, que não reconhece direito sucessório ao cônjuge sobrevivente se, ao tempo da morte do outro, estava separado de fato há mais de dois anos, salvo prova, neste caso, de que essa convivência se tornara impossível sem culpa do sobrevivente.

O aludido prazo de cinco anos mostra-se, pois, excessivo.

Por outro lado, a exigência de que inexista culpa na separação de fato não parece oportuna, pois irá propiciar extensas discussões a esse respeito. A referência à culpa, como bem salienta Caio Mário da Silva Pereira[23], "é uma ressalva incabível, ou um excesso de puritanismo. Separado de fato o casal por um quinquênio, não cabe apurar de quem a culpa, como se se tratasse de dissolução da sociedade conjugal. O que a disposição veda é que o marido ou a mulher teste em favor de seu (ou de sua) amante. Mas se o casal é separado de fato há mais de cinco anos, não é hora de apurar culpa".

A expressão "*testador casado*", constante do inciso III em epígrafe, não abrange testador separado judicialmente ou divorciado. Efetivamente, dissolvida a sociedade conjugal, não mais pode ser este considerado casado e nada obsta, destarte, a que beneficie livremente a concubina.

Inexiste, igualmente, impedimento a que o testador solteiro ou viúvo contemple a concubina.

O Código Civil de 1916 proibia, no art. 1.719, III, a nomeação como herdeira ou legatária da "concubina do testador casado". Visava o legislador coibir que a amante do homem casado viesse a ser por ele nomeada, em testamento, sua herdeira ou legatária, impedindo assim o desvio, para a família ilegítima, daqueles bens que deviam pertencer à família legítima.

---

[23] *Instituições*, cit., v. VI, p. 213.

A defeituosa redação do aludido dispositivo discriminava o marido, pois não impedia que a mulher casada nomeasse seu amante herdeiro ou legatário. O inciso III do art. 1.801 do Código de 2002, ora em estudo, refere-se a "*concubino*", no masculino, para não incidir no *discrimen*. Pode-se em consequência afirmar que a intenção do legislador foi negar legitimidade para adquirir por disposição testamentária tanto ao concubino como à concubina da pessoa que elaborou o testamento em detrimento do cônjuge supérstite e dos filhos comuns do casal.

A jurisprudência, diante de fatos sociais evidentes, que revelavam a formação de inúmeras famílias sem a chancela do casamento, e considerando os novos costumes e transformações vividos pela sociedade, acabou fazendo, numa interpretação construtiva dos arts. 1.177 e 1.719, III, do diploma de 1916, "distinção entre concubina e companheira, decotando os rigores dos aludidos dispositivos, diante de situações concretas, evitando a injustiça que poderia gerar a aplicação restrita dos mesmos"[24].

Consolidou-se, então, o entendimento de que os arts. 1.177 e 1.719, III, do Código Civil de 1916 se aplicavam à concubina, e não à companheira. *O Superior Tribunal de Justiça*, perfilhando a tese e seguindo a orientação da dicotomia constitucional entre concubinato e união estável, veio a proclamar: "A vedação do art. 1.719, III, do Código Civil (*de 1916*) não abrange a companheira de homem casado, mas separado de fato. E como tal se considera a mulher que com ele mantém união estável, convivendo como se casados fossem"[25].

O Código Civil de 2002, como visto, no art. 1.801, III, encarou a realidade das longas separações de fato, em que a sociedade conjugal já se desfez, embora a separação não tenha sido legalizada. Malgrado o separado de fato continue casado, a lei abre exceção à *separação de fato* com *ausência de culpa*, e por mais de *cinco anos*. A proibição que incide sobre pessoas separadas de fato há menos de cinco anos não incide, todavia, sobre pessoas que estejam *separadas judicialmente*[26].

Por fim, não pode ser nomeado herdeiro, nem legatário, o *tabelião*, civil ou militar, nem o *comandante* ou *escrivão*, perante quem se fez, assim como o que fez, ou aprovou o testamento (CC, art. 1.801, IV).

---

[24] Silvio Rodrigues, *Direito civil*, cit., v. 7, p. 48.

[25] REsp 73.234-RJ, rel. Min. Eduardo Ribeiro, *RT*, 731/236. No mesmo sentido: "Refletindo as transformações vividas pela sociedade dos nossos dias, impõe-se construção jurisprudencial a distinguir a companheira da simples concubina, ampliando, inclusive com suporte na nova ordem constitucional, a proteção à primeira, afastando a sua incapacidade para receber legado em disposição de última vontade, em exegese restrita do artigo 1.719, III, do Código Civil (*de 1916*). Impende dar à lei, especialmente em alguns campos do direito, interpretação construtiva, teleológica e atualizada" (REsp 196-RS, 4ª T., rel. Min. Sálvio de Figueiredo Teixeira, *DJU*, 18-9-1989, *RSTJ*, 3/1075; *RT*, 651/170).

[26] Débora Gozzo, *Comentários*, cit., v. XVI, p. 96, nota 27.

Objetiva o legislador, com a proibição, impedir qualquer abuso de confiança daqueles que participaram da elaboração do testamento e afastar toda suspeita sobre a autenticidade das declarações do testador, bem como sobre a lisura do oficial. Por ter redigido o ato, ou nele funcionado, não tem o serventuário a necessária isenção.

4. SIMULAÇÃO DE CONTRATO ONEROSO E INTERPOSIÇÃO DE PESSOA

Dispõe o art. 1.802 do Código Civil:

"São nulas as disposições testamentárias em favor de pessoas não legitimadas a suceder, ainda quando simuladas sob a forma de contrato oneroso, ou feitas mediante interposta pessoa.

Parágrafo único. Presumem-se pessoas interpostas os ascendentes, os descendentes, os irmãos e o cônjuge ou companheiro do não legitimado a suceder".

Se, apesar das proibições previstas nos arts. 1.801, 1.798 e 1.799, I, do Código Civil, forem contempladas, de modo direto ou mediante simulação, pessoas neles mencionadas, *nulas* se tornarão as disposições testamentárias. *Simulação é uma declaração falsa, enganosa, da vontade, visando aparentar negócio diverso do efetivamente desejado.* Proclama coerentemente o art. 167 do novo diploma que *"é nulo o negócio jurídico simulado"*, conquanto possam permanecer os efeitos do ato dissimulado, se válido for na substância e na forma.

O dispositivo supratranscrito reproduz o texto do art. 1.720 do diploma de 1916, aperfeiçoando-o com o acréscimo dos *"irmãos"* e *"companheiro"*, como pessoas interpostas, e com a substituição dos vocábulos "pai" e "mãe", equivocadamente mencionados, por *"ascendentes"*. Demonstrando maior rigor técnico, não mais se refere à incapacidade relativa, mas à falta de legitimação das pessoas mencionadas.

A nulidade da deixa testamentária pode revestir-se de duas formas: a) o testador dissimula a liberalidade sob a aparência de contrato oneroso; ou b) recorre a interposta pessoa para beneficiar o proibido de suceder.

Na primeira hipótese, exemplifica Washington de Barros Monteiro[27], confessa o testador "ser devedor de obrigação inexistente ou alega haver prometido a venda de certo bem, tendo recebido do não legitimado o preço respectivo. No segundo, ele se vale de testa de ferro, realizando assim obliquamente a operação que tinha em mente".

---

[27] *Curso*, cit., v. 6, p. 48.

Configura-se a *interposição de pessoas*, espécie de simulação relativa (CC, art. 167, § 1º, I), quando a disposição testamentária beneficia diretamente um terceiro e indiretamente o não legitimado. Impedido de beneficiar diretamente o concubino ou outros não legitimados, o testador contorna a proibição legal contemplando parentes dessas pessoas, que figuram apenas como herdeiros ou legatários aparentes. O ato aparente, simulado, serve apenas para ocultar a efetiva intenção, que é premiar os não legitimados.

Assim, por exemplo, pretendendo gratificar a concubina, o testador casado burla a proibição legal nomeando herdeiro ou legatário o pai da referida mulher, beneficiando-a indiretamente.

Provada a interposição de pessoas não elencadas no parágrafo único do aludido art. 1.802 do Código Civil, nula é a cláusula testamentária, como dito anteriormente. Tendo em vista a dificuldade para provar o ardil, o expediente astucioso, admite-se a prova da simulação por indícios e presunções (CPC/39, art. 252; CPC/73, arts. 332 e 335; CPC/2015, arts. 369 e 375).

Todavia, a lei presume de modo absoluto a interposição de pessoas, dispensando qualquer prova, na hipótese de serem contemplados os *"ascendentes, os descendentes, os irmãos e o cônjuge ou companheiro do não legitimado a suceder"* (CC, art. 1.802, parágrafo único).

O Código Civil, conforme a lição de Itabaiana de Oliveira, deve ser interpretado restritamente, na enumeração das pessoas que se reputam interpostas. Fora dos casos taxativamente indicados no art. 1.720 do Código Civil (*de 1916; CC/2002: art. 1.802, parágrafo único*), afirma, "não existe presunção *legal* da interposição, o que não impede, entretanto, que, além desses casos, possam os interessados, na declaração da incapacidade, *fazer prova* da existência de interposição de outra pessoa em favor do incapaz"[28].

Nessa hipótese, aduz o mencionado autor, "trata-se de uma presunção comum, ou *hominis*, que, embora não estabelecida em lei, se funda, entretanto, naquilo que ordinariamente acontece, e, por isso, deve ser deduzida pelo juiz, conforme as regras do direito, com prudência e discernimento, porque esta presunção é admitida nos mesmos casos em que o é a prova testemunhal".

Prevê o Código Civil, com efeito, no parágrafo único do art. 1.802, segundo a doutrina tradicional (Pontes de Miranda, Eduardo Espínola, Clóvis Beviláqua, Orozimbo Nonato etc.), bem como a moderna doutrina (Maria Helena Diniz, Eduardo de Oliveira Leite, Zeno Veloso, Giselda Hironaka e outros) uma presunção *iuris et de iure* e que, destarte, não admite prova em contrário.

---

[28] *Tratado*, cit., v. II, p. 40-41.

Há, no entanto, uma exceção à aplicação da indigitada presunção: trata-se da hipótese em que o descendente da concubina é, também, filho do testador. Sendo filho de ambos, prevalece a intenção de beneficiar a prole comum.

A questão, controvertida no passado, foi solucionada pela *Súmula 447 do Supremo Tribunal Federal, verbis*: "É válida a disposição testamentária em favor de filho adulterino do testador com sua concubina".

O Código Civil normatizou a matéria, adotando a orientação consagrada na aludida súmula. Estatui, assim, o art. 1.803 do novo diploma: "*É lícita a deixa ao filho do concubino, quando também o for do testador*". Se, porém, for filho somente do concubino, subsiste a proibição, ressurgindo a intenção de proteger a genitora. Mas as pessoas presumidas interpostas (ascendentes, descendentes etc.) podem adquirir em seu próprio favor, se a beneficiária não legitimada (concubina, por exemplo) já faleceu à data da abertura da sucessão, porque nesse caso desaparece a violação indireta da lei.

Capítulo IV

DA ACEITAÇÃO E RENÚNCIA DA HERANÇA

> *Sumário*: 1. Conceito de aceitação de herança. 2. Espécies de aceitação. 2.1. Quanto à sua forma. 2.2. Quanto ao agente. 3. Características da aceitação. 4. Irretratabilidade da aceitação. 5. Anulação da aceitação. 6. Conceito de renúncia. 7. Espécies de renúncia. 8. Restrições legais ao direito de renunciar. 9. Efeitos da renúncia. 10. Ineficácia e invalidade da renúncia. 11. Irretratabilidade da renúncia.

1. CONCEITO DE ACEITAÇÃO DE HERANÇA

Aceitação ou *adição* da herança é o ato pelo qual o herdeiro anui à transmissão dos bens do *de cujus*, ocorrida por lei com a abertura da sucessão, confirmando-a.

Trata-se de uma confirmação, uma vez que a aquisição dos direitos sucessórios não depende da aceitação. Aberta a sucessão, a herança transmite-se, desde logo e por força de lei, ao patrimônio do herdeiro legítimo ou testamentário (CC, art. 1.784). A aceitação revela, destarte, apenas a anuência do beneficiário em recebê-la, tendo em vista que, perante o nosso ordenamento jurídico, só é herdeiro ou legatário quem deseja sê-lo.

Embora a aquisição da herança emane de pleno direito da delação, a aceitação não constitui ato supérfluo ou necessário, visto que, como mencionado, ninguém deve ser herdeiro contra a própria vontade. A lei concede, assim, ao herdeiro chamado à sucessão a *faculdade de deliberar* se aceita, ou não, a herança transmitida *ipso iure*.

A doutrina chama efetivamente esse período de *fase de deliberação*, na qual o adquirente aceita ou renuncia a herança. A aceitação só pode ser compreendida juntamente com a renúncia. Portanto, como deliberação. E essa oportunidade de deliberar conferida ao herdeiro é de fato, segundo WALTER MORAES, "uma decorrência necessária da ordem das coisas. Por uma parte a transmissão imediata da herança é um imperativo de continuidade ininterrupta da vida jurídica do patrimônio do *de cuius*, porquanto não é admissível que tal patrimônio fique por algum tempo vago e sem titular, aberto às depredações. Por outra, contudo, repugna à índole essencial do direito o ser alguém obrigado a ingressar numa situação patrimonial nova, contra a sua vontade"[1].

Ao herdeiro, prossegue o mencionado autor, "tem de ser facultada uma livre decisão sobre a sua própria situação jurídico-econômica. Tem, em outras palavras, de ser-lhe facultado *renunciar* o patrimônio hereditário, pois que este já está adquirido. O direito de deliberar assegurado ao herdeiro resolve-se pois em direito de renunciar; e é o ato de renúncia que releva no *ius deliberandi*, não propriamente o de aceitação. Este o significado do direito de deliberar na conjuntura sucessória; como visto, um incidente necessário e uma garantia de ordem jurídica a compensar aquela deficiência do automatismo da transmissão imediata".

Disciplinando a aludida situação prescreve o art. 1.804 do Código Civil:

"*Aceita a herança, torna-se definitiva a sua transmissão ao herdeiro, desde a abertura da sucessão.*

Parágrafo único. A transmissão tem-se por não verificada quando o herdeiro renuncia à herança".

A aceitação tem, portanto, efeito retro-operante. Os direitos hereditários não nascem com ela, mas retroagem, automaticamente e *ex vi legis*, à data do óbito do autor da herança.

Há vários sistemas jurídicos que dispensam a figura da aceitação da herança. Para o direito alemão inexiste qualquer diferença entre devolução e aceitação da herança. Só a renúncia exige ato positivo e real. Na mesma linha a orientação dos Códigos suíço e escandinavo.

Para o sistema tradicional, a que se filia o direito brasileiro, a aceitação, como vimos, é indispensável. Não se perfilha, todavia, a orientação do direito romano, segundo o qual a pessoa falecida, ficticiamente, era considerada como sobrevivente até que se verificasse a aceitação da herança pelos respectivos sucessores. O direito moderno atinge o mesmo fim, tendo como retroativa a aceitação manifestada pelo herdeiro[2].

---

[1] *Teoria geral e sucessão legítima*, p. 51.
[2] Washington de Barros Monteiro, *Curso de direito civil*, v. 6, p. 50-51.

2. ESPÉCIES DE ACEITAÇÃO

A aceitação, ou ato de confirmação da posição de sucessor, pode perfazer-se por formas diversas, mas nas quais se tenha como inequívoca a intenção do interessado de participar da sucessão.

Trata-se de negócio jurídico unilateral e não receptício, não precisando, pois, ser comunicado a quem quer que seja para que produza seus efeitos. Pode consistir em declaração, ou em comportamento indicativo de acolhimento de sua condição. É, ademais, necessário, pois os herdeiros devem suportar, até as forças de herança, as dívidas do falecido, transferíveis por sucessão[3].

2.1. Quanto à sua forma

Quanto à sua *forma*, a aceitação pode ser *expressa*, quando é manifestada mediante declaração escrita (CC, art. 1.805, *caput*); *tácita*, quando resulta de conduta própria de herdeiro (art. 1.805, *caput*); e *presumida*, quando o herdeiro permanece silente, depois de notificado, nos termos do art. 1.807, para que declare, em prazo não superior a trinta dias, a pedido de alguém interessado – geralmente o credor – se aceita ou não a herança.

Dispõe o art. 1.805 do Código Civil:

"A aceitação da herança, quando expressa, faz-se por declaração escrita; quando tácita, há de resultar tão somente de atos próprios da qualidade de herdeiro.

§ 1º Não exprimem aceitação de herança os atos oficiosos, como o funeral do falido, os meramente conservatórios, ou os de administração e guarda provisória.

§ 2º Não importa igualmente aceitação a cessão gratuita, pura e simples, da herança, aos demais coerdeiros".

A aceitação é o que normalmente ocorre, é o ordinário. Por isso é *informal*, admite-se seja tácita e às vezes se presume. A renúncia, ao contrário, transtorna a normalidade sucessória, é excepcional e por isso tem de ser *expressa* e *formal*, como veremos adiante.

Na *aceitação expressa* o herdeiro assume inequivocamente o seu título ou qualificação. Perfaz-se por declaração *"escrita"*, diz o legislador. Assim é também no direito português[4] e no direito francês, que se refere a declaração formal, não solene (*authentique* ou *privé*).

---

[3] Carlos Alberto Bittar, *Direito das sucessões*, p. 32-33.

[4] "Art. 2.056.

1. A aceitação pode ser expressa ou tácita.

2. A aceitação é havida como expressa quando nalgum documento escrito o sucessível chamado à herança declara aceitá-la ou assume o título de herdeiro com a intenção de a adquirir.

3. Os atos de administração praticados pelo sucessível não implicam aceitação tácita da herança".

Resolvendo aceitar a herança, deve o herdeiro fazê-lo, assim, por declaração escrita, que pode ser pública ou particular. Uma carta pode ser suficiente, quando seus termos não deixam dúvidas quanto à aceitação. A forma escrita revela maior reflexão do que a oral. Por essa razão, não admite a nossa lei esta última forma.

No direito pré-codificado, havia mais interesse na manifestação expressa da aceitação, porque não constava da lei a regra de não responder o herdeiro por encargos superiores à força da herança. Quando o herdeiro sucedia o *de cujus*, tomava-lhe o lugar, substituindo-o em todas as suas relações jurídicas. Aceita a herança, transferiam-se para os herdeiros também os ônus, ou seja, não só os créditos senão também os débitos, sem qualquer limitação. Assim, se o passivo excedesse o ativo, o herdeiro continuava responsável pelo saldo devedor.

Para se livrar desse risco, era necessário o herdeiro declarar que aceitava a herança *sob benefício do inventário*, ou seja, condicionalmente, só tendo eficácia o ato se o ativo superasse o passivo. Como hoje, por lei (CC, art. 1.792), o "*herdeiro não responde por encargos superiores às forças da herança*" (*ultra vires hereditatis*), a aceitação costuma ser tácita. Nada impede, todavia, que renuncie ao benefício do inventário, declarando assumir *sponte sua* todos os débitos do *de cujus*, ainda que superiores ao ativo da herança.

Pode o herdeiro, por motivos de ordem moral, por exemplo, desejar pagar todos os débitos do falecido, mesmo se forem superiores ao seu ativo. Nessa hipótese, será mister que manifeste de modo explícito a sua vontade de renunciar ao benefício de inventário, arcando com todo o passivo do espólio, qualquer que seja o seu ativo.

A *aceitação tácita*[5] resulta de qualquer ato que demonstre intenção de adir a herança, como a intervenção no inventário, representado por advogado, concordando com as declarações preliminares e avaliações; a cessão de seus direitos a outrem; a participação em defesa dos interesses do espólio; o apossamento de bens a este pertencentes ou outros atos.

Pode-se afirmar que há aceitação tácita quando o sucessor pratica atos que ultrapassam a simples conservação e administração da herança e que implicam necessariamente a intenção de aceitar e que só poderia praticar na qualidade de herdeiro. Já se decidiu que simples requerimento de abertura de inventário, por si só, não traduz o propósito de aceitar a herança, por se tratar de obrigação legal do herdeiro[6].

No § 1º do dispositivo retrotranscrito o legislador afasta da presunção de aceitação "*os atos oficiosos, como o funeral do finado, os meramente conservatórios, ou*

---

[5] STJ. REsp n. 1.899.710, Ministra Maria Isabel Gallotti, DJe de 04/07/2023.
[6] *RT*, 375/174, 387/142.

os de administração e guarda provisória", porque praticados altruisticamente, sem o intuito de recolher a herança. Preleciona a propósito CLÓVIS BEVILÁQUA que os *atos oficiosos* "são os que se praticam desinteressadamente, no intuito de prestar um favor, de ser agradável, de satisfazer sentimentos piedosos ou humanitários"[7].

Meramente conservatórios, por outro lado, são os atos necessários e urgentes, que têm por fim impedir a perda ou deterioração dos bens da herança. E os de *administração e guarda provisória* são os praticados pelo herdeiro para atender a uma necessidade premente, sem a intenção de tê-los para si, mas com o ânimo de entregá-los, logo que possível, a quem deva guardá-los e conservá-los.

O § 2º, por sua vez, proclama que *a cessão gratuita, pura e simples* da herança aos demais coerdeiros "*não importa, igualmente, aceitação*", porque tal ato equivale a uma renúncia (*v. n. 6, infra*).

A aceitação é denominada *presumida*, como foi dito, na hipótese do art. 1.807 do Código Civil, ou seja, quando algum interessado em saber se o herdeiro aceita ou não a herança, requer ao juiz, depois de passados vinte dias da abertura da sucessão, que assinale ao herdeiro prazo razoável, não maior de trinta dias, para, nele, se pronunciar, "*sob pena de se haver a herança por aceita*". Cuida-se do conhecido *prazo para deliberar*, que suscitou muita controvérsia no direito pré-codificado.

Trata-se da *actio interrogatoria*, sendo competente para o processamento o juízo do inventário. O interessado pode ser o legatário, algum credor e também aquele que eventualmente sucederia, em substituição, caso se consumasse a renúncia (CC, art. 1.947).

Nessa hipótese, o silêncio é interpretado como manifestação de vontade, ou seja, como aceitação presumida ou ficta. Assinala CAIO MÁRIO DA SILVA PEREIRA[8] que o aludido dispositivo constitui reminiscência do *ius deliberandi* do direito romano. O direito de deliberar caiu em desuso, substituído pela aceitação a benefício do inventário. O que restou, no direito moderno, é o que consta do mencionado artigo.

A lei não estabelece prazo para a aceitação. Sublinha LACERDA DE ALMEIDA que, "não havendo entre nós prazo legal para adir (*jus deliberandi*), segue-se que, enquanto não for o herdeiro lançado de um prazo, que pelos interessados lhe seja judicialmente assinado, conserva o direito de declarar-se pela aceitação ou repúdio e de o transmitir por seu falecimento"[9].

Depois de indagar se poderá o herdeiro protrair indefinidamente a aceitação ou repúdio da herança sem que haja na lei limite a essa tardança, conclui LACERDA

---

[7] *Código Civil dos Estados Unidos do Brasil*, p. 763.
[8] *Instituições de direito civil*, v. VI, p. 51-52.
[9] *Sucessões*, § 27, p. 172-173 e nota 5.

DE ALMEIDA, referindo-se à redação original do art. 177 do Código de 1916, que "na ausência de determinação legal prevalece a regra de que todos os direitos de ação extinguem-se ao cabo de trinta anos".

WALTER MORAES, por sua vez, observa que o nosso direito não marca prazo para deliberar e por esse motivo tem-se entendido "na doutrina e na jurisprudência que o prazo é o comum da prescrição (vinte anos) (...)"[10].

Frise-se, por oportuno, que, perante o Código Civil de 2002, esse prazo é de dez anos (art. 205).

ITABAIANA DE OLIVEIRA, igualmente, afirma que, "enquanto não prescrever o direito do herdeiro à herança, ou não decorrer o prazo legal marcado pelo juiz a requerimento de qualquer interessado, pode o herdeiro aceitar ou renunciar a herança pelos modos indicados no art. 1.581 do Código Civil (*de 1916*)"[11].

Desse modo, enquanto não intimado a manifestar-se em prazo certo, o herdeiro tem a faculdade de aceitar a herança a todo tempo, até que se consume a prescrição ao cabo de dez anos (CC, art. 205).

Esgotado o prazo do *ius deliberandi*, extingue-se a faculdade de optar e a situação permanece inalterada, ou seja, a herança está adquirida, sem possibilidade de alterar-se o *statu quo*.

2.2. Quanto ao agente

Quanto ao agente ou pessoa que a manifesta, *a aceitação pode ser direta ou indireta. Direta* é a que provém do próprio herdeiro. *Indireta*, quando alguém a faz por ele, como pode suceder em quatro hipóteses legalmente previstas[12]:

a) *Aceitação pelos sucessores*. Preceitua o art. 1.809, *caput*, do Código Civil que, "*falecendo o herdeiro antes de declarar se aceita a herança, o poder de aceitar passa-lhe aos herdeiros, a menos que se trate de vocação adstrita a uma condição suspensiva, ainda não verificada*". Trata-se de sucessão hereditária do direito de aceitar. O herdeiro que falece antes de aceitar, morre na posse de um direito. E este direito, que faz parte do seu patrimônio, é, como os demais direitos, transmissível por sucessão hereditária[13].

A morte do herdeiro antes da aceitação impede a transmissão aos seus sucessores de herança ainda não aceita. Transfere-lhes, todavia, o direito de aceitá-la ou repudiá-la. Não apenas os direitos sucessórios se transmitem, mas igualmente

---

[10] *Teoria geral*, cit., p. 53.
[11] *Tratado de direito das sucessões*, v. I, § 83, p. 81.
[12] Caio Mário da Silva Pereira, *Instituições*, cit., v. VI, p. 52; Maria Helena Diniz, *Curso de direito civil brasileiro*, v. 6, p. 88.
[13] Lacerda de Almeida, *Sucessões*, cit., § 27, p. 171.

o prazo para deliberar (*spatium deliberandi*), "*a menos que se trate de vocação adstrita a uma condição suspensiva ainda não verificada*", como ressalva o dispositivo supra-transcrito (possibilidade esta que só existe na sucessão testamentária), uma vez que tal espécie de condição impede a aquisição do direito (CC, art. 125).

Assim, se um herdeiro foi nomeado sob a condição de, por exemplo, obter o primeiro lugar em determinado concurso, ou vencer determinada disputa ou colar grau em curso universitário, e faleceu antes de seu implemento, os mencionados direitos eventuais consideram-se como se nunca tivessem existido. Com a frustração da condição cessa a expectativa de direito. Tornando-se ineficaz a deixa testamentária, o poder de aceitar não passa aos herdeiros do que faleceu antes de declarar se aceitava a herança[14].

Aduz o parágrafo único do art. 1.809, como inovação e consequência lógica dos princípios, a seguinte condição para que os sucessores do herdeiro, falecido antes da aceitação, possam aceitar ou renunciar a primeira herança: que antes "*concordem em receber a segunda herança*" deixada por este. Exemplificando: falecendo o pai e sendo herdeiro um dos seus filhos, que morre depois da abertura do inventário sem ter aceito a herança, transmitindo os seus bens para os seus filhos, estes últimos não poderão aceitar a herança do avô em nome do pai, sem terem previamente aceito a herança paterna[15].

b) *Aceitação por mandatário e por gestor de negócios.* A doutrina, sem discrepâncias, admite a aceitação da herança por *mandatário*. CARLOS MAXIMILIANO afirma que "tanto a adição como a renúncia podem ser feitas por procurador; para a última se requerem poderes especiais"[16].

A aceitação feita pelo *gestor de negócios*, entretanto, é controvertida. Assinala CAIO MÁRIO DA SILVA PEREIRA[17] que, a valer o argumento histórico, deve ela ser admitida, pois que o direito romano a subordinava apenas à confirmação do herdeiro. O aludido autor não vê motivos para que prevaleça entre nós doutrina contrária.

Dá-se a gestão de negócios quando uma pessoa, sem autorização do interessado, intervém na administração de negócio alheio, dirigindo-o segundo o interesse e a vontade presumível de seu dono (CC, art. 861). A intervenção é motivada por *necessidade* ou por *utilidade*, com a intenção de trazer proveito para o dono.

---

[14] Washington de Barros Monteiro, *Curso*, cit., v. 6, p. 56; Caio Mário da Silva Pereira, *Instituições*, cit., v. VI, p. 52; Silvio Rodrigues, *Direito civil*, v. 7, p. 53-54; Maria Helena Diniz, *Curso*, cit., v. 6, p. 88-89; Eduardo de Oliveira Leite, *Comentários ao novo Código Civil*, v. XXI, p. 140-141.
[15] Arnoldo Wald, *Direito das sucessões*, p. 28.
[16] *Direito das sucessões*, v. I, p. 69, n. 40. Na mesma linha as manifestações de Caio Mário da Silva Pereira (*Instituições*, cit., v. VI, p. 52) e Maria Helena Diniz (*Curso*, cit., v. 6, p. 88-89).
[17] *Instituições*, cit., v. VI, p. 53.

Em princípio, nada obsta a que a aceitação da herança seja feita pelo gestor de negócios, para evitar prejuízo ao herdeiro, mesmo sem autorização deste. Todavia, tal hipótese se configurará somente quando a não aceitação imediata puder prejudicar o herdeiro, uma vez que a ausência de aceitação, esgotado o prazo do *ius deliberandi*, apenas extingue a faculdade de optar, mantendo o *statu quo*. A situação "resta como está, isto é, a herança está adquirida, sem possibilidade de alterar-se, então, tal quadro"[18].

c) *Aceitação pelo tutor ou curador* de heranças, legados ou doações, representando o incapaz, mediante autorização judicial. Dispõe o art. 1.748 do Código Civil que "*compete também ao tutor, com autorização do juiz, (...) II – aceitar por ele heranças, legados ou doações, ainda que com encargos*". E o art. 1.781 proclama que "*as regras a respeito do exercício da tutela aplicam-se ao da curatela (...)*".

d) *Aceitação pelos credores*. O art. 1.813 do Código Civil afasta a possibilidade de haver renúncia lesiva a estes. Se tal ocorrer, podem aceitar a herança em nome do renunciante, nos autos de inventário não encerrado, mediante *autorização judicial*, sendo aquinhoados no curso da partilha (CPC/2015, art. 642, § 3º, c/c o art. 647). Se houver saldo, será entregue aos demais herdeiros, e não ao renunciante, como prescreve o referido art. 1.813, segunda parte.

A existência de prejuízos aos credores do renunciante faz, portanto, com que a renúncia não produza efeitos até o montante necessário para a satisfação do débito.

Tendo em vista que a transmissão da herança se dá no mesmo instante da abertura da sucessão (CC, art. 1.784), a renúncia da herança por parte do herdeiro pode consistir em fraude aos seus credores. Assim, por exemplo, se o *de cujus* deixa vultoso patrimônio a três filhos, que é prontamente aceito por dois deles, mas não pelo terceiro, que o repudia porque não possui bens penhoráveis, contraiu dívida de elevado valor e percebe que o seu quinhão na herança paterna será absorvido pelo credor, pode este requerer ao juiz que o autorize a aceitá-lo em nome do renunciante, evitando, assim, a consumação da fraude. Procura o devedor, ao renunciar ao seu quinhão, evitar que seja ele totalmente utilizado na satisfação do crédito daquele. Repudiando-o, haveria a devolução aos seus irmãos – solução esta a que dá preferência.

Essa concepção, segundo observa SILVIO RODRIGUES[19], colide com a que considera o herdeiro renunciante como se jamais houvesse sido herdeiro, visto que a renúncia retroage ao momento da abertura da sucessão (CC, art. 1.804, parágrafo único) – o que impediria a aceitação pelos credores, uma vez que o patrimônio do finado não chegou a incorporar-se ao patrimônio do renunciante.

---

[18] Walter Moraes, *Teoria geral*, cit., p. 53.
[19] *Direito civil*, cit., v. 7, p. 59.

Optou o legislador por uma ficção legal intermediária, que atende principalmente ao interesse dos credores, permitindo que estes aceitem a herança em nome do herdeiro, como forma de se cobrarem. Como inovação, o Código de 2002 fixou prazo para a habilitação, na herança, dos credores do renunciante, nestes termos: "*A habilitação dos credores se fará no prazo de trinta dias seguintes ao conhecimento do fato*" (art. 1.813, § 1º). A aceitação valerá somente até a concorrência dos créditos, não podendo os habilitantes beneficiar-se além de seu montante.

Pagas as dívidas, o remanescente devolve-se aos herdeiros a quem a renúncia beneficia, e não ao renunciante, que perdera a condição hereditária. A renúncia acarreta, pois, o desaparecimento de um herdeiro sucessível e gera, subsequentemente, o surgimento de dois novos personagens, os credores e os herdeiros subsequentes[20].

Provado o prejuízo decorrente da renúncia, podem os credores requerer autorização para aceitar a herança em nome do renunciante, independentemente de prova de má-fé do herdeiro ou de *consilium fraudis*. Não necessitam recorrer à ação pauliana para atingir tal objetivo, se o processo de inventário está em curso. Se, no entanto, se acha encerrado, ou já decorreu o prazo de trinta dias seguintes ao conhecimento da renúncia, qualquer direito deverá ser reclamado por meio da aludida ação[21].

Os herdeiros beneficiados com a renúncia podem insurgir-se contra a habilitação dos credores, requerendo não seja admitida pelo juiz, alegando, conforme o caso, que a dívida já foi paga, ou pode ser paga com outros recursos ou outra matéria que, por exigir a produção de provas, seja considerada de alta indagação, para que o juiz determine seja ela resolvida pelas vias ordinárias.

Na faculdade outorgada aos credores, não se inclui, todavia, como assinala WASHINGTON DE BARROS MONTEIRO, "a de aceitar legado, recusado pelo devedor, porque semelhante recusa pode ser fruto de ponderosas razões de ordem moral e também porque contra a vontade não se faz benefício (*invito beneficium non datur*)[22].

3. CARACTERÍSTICAS DA ACEITAÇÃO

A aceitação é *negócio jurídico unilateral*, porque se aperfeiçoa com uma única manifestação de vontade, e de natureza *não receptícia*, porque não depende de ser comunicado a outrem para que produza seus efeitos. Podem praticá-lo apenas as pessoas capazes de agir. Os *incapazes* devem ser representados ou assistidos.

---

[20] Eduardo de Oliveira Leite, *Comentários*, cit., v. XXI, p. 152.
[21] Washington de Barros Monteiro, *Curso*, cit., v. 6, p. 56-57.
[22] *Curso*, cit., v. 6, p. 57.

O prazo para a deliberação atende a um imperativo de liberdade de opção. Mas, realizada esta, optando o herdeiro por aceitar ou por renunciar à herança, a situação hereditária deve ficar definida, não se admitindo que a deliberação venha a acarretar novas indecisões. Por isso, a aceitação há de ser *negócio puro*: não pode subordinar-se a condição ou a termo nem pode ser parcial, como já constava do Digesto: "*Qui totam hereditatem adquirere potest, is pro parte eam scindendo adire non potest*" (Paulus, frag. 1, D. liv. 29, tít. 2)[23].

Proclama, efetivamente, o art. 1.808, *caput*, do Código Civil:

"*Não se pode aceitar ou renunciar a herança em parte, sob condição ou a termo*".

ITABAIANA DE OLIVEIRA, em comentário ao art. 1.583 do diploma de 1916, de idêntico teor, afirma que "não se pode aceitar a herança em parte, com exclusão ou limitação, como a metade, uma terça parte, ou uma quarta parte, devendo ser aceita na sua totalidade, e nem, tampouco, sob condição ou a termo, isto é, desde certo tempo ou até certo tempo, porque tais restrições repugnam à natureza do ato"[24].

A aceitação é, pois, *indivisível* e *incondicional*. O herdeiro que aceita a herança continua a posse do *de cujus*, sub-rogando-se em seus direitos e obrigações. Se fosse permitida a aceitação parcial, o herdeiro apenas tomaria parcialmente o lugar do falecido e, por certo, só recolheria seu ativo e repudiaria o seu passivo[25].

Se o herdeiro é também legatário, pode, porém, aceitar a herança e renunciar ao legado, e vice-versa, sem que isso prejudique a intencionada definição de situações, porque a ordem da aquisição da herança não interfere com a do legado, distintas que são objetiva e subjetivamente.

Nessa consonância, prescreve o § 1º do art. 1.808:

"*O herdeiro, a quem se testarem legados, pode aceitá-los, renunciando a herança; ou, aceitando-a, repudiá-los*".

Se, além de herdeiro, o contemplado é também legatário, será admitido a aceitar a herança e a repudiar o legado, ou vice-versa, a aceitar este e a rejeitar aquela, como foi dito. Se optar pela aceitação da herança, esta será sempre integral.

Inova o § 2º do mesmo artigo ao preceituar:

"*O herdeiro, chamado, na mesma sucessão, a mais de um quinhão hereditário, sob títulos sucessórios diversos, pode livremente deliberar quanto aos quinhões que aceita e aos que renuncia*".

---

[23] Orlando Gomes, *Sucessões*, p. 23; Walter Moraes, *Teoria geral*, cit., p. 52.
[24] *Tratado*, cit., v. I, § 87, p. 82.
[25] Silvio Rodrigues, *Direito civil*, cit., v. 7, p. 57; José Luiz Gavião de Almeida, *Código Civil comentado*, v. XVIII, p. 135.

Washington de Barros Monteiro[26] já anteriormente mencionara em sua consagrada obra a lição de Brugi, segundo a qual nada impede que alguém aceite a herança na qualidade de *herdeiro legítimo* e renuncie a que se lhe atribui na qualidade de *herdeiro testamentário.*

Cuida-se da hipótese em que o herdeiro legítimo sucede a título universal e, simultaneamente, tem a sua quota-parte acrescida por disposição testamentária também a título universal, que o coloca em situação vantajosa em relação aos demais herdeiros. Nesse caso, pode aceitar uma delas, renunciando à outra, sem que incorra em aceitação parcial, por serem diversas as origens[27].

A inovação veio sacramentar tal possibilidade, afastando qualquer dúvida que pudesse subsistir em virtude da omissão do diploma anterior a respeito da situação do herdeiro chamado à sucessão *sob títulos sucessórios diversos.*

À primeira vista o novo diploma estaria abrindo, nos §§ 1º e 2º do art. 1.808, duas exceções ao princípio da indivisibilidade da aceitação. Todavia, no § 1º, a exceção é apenas aparente. Continua o dispositivo a proibir a aceitação ou renúncia parcial, sendo contemplada apenas a hipótese de alguém suceder simultaneamente a dois títulos: a título universal, como herdeiro, e a título singular, como legatário. Não se confundindo a herança e o legado, pode ser aceito este, não obstante renunciada aquela, ou vice-versa. O que o texto veda é a aceitação parcial da herança, como já dito.

E, na hipótese do § 2º, como foi observado, não há falar em aceitação parcial, por serem diversas as origens dos títulos.

4. IRRETRATABILIDADE DA ACEITAÇÃO

O Código Civil de 1916 permitia, no art. 1.590, a retratação imotivada da aceitação, desde que não acarretasse prejuízo aos credores. A deliberação era denominada *renúncia translativa* pela doutrina, porque, havendo aceitado a herança, que assim se incorporou ao seu patrimônio, estaria o herdeiro, ao retratar a aceitação, apenas transmitindo-a, por ato entre vivos, aos outros sucessores. Tal fato implicava a exigência, pelo fisco, de recolhimento do imposto de transmissão *inter vivos.*

A necessidade de segurança e seriedade nas relações jurídicas oriundas da sucessão levou o legislador a promover a modificação. O art. 1.812 do diploma de 2002 declara *irrevogáveis* tanto os atos de *aceitação* como os de *renúncia* da

---

[26] *Curso,* cit., v. 6, p. 55.
[27] Giselda Hironaka, *Comentários ao Código Civil,* v. 20, p. 128.

herança, deixando patenteado que tais negócios unilaterais fixam, definitivamente, na pessoa do autor, a qualidade de herdeiro ou legatário, bem como a propriedade de sua quota na herança, ou nas coisas legadas[28].

O dispositivo em apreço mostra coerência com a proclamação, feita no art. 1.804, de que, "*aceita a herança, torna-se definitiva a sua transmissão ao herdeiro, desde a abertura da sucessão*".

Desse modo, como declaração unilateral da vontade, a aceitação gera efeitos imediatos e definitivos. Pode-se dizer que, com o advento do novo Código, "uma vez herdeiro, sempre herdeiro, como na antiga parêmia: *semel heres semper heres*"[29].

O pedido de abertura de inventário e arrolamento de bens, com a regularização processual por meio de nomeação de advogado, implica aceitação tácita da herança, ato que é irrevogável[30].

5. ANULAÇÃO DA ACEITAÇÃO

A aceitação pode, entretanto, ser anulada se, depois de manifestada, apurar-se que o aceitante não é herdeiro, como na hipótese de ser chamado um ascendente e verificar-se posteriormente a existência de um descendente vivo, ou quando se toma conhecimento da existência de um testamento que absorva a totalidade da herança, não havendo herdeiros necessários.

Nesses casos, declarada a ineficácia da aceitação, devolve-se a herança àquele que a ela tem direito, como se aceitação inexistisse. Mas, se o inventário já houver sido encerrado e homologada a partilha, só por ação de petição de herança poderá o interessado reivindicar o que lhe cabe[31].

6. CONCEITO DE RENÚNCIA

A renúncia da herança é *negócio jurídico unilateral*, pelo qual o herdeiro manifesta a intenção de se demitir dessa qualidade. Segundo ITABAIANA DE OLIVEIRA, "é o ato pelo qual o herdeiro declara, expressamente, que a não quer aceitar, preferindo conservar-se completamente estranho à sucessão"[32].

---

[28] Eduardo de Oliveira Leite, *Comentários*, cit., v. XXI, p. 148.
[29] Caio Mário da Silva Pereira, *Instituições*, cit., v. VI, p. 54.
[30] STJ, REsp 1.622.331-SP, 3ª T., rel. Min. Villas Bôas Cueva, j. 8-11-2016.
[31] Vittore Vitali, *Delle successioni testamentare e legitime*, apud Caio Mário da Silva Pereira, *Instituições*, cit., v. VI, p. 55.
[32] *Tratado*, cit., v. I, § 121, p. 96.

O herdeiro não é, com efeito, obrigado a receber a herança (*il n'est héritier qui ne veut*). A recusa denomina-se *renúncia* ou *repúdio*. Desde o momento, porém, em que manifesta a aceitação, os efeitos desta retroagem à data da abertura da sucessão, e o aceitante é havido como se tivesse adquirido a herança desde a data em que faleceu o *de cujus* (CC, art. 1.804).

O mesmo acontece com o repúdio. O herdeiro que renuncia é havido como se nunca tivesse sido herdeiro, e como se nunca lhe houvesse sido deferida a sucessão[33].

Dispõe o art. 1.806 do Código Civil que "*a renúncia da herança deve constar expressamente de instrumento público ou termo judicial*". Não pode ser tácita, portanto, como sucede com a aceitação. Também não se presume, não podendo ser inferida de simples conjeturas. Tem de resultar de ato positivo e só pode ter lugar mediante *escritura pública* que traduza uma declaração de vontade, ou *termo judicial*. Este é lavrado nos autos do inventário e aquela é simplesmente juntada.

O *termo nos autos* é a maneira mais simples e menos dispendiosa, bastando que registre o comparecimento da parte e assinale ter esta declarado o firme propósito de renunciar pura e simplesmente à herança. Poderá ser assinado pela própria parte ou por procurador com poderes especiais.

Já decidiu o *Supremo Tribunal Federal* que "a mesma fé pública de que se revestem as declarações de ofício do tabelião de notas têm-na igualmente as declarações de escrivães e, anteriormente, dos denominados tabeliães do judicial. Uns e outros lavram 'escrituras públicas'. Diferentes eram os atos que se compreendiam na competência de cada serventuário. Igual, porém, a fé pública que lhes dava autenticidade. Compreende-se, pois, a afirmação corrente, relativa a valer como escritura pública um termo judicial"[34].

Mesmo a renúncia em favor de terceiro pode ser feita mediante termo nos autos. *Nesse sentido, decidiu o Superior Tribunal de Justiça: "Ainda que se trate de renúncia em favor de pessoa determinada, é ela suscetível de formalizar-se mediante termo nos autos (art. 1.581 do CC de 1916)"*[35].

O *Tribunal de Justiça de São Paulo* também assentou que, tendo o legislador civil admitido, no art. 1.581 do Código de 1916, a possibilidade de renúncia da herança por termo nos autos, que pode ser feita validamente em favor de terceiro, "é possível admitir que a transferência de domínio, a partir de doação a terceiro estranho ao arrolamento de bens, se faça tanto por escritura pública quanto por

---

[33] Lacerda de Almeida, *Sucessões*, cit., § 15, p. 91; Caio Mário da Silva Pereira, *Instituições*, cit., v. VI, p. 57.
[34] *RT*, 494/233; *RJTJSP*, 81/283.
[35] *RSTJ*, 40/107.

termo nos autos, sendo necessário, tão somente, o comparecimento do favorecido aos autos para manifestar sua aceitação"[36].

Controverte-se, porém, a respeito da forma da renúncia de *meação*, entendendo alguns que não pode ser efetuada por simples termo judicial, sendo necessária a escritura pública. O Superior Tribunal de Justiça, todavia, decidiu, de forma contrária:

"Arrolamento. Composição da viúva-meeira e dos herdeiros. Renúncia 'translativa'. Instituição de usufruto. Possibilidade. Termo nos autos. CC (*de 1916*), art. 1.581. Partilha homologada. Precedentes. Não há vedação jurídica em se efetivar renúncia *in favorem*, e em se instituir usufruto nos autos de arrolamento, o que se justifica até mesmo para evitar as quase infindáveis discussões que surgem na partilha de bens"[37].

Nessa linha, decidiu o Tribunal de Justiça de São Paulo:

"Doação. Meação a filhos herdeiros por termo nos autos. Admissibilidade. No caso em tela, a agravante está doando a seus filhos, com reserva de usufruto, sua meação sobre imóvel que lhe coube no inventário de seu falecido marido. Embora não se trate de renúncia, como expressamente previsto no dispositivo legal (...), nada obsta que a doação se faça por termo nos autos, competindo à agravante recolher o imposto de transmissão *inter vivos* incidente sobre os referidos contratos"[38].

Recentemente, porém, *a 3ª Câmara de Direito Privado do Superior Tribunal de Justiça, numa interpretação literal, proclamou:*

"O ato para dispor da meação não se equipara à cessão de direitos hereditários, prevista no art. 1.793 do Código Civil, porque esta pressupõe a condição de herdeiro para que possa ser efetivada. Embora o art. 1.806 do Código Civil admita que a renúncia à herança possa ser efetivada por instrumento público ou *termo judicial*, a meação não se confunde com a herança. (...) O ato de disposição patrimonial representado pela cessão gratuita da meação em favor dos herdeiros configura uma verdadeira doação, a qual, nos termos do art. 541 do Código Civil, far-se-á por escritura pública ou instrumento particular, sendo

---

[36] *RT*, 768/216. *V.* ainda: "Renúncia translativa ou *in favorem*. Formalização mediante termo, na presença do juiz, nos autos de arrolamento ou inventário. Validade. Por prescindir de escritura pública, considerada na sua acepção estrita, é válida, nos termos da alternativa do art. 1.581, *caput*, 2ª alínea, do CC (*de 1916*), a renúncia translativa ou *in favorem*, formalizada mediante termo, na presença do Juiz de Direito nos autos de arrolamento ou inventário" (*RT*, 736/201). No mesmo sentido: STF, RE 83.361-0-MG, rel. Min. Moreira Alves, *RTJ*, 93/293; RE 81.632-PR, rel. Min. Bilac Pinto, *RTJ*, 76/296.

[37] *RSTJ*, 111/95.

[38] TJSP, Agl 29.465-4/8-Marília, rel. Des. Cambrea Filho, j. 25-9-1996.

que, na hipótese, deve ser adotado o instrumento público, por conta do disposto no art. 108 do Código Civil"[39].

Parece-nos, no entanto, que embora inconfundível com a renúncia à herança, o ato de disposição da *meação* dela se aproxima no ponto em que implica efetiva cessão de direitos, a permitir que sejam utilizados os mesmos instrumentos para sua formalização, especialmente considerando-se que o *Supremo Tribunal Federal* já decidiu que "a mesma fé pública de que se revestem as declarações de ofício do tabelião de notas têm-na igualmente as declarações de escrivães e, anteriormente, dos denominados tabeliães do judicial", como transcrito na nota de rodapé n. 33, *retro*.

A renúncia é, portanto, *negócio solene*, pois a sua validade depende de observância da forma prescrita em lei. Não se admite renúncia tácita ou presumida, porque constitui abdicação de direitos, nem *promessa de renúncia*, porque implicaria pacto sucessório.

A vontade manifestada em documento particular não é válida. A renúncia à herança, enfatiza o *Superior Tribunal de Justiça*, "depende de ato solene, a saber, a escritura pública ou termo nos autos de inventário; petição manifestando a renúncia, com a promessa de assinatura do termo judicial, não produz efeitos sem que essa formalidade seja ultimada"[40]. O *Tribunal de Justiça de Mato Grosso do Sul*, por sua vez, asseverou que "a meação, como é sabido, não é herança, mas patrimônio particular de cônjuge quando há bens a serem partilhados. Segundo o entendimento do *Superior Tribunal de Justiça*, '*O ato de disposição patrimonial representado pela cessão gratuita da meação em favor dos herdeiros configura uma verdadeira doação, a qual, nos termos do art. 541 do Código Civil, far-se-á por escritura pública ou instrumento particular, sendo que, na hipótese, deve ser adotado o instrumento público, por conta do disposto no art. 108 do Código Civil' (REsp 1.196.992-MS, rel. Min. Nancy Andrighi, 3ª T., j. 6-8-2013)*"[41].

Anota ITABAIANA DE OLIVEIRA que o Código Civil não exige, expressamente, a homologação da renúncia por sentença, "mas a prática assim o aconselha por ser de boa cautela para todos os interessados"[42].

Também SÍLVIO VENOSA[43] entende que, apesar de a lei nada falar a respeito da homologação judicial da renúncia, é de toda conveniência que ela se realize,

---

[39] STJ, REsp 1.196.992-MS, 3ª T., rel. Min. Nancy Andrighi, j. 6-8-2013.
[40] REsp 431.695-SP, 3ª T., *DJU*, 5-8-2002. AgInt no REsp n. 1.420.785/PR, relator Ministro Raul Araújo, Quarta Turma, julgado em 11/4/2022.
[41] TJ-MS, AC 0817919-63.2017.8.12.0001, 3ª Câm. Cív., rel. Des. Paulo Alberto de Oliveira, j. 30-3-2020.
[42] *Tratado*, cit., v. I, § 123, p. 97.
[43] *Direito civil*, v. VII, p. 39.

uma vez que, para efetivá-la, há necessidade de capacidade especial de alienar e essa capacidade deve ser aferida pelo juiz.

Todavia, a jurisprudência dominante é no sentido de que a renúncia por termo nos autos independe de homologação[44].

Salienta NEY DE MELLO ALMADA que a intervenção judicial não afeta o mérito da renúncia, que desnecessita de provimento homologatório para adquirir eficácia jurídica, já obtida pelo respeito à forma prescrita em lei. A providência, aduz, "é desnecessária em qualquer caso, até porque a renúncia retrata um ato de natureza e efeitos *potestativos*. Terá de ser dada ciência, por comunicação processual aos interessados. A inserção da escritura ou a redação da renúncia nos autos permite atribuir-lhe *publicidade*, até mesmo em relação a terceiros. É o caso dos credores do renunciante, a quem assiste o direito enunciado no art. 1.586 (*CC/1916; CC/2002, art. 1.813*)"[45].

Efetivamente, não vincula a lei, em nenhum caso, o efeito da renúncia à sua homologação. Por essa razão, prevalece o entendimento de que essa declaração unilateral de vontade completa-se por si mesma e não depende de homologação judicial[46].

7. ESPÉCIES DE RENÚNCIA

A renúncia pode ser de duas espécies: *abdicativa* ou *propriamente dita* e *translativa*, também denominada *cessão* ou *desistência*.

Dá-se a primeira quando o herdeiro a manifesta sem ter praticado qualquer ato que exprima aceitação, logo ao se iniciar o inventário ou mesmo antes, e mais: quando é pura e simples, isto é, em benefício do monte, sem indicação de qualquer favorecido.

Dispõe o § 2º do art. 1.805 do Código Civil que "*não importa igualmente aceitação a cessão gratuita, pura e simples, da herança, aos demais coerdeiros*". Por sua vez, preceitua o parágrafo único do art. 1.804 que "*a transmissão tem-se por não verificada quando o herdeiro renuncia à herança*".

O herdeiro que renuncia em favor de determinada pessoa, citada nominalmente, está praticando dupla ação: aceitando tacitamente a herança e, em seguida, doando-a. Alguns entendem que, neste último caso, não há *renúncia* ou *repúdio*,

---

[44] *RT*, 427/237, 468/263; TJSP, AgI 94.831-1, rel. Des. Olavo Silveira, j. 17-12-1987.
[45] *Direito das sucessões*, v. 1, p. 160.
[46] Caio Mário da Silva Pereira, *Instituições*, cit., v. VI, p. 58; José Luiz Gavião de Almeida, *Código Civil comentado*, cit., v. XVIII, p. 133; Giselda Hironaka, *Comentários*, cit., v. 20, p. 121.

mas sim *cessão* ou *desistência* da herança. Outros, no entanto, preferem denominar o ato *renúncia translativa*, que pode ocorrer, também, mesmo quando pura e simples, se manifestada depois da prática de atos que importem aceitação, como a habilitação no inventário, manifestação sobre a avaliação, sobre as primeiras e últimas declarações etc.

Preleciona a propósito ALBERTO TRABUCCHI[47] que a verdadeira renúncia é a *abdicativa*, feita gratuita e genericamente em favor de todos os coerdeiros. Só produzirá efeitos se observada a forma solene. Coisa diversa é a renúncia *translativa*, que implica aceitação e transferência posterior dos direitos hereditários.

A distinção se mostra relevante em virtude dos tributos devidos. Na renúncia abdicativa, o único imposto devido é o *causa mortis*. Na translativa, é devido também o *inter vivos*. Se o filho abdica incondicionalmente a sua parte na herança deixada pelo pai, a lei o considera como se nunca tivesse sido herdeiro. Seus filhos, netos do falecido, e nessa qualidade, são chamados à sucessão; herdam diretamente do avô, devendo ser pago um imposto de transmissão.

Se, todavia, como exemplifica SILVIO RODRIGUES, "o filho declara que renuncia à herança paterna em favor de seus filhos, de modo que um receba o dobro do outro, estamos diante da chamada renúncia translativa, ou renúncia imprópria, que, na verdade, não é renúncia, mas cessão de direitos; presume-se que o filho aceitou a herança e que a transmitiu, por ato entre vivos, a seus filhos. Há impostos sobre duas transmissões: uma *causa mortis*, do defunto a seu filho; outra, deste aos donatários"[48].

8. RESTRIÇÕES LEGAIS AO DIREITO DE RENUNCIAR

Para que o direito de renúncia possa ser exercido alguns pressupostos são necessários. Vejamos:

a) *Capacidade jurídica plena* do renunciante. Em decorrência dos efeitos que acarreta, a renúncia à herança exige plena capacidade jurídica do renunciante. Não basta a capacidade genérica, sendo necessária também a de alienar.

A renúncia efetivada pelo incapaz não terá validade, ainda que manifestada por seu representante, uma vez que este reúne os poderes de administração, e não

---

[47] *Instituciones de derecho civil*, v. II, p. 450, nota n. 26.
[48] *Direito civil*, cit., v. 7, p. 58.
"Inventário. Partilha. Renúncia à herança manifestada por herdeiro após ter aceitado a inventariança. Hipótese que caracteriza doação em favor da única herdeira remanescente. Incidência do imposto de transmissão *inter vivos*" (*JTJ*, Lex, 261/388).

de alienação. Embora tenha a atribuição de gerir os bens do representado, falta-lhe a liberdade para dispor deles. Todavia, poderá a renúncia ser formulada pelo representante ou assistente do incapaz mediante prévia autorização do juiz, que somente a concederá se provada a necessidade ou evidente utilidade para o requerente (CC, art. 1.691), o que dificilmente ocorrerá, em se tratando de renúncia de direitos[49].

Feita a renúncia por mandatário, deve este exibir procuração com poderes especiais para renunciar (CC, art. 661, § 1º).

b) A *anuência do cônjuge*, se o renunciante for casado, exceto se o regime de bens for o da separação absoluta (CC, art. 1.647, I), porque o *"direito à sucessão aberta"* é considerado bem imóvel, por determinação legal (art. 80, II). A cessão de direitos hereditários, em consequência, deve ser feita por *escritura pública*, por força do art. 108, ainda que o espólio seja constituído somente de bens móveis, porque o que está sendo objeto da cessão é o direito abstrato à sucessão aberta.

A necessidade da outorga uxória, entretanto, não é pacífica, já se tendo decidido ser dispensável, porque o art. 1.647, I, utiliza o verbo *"alienar"*, e o renunciante não transmite a propriedade, não pratica ato de disposição, mas de não aceitação, sendo apenas considerado como se nunca tivesse existido e herdado. Contudo, como pondera EDUARDO DE OLIVEIRA LEITE, a posição tradicional do direito brasileiro sempre pendeu a favor da necessidade de outorga uxória, malgrado algumas divergências encontradas na jurisprudência[50].

Aduza-se que, na renúncia translativa, ocorre a aceitação e posterior *transmissão* da propriedade.

Tem-se decidido, destarte, que, "sendo a renúncia à herança um ato alienativo, na hipótese do renunciante ser casado sob o regime de comunhão de bens faz-se necessário, para que se torne eficaz, o consentimento do outro cônjuge não herdeiro. *A falta de outorga marital, todavia, apenas torna o ato anulável, pois passível de ratificação*"[51].

Merece destaque a abalizada opinião de CAIO MÁRIO DA SILVA PEREIRA a respeito do assunto: "Sendo casado o herdeiro, há mister a outorga do outro cônjuge, exceto se contraído o casamento pelo regime da separação de bens (novo Código Civil, art. 1.647)"[52].

Igualmente importante e respeitável o posicionamento de ZENO VELOSO: "Se o renunciante é casado, necessita da outorga do cônjuge para a prática do

---

[49] Caio Mário da Silva Pereira, *Instituições*, cit., v. VI, p. 59; Washington de Barros Monteiro, *Curso*, cit., v. 6, p. 53.

[50] *Comentários*, cit., v. XXI, p. 132.

[51] TJSP, *RT*, 675/102. No mesmo sentido: STF, *RTJ*, 109/1086.

[52] *Instituições*, cit., v. VI, p. 59.

negócio abdicativo. A herança se considera imóvel e a renúncia equivale à alienação. Mas não há necessidade do assentimento do cônjuge se o regime de bens for o da separação absoluta (art. 1.647)"[53].

Só resta, assim, concluir que, se o renunciante for casado ou viver em união estável, e o regime de bens adotado pelo casamento ou por meio do contrato de convivência não for nem o da separação absoluta nem o de participação final nos aquestos com cláusula de livre disposição dos bens imóveis particulares, como são os provenientes de direito sucessório, "dever-se-á exigir a autorização do outro, conforme recomendam os critérios da hermenêutica e as regras analógicas"[54].

Se porventura o cônjuge discordar da renúncia e recusar-se a dar a sua anuência por motivo injusto, poderá o juiz, a pedido do renunciante casado, suprir a outorga denegada, com fundamento no art. 1.648 do Código Civil.

c) Que não prejudique os *credores*. O art. 1.813 afasta, com efeito, a possibilidade de haver *renúncia lesiva a estes*. Se tal ocorrer, podem aceitar a herança em nome do renunciante, nos autos de inventário não encerrado, mediante *autorização judicial*, sendo aquinhoados no curso da partilha (CPC/2015, art. 642, § 3º, c/c o art. 647).

O direito deferido aos credores, de aceitarem a herança em nome do renunciante, foi comentado no n. 2.2, *d*, *retro*, ao qual nos reportamos.

A Lei de Falências e Recuperação de Empresas (Lei n. 11.101, de 9-2-2005), reproduzindo regra que já existia no anterior diploma falimentar, dispõe a respeito da renúncia lesiva aos credores, proclamando, no art. 129, que "são ineficazes em relação à massa falida, tenha ou não o contratante conhecimento do estado de crise econômico-financeira do devedor, seja ou não intenção deste fraudar credores: (...) V – a renúncia à herança ou a legado, até dois anos antes da decretação da falência".

Para que a ineficácia do ato seja reconhecida é necessário que o administrador judicial, qualquer credor ou o Ministério Público proponha a competente ação revocatória, regulada nos arts. 132 e seguintes do aludido diploma, no prazo de três anos contado da decretação da quebra.

---

[53] *Novo Código Civil comentado*, p. 1625. No mesmo sentido a manifestação de Silvio Rodrigues: "Tendo em vista que o Código Civil classifica o direito à sucessão aberta como bem imóvel (art. 80, II) e considerando que o cônjuge não pode, sem consentimento do outro, alienar bens imóveis (art. 1.647, I), a renúncia da herança, efetuada por pessoa capaz, depende de consentimento do consorte, exceto no regime da separação absoluta (arts. 1.647, *caput*, parte final, e 1.687)".

[54] Giselda Hironaka, *Comentários*, cit., v. 20, p. 122.

9. EFEITOS DA RENÚNCIA

Da renúncia decorrem importantes efeitos, relacionados ao destino da quota hereditária do herdeiro renunciante. São eles os seguintes:

a) *Exclusão, da sucessão, do herdeiro renunciante*, que será tratado como se jamais houvesse sido chamado. Os seus efeitos retroagem, pois, à data da abertura da sucessão, de modo que o sucessível, que adquire, recolhe direitos e responde por obrigações *ab initio*.

O primeiro e principal efeito da renúncia é, com efeito, afastar o renunciante da sucessão. Pelo princípio da *saisine*, com a abertura da sucessão a herança se transmite, desde logo, ao herdeiro (CC, art. 1.784). Mas se este a renuncia, a transmissão tem-se por não verificada (art. 1.804, parágrafo único). Não ocorre a alienação da herança aos outros coerdeiros. Renunciando-a, o sucessor a deixa como está, saindo da sucessão. Se, porém, renuncia *in favorem*, em benefício de outrem, já não há renúncia, senão cessão da herança, como anteriormente mencionado[55].

b) *Acréscimo da parte do renunciante à dos outros herdeiros da mesma classe*, na conformidade do disposto na primeira parte do art. 1.810 do Código Civil: *"Na sucessão legítima, a parte do renunciante acresce à dos outros herdeiros da mesma classe"*.

Assim, se o *de cujus* tinha vários filhos e um deles é premorto, a sua parte passará aos seus filhos, netos do primeiro. Se não morreu, mas renunciou à herança, a sua quota passará aos seus irmãos, em prejuízo de seus filhos, pois o renunciante e sua estirpe são considerados como se nunca houvessem existido.

Na segunda parte, estabelece o aludido art. 1.810 que, sendo o renunciante o único da sua classe (a dos descendentes), devolve-se a herança *"aos da subsequente"*. Se o *de cujus* tinha apenas um filho e este, não tendo descendentes, renuncia a herança, esta é devolvida aos ascendentes do falecido, em concorrência com o cônjuge deste (CC, art. 1.829, II).

c) *Proibição da sucessão por direito de representação*. Ocorre a sucessão por *direito próprio* quando a herança é deferida ao herdeiro mais próximo. Dá-se a sucessão por *representação "quando a lei chama certos parentes do falecido a suceder em todos os direitos, em que ele sucederia, se vivo fosse"* (CC, art. 1.851). Nesta, portanto, o contemplado é chamado a suceder em lugar de parente mais próximo do autor da herança, porém premorto, ausente ou incapaz de suceder. Assim, se o *de cujus* deixa descendentes, sucedem-lhe estes por direito próprio. Se, no entanto, um dos filhos já é falecido, o seu lugar é ocupado pelos filhos que porventura tenha, que herdam por representação ou estirpe.

---

[55] Silvio Rodrigues, *Direito civil*, cit., v. 7, p. 60; Walter Moraes, *Teoria geral*, cit., p. 57.

Dispõe o art. 1.811, primeira parte, do Código Civil que "*ninguém pode suceder, representando herdeiro renunciante*". O destino da herança renunciada tem de ser, com efeito, compatível com a ideia de que o renunciante desaparece da sucessão. Por isso ninguém pode suceder, representando-o. Se um filho do renunciante lhe tomasse o lugar na sucessão, representando-o, não teria ele, na verdade, saído da herança, pois continuaria nela, representado por seu filho[56].

Aduz o mencionado dispositivo, na segunda parte: "*Se, porém, ele for o único legítimo da sua classe, ou se todos os outros da mesma classe renunciarem a herança, poderão os filhos vir à sucessão, por direito próprio, e por cabeça*".

A parte do renunciante, portanto, somente passará aos seus filhos se for o único legítimo de sua classe, ou se todos da mesma classe renunciarem. Todavia, os filhos herdarão por direito próprio e por cabeça, ou seja, a herança será dividida em partes iguais entre os netos, mesmo que o finado tenha deixado vários filhos, todos renunciantes, cada qual com diversa quantidade de filhos.

Na sucessão testamentária, a renúncia do herdeiro acarreta a caducidade da instituição, salvo se o testador tiver indicado substituto (CC, art. 1.947) ou houver direito de acrescer entre os herdeiros (art. 1.943).

10. INEFICÁCIA E INVALIDADE DA RENÚNCIA

A *ineficácia* da renúncia pode ocorrer pela suspensão temporária dos seus efeitos pelo juiz, a pedido dos credores prejudicados, que não precisam ajuizar ação revocatória, nem anulatória, a fim de se pagarem, nos termos do art. 1.813 do Código Civil (*v.* n. 2.2, *d, retro*).

Dá-se a *invalidade absoluta* se não houver sido feita por escritura pública ou termo judicial, ou quando manifestada por pessoa absolutamente incapaz, não representada, e sem autorização judicial; e *relativa*, quando proveniente de erro, dolo ou coação, a ensejar a anulação do ato por vício de consentimento, ou quando realizada sem a anuência do cônjuge, se o renunciante for casado em regime que não seja o da separação absoluta de bens.

Dispõe o art. 1.649, *caput*, do Código Civil que a falta de autorização, quando necessária, como é o caso da renúncia da herança, "*tornará anulável o ato praticado, podendo o outro cônjuge pleitear-lhe a anulação, até dois anos depois de terminada a sociedade conjugal*". A anulabilidade – e não nulidade – do ato praticado sem a outorga uxória é ratificada no parágrafo único do aludido artigo, ao estatuir que a aprovação ou confirmação "*torna válido o ato*". Só a anulabilidade pode ser sanada pela *confirmação* (CC, arts. 169 e 172), limitada a determinadas pessoas.

---

[56] Walter Moraes, *Teoria geral*, cit., p. 57.

11. IRRETRATABILIDADE DA RENÚNCIA

O Código Civil de 2002 corrigiu equívoco do art. 1.590 do Código de 1916, suprimindo do texto a previsão de retratação da renúncia "quando proveniente de violência, erro ou dolo", vícios estes que possibilitam a anulação, e não a retratação do ato, por vício de consentimento.

Dispõe, efetivamente, o art. 1.812 do novo diploma:

"*São irrevogáveis os atos de aceitação ou de renúncia da herança*".

A renúncia é irretratável porque retroage à data da abertura da sucessão, presumindo-se que os outros herdeiros por ela beneficiados tenham herdado na referida data. Tratando-se de negócio jurídico unilateral, ele se aperfeiçoa desde o momento da solene manifestação de vontade, gerando, desde então, todos os efeitos dele decorrentes.

Se fosse possível acolher a retratação da renúncia ou sua revogação, estar-se-ia admitindo a perda da propriedade adquirida pelos herdeiros – o que constitui efeito de um ato jurídico perfeito – pela manifestação de vontade do renunciante arrependido. Solução inteiramente absurda, como obtempera SILVIO RODRIGUES, "desacolhida pela lei, que não poderia concordar com a admissão de ameaça de tal porte à segurança e à estabilidade das relações jurídicas"[57].

Vinculando os dois atos, aceitação e renúncia, num só dispositivo, "o legislador não só garantiu – via irrevogabilidade – a repercussão de efeitos de um ato sobre o outro, como também colocou no mesmo patamar a ocorrência da manifestação de vontade do titular de direitos sucessórios, cerceando-lhe qualquer possibilidade de arrependimento, inadmissível nessas matérias"[58].

O dispositivo em apreço deixa patenteado que a aceitação e a renúncia fixam, definitivamente, a qualidade de herdeiro ou legatário, estabelecendo a propriedade de sua quota na herança ou nas coisas legadas, cuja transmissão não pode ser alterada pela retratação.

Discute-se a possibilidade de se renunciar à herança em pacto antenupcial. Essa questão aplica-se à hipótese, por exemplo, em que as partes convencionam, em pacto antenupcial ou em contrato de união estável, que nenhum dos pactuantes concorrerá com os descendentes ou ascendentes do outro, afastando, assim, a regra de concorrência dos incisos I e II do art. 1.829, e que, aberta a sucessão pelo falecimento de qualquer deles, todo o seu patrimônio reverterá exclusivamente

---

[57] *Direito civil*, cit., v. 7, p. 62.
[58] Eduardo de Oliveira Leite, *Comentários*, cit., v. XXI, p. 149.

para os respectivos descendentes ou ascendentes. *Nessas situações, a doutrina ainda majoritária, tem reputado inválida a cláusula de renúncia, enquadrando-a entre os chamados pacta corvina, cuja vício não admitiria suprimento ou confirmação.*

A resposta afirmativa nos é dada, com precisão, por ROLF MADALENO e MÁRIO LUIZ DELGADO. De acordo com o primeiro: "Trata-se de direito que se encontra dentro da esfera de disponibilidade dos cônjuges e companheiros que podem abdicar destes benefícios sucessórios viduais de conteúdo assistencial, impostos pelo legislador de 2002 como legados *ex lege*, e cuja renúncia os cônjuges podem avençar em escrituras especialmente lavradas, e que só produzem eficácia se ao tempo da abertura da sucessão ainda persista a comunidade de vida do matrimônio, pois tanto a separação fática como a dissolução oficial do casamento produzem a ineficácia dos direitos e a perda de objeto da renúncia sucessória"[59].

Por sua vez, MÁRIO LUIZ DELGADO enfatiza: "Admitir a renúncia à herança em pacto antenupcial ou em contrato de convivência insere-se no âmbito de uma tendência mundial de se flexibilizar a proibição de pactos sobre herança futura. Sob essa perspectiva, deve ser admitida, por não se enquadrar na dicção restritiva do art. 426, a renúncia dos direitos concorrenciais dos cônjuges ou companheiros, em pacto antenupcial ou convivencial, cuja hipótese não se confunde com a situação de ser chamado sozinho à sucessão, como herdeiro único e universal, e que não implica, dessa maneira, violação ao princípio da intangibilidade da legítima, constituindo-se, assim, em direito validamente renunciável"[60].

---

[59] Rolf Madaleno, Renúncia de herança no pacto antenupcial, *Revista IBDFAM*, maio-jun. 2018, p. 50.
[60] Mário Luiz Delgado, Posso renunciar à herança em pacto antenupcial, *Revista IBDFAM*, jan.-fev. 2019, p. 19-20.

Capítulo V

DOS EXCLUÍDOS DA SUCESSÃO

> *Sumário*: 1. Conceito e fundamento da indignidade. 2. Causas de exclusão por indignidade. 3. Falta de legitimação para suceder, indignidade e deserdação. 4. Procedimento para obtenção da exclusão. 5. Reabilitação ou perdão do indigno. 6. Efeitos da exclusão. 7. Validade dos atos praticados pelo herdeiro aparente.

1. CONCEITO E FUNDAMENTO DA INDIGNIDADE

A sucessão hereditária assenta em uma razão de ordem ética: a afeição real ou presumida do defunto ao herdeiro ou legatário. Tal afeição deve despertar e manter neste o sentimento da gratidão ou, pelo menos, do acatamento e respeito à pessoa do *de cujus* e às suas vontades e disposições[1].

A quebra dessa afetividade, mediante a prática de atos inequívocos de desapreço e menosprezo para com o autor da herança, e mesmo de atos reprováveis ou delituosos contra a sua pessoa, *torna o herdeiro ou o legatário indignos de recolher os bens hereditários.*

No capítulo sob a epígrafe "Dos Excluídos da Sucessão", o Código Civil regula os casos de *indignidade,* como menciona o art. 1.815.

O herdeiro ou legatário pode, com efeito, ser privado do direito sucessório se praticar contra o *de cujus* atos considerados ofensivos, *de indignidade.* Não é qualquer ato ofensivo, entretanto, que a lei considera capaz de acarretar tal exclusão, mas somente os consignados no art. 1.814, que podem ser assim resumidos: *atentado contra a vida, contra a honra e contra a liberdade de testar do de cujus.* Dispõe o aludido dispositivo:

---

[1] Lacerda de Almeida, *Sucessões*, p. 71.

"São excluídos da sucessão os herdeiros ou legatários:

I – que houverem sido autores, coautores ou partícipes de homicídio doloso, ou tentativa deste, contra a pessoa de cuja sucessão se tratar, seu cônjuge, companheiro, ascendente ou descendente;

II – que houverem acusado caluniosamente em juízo o autor da herança ou incorrerem em crime contra a sua honra, ou de seu cônjuge ou companheiro;

III – que, por violência ou meios fraudulentos, inibirem ou obstarem o autor da herança de dispor livremente de seus bens por ato de última vontade".

A *indignidade* é, portanto, uma sanção civil que acarreta a perda do direito sucessório. Segundo CLÓVIS BEVILÁQUA, "é a privação do direito, cominada por lei, a quem cometeu certos atos ofensivos à pessoa ou ao interesse do hereditando"[2].

Comenta ORLANDO GOMES que o *fundamento* da indignidade "encontra-se, para alguns, na presumida vontade do *de cujus*, que excluiria o herdeiro se houvesse feito declaração de última vontade. Preferem outros atribuir os efeitos da indignidade, previstos na lei, ao propósito de prevenir ou reprimir o *ato ilícito*, impondo uma *pena civil* ao transgressor, independentemente da sanção penal"[3].

Em reforço da primeira corrente invoca-se a possibilidade de o autor da herança perdoar ou reabilitar o indigno, por testamento ou outro ato autêntico, afastando por sua exclusiva vontade a causa da exclusão.

Em verdade, porém, inspira-se o instituto da indignidade "num princípio de ordem pública", uma vez que repugna à consciência social que uma pessoa suceda a outra, extraindo vantagem de seu patrimônio, depois de haver cometido contra esta atos lesivos de certa gravidade. Por essa razão, atinge tanto os herdeiros legítimos quanto os testamentários, e até mesmo os legatários[4].

2. CAUSAS DE EXCLUSÃO POR INDIGNIDADE

A exclusão da sucessão por indignidade pressupõe: a) seja o herdeiro ou legatário incurso em casos legais de indignidade; b) não tenha ele sido reabilitado pelo *de cujus*; e c) haja uma sentença declaratória da indignidade (com a ressalva da hipótese do art. 1.815-A do CC, introduzido pela Lei n. 14.661, de 2023).

Como mencionado, *incorre em indignidade o herdeiro que tenha cometido ato lesivo à pessoa do autor da herança.* Os atos ofensivos que a caracterizam encontram-se

---

[2] *Código Civil dos Estados Unidos do Brasil*, obs. 1 ao art. 1.595 (*CC/1916*).

[3] *Sucessões*, p. 32.

[4] Azzariti-Martinez, *Sucessioni per causa di morte e donazione*, apud Washington de Barros Monteiro, *Curso de direito civil*, v. 6, p. 63; Caio Mário da Silva Pereira, *Instituições de direito civil*, v. VI, p. 37.

enumerados de forma taxativa no art. 1.814, retrotranscrito, não comportando interpretação extensiva ou por analogia. Não se pode, portanto, ampliar tal pena a situações não expressamente previstas.

O inciso I do art. 1.814 considera indignos os que *"houverem sido autores, coautores ou partícipes de homicídio doloso, ou tentativa deste, contra a pessoa de cuja sucessão se tratar, cônjuge, companheiro, ascendente ou descendente".*

O Código de 2002, aperfeiçoando a redação do dispositivo, não mais se refere a "cúmplices", como o fazia o inciso I do art. 1.595 do Código Civil de 1916, mas em *"coautores ou partícipes"*, nem em "homicídio voluntário", mas em *"homicídio doloso"*. Não se exige que o herdeiro seja autor do homicídio ou tentativa deste. A sua participação no crime como coautor ou partícipe, por qualquer forma, é suficiente para comprometê-lo.

Trata o inciso em epígrafe da mais grave de todas as causas, pois é manifesta a ingratidão do herdeiro que priva o hereditando, ou tenta privá-lo[5], de seu maior bem, que é a vida, praticando contra ele homicídio doloso ou tentado. Daí o provérbio alemão: mão ensanguentada não apanha herança (*blutige hand nimmt kein erbe*).

Foi ainda ampliada a configuração da indignidade capaz de excluir da sucessão o herdeiro, para também contemplar a ofensa a *"cônjuge, companheiro, ascendente ou descendente".*

O diploma de 1916 tinha por configurada a indignidade apenas na hipótese de o homicídio ser consumado ou tentado contra o autor da herança; *o de 2002, considerando a afetividade que une a pessoa a determinados familiares, sanciona também o herdeiro que comete o aludido crime contra a pessoa do cônjuge, companheiro, ascendente ou descendente daquele.*

A inovação permite, portanto, a exclusão do herdeiro neto. Embora não tenha ele atentado contra o autor da herança, agiu de forma violenta contra um seu descendente.

Malgrado não prevista especificamente a hipótese, a instigação ao suicídio deve equiparar-se ao homicídio, para efeito da indignidade[6].

Os Códigos de alguns países, como o francês (art. 727, al. I) e o português (art. 2.034), *exigem a condenação criminal para que o indigno seja excluído da sucessão.* O Código Civil brasileiro de 1916 não fazia tal exigência, o mesmo sucedendo com o de 2002. Prevalece entre nós o princípio da *independência da responsabilidade civil* em relação à penal, adotado no art. 935 deste último diploma. Não se pode, todavia, aduz o referido dispositivo, *"questionar mais sobre a existência*

---

[5] REsp 1.938.984-PR, Rel. Min. Nancy Andrighi, Terceira Turma, por unanimidade, julgado em 15/02/2022.

[6] Antonio Cicu, *Successioni per causa di morti*, v. I, p. 86.

88

do fato, ou sobre quem seja o seu autor, quando estas questões se acharem decididas no juízo criminal".

Desse modo, enquanto tais aspectos fáticos não estiverem definidos na esfera criminal, as ações cível e penal correrão independente e autonomamente, sendo apuradas ambas as responsabilidades, a civil e a penal. No entanto, se já foi proferida sentença criminal condenatória, é porque se reconheceu o dolo ou a culpa do causador do dano, não podendo ser reexaminada a questão no cível. Nesse caso, com o trânsito em julgado da sentença condenatória penal, a exclusão do herdeiro ou legatário indigno será imediata, independente de eventual sentença civil. É o que dispõe o art. 1815-A, do CC, acrescentada pela Lei n. 14.661, de 2023). Assim, se existir ação civil em curso, ela deverá ser extinta sem resolução de mérito, por falta de interesse de agir superveniente, já que com a condenação criminal transitada em julgada, a exclusão do indigno é imediata.

Por outro lado, a absolvição do réu na esfera penal em razão do expresso reconhecimento da inexistência do fato ou da autoria afasta a pena de indignidade no cível, por força do mesmo art. 935 retromencionado, assim como o reconhecimento da legítima defesa, do estado de necessidade e do exercício regular de um direito (CPP, art. 65).

A prescrição da pretensão executória da condenação, que só ocorre depois do trânsito em julgado da sentença, não retira, todavia, a força executiva desta, exercitável no âmbito civil, já que não se confundem seus efeitos com os decorrentes da prescrição da pretensão punitiva.

O homicídio há de ser doloso, como expressamente prevê o art. 1.814; se culposo, não acarreta a exclusão. Na dicção de CARLOS MAXIMILIANO, "não se macula com a pecha da indignidade o que age sem dolo, o matador *involuntário*, não só na hipótese, mais compreensível, de homicídio *casual*, mas também na de *culposo*, isto é, fruto da negligência, imprudência ou imperícia"[7].

Inexistente a voluntariedade, não há razão para excluir da sucessão o agente, como sucede nos casos de perturbação das faculdades psíquicas por demência ou embriaguez (CP, art. 26), de *aberratio ictus* e de erro sobre a pessoa (art. 20, § 3º), bem como no de homicídio preterintencional, em que não existe *animus necandi*[8].

O STJ, ao julgar Recurso Especial no qual analisava ato análogo ao homicídio praticado pelo filho que possuía 17 anos e 6 meses quando ceifou propositalmente a vida de seu pai e de sua mãe, compreendeu que: "Se o enunciado normativo do art. 1.814, I, do CC/2002, na perspectiva teleológica-finalística, é de que não terá direito à herança quem atentar, propositalmente, contra a vida de seus pais, ainda que a conduta não se consume, independentemente do motivo, a diferença

---

[7] *Direito das sucessões*, v. I, p. 97.
[8] Washington de Barros Monteiro, *Curso*, cit., v. 6, p. 65.

técnico-jurídica entre o homicídio doloso e o ato análogo ao homicídio doloso, conquanto relevante para o âmbito penal diante das substanciais diferenças nas consequências e nas repercussões jurídicas do ato ilícito, não se reveste da mesma relevância no âmbito civil, sob pena de ofensa aos valores e às finalidades que nortearam a criação da norma e de completo esvaziamento de seu conteúdo"[9].

Nesse sentido, foi fixado o entendimento de que o herdeiro que seja autor, coautor ou partícipe de ato infracional análogo ao homicídio doloso praticado contra os ascendentes fica excluído da sucessão.

O inciso II do art. 1.814 do Código Civil exclui da sucessão os que *"houverem acusado caluniosamente em juízo o autor da herança ou incorrerem em crime contra a sua honra, ou de seu cônjuge ou companheiro".*

Contempla o dispositivo *duas hipóteses*: a) denunciação caluniosa do *de cujus* em juízo; e b) prática de crime contra a sua honra. Em nenhuma delas é prevista a *tentativa*, mencionada apenas no inciso I, já comentado.

Configura-se o crime de *denunciação caluniosa*, segundo dispõe o art. 339 do Código Penal (com a redação determinada pela Lei n. 10.028, de 19-10-2000), quando o agente dá causa a "instauração de investigação policial, de processo judicial, instauração de investigação administrativa, inquérito civil ou ação de improbidade administrativa contra alguém, *imputando-lhe crime de que o sabe inocente".*

A denunciação deve ser objetiva e subjetivamente falsa, isto é, deve estar em contradição com a verdade dos fatos, e o denunciante deve estar plenamente ciente de tal contradição[10].

Para que a denunciação gere efeitos no âmbito sucessório, exige a lei civil que a imputação do crime tenha sido proferida *em juízo*. Não se tem em conta a que o ingrato pode cometer por outro modo qualquer, em palestras, em jornais ou livros, ou mesmo na esfera administrativa. Não basta, assim, qualquer acusação perante a polícia ou outra repartição pública.

A jurisprudência restringe ainda mais o conceito de denunciação caluniosa, exigindo que tenha sido praticada não apenas em juízo, mas em *juízo criminal*. A utilização da expressão *"houverem acusado"*, conduz ao entendimento de que a acusação há de ser formulada em juízo penal, seja perante o juiz, seja mediante representação ao Ministério Público.

Alusões lançadas em feitos cíveis não tornam, igualmente, cabível a pena civil. Ainda que a acusação seja irrogada em ação de separação judicial, de interdição do parente ou destituição de inventariança, por exemplo, não se pode falar em indignidade para efeitos sucessórios. Há de ser, portanto, formalizada no juízo criminal.

---

[9] STJ, REsp 1.943.848-PR, 3ª T., rel. Min. Nancy Andrighi, *DJe* 18-2-2022.
[10] *RT*, 510/351, 562/294.

Não há, todavia, necessidade de condenação criminal. Basta que tenha sido instaurado o processo judicial em virtude de postulação do herdeiro, imputando caluniosamente ao autor da herança a prática de um ato definido como crime. Não se configurará a hipótese de exclusão da sucessão, todavia, se a denunciação lastrear-se em infração penal realmente cometida pelo *de cujus*.

Embora haja semelhança ou afinidade entre a denunciação caluniosa e a comunicação falsa de crime ou contravenção, prevista no art. 338 do Código Penal, diferem-se porque nesta última não há acusação contra pessoa alguma, enquanto na primeira procura-se prejudicar pessoa certa e determinada. Do mesmo modo, não é possível estender a causa de indignidade ao art. 342 do aludido diploma, que trata do crime de falso testemunho ou falsa perícia. O falso testemunho, de resto, pode envolver crime contra a honra.

A segunda parte do inciso II do art. 1.814 do Código Civil refere-se à prática de *crimes contra a honra* do hereditando. Tais crimes são os de calúnia, difamação e injúria, regulados, respectivamente, nos arts. 138, 139 e 140 do Código Penal.

A exemplo do que ocorreu na hipótese de homicídio tentado ou consumado, o legislador de 2002 ampliou a incidência da indignidade para suceder de modo a incluir também os casos em que a denunciação caluniosa e os crimes contra a honra forem praticados pelo herdeiro contra o *cônjuge ou companheiro* do extinto. Mas a ofensa à honra de *ascendente ou descendente* do *de cujus* não foi considerada causa de exclusão de herdeiro ou legatário.

A má redação do dispositivo em apreço tem ensejado o entendimento, ao fundamento de que não cabe *in casu* interpretação extensiva, de que apenas quando o cônjuge ou companheiro do autor da herança tiver sido vítima de crime contra a honra será possível a exclusão do criminoso da herança aberta, e não quando sofrer denunciação caluniosa[11].

Tal entendimento, embora respeitável, implica o reconhecimento de inexplicável contradição, que só pode ser atribuída à defeituosa redação do inciso II do art. 1.814, e não à intenção do legislador. A melhor solução é interpretar que houve má redação do dispositivo em tela e que inexiste a apontada contradição, entendendo-se que em ambos os casos, de denunciação caluniosa e de crime contra a honra, a regra atinge a ofensa ao cônjuge e ao autor da herança[12].

Expressiva corrente doutrinária entende que o emprego do verbo incorrer ("*incorrerem*"), no tocante aos crimes contra a honra, conduz à conclusão de que o reconhecimento da indignidade, nesses casos, depende de prévia condenação no juízo

---

[11] Giselda Hironaka, *Comentários ao Código Civil*, v. 20, p. 148.
[12] José Luiz Gavião de Almeida, *Código Civil comentado*, v. XVIII, p. 162; Washington de Barros Monteiro, *Curso*, cit., v. 6, p. 66.

criminal. Outros, no entanto, com maior razão, a dispensam, com fundamento no art. 935 do Código Civil, bem como por não possuir o termo o alcance mencionado.

Nesse sentido a convincente lição de WALTER MORAES: "A doutrina que se pode dizer dominante, na esteira da opinião de Beviláqua (coment. art. 1.595), diz que, aqui, a indignidade pressupõe condenação criminal. Por quê? Porque o Código fala dos que 'incorreram em crime'. Como se *incorrer* fosse o mesmo que *ser condenado*. A palavra 'incorrer' (em crime ou em certa pena), vocábulo não técnico e de uso frequentíssimo na prática do foro criminal, não significa mais do que incidir, estar implicado, estar sujeito. Na formação da opinião mais comum pesou muito mais a autoridade de Beviláqua e dos que lhe imitaram a ideia, do que a razoável interpretação da lei. *A mesma observação vale para a hipótese de acusação caluniosa, visto ser possível que o sucessível tenha denunciado caluniosamente o autor da herança sem ter sido processado por esse crime*"[13].

Aduza-se que, se até o crime contra a vida do hereditando não necessita de condenação no foro criminal, como já comentado, descabida seria tal exigência para os crimes de calúnia, injúria e difamação[14].

"Se o ato do beneficiado não atinge mais o *de cujus*, diz CARLOS MAXIMILIANO, só ofende a sua memória, nem por isso ele se exculpa: a ingratidão é clamorosa, o castigo se impõe"[15].

É admissível, portanto, a perpetração de crime contra a honra mesmo quando já falecida a vítima. Fere o respeito aos mortos, ofende a quem não mais poderia defender-se (CP, art. 138, § 2º)[16].

O inciso III do art. 1.814, por fim, cogita de hipótese difícil de ocorrer: afasta da sucessão os que, "*por violência ou meios fraudulentos, inibirem ou obstarem o autor da herança de dispor livremente de seus bens por ato de última vontade*".

"*Inibir*" é cercear a liberdade de disposição de bens. "*Obstar*" corresponde a impedir tal disposição. Em ambos os casos a conduta do herdeiro ou legatário implica indignidade, quando a inibição ou impedimento é exercida mediante violência ou fraude. A violência se traduz em ação física; a fraude, em psicológica.

Malgrado o dispositivo supratranscrito não tenha reproduzido a parte final do art. 1.595 do Código de 1916, correspondente ao citado art. 1.814 do novo diploma, que incluía na punição quem obstasse à *execução* dos atos de última vontade, não se deve entender que tal possibilidade não mais exista, porque,

---

[13] *Teoria geral e sucessão legítima*, p. 103.

[14] Débora Gozzo, *Comentários ao Código Civil brasileiro*, v. XVI, p. 141; Carlos Maximiliano, *Direito das sucessões*, cit., v. I, p. 103, n. 73.

[15] *Direito das sucessões*, cit., v. I, p. 104, n. 74.

[16] Ney de Mello Almada, *Direito das sucessões*, v. I, p. 201-202.

conforme assentado pela doutrina, "tão mal procede aquele que impede o autor da herança de manifestar a sua declaração de última vontade, como aquele outro que, maliciosamente, altera, falsifica, inutiliza ou oculta a cédula testamentária"[17].

A regra em apreço tem por objetivo preservar a liberdade de testar do hereditando. Pune "o que atenta contra ela, por violência ou dolo, coação ou artifício; não só quando impede a feitura do instrumento, ou consegue alterar o que estava pronto, como abusar da confiança do testador, exercer pressão sobre ele, iludi-lo, fazer, maliciosamente, crer em fatos não reais; mas também quando oculta, vicia, inutiliza ou falsifica o escrito revelador das disposições derradeiras do *de cujus*, ou embaraça o cumprimento das mesmas"[18].

WASHINGTON DE BARROS MONTEIRO enumera as hipóteses fáticas geralmente apontadas na doutrina: "a) o herdeiro constrange o *de cujus* a testar; b) ou então impede-o de revogar testamento anterior; c) suprime testamento cerrado ou particular dele; d) urde ou elabora um testamento falso; e) cientemente, pretende fazer uso de testamento contrafeito"[19].

A exclusão pode, assim, por exemplo, atingir o herdeiro legítimo que obste à feitura de testamento ou que suprima testamento cerrado ou particular anteriormente confeccionado, com o intuito de impedir que a parte disponível se desprenda da legítima; e também quando obrigue o testador a revogar sua última vontade.

Pode, ainda, ocorrer quando determinada pessoa, que não desfruta da qualidade de herdeiro legítimo ou necessário, constrange o autor da herança a testar, ou elabora um testamento falso; ou, enfim, na hipótese de pessoa contemplada em testamento anterior, que impede que o testador o revogue[20].

A fraude e a violência, sendo vícios do consentimento, podem ensejar a decretação da nulidade relativa do testamento. Não obstante, o indigno sofrerá a pena em que incorre por sua atuação típica[21].

---

[17] Caio Mário da Silva Pereira, *Instituições*, cit., v. VI, p. 39. No mesmo sentido: José Luiz Gavião de Almeida, *Código Civil*, cit., v. XVIII, p. 162.

[18] Carlos Maximiliano, *Direito das sucessões*, cit., v. I, p. 104-105, n. 75. Acrescenta o mencionado autor: "Incorre na mesma pecha o que vai até a coação, o que emprega a força ou ameaça para levar o hereditando a dispor dos seus bens a favor de determinada pessoa, alterar ou romper o instrumento já feito, abster-se de redigir, escrever, assinar ou modificar um ato de última vontade. Também é indigno o que, a fim de alcançar qualquer dos resultados acima expostos, embriaga ou hipnotiza o sucessível. O mesmo acontece ao que vicia ou dilacera o testamento de modo que não possa ler-se ou aproveitar-se a primitiva disposição, esconde, manda esconder, ou desencaminha o ato de última vontade, salvo se extravia o documento sem má-fé, sem intuito de lucro para si ou para outrem" (*Direito das sucessões*, cit., p. 105-106, n. 76).

[19] *Curso*, cit., v. 6, p. 66.

[20] Giselda Hironaka, *Comentários*, cit., v. 20, p. 150.

[21] Ney de Mello Almada, *Direito das sucessões*, cit., v. I, p. 202.

3. FALTA DE LEGITIMAÇÃO PARA SUCEDER, INDIGNIDADE E DESERDAÇÃO

A *indignidade* é instituto próximo da *falta de legitimação para suceder* (que o Código de 1916 tratava como incapacidade sucessória). Alguns autores chegam a considerá-los institutos equivalentes. Outros, todavia, com maior razão, os distinguem, definindo a ausência de legitimação para suceder como a *inaptidão de alguém para receber a herança,* por motivos de ordem geral, independente de seu mérito ou demérito; e a exclusão por indignidade como a *perda dessa aptidão* por culpa do beneficiado[22].

Aberta a sucessão, a herança é transmitida aos sucessores que tenham legitimidade para tanto. Os que não a têm não adquirem, a qualquer tempo, os bens deixados pelo falecido, ao passo que, nos casos de indignidade, o indigno adquire a herança e a conserva até que passe em julgado a sentença que o exclui da sucessão[23].

Preleciona a propósito LACERDA DE ALMEIDA que a indignidade é uma pecha em que incorre o herdeiro e que o faz perder o que havia adquirido. Não é um obstáculo, como a incapacidade (ausência de legitimação), que o impede de adquirir. A instituição e disposição a favor do indigno, aduz, "não são de pleno direito nulas, como no caso da incapacidade. O indigno pode haver a herança ou legado, pode transmitir o direito adquirido, até mesmo porque o fato que motiva a indignidade pode dar-se posteriormente à aquisição: a indignidade pode ser superveniente"[24].

Enfim, a exclusão por indignidade somente obstaculiza a conservação da herança, enquanto a falta de legitimação para suceder impede que surja o direito à sucessão. Neste caso, a base de tal impedimento é sempre de ordem objetiva, ao passo que a exclusão se baseia numa circunstância eminentemente subjetiva.

Não se deve confundir, igualmente, *indignidade* com *deserdação,* embora ambas tenham a mesma finalidade: excluir da sucessão quem praticou atos condenáveis contra o *de cujus.* Em realidade, há semelhanças e traços comuns entre os dois institutos.

Com efeito, dispõe o art. 1.961 do Código que "*os herdeiros necessários podem ser privados de sua legítima, ou deserdados, em todos os casos em que podem ser excluídos*

---

[22] Caio Mário da Silva Pereira, *Instituições,* cit., v. VI, p. 37; Giselda Hironaka, *Comentários,* cit., v. 20, p. 142; Eduardo de Oliveira Leite, *Comentários ao novo Código Civil,* v. XXI, p. 157.

[23] Silvio Rodrigues, *Direito civil,* v. 7, p. 66.

[24] *Sucessões,* cit., p. 73-74.

da sucessão". Os arts. 1.962 e 1.963 acrescentam outras causas delituosas de deserdação, quer de descendente quer de ascendente.

De outro lado, ambos têm o mesmo fundamento, qual seja, a vontade do *de cujus*, com a diferença que, para a indignidade, o fundamento é vontade *presumida*, enquanto a deserdação só pode fundar-se na vontade *expressa* do testador.

Não obstante as semelhanças apontadas, indignação e deserdação não se confundem. Em verdade, ausência de legitimação, indignidade e deserdação têm pontos de coincidência nos efeitos, mas diferem na sua estrutura. As últimas distinguem-se, basicamente:

a) *Pela sua causa eficiente.* A indignidade decorre da lei, que prevê a pena somente nos casos do art. 1.814, já comentado. Na deserdação, é o autor da herança quem pune o responsável, em testamento, nos casos previstos no aludido dispositivo, bem como nos constantes do art. 1.962.

A indignidade, pois, resulta de causa impessoal, conquanto se lastreie em vontade presumida, podendo o autor da herança apenas arredar a causa de incapacidade. Já a deserdação advém da vontade direta do testador, limitando-se a lei a reconhecer e regular o exercício do poder de deserdar a este atribuído[25].

b) *Pelo seu campo de atuação.* O Código Civil de 2002 continua a tratar a deserdação como um instituto da sucessão testamentária. Assim, pode-se afirmar que a *indignidade* é instituto da sucessão legítima, malgrado possa alcançar também o legatário, enquanto a *deserdação* só pode ocorrer na sucessão testamentária, pois depende de testamento, com expressa declaração de causa (art. 1.964). Aquela pode atingir todos os sucessores, legítimos e testamentários, inclusive legatários, enquanto esta é utilizada pelo testador para afastar de sua sucessão *os herdeiros necessários* (descendentes, ascendentes e cônjuge), também chamados reservatários ou legitimários, aos quais a lei assegura o direito à legítima. Somente a deserdação pode privá-los desse direito.

Não se justifica a ideia de que a indignidade só se refira a herdeiro legítimo, quando a própria lei cita o legatário, que é sucessor testamentário, sendo, ademais, compatível com o instituto a indignidade de herdeiro testamentário por delito superveniente à feitura do testamento. Cumpre considerar que o regime legal da indignidade situa-se na parte geral do direito sucessório, válido para todas as categorias de sucessores, sem reservas ou discriminações[26].

Malgrado a deserdação continue a ser tratada, formalmente, como instituto da sucessão testamentária, poderia fazer parte da sucessão legítima, se considerada a sua

---

[25] Walter Moraes, *Teoria geral,* cit., p. 100-101.
[26] Walter Moraes, *Teoria geral,* cit., p. 101.

substância, uma vez que a sua consequência consiste em privar da quota necessária os herdeiros obrigatórios ou legitimários. Vem tratada na sucessão testamentária, segundo ZENO VELOSO, "por mera atração de forma, porque a lei elegeu o testamento como o único meio possível para solenizá-la. Fundamentalmente, todavia, a deserdação é matéria da sucessão legítima, mais propriamente da sucessão necessária"[27].

Mais adiante, enfatiza o mesmo autor: "Convém insistir que a deserdação é instituto da sucessão necessária. Só são deserdáveis herdeiros obrigatórios, herdeiros reservatários. Deserdação, no direito brasileiro, só existe como pena, traduzindo-se na manifestação expressa do testador, excluindo da herança um herdeiro necessário seu. Deserdação é privação da legítima".

Nos termos do art. 1.829, I, do Código Civil, a cônjuge, casada no regime da comunhão universal de bens, não é herdeira do falecido marido. Por outro lado, estatui o art. 1.814 do mesmo diploma que são excluídos da sucessão somente "os herdeiros ou legatários". Nesse caso, mesmo sendo ela causadora da morte do marido, não pode ser excluída da sucessão para não receber a meação. Embora seja meeira, não é herdeira. Não faz jus à metade dos bens inventariados por direito sucessório, uma vez que, sendo meeira, metade do patrimônio já lhe pertence por direito, independentemente da morte do marido[28].

Anote-se que, se o testamento for nulo, e por isso a deserdação não se efetivar, poderão os interessados pleitear a exclusão do sucessor por indignidade, se a causa invocada pelo testador for causa também de indignidade. Quando ocorre essa simultaneidade de causas, o fato de o *de cujus* não ter promovido a deserdação por testamento não faz presumir que tenha perdoado o indigno. Nada obsta a que, neste caso, os interessados na sucessão ajuízem a ação de exclusão de herdeiro, salvo se, por documento autêntico ou por testamento, aquele o houvesse perdoado de forma expressa ou tácita (CC, art. 1.818)[29].

c) *Pelo modo de sua efetivação.* A exclusão por indignidade é postulada por terceiros interessados em ação própria e obtida mediante *sentença judicial* (CC, art. 1.815). A deserdação, todavia, como foi dito, dá-se por testamento, com expressa declaração da causa (art. 1.964).

4. PROCEDIMENTO PARA OBTENÇÃO DA EXCLUSÃO

Proclama o art. 1.815 do Código Civil:

---

[27] *Testamentos*, p. 453.
[28] TJRS, AC 70073625667, 8ª Câm. Cív., rel. Des. Moreira Lins Pasti, j. 22-6-2017.
[29] Giselda Hironaka, *Comentários*, cit., v. 20, p. 143-144.

"A exclusão do herdeiro ou legatário, em qualquer desses casos de indignidade, será declarada por sentença.

§ 1º O direito de demandar a exclusão do herdeiro ou legatário extingue-se em quatro anos, contados da abertura da sucessão.

§ 2º Na hipótese do inciso I do art. 1.814, o Ministério Público tem legitimidade para demandar a exclusão do herdeiro ou legatário" (acrescentado pela Lei n. 13.532, de 7-12-2017).

José Fernando Simão[30] critica a concessão de legitimidade ao Ministério Público para demandar a exclusão do herdeiro ou legatário em casos de homicídio ou tentativa deste, afirmando que a alteração introduzida pela mencionada Lei n. 13.532/2017 tratou o Direito Civil como Direito Penal, dando-lhe caráter punitivo. E propõe o seguinte posicionamento: "a) O MP não poderá propor a ação se os beneficiados forem maiores e capazes. A ação só pode ser proposta se os beneficiários pela indignidade forem menores ou incapazes; b) a ação proposta pelo MP será extinta se o herdeiro ou legatário se opuser a ela. Assim, proposta a ação, antes da citação do réu ou réus, caberá ao juiz intimar os demais herdeiros beneficiados. Se todos se opuserem, a ação é extinta de imediato por manifesta inutilidade. c) se houver propositura pelos herdeiros ou legatários beneficiados, o MP não participará da demanda a qualquer título".

A exclusão do indigno depende, pois, de propositura de *ação específica*, intentada por quem tenha interesse na sucessão, sendo decretada por sentença, de natureza declaratória.

Ainda que tenha praticado o ato mais grave dos mencionados no artigo anterior e que enseja maior repulsa, qual seja, o homicídio doloso, o herdeiro não será excluído da sucessão *ipso jure*, automaticamente, senão mediante ação declaratória intentada com o objetivo de excluí-lo por decreto judicial.

Malgrado alguma opinião contrária, no sentido de que, se o homicídio contra o hereditando foi reconhecido em sentença criminal transitada em julgado, não se justifica novo procedimento, podendo a sentença ser dada pelo próprio juiz do inventário[31], predominava na doutrina o entendimento de que, embora tal condenação tenha valor probatório inegável, é indispensável a provocação da exclusão em processo próprio no juízo cível[32].

---

[30] Legitimidade do MP para propor ação de exclusão do sucessor por indignidade, disponível em: *Revista Consultor Jurídico*, de 28-1-2018.

[31] José Luiz Gavião de Almeida, *Código Civil*, cit., v. XVIII, p. 163.

[32] Giselda Hironaka, *Comentários*, cit., v. 20, p. 151; Eduardo de Oliveira Leite, *Comentários*, cit., v. XXI, p. 165; Maria Helena Diniz, *Curso de direito civil brasileiro*, v. 6, p. 68; Washington de Barros Monteiro, *Curso*, cit., v. 6, p. 67.

Todavia, a Lei n. 14.661, de 23 de agosto de 2023, inseriu o art. 1.815-A no CC, trazendo entendimento diverso, no sentido da desnecessidade da sentença cível caso a indignidade decorra de fato criminoso, reconhecido em sentença criminal:

"*Art. 1.815-A. Em qualquer dos casos de indignidade previstos no art. 1.814, o trânsito em julgado da sentença penal condenatória acarretará a imediata exclusão do herdeiro ou legatário indigno, independentemente da sentença prevista no* caput *do art. 1.815 deste Código*".

Em nosso direito somente vale, para o fim de excluir o herdeiro da sucessão, sentença que se revista dos requisitos de provimento jurisdicional em processo contencioso. Não gera a exclusão, *verbi gratia*, "o pronunciamento nos autos do inventário, ou a afirmativa emanada de processo de jurisdição graciosa, ou mesmo a confissão do fato pelo herdeiro; nem mesmo ele pode ter a iniciativa da ação"[33].

O art. 1.596 do Código Civil de 1916 estabelecia que a ação só podia ser movida por quem tivesse *interesse* na sucessão. Assim, por exemplo, um filho do falecido podia ajuizar a demanda para excluir seu irmão indigno e, desse modo, aumentar seu quinhão, bem como um parente colateral podia propor ação para afastar o cônjuge sobrevivente. Esta deveria seguir o *rito ordinário*.

Do diploma de 2002, todavia, não consta expressamente que a ação de exclusão por indignidade deve ser movida por quem tenha interesse na sucessão, nem especifica o rito a ser seguido. Aplicar-se-ão, no caso, as regras processuais referentes aos procedimentos e à legitimidade processual em geral. A matéria, como bem compreendeu o novel legislador, tem sede própria no estatuto processual civil, cujo art. 17 dispõe que "para postular em juízo é necessário ter interesse e legitimidade".

Comentando o silêncio do novo dispositivo legal sobre quem "tenha interesse na sucessão", afirma EDUARDO DE OLIVEIRA LEITE[34] que, no entanto, "certamente aquele princípio continua implícito a reger a matéria. Por razões óbvias. Interessado na sucessão é quem quer que, no caso de ser favorável a sentença em ação de exclusão por indignidade, ou de serem favoráveis as sentenças em duas ou mais ações, tenha direito de herdeiro ou de legatário".

Pode-se dizer que têm interesse em propor a aludida ação o coerdeiro e o donatário favorecidos com a exclusão do indigno, bem como o Município, o Distrito Federal ou a União, na falta de sucessores legítimos e testamentários. Não o tem, todavia, aquele que, embora sucessor do autor da herança, não se beneficiar diretamente da exclusão, como o irmão do indigno, por exemplo, quando este tiver filhos, que herdarão no lugar do ofensor uma vez proclamada a exclusão.

---

[33] Caio Mário da Silva Pereira, *Instituições*, cit., v. VI, p. 41.
[34] *Comentários*, cit., v. XXI, p. 166.

Acrescentam alguns autores, como também interessados, os credores prejudicados com a inércia dos mencionados legitimados[35]. Caio Mário da Silva Pereira, todavia, cita lição do doutrinador italiano Walter D'Avanzo, no sentido de que não têm legítimo interesse os credores daqueles que se beneficiariam se fosse o herdeiro declarado indigno e como tal excluído[36].

A razão parece estar com este último, como enfatiza Francisco José Cahali: "Como o interessado na sucessão é o titular do direito potencialmente lesado, só ele tem legitimidade para ingressar com a ação (CPC, art. 6º). Ademais, permanecendo inerte, não estará praticando nenhum ilícito, pois sua a opção. Apenas confirma a qualidade de herdeiro do outro que, em princípio, é legítima; está renunciando ao direito de propor uma ação que pudesse, se positiva, lhe resultar em um proveito econômico. Esta situação não outorga aos seus credores legitimidade para, em nome próprio, mas pelo direito dele, provocar o Judiciário. Seria o mesmo que admitir ao credor de alguém propor, por exemplo, ação indenizatória ou repetição de indébito pelo seu devedor, objetivando vantagem que provavelmente ele teria se exercesse o seu direito"[37].

A matéria concernente ao legítimo interesse para o ajuizamento da ação de exclusão do indigno é, como acentua Silvio Rodrigues, "de interesse privado, e não público, de sorte que só aqueles que se beneficiariam com a sucessão poderiam propor a exclusão do indigno. Se o herdeiro legítimo ou testamentário assassinou o hereditando, mas as pessoas a quem sua exclusão beneficiaria preferissem manter-se silentes, o assassino não perderia a condição de herdeiro e receberia os bens da herança, não podendo a sociedade, por meio do Ministério Público, impedir tal solução"[38].

Não se justifica, como pretendem alguns, atribuir legitimidade ao Ministério Público, nos casos de interessados menores ou de inexistência de herdeiros. Os menores serão representados por seu representante legal. Por outro lado, a inexistência de herdeiros transfere a legitimidade para o Município, o Distrito Federal ou a União (CC, art. 1.844).

O atual Código Civil é omisso, como já foi dito, sobre o procedimento a ser adotado no tocante à ação para a exclusão do herdeiro. Tendo a matéria sido remetida ao Código de Processo Civil, optou este pelo procedimento comum (CPC/2015, arts. 627, § 3º, e 628, § 2º). Melhor se mostra, nesses casos, realmente,

---

[35] Washington de Barros Monteiro, *Curso*, cit., v. 6, p. 67; Carlos Maximiliano, *Direito das sucessões*, cit., v. I, p. 113, n. 82; Maria Helena Diniz, *Curso*, cit., v. 6, p. 72; Arnaldo Rizzardo, *Direito das sucessões*, p. 92.

[36] *Instituições*, cit., v. VI, p. 40.

[37] *Curso avançado de direito civil*, v. 6, p. 147-148, nota 214.

[38] *Direito civil*, cit., v. 7, p. 71.

o referido rito, por ser o que permite ao autor produzir, por todos os meios admitidos em direito, as provas necessárias da indignidade e, ao mesmo tempo, o que melhor assegura ao acusado de praticar o ato ofensivo o direito de defesa, permitindo-lhe exercê-la com amplitude.

A ação para exclusão do indigno não pode ser proposta em vida, mas somente após a morte do hereditando, pois até então inexiste a sucessão: *hereditas viventis non datur*[39].

Parte legítima passiva é só o imputado. Como a culpa não se transmite, sendo eminentemente pessoal, se ele falecer antes do autor da herança não mais caberá a ação de indignidade, pois não chegou a adquirir a qualidade hereditária. Não poderia, nesse caso, a sentença cassá-la.

Morrendo o réu no curso do processo, extingue-se a ação, por efeito do princípio da personalidade da culpa e da pena. A morte do indigno acarreta a transmissão dos bens herdados, dos quais vinha desfrutando desde o falecimento do *de cujus*, aos seus próprios sucessores, visto que a indignidade só produziria efeitos depois de declarada por sentença, e tal pena não deve ir além da pessoa do criminoso[40].

O fato de a morte do indigno ou a sua exclusão alterarem a cadeia sucessória não constitui razão suficiente para se entender de outra forma.

O direito de demandar a exclusão do herdeiro ou legatário extingue-se no *prazo decadencial de quatro anos*, contado da abertura da sucessão (CC, art. 1.815, § 1º). O prazo já era previsto no art. 178, § 9º, IV, do Código de 1916, que o considerava, porém, prescricional. No novo diploma, todavia, prazos de prescrição são, apenas e exclusivamente, os taxativamente discriminados na Parte Geral, nos arts. 205 e 206, sendo de *decadência* todos os demais, estabelecidos como complemento de cada artigo que rege a matéria, tanto na Parte Geral como na Especial.

Há de se entender, pelo exposto, que o prazo contido no aludido parágrafo 1º do art. 1.815 do Código de 2002 é de decadência, como afirmado.

5. REABILITAÇÃO OU PERDÃO DO INDIGNO

O art. 1.818 do Código Civil prevê a *reabilitação* ou *perdão* do indigno, pelo ofendido:

"Aquele que incorreu em atos que determinem a exclusão da herança será admitido a suceder, se o ofendido o tiver expressamente reabilitado em testamento, ou em outro ato autêntico".

---

[39] Caio Mário da Silva Pereira, *Instituições*, cit., v. VI, p. 40.
[40] Ney de Mello Almada, *Direito das sucessões*, cit., v. I, p. 204; Washington de Barros Monteiro, *Curso*, cit., v. 6, p. 67; Giselda Hironaka, *Curso*, cit., v. 20, p. 156.

O perdão é, portanto, *ato solene*, pois a lei só lhe dá eficácia se efetuado mediante ato autêntico, ou em testamento. Deve ser expresso, embora não se exijam palavras sacramentais. Uma vez concedido torna-se *irretratável*, sob pena de tolerar-se arrependimento no perdão, o que não seria moral[41].

Desse modo, mesmo revogado o testamento que contém o perdão, permanece válida a cláusula que reabilita o indigno.

Ato autêntico é qualquer declaração, por instrumento público ou particular, autenticada pelo escrivão. Não têm valor, para esse fim, escritura particular; declarações verbais ou do próprio punho, embora corroboradas por testemunhas; cartas, ou quaisquer outros atos que revelem reconciliação ou propósitos de clemência. Não é necessário que o ato seja lavrado exclusivamente para reabilitar o indigno. Mesmo que o ato autêntico tenha objetivo diverso, como doação ou pacto antenupcial, pode o hereditando inserir o seu perdão. Pode fazê-lo até em ata de casamento, acrescenta CARLOS MAXIMILIANO[42].

Tem-se admitido o perdão *tácito* somente na via testamentária, quando o testador houver, após a ofensa, contemplado o indigno em testamento. A propósito, proclama o parágrafo único do artigo em análise:

"Não havendo reabilitação expressa, o indigno, contemplado em testamento do ofendido, quando o testador, ao testar, já conhecia a causa da indignidade, pode suceder no limite da disposição testamentária".

O herdeiro reabilitado, nessa hipótese, tem os seus direitos circunscritos aos limites da deixa. O citado parágrafo único tem como fonte o art. 2.038 do Código Civil português, que distingue, nos números 1 e 2, entre a reabilitação expressa, com eficácia plena, e a reabilitação limitada, tácita ou indireta.

Comentando o art. 466 do Código Civil italiano, que tem disposição similar, assinala ALBERTO TRABUCCHI: "O indigno pode ser expressamente *reabilitado* em documento público ou por testamento posterior da pessoa de cuja sucessão se trata. As consequências da indignidade podem inclusive limitar-se por expressa vontade do *de cujus*, quando este, conhecendo a causa da indignidade, não obstante disponha, em posterior testamento, de um legado a favor do indigno. A deixa feita desse modo produz efeito (art. 466), ainda que para o restante da herança, à falta de uma reabilitação expressa, o beneficiado seja indigno para suceder"[43].

Concedendo perdão ao indigno, o autor da herança evita que os outros herdeiros o excluam da sucessão, após a abertura desta. Trata-se de ato privativo,

---

[41] Degni, *Lezioni di diritto civile, successioni a causa di morte*, apud Washington de Barros Monteiro, *Curso*, cit., v. 6, p. 68.

[42] *Direito das sucessões*, cit., v. I, p. 116, n. 86.

[43] *Instituciones de derecho civil*, v. II, p. 383-384.

pois ninguém melhor do que o ofendido para avaliar a intensidade da ofensa à sua sensibilidade. Pode acontecer, por exemplo, que o ascendente, embora caluniado judicialmente por um dos filhos, continue a amá-lo e não deseje vê-lo excluído de sua sucessão em ação movida pelos outros filhos. Por isso, perdoa-o da ofensa, ordenando que não se proceda à sua exclusão[44].

Nulo o testamento que contém o perdão, este não terá efeito, salvo se tiver sido adotada a forma pública, quando poderá ser utilizado como ato autêntico. O testamento cerrado ou particular não comporta tal aproveitamento.

6. EFEITOS DA EXCLUSÃO

O reconhecimento judicial da indignidade produz vários efeitos, destacando-se os seguintes:

a) *São pessoais os efeitos da exclusão.* Dispõe nesse sentido o art. 1.816 do Código Civil, aduzindo que "*os descendentes do herdeiro excluído sucedem, como se ele morto fosse antes da abertura da sucessão*". A disposição tem por fundamento o princípio de que a pena não pode passar da pessoa do delinquente. A exclusão, tendo natureza punitiva, não pode assim prejudicar os descendentes daquele que foi excluído pela sentença de indignidade, e o sucedem, por representação, como se o indigno morto fosse[45].

A situação do excluído equipara-se à do herdeiro premorto: embora vivo, será representado por seus descendentes, como se tivesse morrido. Os bens que deixa de herdar são devolvidos às pessoas que os herdariam, caso ele já fosse falecido na data da abertura da sucessão. Se o *de cujus*, por exemplo, tinha dois filhos e um deles foi excluído por indignidade, tendo prole, a herança será dividida entre as duas estirpes: metade ficará com o outro filho, e metade será entregue aos descendentes do excluído, que herdarão representando o indigno.

Vislumbra-se na disposição em apreço um resquício da morte civil, existente no direito romano, especialmente para os que perdiam o *status libertatis* (escravos), com a diferença que o indigno é afastado tão só da herança, conservando a personalidade, para os demais efeitos.

Frise-se que os descendentes somente serão chamados a herdar em lugar de seu genitor quando este tiver de herdar por disposição legal. Os filhos do indigno nomeado em testamento não podem ser imitidos na herança que a este caberia, pois nesse caso os bens seguem o destino previsto no testamento, se nomeado substituto, ou são acrescidos ao monte-mor para partilha entre os herdeiros legítimos e/ou testamentários[46].

---

[44] Silvio Rodrigues, *Direito civil*, cit., v. 7, p. 71; Caio Mário da Silva Pereira, *Instituições*, cit., v. VI, p. 44.

[45] Silvio Rodrigues, *Direito civil*, cit., v. 7, p. 72.

[46] Giselda Hironaka, *Comentários*, cit., v. 20, p. 159.

Sendo o indigno o único da sua classe, defere-se a sucessão aos da seguinte; se não o for, aos coerdeiros, da sua classe, pelo direito de acrescer, ressalvado, contudo, aos seus descendentes herdar por estirpe ou representação[47].

Somente os descendentes, conforme expresso no art. 1.816 do Código Civil, substituem o indigno. Se inexistirem, serão aquinhoados com a sua parte os demais herdeiros do *de cujus*, que herdarão por direito próprio.

Os bens retirados do indigno, isto é, os que deixa de herdar e são devolvidos às pessoas que os recebem como se ele nunca tivesse sido herdeiro, são chamados de *bens ereptícios*. No direito romano, da pena de indignidade beneficiava-se o fisco, de onde resultava a erepção, a confiscação da herança, além da morte civil do infrator. O fisco se apoderava (*eripere*) dos bens hereditários, daí se originando a denominação de *ereptorium* (ereptícios) aos bens assim adquiridos[48].

b) *Os efeitos da sentença retroagem à data da abertura da sucessão*. Embora se reconheça a aquisição da herança pelo indigno, no momento da abertura da sucessão, o legislador, por ficção legal, determina a retroação dos efeitos da sentença, para considerar o indigno como premorto ao hereditando. Como consequência, o excluído da sucessão "*é obrigado a restituir os frutos e rendimentos que dos bens da herança houver percebido, mas tem direito a ser indenizado das benfeitorias com a conservação deles*" (CC, art. 1.817, parágrafo único), para que não ocorra o enriquecimento sem causa dos seus sucessores. As despesas reembolsáveis são todas as que teve o indigno com a conservação dos bens hereditários.

Assemelha-se o indigno ao possuidor de má-fé. Na qualidade de titular de patrimônio resolúvel, fica obrigado a restituir os frutos e rendimentos do que desfrutou, mas que efetivamente não lhe pertencia.

c) *O indigno não terá direito ao usufruto e administração dos bens que passem aos filhos menores*. Os pais, titulares do poder familiar, são, por lei (CC, art. 1.689, I e II), usufrutuários e administradores dos bens dos filhos menores. Dispõe, todavia, o parágrafo único do art. 1.816 do Código Civil que "*o excluído da sucessão não terá direito ao usufruto ou à administração dos bens que a seus sucessores couberem na herança, nem à sucessão eventual desses bens*".

Não fosse a regra em apreço o indigno poderia tirar proveito, indiretamente, das rendas produzidas pela herança da qual foi afastado por ingratidão. O propósito do legislador é impedir que tal aconteça. Da mesma intenção se acha este imbuído quando estabelece, na parte final do supratranscrito parágrafo único, que o indigno não poderá suceder nos bens de que foi excluído.

---

[47] Caio Mário da Silva Pereira, *Instituições*, cit., v. VI, p. 42.
[48] Eduardo de Oliveira Leite, *Comentários*, cit., v. XXI, p. 157.

A lei afasta, assim, o sucessível indigno da sucessão de seus filhos ou netos, quanto aos bens que estes receberam do *de cujus*, em lugar do ofensor. Se os filhos pré-morrerem ao indigno, este é afastado da ordem de vocação hereditária, no que concerne aos bens originalmente herdados, ou nos sub-rogados[49].

7. VALIDADE DOS ATOS PRATICADOS PELO HERDEIRO APARENTE

Preceitua o art. 1.817, *caput*, do Código Civil:

"São válidas as alienações onerosas de bens hereditários a terceiros de boa-fé, e os atos de administração legalmente praticados pelo herdeiro, antes da sentença de exclusão; mas aos herdeiros subsiste, quando prejudicados, o direito de demandar-lhe perdas e danos".

O reconhecimento judicial da indignidade acarreta a resolução do direito sucessório do indigno. Os efeitos da sentença operam, todavia, *ex nunc*. Em consequência, válidas serão as alienações de bens hereditários efetuadas pelo excluído antes da sentença, como prescreve o art. 1.817, bem como os atos de administração praticados anteriormente[50].

Em rigor, a sentença de exclusão, como retromencionado, retroage para todos os demais efeitos, exceto para invalidar os atos de disposição praticados pelo indigno.

A regra decorre da necessidade de privilegiar a boa-fé daquele que, vendo no ingrato um herdeiro, presume que a aquisição que efetivar lhe será definitiva e válida. Na proteção da boa-fé, o legislador acaba atribuindo efeitos à aparência.

A validade dos atos praticados pelo herdeiro aparente só é reconhecida se se tratar de negócio a título oneroso, como expressamente mencionado no dispositivo em apreço, e na hipótese de os adquirentes estarem de boa-fé. Não se pode exigir que estes tenham conhecimento da indignidade. Mas, se dela tiverem ciência e, ainda assim, efetuarem a aquisição onerosa, terão de devolver o bem à herança, para ulterior sobrepartilha.

Igualmente, se a alienação for gratuita, não se aproveita o ato, uma vez que o terceiro não terá prejuízo, mas apenas ficará privado de um ganho. Tendo de escolher entre os interesses de quem procura evitar um prejuízo – *qui certat de damno vitando* – e os interesses de quem busca alcançar um lucro – *qui certat de lucro captando* –, o legislador prefere proteger os do primeiro[51].

---

[49] Giselda Hironaka, *Comentários*, cit., v. 20, p. 158; Silvio Rodrigues, *Direito civil*, cit., v. 7, p. 76.
[50] Washington de Barros Monteiro, *Curso*, cit., v. 6, p. 69.
[51] Silvio Rodrigues, *Direito civil*, cit., v. 7, p. 78-79; Eduardo de Oliveira Leite, *Comentários*, cit., v. XXI, p. 174-175; Giselda Hironaka, *Comentários*, cit., v. 20, p. 163.

Herdeiro aparente, segundo a definição de MÁRIO MOACYR PORTO, "é o que, não sendo titular dos direitos sucessórios, é tido, entretanto, como legítimo proprietário da herança, em consequência de erro invencível e comum"[52].

Para ZENO VELOSO, herdeiro aparente é "o que se encontra na posse de bens hereditários como se fosse legítimo sucessor do *de cujus*, assumindo posição notória, ostensiva, sendo por todos considerado, por força de erro comum ou geral, como verdadeiro herdeiro"[53].

Malgrado alguns entendam que o excluído por indignidade não pode ser considerado herdeiro aparente, por se encontrar, antes da sentença, na situação de proprietário dos bens, predomina na doutrina entendimento contrário. Como esclarece SILVIO RODRIGUES, se a retroação do julgado não alcança os atos de disposição praticados pelo indigno, "isso não se dá por entender o legislador que o indigno, no ato de vender, é legítimo proprietário, mas sim em respeito à boa-fé dos adquirentes que, fiados na aparência, não podiam antever a futura exclusão do ingrato e, portanto, ludibriados por um erro comum e invencível, acreditaram estar adquirindo os bens hereditários do verdadeiro dono"[54].

A lei resolve, assim, as duas questões num só dispositivo: o indigno é considerado herdeiro aparente, mas, para não prejudicar os demais coerdeiros, confere-lhes ação objetivando o ressarcimento das perdas e danos.

No período de vigência do Código Civil de 1916 muito se discutiu sobre a aplicação, *também aos demais herdeiros aparentes*, da regra constante do art. 1.600 daquele diploma, reproduzida no art. 1.817 do Código de 2002, segundo a qual, excluído o herdeiro por *indignidade*, válidas seriam as alienações e as constituições de ônus efetuadas antes da sentença.

Uma corrente sustentava que, por seu caráter especial, tal regra não se aplicava aos demais herdeiros aparentes, por exemplo, ao herdeiro legítimo, que se vê surpreendido, muito tempo depois de aberta a sucessão, pela existência de testamento beneficiando terceira pessoa, ou, ainda, ao herdeiro testamentário, prejudicado pelo rompimento do testamento que o instituiu, em razão da descoberta de um herdeiro necessário do falecido, e a muitos outros que se encontravam em situação semelhante.

Outra corrente opinava que a regra em questão devia estender-se, por analogia, aos demais casos de sucessão aparente, com base no princípio *ubi eadem ratio, ibi idem jus*.

---

[52] Teoria da aparência e herdeiro aparente, in *Ação de responsabilidade civil e outros estudos*, p. 132.
[53] *Novo Código Civil comentado*, p. 1645, art. 1.827.
[54] *Direito civil*, cit., v. 7, p. 78.

O Código Civil de 2002, pondo fim à polêmica, generalizou o preceito, dispondo, no parágrafo único do art. 1.827, que "*são eficazes as alienações feitas, a título oneroso, pelo herdeiro aparente a terceiro de boa-fé*".

O art. 1.828, por sua vez, estabelece que "*o herdeiro aparente, que de boa-fé houver pago um legado, não está obrigado a pagar o equivalente ao verdadeiro sucessor, ressalvado a este o direito de proceder contra quem o recebeu*".

A justificativa para o preceito encontra-se no fato de que, ao pagar o legado, de boa-fé, o herdeiro aparente está cumprindo disposição de última vontade do autor da herança, de modo que contra ele nada tem o verdadeiro sucessor, que poderá, contudo, voltar-se contra o legatário. Caberá, desse modo, ao verdadeiro herdeiro, a tarefa de reagir contra o legatário, para a restituição daquilo que ele indevidamente recebeu[55].

---

[55] *Direito civil*, cit., v. 7, p. 78.

Capítulo VI

DA HERANÇA JACENTE E DA HERANÇA VACANTE

> *Sumário*: 1. Conceito de herança jacente. 2. Natureza jurídica da herança jacente. 3. Hipóteses de jacência. 4. Conceito de vacância da herança. 5. Efeitos da declaração de vacância.

1. CONCEITO DE HERANÇA JACENTE

Quando se abre a sucessão sem que o *de cujus* tenha deixado testamento, e não há conhecimento da existência de algum herdeiro, diz-se que a herança é *jacente* (CC, art. 1.819).

A doutrina em geral considera jacente a herança quando não há herdeiro certo e determinado, ou se não sabe da existência dele, ou quando a herança é repudiada. O Código Civil de 2002, inovando, considera a herança vacante desde logo, no caso de repúdio por parte de todos os chamados a suceder, proclamando: "*Quando todos os chamados a suceder renunciarem à herança, será esta desde logo declarada vacante*" (art. 1.823). Nesse caso, não há a fase da jacência.

A jacência não se confunde com a vacância, é apenas uma fase do processo que antecede a esta. A herança "jaz enquanto não se apresentam herdeiros do *de cujus* para reclamá-la, não se sabendo se tais herdeiros existem ou não. O Estado, no intuito de impedir o perecimento da riqueza representada por aquele espólio, ordena sua arrecadação[1], para o fim de entregá-lo aos herdeiros que aparecerem

---

[1] "O procedimento da herança jacente não se sujeita ao princípio da demanda (inércia da jurisdição), motivo pelo qual o juízo tem o dever-poder de diligenciar para tentar sanar eventual falta de prova inaugural e cooperar na priorização do julgamento de mérito". REsp n. 1.837.129/ES, relator Ministro Ricardo Villas Bôas Cueva, Terceira Turma, julgado em 30/8/2022, DJe de 5/9/2022.

e demonstrarem tal condição. Somente quando, após as diligências legais, não aparecerem herdeiros, é que a herança, até agora jacente, é declarada vacante, para o fim de incorporar-se ao patrimônio do Poder Público"[2].

Ainda que haja herdeiro sucessível a herança pode ser jacente, enquanto a sua existência permanecer ignorada.

O legislador protege, nesses casos, os credores do falecido: "*É assegurado aos credores o direito de pedir o pagamento das dívidas reconhecidas, nos limites das forças da herança*" (art. 1.821).

Segundo a abalizada lição de ITABAIANA DE OLIVEIRA, "o conceito moderno da herança jacente difere do direito romano: este considerava a herança, embora não adida, pessoa jurídica, que representava a pessoa do defunto e, como tal, era capaz de adquirir direitos e de contrair obrigações; modernamente, porém, não há herança jacente neste sentido, porque, de acordo com os novos sistemas jurídicos, o domínio e a posse do *de cujus* transmitem-se, desde logo, aos seus herdeiros. Assim, por direito pátrio, a herança é: a) *jacente* – quando não há herdeiro certo e determinado, ou quando se não sabe da existência dele, ou, ainda, quando é renunciada; b) *vacante* – quando é devolvida à fazenda pública por se ter verificado não haver herdeiros que se habilitassem no período da jacência"[3].

2. NATUREZA JURÍDICA DA HERANÇA JACENTE

A herança jacente não tem personalidade jurídica nem é patrimônio autônomo sem sujeito, dada a força retro-operante que se insere à eventual aceitação da herança. Consiste, em verdade, num acervo de bens, administrado por um curador, sob fiscalização da autoridade judiciária, até que se habilitem os herdeiros, incertos ou desconhecidos, ou se declare por sentença a respectiva vacância[4].

Reconhece-se-lhe, entretanto, legitimação ativa e passiva para comparecer em juízo.

A lei prevê, com efeito, certos casos de universalidades de direito e de massas de bens identificáveis como unidade que, mesmo não tendo personalidade jurídica, podem gozar de capacidade processual e ter legitimidade ativa e passiva para acionar e ser acionadas em juízo. São entidades que se formam independentemente da vontade dos seus membros ou em virtude de um ato jurídico que os vincule a determinados bens, sem que haja a *affectio societatis*.

---

[2] Silvio Rodrigues, *Direito civil*, v. 7, p. 81.
[3] *Tratado de direito das sucessões*, v. I, § 131, p. 101-102.
[4] Washington de Barros Monteiro, *Curso de direito civil*, v. 6, p. 74.

Dentre esses grupos despersonalizados *figuram a herança jacente e a herança vacante*. O Código de Processo Civil determina a representação processual de ambas pelo seu curador (art. 75, VI).

Releva salientar que a *herança jacente* distingue-se do *espólio*, malgrado tenham em comum a ausência de personalidade. No espólio, os herdeiros legítimos ou testamentários são conhecidos. Compreende os bens deixados pelo falecido, desde a abertura da sucessão até a partilha. Pode aumentar com os rendimentos que produza, ou diminuir em razão de ônus ou deteriorações. A noção de herança jacente, todavia, é a de uma sucessão sem dono atual. É o estado da herança que não se sabe se será adida ou repudiada[5].

3. HIPÓTESES DE JACÊNCIA

Dispõe o art. 1.819 do Código Civil:

"Falecendo alguém sem deixar testamento nem herdeiro legítimo notoriamente conhecido, os bens da herança, depois de arrecadados, ficarão sob a guarda e administração de um curador, até a sua entrega ao sucessor devidamente habilitado ou à declaração de sua vacância".

Trata o dispositivo das duas espécies de jacência: a sem testamento e a com testamento. A primeira desdobra-se em duas situações distintas: *inexistência de herdeiros conhecidos* (cônjuge ou companheiro, ou herdeiro descendente, ascendente e colateral sucessível, notoriamente conhecidos) e *renúncia da herança*, por parte destes. Num e noutro caso, *hereditas jacet*[6].

A segunda espécie, de jacência com testamento, configura-se quando o herdeiro instituído ou o testamenteiro não existir ou não aceitar a herança, ou a testamentaria, e o falecido não deixar cônjuge nem companheiro, nem herdeiro presente, da classe dos supramencionados. Também nessa hipótese a herança será arrecadada e posta sob a administração de um curador.

Herdeiros notoriamente conhecidos são os presentes no lugar em que se abre a sucessão, que podem ser facilmente localizados por serem conhecidos de todos.

Aponta a doutrina outros casos de jacência, que podem configurar-se por não se encontrar o herdeiro ainda em condições de se tornar titular do patrimônio que se lhe deseja transferir. Um deles, não raro, verifica-se quando se espera o nascimento de um herdeiro. Pode suceder, por exemplo, de o testador nomear,

---

[5] Lacerda de Almeida, *Sucessões*, § 16, p. 95-97; Caio Mário da Silva Pereira, *Instituições de direito civil*, v. VI, p. 63-64.
[6] Washington de Barros Monteiro, *Curso*, cit., v. 6, p. 74-75.

como herdeiro universal, o filho já concebido e ainda não nascido de determinada pessoa. Com o falecimento do testador, a herança é arrecadada como jacente, aguardando-se o nascimento com vida do beneficiário. Admite-se nesse caso que seja retirado do acervo, ou de sua renda, o necessário para a manutenção da mãe do nascituro, se ela não tiver meios próprios de subsistência[7].

Outro caso de jacência verifica-se enquanto se aguarda a formação ou constituição da pessoa jurídica, a que se atribuíram os bens. Do mesmo modo, se se tratar de instituição de herdeiro sob condição suspensiva, enquanto pender a condição[8].

Preceitua o art. 28, § 2º, do Código Civil que, *"não comparecendo herdeiro ou interessado para requerer o inventário até trinta dias depois de passar em julgado a sentença que mandar abrir a sucessão provisória, proceder-se-á à arrecadação dos bens do ausente pela forma estabelecida nos arts. 1.819 a 1.823".*

A ausência foi deslocada do livro do "Direito de Família", onde se situava no Código de 1916, para a Parte Geral do Código atual, onde encontra sua sede natural. Desse modo, a sucessão dos bens do ausente foi tratada no volume 1 desta obra, ao qual nos reportamos.

4. CONCEITO DE VACÂNCIA DA HERANÇA

Segundo o art. 1.820 do Código Civil:

"Praticadas as diligências de arrecadação e ultimado o inventário, serão expedidos editais na forma da lei processual, e, decorrido um ano de sua primeira publicação, sem que haja herdeiro habilitado, ou penda habilitação, será a herança declarada vacante".

Não havendo herdeiro aparente, o juiz promove a arrecadação dos bens, para preservar o acervo e entregá-lo aos herdeiros que se apresentem ou ao Poder Público, caso a herança seja declarada vacante (CPC/2015, art. 738). Enquanto isso, permanecerá sob a guarda de um curador, nomeado livremente pelo juiz (CC, art. 1.819; CPC/2015, art. 739).

Serão publicados editais, com o prazo de seis meses, contados da primeira publicação, reproduzidos três vezes, com o intervalo de trinta dias, para que venham a habilitar-se os sucessores (CPC/2015, art. 741). Passado um ano da primeira publicação e não havendo herdeiro habilitado nem habilitação pendente, a herança será declarada vacante (CPC/2015, art. 743; CC, art. 1.820).

---

[7] Carlos Maximiliano, *Direito das sucessões*, v. I, p. 82, n. 51; Silvio Rodrigues, *Direito civil*, cit., v. 7, p. 83.

[8] Ruggiero e Maroi, *Istituzioni di diritto privato*, v. 1, p. 391; Washington de Barros Monteiro, *Curso*, cit., v. 6, p. 75-76.

A declaração de vacância, como assinala LACERDA DE ALMEIDA, "põe fim ao estado de jacência da herança e, ao mesmo tempo, devolve-a ao ente público, que a adquire ato contínuo. O estado de jacência é, pois, transitório e limitado por natureza. A dereliço em que se acha a herança termina com a devolução desta aos herdeiros devidamente habilitados, ou, caso não apareçam e se habilitem, com a sentença declaratória da vacância e consequente incorporação dos bens ao patrimônio do Poder Público"[9].

A vacância é, pois, quase sempre o estado definitivo da herança que foi jacente. Habilitado o herdeiro, desaparecem, graças à retroatividade da adição, os efeitos da jacência. A procedência da habilitação converte em inventário a arrecadação e exclui a possibilidade de vacância (CPC/2015, art. 741, § 3º).

Se, ao contrário, inexistir herdeiro habilitado, ou pender habilitação, "*será a herança declarada vacante*", como consta do art. 1.820 do Código Civil em estudo. A herança, como já referido, é considerada jacente quando não há herdeiro certo, ou não se sabe de sua existência; e vacante, quando é devolvida ao Município, por ter-se verificado, depois de praticadas todas as diligências, não haver herdeiro.

Segundo SILVIO RODRIGUES, "herança vacante é a que não foi disputada, com êxito, por qualquer herdeiro e que, judicialmente, foi proclamada de ninguém"[10].

5. EFEITOS DA DECLARAÇÃO DE VACÂNCIA

Prescreve o art. 1.822 do Código Civil:

"*A declaração de vacância da herança não prejudicará os herdeiros que legalmente se habilitarem; mas, decorridos cinco anos da abertura da sucessão, os bens arrecadados passarão ao domínio do Município ou do Distrito Federal, se localizados nas respectivas circunscrições, incorporando-se ao domínio da União quando situados em território federal.*

Parágrafo único. Não se habilitando até a declaração de vacância, os colaterais ficarão excluídos da sucessão".

A sentença que declara vaga a herança põe fim à imprecisão que caracteriza a situação de jacência, estabelecendo a *certeza jurídica* de que o patrimônio hereditário não tem titular até o momento da delação ao ente público. Concomitantemente, ao declarar vago o patrimônio hereditário, a sentença de vacância devolve-o *ipso iure* ao Poder Público.

---

[9] *Sucessões*, cit., § 19, p. 113.
[10] *Direito civil*, cit., v. 7, p. 84.

É só neste momento, diz WALTER MORAES, "que acontece a delação ao Estado, e não na abertura da sucessão; porque, com efeito, antes disso o Estado não estava convocado à sucessão nem a deixa lhe era oferecida. Trata-se então da única hipótese em que o momento do início da delação afasta-se cronologicamente da abertura da sucessão, colocando-se entre uma e outra etapas do fenômeno sucessório um espaço vazio, que é a mesma vacância"[11].

A sentença que converte a herança jacente em herança vacante promove a transferência dos bens, ainda que resolúvel, para o Poder Público. O curador é obrigado a entregá-los, quando se complete um ano da primeira publicação dos editais (CC, art. 1.820), mas o prazo de aquisição definitiva não se conta desse fato, senão da *abertura da sucessão*.

A declaração de vacância não impede que herdeiro sucessível reivindique a herança, enquanto não decorrido o prazo de cinco anos contado da abertura da sucessão, a menos que seja colateral e não se tenha habilitado até a declaração de vacância. Por isso se diz que tal declaração defere a propriedade dos bens arrecadados ao ente público designado na lei, mas ainda não em caráter definitivo. Trata-se, em verdade, de *propriedade resolúvel*[12].

Outro importante efeito da vacância é afastar da sucessão legítima os herdeiros da classe dos colaterais, como expressamente proclama o parágrafo único do retrotranscrito art. 1.822 do Código Civil.

Estatui o art. 743, § 2º, do Código de Processo Civil de 2015 que, "transitada em julgado a sentença que declarou a vacância, o cônjuge, o companheiro, os herdeiros e os credores só poderão reclamar o seu direito por ação direta". Assim, mesmo após o trânsito em julgado da sentença de declaração de vacância, era necessário aguardar o prazo legal de cinco anos, a contar da abertura da sucessão, para eventual habilitação de algum herdeiro legítimo, mesmo colateral, por meio de ação direta, que é a ordinária de petição de herança.

Todavia, o Código Civil de 2002 repristinou, nesse particular, o sistema do diploma de 1916, declarando expressamente que ficarão excluídos da sucessão "*os colaterais*" que não se habilitarem até a declaração de vacância (art. 1.822, parágrafo único).

O *Superior Tribunal de Justiça tem admitido a aquisição por usucapião de herança jacente, se não houve declaração de vacância. Veja-se*: "Herança jacente. Usucapião. Admissibilidade se não houve declaração de vacância. Para que a herança

---

[11] *Teoria geral e sucessão legítima*, p. 82.
[12] Orlando Gomes, *Sucessões*, p. 74.

jacente se incorpore ao patrimônio público, tornando-se, assim, insuscetível de aquisição por usucapião, é necessário que haja a declaração de vacância, conforme disposto no art. 1.143 do CPC (de 1973; CPC/2015, art. 739), c/c o art. 1.594 do CC (*de 1916*)"[13].

Não se confundem bens vacantes com coisas ou bens vagos. Estes constituem coisa alheia perdida, que deve ser devolvida ao dono por quem a encontrar.

---

[13] REsp 55.728-SP, 4ª T., rel. Min. César Asfor Rocha, *DJU*, 18-5-1998, *RT*, 755/201. No mesmo sentido: "Usucapião. Herança jacente. O Estado não adquire a propriedade dos bens que integram a herança jacente, até que seja declarada a vacância, de modo que, nesse inter-regno, estão sujeitos à usucapião" (STJ, REsp 36.959-SP, 3ª T., rel. Min. Ari Pargendler, *DJU*, 11-6-2001, p. 196). "Usucapião. Herança jacente. O bem integrante da herança jacente só é devolvido ao Estado com a sentença de declaração da vacância, podendo, até ali, ser possuído *ad usucapionem*. Precedentes" (STJ, REsp 253.719-RJ, 4ª T., rel. Min. Ruy Rosado de Aguiar, j. 26-9-2000). "Herança jacente. Embargos de terceiro. Usucapião. Aquele que passou a exercer, depois da morte da proprietária, posse *ad usucapionem*, pode opor embargos de terceiro para obstar a arrecadação de bens pelo Estado" (STJ, REsp 73.458-SP, *RSTJ*, 86/177).

Capítulo VII

DA PETIÇÃO DE HERANÇA

> *Sumário*: 1. Conceito. 2. Natureza jurídica da ação. 3. Partes legítimas. 4. Efeitos da sentença. 5. Herdeiro aparente. 6. Prescrição.

1. CONCEITO

O Código Civil de 2002 introduziu, como último capítulo do Título I ("Da Sucessão em Geral"), o intitulado "Da Petição de Herança" (arts. 1.824 a 1.828), matéria esta tratada, no Código Civil de 1916, no isolado parágrafo único do art. 1.580.

Preceitua o art. 1.824 do atual diploma:

"O herdeiro pode, em ação de petição de herança, demandar o reconhecimento de seu direito sucessório, para obter a restituição da herança, ou de parte dela, contra quem, na qualidade de herdeiro, ou mesmo sem título, a possua".

A ação de petição de herança constitui a proteção específica da qualidade de sucessor. Pelo princípio da *saisine*, desde a abertura da sucessão pertence a herança ao herdeiro (CC, art. 1.784). Pode ocorrer, todavia, de nela estar investida pessoa aparentemente detentora de título hereditário. Compete a aludida ação, conhecida no direito romano como *petitio hereditatis*, ao sucessor preterido, para o fim de ser reconhecido o seu direito sucessório e obter, em consequência, a restituição da herança, no todo ou em parte, de quem a possua, na qualidade de herdeiro, ou mesmo sem título[1].

O verdadeiro sucessor pode ter sido preterido, por exemplo, porque não era conhecido, porque não se encontrou testamento ou este veio a ser anulado, ou por se tratar de filho não reconhecido[2].

---

[1] Silvio Rodrigues, *Direito civil*, v. 7, p. 87.
[2] Walter Moraes, *Teoria geral e sucessão legítima*, p. 90.

Como esclarece SILVIO RODRIGUES, "além do caso de alguém ter-se apossado, pura e simplesmente – e ilegalmente –, da herança, ou de parte dela, a *petitio hereditatis* é pertinente, por exemplo, quando a herança é recolhida por parentes mais afastados do falecido, e o interessado é parente mais próximo, que se acha em classe preferencial; quando a herança é distribuída entre os herdeiros legítimos, e aparece testamento do *de cujus*, em que outra pessoa é nomeada herdeira; quando o filho não reconhecido do sucedido ingressa com ação investigatória cumulada com a petição de herança"[3].

Em casos como esses, cabe ao sucessor prejudicado demonstrar, na ação em apreço, a sua qualidade, para obter do possuidor a restituição do que a ele compete. Segundo a definição de ITABAIANA DE OLIVEIRA, "ação de petição de herança é a que compete ao herdeiro legítimo ou testamentário contra aqueles que, pretendendo ter direito à sucessão, detêm os bens da herança no todo ou em parte"[4].

Nem sempre a omissão do nome do herdeiro nas primeiras declarações, ou no curso do inventário, justifica o ajuizamento de uma ação. Dispõe o art. 628 do Código de Processo Civil que o herdeiro "que se julgar preterido poderá demandar sua admissão no inventário, requerendo-o antes da partilha". Nesse caso o juiz ouvirá as partes no prazo de quinze dias e decidirá. Se não acolher o pedido, remeterá o requerente para os meios ordinários, mandando reservar, em poder do inventariante, o quinhão do herdeiro excluído, até que se decida o litígio.

O que o art. 628 do Estatuto Processual proíbe é a reabertura de procedimento de inventário já encerrado, para que se examine a habilitação do herdeiro preterido. Até a partilha, porém, qualquer interessado tem legitimação para requerer o seu ingresso no inventário; não, contudo, depois de realizada, "porque aí já estaria encerrado o inventário, e somente a partir de ação específica, de petição de herança, é que poderia alguém pretender sua parte no patrimônio hereditário"[5].

Admite-se a cumulação de ações, desde que compatíveis os pedidos e adequado o rito processual, sendo comum a da *petitio hereditatis* com a ação de investigação de paternidade, ou com declaratória da condição de companheiro[6].

---

[3] *Direito civil*, cit., v. 7, p. 87-88.
[4] *Tratado de direito das sucessões*, v. III, § 1.014, p. 165.
[5] Clóvis do Couto e Silva, *Comentários ao Código de Processo Civil*, v. XI, t. I, p. 329.
[6] *V.* TJRS, Ap. 70.004.770.848-Júlio de Castilhos, rel. Des. Strangler Pereira, j. 12-6-2003, reconhecendo a possibilidade de propositura de petição de herança pelo convivente supérstite, pleiteando a declaração de existência da entidade familiar e reclamando a herança que lhe cabe.

2. NATUREZA JURÍDICA DA AÇÃO

Muito se tem discutido, desde o direito romano, sobre a natureza jurídica da *petitio hereditatis*. Alguns advogam que se trata de ação *pessoal*, em seu exercício, colocando-se em jogo apenas o título hereditário. Outros entendem que se cuida de ação *real*, uma vez que a herança é considerada bem imóvel, sendo uma universalidade de bens. Uma terceira corrente sustenta possuir tal ação natureza *mista*, porque se destina, num primeiro plano, à apuração do título hereditário, exibindo índole eminentemente pessoal; e, num segundo, à reivindicação universal do patrimônio, tendo natureza *real*.

A ação de petição de herança é uma ação especial, informada de peculiaridades, em função da natureza particular do seu objeto. É ação de quem pretende ver reconhecido o seu direito sucessório, de quem é o titular da herança, para o fim de obter a restituição do patrimônio deixado. Persegue, portanto, além do fim declaratório que lhe é precípuo, fim condenatório, consistente na mencionada restituição.

Pode-se afirmar, em face do exposto, que *a petição de herança é a ação pela qual o herdeiro procura o reconhecimento judicial de sua qualidade, com vistas a recuperar todo ou parte do patrimônio sucessório, indevidamente em poder de outrem.*

É *ação real*, malgrado tal entendimento não seja uniforme. É, porém, o que predomina na doutrina e ao qual também nos filiamos. Cumpre, no entanto, esclarecer o alcance do primeiro objeto da aludida ação, que é o reconhecimento do direito sucessório, em razão de ordem de vocação hereditária ou de disposição testamentária (fim declaratório).

Segundo a lição de ORLANDO GOMES, "a *ação de estado* é premissa da *petição da herança*, quando o título de herdeiro depende da prova de parentesco", como acontece em relação ao filho havido fora do casamento não reconhecido. Certificada a qualidade de parente sucessível, aduz o mencionado autor, "não implica, entretanto, investidura na de herdeiro, assim entendido o que deveria ter sido chamado. Atestada, porém, a qualidade sucessória, positiva-se o direito à herança, legitimando-se o pedido de restituição dos bens hereditários"[7].

Resta, assim, bem esclarecido que a petição de herança não tem o caráter de *ação de estado*. Embora tenha duplo objeto, ou seja, o reconhecimento do direito sucessório e a restituição dos bens hereditários que estão em poder de terceiro, o primeiro é premissa do segundo, sendo este o escopo prático e especialmente visado pelo herdeiro. Sua carga principal é *condenatória*.

De estado será a demanda destinada a declarar a qualidade de herdeiro, hipótese da investigação de paternidade ou maternidade. Tal qualidade é um pressuposto

---

[7] *Sucessões*, p. 261.

lógico e legal da ação. Mesmo quando a investigatória se apresenta cumulada com a petição de herança, esta só será julgada na hipótese de procedência da primeira[8].

A expressão "*ação de estado*" designa todas as ações que têm por objeto uma questão de estado, seja para constituí-lo ou modificá-lo, como a ação de adoção, a de divórcio e perda da autoridade paterna; seja para estabelecê-lo, como a ação de investigação de paternidade ou maternidade; seja para contestá-lo, como a ação negatória de paternidade, ou de contestação de legitimidade[9].

Cumpre registrar um pormenor de grande importância pertinente à natureza da ação de estado, salientado por PLANIOL e RIPERT, a saber: o regime de ações de estado não se aplica às ações que objetivam estabelecer uma genealogia destinada a justificar a aquisição de direitos sucessórios. Tais ações visam, na verdade, a propósitos nitidamente pecuniários e não, propriamente, ao estado de pessoa[10].

Em consequência, essas ações carecem da característica de indisponibilidade e imprescritibilidade das verdadeiras ações de estado. Não são procedimentos de interesse público, mas de proveito privado. Isso se patenteia quando exercida por herdeiros, animados do visível propósito de obterem vantagens econômicas. Tais ações, como se verá adiante, são prescritíveis.

Não se devem confundir ações contra o espólio e ações relativas a herança. Como decorre de sua própria designação, *a ação de petição de herança é demanda relativa à herança*. Por ações dessa natureza devem ser entendidas aquelas em que a pretensão diz respeito ao direito das sucessões, aos direitos hereditários, à partilha, ao testamento, à petição de herança ou legado, à ação para pedir cumprimento de encargo imposto em legado, à ação de sonegados, à exclusão de herdeiros ou de legatários, à nulidade de testamento, nulidade de partilha etc.[11]

Na ação de petição de herança, como assinalam ENNECERUS, KIPP e WOLFF, o autor demonstra o seu parentesco com o defunto e a sua qualidade de herdeiro. Deve provar também o fato do qual provenha a sua pretensão. Se age na condição de herdeiro-neto, há de evidenciar a morte de seu pai; se fundamenta o pedido na renúncia de um herdeiro, terá de demonstrá-la[12].

Além de real, trata-se de ação *universal*. Com ela pretende o seu autor não a devolução de coisas destacadas, singulares e determinadas, mas a de uma universalidade, ou seja, do patrimônio hereditário por inteiro ou em quota ideal, porque a herança é uma *universitas juris* (CC, arts. 91 e 1.791).

---

[8] Ney de Mello Almada, *Direito das sucessões*, v. I, p. 229.
[9] Marty e Raynaud, *Les personnes*, p. 885, n. 800.
[10] *Traité pratique de droit civil français*, v. 1, n. 24.
[11] Ney de Mello Almada, *Direito das sucessões*, cit., v. I, p. 228.
[12] *Tratado de derecho civil: derecho de sucesiones*, v. I, § 66.

A ação de petição de herança muito se assemelha à *ação reivindicatória*, mas dela se distingue por algumas características marcantes. Embora ambas constituam meios de tutela da posse, a última objetiva a posse de coisa singularmente encarada.

Com efeito, pode o herdeiro também mover uma ação de reivindicação tendo por objetivo reaver determinada e certa coisa injustamente em poder de terceiro (CC, art. 1.228), hipótese em que nem ao menos é de se lhe exigir o registro do formal de partilha ou da carta de adjudicação, valendo, tão só, a aquisição sucessória (CC, art. 1.784). Exige-se que individue e descreva a coisa cuja restituição pretende, provando a sua propriedade.

Na ação de petição de herança, todavia, basta demonstrar a qualidade de herdeiro e que o demandado não tem título hereditário.

À vista dessas premissas, *pode-se afirmar que a petitio hereditatis não se confunde com a reivindicatória porque: "a) a reivindicatória tem por objeto o reconhecimento do direito de propriedade sobre determinada coisa, enquanto a ação de petição de herança visa ao reconhecimento da qualidade de herdeiro, da qual pode derivar o reconhecimento de um direito de propriedade, de outro direito real, de um direito de crédito ou de outro direito pessoal; b) enquanto na* rei vindicatio *deve o autor provar, não somente que adquiriu a propriedade, mas que a houve de quem era proprietário, na* petitio hereditatis *deve o herdeiro provar unicamente seu título de aquisição"*[13].

Tais características mostram as vantagens que sempre tornaram a petitio hereditatis *instituto mais atraente para o herdeiro do que a* rei vindicatio.

3. PARTES LEGÍTIMAS

Cumpre indicar quem está legitimado a valer-se da ação de petição de herança e contra quem pode ser proposta.

Cabe tal ação a quem se intitula *herdeiro* e reivindica esse *título*, com o objetivo de obter a restituição da herança, no todo ou em parte. Consideram-se *ativamente* legitimados tanto o sucessor *ab intestato* como o testamentário, o sucessor ordinário como o reconhecido por ato voluntário dos pais ou por sentença proferida na ação de investigação de paternidade[14].

Legitimam-se, ainda, o sucessor do herdeiro e o herdeiro fideicomissário; e ao herdeiro equipara-se o cessionário da herança. A ação é tanto do titular exclusivo do patrimônio hereditário como daquele que concorre com outros herdeiros para vindicar a parte ideal.

---

[13] Orlando Gomes, *Sucessões*, cit., p. 260.
[14] Mário Moacyr Porto, Ações de investigação de paternidade ilegítima e petição de herança, *RT*, 645/10.

Segundo dispõe o art. 1.825 do Código Civil, "*a ação de petição de herança, ainda que exercida por um só dos herdeiros, poderá compreender todos os bens hereditários*". Com a morte do *de cujus* estabelece-se, com efeito, o condomínio e a composse entre os herdeiros, e qualquer deles pode, isoladamente, ingressar com a *petitio hereditatis* contra o herdeiro ou possuidor despojado de qualquer título, inclusive para postular a restituição de todos os bens hereditários.

Trata-se de consequência natural do princípio insculpido no parágrafo único do art. 1.791 do Código Civil: "*Até a partilha, o direito dos coerdeiros, quanto à propriedade e posse da herança, será indivisível, e regular-se-á pelas normas relativas ao condomínio*".

Em qualquer caso, ao autor compete a prova de seu título e qualidade. Todavia, como a ação tem natureza *universal*, como visto, por concernir a uma *universitas juris*, como é considerada a herança, só o herdeiro se legitima, não o legatário. Este tem ação própria, também reivindicatória, para reclamá-lo, sob diverso fundamento.

Legitimado *passivamente* é o possuidor dos bens hereditários, com o título de herdeiro ou outra qualificação, ou mesmo sem título. Réu nessa ação é, assim, "a pessoa que está na posse da herança, como se fosse herdeiro (possuidor *pro herede*), aparentando a qualidade e assumindo a posição de herdeiro, sem que, verdadeiramente, herdeiro seja, ou o que tem a posse de bens hereditários sem título algum que a justifique"[15].

Conforme a clássica lição de ITABAIANA DE OLIVEIRA, a ação em apreço pode ser intentada contra o possuidor: "a) *pro herede* – que é aquele que se julga herdeiro ou que, não sendo herdeiro, possui, como tal, a herança ou a coisa hereditária, ainda que mínima; ou b) *pro possessore* – que é aquele que não invoca nenhum título para recusar a entrega dos bens da herança, entrando nesta classe a posse do ladrão, ou qualquer outra viciosa"[16].

O *herdeiro aparente* é justamente o possuidor *pro herede*, o que aparece perante todos como adquirente por causa de morte, a título universal. É necessário esteja na posse dos bens hereditários. Não se propõe a *petitio hereditatis* senão para haver bens da herança indevidamente possuídos pelo herdeiro aparente.

Entendia a doutrina, no período de vigência do Código Civil de 1916, que a ação ora em estudo devia intentar-se contra o possuidor *pro herede*, não tendo cabida contra um possuidor ordinário, que detivesse os bens da herança a outro título, pois neste último caso a ação idônea seria a reivindicatória. O art. 1.824 do novo diploma, contudo, adota solução diversa, ao permitir a propositura da

---

[15] Silvio Rodrigues, *Direito civil*, cit., v. 7, p. 88.
[16] *Tratado*, cit., v. III, § 1.017, p. 166.

ação de petição de herança contra quem, *"mesmo sem título"*, possua bens do acervo hereditário[17].

Cumulada a petição de herança com investigação de paternidade, constarão como demandados, além do possuidor dos bens hereditários (o cessionário, por exemplo), todos os herdeiros do falecido – e não o espólio –, formando um litisconsórcio passivo necessário, em razão da natureza da relação jurídica (CPC/2015, art. 114), ainda que os herdeiros tenham renunciado à herança ou optado por sua cessão[18].

4. EFEITOS DA SENTENÇA

Reconhecida a qualidade hereditária do autor da petição de herança, deflui como efeito natural e principal a transmissão da titularidade do patrimônio deixado em seu favor. A procedência da ação, decretada em sentença transitada em julgado, gera o reconhecimento da ineficácia da partilha em relação ao autor da ação, dispensada a sua anulação. Basta o simples pedido de retificação da partilha realizada anteriormente[19].

Nesse sentido, assentou o *Superior Tribunal de Justiça*: "I – Julgados procedentes os pedidos formulados em sede de ação de investigação de paternidade cumulada com petição de herança, disso resulta lógica e automática a nulidade da partilha realizada sem a presença e participação do autor vitorioso, afigurando-se dispensável a propositura de ação específica que tenha por objeto apenas vê-la reconhecida expressamente. II – A execução da decisão de procedência proferida em autos de petição de herança faz-se, como regra, por meio de simples pedido de retificação de partilha, uma vez que a sentença homologatória de partilha não faz coisa julgada em relação ao herdeiro não convocado ao processo de inventário"[20].

Efetivamente, se o herdeiro não participou do inventário, a sentença de partilha não o afeta, ou seja, não produz o efeito de coisa julgada perante quem não foi parte no processo.

---

[17] Caio Mário da Silva Pereira, *Instituições de direito civil*, v. VI, p. 68.

[18] Na ação de investigação de paternidade *post mortem*, partes legítimas passivas são os herdeiros e não o espólio (STJ, REsp 331.841-AL, 3ª T., rel. Min. Antônio de Pádua Ribeiro, *DJU*, 10-6-2002, p. 202).
Sobre a formação de um litisconsórcio passivo necessário v. *RJTJRS*, 175/379.

[19] Cristiano Chaves de Farias, Incidentes à transmissão da herança: aceitação, renúncia, cessão de direitos hereditários e petição de herança, in *Direito das sucessões e o novo Código Civil*, coord. de Giselda Hironaka e Rodrigo da Cunha Pereira, p. 70.

[20] REsp 16.137-SP, 4ª T., rel. Min. Sálvio de Figueiredo Teixeira, *DJU*, 27-3-1995, p. 7162. No mesmo sentido: REsp 74.478-PR, 4ª T., rel. Min. Ruy Rosado de Aguiar, *DJU*, 4-11-1996.

A procedência da ação de petição de herança produz efeitos distintos em relação ao herdeiro aparente ou ao simples possuidor e em relação ao terceiro adquirente.

a) *Quanto ao herdeiro aparente*. Sendo o herdeiro aparente um possuidor, a sua responsabilidade rege-se pelas regras da posse, a qual pode ser de boa ou de má-fé. Conforme dispõe o art. 1.826 do Código Civil, "*o possuidor da herança está obrigado à restituição dos bens do acervo, fixando-se-lhe a responsabilidade segundo a sua posse, observado o disposto nos arts. 1.214 a 1.222*".

Destarte, o herdeiro aparente, condenado na ação de petição de herança, tem de restituir os bens com todos os seus acessórios. Responderá, ainda, por perdas e danos, bem como pelos frutos que tiver colhido, ressalvado direito de retenção, se estiver de boa-fé. Faz jus ao ressarcimento das benfeitorias necessárias, ainda que de má-fé (CC, art. 1.220); e também das úteis, se estiver de boa-fé. Quanto às voluptuárias, reconhece-lhe a lei, somente no caso de boa-fé, o *jus tollendi*, que é o direito de retirá-las, se puder fazê-lo sem danificar a coisa (art. 1.220).

É de *boa-fé* a posse se o herdeiro aparente a houver adquirido na convicção de ser o verdadeiro herdeiro (CC, art. 1.201). É de suma importância, para caracterizá-la, a crença do possuidor de encontrar-se em uma situação legítima. Se ignora a existência de vício na aquisição da posse, como a existência de parente que o precede na ordem da vocação hereditária, ou se supõe válido testamento absolutamente nulo, ela é de boa-fé; se o vício é de seu conhecimento, a posse é de *má-fé*.

O conceito de posse de boa e de má-fé funda-se, portanto, em dados psicológicos, em critério subjetivo. Tem sido salientada, para a caracterização da boa-fé, a necessidade de a ignorância derivar de um erro escusável, que é afastado quando demonstrada a acentuada culpa do possuidor.

O Código Civil brasileiro requer a existência de um justo título para a aquisição dos frutos, porque deve dar direito a eles a posse que se assemelha à propriedade, ou tem sua aparência. Necessário, portanto, o *título* de herdeiro, proveniente da lei ou de testamento. Todos os atos translativos, mesmo os nulos, ou putativos, dão direito aos frutos, desde que convençam o adquirente ou herdeiro aparente da legitimidade do seu direito.

Exige-se no direito brasileiro, a exemplo do direito canônico, inspirado em uma moral severa, que a boa-fé exista durante todo o tempo em que a coisa se encontre em poder do possuidor. Certas circunstâncias podem demonstrar a conversão da posse de boa-fé em posse de má-fé.

A jurisprudência, no período de vigência do Código Civil de 1916, vinha entendendo que a citação para a ação é uma dessas circunstâncias que demonstram a transformação do ânimo da posse, convertendo-a em posse de má-fé, pois com o recebimento da contrafé, contendo cópia da inicial, o possuidor toma ciência dos vícios de sua posse. Nesse sentido dispõe o parágrafo único do citado art. 1.826 do novo diploma: "*A partir da citação, a responsabilidade do possuidor se há de aferir pelas regras concernentes à posse de má-fé e à mora*".

b) *Quanto ao terceiro adquirente*, a questão principal consiste em verificar se a alienação que lhe foi feita pelo herdeiro aparente é válida ou não. Tal alienação pode ser gratuita ou onerosa. Não tem validade quando feita a *título gratuito*, devendo os bens ser devolvidos ao herdeiro, sem delongas, porquanto o beneficiário da liberalidade nada perdeu. Nesse caso, embora haja o donatário adquirido de boa-fé, nada perde ao restituir o que recebeu de quem não podia doar[21].

Considera-se, porém, válido o negócio se alienados os bens a *título oneroso* a terceiro adquirente de *boa-fé*. Na hipótese, não fica este obrigado à restituição, respondendo o herdeiro aparente, ao autor da ação de petição de herança, pela restauração do valor dos bens, como o preço recebido, esteja ou não de boa-fé.

Dispõe a propósito o art. 1.827 do Código Civil:

"*O herdeiro pode demandar os bens da herança, mesmo em poder de terceiros, sem prejuízo da responsabilidade do possuidor originário pelo valor dos bens alienados.*

Parágrafo único. São eficazes as alienações feitas, a título oneroso, pelo herdeiro aparente a terceiro de boa-fé".

Assim, se o terceiro adquiriu de *má-fé*, o ato é ineficaz, competindo-lhe, por conseguinte, restituir os bens.

São, portanto, apenas três os requisitos para a validade da aquisição por terceiro: a) que adquira de herdeiro aparente; b) que adquira por título oneroso; c) que adquira de boa-fé. A proteção à boa-fé do terceiro estende-se àquele que, *sem título*, comporta-se como se o fosse, investindo-se na posse dos bens hereditários, pagando tributos, fazendo despesas etc.

Em resumo: são eficazes as aquisições de boa-fé, por título oneroso, e ineficazes as de má-fé por esse mesmo título, bem como as feitas a título gratuito[22].

5. HERDEIRO APARENTE

Denomina-se *herdeiro aparente* aquele que se encontra na posse de bens hereditários como se fosse o legítimo titular do direito à herança. É assim chamado porque se apresenta, perante todos, como verdadeiro herdeiro, assumindo, pública e notoriamente, essa condição[23].

---

[21] Orlando Gomes, *Sucessões*, cit., p. 263; Walter Moraes, *Teoria geral*, cit., p. 95.
[22] Orlando Gomes, *Sucessões*, cit., p. 264.
[23] Orlando Gomes, *Sucessões*, cit., p. 262; Silvio Rodrigues, *Direito civil*, cit., v. 7, p. 89.

O herdeiro aparente é reputado herdeiro legítimo, por força de erro comum ou geral. Em outras palavras, *é aquele que, não sendo titular dos direitos sucessórios, é tido, entretanto, como legítimo proprietário da herança, em consequência de erro invencível e comum. Enfim, é aquele que nunca foi herdeiro pela essência, mas o foi pela aparência*[24].

Como mencionado no item anterior, o terceiro que adquire do herdeiro aparente, a título oneroso e de boa-fé, não pode ser molestado, pois a lei considera eficaz a alienação, não importando se o alienante, tido por todos como verdadeiro herdeiro, encontrava-se de boa ou de má-fé, pois o que inspira a posição adotada pelo legislador é a boa-fé do adquirente[25].

As disposições legais que atribuem validade a certos atos do herdeiro aparente aplicam-se às diversas situações que acarretam a sua exclusão por decisão judicial, como na hipótese de sentença que o declara indigno; de anulação do testamento que o instituíra; do encontro de testamento que o não contemplava; do reconhecimento da condição de herdeiro de alguém, sucessor de grau mais próximo, que o pretere; do reconhecimento compulsório, *post mortem*, de paternidade extrapatrimonial, depois de realizada a partilha dos bens deixados pelo *de cujus*.

Prescreve o art. 1.828 do Código Civil:

"O herdeiro aparente, que de boa-fé houver pago um legado, não está obrigado a prestar o equivalente ao verdadeiro sucessor, ressalvado a este o direito de proceder contra quem o recebeu".

O herdeiro aparente, que se encontra de boa-fé, na posse da herança, como se esta efetivamente lhe pertencesse, tem seus atos protegidos por lei em benefício de terceiros de boa-fé. Se se limitou, de boa-fé, a cumprir os legados constantes do testamento, está isento de qualquer responsabilidade, visto que cumpriu o escopo do testador, cingindo-se sua atuação à entrega ao verdadeiro herdeiro do remanescente dos bens hereditários, que ficou em seu poder.

Caberá, naturalmente, ao verdadeiro herdeiro a tarefa de reagir contra o legatário, conforme consta da parte final do art. 1.828, para a restituição daquilo que ele indevidamente recebeu[26].

O aludido dispositivo confirma a aplicação, à ação de petição de herança, da teoria da aparência. Se o herdeiro aparente pagou o legado, não há falar em prestação equivalente ao verdadeiro sucessor, pois tal fato redundaria num *bis in idem*.

---

[24] Giselda Hironaka, *Comentários ao Código Civil*, v. 20, p. 202.

[25] "A jurisprudência do STJ já proclamou que as alienações feitas por herdeiro aparente a terceiros de boa-fé, a título oneroso, são juridicamente eficazes, a teor do parágrafo único do art. 1.827 do CC/02. Precedente." STJ. AgInt no REsp n. 1.912.741/MA, relator Ministro Moura Ribeiro, Terceira Turma, julgado em 21/2/2022, DJe de 23/2/2022).

[26] Eduardo de Oliveira Leite, *Comentários ao novo Código Civil*, v. XXI, p. 206.

Em suma: não estará o herdeiro aparente, na hipótese de pagar um legado de boa-fé, em cumprimento às disposições testamentárias, a prestar o equivalente ao verdadeiro legatário. A este caberá o direito de proceder contra aquele que recebeu indevidamente.

6. PRESCRIÇÃO

Muito já se discutiu a respeito da imprescritibilidade da *petitio hereditatis*. Parte da doutrina adere à opinião de ORLANDO GOMES, segundo a qual tal ação, no rigor dos princípios, é imprescritível. Ainda que tivesse natureza *real*, afirma o emérito civilista, "não prescreveria, como não prescreve a *ação de reivindicação*. Fosse *ação pessoal*, também seria imprescritível porque, destinada ao reconhecimento da *qualidade hereditária* de alguém, não se perde esta pelo não uso"[27].

Na mesma linha, sustenta GISELDA HIRONAKA: "A ação é imprescritível, podendo, por isso, ser intentada a qualquer tempo. Isso assim se passa porque a qualidade de herdeiro não se perde (*semel heres, semper heres*), assim como o não exercício do direito de propriedade não lhe causa a extinção. A herança é transmitida ao sucessor no momento mesmo da morte de seu autor, e (...) isso assim se dá pela transmissão da propriedade do todo hereditário. Toda essa construção, coordenada, implica o reconhecimento da imprescritibilidade da ação, que pode ser intentada a todo tempo (...)"[28].

Malgrado tais entendimentos, e outros igualmente respeitáveis, o *Supremo Tribunal Federal* proclamou que a ação de petição de herança não é imprescritível, editando a Súmula 149, do seguinte teor: "É imprescritível a ação de investigação de paternidade, mas não o é a de petição de herança".

CAIO MÁRIO DA SILVA PEREIRA bem equacionou a questão, ponderando que "juristas e tribunais têm tumultuado os princípios, confundindo a ação de estado e a de petição de herança, com o efeito patrimonial daquela. O problema se esclarece com a distinção entre o *status* que é imprescritível, e a pretensão econômica judicialmente exigível, que como toda outra pretensão exigível (*Anspruch*) prescreve. O filho terá ação sempre para se fazer reconhecer (ação de estado, imprescritível); mas, no sistema do atual Código Civil (art. 205), não poderá exercer pretensão à herança depois de decorridos 10 anos da abertura da sucessão (petição de herança). Se o prazo, iniciado na vigência do Código de 1916, ainda fluía, quando da entrada em vigor do novo Código, incide o art. 2.028 deste último"[29].

---

[27] *Sucessões*, cit., p. 265.
[28] *Comentários*, cit., v. 20, p. 196.
[29] *Instituições*, cit., v. VI, p. 68-69.

Para MÁRIO MOACYR PORTO, "a ação de estado é, na verdade, indisponível, irrenunciável etc. quando visa, a toda evidência, à declaração ou modificação de estado de uma pessoa. Se, como não é raro acontecer, o propósito da ação é obter vantagens econômicas, a ação passa à condição de procedimento de interesse privado, sendo, em consequência, prescritível"[30].

O termo inicial do lapso prescricional é coincidente com a data da abertura da sucessão, como já decidiu o *Supremo Tribunal Federal*[31], uma vez que não se pode postular acerca de herança de pessoa viva. Somente depois da morte há legitimação ativa para suceder, por parte de quem tiver de pleitear a herança[32].

A prescrição da ação sujeita-se a todas as causas que suspendem ou interrompem a prescrição. Tem incidência na hipótese, destarte, a ressalva expressa no art. 198, I, do Código Civil, segundo a qual não corre prescrição contra pessoa absolutamente incapaz. O prazo prescricional só começará a correr quando o herdeiro incapaz completar 16 anos de idade, tornando-se relativamente incapaz.

Todavia, se a legitimação depender do prévio reconhecimento da paternidade, o *dies a quo* do prazo prescricional será a data em que o direito puder ser exercido, ou seja, o momento em que for reconhecida a paternidade, e não o da abertura da sucessão.

Cumpre lembrar que o ponto de partida da prescrição, segundo o melhor entendimento, é o dia em que se patentear o conflito de direitos, pois é a partir daí que o possuidor assume a postura de sucessor universal[33].

Preleciona MÁRIO MOACYR PORTO constituir "princípio universalmente aceito que o prazo de prescrição somente se inicia quando surge o direito à ação. O Código Civil italiano, em seu art. 2.935, acolhe o princípio, ao dispor: 'A prescrição começa a correr do dia em que o direito pode ser exercido'. Parece-nos, assim, que, antes do julgamento favorável da ação de investigação de paternidade ilegítima, o filho natural, não reconhecido pelo pai, jamais poderá propor ação de petição de herança para o fim de lhe ser reconhecida a qualidade de herdeiro, com direito à herança do seu indigitado pai. A ação de investigação de paternidade, na hipótese em causa, é um inafastável pressuposto, uma prejudicial incontornável, para que o filho possa intentar a ação de petição de herança"[34].

Conclui-se, de tudo, aduz o mencionado autor, "que não corre contra o filho natural *não reconhecido* a prescrição da ação de petição de herança. '*Action non natae non praescribitur*'".

---

[30] Ações de investigação de paternidade, cit., p. 9.
[31] *RTJ*, 59/535, 62/822, 69/165.
[32] STF, RE 94.931-RJ, 2ª T., j. 7-12-1982.
[33] Colin e Capitant, *Cours élémentaire de droit civil français*, t. 3, n. 1.104.
[34] Ações de investigação de paternidade, cit., p. 10.

Nessa trilha decidiu a 3ª *Câmara de Direito Privado do Tribunal de Justiça de São Paulo: "Petição de herança. Cumulação com investigação de paternidade. Prazo prescricional de 20 anos (CC/1916). Fluência a partir da data em que a apelante completou 16 anos de idade. Critério, entretanto, só aplicável ao filho reconhecido pelo genitor. Antes do reconhecimento voluntário, ou do julgamento favorável da ação de investigação de paternidade, não poderá este propor ação de petição de herança. Aplicação do princípio da actio nata: enquanto não nasce a ação, não corre prescrição. Recurso provido"*[35].

Na mesma linha, proclamou o *Superior Tribunal de Justiça*: "Dessa forma, conclui-se que, a teor do art. 189 do Código Civil, o termo inicial para o ajuizamento da ação de petição de herança é a data do trânsito em julgado da ação de investigação de paternidade, quando, em síntese, confirma-se a condição de herdeiro"[36].

Assim como sucede na reivindicatória (*v. Súmula 237 do STF*), a usucapião pode ser alegada como defesa na ação de petição de herança, sempre que transcorrido o lapso temporal previsto na lei. Extingue-se tal ação se o possuidor dos bens pleiteados pelo filho-herdeiro arguir e provar que usucapiu os bens objeto da demanda (CC, art. 1.238). Nessa hipótese, a *petitio hereditatis* torna-se inútil, em vista de não produzir sua consequência natural, que é a restituição dos mesmos bens.

Tendo em vista que a herança constitui uma universalidade até a partilha (CC, art. 1.791, parágrafo único) e é considerada bem imóvel para os efeitos legais, fica inviabilizada a possibilidade de se adquirir por usucapião bens singulares da massa hereditária em prazo inferior ao de quinze anos. Ainda que terceiro queira excepcionar ou demandar a usucapião invocando prazo menor, como o atinente a coisa móvel, não haverá possibilidade de se acolher tal pretensão[37].

---

[35] Ap. 134.291.4/4-00-Ribeirão Preto, rel. Des. Ênio Zuliani.
[36] STJ, REsp 1.475.759-DF, 3ª T., rel. Min. João Otávio de Noronha, j. 17-5-2016, *DJe* 20-5-2016.
[37] Ney de Mello Almada, *Direito das sucessões*, cit., v. I, p. 238-239.

Título II

DA SUCESSÃO LEGÍTIMA

Capítulo I

DA ORDEM DA VOCAÇÃO HEREDITÁRIA

> *Sumário*: 1. Introdução. 2. Da ordem da vocação. 2.1. Sucessão dos descenden-
> tes. Parentalidade socioafetiva. 2.1.1. Igualdade do direito sucessório dos
> descendentes. 2.1.2. Sistema de vocação concorrente do cônjuge com os
> descendentes do autor da herança. Direito real de habitação. 2.1.3. Reserva
> da quarta parte da herança em favor do cônjuge sobrevivente na concorrên-
> cia com os descendentes. 2.1.4. Concorrência sucessória do companheiro
> sobrevivo. 2.2. Sucessão dos ascendentes. 2.3. Sucessão do cônjuge sobrevi-
> vente. 2.4. Sucessão do companheiro sobrevivente. 2.4.1. Regulamentação da
> união estável antes do Código Civil de 2002. 2.4.2. União estável no Código
> Civil de 2002. 2.4.2.1. Igualdade de direitos sucessórios do companheiro e do
> cônjuge proclamada pelo Supremo Tribunal Federal. 2.4.2.2. Concorrência do
> companheiro com o cônjuge sobrevivente. 2.5. Sucessão dos colaterais.
> 2.6. Recolhimento da herança pelo Município, Distrito Federal e União.

1. INTRODUÇÃO

Dispõe o art. 1.786 do Código Civil:

"A sucessão dá-se por lei ou por disposição de última vontade".

O Código Civil disciplina, no presente título, a *sucessão legítima*, também
denominada *ab intestato*, a que opera por força de lei e que ocorre em caso de
inexistência, invalidade ou caducidade de testamento e, também, em relação aos

127

bens nele não compreendidos. Nesses casos a lei defere a herança a pessoas da família do *de cujus* e, na falta destas, ao Poder Público.

Segundo a lição de LACERDA DE ALMEIDA, "a herança, consoante todos os códigos, defere-se por dois modos, os quais por nosso Direito se excluem e contradizem: a sucessão testamentária e a sucessão legítima ou *ab intestato. Esta última denominação, com a qual se costuma designar a sucessão legítima, está indicando que esta forma de sucessão é subsidiária da sucessão por testamento"*[1].

O *caráter subsidiário* da sucessão legítima é estabelecido no art. 1.788 do Código Civil, *verbis:*

"Morrendo a pessoa sem testamento, transmite a herança aos herdeiros legítimos; o mesmo ocorrerá quanto aos bens que não forem compreendidos no testamento; e subsiste a sucessão legítima se o testamento caducar, ou for julgado nulo".

Efetivamente, quando o *de cujus* não fez testamento, ou o por ele deixado foi declarado inválido, a lei encarrega-se de dar um destino ao seu patrimônio, ou aos bens não abrangidos pelo ato de última vontade, dispondo que irão para certas pessoas de sua família e, na falta destas, como já se disse, para o Poder Público[2].

Enquanto na sucessão testamentária é sucessor o designado no testamento, *na legítima é a lei que diretamente o designa.* A existência de testamento não exclui a sucessão legítima. Com efeito, a sucessão testamentária pode com ela conviver, em havendo herdeiro necessário, a quem a lei assegura o direito à legítima, ou quando o testador dispõe apenas de parte de seus bens.

Herdeiro *legítimo* é a pessoa indicada na lei como sucessor nos casos de sucessão legal, a quem se transmite a totalidade ou quota-parte da herança. Herdeiro *testamentário* é o sucessor a título universal nomeado em testamento.

Na classificação dos herdeiros legítimos, distinguem-se os *necessários,* também denominados *legitimários* ou *reservatários,* dos *facultativos.* Herdeiro *necessário* é o parente e o cônjuge com direito a uma quota-parte da herança, da qual não pode ser privado. *No atual Código ostentam tal título os descendentes, os ascendentes e o cônjuge.* A parte que lhes é reservada pela lei e que constitui a metade dos bens do falecido chama-se *legítima.* A existência de tais herdeiros impede a disposição, por ato de última vontade, dos bens constitutivos da *legítima* ou *reserva.*

Dispõe o art. 1.789 do Código Civil:

"Havendo herdeiros necessários, o testador só poderá dispor da metade da herança".

Os herdeiros *facultativos* herdam na falta de herdeiros necessários e de testamento que disponha sobre o destino do espólio. Para serem excluídos da

---

[1] *Sucessões,* p. 187-188.
[2] Silvio Rodrigues, *Direito civil,* v. 7, p. 93.

sucessão, basta que o testador disponha por inteiro de seu patrimônio, sem contemplá-los.

Em resumo: havendo herdeiros necessários, a liberdade de testar é restrita à metade disponível; havendo somente herdeiros facultativos, é plena. Todo herdeiro necessário é legítimo, mas nem todo herdeiro legítimo é necessário[3].

A qualificação do herdeiro legítimo, como observa ORLANDO GOMES, "fundamenta-se na organização da família. Reside seu chamamento em três ordens de direito: 1 – *jus familiae*, 2 – *jus sanguinis*, 3 – *jus conjugii*. Por direito de família *stricto sensu*, em favor dos parentes legítimos. Por direito de sangue, dos filhos e pais. Por direito matrimonial, do cônjuge"[4].

Por sua vez, CAIO MÁRIO DA SILVA PEREIRA acentua que, "numa referência simplesmente positivista, poderíamos limitar-nos a dizer que o seu fundamento é a vontade legislativa. Assim é, porque o legislador assim quer. No plano histórico--comparativo, é possível ir mais longe, para atestar que assim tem sido"[5].

Proclama o art. 1.787 do Código Civil:

"Regula a sucessão e a legitimação para suceder a lei vigente ao tempo da abertura daquela".

Tal dispositivo enuncia um princípio fundamental do direito sucessório: é no momento da morte do *de cujus* que se apuram os legitimados para suceder, pois é nesse instante que o patrimônio se transmite automaticamente, pelo princípio da *saisine*, aos herdeiros legítimos e testamentários.

Desse modo, continuam regidas pelo Código Civil de 1916 as sucessões abertas até o último dia de sua vigência, enquanto as que forem abertas após a entrada em vigor do novo diploma por este serão reguladas, como expressamente prescreve o seu art. 2.041, inserido no Livro Complementar das Disposições Finais e Transitórias, *verbis*:

"As disposições deste Código relativas à ordem da vocação hereditária (arts. 1.829 a 1.844) não se aplicam à sucessão aberta antes de sua vigência, prevalecendo o disposto na lei anterior (Lei n. 3.071, de 1º de janeiro de 1916)".

Tem-se decidido, por essa razão, não haver direito adquirido à aplicação das regras sobre sucessão e vocação hereditária previstas no Código Civil de 2002, uma vez que "a sucessão em exame fora aberta em abril de 1966, devendo prevalecer a vocação hereditária ditada pelo inciso II do art. 1.603 do Código Civil de

---

[3] Orlando Gomes, *Sucessões*, p. 40-41; Walter Moraes, *Teoria geral e sucessão legítima*, p. 109; Dolor Barreira, *Sucessão legítima*, p. 32, nota 27.

[4] *Sucessões*, cit., p. 41.

[5] *Instituições de direito civil*, v. VI, p. 77.

1916"[6]; e, ainda, "inexistir direito a usufruto vidual pelo fato de o autor da herança ter falecido quando já em vigor o Código Civil de 2002, que não reproduziu a regra estabelecida no art. 1.611, § 1º, do diploma de 1916, que o previa"[7].

2. DA ORDEM DA VOCAÇÃO

Quando o *de cujus* falece *ab intestato*, a herança, como foi dito, é deferida a determinadas pessoas. O chamamento dos sucessores é feito, porém, de acordo com uma sequência denominada *ordem da vocação hereditária*. Consiste esta, portanto, na relação preferencial pela qual a lei chama determinadas pessoas à sucessão hereditária.

Segundo a lição de ITABAIANA DE OLIVEIRA, "a ordem de vocação hereditária, pedra angular da sucessão legítima, tem passado, desde a legislação dos romanos, por fases diversas, atenta à sua magna importância, por dizer respeito, intimamente, aos laços de família". O motivo dessa variação no correr dos séculos, aduz, "é consequência lógica dos vários modos por que os diversos povos têm concebido e organizado o instituto familiar"[8].

Assim, conclui o referido autor, sendo os herdeiros distribuídos em classes, "dependendo a organização dessas classes dos laços de família, como toda a sucessão legítima, exceção feita ao fisco, esses laços são reduzidos ao vínculo do casamento e do parentesco, aos quais devemos atender para a coordenação preferencial dos grupos sucessíveis".

O chamamento dos sucessores é realizado, com efeito, por *classes*, sendo que a mais próxima exclui a mais remota (CC, arts. 1.833, 1.836, § 1º, e 1.840). Por isso se diz que essa ordem é *preferencial*. Tal afirmação tinha caráter absoluto no sistema do Código Civil de 1916, que estabelecia uma sequência de vocação essencialmente compartimentada, sem qualquer espécie de concorrência entre as classes.

Aos poucos, todavia, o legislador foi admitindo exceções a essa ordem estanque, possibilitando que o cônjuge supérstite fosse adquirindo, conforme o regime matrimonial de bens, alguns direitos, como o *direito real de habitação* e o *usufruto vidual*, em concorrência com os herdeiros das classes anteriores (descendentes e ascendentes), aos quais era deferido o domínio dos bens deixados pelo falecido.

Essa evolução no sentido de proporcionar melhor proteção ao cônjuge supérstite revelou-se também na disciplina da sucessão de bens de estrangeiros,

---

[6] TJRJ, Ap. 2004.001.26323, 9ª Câm. Cív., rel. Des. Renato Simoni, j. 17-3-2005.

[7] TJSP, AgI 316.674-4/9-Batatais, 4ª Câm. Dir. Priv., rel. Des. Jacobina Rabello.

[8] *Tratado de direito das sucessões*, v. I, p. 155, §§ 228-230.

situados no País, em benefício do cônjuge supérstite brasileiro, admitindo a lei nacional (Lei n. 9.047, de 18-5-1995, que deu nova redação ao § 1º do art. 10 da Lei de Introdução às Normas do Direito Brasileiro, antiga LICC; CF, art. 5º, XXXI) a aplicação da lei pessoal do *de cujus* sempre que esta se mostrar mais favorável aos brasileiros do que a nossa própria legislação.

Tal mencionada evolução culminou com a promulgação do Código Civil de 2002, que possibilitou o entrelaçamento de classes ao estabelecer a concorrência dos cônjuges ou companheiros supérstites, sem desvirtuar com isso a classificação dos herdeiros, ou seja, sem prejudicar a ordem de vocação hereditária tradicionalmente aceita pelo ordenamento jurídico brasileiro[9].

Cumpre salientar três importantes inovações apresentadas pelo Código Civil de 2002 no capítulo concernente à ordem da vocação hereditária: a) a retirada do Estado do rol de herdeiros legítimos, uma vez que não adquire, *mortis causa* e pelo princípio da *saisine*, os bens da herança, como sucede com os herdeiros legítimos e testamentários, somente os recolhendo depois de verificado o estado de jacência da herança e de sua conversão em patrimônio vago; b) a colocação do cônjuge no elenco dos herdeiros necessários, concorrendo com os herdeiros das outras ordens de vocação para suceder, como já referido; c) a ausência de previsão do benefício do direito real de usufruto em favor do cônjuge sobrevivo, como consequência da aludida concorrência com os demais herdeiros destinada à aquisição de direito mais amplo sobre uma parte do acervo, que é o direito de propriedade, malgrado a manutenção do direito real de habitação sobre a residência familiar, limitado ao fato de ser este o único bem com tal destinação[10].

A primeira classe a ser chamada é a dos descendentes. Havendo alguém que a ela pertença, afastados ficam todos os herdeiros pertencentes às subsequentes, salvo a hipótese de concorrência com cônjuge sobrevivente ou com companheiro. Dentro de uma mesma classe, a preferência estabelece-se pelo *grau*: o mais afastado é excluído pelo mais próximo. Se, por exemplo, concorrem descendentes, o filho prefere ao neto. O princípio não é, todavia, absoluto, comportando exceções fundadas no direito de representação, como se verá adiante[11].

A *sucessão legítima*, como dispõe o art. 1.829 do Código Civil, defere-se na ordem seguinte:

---

[9] Giselda Hironaka, *Comentários ao Código Civil*, v. 20, p. 24-215.

[10] Débora Gozzo, *Comentários ao Código Civil brasileiro*, v. XVI, p. 183-184; Giselda Hironaka, *Comentários*, cit., v. 20, p. 215-216.

[11] Preleciona Caio Mário da Silva Pereira: "É comum dizer que o princípio cardeal que preside ao chamamento dos herdeiros *ab intestato* enuncia-se proclamando que o grau mais próximo exclui o mais remoto. Não se deve, todavia, enunciá-lo desta forma. Um bisneto, *e. g.*, prefere ao irmão do de cujo, embora seja parente do terceiro grau, e este do segundo. A regra certa é esta: *dentro da mesma classe, os mais próximos excluem os mais remotos*" (*Instituições*, cit., v. VI, p. 88).

"*I – aos descendentes, em concorrência com o cônjuge sobrevivente, salvo se casado este com o falecido no regime da comunhão universal, ou no da separação obrigatória de bens (art. 1.640, parágrafo único); ou se, no regime da comunhão parcial, o autor da herança não houver deixado bens particulares;*

II – aos ascendentes, em concorrência com o cônjuge;

III – ao cônjuge sobrevivente;

IV – aos colaterais".

Registre-se a incorreta referência, no inciso I, ao art. 1.640, parágrafo único, uma vez que é o art. 1.641 que alinha as hipóteses em que o regime da separação de bens se torna obrigatório, no casamento.

A sucessão que não obedecer à referida ordem preferencial é considerada *anômala* ou *irregular*. Como exemplos podem ser citados o art. 10 e § 1º da Lei de Introdução às Normas do Direito Brasileiro e o art. 5º, XXXI, da Constituição Federal, retromencionados, que regulam a sucessão de bens de estrangeiros situados no País, estabelecendo que deverá prevalecer a lei mais favorável ao cônjuge brasileiro; o art. 520 do Código Civil, por prescrever que o direito de preferência, estipulado no contrato de compra e venda, não passa aos herdeiros; o art. 692, III, do diploma de 1916, ainda aplicável às enfiteuses constituídas durante sua vigência (CC, art. 2.038), que prevê a extinção destas, em caso de falecimento do enfiteuta sem herdeiros, em vez da transmissão do imóvel para o Município; e outras hipóteses apontadas no Título I, Capítulo I, n. 4.5, *retro*, ao qual nos reportamos.

Como se infere do art. 1.829, pois, defere-se a herança, em primeiro lugar, à classe dos *descendentes*, em concorrência com o cônjuge sobrevivente, salvo se casado este com o falecido no regime da comunhão universal, ou no da separação obrigatória de bens, previsto no art. 1.641 do mesmo diploma. Havendo alguém que pertença à aludida classe, afastados ficam todos os herdeiros pertencentes às subsequentes, como foi dito, salvo a hipótese de concorrência com cônjuge sobrevivente ou companheiro (art. 1.790).

Seguem-se, pela ordem preferencial, os demais contemplados pela lei: a) os ascendentes, em concorrência com o cônjuge; b) o cônjuge sobrevivente; e c) os colaterais. Observa-se, *in casu*, uma falha legislativa, devido à falta de inserção do companheiro na referida ordem, em que deveria estar situado ao lado do cônjuge. Os seus direitos hereditários, todavia, embora reconhecidos, são disciplinados em local inadequado, no capítulo das Disposições Gerais do Título I, concernente à Sucessão em Geral, mais precisamente no art. 1.790, que será comentado adiante.

É corrente na doutrina o entendimento de que o legislador, ao estabelecer a ordem de vocação hereditária, funda-se na vontade presumida do falecido. Os descendentes devem ser sempre o primeiro grupo chamado a herdar, pois, segundo o senso comum da sociedade, o amor do falecido era, certamente, mais forte em relação a eles, fruto de seu afeto pelo outro genitor. Apenas na falta absoluta de descendentes, assim, é que os ascendentes deveriam ser chamados a herdar, uma vez que somente na falta de energias novas e vigorosas, continuadoras por excelência da vida que acabara de ser ceifada, é que se deveriam buscar gerações anteriores à do morto[12].

Esse entendimento permanece válido no sistema sucessório estabelecido pelo Código Civil de 2002, com a novidade da previsão da concorrência do cônjuge ou do companheiro supérstites com os descendentes e ascendentes, nas hipóteses especificadas.

Sublinhe-se que todas as disposições legais referentes à vocação hereditária são de *ordem pública*, uma vez que, embora se relacione a um direito próprio dos herdeiros, "reflete igualmente preocupações de ordem familiar, social e até mesmo política, porquanto o modo de partilhar fortunas afeta o poder do Estado sobre seus súditos"[13].

2.1. Sucessão dos descendentes. Parentalidade socioafetiva

A lei privilegia a classe dos descendentes, colocando-os em primeiro plano no rol dos herdeiros sucessíveis. A prioridade é respeitada por todos os Códigos e assenta em duplo fundamento: a continuidade da vida humana e a vontade presumida do autor da herança[14].

São contemplados, genericamente, todos os descendentes (filhos, netos, bisnetos etc.), porém os mais próximos em grau excluem os mais remotos, salvo os chamados por direito de representação. Dispõe, efetivamente, o art. 1.833 do Código Civil:

"*Entre os descendentes, os em grau mais próximo excluem os mais remotos, salvo o direito de representação*".

Desse modo, em primeiro lugar serão chamados a suceder os filhos do autor da herança. Homens e mulheres têm direitos iguais. Não mais prevalecem os antigos privilégios da varonia e da primogenitura. A primazia concedida aos filhos se fundamenta no senso comum de que o amor pelos descendentes é mais intenso e mais vivo. Devem eles, por conseguinte, herdar em primeiro lugar, porque essa a vontade presumida do *de cujus*. Como assinala BARASSI, a lei prefere os

---

[12] Giselda Hironaka, Ordem de vocação hereditária, *Direito das sucessões e o novo Código Civil*, p. 90; Silvio Rodrigues, *Direito civil*, cit., v. 7, p. 95; Washington de Barros Monteiro, *Curso de direito civil*, v. 6, p. 89.

[13] Dabin, *Teoria general del derecho*, apud Washington de Barros Monteiro, *Curso*, cit., v. 6, p. 88.

[14] Orlando Gomes, *Sucessões*, cit., p. 54.

descendentes aos ascendentes por óbvias razões de continuidade da vida humana, a qual deve alicerçar-se sobre energias novas e vigorosas[15].

Na falta de filhos, chamar-se-ão os netos e posteriormente os bisnetos, ressalvando--se a possibilidade de haver representação. Essa vocação "ocorre sem limitação de grau, a não ser a determinada pela própria finitude da vida humana, que impede a convivência de gerações mais distantes[16].

O neto, mesmo sendo parente em linha reta em segundo grau do finado, exclui o genitor deste, parente em primeiro grau. Acontece o mesmo com o bisneto.

Prescreve o art. 1.835 do Código Civil:

"Na linha descendente, os filhos sucedem por cabeça, e os outros descendentes, por cabeça ou por estirpe, conforme se achem ou não no mesmo grau".

Sendo três os filhos herdeiros, por exemplo, todos recebem quota igual (sucessão *por cabeça* ou *direito próprio*), porque se acham à mesma distância do pai, como parentes em linha reta. Se um deles já faleceu (é premorto) e deixou dois filhos, netos do *de cujus*, há diversidade em graus, e a sucessão dar-se-á *por estirpe*, dividindo-se a herança em três quotas iguais: duas serão atribuídas aos filhos vivos e a última será deferida aos dois netos, depois de subdividida em partes iguais. Os últimos herdarão representando o pai premorto.

Assim, os filhos sucedem por cabeça (*per capita*), e os netos, por estirpe (*in stirpes*). Se, no entanto, todos os filhos já faleceram, deixando filhos, netos do finado, estes receberão quotas iguais, por direito próprio, operando-se a sucessão por cabeça, pois encontram-se todos no mesmo grau. Essas quotas chamam-se *avoengas,* por serem transmitidas diretamente do avô para os netos. Os netos estão excluídos se não há filho premorto.

A regra que iguala os direitos dos netos quando somente eles concorrem à herança foi introduzida no direito brasileiro pelo Código Civil de 1916, contrariando o sistema do direito pré-codificado. A inovação se fundava na presunção de que o *de cujus* tem por seus netos igual afeto, quer estes descendam de um de seus filhos, quer de outro, e que, portanto, gostaria de vê-los aquinhoados igualmente, pois não há razão para um receber mais do que o outro só por ter menos irmãos[17].

Parte da doutrina critica essa solução, repetida no diploma de 2002, considerando-a injusta. Se, argumentam, concorrerem seis netos à sucessão do avô, quatro procedentes de um filho predefunto e dois de outro, pelo sistema de sucessão *in capita*, os quatro primeiros terão as suas quotas aumentadas, pela

---

[15] *Le successioni per causa di morte,* p. 49, apud Washington de Barros Monteiro, *Curso,* cit., v. 6, p. 89.

[16] Giselda Hironaka, Ordem de vocação hereditária, cit., p. 96.

[17] Silvio Rodrigues, *Direito civil,* cit., v. 7, p. 100.

134

intercorrência do falecimento de seu tio antes da abertura da sucessão; e os dois últimos, por motivo idêntico, terão as suas quotas diminuídas.

Optou, porém, o legislador, como mencionado, pelo sistema da sucessão por cabeça, considerando reversível o argumento empregado pelos aludidos críticos, tendo em vista que a regra tradicional, da sucessão por estirpe, pode mostrar-se iníqua quando forem mais ou menos numerosas as proles dos filhos premortos, redundando em desvantagem econômica para uns herdeiros e em vantagem para outros.

Verifica-se, assim, que os netos do hereditando poderão receber quinhão maior ou menor na sucessão do avô, conforme herdem por direito próprio (por cabeça) ou por representação (por estirpe).

Para a aplicação do dispositivo que permite a sucessão por estirpe (direito de representação) faz-se mister que, quando do falecimento do autor da herança, o representado já esteja morto. Confira-se o *decisum*: "Para que haja representação é imprescindível que o representado tenha falecido antes do autor da herança. Se o sucessor sobrevive ao *de cujus*, ainda que por instantes, não haverá representação porque a herança lhe foi deferida"[18].

Outra regra sucessória importante é a que atribui aos descendentes o direito à *legítima*, pertencendo-lhes, *pleno jure*, metade da herança. Em consequência, o ascendente não pode dispor senão da outra metade. Caso prejudique, em testamento, a legítima dos descendentes, reduzem-se as liberalidades até o limite da integridade da parte indisponível[19].

Destaca-se a aceitação, na doutrina e na jurisprudência, da possibilidade de reconhecimento da *dupla parentalidade* ou *multiparentalidade*, baseada na *socioafetividade*. Alguns civilistas demonstraram, no entanto, preocupação com a admissão generalizada da multiparentalidade, que "pode não ser assim tão benéfica, seja à pessoa do filho, seja à própria sociedade, visto que, por meio desta, poderia o filho pleitear pensão alimentícia de dois pais ou duas mães, aumentando os recursos de sua sobrevivência, e também poderia pleitear direitos sucessórios aumentados, tendo em vista a duplicação de genitores. Entretanto, tendo em vista a bilateralidade das ações de família, o filho também teria dever de sustento de um maior número de genitores, os quais poderiam também requerer a guarda do filho e ainda teriam direitos sucessórios quando de sua pré-morte (...)"[20].

---

[18] TJSP, ED 2006086-26.2018.8.26.0000-Caraguatatuba, 11ª Câm. Dir. Priv., rel. Des. Renato Rangel Desiano, j. 1º-8-2019.

[19] Orlando Gomes, *Sucessões*, cit., p. 55.

[20] Carlos Alberto Dabus Maluf e Adriana Caldas do Rego Freitas Dabus Maluf. As relações de parentesco na contemporaneidade, disponível em: *Revista Nacional de Direito de Família e Sucessões*, Lex Magister e IASP, 2014, p. 125-143.

Torna-se necessário, pois, "um estudo minucioso sobre os efeitos jurídicos dessa forma de parentalidade, haja vista que, atualmente, o que se percebe é que os julgados que a reconhecem não explicam quais serão as consequências jurídicas desse reconhecimento[21].

O Supremo Tribunal Federal, em julgamento realizado no dia 21 de setembro de 2016, negou pedido de reconhecimento da preponderância da paternidade socioafetiva sobre a biológica, fixando tese de *repercussão geral* nestes termos: "A paternidade socioafetiva, declarada ou não em registro público, não impede o reconhecimento do vínculo de filiação concomitante baseado na origem biológica, com os efeitos jurídicos próprios". A decisão admitiu a multiparentalidade, com a manutenção dos pais afetivos e biológicos. Proclamou a referida Corte que a existência de pai socioafetivo não tira deveres do pai biológico, como o de pagar alimentos[22].

O posicionamento da Suprema Corte impede a aceitação, como regra, da afirmação de que uma modalidade, a paternidade socioafetiva e a biológica, prevalece sobre a outra, indicando que a melhor posição será definida apenas no julgamento do caso concreto. O que restou claro é a possibilidade de se reconhecer a cumulação de uma paternidade socioafetiva concomitantemente com uma paternidade biológica, mantendo-se ambas em determinada situação fática, reconhecendo-se, com isso, a possibilidade da existência jurídica de dois pais ou duas mães.

Nessa linha, proclamou a *3ª Turma do Superior Tribunal de Justiça*, em março de 2017, a respeito da socioafetividade, sendo relator o Min. Villas Bôas Cueva, que um idoso de quase 70 anos tem o direito de receber herança do pai biológico em ação de reconhecimento recente, mesmo já tendo recebido o patrimônio de seu pai socioafetivo. O referido julgado, além de reconhecer que a afetividade tem valor jurídico e amplos efeitos, também acentuou que a parentalidade socioafetiva encontra-se em posição de igualdade com a biológica.

Desse modo: "É possível que alguém herde de dois pais e uma mãe ou de um pai e duas mães. Dois pais – o biológico e o socioafetivo – também podem herdar concomitantemente de um mesmo filho, não tendo o nosso legislador previsto tal situação expressamente, o que gera mais uma dúvida a ser sanada pela doutrina e pela jurisprudência nos próximos anos"[23].

Proclamou o *Superior Tribunal de Justiça*, após o julgamento com repercussão geral do *Supremo Tribunal Federal*, retromencionado, que deve ser afastada

---

[21] Christiano Cassetari, Multiparentalidade e parentalidade socioafetiva: efeitos jurídicos, disponível em: *Jornal Carta Forense*, junho 2014, p. A 12.
[22] STF, RE 898.060-SC, rel. Min. Luiz Fux, j. 21-9-2016.
[23] Flávio Tartuce, *Direito civil*, 11. ed., São Paulo, Forense, 2018, v. 6, p. 215.

qualquer interpretação apta a ensejar a hierarquização dos vínculos. "A existência de vínculo com o pai registral não é obstáculo ao exercício do direito de busca da origem genética ou de reconhecimento de paternidade biológica. Os direitos à ancestralidade, à origem genética e ao afeto são, portanto, compatíveis. O reconhecimento do estado de filiação configura direito personalíssimo, indisponível e imprescritível, que pode ser exercitado, portanto, sem nenhuma restrição contra os pais ou seus herdeiros"[24].

2.1.1. Igualdade do direito sucessório dos descendentes

Dispõe o art. 1.834 do Código Civil:

"*Os descendentes da mesma classe têm os mesmos direitos à sucessão de seus ascendentes*".

O dispositivo é supérfluo e peca pela má redação, ao falar sobre os descendentes da mesma classe, quando uma só é a classe. A intenção do legislador foi frisar que os descendentes têm iguais direitos à sucessão de seus ascendentes, pois diferente era a situação no Código Civil de 1916.

A Constituição de 1988 (art. 227, § 6º) já estabelecera absoluta igualdade entre todos os filhos, não mais admitindo a retrógrada distinção entre filiação legítima e ilegítima, segundo os pais fossem casados ou não, e adotiva, que imperava na legislação anterior. Na época do diploma de 1916, dada a variedade de consequências que essa classificação acarretava, mostrava-se relevante provar e estabelecer a legitimidade.

Filhos *legítimos* eram os que procediam de justas núpcias. Quando não houvesse casamento entre os genitores, denominavam-se *ilegítimos* e se classificavam, por sua vez, em naturais e espúrios. *Naturais*, quando entre os pais não havia impedimento para o casamento. *Espúrios*, quando a lei proibia a união conjugal dos pais. Estes podiam ser *adulterinos*, se o impedimento resultasse do fato de um deles ou de ambos serem casados, e *incestuosos*, se decorresse do parentesco próximo, como entre pai e filha ou entre irmão e irmã[25].

O Código Civil de 1916 dedicava ainda um capítulo à *legitimação*, como um dos efeitos do casamento. Tinha este o condão de conferir aos filhos havidos anteriormente os mesmos direitos e qualificações dos filhos legítimos, como se houvessem sido concebidos após as núpcias, proclamando, no art. 352: "Os filhos legitimados são, em tudo, equiparados aos legítimos".

---

[24] STJ, REsp 1.618.230-RS, 3ª T., rel. Min. Villas Bôas Cueva, *DJe* 10-5-2017.
[25] Carlos Roberto Gonçalves, *Direito civil brasileiro*, v. 6, p. 317.

O aludido diploma distinguia, todavia, na sucessão do descendente, o filho legítimo, de um lado, e o natural, ou adotivo, de outro. Ademais, como os filhos incestuosos e adulterinos não podiam ser reconhecidos (art. 358), não lhes era permitido, tampouco, serem chamados à sucessão.

O legislador de 1916 equiparava ao filho legítimo, para efeito de sucessão, além dos filhos legitimados, os naturais reconhecidos antes do casamento e os adotivos de casais sem outros filhos (art. 1.605, *caput*). Todavia, o filho natural reconhecido após o casamento de seu genitor recebia apenas a metade do que coubesse a seu irmão legítimo ou legitimado (art. 1.605, § 1º). Entendia-se que o reconhecimento do filho natural, na constância do casamento, poderia representar uma surpresa para o outro cônjuge, que assim veria, por esse ato, surgir um concorrente para os seus filhos, que são legítimos, na sucessão de seu consorte[26].

Desse modo, o filho natural somente receberia quinhão igual ao do filho legítimo se fosse reconhecido antes do casamento do genitor. Essa situação modificou-se, no entanto, com a expressa revogação do § 1º do art. 1.605 pelo art. 54 da Lei n. 6.515, de 26 de dezembro de 1977 (Lei do Divórcio).

Ao filho adulterino, que só podia ser reconhecido após a dissolução da sociedade conjugal de seu genitor, a Lei n. 883, de 21 de outubro de 1949, no art. 2º, veio a conceder o direito de receber a metade do que coubesse ao filho legítimo ou legitimado. Posteriormente, esse dispositivo foi alterado pelo art. 51 da Lei do Divórcio, passando a ter a seguinte redação: "Qualquer que seja a natureza da filiação, o direito à herança será reconhecido em igualdade de condições".

O art. 377 do Código Civil de 1916 dizia que a relação de adoção não envolvia a de sucessão hereditária, quando o adotante tivesse filhos legítimos, legitimados ou reconhecidos. Se não tivesse, o filho adotivo era equiparado ao filho legítimo ou legitimado, para os efeitos da sucessão, conforme dispunha o art. 1.605, *caput*, do mesmo Código. A existência de filho adotivo afastava da sucessão todos os demais herdeiros do adotante que não fossem filhos legítimos, legitimados ou reconhecidos. Mas o § 2º continha uma discriminação, estabelecendo que, se concorresse com filhos supervenientes do adotante, receberia só a metade do que a estes coubesse. Só herdava sozinho todo o espólio do adotante se não houvesse outros descendentes.

A inclusão dos adotivos na regra igualitária do art. 227, § 6º, da Constituição de 1988, com a proibição de qualquer discriminação entre os filhos, modificou esse panorama. Prescreve o citado dispositivo constitucional que "os filhos, havidos ou não da relação do casamento, ou por adoção, terão os mesmos direitos e qualificações, proibidas quaisquer designações discriminatórias relativas à filiação". A

---

[26] Silvio Rodrigues, *Direito civil*, cit., v. 7, p. 102.

regra foi reproduzida no art. 20 da Lei n. 8.069, de 13 de julho de 1990 (Estatuto da Criança e do Adolescente).

Hoje, portanto, *todos são apenas filhos, uns havidos fora do casamento, outros em sua constância, mas com iguais direitos e qualificações. O princípio da igualdade dos filhos é reiterado no art. 1.596 do Código Civil, que enfatiza:*

"Os filhos, havidos ou não da relação de casamento, ou por adoção, terão os mesmos direitos e qualificações, proibidas quaisquer designações discriminatórias relativas à filiação".

Em suma: em face da atual Constituição Federal (art. 227, § 6º), do Estatuto da Criança e do Adolescente (art. 20) e do Código Civil de 2002 (art. 1.596), não mais subsistem as desigualdades entre filhos consanguíneos e adotivos, legítimos e ilegítimos, que constavam dos arts. 377 e 1.605 e parágrafos (o § 1º já estava revogado pelo art. 54 da Lei do Divórcio) do Código Civil de 1916.

Hoje, todos herdam em igualdade de condições (CC/2002, art. 1.834). Mesmo os adotados pelo sistema do diploma revogado (adoção restrita) preferem aos ascendentes. O mesmo sucede com os filhos consanguíneos havidos fora do casamento, desde que reconhecidos.

Relembre-se, por fim, tendo em vista a evolução dos direitos dos descendentes até atingir a atual fase igualitária, que a capacidade para suceder é a do tempo da abertura da sucessão, que se regulará conforme a lei então em vigor, como expressamente estatui o art. 1.787 do Código Civil de 2002.

2.1.2. Sistema de vocação concorrente do cônjuge com os descendentes do autor da herança. Direito real de habitação

Dispunha o art. 1.611, *caput*, do Código Civil de 1916 que somente em falta de descendentes e ascendentes seria deferida a sucessão ao cônjuge sobrevivente, se, ao tempo da morte do outro, não estava dissolvida a sociedade conjugal, ou seja, se o casal não estava separado judicialmente ou divorciado.

Assim, mesmo separados de fato e cada qual vivendo em concubinato com terceiro, um herdaria do outro se o falecido não deixasse testamento nem herdeiros necessários. Essa solução podia ser evitada com a elaboração de testamento, mediante o qual o cônjuge afastasse o seu consorte, do qual se encontrava separado de fato, bastando contemplar terceiro com a totalidade dos bens hereditandos.

Verificou-se, entretanto, com o passar do tempo, uma tendência natural no sentido de favorecer o cônjuge sobrevivente. Além de algumas benesses de pouca repercussão, previstas no Decreto-Lei n. 3.200, de 19 de abril de 1941, e no art. 3º da Lei n. 883, de 21 de outubro de 1949, foi ele beneficiado especificamente pela

Lei n. 4.121, de 27 de agosto de 1962, denominada Estatuto da Mulher Casada, que introduziu dois parágrafos ao citado art. 1.611.

O § 1º concedia ao cônjuge viúvo, enquanto durasse a viuvez, se o regime de bens do casamento não era o da comunhão universal, o *usufruto* da quarta parte dos bens do cônjuge falecido, se houvesse filhos, deste ou do casal, e à metade, se não houvesse filhos, embora sobrevivessem ascendentes.

A jurisprudência, todavia, restringiu o alcance do benefício legal, assentando que o cônjuge sobrevivente a ele não teria direito se, por alguma razão, houvesse comunicação de bens na constância do casamento (comunicação de aquestos), ou se viesse a ser contemplado no testamento do falecido com bens em quantia igual ou superior àqueles sobre os quais recairia o *usufruto vidual*[27].

O § 2º do mesmo art. 1.611, por sua vez, conferia ao cônjuge sobrevivente, casado sob o regime da comunhão universal, o *direito real de habitação* relativamente ao imóvel destinado à residência da família, desde que fosse o único bem desta natureza a inventariar.

Tais soluções legais ainda serão aplicadas às sucessões abertas antes da entrada em vigor do Código Civil de 2002, como expressamente prevê o seu art. 2.041, inserido no Livro Complementar das Disposições Finais e Transitórias.

O referido Código alterou profundamente esse panorama, trazendo importante modificação na ordem de vocação hereditária. Incluiu, com efeito, o cônjuge como *herdeiro necessário*, concorrendo com os descendentes e ascendentes, e não mais sendo excluído por essas classes.

Nos termos do art. 1.846 do Código Civil, "*pertence aos herdeiros necessários, de pleno direito, a metade dos bens da herança, constituindo a legítima*". Não podem eles ser afastados pelo arbítrio do autor da herança, sendo-lhe defeso diminuir, onerar, gravar ou mesmo suprimir a legítima dos herdeiros necessários, salvo caso de deserdação (arts. 1.961 e s.). As cláusulas restritivas da legítima só são admitidas se houver justa causa, declarada no testamento (art. 1.848)[28].

O cônjuge sobrevivente permanece em terceiro lugar na ordem de vocação hereditária, mas passa a concorrer em igualdade de condições com os descendentes do falecido, salvo quando já tenha direito à meação em face do regime de bens do casamento. Na falta de descendentes, concorre com os ascendentes. Como herdeiro necessário, tem direito à legítima, como os descendentes e ascendentes do autor da herança, ressalvadas as hipóteses de indignidade e deserdação, como visto. Assiste-lhe o direito real de habitação, qualquer que seja o regime de bens, porém

---

[27] *RSTJ*, 64/210; *RT*, 713/219.
[28] Zeno Veloso, Sucessão do cônjuge no novo Código Civil, *Revista Brasileira de Direito de Família*, 17/144.

não mais faz jus ao usufruto vidual, em razão da concorrência à herança com os descendentes e ascendentes.

O art. 1.831 do Código Civil defere ao cônjuge sobrevivente, qualquer que seja o regime de bens, "sem prejuízo da participação que lhe caiba na herança, o direito real de habitação relativamente ao imóvel destinado à residência da família, desde que seja o único daquela natureza a inventariar". Por sua vez, prescreve o art. 1.414 do mesmo diploma que, "quando o uso consistir no direito de habitar gratuitamente casa alheia, o titular deste direito não a pode alugar, nem emprestar, mas simplesmente ocupá-la com sua família".

O *Tribunal de Justiça do Distrito Federal* proclamou que "é de se concluir inviável onerar com direito real de habitação imóvel destinado à moradia do casal que, no momento da morte, não pertencia exclusivamente ao inventariado"[29].

Os Tribunais, como observa CAROLINA RAMIRES DE OLIVEIRA[30], têm decidido que o direito real de habitação do cônjuge supérstite "pode ser afastado quando há outros coproprietários do bem em questão, ao fundamento de que não pode ser limitado o direito de propriedade dos demais. Vale referir que tal limitação decorre de condomínio instaurado antes do óbito, e não em decorrência da partilha. Nestes casos, o direito real de habitação encontra claro refreio no direito de propriedade de terceiros (...)" "(...) Da mesma forma, existem diversos precedentes do Superior Tribunal de Justiça no sentido de não ser justificável alijar os coproprietários em detrimento do direito do supérstite, ao fundamento de que 'o condomínio formado pelos irmãos do falecido preexiste à abertura da sucessão, pois a copropriedade foi adquirida muito antes do óbito do marido da recorrida, e não em decorrência deste evento'".

Aduz a mencionada civilista que, como se vê, "poucos são os limites aplicáveis ao direito real de habitação. De acordo com a jurisprudência pátria, quando há condomínio anterior ao óbito, não há como se conceder o direito de habitação ao supérstite. Da mesma forma, sugere a doutrina que, sendo o único imóvel a inventariar e, do falecido dependerem, financeiramente, os filhos menores, poderia ser afastada a norma em questão. Além disso, conforme dispõe o Código Civil atual, o direito de habitação somente se extinguirá com a morte do cônjuge beneficiário e, da mesma forma, como não é um direito indisponível, poderá extinguir-se com a renúncia do seu titular. Frise-se que a existência de outros bens imóveis (seja de titularidade do supérstite seja bens a inventariar) não afasta o direito de habitação. E isso porque o objetivo do instituto é, para além de permitir que o consorte sobrevivente permaneça

---

[29] TJDF, Ap. 20120310223108APC, 2ª T. Cív., rel. Des. Mario-Zam Belmiro, j. 27-11-2015.
[30] Carolina Ramires Oliveira. *Direito real de habitação do cônjuge supérstite*: há possibilidade de limitá-lo? Disponível em: *Revista Consultor Jurídico*, 9-3-2020.

a residir no imóvel que servia de residência ao casal e concretizar o direito constitucional à moradia atender questões de ordem social e humanitária, vez que há a existência de vínculo afetivo-psicológico estabelecido pelo casal com o imóvel no qual, no curso da convivência, estabeleceram verdadeiro lar".

Nessa linha, proclamou o *Superior Tribunal de Justiça* que "os dispositivos legais relacionados com a matéria não impõem como requisito para o reconhecimento do direito real de habitação a inexistência de outros bens, seja de que natureza for, no patrimônio próprio do cônjuge/companheiro sobrevivente. O objetivo da lei é permitir que este permaneça no mesmo imóvel familiar em que residia ao tempo da abertura da sucessão como forma, não apenas de concretizar o direito constitucional à moradia, mas também por razões de ordem humanitária e social, já que não se pode negar a existência de vínculo afetivo e psicológico estabelecido pelos cônjuges/companheiros com o imóvel em que, no transcurso de sua convivência, constituíram não somente residência, mas um lar"[31].

Na Edição n. 133 da ferramenta *Jurisprudência em Teses* do *Superior Tribunal de Justiça* pertinente ao Direito das Coisas, consolidou-se a declaração n. 10 nestes termos: "A inexistência de outros bens imóveis no patrimônio do cônjuge/companheiro sobrevivente não é requisito para o reconhecimento do direito real de habitação".

A 2ª Seção da referida Corte proclamou, em 26-8-2020, tendo como Relatora a Min. Maria Isabel Gallotti, que "o direito real de habitação possui como finalidade precípua garantir o direito à moradia ao cônjuge/companheiro supérstite, preservando o imóvel que era destinado à residência do casal, restringindo temporariamente os direitos de propriedade originados da transmissão da herança em prol da solidariedade familiar. Como consequência, a copropriedade anterior à abertura da sucessão impede o reconhecimento do direito real de habitação, visto que de titularidade comum a terceiros estranhos à relação sucessória que ampararia o pretendido direito"[32].

A ordem da sucessão hereditária encontra-se estabelecida no art. 1.829 do atual diploma. Em primeiro lugar (inciso I), figuram os *descendentes*, porém *"em concorrência com o cônjuge sobrevivente, salvo se casado este com o falecido no regime da comunhão universal, ou no da separação obrigatória de bens (art. 1.641); ou se, no regime da comunhão parcial, o autor da herança não houver deixado bens particulares".*

O aludido dispositivo estabelece, como regra, a concorrência e, em seguida, as exceções.

Denota-se que a primeira indagação para a correta indicação do destinatário da herança, quando da abertura de uma sucessão, diz respeito ao estado civil do

---

[31] STJ, REsp 1.582.178-RJ, 3ª T., rel. Min. Villas Bôas Cueva, j. 11-9-2018.
[32] STJ, ERESP 1.520.294-SP, 2ª Seção, rel. Min. Maria Isabel Gallotti, j. 26-8-2020.

de cujus. É de destacar a hipótese mais comum, em que a sucessão se processa relativamente a uma pessoa que, no momento de sua morte, era casada, ou estava separada de fato há menos de dois anos. Nesses casos a sucessão processar-se-á de forma a considerar, primeiro, o *regime de bens* do casamento desfeito pela morte. Também se enquadram nessa hipótese aquelas pessoas que, mesmo separadas de fato há mais de dois anos, não se tenham separado por culpa do sobrevivente, que deve fazer prova disso (CC, art. 1.830)[33].

Obtempera JOSÉ FERNANDO SIMÃO[34] que, buscando-se a teleologia da regra, "resta claro que o prazo de dois anos previsto no art. 1.830 mantinha estreita relação com o prazo necessário ao divórcio direto (art. 1.580, § 2º, que decorria da redação original do art. 226, § 6º da CF). Quem já tinha tempo suficiente de separação de fato a permitir o divórcio direto perdia a qualidade de herdeiro. A partir de agora, basta que tenha havido a separação de fato para que possa ocorrer o divórcio, já que a Emenda Constitucional n. 66 suprimiu os prazos contidos no § 6º do art. 226 da CF e, portanto, a leitura do art. 1.830 deve ser outra a partir de 14 de julho de 2010. Qualquer separação de fato implica perda do direito sucessório, sem que se exija lapso temporal de dois anos".

Em regra, não há concorrência do cônjuge sobrevivente com os descendentes do falecido, se o regime de bens no casamento era o da *comunhão universal*. Entende o legislador que a confusão patrimonial já ocorrera desde a celebração da união nupcial, garantindo-se ao cônjuge sobrevivo, pela meação adquirida, a proteção necessária. De fato, sendo o viúvo ou a viúva titular da meação, não há razão para que seja ainda herdeiro, concorrendo com filhos do falecido.

Afastada fica também a concorrência do cônjuge supérstite com os descendentes do *de cujus*, se o regime de bens do casal era o da *separação obrigatória*. Tal regime é imposto por lei às pessoas que contraírem o matrimônio com inobservância das causas suspensivas, forem maiores de 70 anos (vale aqui lembrar que o STF, no julgamento do ARE 1.309.642, com repercussão geral – Tema 1.236, decidiu que o regime da separação de bens para maiores de 70 anos não é obrigatório) ou dependerem de suprimento judicial para casar (CC, art. 1.641).

Essa separação é *total e permanente*, atingindo inclusive os bens adquiridos na constância do casamento, que não se comunicam. Exatamente por não se admitir qualquer tipo de comunicação patrimonial por vontade dos cônjuges é que se afasta o direito de concorrência com os descendentes, a fim de evitar qualquer

---

[33] Giselda Hironaka, Ordem de vocação hereditária, cit., p. 92-93.
[34] José Fernando Simão, *Código Civil Comentado, doutrina e jurisprudência*, obra coletiva, GEN/ Editora Forense, 2020, p. 1.517.

burla à imposição legal. *É a única exceção ao princípio de que, inexistindo meação, haveria concorrência*[35].

Não faria sentido, com efeito, permitir ao cônjuge eventualmente receber, a título de herança, os mesmos bens que não podiam comunicar-se no momento da constituição do vínculo matrimonial.

Não haverá ainda concorrência do cônjuge sobrevivente com os descendentes do falecido numa terceira hipótese cogitada na parte final do inciso I do art. 1.829 do Código Civil: "*se, no regime da comunhão parcial, o autor da herança não houver deixado bens particulares*".

Vale dizer, *a contrario sensu*, que haverá a mencionada concorrência se, *no regime da comunhão parcial*, o autor da herança *deixou bens particulares*, ou seja, se já possuía bens ao casar, ou lhe sobrevieram bens, na constância do casamento, por doação ou sucessão, e os sub-rogados em seu lugar (CC, art. 1.659, I). Questão relevante se propõe nesse caso: o cônjuge terá a sua quota calculada sobre todo o espólio, ou somente com relação aos bens particulares deixados pelo falecido?

O assunto tem-se mostrado polêmico. Alguns autores sustentam que a participação do cônjuge se dará sobre todo o acervo, em virtude do princípio da indivisibilidade da herança. Nesse sentido o posicionamento de MARIA HELENA DINIZ: "Para tanto, o consorte sobrevivo, por força do art. 1.829, I, só poderá ser casado sob o regime de separação convencional de bens ou de comunhão parcial, embora sua participação incida sobre todo o acervo hereditário e não somente nos bens particulares do *de cujus*"[36].

Aduz a mencionada autora: "Meação não é herança, pois os bens comuns são divididos, visto que a porção ideal deles já lhe pertencia. Havendo patrimônio particular, o cônjuge sobrevivo receberá sua meação, se casado sob regime de comunhão parcial, e uma parcela sobre todo o acervo hereditário".

Na mesma linha o convencimento de FRANCISCO JOSÉ CAHALI: "Ao que parece, quis o legislador permitir a concorrência do cônjuge na herança, quando, pelo regime de bens adotado, o falecido possuir patrimônio particular,

---

[35] Mário Luiz Delgado Régis, Controvérsias na sucessão do cônjuge e do convivente, *Revista Brasileira de Direito de Família*, 29/207.

Decidiu, a propósito, o TJRS: "O cônjuge supérstite casado sob o regime de separação obrigatória de bens só herda se não houver descendentes. Na falta de descendentes, herdará em concorrência com o ascendente. Em falta de descendentes e ascendentes, a sucessão é a ele deferida por inteiro. Intel. dos arts. 1.829, I, e 1.838, ambos do novo Código Civil" (AgI 7.006.500.243, 7ª Câm. Cív., rel. Des. Luiz Felipe Brasil Santos, j. 13-8-2003). Salientou o relator que, no caso em exame, o agravante era casado com a falecida pelo regime de separação obrigatória de bens e por isso, "ante a inexistência de descendente, nada herdará".

[36] *Curso de direito civil brasileiro*, p. 150-151.

incomunicável (separação convencional, ou comunhão parcial deixando o falecido bens particulares), embora a participação venha a ser sobre todo o acervo. É curiosa, e merecedora de reflexão, a situação. Veja-se que se o casamento tiver sido celebrado pelo regime da comunhão parcial, e o falecido não possuía bens particulares, o viúvo deixa de participar da herança, ressalvado seu direito à meação; mas se o único bem particular, adquirido antes do casamento, for uma linha telefônica, o cônjuge sobrevivente recebe, além da meação que já lhe é destinada, uma parcela sobre todo o acervo, inclusive daquele que é meeiro"[37].

Predomina na doutrina, no entanto, entendimento contrário, fundado na interpretação teleológica do dispositivo em apreço, especialmente na circunstância de que a *ratio essendi* da proteção sucessória do cônjuge foi exatamente privilegiar aqueles desprovidos de meação. Os que a têm, nos bens comuns adquiridos na constância do casamento, não necessitam, e por isso não devem, participar da que foi transmitida, como herança, aos descendentes, devendo a concorrência limitar-se aos bens particulares deixados pelo *de cujus*. O quinhão hereditário correspondente à meação do falecido nos bens comuns será, assim, repartido exclusivamente entre os descendentes, sendo que o cônjuge somente será sucessor nos bens particulares[38].

Irrefutáveis os argumentos de ZENO VELOSO nesse mesmo sentido: "A concorrência do cônjuge com os descendentes, se o casamento regeu-se pela comunhão parcial, já é uma situação excepcional, que, portanto, tem de receber interpretação restritiva. E, diante de um quadro em que o cônjuge aparece bastante beneficiado, não há base ou motivo, num caso de dúvida, para que se opte por uma decisão que prejudica os descendentes do *de cujus*, que, ademais, têm de suportar – se for o caso – o direito real de habitação relativamente ao imóvel destinado à residência da família, de que o cônjuge é titular, observado o art. 1.831"[39].

Não bastasse, assegurar a concorrência sobre a totalidade da herança de acordo com a existência ou não de bens particulares pode dar ensejo a fraudes, como na hipótese, lembrada por MÁRIO LUIZ DELGADO[40], em que o cônjuge moribundo recebe doação de determinado bem (art. 1.659, I), feita por suposto amigo, na verdade amante de sua esposa, com o único objetivo de assegurar a concorrência daquela sobre os bens integrantes da meação do marido. Admitir tal possibilidade implicaria violação ao princípio da eticidade.

---

[37] *Curso avançado de direito civil*, v. 6, p. 247-248.
[38] Mário Luiz Delgado Régis, Controvérsias na sucessão, cit., p. 209.
[39] Sucessão do cônjuge, cit., p. 145.
[40] Controvérsias na sucessão, cit., p. 210.

No regime da comunhão parcial de bens, portanto, os que compõem o patrimônio comum do casal são divididos, não em decorrência da sucessão, mas tão só em virtude da dissolução da sociedade conjugal, operando-se, por via de consequência, a divisão dos bens, separando-se as meações que tocavam a cada um dos membros do casal; já os bens particulares e exclusivos do autor da herança, relativamente aos quais o cônjuge sobrevivente não tem direito à meação, serão partilhados entre ele, sobrevivo, e os descendentes do autor da herança, por motivo da sucessão *causa mortis*[41].

Em suma: se o casamento tiver sido celebrado no *regime da comunhão parcial*, deixando o falecido bens particulares, receberá o cônjuge a sua meação nos bens comuns adquiridos na constância do casamento e concorrerá com os descendentes apenas na partilha dos bens particulares. Se estes não existirem, receberá somente a sua meação nos aquestos.

A *2ª Seção do Superior Tribunal de Justiça pacificou nesse sentido o entendimento entre a 3ª e a 4ª Turma, no julgamento do REsp 1.368.123, proclamando*: "Nos termos do art. 1.829, I, do Código Civil de 2002, o cônjuge sobrevivente, casado no regime de comunhão parcial de bens, concorrerá com os descendentes do cônjuge falecido somente quando este tiver deixado bens particulares. A referida concorrência dar-se-á exclusivamente quanto aos bens particulares constantes do acervo hereditário do *de cujus*"[42].

Já foi dito que a regra estabelecida no art. 1.829 do Código Civil de 2002 a respeito da ordem de vocação hereditária é a da concorrência do cônjuge sobrevivente com os descendentes, optando o dispositivo por enumerar as exceções. Ora, o regime da *separação convencional de bens* não foi excepcionado ou ressalvado, sendo lícito ao intérprete concluir que, nessa hipótese, haverá a aludida concorrência, ocorrendo o mesmo no que respeita ao regime da participação final dos aquestos[43].

Sublinha a propósito EUCLIDES DE OLIVEIRA que tem prevalecido "a dominante interpretação doutrinária de que, por não constar das ressalvas do art. 1.829, inc. I, do Código Civil, o regime da separação de bens decorrente de pacto

---

[41] Giselda Hironaka, Ordem de vocação hereditária, cit., p. 95.
[42] STJ, REsp 1.368.123-SP, 2ª Seção, rel. Min. Raul Araújo, j. 22-4-2015.
[43] Giselda Hironaka, Ordem de vocação hereditária, cit., p. 95.
"Viúva casada com o autor da herança no regime de separação convencional de bens. Direito de sucessão legítima em concorrência com a filha do falecido. Inteligência do art. 1.829, I, do Código Civil. Vedação que somente ocorre, entre outras causas, se o regime de casamento for o de separação obrigatória de bens" (TJSP, AgI 313.414-4/1-00, 3ª Câm. Dir. Priv., rel. Des. Flávio Pinheiro, j. 4-11-2003).

antenupcial leva, inexoravelmente, ao direito de concorrência do cônjuge sobre a quota hereditária dos descendentes"[44].

Observe-se que essa regra é aplicável às uniões ocorridas antes da entrada em vigor do atual Código Civil, no regime da separação convencional, mediante pacto antenupcial, tendo a abertura da sucessão se verificado, porém, posteriormente.

A inovação provocou a crítica daqueles que se casaram no aludido regime e foram surpreendidos com a possibilidade, agora existente, de o cônjuge, que se imaginava afastado da sucessão, concorrer com os filhos do falecido. Alguns chegaram a afirmar que o legislador teria invadido a autonomia privada e abalado um dos pilares do regime de separação, por permitir a comunicação *post mortem* do patrimônio.

É de ponderar, no entanto, que, mesmo na vigência do diploma de 1916, a pessoa casada sob tal regime poderia herdar a totalidade da herança, na hipótese de não haver descendentes ou ascendentes. Essa regra foi mantida, acrescentando--se, porém, a possibilidade de concorrer com os descendentes e ascendentes, já mencionada. Trata-se, em realidade, de direito sucessório, e não propriamente de comunicação de patrimônio. Com a morte extinguiu-se o regime, subsistindo, todavia, o direito do cônjuge a uma parte da herança. Poderá esta, entretanto, ser bastante reduzida, bastando que o *de cujus* tivesse vários filhos e houvesse disposto em testamento toda a metade disponível[45].

Destoa dessa orientação aresto da *3ª Turma do Superior Tribunal de Justiça*, que entendeu não ocorrer, a cônjuge casado pelo regime de separação convencional de bens, direito de concorrência hereditária com descendentes do falecido[46]. Segundo o *decisum*, "o regime de separação obrigatória de bens, previsto no art. 1.829, inciso I, do CC/02, é gênero que congrega duas espécies: (i) separação legal; (ii) separação convencional. Uma decorre da lei e a outra da vontade das partes, e ambas obrigam os cônjuges, uma vez estipulado o regime de separação de bens, à sua observância. Não remanesce, para o cônjuge sobrevivente, neste caso, direito à meação, tampouco à concorrência sucessória, respeitando-se o regime de bens estipulado, que obriga as partes na vida e na morte", não sendo ele considerado herdeiro necessário. Entendimento em sentido diverso, afirmou-se ainda, "suscitaria clara antinomia entre os arts. 1.829, inciso I, e 1.687, do CC/02, o que geraria uma quebra da unidade sistemática da lei codificada, e provocaria a morte do regime de separação de bens".

---

[44] Concorrência sucessória e a nova ordem da vocação hereditária, *Revista Brasileira de Direito de Família*, 29/33.

[45] Mário Luiz Delgado Régis, Controvérsias na sucessão, cit., p. 208.

[46] STJ, REsp 992.749-MS, 3ª T., rel. Min. Nancy Andrighi, *DJE*, 5-2-2010, *RSTJ*, 217/820.

Observa-se que se procurou, na hipótese, fazer justiça no caso concreto, mencionando o acórdão o fato de não ter havido longa convivência do casal (cerca de 10 meses), bem como a circunstância de que, quando desse segundo casamento, o autor da herança, pessoa idosa, já havia formado todo seu patrimônio e padecia de doença incapacitante. Por essa razão, acredita-se que tal orientação não servirá de diretriz para a generalidade dos casos.

Em resumo, o cônjuge sobrevivente deixa de herdar em concorrência com os descendentes: a) se *judicialmente* separado do *de cujus*; b) se, separado *de fato* há mais de dois anos, não provar que a convivência se tornou insuportável *sem culpa sua* (CC, art. 1.830); c) se casado pelo regime da comunhão universal de bens; d) se casado pelo regime da separação obrigatória de bens; e) se, casado pelo regime da comunhão parcial, o autor da herança não houver deixado bens particulares[47].

Por outro lado, o cônjuge sobrevivente somente concorrerá com os descendentes: a) quando casado no regime da separação convencional; b) quando casado no regime da comunhão parcial e o *de cujus* possuía bens particulares; c) quando casado no regime da participação final dos aquestos.

Nessa linha o *Enunciado aprovado durante a III Jornada de Direito Civil, promovida pelo Conselho da Justiça Federal no período de 1º a 3 de dezembro de 2004*:

"O art. 1.829, inciso I, só assegura ao cônjuge sobrevivente o direito de concorrência com os descendentes do autor da herança quando casados no regime da separação convencional de bens ou, se casados nos regimes da comunhão parcial ou participação final nos aquestos, o falecido possuísse bens particulares, hipóteses em que a concorrência restringe-se a tais bens, devendo os bens comuns (meação) ser partilhados exclusivamente entre os descendentes".

A *jurisprudência do Superior Tribunal de Justiça consolidou-se, nesse sentido, em razão do entendimento manifestado pela 2ª Seção*: "O cônjuge, qualquer que seja o regime de bens adotado pelo casal, é herdeiro necessário (art. 1.845 do Código Civil). No regime de separação convencional de bens, o cônjuge sobrevivente concorre com os descendentes do falecido. A lei afasta a concorrência apenas quanto ao regime da separação legal de bens prevista no art. 1.641 do Código Civil"[48].

Observe-se que o regime da participação final nos aquestos é de natureza híbrida, ou seja, separação na constância do casamento, e comunhão parcial após a sua dissolução. Havendo bens particulares, haverá a concorrência com os descendentes.

---

[47] Washington de Barros Monteiro, *Curso*, cit., v. 6, p. 97.
[48] STJ, REsp 1.382.170-SP, 2ª Seção, rel. Min. João Otávio de Noronha, DJ 7-5-2015.

2.1.3. Reserva da quarta parte da herança em favor do cônjuge sobrevivente na concorrência com os descendentes

O art. 1.832 do Código Civil estabelece a forma de cálculo da quota devida ao cônjuge, em concurso com descendentes, estatuindo:

"Em concorrência com os descendentes (art. 1.829, I) caberá ao cônjuge quinhão igual ao dos que sucederem por cabeça, não podendo a sua quota ser inferior à quarta parte da herança, se for ascendente dos herdeiros com que concorrer".

O cônjuge sobrevivente, dependendo do regime de bens do casamento, concorre com os descendentes, conforme já mencionado. Nessa hipótese, e se os descendentes forem *comuns*, ou seja, descendentes do falecido e do sobrevivente, simultaneamente, a quota do cônjuge supérstite não poderá ser inferior à quarta parte da herança.

Se, por exemplo, o casal tinha três filhos, e falece o marido, a herança será dividida, em partes iguais, entre a viúva e os filhos. Assim, o sobrevivente e cada um dos filhos receberá 25% da herança. Porém, se o falecido deixou quatro filhos ou mais, e tendo de ser reservado um quarto da herança para o cônjuge sobrevivente, este receberá quinhão maior, repartindo-se os três quartos restantes entre os quatro ou mais filhos. A repartição da herança por cabeça não irá, portanto, prevalecer nesse caso.

Impende registrar que essa reserva da quarta parte diz respeito à herança possível do cônjuge, e não à totalidade da herança, ou seja: a reserva deve ser feita apenas sobre os bens particulares, excluindo-se a meação. Como assevera MÁRIO LUIZ DELGADO, "não existe reserva da quarta parte no tocante aos bens comuns"[49].

No caso, todavia, de descendentes exclusivos do *de cujus*, isto é, de não serem descendentes *comuns*, como na hipótese da existência somente de filhos de casamento anterior, o cônjuge sobrevivente não terá direito à quarta parte da herança, cabendo-lhe, tão só, quinhão igual ao que couber a cada um dos filhos.

O art. 1.832 não prevê a hipótese de haver filhos do *de cujus* com o cônjuge sobrevivente e também filhos tidos por ele com outra pessoa. Há, nesse caso, concorrência do cônjuge sobrevivo com *descendentes comuns* (ao cônjuge falecido e ao cônjuge sobrevivente) e com *descendentes exclusivos* do autor da herança.

A omissão do novo diploma, deixando de prever a solução para esses casos, bastante comuns, de concorrência do cônjuge sobrevivo com filhos de *origem híbrida*, deixa dúvida sobre o prevalecimento, nesse caso, da reserva da quarta parte dos bens a serem partilhados, dando origem a três correntes antagônicas.

---

[49] Controvérsias na sucessão, cit., p. 212.

Uma *parcela preponderante da doutrina* sustenta que não assiste ao cônjuge o direito ao benefício se existirem, concomitantemente, descendentes *comuns* e *unilaterais*, tendo em vista que o Código Civil assegura ao cônjuge o direito à quota mínima somente quando for ascendente de *todos* os herdeiros descendentes do falecido.

Deve-se entender, com efeito, na hipótese aventada, que o cônjuge supérstite teria direito única e exclusivamente a quinhão igual ao dos demais descendentes, pois, se o legislador quisesse, poderia ter estabelecido norma para regular essa situação. Como não o fez, essa interpretação sistemática da hipótese desponta como a mais condizente com o ordenamento jurídico[50].

A *segunda corrente* defende a ideia de que, nesses casos de filiação híbrida, todos os descendentes deveriam ser tratados como comuns, para fins de *reserva da quarta parte* da herança para o cônjuge sobrevivo.

Tal solução representa, todavia, apreciável prejuízo aos descendentes exclusivos do falecido, uma vez que, por não serem descendentes do cônjuge com quem concorrem, são afastados de parte considerável do patrimônio exclusivo de seu ascendente falecido.

Uma *terceira corrente* propõe a divisão proporcional da herança, segundo a quantidade de descendentes de cada grupo: resguardar-se-ia a quarta parte da herança ao cônjuge somente com relação aos filhos *comuns*, e fazendo-se a partilha igualitária, sem aquele mínimo de um quarto, com relação aos herdeiros.

Não será, no entanto, uma conta fácil de ser realizada, como alerta EUCLIDES DE OLIVEIRA, "ante a variação de percentuais conforme o número de herdeiros descendentes e sua ascendência comum ou exclusiva". Demais disso, aduz o autor, "percebe-se que o resultado dessa partilha diferenciada pela origem dos descendentes leva a uma distinção valorativa das quotas recebidas por uma e por outra categoria de filhos. Ou seja, os herdeiros filhos, embora situados no mesmo grau de parentesco, receberão valores diversos, numa consequência de trato sucessório que afronta o princípio da igualdade consagrado na Constituição Federal, art. 227, § 6º, e também assente no Código Civil"[51].

Na mesma trilha afirma GISELDA HIRONAKA que a pretendida composição matemática "não conseguiria atender aos preceitos legais envolvidos (arts. 1.829, I, e 1.832), e não garantiria a igualdade de quinhões atribuíveis a cada um dos descendentes da mesma classe, conforme determina o art. 1.384, de caráter constitucional. Quer dizer, nem se conseguiria obter – por esta proposta imaginada *conciliatória* – iguais quinhões para os herdeiros da mesma classe (comuns ou

---

[50] Zeno Veloso, Sucessão do cônjuge, cit., p. 146; Débora Gozzo, *Comentários*, cit., v. XVI, p. 203.
[51] Concorrência sucessória, cit., p. 36.

exclusivos), nem seria razoável que a quarta parte garantida ao cônjuge fosse complementada por subtração levada a cabo tão somente sobre a parte do acervo destinada aos *descendentes comuns*"[52].

Verifica-se, assim, que a primeira alternativa, ao assegurar a reserva da quarta parte somente quando todos os descendentes forem comuns, é a que melhor atende à *mens legis*, pois a intenção do legislador foi, sem dúvida, beneficiar o cônjuge, acarretando o menor prejuízo possível aos filhos.

Se todos os filhos são comuns, a reserva da quarta parte, ainda que implique eventual diminuição do quinhão dos filhos, não lhes acarretará maiores prejuízos, uma vez que o montante a maior destinado ao cônjuge futuramente reverterá aos filhos. Em princípio, os filhos comuns terminarão herdando parte dos bens que ficaram reservados ao cônjuge sobrevivente, como observa MÁRIO LUIZ DELGADO, que arremata: "Quanto ao art. 1.832, deve-se considerar que, na concorrência com os descendentes, só existirá o direito do cônjuge à reserva da quarta parte da herança quando todos os descendentes forem comuns; e que, nas hipóteses de filiação híbrida, o quinhão do cônjuge e dos filhos, quanto aos bens particulares do *de cujus*, deve ser rigorosamente igual"[53].

2.1.4. Concorrência sucessória do companheiro sobrevivo

Pode ainda haver concorrência sucessória com os descendentes se o falecido tiver vivido em união estável, deixando filhos e companheiro sobrevivente.

Malgrado a posição sucessória do companheiro não seja tratada no capítulo específico da vocação hereditária, mas nas disposições gerais do título concernente ao direito das sucessões, é inegável que integra ele a ordem vocacional, nas condições estabelecidas no art. 1.790 do Código Civil.

A omissão observada no art. 1.829 do diploma em apreço, que contempla a aludida ordem, é suprida pela menção ao companheiro no art. 1.844, ao se referir à falta de herdeiros sucessíveis, para justificar a herança vacante.

Segundo dispunham os incisos I e II do art. 1.790, se o companheiro concorrer com filhos comuns, terá direito a uma quota equivalente à que por lei for atribuída ao filho; se concorrer com descendentes só do autor da herança, tocar-lhe-á a metade do que couber a cada um daqueles. Todavia, tal dispositivo legal foi suprimido do sistema por decisão do *Supremo Tribunal Federal*, datada de 10 de maio de 2017, proferida em regime de repercussão geral, proclamando a sua inconstitucionalidade e fixando a seguinte tese:

---

[52] *Comentários*, cit., v. 20, p. 228.
[53] Controvérsias na sucessão, cit., p. 213-214 e 221.

"No sistema constitucional vigente, é inconstitucional a distinção de regimes sucessórios entre cônjuges e companheiros, devendo ser aplicado em ambos os casos o regime estabelecido no artigo 1.829 desta Corte".

Desse modo, a concorrência sucessória do companheiro sobrevivo com o descendente segue agora o mesmo regime estabelecido para o cônjuge sobrevivo.

Por uma questão didática, visando manter a unidade do tratamento da posição sucessória do companheiro no atual diploma, a matéria será estudada adiante, no n. 2.4.

2.2. Sucessão dos ascendentes

Somente não havendo herdeiros da classe dos descendentes é que são chamados à sucessão os *ascendentes*, em possível concorrência com o cônjuge sobrevivente (CC, art. 1.836). Nesse caso, a sucessão orienta-se por dois princípios: a) o grau mais próximo exclui o mais remoto, sem distinção de linhas; b) havendo igualdade em grau e diversidade em linha, os ascendentes da linha paterna herdam a metade, cabendo a outra aos da linha materna.

Preceitua o art. 1.836 do Código Civil:

"Na falta de descendentes, são chamados à sucessão os ascendentes, em concorrência com o cônjuge sobrevivente.

§ 1º Na classe dos ascendentes, o grau mais próximo exclui o mais remoto, sem distinção de linhas.

§ 2º Havendo igualdade em grau e diversidade em linha, os ascendentes da linha paterna herdam a metade, cabendo a outra aos da linha materna".

Importante se mostra, também, nessa questão, a regra do art. 1.852, *verbis*:

"O direito de representação dá-se na linha reta descendente, mas nunca na ascendente".

Há, nessa espécie de sucessão, uma combinação de *linhas* e *graus*. O grau mais próximo exclui o mais remoto (*proximior excludit remotiorem*), sem distinção de linha. Se não há prole, herdam os genitores do falecido, em partes iguais, por direito próprio (*iure proprio*). Se apenas um está vivo, recebe a totalidade da herança, ainda que estejam vivos os pais do genitor falecido (avós do *de cujus*), pois na linha ascendente, como mencionado, não há direito de representação. Se ambos faltarem, herdarão os avós da linha paterna e materna; na falta deles, os bisavós, e assim sucessivamente.

Se concorrerem à herança avós de linhas diversas (paterna e materna), em número de quatro, divide-se a herança em partes iguais entre as duas linhas. Se são três os avós (igualdade de graus), sendo dois paternos e um materno (diversidade em linha), reparte-se a herança entre as duas linhas meio a meio, cabendo metade para os dois avós paternos (de uma linha), e metade para o único avô materno (da outra linha).

Nas hipóteses de *multiparentalidade*, "havendo o falecimento do descendente com o chamamento de seus ascendentes à sucessão legítima, se houver igualdade em grau e diversidade em linha entre os ascendentes convocados a herdar, a herança deverá ser dividida em tantas linhas quantos sejam os genitores" (*Enunciado n. 642 da VIII Jornada de Direito Civil do Conselho da Justiça Federal*).

Havendo a Constituição Federal de 1988 abolido a distinção entre filhos de qualquer natureza, vigora atualmente, sem restrições, o *princípio da reciprocidade*: qualquer que seja a origem do parentesco, inclusive o decorrente da adoção, assim como o descendente sucede ao ascendente, o ascendente herda do descendente[54].

Os ascendentes ocupam a segunda classe dos sucessíveis (CC, art. 1.828, II), podendo, como visto, concorrer com o cônjuge sobrevivente (art. 1.836), sem qualquer limitação no tocante ao regime matrimonial de bens. Diferentemente do que sucede nos casos de concorrência com os descendentes, o cônjuge concorrerá com os ascendentes do falecido, seja qual for o regime.

A concorrência do cônjuge supérstite com os ascendentes dá-se nas proporções estabelecidas no art. 1.837 do Código Civil:

"*Concorrendo com ascendente em primeiro grau, ao cônjuge tocará um terço da herança; caber-lhe-á a metade desta se houver um só ascendente, ou se maior for aquele grau*".

O viúvo, portanto, terá direito: a) a um terço, se concorrer com os pais do falecido; b) à metade, se concorrer com um dos pais (por falta ou exclusão do outro); e c) também à metade, se concorrer com avós ou ascendentes de maior grau. Assim, se o falecido deixou pai e mãe, além do cônjuge, a este caberá um terço da herança; se ao *de cujus* sobreviveu somente o pai, ou apenas a mãe, ou se possui ascendentes do segundo grau, ou de grau mais elevado, tocará ao cônjuge a metade da herança.

Essa participação societária em benefício do cônjuge sobrevivente, que independe do regime de bens adotado no casamento, como anota EUCLIDES DE OLIVEIRA, "substitui o direito real de usufruto sobre metade dos bens da herança, que era previsto no Código Civil de 1916, em seu art. 1.611, § 1º. Desaparece o usufruto legal, portanto, e em seu lugar vem, ampliado, o direito de propriedade em parte dos bens do falecido, com manifesta vantagem para o cônjuge viúvo, que passou a ter reforçada sua posição no plano sucessório, além de situar-se, agora, como herdeiro necessário"[55].

Se o *de cujus*, porventura, deixar ascendentes e *companheiro sobrevivente*, este terá direito a um terço da herança, na forma do art. 1.790, III, do Código Civil, como se verá adiante, no n. 2.4.

---

[54] Silvio Rodrigues, *Direito civil*, cit., v. 7, p. 109-110.
[55] Concorrência sucessória, cit., p. 37-38.

2.3. Sucessão do cônjuge sobrevivente

Na falta de ascendentes, a herança de pessoa que tenha falecido enquanto casada ou separada de fato há menos de dois anos será deferida, por inteiro, ao cônjuge sobrevivente, que ocupa sozinho a terceira classe da ordem da sucessão hereditária.

Dispõe, com efeito, o art. 1.838 do Código Civil:

"Em falta de descendentes e ascendentes, será deferida a sucessão por inteiro ao cônjuge sobrevivente".

Somente é reconhecido direito sucessório ao cônjuge supérstite, porém, *"se, ao tempo da morte do outro, não estavam separados judicialmente, nem separados de fato há mais de dois anos, salvo prova, neste caso, de que essa convivência se tornara impossível sem culpa do sobrevivente"* (CC, art. 1.830).

Não se justifica, efetivamente, que o cônjuge sobrevivente seja chamado à sucessão legítima, se já se encontrava dissolvida a sociedade conjugal. Com maior razão se o casal estava divorciado, pois nesse caso não só a sociedade se encontra dissolvida, como extinto está o próprio vínculo matrimonial (CC, art. 1.571, § 1º)[56].

O direito sucessório do cônjuge, todavia, só estará afastado depois de homologada a separação consensual ou passada em julgado a sentença de separação litigiosa ou de divórcio direto, que só produz efeitos *ex nunc*, ou ainda depois de lavrada a *escritura pública* de separação ou divórcio consensuais, que produz seus efeitos imediatamente, nos termos do art. 733 do diploma processual civil de 2015. Morrendo o cônjuge no curso da ação de divórcio direto, de conversão de separação em divórcio ou de separação judicial, extingue-se o processo. Nessa hipótese, o estado civil do outro não será de separado judicialmente ou divorciado, mas de viúvo[57].

A segunda parte do supratranscrito art. 1.830 constitui uma inovação, afastando o cônjuge da sucessão se, na época em que o outro faleceu, o casal estava separado de fato há mais de dois anos. Não se faz mais necessária, portanto, a separação *judicial* para o afastamento do cônjuge sobrevivo da relação sucessória. Podem os demais herdeiros demandar tal afastamento se comprovarem que os cônjuges estavam separados *de fato* há mais de dois anos.

---

[56] Silvio Rodrigues, *Direito civil*, cit., v. 7, p. 115.

[57] Mário Luiz Delgado Régis, Controvérsias na sucessão, cit., p. 200.

"O pedido de separação amigável, ou de divórcio consensual, de caráter personalíssimo, ficará prejudicado se um dos cônjuges falecer antes de sua homologação pelo juiz. Não se defere, assim, pedido de homologação de separação amigável após o falecimento de um dos cônjuges, mediante provocação de parentes sucessíveis" (*RJTJSP*, Lex, 53/71, 67/156, 86/279; *RT*, 409/194, 461/77, 485/92).

O *Superior Tribunal de Justiça*, antes do advento do Código Civil de 2002, já firmara entendimento de que o regime de comunhão entre os cônjuges cessa se há prolongada separação de fato do casal, estando desfeita a vida em comum, extinta a *affectio societatis*, não se comunicando os bens que um deles tiver adquirido, nesse tempo, sem qualquer esforço ou colaboração do outro, com quem não mais coabitava[58].

O sistema instituído pelo novo diploma traz, todavia, uma exceção, permitindo que o cônjuge sobrevivente seja chamado à sucessão, ainda que o casal estivesse separado de fato há mais de dois anos, se provar que a convivência conjugal se tornara impossível sem culpa dele, isto é, que o responsável pela separação de fato foi o *de cujus*.

A lei presume que o decurso de prazo superior a dois anos de rompimento da relação conjugal é suficiente para arredar a *affectio maritalis* e, consequentemente, a participação sucessória do sobrevivente no acervo pertencente ao *de cujus*. Essa presunção é, no entanto, como já se disse, relativa, uma vez que se permite ao cônjuge supérstite a prova de que a separação de fato se deu não por sua culpa, mas por culpa exclusiva do falecido[59].

A regra tem em mira evitar injustiças que certamente ocorreriam se se admitisse o total afastamento do cônjuge da sucessão, pela mera separação de fato, sem qualquer exceção. Não obstante, parte da doutrina considera que o legislador não foi feliz em incluir a discussão da culpa para respaldar o direito sucessório, como também não o fora em entronizá-la como causa para a separação do casal. A separação de fato, ademais, por erodir a arquitetura conjugal, acarreta o fim de deveres do casamento e, assim, do regime patrimonial, não se comunicando os bens havidos depois daquele desate matrimonial, *como vinha decidindo o Superior Tribunal de Justiça*[60].

Por essa razão, foi encaminhada ao Congresso Nacional sugestão aprovada no *IV Congresso do Instituto Brasileiro de Direito de Família (IBDFAM)*, para alteração do aludido art. 1.830 do Código Civil, propondo que, já estando o casal separado de fato, desapareçam os direitos sucessórios dos cônjuges, devendo ser afastada qualquer referência a prazo mínimo de separação fática para que tal fenômeno ocorra, bem como, ainda, o questionamento da culpa.

No regime do atual Código Civil, são requisitos para o cônjuge ter direito à herança, em resumo: a) que não esteja divorciado nem separado, judicial ou

---

[58] *RT*, 735/131, 760/232.
[59] Giselda Hironaka, *Comentários*, cit., v. 20, p. 221.
[60] José Carlos Teixeira Giorgis, Os direitos sucessórios do cônjuge sobrevivo, *Revista Brasileira de Direito de Família*, 29/104.

administrativamente; b) que não esteja separado de fato há mais de dois anos do finado, ou c) que prove ter-se tornado impossível a convivência, sem culpa sua, se estiver separado de fato há mais de dois anos do falecido.

O consorte sobrevivo ainda será chamado a herdar se o casamento for declarado nulo ou vier a ser anulado, se de *boa-fé*, desde que a sucessão se abra antes da sentença anulatória (CC, art. 1.561 e § 1º)[61].

Esse pressuposto de não culpa não significa que o morto tenha sido, obrigatoriamente, o culpado exclusivo pela ruptura da vida em comum. A interpretação do art. 1.830 do Código Civil revela que, se a culpa foi exclusiva do finado, ou se não houve culpa de ninguém (tendo havido, neste caso, mero acordo, tácito ou expresso, de separação de fato do casal, sem imputação de culpa a qualquer dos cônjuges), o consorte sobrevivente, mesmo separado de fato, participará da sucessão, concorrendo nas duas primeiras ordens de vocação hereditária, ou amealhando a totalidade do acervo, se a vocação chegar até a terceira ordem sucessória.

Será o cônjuge supérstite, todavia, afastado da sucessão caso se comprove que a culpa pela separação foi exclusivamente dele, ou ainda se ficar demonstrada a culpa concorrente, imputável a ambos os membros do casal separado de fato há mais de dois anos[62].

Podem os cônjuges, separados judicialmente, reconciliar-se. Seja qual for a causa da separação judicial e o modo como esta se faça, é lícito, segundo dispõe o art. 1.577 do Código Civil, "*aos cônjuges restabelecer, a todo tempo, a sociedade conjugal, por ato regular em juízo*". Nesse caso, poderá o sobrevivente suceder o *de cujus*. Anote-se que a *reconciliação* dos separados judicialmente também pode ser formalizada mediante *escritura pública*, que será levada à averbação no registro do casamento, independentemente de homologação judicial. Todavia, como adverte Caio Mário da Silva Pereira, "é irrelevante, em matéria sucessória, a reconciliação de fato dos cônjuges, já separados judicialmente"[63].

Com efeito, se a reconciliação é apenas de fato, instaura-se entre o casal uma simples sociedade de fato, regendo-se os interesses patrimoniais recíprocos pelas regras do direito das obrigações, não se restabelecendo *ipso jure* a sociedade conjugal dissolvida.

Nada obsta que o casal, separado judicialmente e que volta a conviver, opte por não restabelecer o casamento e passe a viver em união estável. Nesse sentido

---

[61] José Carlos Teixeira Giorgis, Os direitos sucessórios, cit., p. 98/99; Caio Mário da Silva Pereira, *Instituições*, cit., v. VI, p. 147.

[62] Giselda Hironaka, Ordem de vocação hereditária, cit., p. 93-94.

[63] *Instituições*, cit., v. VI, p. 147.

assentou o *Tribunal de Justiça de São Paulo*: "Ex-cônjuges. Restabelecimento da vida em comum, sem restauração do vínculo. Declaratória objetivando o reconhecimento da sociedade de fato. Interesse de agir existente. Inadmissibilidade de ser imposto ao casal o restabelecimento do casamento civil. Extinção do processo afastada"[64].

Entende MÁRIO LUIZ DELGADO que não procedem as críticas formuladas ao art. 1.830 do Código Civil, especialmente a concernente à dificuldade probatória da culpa. Para refutá-la ou contorná-la, afirma, basta considerar que a alegação da culpa pela separação de fato deve estar embasada em prova produzida em vida do *de cujus*, e sobre a qual teve ele, em tese, a oportunidade de se manifestar. Propõe, assim, o aproveitamento de provas produzidas em ação de separação judicial litigiosa ou em medida cautelar de separação de corpos, por exemplo, contra o autor da herança. Admitir o contrário, aduz, equivaleria à instituição de um divórcio litigioso *post mortem*, sem que o réu tenha direito de defesa[65].

Parece-nos, todavia, que a prova exigida no art. 1.830 é a de que a convivência se tornara impossível *por culpa do sobrevivente*, e não do falecido. A falta de comprovação da culpa daquele não implica, necessariamente, o reconhecimento de que este foi o responsável pela separação.

EUCLIDES DE OLIVEIRA, depois de indagar a quem caberia provar que a separação de fato se deu por culpa do cônjuge sobrevivente, responde: "Não a este, certamente, pois basta que se habilite como viúvo, comprovando o casamento com o autor da herança. Aos terceiros interessados, então, que seriam os herdeiros em concorrência (descendentes ou ascendentes), ou os colaterais, como também eventual ex-companheiro do falecido, é que pesará o encargo de provar que a ruptura da vida conjugal se deu por culpa do cônjuge, mediante a exibição de documentos hábeis ou por meio de ação própria"[66].

JOSÉ CARLOS TEIXEIRA GIORGIS, por sua vez, forte na lição de MÁRIO ROBERTO CARVALHO DE FARIA, assevera: "Existindo a separação por mais de dois anos, ainda assim poderá o cônjuge se habilitar à sucessão, devendo, para tanto, ser provado que a separação não se deu por sua culpa, prova que compete aos herdeiros e não ao cônjuge, que apenas deve demonstrar que é casado, pois todas as vezes que o legislador permitiu a exclusão de herdeiros, seja por indignidade ou deserdação, impôs aos interessados na herança de propor a ação competente para o afastamento, daí caber aos parentes interessados na sucessão propor a ação, que não é uma ação de estado"[67].

---

[64] JTJ, Lex, 251/211.
[65] Controvérsias na sucessão, cit., p. 203 e 221.
[66] *Direito de herança:* a nova ordem da sucessão, p. 130.
[67] Os direitos sucessórios, cit., p. 98.

O art. 1.831 do Código Civil assegura ao cônjuge supérstite, qualquer que seja o regime de bens e sem prejuízo da participação que lhe caiba na herança, "*o direito real de habitação relativamente ao imóvel destinado à residência da família, desde que seja o único daquela natureza a inventariar*".

Se houver dois ou mais imóveis residenciais, não se pode falar em direito real de habitação. Malgrado a omissão do citado dispositivo, esse benefício, numa interpretação teleológica, perdurará enquanto o cônjuge sobrevivente permanecer viúvo e não viver em união estável. O direito em apreço lhe é conferido sem nenhuma restrição quanto ao regime de bens do casamento. Visa preservar as condições de vida do cônjuge sobrevivo, evitando que fique privado de sua moradia.

Na *III Jornada de Direito Civil promovida pelo Conselho da Justiça Federal foi aprovado o Enunciado n. 271, do seguinte teor*: "O cônjuge pode renunciar ao direito real de habitação, nos autos do inventário ou por escritura pública, sem prejuízo de sua participação na herança".

O *Superior Tribunal de Justiça* decidiu que, se duas pessoas são casadas em qualquer regime de bens ou vivem em união estável e uma delas falece, a outra tem, por direito, a segurança de continuar vivendo no imóvel em que residia o casal, desde que este seja o único a inventariar e mesmo que o inventário tenha sido aberto antes do atual Código Civil. Frisou o aresto que "uma interpretação que melhor ampara os valores espelhados pela Constituição Federal é a que cria uma moldura normativa pautada pela isonomia entre a união estável e o casamento. Dessa maneira, tanto o companheiro como o cônjuge, qualquer que seja o regime do casamento, estarão em situação equiparada, adiantando-se, de tal modo, o quadro normativo que só veio a se concretizar explicitamente com a edição do novo Código Civil"[68].

O casamento nulo somente produz efeitos sucessórios se *putativo*, beneficiando o cônjuge que o contraiu de boa-fé, se posterior à morte do outro cônjuge a sentença de anulação. Na anulação em vida não há sucessão, pois os bens são partilhados entre ambos.

O cônjuge, sendo herdeiro necessário, não pode, como já foi dito, ser totalmente excluído da sucessão por testamento deixado pelo *de cujus* (CC, art. 1.850). Tem direito à legítima, ou seja, à metade dos bens da herança (art. 1.846). Quando o regime de bens adotado pelo casal é o da comunhão universal, recolhe ele, não havendo descendentes e ascendentes, nem testamento, a metade do acervo, ou

---

[68] STJ, REsp 821.660-DF, 3ª T., rel. Min. Sidnei Beneti. Disponível em: http:// www.editora magister.com. Acesso em 19 jul. 2011.

seja, toda a herança, na condição de herdeiro, porque a outra metade já lhe pertence, constituindo a *meação*. No regime da comunhão parcial a meação incide sobre o patrimônio comum.

Tem a jurisprudência admitido a comunicação dos aquestos, que são os bens adquiridos na constância do casamento a título oneroso, no *regime da separação convencional de bens*, quando hajam resultado do esforço comum dos cônjuges, comprovada a existência da sociedade de fato. Assim, sob a inspiração do princípio que norteou a *Súmula 380, a respeito do concubinato, e a Súmula 377, sobre o regime da separação obrigatória*, que veda o enriquecimento ilícito, se provado que o cônjuge casado pelo regime da separação convencional concorreu diretamente, com capital ou trabalho, para a aquisição dos bens em nome do outro cônjuge, é cabível a atribuição de direitos àquele consorte[69].

Desse modo, "se houve eventual contribuição em dinheiro de um dos cônjuges na reconstrução e conservação de imóvel pertencente ao outro, justo se lhe indenize"[70].

No entanto, a partilha dos bens exige a prova do esforço comum em ação própria de reconhecimento de sociedade de fato. *Como adverte aresto do Superior Tribunal de Justiça, "o que não se há de reconhecer é a existência de tal sociedade, apenas em virtude da vida em comum, com o atendimento dos deveres que decorram da existência do consórcio"*[71].

A jurisprudência, ao tempo do Código Civil de 1916, tendo constatado que o *regime da separação legal de bens*, ao contrário do que imaginou o legislador, não protegia devidamente as pessoas que deviam ser protegidas, passou a proclamar que, nesse regime, comunicavam-se os bens adquiridos a título oneroso na constância do casamento, denominados aquestos. O *Supremo Tribunal Federal* editou, então, a *Súmula 377*, do seguinte teor: "No regime de separação legal de bens comunicam-se os adquiridos na constância do casamento".

No princípio essa súmula foi aplicada com amplitude. Posteriormente, no entanto, a sua aplicação ficou restrita aos bens adquiridos pelo *esforço comum* dos

---

[69] Washington de Barros Monteiro, *Curso*, cit., 37. ed., v. 2, p. 222. *V.* ainda Yussef Said Cahali, A comunhão dos aquestos no regime da separação de bens, in *Família e casamento*: doutrina e jurisprudência, p. 697-716.

[70] TJRS, Ap. 598.010.791, 8ª Câm. Cív., rel. Des. Stangler Pereira, j. 27-8-1998. No mesmo sentido: "Se o patrimônio do marido, ao tempo da separação (isto é, ao tempo em que vigorou o regime da separação de bens), foi formado com o esforço comum, resultado de dinheiro destinado pelos dois cônjuges, tem a mulher direito a parte dos bens, ainda que o regime matrimonial seja o da separação absoluta" (*RT*, 578/67).

[71] REsp 30.513-9-MG, 3ª T., rel. Min. Eduardo Ribeiro, j. 26-4-1994, *RT*, 710/174.

cônjuges, reconhecendo-se a existência de uma verdadeira sociedade de fato. *Assim passou a decidir o Superior Tribunal de Justiça*[72].

Mesmo que em face do regime de bens adotado no casamento não exista meação, defere-se ao cônjuge supérstite a herança. Se morrer *ab intestato* aquele que se casara pelo regime de separação de bens, o cônjuge por ele deixado recolherá todo o patrimônio (herança), caso não haja herdeiros das classes anteriores[73].

2.4. Sucessão do companheiro sobrevivente

2.4.1. Regulamentação da união estável antes do Código Civil de 2002

A união prolongada entre o homem e a mulher, sem casamento, caracterizada pela "união livre", *foi chamada, durante longo período histórico, de concubinato*. Para os efeitos legais, não apenas eram concubinos os que mantinham vida marital sem serem casados, senão também os que haviam contraído matrimônio não reconhecido legalmente, por mais respeitável que fosse perante a consciência dos contraentes, como sucede com o casamento religioso, por exemplo.

A união livre difere do casamento, sobretudo pela liberdade de descumprir os deveres a este inerentes. Por isso, a doutrina clássica esclarece que o estado de concubinato pode ser rompido a qualquer instante, seja qual for o tempo de sua duração, sem que ao concubino abandonado assista direito a indenização pelo simples fato da ruptura.

O Código Civil de 1916 continha alguns dispositivos que faziam restrições a esse modo de convivência, proibindo, por exemplo, doações ou benefícios testamentários do homem casado à concubina, ou a inclusão desta como beneficiária de contrato de seguro de vida. Aos poucos, no entanto, a começar pela legislação previdenciária, alguns direitos da concubina foram sendo reconhecidos, tendo a jurisprudência admitido outros, como o direito à meação dos bens adquiridos pelo esforço comum.

O grande passo, no entanto, foi dado pela atual Constituição Federal, ao proclamar, no art. 226, § 3º: "Para efeito da proteção do Estado, é reconhecida a união estável entre o homem e a mulher como entidade familiar, devendo a lei facilitar sua conversão em casamento". A partir daí a relação familiar nascida fora

---

[72] *RSTJ*, 39/413; *RT*, 691/194; *RF*, 320/84.

[73] "Intel. dos arts. 1.829, I, e 1.838, ambos do novo Código Civil brasileiro. O cônjuge supérstite casado sob o regime de separação obrigatória de bens só herda se não houver descendentes. Na falta de descendentes, herdará em concorrência com o ascendente. Em falta de descendentes e ascendentes, a sucessão é a ele deferida por inteiro" (TJRS, AgI 70.006.500.243, 7ª Câm. Cív., rel. Des. Luiz Felipe Brasil, j. 13-8-2003).

do casamento passou a denominar-se *união estável*, ganhando novo *status* dentro do nosso ordenamento jurídico.

A referida Lei n. 8.971, de 29 de dezembro de 1994, que regulou o direito dos companheiros a alimentos e a sucessão, e a Lei n. 9.278, de 10 de maio de 1996, que regulamentou o art. 226, § 3º, da Constituição Federal, reconhecendo a união estável entre o homem e a mulher como entidade familiar, asseguraram aos *companheiros*, dentre outros direitos, o de *herdar*.

A Lei n. 8.971/94 ampliou, no art. 2º, III, o rol de herdeiros estabelecido no art. 1.603 do Código Civil de 1916 quando determinou a transmissão do patrimônio ao companheiro ou companheira sobrevivente (inciso III), e não aos colaterais, se inexistissem descendentes ou ascendentes. Como requisito, exigia a referida lei a união com pessoa solteira, separada judicialmente, divorciada ou viúva, bem como a prova da efetiva união marital pelo prazo de cinco anos, ou por qualquer tempo, se houvesse prole.

Com o advento da Lei n. 9.278/96 não mais se exigiam todos esses requisitos para caracterização da sociedade de fato, pois o seu art. 1º reconhecia "como entidade familiar a convivência duradoura, pública e contínua, de um homem e uma mulher, estabelecida com objetivo de constituição de família". Bastava a prova do estabelecimento da sociedade conjugal de fato, com a formação do patrimônio. Vivendo uma pessoa com cônjuge e companheiro, separavam-se as meações de conformidade com as aquisições havidas durante cada união.

As referidas leis foram alvo de muitas críticas, passando a tramitar no Congresso Nacional projeto de lei elaborado pela Presidência da República com o objetivo de melhor regulamentar o aludido dispositivo constitucional e de revogar as mencionadas leis.

A promulgação da Lei n. 9.278/96 e a manutenção de dispositivos da Lei n. 8.971/94 que não conflitassem com aquela acabaram por conferir mais direitos à companheira do que à esposa. Esta poderia ter o usufruto vidual *ou* o direito real de habitação, dependendo do regime de bens adotado no casamento, enquanto aquela poderia desfrutar de ambos os benefícios.

2.4.2. União estável no Código Civil de 2002

Restaram, porém, tacitamente revogadas as Leis n. 8.971/94 e 9.278/96[74] em face da inclusão da matéria no âmbito do Código Civil de 2002, que fez

---

[74] "A jurisprudência do STJ que é no sentido de que o direito real de habitação, assegurado ao companheiro e ao cônjuge sobrevivente, pelo art. 7º da Lei 9287/96, incide, relativamente ao imóvel em que residia o casal, ainda que haja mais de um imóvel residencial a inventariar. [...] O objetivo da lei é permitir que o cônjuge sobrevivente permaneça no mesmo imóvel familiar

significativa mudança, inserindo o título referente à união estável no Livro de Família e incorporando, em cinco artigos (1.723 a 1.727), os princípios básicos das aludidas leis, bem como introduzindo disposições esparsas em outros capítulos quanto a certos efeitos, como nos casos de obrigação alimentar (art. 1.694).

O referido diploma tratou, nesses dispositivos, dos aspectos processuais e patrimoniais, deixando para o direito das sucessões o efeito patrimonial sucessório (art. 1.790). Não foi feita nenhuma referência ao *direito real de habitação* em favor do companheiro sobrevivente, previsto no parágrafo único do art. 7º da Lei n. 9.278/96, nem ao *usufruto vidual*, pelo fato, neste caso, de concorrer na herança, como herdeiro, com os parentes do *de cujus*.

O não reconhecimento do *direito de habitação* ao companheiro sobrevivo tem sido alvo de críticas, por sujeitá-lo a uma eventual desocupação compulsória do imóvel onde vivia com o finado parceiro, na hipótese de não ter este adquirido bens durante a convivência, ou de tê-lo adquirido só a título gratuito. Nesses casos carece o companheiro do direito à meação e tampouco concorre na herança, que poderá ser atribuída a herdeiros que nem sempre aceitarão repartir com ele o uso do imóvel residencial[75].

Mesmo na falta de previsão no Código, sustenta uma corrente doutrinária a subsistência do art. 7º, parágrafo único, da Lei n. 9.278/96, que defere ao companheiro sobrevivente o direito real de habitação relativamente ao imóvel destinado à residência da família. Argumenta-se, em defesa do companheiro, não ter havido revogação expressa da referida lei, bem como inexistir incompatibilidade do benefício nela previsto com qualquer dispositivo do atual Código Civil. Invoca-se, ainda, a extensão analógica do mesmo direito assegurado ao cônjuge sobrevivente no art. 1.831 do mesmo diploma.

Nessa linha, o *Enunciado n. 117 do Conselho da Justiça Federal, aprovado na I Jornada de Direito Civil, realizada em Brasília em setembro de 2002*: "O direito real de habitação deve ser estendido ao companheiro, seja por não ter sido revogada a previsão da Lei n. 9.278/96, seja em razão da interpretação analógica do art. 1.831, informado pelo art. 6º, *caput*, da CF/88".

---

que residia ao tempo da abertura da sucessão como forma, não apenas de concretizar o direito constitucional à moradia, mas também por razões de ordem humanitária e social, já que não se pode negar a existência de vínculo afetivo e psicológico estabelecido pelos cônjuges com o imóvel em que, no transcurso de sua convivência, constituíram não somente residência, mas um lar. (REsp 1582178/RJ, TERCEIRA TURMA, julgado em 11/09/2018, DJe 14/09/2018). Precedentes. STJ. AgInt no REsp n. 1.957.776/RJ, relatora Ministra Nancy Andrighi, Terceira Turma, julgado em 14/2/2022, DJe de 16/2/2022.

[75] Euclides de Oliveira, *Direito de herança*, cit., p. 179.

Assim decidiu o Tribunal de Justiça de Minas Gerais: "O direito real de habitação ao único imóvel residencial, por aplicação analógica do art. 1.831 do novo Código Civil, deve ser estendido ao convivente, independentemente de ter este contribuído, ou não, para a sua aquisição, assegurado, igualmente, pelo art. 7º da Lei n. 9.278/96, informado pelos arts. 6º e 227, § 3º, da Lei Maior, que reconhecem a moradia como direito social e a união estável entre o homem e a mulher como entidade familiar, para efeito de proteção do Estado[76].

Na mesma linha, a *4ª Turma do Superior Tribunal de Justiça,* acompanhando o voto do relator, Min. Luis Felipe Salomão, manteve decisão do Tribunal de Justiça do Rio Grande do Sul que assegurou à companheira sobrevivente o direito real de habitação sobre o imóvel que serviu de moradia ao casal durante 14 anos de união estável[77].

A conceituação da união estável consta do art. 1.723 do Código Civil de 2002, *verbis*:

"*É reconhecida como entidade familiar a união estável entre o homem e a mulher, configurada na convivência pública, contínua e duradoura e estabelecida com o objetivo de constituição de família*".

O art. 1.790 do Código Civil, inexplicavelmente alocado nas disposições gerais do título referente ao direito das sucessões, e não no capítulo da vocação hereditária, preceitua que a companheira ou o companheiro participará da sucessão do outro, quanto aos bens adquiridos na vigência da união estável, sem receber, no entanto, o mesmo tratamento do cônjuge sobrevivente, que tem maior participação na herança e foi incluído no rol dos herdeiros necessários, ao lado dos descendentes e ascendentes.

Se o companheiro concorrer à herança, por exemplo, com colaterais, terá direito a somente um terço desta. Enquanto as citadas leis que disciplinaram a união estável caminharam no sentido de igualar os direitos do companheiro aos do cônjuge, o Código Civil de 2002 tomou direção oposta.

Dispõe, com efeito, o art. 1.790 do Código Civil:

"*A companheira ou o companheiro participará da sucessão do outro, quanto aos bens adquiridos onerosamente na vigência da união estável, nas condições seguintes:*

I – se concorrer com filhos comuns, terá direito a uma quota equivalente à que por lei for atribuída ao filho;

II – se concorrer com descendentes só do autor da herança, tocar-lhe-á a metade do que couber a cada um daqueles;

---

[76] TJMG, AC 1.0514.06.020813-9/001, 9ª Câm. Cív., rel. Des. Tarcisio Martins Costa, *DJEMG*, 26-4-2008.

[77] STJ, 4ª T., rel. Min. Luis Felipe Salomão, j. 7-1-2014, disponível em: http://ibdfam.org.br. Acesso em: 24 jan. 2014.

III – se concorrer com outros parentes sucessíveis, terá direito a um terço da herança;

IV – não havendo parentes sucessíveis, terá direito à totalidade da herança".

Em linhas gerais, o dispositivo restringe o direito do companheiro aos bens que tenham sido *adquiridos onerosamente* na vigência da união estável; faz distinção entre a concorrência do companheiro com filhos comuns ou só do falecido; prevê o direito apenas à metade do que couber aos que descenderem somente do autor da herança e estabelece um terço na concorrência com herdeiros de outras classes que não os descendentes do falecido; não beneficia o companheiro com quinhão mínimo na concorrência com os demais herdeiros nem o inclui no rol dos herdeiros necessários; concorre com um terço também com os colaterais e só é chamado a recolher a totalidade da herança na falta destes. O cônjuge, porém, prefere aos parentes da linha transversal, com exclusividade.

Nos casos de *concubinato impuro* – relação afetiva em que uma das pessoas já é casada – a partilha de bens somente é possível se comprovado que o patrimônio adquirido decorreu de esforço comum. *Em hipótese em que o concubino, sem deixar o lar oficial, manteve relação extraconjugal por nove anos e, durante esse período, adquiriu um imóvel com a concubina, decidiu o Superior Tribunal de Justiça que "o concubinato ou relação paralela, diferentemente da união estável e do casamento, pode produzir efeitos jurídicos se eventualmente houver prole ou aquisição patrimonial por ambos os concubinos, o que depende de demonstração cabal, inexistente no caso concreto". Aduziu o relator que o recorrente, "ao não abandonar o lar oficial, deu causa a circunstância antijurídica e desleal, desprezando o ordenamento pátrio, que não admite o concubinato impuro. Ao buscar partilha sem comprovar a contribuição direta para a construção do patrimônio vindicado, pratica verdadeiro venire contra factum proprium (proibição do comportamento contraditório), o que é inadmissível, já que o Direito não socorre a própria torpeza"*[78].

Parte da doutrina critica a disciplina da união estável no diploma em epígrafe, no tocante ao direito sucessório, sublinhando que, em vez de fazer as adaptações e consertos que a doutrina já propugnava, especialmente nos pontos em que o companheiro sobrevivente ficava numa situação mais vantajosa do que a viúva ou o viúvo, acabou colocando os partícipes de união estável, na sucessão hereditária, numa posição de extrema inferioridade, comparada com o novo *status* sucessório dos cônjuges[79].

Outros estudiosos, todavia, afirmam que o atual Código procura, com largueza de espírito, guindar a união estável ao patamar do casamento civil, sem

---

[78] STJ, 3ª T., Min. Villas Bôas Cueva, disponível em: *Revista Consultor Jurídico*, de 3-1-2018.
[79] Silvio Rodrigues, *Direito civil*, cit., v. 7, p. 117; Euclides de Oliveira, Concorrência sucessória, cit., p. 41-43.

incidir em excessos, não representando discriminação a disparidade de tratamento, mas o pleno atendimento ao mandamento constitucional que, em momento algum, equiparou a união estável ao casamento[80].

Nessa direção decidiu o *Tribunal de Justiça do Rio de Janeiro*: "Sucessão aberta após a vigência do novo Código Civil. Direito sucessório da companheira em concorrência com irmãos do obituado. Inteligência do art. 1.790, III, da novel legislação. Direito a um terço da herança. Inocorrência de inconstitucionalidade. Não há choque entre o Código e a Constituição na parte enfocada. A norma do art. 226, § 3º, da Constituição Federal não equiparou a união estável ao casamento nem tampouco dispôs sobre regras sucessórias. As disposições podem ser consideradas injustas, mas não contêm eiva de inconstitucionalidade. Reconhecimento dos colaterais como herdeiros do *de cujus*"[81].

Embora o tratamento díspar da sucessão do companheiro tenha resultado de opção do legislador, merece as críticas que lhe são endereçadas: a) por limitar a sucessão aos *bens adquiridos onerosamente na constância da união estável*; b) por repetir, no caso de concorrência com os descendentes, a *indébita distinção entre descendentes exclusivos*, só do autor da herança, e *descendentes comuns*, havidos da união entre o autor da herança e o companheiro; e c) por estabelecer a *concorrência com os colaterais.*

Não se compreende, realmente, como exclama EUCLIDES DE OLIVEIRA, "a limitação do direito hereditário do companheiro aos bens adquiridos onerosamente na vigência da união estável, quando se considera que o companheiro já tem direito de meação sobre tais bens, em face do regime da comunhão parcial previsto no art. 1.725 do Código Civil. Deveria beneficiar-se da herança, isto sim, apenas sobre os bens particulares do falecido, exatamente como se estabelece em favor do cônjuge sobrevivente (art. 1.829)"[82].

Com efeito, a concorrência se dará justamente nos bens a respeito dos quais o companheiro já é meeiro. Assim, se o falecido não tiver adquirido nenhum bem

---

[80] Eduardo de Oliveira Leite, *Comentários ao novo Código Civil*, v. XXI, p. 53; Mário Luiz Delgado Régis, Controvérsias na sucessão, cit., p. 222.

[81] AgI 2003.002.14421, 18ª Câm. Cív., rel. Des. Marcus Faver, *DJE*, 7-4-2004. No mesmo sentido: "O art. 1.790 do novo Código Civil, ao tratar os companheiros de forma diferente dos cônjuges, não é inconstitucional. A sucessão legítima do companheiro, no novo Código Civil, realmente se dá de forma distinta e mais desvantajosa do que aquela reservada ao cônjuge sobrevivente; entretanto, nada há de inconstitucional em mencionada legislação. A Constituição Federal de 1988 não equiparou a união estável ao casamento, tanto que fixou em seu art. 226, § 3º, que a lei deve facilitar sua conversão em casamento" (Foro Distrital de Macaubal-Monte Aprazível-SP, Proc. 350/03, j. 11-5-2003).

[82] Concorrência sucessória, cit., p. 39.

na constância da união estável, ainda que tenha deixado valioso patrimônio formado anteriormente, o companheiro sobrevivente nada herdará, sejam quais forem os herdeiros eventualmente existentes[83].

No sistema estabelecido, se o autor da herança, por exemplo, deixa um único bem adquirido onerosamente durante a convivência, um herdeiro filho e companheira, esta receberá 50% do bem pela meação e mais 25% pela concorrência na herança com o filho. Se o autor da herança fosse casado, nas mesmas condições, o cônjuge-viúvo teria direito apenas a 50% pela meação, restando igual percentagem íntegra para o herdeiro filho[84].

Em razão do tratamento diverso dado pela legislação ordinária aos direitos do cônjuge e aos do companheiro, ora se alega que este, em determinadas situações, foi favorecido em relação àquele (como no exemplo mencionado no parágrafo anterior), ora que foi prejudicado, quando, por exemplo, concorre com irmão do falecido, ficando com apenas 1/3 da herança, enquanto os restantes 2/3 ficam com o colateral de segundo grau.

Essa situação provocou debate nos tribunais estaduais, proclamando alguns julgados a *inconstitucionalidade* do art. 1.790 do Código Civil, por afrontar os princípios constitucionais da dignidade da pessoa humana e de igualdade, uma vez que o art. 226, § 3º, da Carta Magna deu tratamento paritário ao instituto da união estável em relação ao casamento[85].

Outros acórdãos, entretanto, afastavam a tese da inconstitucionalidade do referido art. 1.790 do Código Civil, determinando, em alguns casos, que os bens onerosamente adquiridos na constância da união estável sejam entregues ao companheiro (1/3) em concorrência com os colaterais (2/3), e em outros concedendo ao companheiro a meação, bem como a participação sucessória[86].

---

[83] Giselda Hironaka, O sistema de vocação concorrente do cônjuge e/ou do companheiro com os herdeiros do autor da herança, nos direitos brasileiro e italiano, *Revista Brasileira de Direito de Família*, 29/62; Silvio Rodrigues, *Direito civil*, cit., v. 7, p. 118.

[84] Euclides de Oliveira, Concorrência sucessória, cit., p. 39, nota 12.

[85] TJRS, Ap. 70.020.389.284, 7ª Câm. Cív., rel. Des. Ricardo Raupp Ruschel, j. 12-9-2007; TJSP, AI 567.929-4/0-00, 4ª Câm. Dir. Priv., rel. Des. Francisco Loureiro, j. 11-9-2008; TJRS, AI 70.017.169.335, 8ª Câm. Cív., rel. Des. Siqueira Trindade, *DJERS*, 27-11-2009, p. 38; TJSP, AI 654.999.4/7, 4ª Câm. Dir. Priv., rel. Des. Teixeira Leite, *DJESP*, 23-9-2009; TJSP, AI 609.024-4/4-00, 8ª Câm. Dir. Priv., rel. Des. Caetano Lagrasta, j. 6-5-2009.

[86] TJSP, AI 578.361-4/2-00, 10ª Câm. Dir. Priv., rel. Des. Testa Marchi, j. 1º-12-2009; TJDFT, Acórdão 355.492, 1ª T., rel. Des. Natanael Caetano, *DJe*, 12-5-2009, p. 81; TJRJ, Ac. 2008.001.51945, 10ª Câm. Cív., rel. Des. Celso Peres, j. 21-1-2009; TJSP, AI 641.861-4/8, 10ª Câm. Dir. Priv., rel. Des. Maurício Vidigal, j. 25-8-2009; TJRJ, AI 72.023.423.833, 8ª Câm. Cív., j. 12-6-2008.

Assim decidiu a 3ª *Turma do Superior Tribunal de Justiça*, mantendo a eficácia do art. 1.790 do Código Civil em acórdão com a seguinte ementa: "Direito das sucessões. Recurso especial. Inventário. *De cujus* que, após o falecimento de sua esposa, com quem tivera uma filha, vivia, em união estável, há mais de trinta anos, com sua companheira, sem contrair matrimônio. Incidência, quanto à vocação hereditária, da regra do art. 1.790 do CC/02. Alegação, pela filha, de que a regra é mais favorável para a convivente que a norma do art. 1.829, I, do CC/02, que incidiria caso o falecido e sua companheira tivessem se casado pelo regime da comunhão parcial. Afirmação de que a Lei não pode privilegiar a união estável, em detrimento do casamento. Recurso especial improvido".

Afirmou a relatora, Min. Nancy Andrighi, que a regra do art. 1.829, I, do Código Civil de 2002, que seria aplicável à hipótese caso a companheira tivesse se casado com o *de cujus* pelo regime da comunhão parcial de bens, tem interpretação muito controvertida na doutrina, identificando-se quatro correntes de pensamento sobre a matéria. Assim, aduziu, "não é possível dizer, aprioristicamente e com as vistas voltadas apenas para as regras de sucessão, que a união estável possa ser mais vantajosa em algumas hipóteses, porquanto o casamento comporta inúmeros outros benefícios cuja mensuração é difícil"[87].

2.4.2.1. Igualdade de direitos sucessórios do companheiro e do cônjuge proclamada pelo Supremo Tribunal Federal

Como já mencionado, o *Supremo Tribunal Federal* concluiu, em 10 de maio de 2017, o julgamento dos Recursos Extraordinários 646.721 e 878.694, julgados sob a égide do regime da repercussão geral, reconhecendo, incidentalmente, a inconstitucionalidade do art. 1.790 do Código Civil, que estabelecia a diferenciação dos direitos dos cônjuges e companheiros para fins sucessórios, excluindo praticamente do sistema o aludido dispositivo, ao fixar a seguinte tese:

"No sistema constitucional vigente, é inconstitucional a distinção de regimes sucessórios entre cônjuges e companheiros, devendo ser aplicado em ambos os casos o regime estabelecido no artigo 1.829 do Código Civil".

Salientou o Min. Luís Roberto Barroso, relator do RE 878.694, que "o *Supremo Tribunal Federal* já equiparou as uniões homoafetivas às uniões 'convencionais', o que implicaria utilizar argumentos semelhantes em ambos os casos, especialmente porque após a Constituição de 1988 foram editadas as Leis ns. 8.971/1994 e 9.278/1996 que equipararam os regimes jurídicos sucessórios do casamento e da união estável".

---

[87] STJ, REsp 1.117.563-SP, 3ª T., rel. Min. Nancy Andrighi, *DJe*, 6-4-2010.

Concluiu o aludido relator que "a diferenciação de regimes entre casamento e união estável somente seria legítima quando não promovesse a hierarquização de uma entidade familiar em relação a outra. No entanto, se a diferenciação entre os regimes fosse baseada em circunstâncias inerentes às peculiaridades de cada tipo de entidade familiar, tal distinção seria perfeitamente possível".

O referido *decisum* repercutiu *incontinenti* no *Superior Tribunal de Justiça*, cuja Terceira Turma, em 27 de junho do mesmo ano, no julgamento de Recurso Especial que tinha por objeto a distinção de regime sucessório entre cônjuges e companheiros, adotou a tese definida pelo Pretório Excelso, proclamando: "No sistema constitucional vigente é inconstitucional a distinção de regimes sucessórios entre cônjuges e companheiros, devendo ser aplicado em ambos os casos o regime estabelecido no art. 1.829 do CC/2002, conforme tese estabelecida pelo *Supremo Tribunal Federal* em julgamento sob o rito da repercussão geral (Recursos Extraordinários 646.721 e 878.694). O tratamento diferenciado acerca da participação na herança do companheiro ou cônjuge falecido conferido pelo art. 1.790 do Código Civil/2002 ofende frontalmente os princípios da igualdade, da dignidade humana, da proporcionalidade e da vedação ao retrocesso"[88].

A mesma Corte, em agosto de 2017, decidiu que, se companheiro está vivo, colaterais (irmãos e sobrinhos) não podem questionar herança. É que o regime de sucessão de cônjuges estabelece que os colaterais só têm direito à herança se não houver mais filhos, cônjuge ou ascendentes vivos. Como o *Supremo Tribunal Federal* decidiu que não pode haver diferença entre cônjuges e companheiros, irmãos e sobrinhos não têm legitimidade ativa para questionar os efeitos da partilha de bens se há companheiro vivo. Afirmou o relator, Min. Luís Felipe Salomão, que, com a declaração de inconstitucionalidade do art. 1.790 do Código Civil, passou a valer a regra do cônjuge: ele tem direito à metade da herança (a outra metade fica com os filhos). Se não houver filhos, ele divide com os ascendentes. Na ausência de filhos e pais, o cônjuge recebe tudo. Os colaterais, como é o caso de irmãos, sobrinhos e primos, só recebem se não houver nenhum dos demais parentes[89].

Frisou ainda o *Superior Tribunal de Justiça* que: "Não há mais que se considerar a concorrência do companheiro com os parentes *colaterais,* os quais somente herdarão na sua ausência. O art. 1.790, III, do Código Civil de 2002, que inseria os colaterais em terceiro lugar na ordem de vocação hereditária, não subsiste mais no sistema"[90].

---

[88] REsp 1.332.773-MS, 3ª T., rel. Min. Villas Bôas Cueva, j. 27-6-2017.
[89] STJ, REsp 1.337.420, 4ª T., rel. Min. Luís Felipe Salomão, disponível em *Revista Consultor Jurídico*, de 22-8-2017.
[90] STJ, 3ª T., rel. Min. Villas Bôas Cueva, disponível em: *Revista Consultor Jurídico*, de 5-4-2018.

O posicionamento do *Supremo Tribunal Federal*, como não podia deixar de ser, repercutiu também nas Cortes Estaduais. Confira-se *decisum* proferido pelo *Tribunal de Justiça de Minas Gerais*:

"Conforme entendimento do *Supremo Tribunal Federal*, no julgamento dos Recursos Extraordinários 646.721-RS e 878/694/MG, com repercussão geral reconhecida, 'é inconstitucional a distinção de regimes sucessórios entre cônjuges e companheiros prevista no art. 1.790 do CC/2002, devendo ser aplicado, tanto nas hipóteses de casamento quanto nas de união estável, o regime do art. 1.829 do CC/2002'. Havendo bens particulares da falecida, resta claro que o companheiro sobrevivente tem direito à herança, em concorrência com os descendentes desta, conforme se infere do art. 1.829, I, do Código Civil"[91].

Resta saber, diz GISELDA HIRONAKA[92], "se as teses de repercussão geral lançadas teriam por objetivo apenas extirpar do ordenamento jurídico o art. 1.790 do CC e aplicar o art. 1.829 do mesmo diploma em seu lugar, quer dizer, apenas para fins sucessórios. Ou, se a equiparação seria plena para todos os fins sucessórios. Em caso positivo para esta última indagação, teria o STF alçado o companheiro ao posto de herdeiro necessário ao lado do cônjuge? Ou, ainda, seria a equiparação extensiva até mesmo para efeitos pessoais e patrimoniais fora dos limites da sucessão, atingindo temas como outorga, estado civil e presunção de paternidade? Por fim, teriam casamento e união estável se tornado verdadeiros sinônimos? Quanto a esta última questão, tenho já minhas reflexões pessoais bem definidas: estou segura de que este julgado não teve o condão de igualar a união estável ao casamento. Absolutamente não".

Segundo RODRIGO DA CUNHA PEREIRA[93], corretamente, "se equiparar cônjuge e companheiro em todas as premissas, incluindo o de ser herdeiro necessário, estará tolhendo a liberdade das pessoas de escolherem esta ou aquela forma de família. Poderia, na verdade, sucumbir o instituto da união estável. Se em tudo é idêntica ao casamento, ela deixa de existir, e só passa a existir o casamento. Afinal, se a união estável em tudo se equipara ao casamento, tornou-se um casamento forçado. Respeitar as diferenças entre um instituto e o outro é o que há de mais saudável para um sistema jurídico".

De acordo com o *Enunciado n. 641 da VIII Jornada de Direito Civil do Conselho da Justiça Federal*: "A decisão do Supremo Tribunal que declarou a

---

[91] TJMG, AgInt-CV 1.0000.17.061339-2/001, 4ª T. Cível, j. 31-1-2018.

[92] Inconstitucionalidade do art. 1.790 do Código Civil, *Direito civil*: diálogos entre a doutrina e a jurisprudência, São Paulo, Atlas, 2018, p. 755-756.

[93] Equiparação de cônjuge e companheiro na sucessão ainda gera polêmica e promove o debate. Assessoria de Comunicação do IBDFAM. Disponível em: http://www.ibdfam.org.br. Acesso em: 14-11-2018.

inconstitucionalidade do art. 1.790 do Código Civil não importa equiparação absoluta entre o casamento e a união estável. Estendem-se à união estável apenas as regras aplicáveis ao casamento que tenham por fundamento a solidariedade familiar. Por outro lado, é constitucional a distinção entre os regimes, quando baseada na solenidade do ato jurídico que funda o casamento, ausente na união estável".

Bem adquirido onerosamente com recursos provenientes da venda de um bem particular não poderá integrar o acervo hereditário do companheiro sobrevivente, aplicando-se à hipótese, por analogia, o art. 1.659, I, do Código Civil, que, ao tratar do regime da comunhão parcial de bens, aplicável à união estável na ausência de pacto, estabelece expressamente: *"Excluem-se da comunhão os bens que cada cônjuge possuir ao casar, e os que lhe sobrevierem, na constância do casamento, por doação ou sucessão, e os sub-rogados em seu lugar"*[94].

Julgados do *Superior Tribunal de Justiça* procuraram modular o impacto da declaração de inconstitucionalidade do art. 1.790 do Código Civil, tendo em vista a quantidade de sucessões ocorridas desde a entrada em vigor do referido diploma, com a finalidade de preservar a segurança jurídica. Consolidou-se, assim, a ideia de que o entendimento firmado é aplicável apenas aos inventários judiciais em que não tenha havido trânsito em julgado da sentença de partilha, e às partilhas extrajudiciais em que ainda não haja escritura pública. Não importa, assim, a data da abertura da sucessão (data do falecimento), instauração do inventário, tampouco o início da união. O marco para se considerar resolvida e imutável a partilha realizada com base no art. 1.790 é o seu trânsito em julgado ou a lavratura da escritura[95].

Decidiu o *Tribunal de Justiça de São Paulo* ser possível a partilha da metade dos bens entre as duas companheiras sucessivas, já tendo havido reconhecimento de sociedade de fato e partilha com uma delas, anteriormente[96].

Inexistindo bens comuns, mas apenas bens particulares, aplica-se, na ausência de outros parentes sucessíveis, o disposto no art. 1.844 do Código Civil[97], do seguinte teor:

"Art. 1.844. Não sobrevivendo cônjuge ou companheiro, nem parente algum sucessível, ou tendo eles renunciado a herança, esta se devolve ao Município ou

---

[94] Mário Luiz Delgado, Controvérsias na sucessão, cit., p. 216.

[95] STJ, REsp 1.332.773-MS, 3ª T., rel. Min. Villas Bôas Cueva, j. 27-6-2017; AgInt no REsp 1.318.249-GO, 4ª T., rel. Min. Luis Felipe Salomão, j. 22-5-2018.

[96] *JTJ, Lex*, 264/49. No mesmo sentido decidiu o Tribunal de Justiça do Distrito Federal (Ap. 4605497-DF, *DJDF*, 23-9-1998, p. 112). Igual orientação seguiu o Tribunal de Justiça de São Paulo, no tocante à pretensão de benefício previdenciário, disputado por duas mulheres, positivada dupla união estável (Ap. 019.454-5/3-00, 2ª Câm. Dir. Públ., rel. Des. Corrêa Vianna, j. 12-5-1998).

[97] Mário Luiz Delgado, Controvérsias na sucessão, cit., p. 218.

ao Distrito Federal, se localizada nas respectivas circunscrições, ou à União, quando situada em território federal".

Decidiu o *Tribunal de Justiça de Minas Gerais*:

"Companheiro excluído do inventário. Pretensão de partilha de imóvel configurado como particular. Afastamento do direito de meação. Direito hereditário configurado.

Comprovada nos autos a condição de companheiro do autor, bem assim a sua exclusão do inventário da falecida companheira, faz ele jus à partilha, na condição de herdeiro, de bem particular da extinta, à luz dos ditames insertos no art. 1.819, I, do Código Civil, aplicável por força de entendimento vinculativo exarado pelo *Supremo Tribunal Federal, por ocasião da definição do Tema n. 809*"[98].

Inclusive, decidiu o STF: "É lícito ao juiz proferir nova decisão para ajustar questão sucessória, existente em inventário ainda não concluído, à orientação vinculante emanada do Supremo Tribunal Federal"[99].

2.4.2.2. Concorrência do companheiro com o cônjuge sobrevivente

A concorrência do companheiro com o cônjuge sobrevivente é matéria que desafia solução jurisprudencial. O legislador procurou afastá-la, dando primazia ao direito sucessório do companheiro.

Com efeito, a caracterização da união estável pressupõe que os conviventes sejam solteiros ou viúvos, ou, quando casados, já estejam separados judicialmente ou de fato (CC, art. 1.723). E o art. 1.830 exclui o direito sucessório do cônjuge sobrevivente se, ao tempo da morte do outro, estava separado judicialmente ou separado de fato há mais de dois anos.

O Código Civil, contudo, não fixou prazo mínimo para a caracterização da união estável. Desse modo, pode suceder que uma pessoa, separada de fato há menos de dois anos, já estivesse vivendo em união estável por ocasião de sua morte. Nesse caso, o direito sucessório do cônjuge ainda não estaria afastado.

Para solucionar essa antinomia, recomenda MÁRIO LUIZ DELGADO que deve a participação do companheiro ficar restrita *aos bens adquiridos durante a união estável* (patrimônio comum), enquanto o direito sucessório do cônjuge só alcançará *os bens anteriores*, adquiridos antes da data reconhecida judicialmente como de início da união estável. Repugnaria "à moral assegurar ao cônjuge direito sucessório sobre um bem adquirido pelo esforço comum da companheira"[100].

---

[98] TJMG, rel. Des. Corrêa Júnior, j. 11-5-2021, disponível em *Revista Consultor Jurídico* de 12-5-2021.

[99] STJ, REsp 2.017.064-SP, 3ª T., rel. Min. Nancy Andrighi, j. 11-4-2023.

[100] Controvérsias na sucessão, cit., p. 218-219.

Tal proposta harmoniza-se com a orientação traçada pela Lei n. 9.278/96: vivendo uma pessoa com cônjuge, do qual se separara apenas de fato, e, posteriormente, com companheiro, distribuíam-se as meações de conformidade com as aquisições havidas durante cada união.

Outras soluções alvitradas, como a divisão salomônica, partilhando-se os bens da herança meio a meio entre o cônjuge e o companheiro sobrevivente[101], ou a entrega ao companheiro de um terço dos bens adquiridos onerosamente na vigência da união estável[102], apresentam o inconveniente acima apontado de assegurar a um dos concorrentes direito sucessório sobre um bem adquirido pelo esforço comum do outro.

2.5. Sucessão dos colaterais

Os colaterais figuram em quarto lugar na ordem da vocação hereditária. Se não houver cônjuge sobrevivente, nas condições estabelecidas no art. 1.830 do Código Civil, "*serão chamados a suceder os colaterais até o quarto grau*" (CC, art. 1.839).

O Código Civil de 1916 contemplava, de início, os colaterais até o sexto grau. Posteriormente, o Decreto-Lei n. 9.461, de 15 de julho de 1946, restringiu ao quarto grau apenas, na linha transversal, a ordem da vocação hereditária, seguindo a tendência moderna do direito das sucessões, no sentido de limitar cada vez mais a vocação na classe dos colaterais, estabelecendo exata correspondência entre a sucessão e o instituto familiar dos alimentos.

Além dos limites de parentesco previstos na lei civil, os vínculos de afetividade acham-se bastante enfraquecidos, de tal modo que os alemães chamam a esses herdeiros *aqueles que riem* (*lachende Erben*)[103].

Entre os colaterais, "*os mais próximos excluem os mais remotos, salvo o direito de representação concedido aos filhos de irmãos*", estatui o art. 1.840 do Código Civil. Assim, a existência de irmãos do *de cujus* (colaterais em segundo grau) afasta os tios (terceiro grau).

Abre-se exceção em favor dos sobrinhos (terceiro grau), que herdam *representando* o pai premorto, atenuando-se desse modo a inflexibilidade do princípio de que *proximior excludit remotiorem*. Se o *de cujus*, por exemplo, deixa um irmão, dois filhos de outro irmão pré-morto e três filhos de terceiro irmão, também já falecido, divide-se

---

[101] Euclides de Oliveira, *Direito de herança*, cit., p. 182.

[102] José Luiz Gavião de Almeida, *Código Civil comentado*, v. XVIII, p. 216-217.

Segundo o mencionado autor, "se, em havendo colaterais, o convivente recolheria um terço da herança, não se justifica que recolha mais, se concorrer com cônjuge, que tem posição superior na ordem de vocação hereditária, da que goza o colateral" (p. 217).

[103] Stolfi, *Diritto civile*, apud Washington de Barros Monteiro, *Curso*, cit., v. 6, p. 101.

a herança em três partes iguais, correspondentes às três estirpes. Uma pertencerá, por inteiro, ao irmão sobrevivo, que herdará *por direito próprio*; a segunda, aos dois sobrinhos, subdividida em partes iguais; e a terceira, aos três últimos sobrinhos, depois de subdividida em três quotas iguais. Os sobrinhos herdam *por estirpe*.

Se, no entanto, os referidos sobrinhos forem falecidos, seus filhos, sobrinhos--netos do falecido, nada herdam, a despeito de serem parentes em quarto grau, porque o direito de representação, na conformidade do disposto no art. 1.840 do Código Civil, só é concedido aos filhos, e não aos netos de irmãos, seguindo-se mais uma vez o princípio de que os parentes mais próximos excluem da sucessão os mais remotos[104].

Nessa linha, decidiu o *Superior Tribunal de Justiça* que "prima é parente em 4º grau, não podendo representar sua mãe, sendo excluída da sucessão por não concorrer com os tios, parentes de 3º grau colateral"[105].

Entre irmãos, a sucessão obedece a regras próprias. Se concorrerem à herança *irmãos bilaterais* ou *germanos*, isto é, filhos do mesmo pai e da mesma mãe, com *irmãos unilaterais*, ou seja, irmãos por parte apenas do pai (*consanguíneos*) ou apenas da mãe (*uterinos*), "*cada um destes herdará metade do que cada um daqueles herdar*", segundo dispõe o art. 1.841 do Código Civil.

Assim, se o falecido deixou quatro irmãos, sendo *dois unilaterais* e *dois bilaterais*, e um patrimônio estimado em R$ 300.000,00, os dois últimos receberão, cada qual, R$ 100.000,00, cabendo R$ 50.000,00 a cada um dos unilaterais.

Nessa linha, proclamou a *3ª Turma do Superior Tribunal de Justiça* que, "de acordo com a fórmula de cálculo extraída do artigo 1.841 do Código Civil, cabe ao irmão bilateral o dobro do devido aos irmãos unilaterais na divisão da herança, atribuindo-se peso dois para cada irmão bilateral e peso um para cada irmão unilateral. (...) No caso dos autos, existindo um irmão bilateral e três irmãs unilaterais, a herança divide-se em cinco partes, sendo dois quintos para o irmão germano e um quinto para cada irmã unilateral, totalizando para elas 60% (ou três quintos) do patrimônio deixado pelo irmão unilateral falecido"[106].

Preceitua o art. 1.842 do Código Civil que, "*não concorrendo à herança irmão bilateral, herdarão, em partes iguais, os unilaterais*", que o fazem por cabeça (*in capita*). Tal regra aplica-se também quando concorrem unicamente irmãos germanos ou bilaterais.

Embora sobrinhos e tios sejam parentes colaterais em terceiro grau, a lei dá preferência aos primeiros, ou seja, à energia mais nova: "*Na falta de irmãos, herdarão os filhos destes e, não os havendo, os tios*" (CC, art. 1.843, *caput*).

---

[104] Silvio Rodrigues, *Direito civil*, cit., v. 7, p. 121.
[105] STJ, Ag. Reg. no REsp 950.301-SP, 4ª T., rel. Min. João Otávio Noronha.
[106] STJ, 3ª T., REsp 1.203.182-MG, rel. Min. Paulo de Tarso Sanseverino, j. 19-9-2013.

Concorrendo à herança *"somente filhos de irmãos falecidos, herdarão por cabeça"* (CC, art. 1.843, § 1º). Se *"todos forem filhos de irmãos bilaterais, ou todos de irmãos unilaterais, herdarão por igual"* (§ 3º). Mas, como corolário da regra estabelecida no art. 1.841, *"se concorrerem filhos de irmãos bilaterais com filhos de irmãos unilaterais, cada um destes herdará a metade do que herdar cada um daqueles"* (§ 2º).

Apesar, neste último caso, de a sucessão continuar sendo por cabeça, se houver dois sobrinhos filhos de irmãos unilaterais e dois filhos de irmãos bilaterais, a divisão far-se-á por seis (atribuem-se duas porções simples para os unilaterais e duas dobradas para os bilaterais), e a parte atribuível aos últimos será multiplicada por dois.

Não havendo sobrinhos, chamam-se os *tios* do falecido, e depois os *primos--irmãos, sobrinhos-netos* e *tios-avós*, que são parentes colaterais em quarto grau. Como não existe representação, sucedem por direito próprio, herdando todos igualmente, sem qualquer distinção.

Saliente-se que os citados colaterais até o quarto grau (irmãos, sobrinhos, tios, primos, tios-avós, sobrinhos-netos) são herdeiros legítimos (CC, art. 1.829, IV), *mas não são herdeiros necessários* (art. 1.845). Por conseguinte, o autor da herança pode excluí-los da sucessão; basta que faça testamento dispondo de todo o seu patrimônio sem os contemplar (art. 1.850).

Verifica-se, pois, que no direito das sucessões brasileiro vigora a regra segundo a qual o herdeiro mais próximo exclui o mais remoto, excepcionada legalmente pelo sistema de sucessão por estirpe. Nos casos legalmente previstos de sucessão por representação (por estirpe), os descendentes de classe mais distante concorrerão com os mais próximos, na proporção que seria cabível ao herdeiro natural premorto, porém em nome próprio e em decorrência de expressa convocação hereditária legal. "O patrimônio herdado por representação, nem mesmo por ficção legal, jamais integra o patrimônio do descendente premorto e, por isso, não pode ser alcançado para pagamento de suas dívidas. Para tanto, limita-se a responsabilidade patrimonial dos sucessores de devedor às forças da herança por ele deixada"[107].

2.6. Recolhimento da herança pelo Município, Distrito Federal e União

Nos termos do art. 1.844 do Código Civil:

"Não sobrevindo cônjuge, ou companheiro, nem parente algum sucessível, ou tendo eles renunciado a herança, esta se devolve ao Município ou ao Distrito Federal, se localizada nas respectivas circunscrições, ou à União, quando situada em território federal".

---

[107] STJ, REsp 1.627.110-GO, 3ª T., rel. Min. Marco Aurélio Bellizze, *DJe* 15-9-2017.

Na realidade, o dispositivo em apreço só se aplica aos casos em que o *de cujus* morre *ab intestato*, pois tal devolução pode ser evitada mediante disposição testamentária.

O Poder Público não é herdeiro, não lhe sendo, por isso, reconhecido o direito de *saisine*. Apenas recolhe a herança na falta de herdeiros. Não adquire o domínio e a posse da herança no momento da abertura da sucessão, pois, na falta de herdeiros, a herança torna-se jacente, transforma-se posteriormente em vacante, e só então os bens passam ao domínio público (CC, art. 1.822; CPC/2015, arts. 738 e s.).

Não sendo herdeiro, o Estado não aceita a herança, nem lhe é dado repudiá-la ou renunciá-la. Torna-se, destarte, sucessor obrigatório. O mesmo não se pode dizer do legado, especialmente quando acompanhado de encargo. É que a sucessão *ab intestato* do Estado defere-se *ope legis*, ao passo que a instituição testamentária, como ato de vontade, não tem força coercitiva[108].

Divergem os doutrinadores a respeito da *natureza jurídica* do direito sucessório atribuído ao Estado. Uma corrente adota a tese da *ocupação*, dizendo que o Estado se apossa dos bens, que se tornam coisas sem dono. Na verdade, o falecido não abandona os bens hereditários. Se isso ocorresse, pertenceriam eles a quem praticasse em primeiro lugar o ato de apropriação – o que não é verdadeiro.

Para outros, o direito do Estado decorre de sua soberania (*jus imperii*). Terceira corrente, ainda, sustenta que o direito do Estado filia-se ao *jus successionis*: na falta de outras pessoas sucessíveis, por lei ou por testamento, herda o Município em reconhecimento da colaboração prestada ao indivíduo na aquisição e conservação da riqueza. Essa a teoria a que se filia o direito pátrio[109].

Como bem esclarece ZENO VELOSO, "em nosso sistema, não há herança sem dono, definitivamente sem dono. Incivil seria admitir que, pela falta de parentes sucessíveis, de cônjuge, ou companheiro, ou porque estes renunciaram à herança, ficasse a massa de bens deixados pelo falecido como *res nullius* (coisas de ninguém ou coisas sem dono), passíveis de serem ocupadas ou apropriadas por qualquer pessoa, ou como *res derelictae* (coisas abandonadas). O chamamento do Estado às heranças vagas obedece, sem dúvida, a poderosas razões de interesse público e social, atendendo ponderáveis necessidades políticas, econômicas e sociais"[110].

---

[108] Walter Moraes, *Teoria geral*, cit., p. 148; Caio Mário da Silva Pereira, *Instituições*, cit., v. VI, p. 176.
[109] Washington de Barros Monteiro, *Curso*, cit., v. 6, p. 104-105.
[110] *Novo Código Civil comentado*, p. 1663.

Capítulo II

DOS HERDEIROS NECESSÁRIOS

Sumário: 1. Introdução. 2. Restrição à liberdade de testar. Legítima e metade disponível. 3. Cláusulas restritivas. 3.1. Cláusula de inalienabilidade. 3.2. Cláusula de incomunicabilidade. 3.3. Cláusula de impenhorabilidade. 3.4. Sub-rogação de vínculos.

1. INTRODUÇÃO

O Código Civil de 2002 promoveu um novo enquadramento tópico da matéria concernente aos herdeiros necessários, deslocando-a do título relativo à sucessão testamentária, onde se encontrava no diploma de 1916, para o atinente à sucessão legítima.

Para ORLANDO GOMES[1] não se justifica tratar da proteção da legítima na parte concernente ao estudo da *sucessão testamentária*, encarada unicamente sob o aspecto de *limitação ao poder de dispor*, por ato de última vontade, de quem tenha herdeiros legitimários, como o fazia o Código revogado. No seu entender, "tem a matéria, inquestionavelmente, outro relevo sistemático e mais vasta compreensão. Tutela-se a *legítima* não somente contra excessivas liberalidades testamentárias, mas, igualmente, contra as liberalidades excedentes que se efetuam por negócio *inter vivos*, a doação direta, a indireta, a simulada e o *negotio mixtum cum donatione*".

Ademais, aduz ORLANDO GOMES, "importa menos considerar essa proteção ao legitimário como uma restrição ao *poder de dispor* a título gratuito do que como *situação lesiva* da legítima, até porque a doutrina moderna reconhece que a legítima não constitui para o *de cujus* uma limitação ao seu poder de dispor, visto que, se deste fosse efetivamente privado, os atos lesivos seriam nulos e não *redutíveis*, como são".

___

[1] *Sucessões*, p. 77.

176

Na mesma linha, doutrina WALTER MORAES que "o regime jurídico da sucessão necessária tem de penetrar todas as divisões do direito das sucessões, muito embora seja, ela mesma, instituto da sucessão legítima e não da sucessão testamentária"[2].

Herdeiro necessário (legitimário ou reservatário) é o *descendente* (filho, neto, bisneto etc.) ou *ascendente* (pai, avô, bisavô etc.) sucessível, ou seja, é *todo parente em linha reta não excluído da sucessão por indignidade ou deserdação*, bem como o *cônjuge* (CC, art. 1.845).

O Código Civil de 1916 não enumerava os herdeiros necessários, mas se depreendia da leitura do art. 1.721 que eram apenas os descendentes e os ascendentes. Dispunha o aludido dispositivo: "O testador que tiver descendente ou ascendente sucessível não poderá dispor de mais da metade de seus bens; a outra pertencerá de pleno direito ao descendente e, em sua falta, ao ascendente, dos quais constitui a legítima, segundo o disposto neste Código (arts. 1.603 a 1.619 e 1.723)".

O art. 1.845 do diploma de 2002 declara expressamente:

"São herdeiros necessários os descendentes, os ascendentes e o cônjuge".

A inclusão do cônjuge no rol dos herdeiros necessários constitui uma das mais relevantes inovações introduzidas pelo aludido Código. O Projeto CLÓVIS BEVILÁQUA já previa tal inclusão, no anseio de proteger o consorte sobrevivo, seguindo uma tendência que se observava em outros países. Todavia, a iniciativa não foi aprovada, vindo a ser acolhida somente agora, no Código Civil de 2002.

Justificando a inovação, escreveu MIGUEL REALE: "Com a adoção do regime legal de separação parcial com comunhão de aquestos, entendeu a Comissão que especial atenção devia ser dada aos direitos do cônjuge supérstite em matéria sucessória. Seria, com efeito, injustificado passar do regime da comunhão universal, que importa a comunicação de todos os bens presentes e futuros dos cônjuges, para o regime da comunhão parcial, sem se atribuir ao cônjuge supérstite o direito de concorrer com descendentes e ascendentes. Para tal fim, passou o *cônjuge* a ser considerado *herdeiro necessário*, com todas as cautelas e limitações compreensíveis em questão tão delicada e relevante, a qual comporta diversas hipóteses que exigiram tratamento legal distinto"[3].

A expressão "herdeiro necessário" difere da expressão "herdeiro legítimo", indicada no art. 1.829 do Código Civil. Todo herdeiro necessário é legítimo, mas nem todo herdeiro legítimo é necessário, também designado como legitimário, reservatário, obrigatório ou forçado[4].

---

[2] Teoria geral e sucessão legítima, p. 118.
[3] *O Projeto do novo Código Civil*, p. 92.
[4] Washington de Barros Monteiro, *Curso de direito civil*, v. 6, p. 107-108.

Entendem-se por herdeiros necessários aqueles que não podem ser afastados da sucessão pela simples vontade do sucedido, senão apenas na hipótese de praticarem, comprovadamente, ato de ingratidão contra o autor da herança. Mesmo assim, só poderão ser deserdados se tal fato estiver previsto em lei como autorizador de tão drástica consequência[5].

2. RESTRIÇÃO À LIBERDADE DE TESTAR. LEGÍTIMA E METADE DISPONÍVEL

Dispõe o art. 1.846 do Código Civil:

"Pertence aos herdeiros necessários, de pleno direito, a metade dos bens da herança, constituindo a legítima".

Aparecem assim, ao lado da expressão *herdeiro necessário*, os conceitos de legítima e de porção disponível, que estão intimamente ligados. Aos herdeiros necessários a lei assegura o direito à *legítima*, que corresponde à metade dos bens do testador, ou à metade da sua meação, nos casos em que o regime do casamento a instituir. A outra, denominada *porção* ou *quota disponível*, pode ser deixada livremente.

Se não existe descendente, ascendente ou cônjuge, o testador desfruta de *plena liberdade*, podendo transmitir todo o seu patrimônio (que, nesse caso, não se divide em legítima e porção disponível) a quem desejar, exceto às pessoas não legitimadas a adquirir por testamento (arts. 1.798 e 1.801).

No regime da comunhão universal de bens, o patrimônio do casal é dividido em duas meações. Separa-se, antes da partilha, a do cônjuge sobrevivente. Essa meação não se confunde com a herança, que é a parte deixada pelo *de cujus*. O cônjuge sobrevivo apenas conserva aquilo que já era seu e que estava em condomínio, em seu casal.

A meação do falecido, havendo herdeiros necessários, é dividida em legítima e metade disponível. A primeira, nesse caso, corresponde a um quarto do *patrimônio do casal*, ou à metade da *meação do testador*. Dela o herdeiro necessário não pode ser privado, pois é herdeiro forçado, imposto pela lei. A *legítima*, ou *reserva*, vem a ser, pois, a porção de bens que a lei assegura a ele[6]. Por outro lado, *porção*, ou *quota disponível*, constitui a parte dos bens de que o testador pode dispor livremente, ainda que tenha herdeiros necessários.

---

[5] Giselda Hironaka, *Comentários ao Código Civil*, v. 20, p. 250.
[6] REsp n. 2.039.541/SP, relatora Ministra Nancy Andrighi, Terceira Turma, julgado em 20/6/2023, DJe de 23/6/2023.

Como não se admite *testamento conjuntivo*, cada cônjuge deve, se deseja manifestar a sua última vontade, fazer o seu, nele dispondo de sua meação para depois de sua morte.

É antiga a polêmica entre a reserva e a liberdade de testar. Os defensores do princípio da legítima invocam o arbítrio que poderia representar a exclusão dos familiares e argumentam com a necessidade de se proteger a família. Já os que defendem o princípio da liberdade de testar preferem, ao arbítrio de uma escolha feita pela lei, a escolha feita pelo próprio testador.

Não há dúvida nenhuma, como assevera EDUARDO DE OLIVEIRA LEITE, "que a proteção da família se impôs, pendendo a balança a favor da propriedade da legítima, em detrimento à liberdade de testar"[7].

Relembra o jurista que o autor da herança pode em vida fazer honestamente dos seus bens o que quiser e, teoricamente, nada deixar de herança ou de legítima. É o caso de ele alienar onerosamente todos os seus bens e gastar o produto das alienações. Logo, aduz, "a adoção do sistema da liberdade limitada de testar não garante aos herdeiros necessários a certeza de que, efetivamente, herdarão uma quota parte do acervo do defunto".

Preceitua o art. 1.847 do Código Civil:

"*Calcula-se a legítima sobre o valor dos bens existentes na abertura da sucessão, abatidas as dívidas e as despesas do funeral, adicionando-se, em seguida, o valor dos bens sujeitos a colação*".

As dívidas constituem o passivo do *de cujus* e devem ser abatidas do monte para que se apure o patrimônio líquido e real transmitido aos herdeiros. Se absorvem todo o acervo, não há herança. As despesas de funeral constituem dispêndios desta (CC, art. 1.998), que devem ser atendidas de preferência aos herdeiros e legatários.

O patrimônio líquido é dividido em duas metades, correspondendo, uma delas, à legítima, e a outra, à quota disponível. Ambas, em princípio, têm o mesmo valor. O da primeira, no entanto, pode eventualmente superar o da segunda se o testador tiver feito doações aos seus descendentes, as quais devem vir à *colação*. Esta tem por fim conferir e igualar a legítima dos herdeiros necessários. Ressalve--se que, no entanto, o doador pode dela dispensar o descendente beneficiado (CC, art. 2.005). Doações a ascendentes não obrigam à colação.

Em resumo, falecido o autor da herança, pagas as suas dívidas e as despesas de funeral, divide-se o patrimônio em duas partes iguais. Uma delas constitui a quota disponível. À outra adicionam-se o valor das doações recebidas do *de cujus*

---

[7] *Comentários ao novo Código Civil*, v. XXI, p. 263.

pelos seus descendentes, e que estes não tenham sido dispensados de conferir, e ter-se-á a legítima dos herdeiros necessários[8].

Os bens que integram o patrimônio deixado pelo *de cujus* serão avaliados com base nos preços de mercado vigentes à época da abertura da sucessão, deduzindo-se do total o valor da dívida existente e acrescentando-se o valor dos bens colacionados.

Estatui o art. 1.849 do Código Civil:

"O herdeiro necessário, a quem o testador deixar a sua parte disponível, ou algum legado, não perderá o direito à legítima".

Malgrado a lei assegure a legítima aos herdeiros, nada impede que o testador deixe sua quota disponível ao herdeiro necessário, uma vez que pode atribuí-la a quem bem entender, seja estranho, seja herdeiro. Admite o dispositivo em apreço, portanto, que o herdeiro necessário seja beneficiado duas vezes: primeiro, com a sua porção na legítima, concorrendo com outros eventuais herdeiros necessários; e, segundo, com parte ou a totalidade da quota disponível[9].

Por conseguinte, uma pessoa pode ser, numa mesma sucessão, herdeiro universal *legítimo necessário* e herdeiro universal *testamentário*, ou herdeiro universal *legítimo necessário* e *legatário* (sucessor a *título singular*), conforme a deixa testamentária do autor da herança o contemple com uma percentagem do acervo disponível ou com um bem considerado individualmente[10].

Decorre do dispositivo em epígrafe que o herdeiro legítimo necessário não perde sua condição nem mesmo se contemplado em testamento pelo testador, quer com um legado, quer com a totalidade da parte disponível. Embora a lei faça referência à deixa de toda a porção disponível do acervo patrimonial do testador, nada obsta a que o herdeiro seja contemplado com uma porcentagem ou alíquota dessa porção, pois se pode o mais, ou seja, herdar a totalidade, pode o menos.

Pode o testador, uma vez que tem o direito de dispor da quota disponível como lhe aprouver, beneficiar com ela um filho mais necessitado que outro. Está apenas impedido de ultrapassar os limites da aludida quota. Não o fazendo, a deixa é perfeitamente válida, não necessitando ser colacionada no inventário.

Tem-se decidido que, "apesar de ser defesa a inclusão do cônjuge casado em regime de separação *obrigatória* de bens, como herdeiro necessário, é certo que poderá ser eleito como herdeiro testamentário, tendo em vista que não há vedação legal que o coíba ser destinatário da metade disponível da herança do *de cujus*"[11].

---

[8] Silvio Rodrigues, *Direito civil*, v. 7, p. 125.

[9] Eduardo de Oliveira Leite, *Comentários*, cit., v. XXI, p. 278.

[10] Giselda Hironaka, Herdeiros necessários e direito de representação, *Direito das sucessões e o novo Código Civil*, p. 108.

[11] TJDF, Ap. 20070110776726APC, 6ª T. Cív., rel. Des. Ana Maria Duarte Amarante Brito, j. 11-5-2011.

Como só aos descendentes, ascendentes e cônjuge é assegurado o direito à legítima, os *herdeiros colaterais* podem ser excluídos da sucessão. Não se exige que a exclusão seja expressa. Basta que o testador não os contemple em testamento. Dispõe, com efeito, o art. 1.850 do Código Civil que, *"para excluir da sucessão os herdeiros colaterais, basta que o testador disponha de seu patrimônio sem os contemplar"*. Aqueles, no entanto, só podem ser privados do direito sucessório motivadamente, por meio de testamento, se derem causa à deserdação.

3. CLÁUSULAS RESTRITIVAS

Malgrado a legítima seja intocável e não possa ser desfalcada em detrimento dos herdeiros necessários, admite-se que o testador indique os bens que a comporão. Preceitua o art. 2.014 do Código Civil:

"Pode o testador indicar os bens e valores que devem compor os quinhões hereditários, deliberando ele próprio a partilha, que prevalecerá, salvo se o valor dos bens não corresponder às quotas estabelecidas".

Por seu turno, proclama o art. 2.018:

"É válida a partilha feita por ascendente, por ato entre vivos ou de última vontade, contanto que não prejudique a legítima dos herdeiros necessários".

Desse modo, não havendo ofensa à legítima, pode o autor da herança realizar a partilha dos bens em vida, ou estipulá-la por disposição de última vontade. Se, no entanto, for casado pelo regime da comunhão universal de bens e o cônjuge lhe sobreviver, a indicação dos bens constitutivos da legítima será reputada simples conselho, que o juiz atenderá ou não, porque o cônjuge sobrevivente tem preferência na escolha dos bens a serem partilhados, cuja metade já lhe pertence como meação[12].

No direito romano a legítima correspondia à quarta parte da herança. JUSTINIANO aumentou para a terça ou a meação, conforme o número de herdeiros. Não podia ser gravada de condições ou encargos. Era lícito ao testador constituí-la em quaisquer bens, dá-la como legado, como doação *mortis causa* e até mesmo como liberalidade *inter vivos*, contanto que não preterisse o herdeiro[13].

Em nosso direito pré-codificado a legítima era uma quota da herança, reservada aos herdeiros necessários sem qualquer limitação. Não podia ser onerada por condições, encargos e legados, nem pela designação de certos bens. Todavia, o Decreto n. 1.839, de 31 de dezembro de 1907, denominado Lei FELICIANO PENNA,

---

[12] Washington de Barros Monteiro, *Curso*, cit., v. 6, p. 111-112.
[13] Lacerda de Almeida, *Sucessões*, p. 263.

passou a permitir que o autor da herança impusesse, por meio de cláusulas testamentárias, restrições aos direitos de seus sucessores, prescrevendo inalienabilidade ou incomunicabilidade dos bens que comporiam, depois de sua morte, a legítima a estes assegurada.

Tal inovação consignava, na expressão de SILVIO RODRIGUES[14], repetindo a advertência de CLÓVIS BEVILÁQUA, uma "peculiaridade" do direito brasileiro, não encontrável em outros sistemas legislativos. Para outras legislações a legítima é isenta de ônus e limitações. No direito italiano, só a parte que excede à legítima pode ser gravada.

O art. 1.723 do Código Civil de 1916, mantendo a orientação do Decreto n. 1.839/1907, não obstante assegurasse aos herdeiros necessários o direito à legítima, permitia ao testador, no interesse do herdeiro ou de sua família, contrariando boa parte da doutrina: a) determinar a *conversão* dos bens que a compõem em outras espécies; b) prescrever-lhes a *incomunicabilidade*; c) confiá-los à *livre administração* da mulher herdeira, excluindo da gestão o marido; d) estabelecer-lhes condições de *inalienabilidade* temporária ou vitalícia. Era *temporária* quando devia vigorar por certo tempo; e *vitalícia*, se destinada a viger durante a existência da pessoa beneficiada.

A crítica doutrinária dizia respeito especialmente à imposição de cláusula de inalienabilidade a bens da legítima dos herdeiros necessários, que não deveriam sofrer essa restrição e se transmitir tal como se encontravam no patrimônio do *de cujus*. Não obstante, o art. 1.676 do Código Civil de 1916 admitia a inserção de cláusulas testamentárias restritivas, como a de inalienabilidade *temporária* ou *vitalícia*, gravando dessa forma os bens do acervo e impedindo sua alienação, sob pena de nulidade, ressalvadas as hipóteses de desapropriação e de execução de dívidas oriundas do não pagamento de impostos incidentes sobre os mesmos imóveis.

O Código Civil de 2002, no entanto, proíbe expressamente a conversão dos bens da legítima em outros de espécie diversa. Veda, ainda, a imposição de cláusula de inalienabilidade, impenhorabilidade e incomunicabilidade sobre os bens da legítima, salvo se houver justa causa, declarada no testamento.

Assim dispõe o art. 1.848, *caput*, do aludido diploma:

"Salvo se houver justa causa, declarada no testamento, não pode o testador estabelecer cláusula de inalienabilidade, impenhorabilidade, e de incomunicabilidade, sobre os bens da legítima".

Proibiu-se a imposição de tais cláusulas, porém com a ressalva: salvo se houver justa causa, expressamente declarada no testamento.

---

[14] *Direito civil*, cit., v. 7, p. 125-126.

Não basta, todavia, que o testador aponte a causa. Ela precisa ser justa, podendo-se imaginar, segundo adverte ZENO VELOSO, atualizador da obra de SILVIO RODRIGUES, "a pletora de questões que essa exigência vai gerar, tumultuando os processos de inventário, dado o subjetivismo da questão. Se o testador explicou que impõe a incomunicabilidade sobre a legítima do filho porque a mulher dele não é confiável, agindo como caçadora de dotes; ou se declarou que grava a legítima da filha de inalienabilidade porque esta descendente é uma gastadora compulsiva, viciada no jogo, e, provavelmente, vai dissipar os bens, será constrangedor e, não raro, impossível concluir se a causa apontada é justa ou injusta"[15].

O atual diploma, no entanto, proíbe sem ressalvas, ou seja, de forma absoluta, a conversão dos bens da legítima em outros de espécie diversa, por exemplo, a venda dos imóveis para a aquisição de ações de determinada empresa. Prescreve, efetivamente, o § 1º do art. 1.848 que *"não é permitido ao testador estabelecer a conversão dos bens da legítima em outros de espécie diversa"*. A proibição não comporta justificativa que permita incluí-la no testamento.

Os bens da legítima não podem ser objeto de *fideicomisso*, pois pertencem aos herdeiros necessários, a quem se faculta o direito de dispor deles por testamento. Não pode, desse modo, o testador determinar a sua passagem ao substituto designado (fideicomissário).

A limitação imposta no art. 1.848, *caput*, do Código Civil restringe-se ao testador e à legítima, não alcançando a parte disponível nem o doador, mesmo porque o art. 1.911 do mesmo diploma dispõe que *"a cláusula de inalienabilidade, imposta aos bens por ato de liberalidade, implica impenhorabilidade e incomunicabilidade"*. Justifica-se a restrição no tocante à legítima por se tratar de quota legalmente reservada sobre os bens do espólio.

O art. 2.042 do Código Civil constitui regra transitória, dizendo que se aplica o disposto no *caput* do art. 1.848 e, portanto, *"não subsistirá a restrição"*, quando a sucessão for aberta no prazo de um ano após a entrada em vigor deste Código, ainda que o testamento tenha sido feito na vigência do diploma de 1916, se, no prazo, o testador não aditar o testamento para declarar a justa causa de cláusula aposta à legítima.

Obviamente, diz ZENO VELOSO, "para as sucessões que se abrirem depois de um ano da entrada em vigor do novo Código Civil, aplica-se o que determina o *caput* do art. 1.848. As pessoas que tiverem feito testamento estabelecendo cláusulas restritivas à legítima, seguindo o que faculta o art. 1.723 do Código Civil de 1916, terão de fazer novo testamento, aditando o anterior, para declarar a justa causa aposta à legítima. Se não tomarem essa providência, e se a sucessão

---

[15] *Direito civil*, cit., v. 7, p. 127.

abrir-se depois de um ano do começo da vigência deste Código, não subsistirá a restrição"[16].

Ainda que o usufruto não esteja expressamente incluído na lista de vedações do art. 1.848 do Código Civil, não se pode admitir que seja instituído sobre os bens da legítima dos herdeiros. "Isso porque o usufruto é um ato de disposição, ainda que não plena, de poderes inerentes à propriedade (uso e fruição), e o testador não pode dispor livremente sobre os bens que a lei reserva aos herdeiros necessários (art. 1.789 do Código Civil)"[17].

3.1. Cláusula de inalienabilidade

As cláusulas de inalienabilidade, impenhorabilidade e incomunicabilidade, como mencionado, são admitidas somente em casos excepcionais, de justa causa declarada no testamento. Aceita a justificação, deverão ser obedecidas.

A cláusula de inalienabilidade não excederá, em duração, à vida do herdeiro. Nos casos em que é admitida, não obstará à livre disposição dos bens por testamento e, em falta deste, a sua transmissão, desembaraçados de qualquer ônus, aos herdeiros legítimos, pois, quando vitalícia, extingue-se com a morte do herdeiro necessário, não podendo ultrapassar uma geração. Como o testamento só produz efeitos após a morte do testador, quando os bens já estarão livres da restrição, a deixa é válida.

Nessa consonância, proclamou o *Superior Tribunal de Justiça*: "A cláusula de inalienabilidade e impenhorabilidade, disposta no testamento em favor da herdeira necessária, desaparece com o seu falecimento. A cláusula pode apenas atingir os bens integrantes da legítima enquanto estiver vivo o herdeiro, passando livres e desembaraçados aos herdeiros deste. Com a morte do herdeiro necessário (CC/1916, art. 1.721; CC/2002, arts. 1.846 e 1.829), que recebeu bens clausulados em testamento, os bens passam aos herdeiros deste, livres e desembaraçados (CC/1916, art. 1.723; CC/2002, art. 1.848)"[18].

A inalienabilidade pode ser, ainda, absoluta, quando prevalecerá em qualquer caso e com relação a qualquer pessoa, e relativa, se facultada a alienação em determinadas circunstâncias ou a determinada pessoa, indicada pelo testador.

A cláusula de inalienabilidade, como acentua SILVIO RODRIGUES, "visa proteger o herdeiro inapto contra sua própria inépcia, ou contra as loucuras e extravagâncias do seu consorte. Dir-se-ia que o legislador agiu como um pai de filha malcasada, que quer proteger a parte da herança que lhe será inexoravelmente

---

[16] *Novo Código Civil comentado*, p. 1840.
[17] TJSC, Ap. 4021547-58.2018.8.24.0000, 3ª Câm. de Direito Civil, rel. Des. Marcus Tulio Sartorato, j. 9-4-2019.
[18] STJ, REsp 80.480-SP, 4ª T., rel. Min. Rosado de Aguiar, *DJU*, 24-6-1996, p. 22769.

transmitida, e que descobre um meio de subtrair da mão desastrada do marido aqueles bens, que de outro modo seriam por ele dissipados"[19].

O mencionado autor considera de manifesta inconveniência a cláusula de inalienabilidade, uma vez que a experiência tem mostrado que a inserção dessas cláusulas, ao invés de ajudar o herdeiro, o prejudica; ademais, é sempre má, por retirar bens do comércio, ainda que transitoriamente.

3.2. Cláusula de incomunicabilidade

Cláusula de incomunicabilidade é disposição pela qual o testador determina que a legítima do herdeiro necessário, qualquer que seja o regime de bens convencionado, não entrará na comunhão, em virtude de casamento[20].

Como já salientado, dispõe o art. 1.911 do Código Civil:

"*A cláusula de inalienabilidade, imposta aos bens por ato de liberalidade, implica impenhorabilidade e incomunicabilidade*".

Se assim não fosse, pelo casamento contraído sob o regime da comunhão universal de bens o beneficiário transmitiria metade dos bens inalienáveis ao seu cônjuge.

A *incomunicabilidade*, contudo, não acarreta a inalienabilidade do bem. Assim, bens gravados somente com a primeira cláusula não se tornam inalienáveis. A *impenhorabilidade* dos bens decorre do fato de a penhora representar começo de venda, forçada ou judicial.

A cláusula de incomunicabilidade constitui uma eficiente proteção ao herdeiro, sem que, por outro lado, colida com qualquer interesse geral. O exemplo mais comum é o do pai cuja filha se casa pelo regime da comunhão de bens. Para evitar que, com a separação, os bens por ela trazidos sejam divididos com o marido não confiável, ou que com a morte deste os mesmos bens sejam partilhados com os seus próprios herdeiros, o genitor impõe a incomunicabilidade da legítima, impedindo o estabelecimento da comunhão (CC, art. 1.668, I).

3.3. Cláusula de impenhorabilidade

A cláusula de impenhorabilidade imposta pelo testador sobre os bens da legítima visa impedir a sua constrição judicial em execução, por dívidas contraídas pelo herdeiro, restringindo a atuação dos credores.

---

[19] *Direito civil*, cit., v. 7, p. 129.
[20] Silvio Rodrigues, *Direito civil*, cit., v. 7, p. 128.

Os *frutos* e *rendimentos* caracterizam-se pela sua alienabilidade, pois destinam-se à satisfação das necessidades do titular da coisa. Desse modo, a cláusula de *inalienabilidade* imposta a esta não os atinge.

Há uma corrente que admite que o testador pode gravá-los expressamente, juntamente com a coisa principal. Merece ser prestigiada, entretanto, a corrente contrária, que entende não poderem ser clausurados, para que a propriedade não se torne de todo inútil ao dono. Como, não obstante, podem ser gravados com a *impenhorabilidade*, consoante entendimento majoritário, uma cláusula que os onere também com a inalienabilidade deve ser interpretada como relativa apenas à primeira restrição. Somente os bens seriam inalienáveis, permanecendo disponíveis os frutos e os rendimentos, embora impenhoráveis.

3.4. Sub-rogação de vínculos

O § 2º do art. 1.848 do Código Civil permite a sub-rogação do vínculo, mediante autorização judicial e havendo justa causa, alienando-se os bens gravados e convertendo-se o produto em outros bens, que ficarão sub-rogados nos ônus dos primeiros.

A possibilidade reconhecida depende, pois, da ocorrência de dois fatores: a autorização judicial e a justa causa. Demonstrada esta, pode o juiz autorizar a venda de imóvel gravado com cláusula de inalienabilidade, utilizando-se o produto na aquisição de outro imóvel de igual valor, ao qual serão transferidos os referidos ônus.

Os juízes, em geral, determinam a avaliação do bem clausurado e do que se sub-rogará em seu lugar. Sendo este de igual ou maior valor, autoriza-se a sub-rogação, em operação simultânea, convencendo-se o juiz da necessidade.

O art. 725, II, do Código de Processo Civil estabelece que se processará na forma estabelecida para os procedimentos especiais de jurisdição voluntária o pedido de sub-rogação. A jurisprudência, por seu turno, considerando que, pelo art. 1.109, o juiz não fica jungido ao critério de estrita legalidade, tem decidido que pode ele prescindir de hasta pública, se esta não lhe parecer conveniente, ou se houver transferência do vínculo para outro imóvel, assim como pode determinar que o produto da venda seja depositado em caderneta de poupança[21].

Pode o testador, ainda, subtrair ao usufruto paterno os bens deixados, bem como excluí-los da administração do genitor (CC, art. 1.693, III).

---

[21] *RT*, 489/69, 508/104; *Bol. AASP*, 1.036/204.

Capítulo III

DO DIREITO DE REPRESENTAÇÃO

> *Sumário*: 1. Conceito. 2. Fundamento jurídico. 3. Requisitos do direito de representação. 4. Linhas em que se dá o direito de representação. 5. Efeitos da representação.

1. CONCEITO

Há duas maneiras de suceder: por direito próprio (*jure proprio*) e por representação (*jure representationis*). Dá-se a sucessão por *direito próprio* quando a herança é deferida ao herdeiro mais próximo, seja em virtude de seu parentesco com o falecido, seja por força de sua condição de cônjuge ou companheiro. E por *representação* quando chamado a suceder em lugar de parente mais próximo do autor da herança, porém premorto, ausente ou incapaz de suceder[1].

Assim, se o *de cujus* deixa descendentes, sucedem-no estes por direito próprio. Se, no entanto, um dos filhos já é falecido, o seu lugar é ocupado pelos filhos que porventura tenha, que herdam por representação ou estirpe.

Segundo CLÓVIS BEVILÁQUA, "*representação* sucessória é um benefício da lei, em virtude do qual os descendentes de uma pessoa falecida são chamados a substituí-la na sua qualidade de herdeira legítima, considerando-se do mesmo grau que a representada, e exercendo, em sua plenitude, o direito hereditário que a esta competia"[2].

Para ORLANDO GOMES, na mesma linha, "sucede-se por *direito de representação* quando, no momento da abertura da sucessão, falta quem devia suceder, por

---

[1] Silvio Rodrigues, *Direito civil*, v. 7, p. 134; Washington de Barros Monteiro, *Curso de direito civil*, v. 6, p. 116.

[2] *Código Civil dos Estados Unidos do Brasil*, obs. 1 ao art. 1.629 do CC/1916.

designação legal, e não sucedeu por impossibilidade física ou jurídica. Ocorre, nesse caso, uma só transmissão, sucedendo em substituição os parentes indicados na lei"[3].

Distingue-se a sucessão por direito de representação da que ocorre por direito de transmissão (*jure transmissionis*), quando se substitui o herdeiro pertencente à classe chamada à sucessão *depois* de sua abertura. Na representação o herdeiro vem ocupar o lugar do representado, e assim sucede, num só chamado, ao autor da herança; na sucessão por direito de transmissão há dois chamamentos ou dupla transmissão, passando a herança ao herdeiro do sucedendo, e por morte deste aos respectivos sucessores[4].

Há quem prefere afirmar que a vocação é *direta* ou *indireta*: *direta*, quando a condição de herdeiro resulta do parentesco ou da vontade do testador; *indireta*, quando o título de herdeiro promana da lei, mas a primeira vocação não pode efetivar-se por ausência do convocado, substituído por isso pelo seu descendente. Neste caso, não haveria propriamente representação, mas substituição por força de lei[5].

2. FUNDAMENTO JURÍDICO

A representação é restrita à sucessão legítima, não se aplicando à testamentária. Nesta, porém, admite-se a *substituição vulgar* determinada pelo testador (CC, art. 1.947). Pode este estipular, no ato de última vontade, que os bens por ele deixados passem, por pré-morte do beneficiário, a seus herdeiros legítimos.

A finalidade do direito de representação é mitigar o rigor da regra de que o grau mais próximo exclui o mais remoto, mantendo o equilíbrio entre pessoas sucessíveis da mesma classe pela substituição, por sua estirpe, da que faltar.

Tal direito já existia na Antiguidade e era admitido pelos romanos. Foi introduzido no Brasil por influência do direito português, inspirado, por sua vez, no direito francês. Dispõe o Código Civil português de 1966, no art. 2.039: "Dá-se a representação sucessória, quando a lei chama os descendentes de um herdeiro ou legatário a ocupar a posição daquele que não pôde ou não quis aceitar a herança ou o legado".

Nessa trilha, o nosso Código Civil de 2002 proclama:

"*Art. 1.851. Dá-se o direito de representação, quando a lei chama certos parentes do falecido a suceder em todos os direitos, em que ele sucederia, se vivo fosse*".

---

[3] *Sucessões*, p. 45-46.
[4] Caio Mário da Silva Pereira, *Instituições de direito civil*, v. VI, p. 92.
[5] Mariano D'Amelio, *Códice Civile, libro delle successioni*, p. 85, *apud* Washington de Barros Monteiro, *Curso*, cit., v. 6, p. 116.

E o art. 1.854, de modo redundante, prescreve:

"Art. 1.854. Os representantes só podem herdar, como tais, o que herdaria o representado, se vivo fosse".

Malgrado a existência de várias teorias a respeito do fundamento jurídico do direito de representação, como a da *comunhão patrimonial familiar*, de BETTI; a da *unidade e continuidade da família*, defendida por ZANZUCCHI; e a da *necessidade de tutelar a expectativa do representante*, sustentada por NICOLÒ, a discussão acabou limitando-se à seguinte indagação: o *jus representationis* constitui ficção legal ou direito.

O Código Napoleão (art. 739) considera-o como *ficção*, pela qual se faz entrar herdeiro mais afastado no lugar, no grau e nos direitos de herdeiro mais próximo, que faleceu antes do *de cujus*. Como assinala WASHINGTON DE BARROS MONTEIRO, "não é esse, contudo, o ponto de vista do nosso legislador, que reputa a representação um direito"[6].

3. REQUISITOS DO DIREITO DE REPRESENTAÇÃO

Para que ocorra a representação são necessários os seguintes pressupostos:

a) Que *o representado tenha falecido antes do representante*, salvo as hipóteses de *ausência* (desaparecimento do domicílio sem dar notícia do paradeiro), *indignidade* e *deserdação* (*v.* arts. 744 e s. do CPC de 2015, e 1.814 e 1.816 do CC, cujas causas aplicam-se à deserdação).

Não se representa, com efeito, pessoa viva, de acordo com o brocardo *viventis non datur repraesentatio*. A sucessão do *indigno*, porém, que o art. 1.816 considera como morto (morte civil) para efeitos hereditários, sendo por isso substituído pelos seus descendentes, constitui exceção a essa regra. Ocorre o mesmo com a representação do *ausente*, aquele que desaparece de seu domicílio sem que haja notícia de seu paradeiro. É também considerado presumidamente morto, nos casos em que a lei autoriza a abertura de sucessão definitiva (CC, art. 6º, 2ª parte).

Admite-se também a representação quando ocorre a *comoriência*, visto não se poder averiguar, nesse caso, qual dos dois sobreviveu ao outro. Observa ORLANDO GOMES, com apoio na lição de GALVÃO TELES, que solução diversa conduziria ao absurdo de os netos nada receberem da herança do avô quando o pai tivesse morrido juntamente com ele e existissem outros filhos[7].

---

[6] *Curso*, cit., v. 6, p. 117.
[7] *Sucessões*, cit., p. 48.

Diversa, todavia, a situação do herdeiro renunciante, que se considera como se nunca tivesse sido herdeiro e por isso não pode ser substituído pelo seu descendente (CC, art. 1.811).

Tendo em vista que parte da doutrina entende não ser idêntica à do indigno a situação do deserdado, porque a deserdação é feita em testamento e a nossa lei não prevê a representação na sucessão testamentária, o Projeto de Lei n. 6.960, de 2002, acrescenta ao art.1.965 do Código Civil um § 2º para estabelecer oficialmente a aludida equiparação.

b) *Que o representante seja descendente do representado.* A representação se caracteriza, com efeito, pela chamada do descendente para substituir o ascendente em uma sucessão. Quando é feita na linha reta, o filho substitui o pai na sucessão do avô, e assim por diante. Quando ocorre na linha colateral, o filho substitui seu pai, na sucessão de um tio, em concorrência com outros tios. O direito de representação – proclama o art. 1.852 do Código Civil – *"dá-se na linha reta descendente, mas nunca na ascendente".*

c) *Que o representante tenha legitimação para herdar do representado, no momento da abertura da sucessão.* Tal condição é aferida em relação ao sucedido, e não ao representado. O representante ocupa a posição deixada pelo representado, mas não herda deste, e sim do *de cujus*, e tem de apresentar legitimação sucessória para essa finalidade. Desse modo, o excluído da sucessão do pai pode representá-lo na sucessão do avô.

A questão, todavia, não é pacífica. SÍLVIO VENOSA, por exemplo, entende que, como o representante recebe a herança diretamente do avô, será tão ofensiva ao direito a tentativa de homicídio contra este, como contra o pai premorto. Por isso, o indigno não está inibido de herdar só em relação ao pai que representa, senão também com relação ao avô, que é o *de cujus* da herança tratada[8].

Predomina na doutrina, no entanto, o entendimento de que a legitimação para herdar é aferida em relação ao sucedido e não ao representado, como sustenta WASHINGTON DE BARROS MONTEIRO[9].

Na mesma esteira a lição de PONTES DE MIRANDA: "Quem foi deserdado por alguém, ou julgado indigno para lhe suceder, pode representar tal pessoa, porque a deserdação ou a indignidade somente concerne à herança de quem deserdou, ou para a qual foi julgado indigno. Basta que *possa* herdar da terceira pessoa. Para se herdar, basta que o decujo não tenha deserdado o interessado, nem tenha esse sido julgado indigno"[10].

---

[8] *Direito civil*, v. VII, p. 135-136.
[9] *Curso*, cit., v. 6, p. 119.
[10] *Tratado de direito privado*, v. 55, § 5.624, p. 265.

Desse modo, obtempera SILVIO RODRIGUES, "o filho que renunciou a herança de seu pai, ou que seja indigno de recebê-la, pode, não obstante, representando o pai, recolher a herança do avô, a não ser que, com relação a este ascendente mais afastado (o avô), seja, também, indigno de suceder"[11].

Nesse sentido dispõem, expressamente, os Códigos Civis italiano (art. 468, al. 2) e português (art. 2.043), afirmando este último: "Os descendentes representam o seu ascendente, mesmo que tenham repudiado a sucessão deste ou sejam incapazes em relação a ele".

d) Que *não haja solução de continuidade no encadeamento dos graus entre representante e representado* (não pode o neto saltar sobre o pai vivo a fim de representá-lo na herança do avô, salvo em caso de ausência, indignidade ou deserdação).

A representação não se dá, com efeito, *per saltum et omisso medio*, isto é, com omissão de uma geração. Não pode alguém suceder saltando a pessoa do intermediário, enfatiza CAIO MÁRIO DA SILVA PEREIRA, que acrescenta: "Se o representante encontra num grau intermédio um parente sucessível vivo, ou renunciante, é detido, e não tem direito à herança, porque não pode ocupar o lugar do representado: se vive o filho, não pode ser representado pelos seus filhos; se um herdeiro renuncia, não podem ser chamados os seus sucessores no seu lugar. Daí dizer-se, com razão, que não é possível ocupar o grau de um herdeiro, a não ser que este grau esteja vago"[12].

e) Que *reste, no mínimo, um filho do "de cujus" ou, na linha colateral, um irmão do falecido*. Isso porque, se todos os filhos do falecido já morreram, ou todos os irmãos deste, os netos, no primeiro caso, e os sobrinhos, no segundo, herdam por direito próprio.

Registre-se, por fim, que em nenhuma hipótese desaparece a concorrência com cônjuge sobrevivo, salvo as exceções previstas no art. 1.828, I, do Código Civil.

4. LINHAS EM QUE SE DÁ O DIREITO DE REPRESENTAÇÃO

O direito de representação, como já foi dito, só se verifica na linha reta descendente, nunca na ascendente (CC, art. 1.852). Na linha colateral, ocorrerá em favor dos filhos de irmãos falecidos (dos sobrinhos) quando com irmão deste concorrerem (art. 1.853).

---

[11] *Direito civil*, cit., v. 7, p. 138.
[12] *Instituições*, cit., v. VI, p. 96.

Na linha reta descendente, como também mencionado, os filhos herdam por cabeça, enquanto os outros descendentes herdam por estirpe, se não estiverem no mesmo grau.

Herdar por estirpe é o mesmo que herdar por direito de representação. Assim, havendo descendentes de graus diversos, a herança dividir-se-á em tantas estirpes quantos forem os vários ramos, isto é, os descendentes em grau mais próximo. E o quinhão cabente à estirpe dividir-se-á entre os representantes (CC, art. 1.855).

A estirpe é chamada em conjunto (os netos do herdeiro premorto, por exemplo), mas, dentro de cada estirpe, o quinhão é dividido igualmente entre os seus membros. Assim, se alguém morre deixando dois filhos, estes herdam por cabeça, ou seja, a herança se divide em duas partes. Mas, se deixar um filho e dois netos de outro filho premorto, a herança se divide em duas partes, cabendo uma à estirpe do filho vivo, e a outra à estirpe do filho morto. Este quinhão será dividido pelos dois netos, que representam o ascendente premorto[13].

Na linha colateral, a representação ocorrerá em favor dos filhos de irmãos do falecido (dos sobrinhos) quando com irmão deste concorrerem (CC, art. 1.853). Se o finado deixa apenas sobrinhos, herdam estes por cabeça e em partes iguais. Não há direito de representação em favor de filhos de sobrinhos. Se o *de cujus* deixa apenas sobrinhos, e um deles é também falecido, os filhos deste não herdam. A herança é deferida unicamente e por inteiro aos sobrinhos sobreviventes, excluindo-se, assim, os sobrinhos-netos.

Também não há direito de representação se não se trata de sucessão de tio. Desse modo, se o falecido tinha como único herdeiro um primo-irmão, só este recolhe a herança, ainda que tenha tido outro primo-irmão, anteriormente falecido e que tenha deixado filhos.

Não podem, ainda, os netos de irmãos pretender o direito de representação, só concedido a filhos de irmãos, porquanto na classe dos colaterais os mais próximos excluem os mais remotos.

Por fim, reitere-se, "ninguém pode suceder, representando herdeiro renunciante" (art. 1.811), que é havido como estranho à herança, e não pode, assim, ser substituído pelo seu descendente.

5. EFEITOS DA REPRESENTAÇÃO

O principal efeito da representação é atribuir o direito sucessório a pessoas que não sucederiam, por existirem herdeiros de grau mais próximo, mas que acabam substituindo um herdeiro premorto. Pelo fato de os representantes

---

[13] Silvio Rodrigues, *Direito civil*, cit., v. 7, p. 138-139.

sucederem diretamente o *de cujus*, não estão obrigados pelas dívidas do representado, mas somente pelas daquele. Só podem herdar, como tais, o que herdaria o representado, se vivo fosse (CC, art. 1.854), ou seja, não recebem menos nem mais do que receberia o representado. O quinhão do representado *"partir-se-á por igual entre os representantes"* (art. 1.855).

Dispõe o art. 1.856 do Código Civil:

"O renunciante à herança de uma pessoa poderá representá-la na sucessão de outra".

Assim, se um dos filhos repudiar a herança, os seus filhos, netos do falecido, não herdarão por representação, mas o renunciante poderá representar o *de cujus* na sucessão de terceira pessoa, porque a renúncia não se estende a outra herança.

Pode, assim, haver renúncia à herança do pai (para beneficiar um irmão mais necessitado, por exemplo), sem que tal ato importe renúncia à herança do avô, para a qual o renunciante pode ser chamado, representando seu pai, premorto.

Outro efeito da representação é a obrigação de os netos, representando seus pais, levarem à colação as doações que estes receberam do avô, cujos bens estão sendo inventariados (CC, art. 2.009). Cumpre salientar que, se os netos herdaram por direito próprio, é irrelevante tenham ou não seus pais recebido doações do autor da herança. Mas, se herdaram por direito de representação, devem conferir as doações recebidas pelo ascendente que representam, ainda que os bens objeto das doações não componham a herança[14].

---

[14] Silvio Rodrigues, *Direito civil*, cit., v. 7, p. 139.

Título III

DA SUCESSÃO TESTAMENTÁRIA

Capítulo I

DO TESTAMENTO EM GERAL

Sumário: 1. Introdução. 2. Antecedentes históricos. 3. Conceito de testamento. 4. Características do testamento.

1. INTRODUÇÃO

Examinada a sucessão legítima, em que a devolução da herança opera por força de lei, passa-se agora ao estudo da sucessão testamentária, na qual a transmissão se dá por ato de última vontade.

Consoante observa OROZIMBO NONATO, "não se transforma em *res derelicta* o patrimônio com a morte do respectivo titular. O contrário produziria, como diz VOIRIN, '*un trouble social*': as exigências da paz social e a continuidade da vida econômica fazem da sucessão uma necessidade. É a sucessão, *stricto sensu*, o meio por que a propriedade se transmite do *de cujus* ao herdeiro ou ao legatário. Ela se dá por lei ou por testamento, ato que, além disso, serve para disposições de outro caráter e assume, às vezes, aspectos de um mandato *ad vitam*"[1].

Se uma pessoa falece sem ter manifestado a sua vontade em testamento, supre a lei tal omissão e determina a vocação legítima. Dá-se, assim, a *sucessão legítima* quando a herança é deferida a pessoas da família do *de cujus*, por não ter este deixado testamento, ou por ineficaz ou caduco o seu ato de última vontade.

---

[1] *Do testamento*, p. 3.

Também será legítima a sucessão hereditária se o testamento não compreende todos os bens do testador, regulando a lei a sucessão no que concerne aos bens não abrangidos, como, ainda, se o testamento caducar ou for invalidado[2].

Como o autor da herança pode dispor de seu patrimônio alterando a ordem da vocação hereditária prevista na lei, respeitados os direitos dos herdeiros necessários, se não fez testamento presume-se estar de acordo com a referida ordem. Por isso diz-se que a sucessão legítima representa a *vontade presumida* do *de cujus* e tem caráter supletivo.

A *sucessão testamentária* decorre de expressa manifestação de última vontade, em *testamento* ou *codicilo*. A vontade do falecido, a quem a lei assegura a liberdade de testar, limitada apenas pelos direitos dos herdeiros necessários, constitui, nesse caso, a causa necessária e suficiente da sucessão. Tal espécie permite a instituição de herdeiros e legatários, que são, respectivamente, sucessores a título universal e particular.

Em nosso país prepondera, do ponto de vista quantitativo, a sucessão legítima sobre a testamentária. Isso se deve, além de razões de ordem cultural e psicológica, à forma por que o legislador disciplinou a primeira, pois contempla justamente as pessoas da família do *de cujus* que este, efetivamente, desejaria contemplar, especialmente quando se trata de hereditando com descendência. Na maioria das vezes, o testamento é feito por testadores sem filhos, que querem beneficiar o cônjuge em detrimento de ascendentes, ou afastar um cônjuge separado de fato, ou beneficiar, por meio de legados, determinadas pessoas[3].

Não obstante, o legislador brasileiro consagrou à sucessão testamentária a maior parte do livro concernente às sucessões, dedicando grande número de artigos à tarefa de interpretar a vontade do *de cujus* e a esclarecer o conteúdo do testamento.

A *Edição n. 235 do Jurisprudência em Teses do Superior Tribunal de Justiça,* disponibilizada em 10 de maio de 2024, firmou os seguintes entendimentos:

"1) É válido o testamento, público ou privado, que reflete a real vontade emitida, livre e conscientemente, pelo testador e aferível diante das circunstâncias do caso concreto, ainda que apresente vício formal.

2) É válido o testamento particular em que o testador, a despeito de não o ter assinado de próprio punho, após sua impressão digital.

3) É válido o testamento público produzido em cartório e lido em voz alta pelo tabelião na presença do testador e de duas testemunhas, apesar da ausência

---

[2] Zeno Veloso, *Testamentos,* p. 12.
[3] Silvio Rodrigues, *Direito civil,* v. 7, p. 144.

de segunda leitura do documento e da menção expressa da deficiência visual do testador.

4) No testamento particular escrito de próprio punho, a ausência de testemunhas presenciais, sem qualquer circunstância excepcional justificadora, somada à inexistência de assinatura do testador em todas as folhas tornam o instrumento inválido.

5) É válida a disposição testamentária que institui filho coerdeiro como curador especial de bens que integram parcela disponível da herança deixados ao irmão incapaz, ainda que este esteja sob o poder familiar ou tutela do genitor sobrevivente.

6) É possível a realização de inventário extrajudicialmente, ainda que exista testamento, se os interessados forem capazes, concordes e estiverem assistidos por advogado.

7) As cláusulas de inalienabilidade, incomunicabilidade e impenhorabilidade vitalícias previstas em testamento têm duração limitada à vida do beneficiário e não se relacionam à vocação hereditária.

8) O herdeiro testamentário que sucede, a título universal, autor da ação de investigação de paternidade tem legitimidade e interesse para prosseguir com o processo, notadamente, pela repercussão patrimonial que advém do possível reconhecimento de vínculo biológico do testador com o investigado.

9) A declaração posta em contrato padrão de prestação de serviços de reprodução humana é instrumento absolutamente inadequado para legitimar a implantação post mortem de embriões excedentários, cuja autorização, expressa e específica, haverá de ser efetivada por testamento ou por documento análogo.

10) É homologável a decisão estrangeira que, sem versar sobre o direito sucessório e sobre a partilha de bens situados no Brasil, apenas declara a validade ou não das disposições de última vontade do falecido e a existência de herdeiros testamentários no exterior".

Por fim, embora não se admitam os *pactos sucessórios*, que têm por objeto herança de pessoa viva (CC, art. 426), considera-se válida a *partilha em vida*, sob a forma de doação do ascendente aos descendentes, como dispõe o art. 2.018 do diploma civil (*v.* Título I, Capítulo I, n. 4.4, Sucessão contratual, *retro*).

2. ANTECEDENTES HISTÓRICOS

O testamento, ao menos como ato de última vontade como o compreendiam os romanos, no período clássico de seu direito, era desconhecido no direito primitivo. Nem sempre a lei e os costumes o admitiam, havendo legislações pelas quais eram punidos aqueles que pretendiam instituir herdeiros ao arrepio da lei. Na legislação chinesa, pelos preceitos de MENG-TSEU, aquele que elaborasse um testamento contrariamente à legislação era punido com oitenta golpes de bambu[4].

Coube aos romanos a criação do testamento, instituição que, depois do contrato, exerceu a maior influência na transformação das sociedades humanas.

Antes da Lei das XII Tábuas apareceram em Roma as primeiras formas rudimentares de testamentos, que foram de duas espécies e que se realizavam perante o povo, que os aprovava ou não: a) os feitos em tempo de paz, perante as cúrias reunidas e, por isso, denominados *in calatis comitis* (perante a assembleia convocada); b) os feitos em tempo de guerra, perante o exército prestes a ferir a batalha e, por isso, chamados de *in procinctu* (de pronto).

A permissão para que qualquer pessoa pudesse dispor, por morte, de seus bens, sem a intervenção do povo, foi dada pela referida Lei das XII Tábuas, relegando ao desuso as primitivas formas de testamento. O modelo então criado era fundado na mancipação, denominava-se *per aes et libram* (por dinheiro e peso) e era uma venda fictícia da sucessão feita pelo testador ao futuro herdeiro, perante o oficial público e com a participação de cinco testemunhas[5].

Para evitar as múltiplas formalidades que ainda acompanhavam o testamento, trataram os pretores de simplificá-lo. No direito clássico, passa o pretor a admitir como testamento válido o escrito apresentado a sete testemunhas, ao qual estivessem apostos seus respectivos selos. Somente, porém, no Baixo Império ou período pós-clássico vão surgir, de modo embrionário, as formas de testamento que chegaram até nós[6].

O direito pátrio consagrou, antes do Código Civil de 1916, as antigas modalidades testamentárias: aberto ou público, cerrado ou místico, particular ou ológrafo, nuncupativo ou por palavras. Quando o aludido Código foi elaborado, imprimiu-se à sucessão testamentária orientação segura e simples: as duas modalidades de sucessão convivem, sendo lícito dispor de parte dos bens ou da sua totalidade; é livre a instituição de herdeiro ou a distribuição de bens em legados; é reconhecida a liberdade de testar, na falta de herdeiros necessários; é facultado gravar os bens de cláusulas restritivas, mesmo quanto às legítimas; é franqueada a substituição do favorecido[7].

---

[4] Orozimbo Nonato, *Do testamento*, cit., p. 6-7.
[5] Itabaiana de Oliveira, *Tratado de direito das sucessões*, v. II, p. 9-11.
[6] Sílvio Venosa, *Direito civil*, v. VII, p. 187.
[7] Caio Mário da Silva Pereira, *Instituições de direito civil*, v. VI, p. 187.

O Código Civil de 2002 manteve, em linhas gerais, os mesmos princípios, tendo porém incluído o cônjuge sobrevivente entre os herdeiros necessários (art. 1.845) e condicionado a oneração das legítimas à menção, pelo testador, de uma justa causa.

3. CONCEITO DE TESTAMENTO

A clássica definição de MODESTINO, proveniente do direito antigo, tem perdurado através dos séculos: "*Testamentum est voluntatis nostrae justa sententia, de eo, quod quis pos mortem suam fieri velit*" (Testamento é a justa manifestação de nossa vontade sobre aquilo que queremos que se faça depois da morte).

O Código Civil de 1916, inspirado no Código Napoleão, definia o testamento da seguinte forma:

"Art. 1.626. Considera-se testamento o ato revogável pelo qual alguém, de conformidade com a lei, dispõe, no todo ou em parte, do seu patrimônio, para depois da sua morte".

A definição era considerada defeituosa por omitir a circunstância de que o testamento pode ser utilizado pelo *de cujus* para diversas finalidades, e não apenas para dispor acerca de seus bens para depois de sua morte, bem como a de que se trata de negócio jurídico unilateral, personalíssimo, solene e gratuito.

CLÓVIS BEVILÁQUA reconhece a procedência das críticas, mas afirma que, para os fins da lei, a definição lhe parece suficiente.

Tal falha não pode ser imputada ao aludido jurista, pois o art. 1.796 do seu projeto assim dispunha: "O testador pode dispor de todo o seu patrimônio ou de parte dele. Pode também fazer outras declarações de última vontade". No seu entender, o testamento constitui "o ato personalíssimo, unilateral, gratuito, solene e revogável, pelo qual alguém, segundo as prescrições da lei, dispõe, total ou parcialmente, do seu patrimônio para depois de sua morte; ou nomeia tutores para seus filhos menores, ou reconhece filhos naturais, ou faz outras declarações de última vontade"[8].

Ciente de que não cabe ao legislador, mas à doutrina, em regra, apresentar definições dos institutos jurídicos (*omnis definitio in jure civili periculosa*), o Código Civil de 2002 não reproduziu o retrotranscrito art. 1.626 do diploma de 1916. Todavia, a noção de testamento transparece nitidamente em seus arts. 1.857, *caput*, e 1.858,

---

[8] *Direito das sucessões*, § 55. Para Pontes de Miranda, testamento "é o ato unilateral, de última vontade, pelo qual alguém, nos limites da lei, e para depois da sua morte, dispõe dos seus bens, no todo ou em parte, ou algo resolve para efeitos jurídicos" (*Tratado dos testamentos*, v. 1, p. 47, n. 12).

segundo os quais o testamento constitui ato personalíssimo e revogável pelo qual alguém dispõe da totalidade dos seus bens, ou de parte deles, para depois de sua morte.

Essa noção limita a manifestação de vontade às disposições patrimoniais, quando se sabe que a vontade do testador pode ser externada para fins de reconhecimento de filhos havidos fora do casamento (CC, art. 1.609, III), nomeação de tutor para filho menor (art. 1.729, parágrafo único), reabilitação do indigno (art. 1.818), instituição de fundação (art. 62), imposição de cláusulas restritivas se houver justa causa (art. 1.848) etc.

Por essa razão, o referido diploma acrescenta, no § 2º do citado art. 1.857, que *"são válidas as disposições testamentárias de caráter não patrimonial, ainda que o testador somente a elas se tenha limitado"*. E, no § 1º, confirma a regra de que a legítima pertence aos herdeiros necessários de pleno direito (art. 1.846), prescrevendo: *"A legítima dos herdeiros necessários não poderá ser incluída no testamento"*.

Essa concepção acompanha o enunciado de outros códigos das nações civilizadas, que em sua generalidade compreendem o testamento como o ato revogável pelo qual alguém, de conformidade com a lei, dispõe total ou parcialmente de seu patrimônio, para depois de sua morte, ou faz outras declarações de última vontade.

4. CARACTERÍSTICAS DO TESTAMENTO

As principais características do testamento são:

a) É um *ato personalíssimo*, privativo do autor da herança. Não se admite a sua feitura por procurador, nem mesmo com poderes especiais. Assim dispõe o art. 1.858 do Código Civil: *"o testamento é ato personalíssimo, podendo ser mudado a qualquer tempo"*. Nessa linha, prescreve o art. 3.619 do Código Civil argentino: "As disposições testamentárias devem ser a expressão direta da vontade do testador. Não pode este delegá-las nem conferir poder a outro para testar, nem deixar qualquer de suas disposições ao arbítrio de um terceiro".

Segundo a lição de PONTES DE MIRANDA, de ser personalíssimo o testamento resulta: "não poder ser feito por procurador; nem delegada a outrem a instituição; nem, sequer, deixado ao arbítrio do herdeiro, ou de outrem, o valor do legado; nem cometida a terceiro a designação da identidade do herdeiro ou legatário; ou atribuída à vontade de outrem a eficácia ou ineficácia da disposição; ou afastada da imediata escolha do testador, como a instituição disjuntiva que se não pudesse tomar por verdadeiramente copulativa, ou condicional para um ou ambos"[9].

---

[9] *Tratado dos testamentos*, cit., p. 55, n. 16.

Proclama, a propósito, o art. 2.182 do Código Civil português de 1996: "O testamento é ato pessoal, insuscetível de ser feito por meio de representante ou de ficar dependente do arbítrio de outrem, quer pelo que toca à instituição de herdeiros ou nomeação de legatários, quer pelo que respeita ao objeto da herança ou do legado, quer pelo que pertence ao cumprimento ou não cumprimento das suas disposições".

Nada impede, todavia, que um terceiro (um tabelião, um advogado ou outra pessoa) redija, a pedido do testador e seguindo sua orientação, uma minuta do testamento, ou acompanhe e assessore o testador, quando da elaboração, desde que se trate de uma participação desinteressada, honesta e normal, sem nenhuma interferência no conteúdo da vontade do testador[10].

b) Constitui *negócio jurídico unilateral*, isto é, *aperfeiçoa-se com uma única manifestação de vontade, a do testador* (declaração não receptícia de vontade), e presta-se à produção de diversos efeitos por ele desejados e tutelados na ordem jurídica. Com efeito, a só vontade, pessoalmente manifestada, do testador é suficiente à formação do testamento. Não tem o beneficiário de intervir para a sua perfeição e validade. Posteriormente, depois da morte do testador, quando aberta a sucessão, é que se manifesta a aceitação deste (CC, arts. 1.804 e 1.923), a qual não é elemento ou condição essencial do ato[11].

Aliás, como percucientemente assevera ZENO VELOSO[12], "se comparecesse ao testamento um herdeiro instituído, ou um legatário, aceitando, previamente, as disposições que lhe favorecessem, estar-se-ia diante de um pacto sucessório, terminantemente proibido", conforme o art. 426 do Código Civil: "*Não pode ser objeto de contrato a herança de pessoa viva*".

É proibido (CC, art. 1.863) o testamento *conjuntivo* (*de mão comum* ou *mancomunado*), feito por duas ou mais pessoas, seja *simultâneo* (disposição conjunta em favor de terceira pessoa), *recíproco* (instituindo benefícios mútuos) ou *correspectivo* (disposições em retribuição de outras correspondentes). Justifica-se a proibição porque tais disposições constituem espécies de pacto sucessório e contrariam uma característica essencial do testamento, que é a revogabilidade.

Nada impede que o casal, desejando testar simultaneamente, compareça ao Cartório de Notas e ali cada qual faça o seu testamento, em cédulas testamentárias distintas. É vedada somente a feitura conjunta por marido e mulher, no mesmo instrumento. Elaborando-os separadamente, ainda que na mesma ocasião e perante

---

[10] Zeno Veloso, *Testamentos*, cit., p. 30.
[11] Orozimbo Nonato, *Do testamento*, cit., p. 38; Carlos Maximiliano, *Direito das sucessões*, v. I, p. 357, n. 285.
[12] *Testamentos*, cit., p. 31.

o mesmo tabelião, podem deixar os bens um para o outro. Nesse caso, os testamentos não são considerados conjuntivos, pois cada qual conserva a sua autonomia[13].

c) É *solene*: só terá validade se forem observadas todas as formalidades essenciais prescritas na lei (*ad solemnitatem*). Não podem elas ser postergadas, sob pena de nulidade do ato[14]. Excetua-se o testamento *nuncupativo* (de viva voz), admissível somente como espécie de testamento militar (CC, art. 1.896). A excessiva formalidade do testamento visa assegurar a sua autenticidade e a liberdade do testador, bem como chamar a atenção do autor para a seriedade do ato que está praticando[15].

Tem a jurisprudência, todavia, amenizado a rigidez formal quando a vontade do testador se mostra bem patenteada no instrumento. Nessa linha decidiu o *Superior Tribunal de Justiça*: "Testamento. Descumprimento de formalidade. Circunstância que deve ser acentuada ou minorada de molde a assegurar a vontade do testador e proteger o direito de seus herdeiros, sobretudo os filhos"[16].

d) É um *ato gratuito*, pois não visa à obtenção de vantagens para o testador. A imposição de encargo ao beneficiário não lhe retira tal característica. A gratuidade

---

[13] "Testamento. Elaboração de instrumentos diferentes, na mesma data, por marido e mulher, deixando bens um para o outro. Testamentos que não se confundem com o simultâneo e recíproco, vedado pelo art. 1.630 do Código Civil (de 1916). Nulidade não reconhecida" (*STJ*, Lex, 264/280). "Testamento conjuntivo. Inocorrência. Ato do *de cujus*, deixando suas cotas para sua ex-sócia e concubina, e outro por ela feito. Manifestações de vontade distintas em que cada um compareceu individualmente para expressar seu desejo sucessório" (STJ, *RT*, 787/189). "Testamento conjuntivo. Não configuração. Hipótese de dualidade de testamentos no mesmo dia e tabelião. Testador que em um deles figura como legatário do testador no outro testamento, dos mesmos bens. Não incidência da proibição do art. 1.630 do CC (de 1916). Possibilidade de disposição de bens entre duas pessoas, desde que em atos separados" (Ap. 234.291-1-SP, 2ª Câm. Cív. de Férias, rel. Des. Lino Machado, j. 23-8-1995).

[14] "Testamento público. Anulação. Testemunhas. Ausência de algumas delas durante o ato. Inadmissibilidade. Requisito essencial não observado" (*RT*, 687/80, 617/238). "Testamento público. Nulidade. Ocorrência. Formalidade. Descumprimento. Testemunhas que apenas assinaram a escritura sem terem assistido ao ato de redação do testamento no livro de notas. Recurso não provido" (*RJTJSP*, 138/43).

[15] Silvio Rodrigues, *Direito civil*, cit., v. 7, p. 145.

[16] *RT*, 798/232. Ementa oficial: "O testamento é um ato solene que deve submeter-se a numerosas formalidades que não podem ser descuradas ou postergadas, sob pena de nulidade. Mas todas essas formalidades não podem ser consagradas de modo exacerbado, pois a sua exigibilidade deve ser acentuada ou minorada em razão da preservação dos dois valores a que elas se destinam – razão mesma de ser do testamento –, na seguinte ordem de importância: o primeiro, para assegurar a vontade do testador, que já não poderá mais, após o seu falecimento, por óbvio, confirmar a sua vontade ou corrigir distorções, nem explicitar o seu querer possa ter sido expresso de forma obscura ou confusa; o segundo, para proteger o direito dos herdeiros do testador, sobretudo dos seus filhos".

é, efetivamente, da essência do ato, que não comporta correspectivo. E a liberalidade existe, ainda nos legados com encargo. Orozimbo Nonato, depois de afirmar serem de simples aparência as derrogações do princípio de gratuidade, na substituição fideicomissária e nos legados condicionais e com encargo, conclui: "A intrusão de certo elemento oneroso no ato gratuito não lhe apaga o caráter liberal, salvo se preponderante"[17].

e) É *essencialmente revogável* (CC, art. 1.969), sendo inválida a cláusula que proíbe a sua revogação. A revogabilidade é da essência do testamento, não estando o testador obrigado a declinar os motivos de sua ação. Pode o testador, pois, usar do direito de revogá-lo, total ou parcialmente, quantas vezes quiser (*v.* art. 1.858 do CC, retrotranscrito).

O poder de revogar testamento, no todo ou em parte, é irrenunciável, uma vez que a revogabilidade constitui princípio de ordem pública. Inválida, portanto, como dito, seria a cláusula contrária à sua revogabilidade essencial, denominada *revocatória* ou *derrogatória*. Ela não contamina o testamento, mas deve considerar-se não escrita[18].

Há, no entanto, uma exceção ao princípio da revogabilidade do ato de última vontade: por força do art. 1.609, III, do mesmo diploma, o testamento é *irrevogável* na parte em que, eventualmente, o testador tenha reconhecido um filho havido fora do matrimônio.

A vontade que se respeita é a última. Por isso, se o indivíduo falece com diversos testamentos sucessivos, vale o último, a menos que se destine a completar o anterior, concorrendo para constituir a vontade do testador. De regra, porém, consideram-se revogados os que precederam o derradeiro[19].

f) É, também, ato *causa mortis*: produz efeitos somente após a morte do testador. Desse modo, até o falecimento dos disponentes fica sem objeto o ato em que a pessoa dispõe do patrimônio para depois do próprio óbito. A abertura da sucessão é requisito primordial para se cumprirem os fatos jurídicos nele previstos. Chama-se *causa mortis* exatamente porque é pressuposto necessário, para que tenha eficiência, a morte do prolator.

Segundo Carlos Maximiliano, as seguintes diferenças extremam as linhas limítrofes entre atos jurídicos entre vivos e o de última vontade: "a) o menor, que

---

[17] *Estudos sobre sucessão testamentária*, v. I, p. 193, n. 146.
[18] Caio Mário da Silva Pereira, *Instituições*, cit., v. VI, p. 199; Orozimbo Nonato, *Estudos*, cit., v. I, p. 121, n. 77.
[19] Orlando Gomes, *Sucessões*, p. 96; Carlos Maximiliano, *Direito das sucessões*, cit., v. I, p. 358.

haja completado dezesseis anos, realiza este, e não aqueles; b) os primeiros são mais ou menos livres quanto aos requisitos externos; o segundo obedece a formas rigorosas e mais complicadas; c) o de última vontade pode referir-se a bens futuros; os outros, não; d) atos entre vivos exigem registro, para valerem contra terceiro; o *causa mortis*, não: o seu registro tem outra finalidade"[20].

---

[20] *Direito das sucessões*, cit., v. I, p. 354.

Capítulo II

DA CAPACIDADE DE TESTAR

> *Sumário*: 1. A capacidade testamentária ativa como regra. 2. Incapacidade em razão da idade. 3. Incapacidade por falta de discernimento ou enfermidade mental. 4. Incapacidade testamentária dos relativamente incapazes. 5. Hipóteses não geradoras de incapacidade. 6. Momento em que se exige a capacidade. 7. Impugnação da validade do testamento. Captação da vontade.

1. A CAPACIDADE TESTAMENTÁRIA ATIVA COMO REGRA

A capacidade testamentária pode ser ativa (*testamenti factio activa*) e passiva (*testamenti factio passiva*). A primeira diz respeito aos que podem dispor por testamento; a segunda indica os que podem adquirir por testamento.

No direito romano, anota Zeno Veloso, "tinham capacidade para testar todos os cidadãos *sui juris*, excluindo-se, portanto, os estrangeiros, os *filii familias*, as pessoas *in manu, in mancipio* e os escravos. Entretanto, como observa José Carlos Moreira Alves, no decurso da evolução desse direito houve atenuações a esse respeito, permitindo-se que testassem, por exemplo, os estrangeiros a quem fosse concedido o *jus comercii* e os *filii familias*, com relação ao pecúlio castrense e quase castrense"[1].

A capacidade do agente é requisito de validade do testamento. Dispõe, efetivamente e de forma genérica, o art. 104 do Código Civil:

"*A validade do negócio jurídico requer: I – agente capaz; II – objeto lícito, possível, determinado ou determinável; III – forma prescrita ou não defesa em lei*".

Desse modo, para que o testamento seja válido é mister tenha o testador *capacidade testamentária*. Compreende esta os pressupostos de inteligência e

---

[1] *Testamentos*, p. 47.

vontade, isto é, o entendimento do que representa o ato, e a manifestação do que o agente quer. Isso sem prejuízo da capacidade genérica para a realização de qualquer negócio jurídico, que de fato é o testamento[2].

Nessa linha, obtempera CARLOS MAXIMILIANO: "Para testar são indispensáveis certos requisitos pessoais: inteligência e vontade, compreender e querer – compreender o caráter e os efeitos do ato e querer praticá-lo, bem como poder manifestar essa resolução; exige-se, enfim, a consciência do que se faz, a plenitude da vontade". A capacidade, entretanto, aduz o mencionado jurista, "constitui a regra: a incapacidade, *exceção*: podem fazer testamento todos os que não estão proibidos por lei – *omnes testamentum facere possunt qui non prohibentur*"[3].

A *capacidade testamentária ativa* constitui, portanto, a regra. Dispõe o art. 1.860 do Código Civil:

"*Além dos incapazes, não podem testar os que, no ato de fazê-lo, não tiverem pleno discernimento.*

Parágrafo único. Podem testar os maiores de dezesseis anos"[4].

O dispositivo em apreço menciona somente os que não podem testar: os *incapazes* e os que, no ato de fazê-lo, não tiverem *pleno discernimento*. Compreende-se que, exceto estas, todas as pessoas podem fazer testamento válido.

Nessa conformidade, podem testar, por exemplo, o cego, o analfabeto, o falido etc., embora em alguns casos a lei restrinja o direito a certas formas de testamento. O testador, por exemplo, não sabendo a língua nacional, não pode testar de forma pública, pois, para figurar nos livros públicos, é essencial que seja o testamento redigido em português. O cego só pode testar sob a forma pública (CC, art. 1.867). Ao que não sabe ou não pode ler, é defeso dispor de seus bens em testamento cerrado (art. 1.872).

São, destarte, taxativos os preceitos que determinam a incapacidade. As normas restritivas de direitos só abrangem os casos que especificam. Todas as pessoas não incluídas na proibição podem testar.

Destaca-se, a propósito da capacidade de testar, a clareza do art. 2.188 do Código Civil português: "Podem testar todos os indivíduos que a lei não declare incapazes de o fazer".

---

[2] Caio Mário da Silva Pereira, *Instituições de direito civil*, v. VI, p. 202.

[3] *Direito das sucessões*, v. I, p. 381.

[4] O Projeto de Lei n. 6.960/2002 propõe a seguinte redação para o art. 1.860 do Código Civil: "Além dos absolutamente incapazes, não podem testar os que, no ato de fazê-lo, não tiverem o necessário discernimento". A sugestão deixa claro que os maiores de 16 anos podem testar.

Oliveira Ascensão comenta que a escolha da palavra "indivíduos" é intencional. É que só as pessoas naturais podem fazer testamento. As pessoas jurídicas estão inibidas de o fazer[5].

Efetivamente, as *pessoas jurídicas* extinguem-se por dissolução e não por morte. A extinção ou dissolução da pessoa jurídica, sua liquidação, o destino ulterior do seu patrimônio e a divisão de seus bens não têm relação com a morte física.

Assevera, todavia, Pontes de Miranda que não é pelo fato de não poderem dispor que as pessoas jurídicas não podem testar, pois contratam, doam, alienam, mas sim porque, "na determinação histórica, o testamento *serviu* à pessoa física, na transmissão religioso-política, político-jurídica, jurídico-econômica, e o direito vigente não se desprendeu do conceito de morte física, realista, no definir o testamento"[6].

2. INCAPACIDADE EM RAZÃO DA IDADE

Os menores de 16 anos são absolutamente incapazes e, nessa condição, não podem testar. Faltando-lhes o poder de deliberar, a lei despreza a sua vontade, não vislumbrando nela a consistência necessária para produzir consequências *post mortem*.

É natural que o legislador não considere a vontade de pessoas que ainda não têm maturidade e firmeza suficiente para dispor de seus bens. Para protegê-las, considera nulo o testamento por elas elaborado.

Diversa, contudo, é a situação dos *maiores de 16 anos*, relativamente incapazes. Dentre os incapazes em geral, só eles, por exceção, podem testar (CC, art. 1.860, parágrafo único), mesmo sem a assistência de representante legal. Malgrado dela necessitem, por força das regras de caráter geral sobre capacidade, para a prática dos demais atos da vida civil, podem dispensá-la para fazer testamento, pois a regra *especial* do parágrafo único do art. 1.860 prevalece sobre aquelas e só considera incapazes, para esse fim, os menores de 16 anos. Os que já atingiram essa idade são, portanto, capazes para testar, agindo sozinhos.

Não obstante determinar o Código Civil que aos pais (arts. 1.634, V, e 1.690) e ao tutor (art. 1.747, I) compete assistir o menor, após os 16 anos de idade e até completar a maioridade, nos atos da vida civil, para a facção testamentária ativa o menor não precisa da assistência de seu representante legal, porque, como salienta Itabaiana de Oliveira, o testamento é ato *personalíssimo*, que não admite procurador nem ajudante, como é o testemunho. Se se concluísse pela necessidade

---

[5] *Direito civil:* sucessões, n. 32, p. 68.
[6] *Tratado dos testamentos*, v. I, p. 96.

de assistência dos pais ou do tutor na testamentifacção ativa do filho ou do pupilo, enfatiza o mencionado autor, "forçoso seria concluir por essa mesma assistência nos depoimentos: não haveria maior absurdo do que a intervenção do tutor no depoimento do pupilo"[7].

A capacidade testamentária ativa, que se alcança aos 16 anos de idade, é uma capacidade *especial*, diversa da geral, que se adquire aos 18 anos completos (CC, art. 5º, *caput*). A razão dessa maior tolerância, segundo SILVIO RODRIGUES, "se encontra em que, devendo o testamento produzir efeitos após a morte do testador, tal ato, em rigor, não lhe pode resultar prejudicial, não havendo, portanto, razão para incidir a regra sobre incapacidade, cujo sentido protetivo constitui a sua única justificativa"[8].

De fato, sendo o testamento um negócio essencialmente revogável, e que só produz efeitos após a morte do testador, poderá o relativamente incapaz, que fez o seu testamento quando ainda imaturo, revogá-lo a qualquer tempo, ou modificá-lo, para ajustar a sua manifestação de última vontade às suas conveniências atuais.

SAN TIAGO DANTAS, por sua vez, justifica o tratamento diferenciado concedido ao relativamente incapaz argumentando que, "para o exercício dos direitos, em geral, requer-se um maior conhecimento da vida e melhor compreensão dos negócios, que antes da maioridade raramente se obtém. O espírito deve estar formado, na plenitude de suas faculdades intelectuais, para que o homem possa prescindir, na gestão do seu patrimônio, da assistência do tutor ou dos pais"[9].

Já para a feitura do testamento, assevera o mencionado autor, "o que se pede é apenas uma consciência livre e sadia, capaz de exprimir com retidão e equilíbrio os seus próprios sentimentos; a partir da liberalidade suprema, que é o testamento, o homem recompensa a dedicação de um parente, ou de um amigo, externa os seus próprios afetos, e a lei só não ampara sua preferência quando lhe parece que o seu ânimo estava obliterado por condições capazes de lhe desnaturarem a vontade".

3. INCAPACIDADE POR FALTA DE DISCERNIMENTO OU ENFERMIDADE MENTAL

Os privados do necessário discernimento para a prática dos atos da vida civil, por enfermidade ou deficiência mental, eram considerados absolutamente incapazes (CC, art. 3º, II) e, por esse motivo, inibidos de testar (art. 1.860, 1ª parte).

---

[7] *Tratado de direito das sucessões*, v. II, p. 29.
[8] *Direito civil*, v. 7, p. 147.
[9] *Problemas de direito positivo*: estudos e pareceres, p. 375, apud Zeno Veloso, *Testamentos*, cit., p. 55.

Consideram-se portadores de *enfermidade* ou *deficiência mental* os alienados de qualquer espécie, como os perturbados mentalmente, os amentais, os mente-captos, os furiosos, os idiotas, os imbecis, os dementes e os afetados por doenças psíquicas de intensidade capaz de privá-los do necessário discernimento para os atos da vida civil.

A situação desses indivíduos não se confunde com a das pessoas referidas na segunda parte do aludido art. 1.860, ou seja, com a das que, no ato de testar, *não tiverem pleno discernimento*. Estas não são amentais: apenas não se encontram, no momento de testar, em seu perfeito juízo, em virtude de alguma patologia (arteriosclerose, excessiva pressão arterial, por exemplo), embriaguez, uso de entorpecente ou de substâncias alucinógenas, hipnose ou outras causas semelhantes e *transitórias*. Substituiu-se, com vantagem, a expressão "não estejam em seu perfeito juízo", que constava do art. 1.627 do Código Civil de 1916, por *"não tiverem pleno discernimento"*.

O art. 1.860 do Código Civil de 2002, retrotranscrito, abrangia, portanto, tanto a situação dos privados do necessário discernimento para os atos da vida civil, compreensiva de todos os casos de insanidade mental, de *modo permanente e duradouro*, por *enfermidade* ou *deficiência mental* (art. 3º, II), que eram chamados de "loucos de todo o gênero" pelo Código Civil de 1916, como também os que, mesmo por *causa transitória*, não puderem exprimir sua vontade (art. 3º, III), que este último diploma identificava como os que, ao testar, não se encontravam "em seu perfeito juízo".

A fórmula genérica empregada pelo legislador no art. 3º, II, do diploma civil abrangia todos os casos de insanidade mental, provocada por *doença* ou *enfermidade mental* congênita ou adquirida, como a oligofrenia e a esquizofrenia, por exemplo, bem como por *deficiência mental* decorrente de distúrbios psíquicos (doença do pânico, por exemplo), desde que em grau suficiente para acarretar a privação do necessário discernimento para a prática dos atos da vida civil.

A Lei n. 13.146, de 6 de julho de 2015, denominada "Estatuto da Pessoa com Deficiência", promoveu uma profunda mudança no sistema das incapacidades, alterando substancialmente a redação dos arts. 3º e 4º do Código Civil, que passou a ser a seguinte:

"Art. 3º São absolutamente incapazes de exercer pessoalmente os atos da vida civil os menores de 16 (dezesseis) anos".

"Art. 4º São incapazes, relativamente a certos atos ou à maneira de os exercer:

I – os maiores de dezesseis e menores de dezoito anos;

II – os ébrios habituais e os viciados em tóxico;

III – aqueles que, por causa transitória ou permanente, não puderem exprimir sua vontade;

IV – os pródigos.

Parágrafo único. A capacidade dos indígenas será regulada por legislação especial".

Observa-se que o art. 3º, que trata dos absolutamente incapazes, teve todos os seus incisos revogados, apontando no *caput*, como únicas pessoas com essa classificação, "*os menores de 16 (dezesseis) anos*".

Por sua vez, o art. 4º, que relaciona os relativamente incapazes, manteve, no inciso I, os "*maiores de dezesseis e menores de dezoito anos*", mas suprimiu, no inciso II, "os que, por deficiência mental, tenham o discernimento reduzido". Manteve apenas "*os ébrios habituais e os viciados em tóxico*". E, no inciso III, suprimiu "os excepcionais, sem desenvolvimento mental completo", substituindo-os pelos que, "*por causa transitória ou permanente, não puderem exprimir sua vontade*". Os pródigos permanecem no inciso IV como relativamente incapazes.

Destina-se a aludida Lei n. 13.146/2015, como proclama o art. 1º, "a assegurar e a promover, em condições de igualdade, o exercício dos direitos e das liberdades fundamentais por pessoa com deficiência, visando à sua inclusão social e cidadania". Em suma, para a referida lei, o deficiente tem uma qualidade que o difere das demais pessoas, mas não uma doença. Por essa razão, é excluído do rol dos incapazes e equipara-se à pessoa capaz.

A consequência direta e imediata dessa alteração legislativa é exatamente esta, repita-se: o deficiente é agora considerado pessoa plenamente capaz. Como afirmou PABLO STOLZE, em comentário à nova lei, "a pessoa com deficiência – aquela que tem impedimento de longo prazo, de natureza física, mental, intelectual ou sensorial, nos termos do art. 2º – não deve ser mais tecnicamente considerada civilmente incapaz, na medida em que os arts. 6º e 84, do mesmo diploma, deixam claro que a deficiência não afeta a plena capacidade civil da pessoa"[10].

O citado art. 6º declara, efetivamente, que "A deficiência não afeta a plena capacidade civil da pessoa, inclusive para: I – casar-se e constituir união estável; II – exercer direitos sexuais e reprodutivos; III – exercer o direito de decidir sobre o número de filhos e de ter acesso a informações adequadas sobre reprodução e planejamento familiar; IV – conservar sua fertilidade, sendo vedada a esterilização compulsória; V – exercer o direito à família e à convivência familiar e comunitária; e VI – exercer o direito à guarda, à tutela, à curatela e à adoção, como adotante ou adotando, em igualdade de oportunidades com as demais pessoas".

Por seu turno, o mencionado art. 84 estatui, categoricamente, que "A pessoa com deficiência tem assegurado o direito ao exercício de sua capacidade legal em igualdade de condições com as demais pessoas". Quando necessário, aduz o § 1º,

---

[10] O Estatuto da Pessoa com Deficiência e o sistema jurídico brasileiro de incapacidade civil. *Jus Navigandi*, disponível em: http://jus.com.br, de 28-8-2015.

"a pessoa com deficiência será submetida à curatela, conforme a lei". A definição de curatela de pessoa com deficiência, complementa o § 3º, *"constitui medida protetiva extraordinária, proporcional às necessidades e às circunstâncias de cada caso, e durará o menor tempo possível"*.

Pretendeu o legislador, com essas inovações, impedir que a pessoa deficiente seja considerada e tratada como incapaz, tendo em vista os princípios constitucionais da igualdade e da dignidade humana. Todavia, têm elas sido objeto de pesadas críticas formuladas pela doutrina, pelo fato, principalmente, de desproteger aqueles que merecem a proteção legal.

Permanecem assim, como já dito, como *absolutamente incapazes* somente os menores de 16 anos.

Na conformidade do disposto na segunda parte do art. 1.860 do Código Civil, será nulo o testamento efetuado por quem, no ato de testar, "não tenha pleno discernimento", mesmo não sendo mais considerado absolutamente incapaz pela citada Lei n. 13.146, de 6 de julho de 2015, denominada "Estatuto da Pessoa com Deficiência". Não se trata, como já dito, de amentais: apenas não se encontram, no momento de testar, em seu perfeito juízo, em virtude de alguma causa transitória. Pessoas que se encontram nessa situação passaram a ser considerados relativamente incapazes, no inciso III (*"aqueles que, por causa transitória ou permanente, não puderem exprimir sua vontade"*) do art. 4º do Código Civil, pelo mencionado "Estatuto da Pessoa com Deficiência". Se tiver ocorrido interdição, haverá presunção *juris et de jure* da ausência do pleno discernimento. É possível, no entanto, pronunciar-se a nulidade do testamento nesse caso, mesmo antes da decretação judicial de sua interdição, desde que provada a falta do pleno discernimento, uma vez que é esta, e não a sentença de interdição, que determina a incapacidade de testar. A diferença é que, se o ato foi praticado após a sentença de interdição, será nulo de pleno direito; se, porém, foi praticado antes, a decretação da nulidade dependerá da produção de prova inequívoca da insanidade[11].

Discorre, a propósito, PONTES DE MIRANDA: "A única diferença entre a época anterior e a atual da interdição ocorre apenas quanto à prova da nulidade do ato praticado. Para os atos anteriores, é necessário provar que então já subsistia a causa da incapacidade. Os atos posteriores, praticados na constância da interdição, levam consigo, sem necessidade de prova, a eiva da nulidade"[12].

Não tendo havido interdição, há de se presumir a capacidade do agente, incumbindo ao interessado na declaração de nulidade do testamento a propositura de ação autônoma e a produção de prova cabal da alegada incapacidade. Na dúvida, decide-se pela validade do ato, em respeito ao princípio *in dubio pro capacitate*.

---

[11] Carlos Roberto Gonçalves, *Direito civil brasileiro*, v. 1, p. 129.
[12] *Tratado de direito de família*, v. 3, § 295.

Os tribunais mostram-se, em regra, cautelosos e exigentes na análise e aferição da prova dessa incapacidade, somente declarando a invalidade do testamento quando exaustivamente provada a incapacidade do testador à época da prática do ato. Simples enfraquecimento da memória, por si só, não acarreta incapacidade.

Repise-se o que foi dito acima a respeito da falta de discernimento: a incapacidade só deve ser reconhecida em ação declaratória de nulidade, mediante prova veemente e exaustiva do fato alegado, uma vez que, na dúvida, vale o testamento.

4. INCAPACIDADE TESTAMENTÁRIA DOS RELATIVAMENTE INCAPAZES

Proclamando o art. 1.860 do Código Civil, genericamente, sem fazer qualquer distinção, que os incapazes não podem testar, ficam inibidos de fazê-lo, também, os relativamente incapazes, exceto os maiores de 16 anos, cuja situação é ressalvada no parágrafo único do mencionado dispositivo legal.

Desse modo, não podem testar os ébrios habituais e os viciados em tóxicos (CC, art. 4º, II), bem como aqueles que, por causa transitória ou permanente, não puderem exprimir sua vontade (III).

Zeno Veloso critica a generalização feita pelo Código Civil, entendendo tratar-se de um equívoco gravíssimo, que precisa ser corrigido com urgência, até porque o testamento feito por incapazes é nulo de pleno direito. Não há razão, afirma, "para decidir que os ébrios habituais, os viciados em tóxicos e os que, por deficiência mental, tenham o discernimento reduzido (reduzido, note-se bem) sejam proibidos de testar. Quanto a estes últimos, se, apesar de reduzido, diminuído o discernimento, tenham entendimento ou compreensão suficiente para saber o que estão fazendo no momento em que outorgam a disposição de última vontade, isso é bastante, e vale o testamento. E o ébrio habitual pode estar sóbrio quando testa; o viciado em tóxico pode estar livre do poder das drogas no momento em que dispõe *causa mortis*. É uma questão de fato a ser apurada em cada caso concreto, apesar de o art. 1.860, numa primeira leitura, por ter utilizado, genericamente, a expressão 'incapazes', considerá-los inábeis para testar"[13].

Os que, por causa transitória ou permanente, não puderem exprimir sua vontade; os ébrios habituais e os viciados em tóxico; e os pródigos, todos relativamente incapazes, estão sujeitos à curatela, na conformidade da nova redação conferida ao art. 1.767 do Código Civil pela citada Lei n. 13.146, de 6 de julho de 2015 (Estatuto da Pessoa com Deficiência). Se interditados, e enquanto o

---

[13] *Comentários ao Código Civil*, v. 21, p. 30.

legislador não alterar o art. 1.860, a incapacidade testamentária ativa será presumida de forma absoluta (*juris et de jure*), salvo se o juiz na sentença, ao fixar os limites da curatela com base no art. 1.772, com a redação dada pelo Estatuto da Pessoa com Deficiência (Lei n. 13.146/2015), afastar a proibição de testar ou circunscrevê-los às restrições impostas ao pródigo (art. 1.782).

É possível, no entanto, como já comentado em relação aos absolutamente incapazes, pronunciar-se a nulidade do testamento feito pelos relativamente incapazes, mesmo antes da decretação judicial de sua interdição, desde que provada a dependência do álcool ou de tóxicos, ou ainda a impossibilidade de manifestação da vontade, uma vez que são tais fatos, e não a sentença de interdição, que determinam a incapacidade.

Como a capacidade se presume, a alegada incapacidade terá de ser, segura e veementemente, demonstrada em cada caso pelo autor da ação declaratória de nulidade – quando então se verificará a extensão do vício e da dependência do agente, bem como suas consequências sobre o seu discernimento e o entendimento que tinha do ato, no momento em que o praticou. Na dúvida, como foi dito, prevalece o testamento.

A doutrina em geral manifesta-se no sentido de que não há motivo para que o *pródigo*, malgrado incluído no rol dos relativamente incapazes (art. 4º, IV), não possa testar. Com efeito, a interdição do pródigo só o privará de, sem curador, praticar atos que possam comprometer o seu patrimônio (os enumerados no art. 1.782 do Código Civil), conduzindo-o a um empobrecimento. Dentre esses atos *não figura o testamento*. A simples manifestação da sua última vontade não lhe poderá acarretar nenhum prejuízo, pois não estará dilapidando o seu patrimônio, uma vez que as disposições testamentárias hão de vigorar somente depois de sua morte[14].

Não pode testar o *surdo-mudo* que não puder exprimir sua vontade (CC, art. 4º, III). O que recebeu educação adequada e aprendeu a exprimi-la, sem ter o seu discernimento reduzido, não perde a capacidade testamentária ativa, pois não subsiste a regra *surdus et mutus testamentum facere non possunt*. Desse modo, a surdo-mudez somente é causa de incapacidade quando impossibilita a manifestação da vontade.

O Código Civil de 1916 só permitia ao *surdo-mudo que tivesse capacidade testamentária fazer testamento cerrado*. Era-lhe vedada a forma pública, uma vez que o art. 1.635 do aludido diploma só considerava habilitado a testar publicamente aquele que pudesse "fazer de viva voz as suas declarações" e verificar, pela sua leitura, haverem sido fielmente exaradas.

---

[14] Washington de Barros Monteiro, *Curso de direito civil*, v. 6, p. 129; Silvio Rodrigues, *Direito civil*, cit., v. 7, p. 150; Zeno Veloso, *Comentários*, cit., v. 21, p. 30; Carlos Maximiliano, *Direito das sucessões*, cit., v. I, n. 331, p. 302-404; Pontes de Miranda, *Tratado dos testamentos*, cit., v. I, n. 46-48, p. 115-116; Arnaldo Rizzardo, *Direito das sucessões*, p. 250.

O atual Código Civil não reproduziu tal requisito, expressamente. Todavia, manteve a exigência de que o testamento público seja escrito pelo tabelião de acordo com "*as declarações*" do testador, permitindo que, para fazê-las, sirva-se de "*minuta, notas ou apontamentos*" (art. 1.864, I).

Ao surdo, mas não mudo, é lícito testar por qualquer forma, inclusive a pública. Segundo dispõe o art. 1.866 do Código Civil, "*sabendo ler, lerá o seu testamento, e, se não o souber, designará quem o leia em seu lugar, presentes as testemunhas*".

Não se equipara ao mudo aquele que se exprime com extrema dificuldade, muito mal, porém se faz compreender, nem ao surdo o que ouve mal, desde que não lhe falte o sentido da audição[15].

5. HIPÓTESES NÃO GERADORAS DE INCAPACIDADE

Os casos de incapacidade testamentária ativa, como já mencionado, são fixados pelo Código Civil em tom excepcional, taxativo. Exceto as expressamente mencionadas no art. 1.860, todas as pessoas podem fazer testamento válido, pois a capacidade constitui a regra.

A lei não estabelece limite temporal, para a capacidade testamentária ativa. A senectude ou idade avançada não inibe o indivíduo de testar. Em si mesma, não constitui motivo de incapacidade. Todavia, se em razão de condições patológicas que acompanham a *velhice*, como a arteriosclerose, a debilidade mental e outras, a lucidez de espírito for afetada, instalando-se processo de involução senil, caracterizar-se-á a incapacidade. É mister provar, todavia, que a senilidade abalou seriamente o cérebro, impedindo a manifestação da vontade.

Segundo OROZIMBO NONATO, a idade avançada, de si só, não exclui o exercício da faculdade de testar, sendo "comum guardar-se ainda em idade provecta, certo equilíbrio de faculdades, posto enfraquecidas. Esse enfraquecimento não lhes tira, aos velhos, ainda no crepúsculo da vida, a faculdade de testar". Se, aduz, "a velhice deixou de suscitar alterações notáveis no testador, se lhe não causou demência, desconstitui, de si só, causa de incapacidade de testar"[16].

A *proximidade da morte*, igualmente, não acarreta incapacidade testamentária ativa, se a moléstia de que padece o testador não produz delírio ou perturbação da mente. CLÓVIS BEVILÁQUA, nessa trilha, declara: "A proximidade da morte só

---

[15] Carlos Maximiliano, *Direito das sucessões*, cit., v. I, n. 328, p. 401; Caio Mário da Silva Pereira, *Instituições*, cit., v. VI, p. 206.

[16] *Estudos sobre sucessão testamentária*, v. I, n. 308, p. 370-372.

pode determinar incapacidade testamentária se a moléstia, que impele o testador ao túmulo, produz delírio ou estado de obnubilação mental"[17].

Ainda agonizante, a balbuciar, diz PONTES DE MIRANDA, "há de presumir-se com juízo perfeito o testador"[18].

CARLOS MAXIMILIANO, por sua vez, enfatiza: "Até o *moribundo* pode dispor do seu patrimônio, *causa mortis*, salvo quando, mediante qualquer gênero de prova, se demonstra que a moléstia produzia delírio, obnubilação mental ou um estado vizinho de coma, na ocasião em que se lavrava o ato"[19].

Não é, pois, a idade, mais ou menos avançada, nem tampouco a proximidade da morte que determinam a ocorrência ou não de capacidade, que será examinada caso a caso, levando-se em consideração as características manifestadas por cada testador[20].

Enfermidades graves, dores agudas e indisposição psíquica podem colocar o ser humano em prostração e desânimo. Se, no entanto, o doente conserva o pleno discernimento, não há falar em incapacidade testamentária ativa. Há, com efeito, enfermos graves que conservam a perfeita lucidez até o último momento de vida. A capacidade de testar, como diz SÍLVIO VENOSA, "requer a capacidade de mente, não do corpo"[21].

A *pessoa irada* ou *encolerizada*, ou fortemente emocionada, pode perder momentaneamente a racionalidade na percepção das coisas e dos fatos que a cercam, mas não pode ser considerada incapaz. Só haverá incapacidade testamentária se restar provado que "a cólera, qualquer *paixão violenta*, ou forte acesso de *ciúme*, perturbava, de modo sério, a mente do *de cujus* no tempo em que dispôs do patrimônio"[22].

O *suicídio* do testador, ainda que imediatamente subsequente à feitura do testamento, não induz, em si mesmo, incapacidade, malgrado possa ser ponderado como indício de impossibilidade de manifestação da vontade. Tal impossibilidade terá, porém, de ser demonstrada mediante prova complementar segura e convincente.

Do mesmo modo não há falar em incapacidade para o *falido*, o *insolvente* e o *ausente*. A cegueira constitui apenas restrição às formas cerrada e particular de testar, pois a lei permite ao *cego* testar pela forma pública (CC, art. 1.867), bem como ao *analfabeto* (art. 1.865).

Os *índios* não foram incluídos no rol dos inibidos de testar. À medida que vão se adaptando à civilização, podem emancipar-se do regime tutelar especial a

---

[17] *Direito das sucessões*, p. 197.
[18] *Tratado dos testamentos*, cit., v. I, n. 41, p. 111.
[19] *Direito das sucessões*, cit., v. I, n. 323, p. 397.
[20] Eduardo de Oliveira Leite, *Comentários ao novo Código Civil*, v. XXI, p. 324.
[21] *Direito civil*, v. VII, p. 206.
[22] Carlos Maximiliano, *Direito das sucessões*, cit., v. I, n. 325, p. 398-399.

que são submetidos. O simples fato de poderem exprimir vontade testamentária já comprova estarem plenamente entrosados na sociedade. Ora, diz Pontes de Miranda, "se um silvícola comparece e fala em língua nacional ao tabelião, poderá testar por testamento público. Se escreve o seu testamento, ou, escrito a rogo, o assina, e o leva, em presença, pelo menos, de cinco testemunhas, ao oficial público, que o aprove – vale este testamento cerrado. Com maioria de razão, se o escreve todo e o assina, com as mais formalidades do testamento hológrafo. Donde se tira o princípio: o exercício da testamentifacção pelo silvícola prova, por si, o estado em que se achava de suficiência social. Se testou, era capaz"[23].

6. MOMENTO EM QUE SE EXIGE A CAPACIDADE

Dispõe o art. 1.861 do Código Civil:

"*A incapacidade superveniente do testador não invalida o testamento, nem o testamento do incapaz se valida com a superveniência da capacidade*".

A capacidade testamentária ativa é exigida, portanto, no momento em que se redige ou se elabora o testamento. É nesse instante que deve ser aferida. Se o testador, no ato de testar, tinha pleno discernimento, o testamento será válido mesmo que ele venha a perder, posteriormente, a lucidez, assim como nulo será o testamento elaborado por quem, no ato, encontrava-se completamente embriagado, ainda que no dia seguinte estivesse curado da embriaguez, ou por quem se encontrava privado do necessário discernimento, mesmo que, posteriormente, tivesse recuperado o juízo.

Neste último caso, o que recobra a razão e deseja manter o que determinara no período da incapacidade legal, passageira ou duradoura, tem só um caminho a trilhar: testar de novo. Não basta ratificar as disposições testamentárias, pois "*o negócio jurídico nulo não é suscetível de confirmação*" (CC, art. 169).

Não se torna necessário, destarte, que o testador conserve a capacidade durante o tempo que mediar entre a manifestação de última vontade e a abertura da sucessão; incapacidade intercorrente não afeta o ato (*media tempore non nocet*)[24].

A lei que regula a *testamenti factio activa* é, assim, a vigente na época em que o negócio jurídico foi realizado, não a do tempo da abertura da sucessão, ou de qualquer outro, intermédio. Nesse campo prevalece inteiramente a regra *tempus regit actum*, ou seja, a capacidade testamentária ativa é a do tempo do testamento,

---

[23] *Tratado dos testamentos*, cit., v. I, n. 49, p. 117.

[24] Baudry-Lacantinerie, *Précis de droit civil*, v. 3, p. 500, apud Washington de Barros Monteiro, *Curso*, cit., v. 6, p. 131.

não se invalidando este pela superveniência da incapacidade, nem se validando pela superveniência da capacidade[25].

Enfatiza CARLOS MAXIMILIANO que "não se indaga das condições psíquicas, e muito menos das físicas ou fisiológicas, do disponente na data da morte, horas antes da abertura do testamento; o ato só então tem eficácia e aplicação; basta, entretanto, que o seu autor fosse capaz quando o fez ou mandou fazer. Não se adotou o sistema do Direito Romano, que exigia capacidade nas duas ocasiões – da feitura e da entrada em vigor"[26].

A capacidade deve existir, aduz o mencionado autor, "para o testamento *público*, em o dia do lançamento em notas; para o *cerrado*, no da aprovação, não quando foi escrito ou assinado; para o *particular*, quando o escreveram e assinaram, nada importando o que se verificava na data da publicação; para os *especiais*, no dia das suas disposições. Em *todo* o tempo em que persiste a incapacidade, *e só durante a mesma*, o indivíduo não pode testar".

7. IMPUGNAÇÃO DA VALIDADE DO TESTAMENTO. CAPTAÇÃO DA VONTADE

Somente após a morte do testador se poderá questionar sobre a validade do ato de última vontade. Enquanto estiver vivo permanecerá afastada a possibilidade de sofrer impugnações, pois se trata de negócio jurídico *mortis causa*. Do contrário estar-se-ia permitindo a instauração de litígio acerca de herança de pessoa viva.

Dispõe o art. 1.859 do Código Civil:

"Extingue-se em cinco anos o direito de impugnar a validade do testamento, contado o prazo da data do seu registro".

Aberta a sucessão, o testamento deverá ser apresentado em juízo e registrado, para ser mandado cumprir. A contagem do quinquênio decadencial dá-se com a apresentação do testamento ao juiz, que, se lhe não achar vício externo, que o torne suspeito de nulidade ou falsidade, mandará que seja registrado, arquivado e cumprido (CPC/2015, art. 735 e parágrafos). É a partir do registro, e não da abertura da sucessão, que se conta o aludido prazo decadencial. Uma vez esgotado, o testamento não mais pode ser impugnado, mesmo que eivado de nulidade.

O art. 169 do Código Civil estabelece regra aplicável aos negócios em geral:

"O negócio jurídico nulo não é suscetível de confirmação, nem convalesce pelo decurso do tempo".

---

[25] Zeno Veloso, *Comentários*, cit., v. 21, p. 41.
[26] *Direito das sucessões*, cit., v. I, n. 335, p. 407.

Desse modo, em princípio, por mais longo que seja o tempo decorrido, não convalida o negócio nulo: *quod initio vitiosum est, non potest tractus temporis convalescere.*

Em matéria de testamento, porém, o art. 1.859 supratranscrito inova, introduzindo em nosso sistema um regime especial para a nulidade do negócio jurídico testamentário, fixando um prazo de caducidade para que a ação própria seja intentada e derrogando, *ipso facto*, a regra geral estabelecida no art. 169.

O Código Civil, no capítulo concernente à invalidade do negócio jurídico, constante da Parte Geral (arts. 166 a 184), trata da nulidade e da anulabilidade. O vocábulo "invalidade" é empregado para designar o negócio que não produz os efeitos desejados pelas partes, o qual é classificado pela forma mencionada de acordo com o grau de imperfeição verificado.

O art. 1.859, aplicável somente aos negócios jurídicos testamentários, refere--se à *impugnação* da validade do testamento, dando a entender que ela pode ocorrer em ambos os casos: de *nulidade* e de *anulabilidade.*

O testamento pode ser *nulo*, por não observar as formalidades legais, por ser conjuntivo ou por ter sido confeccionado por incapaz, por exemplo.

Por sua vez, estatui o art. 1.909 do Código Civil:

"São anuláveis as disposições testamentárias inquinadas de erro, dolo ou coação.

Parágrafo único. Extingue-se em quatro anos o direito de anular a disposição, contados de quando o interessado tiver conhecimento do vício".

Tal dispositivo tem causado certa perplexidade, em confronto com o art. 1.859, por ter este usado expressão genérica *"impugnar"*, que abrange tanto as hipóteses de nulidade como as de anulabilidade. E, também, porque o prazo de quatro anos é por demais elástico, podendo estender-se por tempo indeterminado, dada a imprecisão de seu termo inicial, uma vez que só começa a fluir *"quando o interessado tiver conhecimento do vício".*

A incongruência do legislador é bem demonstrada por ZENO VELOSO, ao dizer que o apontado critério gera instabilidade e não é bom: "Um testamento nulo, por exemplo, não pode mais ter a validade impugnada depois de cinco anos do seu registro. Mas uma disposição que ele contém, sob o argumento de que o testador errou, deliberou mediante dolo, ou foi vítima de coação, pode ser anulada muito depois daquele prazo, pois a decadência do direito de atacar a disposição começa a ser contada de 'quando o interessado tiver conhecimento do vício'. A solução não é lógica, não é razoável. O tema carece de reforma, deve ser ordenado, sistematicamente"[27].

---

[27] *Comentários*, cit., v. 21, p. 24.

A pura e simples supressão do parágrafo único já seria suficiente para resolver o problema, pois prevaleceria então, para ambos os casos, de nulidade e de anulabilidade, o prazo decadencial de cinco anos do art. 1.859, *contado da data do registro do testamento*, embora o prazo quinquenal destoe da regra geral de que é de quatro anos o prazo decadencial para pleitear a anulação do negócio jurídico em caso de vícios do consentimento (CC, art. 178).

Hipótese de dolo relacionado ao testamento é a *captação da vontade do testador*, que o torna anulável por vício do consentimento. Segundo CLÓVIS BEVILÁQUA, consiste a captação no "emprego de artifícios para conquistar a benevolência de alguém, no intuito interessado de obter liberalidades de sua parte, em favor do captante ou de terceiros"[28].

A captação em si mesma, limitada à demonstração de afeição pelo testador e à tentativa de se fazer estimar por ele, com o objetivo de ser contemplado no testamento, sem o recurso a manobras fraudulentas, destinadas a influenciar diretamente o ato de disposição testamentária, constitui fenômeno geral e comum entre os homens, não sendo suficiente para viciá-lo. Somente a captação maliciosa, impregnada de dolo, tem esse condão, não a inocente. *O que se procura combater não é a captação, mas o dolo*[29].

No elenco das manobras captatórias dolosas mencionadas pela doutrina encontram-se, por exemplo, as calúnias levantadas contra herdeiros legítimos, as mentiras, o abuso de influência ou de autoridade, o impedimento do acesso de membros da família ao testador, o afastamento de amigos, a despedida de criados de confiança, a ingerência descabida e constante em seus negócios etc.

A *captação dolosa somente torna anulável o testamento, todavia, quando* é a *causa* da disposição viciada, pois, sendo espécie de dolo, sujeita-se aos ditames do art. 145 do Código Civil, segundo o qual "*são os negócios jurídicos anuláveis por dolo, quando este for a sua causa*".

Indaga-se se seria possível converter o testamento nulo em outro que não contivesse os mesmos requisitos, com base no art. 170 do Código Civil, que estatui: "*Se, porém, o negócio jurídico nulo contiver os requisitos de outro, subsistirá este quando o fim a que visavam as partes permitir supor que o teriam querido, se houvessem previsto a nulidade*".

A conversão do negócio jurídico pode ser *formal* ou *substancial*. Ocorre a primeira quando determinado negócio pode ser celebrado por várias formas e, sendo inválido na que foi adotada, é aproveitado e validado sob forma diversa, desde que observados os requisitos desta. Dá-se a conversão substancial quando

---

[28] *Direito das sucessões*, cit., § 55.
[29] Silvio Rodrigues, *Direito civil*, cit., v. 7, p. 152-153.

se altera o tipo contratual, sendo convertido o conteúdo negocial, como no caso da nota promissória emitida sem observância de todos os requisitos formais e que se converte em confissão de dívida. No intuito de salvar o negócio jurídico, que padece de vício insanável, permite a lei a sua conversão, como decorrência direta do princípio da conversão dos negócios jurídicos.

Flávio Tartuce e José Fernando Simão fornecem o seguinte exemplo de aplicação do instituto da conversão aos testamentos: "Imagine-se um testamento público que conta com a assinatura de quatro testemunhas (apesar de a lei só exigir duas), que, por um lapso, deixa de ser assinado pelo Tabelião. Como instrumento público, o testamento é nulo, mas converte-se em testamento particular (que só exige a presença de três testemunhas), ocorrendo a conversão formal, pois a forma pública nula converte-se em forma particular válida. Note-se que o negócio jurídico original é um testamento e o convertido também o é"[30].

Quanto às ações que versem sobre pedido de anulação de testamento, a 3ª *Turma do Superior Tribunal de Justiça*, por unanimidade, decidiu que o valor da causa pode ser fixado tendo como base o valor líquido do acervo patrimonial apurado a partir das primeiras declarações prestadas na ação de inventário dos bens deixados pelo testador, sendo vedada a fixação do valor da causa em quantia muito inferior àquela desde logo estimável[31].

---

[30] *Direito civil*, v. 6, p. 383.
[31] STJ, REsp 1.970.231-AL, 3ª T., rel. Min. Nancy Andrighi, *DJe* 2-3-2023.

Capítulo III

DAS FORMAS ORDINÁRIAS DE TESTAMENTO

Sumário: 1. Introdução. 2. Invalidade do testamento conjuntivo. 3. Perda ou destruição e reconstituição do testamento. 4. Testamento público. 4.1. Requisitos e formalidades. 4.1.1. Lavratura pelo tabelião ou seu substituto legal em seu livro de notas. 4.1.2. Leitura em voz alta na presença de duas testemunhas. 4.1.3. Necessidade da presença das testemunhas durante todo o tempo. 4.1.4. Data e assinatura. 4.1.5. Menção da observância das formalidades legais. 4.2. Registro e cumprimento do testamento público. 5. Testamento cerrado. 5.1. Requisitos e formalidades. 5.1.1. Cédula testamentária. 5.1.2. Ato de entrega do testamento cerrado. 5.1.3. Auto de aprovação. 5.1.4. Cerramento. 5.2. Abertura, registro e cumprimento do testamento cerrado. 6. Testamento particular. 6.1. Requisitos e formalidades. 6.2. Publicação e confirmação do testamento particular. 6.3. Confecção do testamento particular em circunstâncias excepcionais. 7. Testemunhas instrumentárias.

1. INTRODUÇÃO

No direito pré-codificado as formas testamentárias admitidas pelas Ordenações Filipinas eram as seguintes: a) o testamento *aberto* (público), feito nas notas do tabelião; b) o testamento *cerrado*, com o instrumento de aprovação; c) o testamento feito pelo testador (particular), ou por outra pessoa privada (ológrafo), que dependia de ser publicado judicialmente; e d) o testamento *per palavra* (nuncupativo), com a assistência de seis testemunhas, inclusive mulheres[1].

Os civilistas acrescentaram outras espécies: a) o testamento marítimo; b) o testamento *ad pias causas*; c) o testamento de pai para filho; d) o testamento rural

---

[1] Itabaiana de Oliveira, *Tratado de direito das sucessões*, v. II, p. 16.

220

(*rure factum*); e) o testamento em tempo de peste (*tempore pestis*); f) o testamento conjuntivo ou de mão comum[2].

O Código Civil de 1916 manteve os testamentos público, cerrado, particular, marítimo e militar, e aboliu os demais, salvo o nuncupativo, restrito, porém, à modalidade de testamento militar, facultado àquele que, empenhado em combate, é ferido. Poderia, nesse caso, confiar o testador a sua vontade a duas testemunhas.

O Código Civil de 2002 admite três formas de testamentos ordinários: *público, cerrado* e *particular* (art. 1.862); e, também, três de testamentos especiais: *marítimo, aeronáutico* e *militar* (art. 1.886). Caracterizam-se pela exigência do cumprimento de várias formalidades, destinadas a dar seriedade e maior segurança às manifestações de última vontade, exceção feita ao testamento *nuncupativo*, disciplinado como modalidade de testamento militar, como no diploma de 1916, que pode ser feito oralmente, perante duas testemunhas, por militares em combate, ou feridos (art. 1.896).

O casamento e o testamento são considerados os dois atos mais solenes do nosso direito. Longe de representar um obstáculo à faculdade de testar, o formalismo vale como garantia e salvaguarda dessa faculdade. Quando o legislador cria as exigências de forma, tem em mira preservar a idoneidade psicológica do testador, protegendo a autenticidade da manifestação volitiva contra as insinuações captatórias, deformação e descompasso entre o querer autêntico e a externação do querer[3].

A forma, segundo CARLOS MAXIMILIANO, além de assegurar a prova da última vontade, tem também efeito subjetivo, até certo ponto educativo: obriga o hereditando a pensar. A solenidade imposta, acrescenta, "chama a sua atenção para a importância excepcional do que está fazendo, ocasiona útil intervalo entre a resolução e a ação, evita precipitações e como que o concita a precaver-se, a dominar movimentos e pendores ocasionais"[4].

O legislador não deixou ao alvedrio do testador a escolha da maneira de manifestar a sua intenção. Estabeleceu previamente as formas válidas, devendo a pessoa que desejar testar escolher um dos tipos por ele criados, sem poder inventar um novo, mediante a combinação dos existentes.

---

[2] Testamento *ad pias causa*: em favor de obras pias (mosteiros, confrarias, hospitais); testamento de pai para filho: o feito pelo pai em consideração ao filho; testamento rural: o feito em zona rural ou em lugar despovoado; testamento em tempo de peste: o feito por quem, em tempo de peste, quisesse dispor de seus bens e não encontrasse testemunhas em número suficiente; testamento conjuntivo: o feito por duas ou mais pessoas no mesmo instrumento.

[3] Orozimbo Nonato, *Estudos sobre sucessão testamentária*, v. I, n. 148, p. 198; Caio Mário da Silva Pereira, *Instituições de direito civil*, v. VI, p. 218.

[4] *Direito das sucessões*, v. I, n. 350, p. 416.

Não há outra forma possível de testamento *ordinário* além das três retromencionadas. Proclama o art. 1.887 do Código Civil que, igualmente, *"não se admitem outros testamentos especiais além dos contemplados neste Código".*

A forma representa, assim, um pressuposto necessário do negócio jurídico testamentário. Testamento que não obedecer à norma sobre forma – que é cogente, de ordem pública – é nulo de pleno direito e não tem efeito algum. A declaração *post mortem* pela qual uma pessoa dispõe de seus bens, ainda que autêntica e solene, não terá validade se externada por modo diverso do prescrito em lei (CC, art. 104, III)[5].

O atual Código Civil simplificou a elaboração dos testamentos, revelando uma acentuada tendência do legislador em facilitar a sua confecção. Assim: a) promoveu a redução do número de testemunhas exigidas nas formas ordinárias (de cinco para apenas duas nos testamentos público e cerrado, e para três no particular); b) previu a possibilidade de, em circunstâncias excepcionais, o testamento particular prescindir de testemunhas instrumentárias (art. 1.789); c) incluiu a expressa previsão do emprego de processos mecânicos como veículo da manifestação de vontade do testador (arts. 1.868 e 1.876); d) suprimiu a exigência de o testador, no testamento público, "fazer de viva voz as suas declarações", prevista no art. 1.635 do Código de 1916[6].

Verdadeira, portanto, a assertiva de EDUARDO DE OLIVEIRA LEITE de que "a tendência do direito atual é facilitar o acesso de todos à testamentificação, desde que o outorgante possa, de alguma maneira, exprimir a sua vontade"[7].

2. INVALIDADE DO TESTAMENTO CONJUNTIVO

O Código Civil proíbe expressamente, no art. 1.863, o testamento conjuntivo: *"É proibido o testamento conjuntivo, seja simultâneo, recíproco ou correspectivo".*

O testamento conjuntivo é vedado na generalidade dos Códigos. O Código Napoleão prescreve: "Um testamento não poderá ser feito no mesmo ato por duas ou mais pessoas, seja a favor de um terceiro, seja a título de disposição recíproca ou mútua".

Testamento *conjuntivo*, de *mão comum* ou *mancomunado* é aquele em que duas ou mais pessoas, mediante um só instrumento (portanto, num mesmo ato), fazem disposições de última vontade acerca de seus bens. É *simultâneo* quando os testadores dispõem em benefício de terceiros, num só ato (*uno contextu*); *recíproco,*

---

[5] Zeno Veloso, *Comentários ao Código Civil*, v. 21, p. 43; Silvio Rodrigues, *Direito civil*, v. 7, p. 155.
[6] Caio Mário da Silva Pereira, *Instituições*, cit., v. VI, p. 226-227.
[7] *Comentários ao novo Código Civil*, v. XXI, p. 350.

quando instituem benefícios mútuos, de modo que o sobrevivente recolha a herança do outro; *correspectivo*, quando os testadores efetuam disposições em retribuição de outras correspondentes.

Justifica-se a proibição do testamento conjuntivo, em todas as suas formas, como já se disse (*v.* Capítulo I, n. 4, *b, retro*), porque tais disposições constituem espécies de *pacto sucessório* e contrariam uma característica essencial do testamento, que é a *revogabilidade.*

O caráter pactício do testamento conjuntivo, como assevera SILVIO RODRIGUES, "é inegável, principalmente nas espécies chamadas *recíproca* e *correspectiva.* Ora, como a lei veda o contrato sobre herança de pessoa viva (CC, art. 426), por conter um *votum mortis* de indiscutível imoralidade, deve, obviamente, proibir o testamento de mão comum"[8].

Nada impede que o casal, desejando testar simultaneamente, compareça ao Cartório de Notas e ali cada qual faça o seu testamento, em cédulas testamentárias distintas. É vedada somente a confecção conjunta por marido e mulher, no mesmo instrumento. Elaborando-os separadamente, ainda que na mesma ocasião e perante o mesmo tabelião, podem deixar os bens um para o outro. Nesse caso, os testamentos não são considerados conjuntivos, pois cada qual conserva a sua autonomia. Confira-se:

"Na hipótese, vislumbra-se que o finado e sua cônjuge elaboraram seus respectivos testamentos no mesmo Tabelionato, no mesmo dia, mas em instrumentos diversos. Prepararam-se para testar concomitantemente, mas cada qual a seu modo e sem unificá-los em um só. Nessa gramatura, a disposição do art. 1.630 do Código Civil (atual art. 1.863) não obsta a que duas pessoas, em atos separados, embora na mesma data e nos mesmos termos, disponham em proveito recíproco (RT 150/652)"[9].

3. PERDA OU DESTRUIÇÃO E RECONSTITUIÇÃO DO TESTAMENTO

A *cédula testamentária, perdida ou destruída, não comporta reconstrução, pelos riscos que tal atividade encerra e pela possibilidade de encobrir articulações fraudatórias da vontade do morto.*

---

[8] *Direito civil,* cit., v. 7, p. 157.
[9] TJSP, Apel. 1002461-87.2016.8,26.0576, São José do Rio Preto, 7ª Câm. Dir. Priv., Rel. Des. Rômolo Russo, j. 22-10-2019.

Efetivamente, sem o acesso à cédula testamentária não se pode recompor a vontade do testador, sob pena de contrariar a própria natureza do ato. Haveria, sem dúvida, interferências estranhas à vontade testamentária.

Em princípio, pois, a reconstituição do testamento é incompatível com a solenidade que reveste. Ressalva-se, contudo, o testamento público, de que o traslado é mera cópia[10].

Não se pode afastar, todavia, a possibilidade de se restaurar, mediante recursos técnicos, a cédula testamentária que sofreu os efeitos do longo decurso do tempo e se tornou de difícil leitura, desde que tal trabalho não comprometa o texto.

4. TESTAMENTO PÚBLICO

O testamento público é escrito pelo *tabelião* em seu livro de notas, de acordo com as declarações do testador, feitas em língua nacional, podendo este servir-se de minuta, notas ou apontamentos, em presença de duas testemunhas, que devem assistir a todo o ato. O Código de 1916 exigia a presença simultânea de cinco testemunhas.

Essas formalidades tornam-no mais seguro do que as outras espécies de testamento, malgrado apresente o inconveniente de permitir a qualquer pessoa o conhecimento de seu teor.

A publicidade não consiste no fato de o testamento ficar aberto ao conhecimento do público depois de o ato ser lavrado no livro respectivo. Chama-se "público" o testamento em razão de o notário, em nosso país, por longo tempo, ter sido chamado, também, de "oficial público", bem como pela circunstância de o ato ser testemunhado pelas pessoas cuja presença é essencial para garantir a sua seriedade e regularidade[11].

Para obviar o inconveniente de qualquer pessoa poder requerer e obter uma certidão de ato constante em notas de um tabelião, sem informar ao notário o motivo ou interesse disso, o art. 152 das Normas de Serviços da Corregedoria Geral de Justiça do Estado de São Paulo, Tomo II, capítulo XIV, dispõe: "As certidões de escrituras públicas de testamento, enquanto não comprovado o falecimento do testador, serão expedidas apenas a seu pedido ou de seu representante legal, ou mediante ordem judicial". Desse modo, a privacidade do testador é respeitada.

---

[10] Caio Mário da Silva Pereira, *Instituições*, cit., v. VI, p. 220.

[11] Zeno Veloso, *Comentários*, cit., v. 21, p. 58-59.

4.1. Requisitos e formalidades

O art. 1.864 enumera, pormenorizadamente, os requisitos e formalidades essenciais do testamento público:

"I – ser escrito por tabelião ou por seu substituto legal em seu livro de notas, de acordo com as declarações do testador, podendo este servir-se de minuta, notas ou apontamentos;

II – lavrado o instrumento, ser lido em voz alta pelo tabelião ao testador e a duas testemunhas, a um só tempo; ou pelo testador, se o quiser, na presença destas e do oficial;

III – ser o instrumento, em seguida à leitura, assinado pelo testador, pelas testemunhas e pelo tabelião.

Parágrafo único. O testamento público pode ser escrito manualmente ou mecanicamente, bem como ser feito pela inserção da declaração de vontade em partes impressas de livro de notas, desde que rubricadas todas as páginas pelo testador, se mais de uma".

Decidiu o *Tribunal de Justiça de Minas Gerais* que "É nulo o testamento público lavrado fora dos limites da circunscrição na qual a tabeliã indicada exerce sua delegação, notadamente quando a escritura foi assinada apenas pela escrevente, desprovida de atribuição legal para firmar o documento. Conquanto o artigo 367 do CPC [de 1973] atribua ao documento público declarado nulo a eficácia probatória do instrumento particular, incabível convolar em testamento particular a escritura pública de testamento público quando não se verifica o número de testemunhas exigidas para confirmação do ato de última vontade, nos moldes do artigo 1.133 do mesmo *codex*"[12].

4.1.1. Lavratura pelo tabelião ou seu substituto legal em seu livro de notas

A vontade do testador[13] deve ser externada ao oficial público, denominado *tabelião*, sob a forma de *declaração*, admitindo-se a entrega de minuta previamente elaborada, seguida da declaração verbal de que contém a sua última vontade, ou de consulta a anotações.

Tabelião é o agente que exerce, em caráter privado e por delegação do Poder Público, a função de redigir, fiscalizar e instrumentar atos e negócios jurídicos, conferindo-lhes autenticidade e fé pública. É também chamado de notário (notaire, no direito francês), expressão oriunda do direito canônico e adotada nos países europeus[14].

---

[12] TJMG, AC 100241126655468001, 2ª Câm. Cív., rel. Des. Afrânio Vilela, j. 18-6-2013.
[13] A vontade do testador, quando emanada de forma livre e no exercício pleno das faculdades mentais, é soberana, prevalecendo sobre eventuais vícios formais. STJ. AR n. 6.052/SP, relator Ministro Marco Aurélio Bellizze, Segunda Seção, julgado em 8/2/2023.
[14] Eduardo de Oliveira Leite, *Comentários*, cit., v. XXI, p. 336-337.

Não só o tabelião, mas também o seu substituto legal (*oficial-maior* ou *escrevente* autorizado a substituí-lo, nos termos do art. 20 da Lei n. 8.935, de 18-11-1994, que dispõe sobre os serviços notariais e de registros) podem lavrar testamento. Fica, em consequência, tacitamente revogado o § 4º do aludido art. 20, que proibia os substitutos de praticar tal ato.

Além do tabelião e de seu substituto legal, são também competentes para lavrar testamento público, denominado *testamento consular*, as autoridades diplomáticas, como prevê o art. 18 da Lei de Introdução às Normas do Direito Brasileiro.

Em primeiro lugar deve o tabelião, por dever de ofício, certificar-se cuidadosamente da identidade e da capacidade ou sanidade mental do testador. Sendo tal modalidade testamentária confeccionada por instrumento público, devem ser observados os requisitos gerais estabelecidos para as escrituras públicas no art. 215, dentre os quais os constantes do inciso II do § 1º: "*reconhecimento da identidade e capacidade das partes e de quantos hajam comparecido ao ato, por si, como representantes, intervenientes ou testemunhas*".

Como afirma Troplong, "está em jogo o *supremum judicium defuncti*, em que a vontade do testador se assemelha à vontade do legislador"[15].

Também as testemunhas precisam conhecer o testador, para poder afirmar a sua identidade. Basta, entretanto, que haja sido apresentado a elas por quem mereça acatamento, desde que, segundo a opinião de Carlos Maximiliano, "esse fato se não tenha verificado imediatamente antes da lavratura do ato"[16].

Assinala, igualmente, Pontes de Miranda que "o oficial e as testemunhas devem conhecer o testador, sendo tal exigência requisito intrínseco do fato. Se, depois, se provar que qualquer deles não o conhecia, é nulo o testamento, embora a nulidade não seja de ordem formal, ou seja: se o oficial deixou de declarar que o conhecia ou que o conheciam as demais pessoas, só por isto não se decreta a nulidade"[17].

Mas, prossegue: "provado, declara-se a invalidade do ato, por se não ter, em verdade, número suficiente de testemunhas. Dar-se-á responsabilidade do oficial, porque ele, por sua lei, não cercou de todo o cuidado o testamento público. A diferença entre as nulidades de ordem *formal* e as do intrínseco não é sem interesse: aquelas autorizam o juiz a pronunciá-las por ocasião do 'cumpra-se', e estas, não".

"Testamento. Viabilidade de sua lavratura por tabelião substituto ou escrevente autorizado" (*JTJ*, Lex, 265/62). "É razoável a interpretação que reconhece a validade do *testamento público* lavrado por escrevente juramentado, no impedimento ocasional do tabelião, tal como expressamente o admite a lei estadual de organização judiciária" (STF, RE 51.679-Maranhão, 2ª T., rel. Min. Aliomar Baleeiro, *DJU*, 8-4-1968).

[15] *Donations entre-vifs et testaments*, v. 3, p. 67, apud Washington de Barros Monteiro, *Curso de direito civil*, v. 6, p. 134.

[16] *Direito das sucessões*, cit., v. I, n. 375, p. 435.

[17] *Tratado dos testamentos*, v. 2, n. 206, p. 35-38.

Acrescenta o notável jurisconsulto, com perspicácia, que, se não puder ser feita a prova de identidade do testador e das testemunhas (porque, por exemplo, o testador saiu do lugar em que mora e foi a outro testar por instrumento público, valendo-se de testemunhas que o não conhecem e de oficial que só então o vê, por ter motivos para desconfiar do oficial do lugar), "negar a feitura do testamento, talvez urgente, seria mais grave do que fazê-lo, ressalvando o oficial, quanto a isto, a sua responsabilidade. Há de declarar as circunstâncias, os sinais característicos do testador, ou das testemunhas, e a validade do testamento não poderá deixar de depender da posterior justificação plena da identidade".

Tudo aconselha, arremata o citado doutrinador, "a deixar ao juiz a apreciação das circunstâncias, dos indícios, em vez de prendê-los em malhas de injusto formalismo. A forma, esta foi satisfeita. O que se discute é o requisito intrínseco do conhecimento do testador pelas partes figurantes: oficial, testemunhas e o leitor do art. 1.636 (*do CC/1916*) (...) "O que, acima de tudo, importa é a *identidade*, e o *não conhecimento*, ou o *conhecimento fácil só deve ter importância se deixa dúvidas quanto a ela*. Esta é a única regra geral – regra de julgar – que devemos induzir".

Prosseguindo o ritual da elaboração do testamento, o testador faz suas *declarações* ao tabelião, que promove a escrituração, de acordo com elas, no seu livro de notas. Para tanto, pode aquele servir-se de notas, apontamentos e mesmo de uma minuta do testamento redigida por advogado, para melhor encaminhar o pensamento e bem enunciar sua última vontade.

Não basta, porém, "entregá-la ao notário, sem mais nada. Tem de lê-la ou, ao menos, declarar o que nela se contém, de modo geral, como sua última vontade. Não pode o testador informar, por escrito, que naquele papel está o seu testamento. A declaração de que trata o art. 1.864, I, deve ser *oral*, que é a regra, nesses casos. Quando o legislador quis que fosse substituída a oralidade por um escrito, deixou isso bem claro e expresso, como no caso do testamento cerrado do surdo-mudo (art. 1.873)[18].

Não nos parece acertado, *permissa venia*, o pensamento de CARLOS ROBERTO BARBOSA MOREIRA, atualizador da obra de CAIO MÁRIO DA SILVA PEREIRA, no sentido de que, tendo sido suprimida a exigência, existente no diploma anterior, de que o testador faça "de viva voz" as suas declarações (CC/1916, art. 1.635), ficou também franqueada ao mudo e ao surdo-mudo a escolha do testamento público, podendo agora "servir-se de minuta, notas ou apontamentos", em vez de fazer declaração verbal[19].

Em realidade, como já mencionado, permanece a exigência de que o testador manifeste a sua vontade mediante *declaração* ao tabelião (art. 1.864, I). A utilização

---

[18] Zeno Veloso, *Comentários*, cit., v. 21, p. 68.
[19] *Instituições*, cit., v. VI, p. 206.

de minuta, notas ou apontamentos é permitida apenas para que possa melhor encaminhar o seu pensamento, mas não dispensa a declaração oral.

Compete ao tabelião reproduzir fielmente a vontade manifestada pelo testador. Não se exige que reproduza literalmente as próprias palavras por este pronunciadas – nem sempre técnicas ou bastante claras e às vezes até rudes ou impróprias –, mas deve obedecer ao pensamento e à vontade manifestados, sem nada omitir.

Para melhor se inteirar da vontade do testador pode o tabelião fazer-lhe perguntas e indagações, interrompendo o ditado ou após o seu término. É até de bom alvitre que o faça, para esclarecer o sentido de uma frase ou a extensão de uma liberalidade, a fim de evitar dubiedades e obscuridades. Não se admite, todavia, que redija o testamento com base, unicamente, em perguntas que dirigiu ao testador, sem que este tenha tomado a iniciativa de fazer as declarações, e nas respostas simplistas recebidas (*sim, não*) – o que a doutrina chama de *testamentum ad interrogationem* ou *ad interrogationem alterius*[20].

Não basta que o instrumento público seja completo; faz-se mister que seja também perfeito quanto à sua forma material, ou seja, que não contenha imperfeições, rasuras, borrões ou entrelinhas. Como, entretanto, nem sempre se torna fácil atingir esse máximo de perfeição material, podem os enganos e defeitos ser sanados pela *ressalva* ao fim da escritura e antes das assinaturas. "Se a verificação do defeito se deu após as assinaturas, ela se faz, não obstante, devendo ser as assinaturas repetidas"[21].

Se a ressalva não foi feita, cabe ao juiz, em face de cada caso concreto, deliberar livremente sobre o valor probante que se deve atribuir a determinado documento que contenha rasuras ou entrelinhas. Nesse sentido preceitua o art. 426 do Código de Processo Civil: "O juiz apreciará fundamentadamente a fé que deva merecer o documento, quando em ponto substancial e sem ressalva contiver entrelinha, emenda, borrão ou cancelamento".

Há uma série de circunstâncias "que devem ser atendidas *in casu* e que podem gerar no espírito do julgador a certeza de que os vícios não provêm de manobra fraudulenta de qualquer das partes ou, pelo menos, da parte que pretende, com a produção judicial do documento, realizar a prova"[22].

Em regra, eventuais rasuras, borrões ou outros pequenos detalhes que não comprometem a essência do ato não viciam nem invalidam todo o testamento.

---

[20] Pontes de Miranda, *Tratado dos testamentos*, cit., v. 2, n. 212, p. 48; Caio Mário da Silva Pereira, *Instituições*, cit., v. VI, p. 232-233; Zeno Veloso, *Comentários*, cit., v. 21, p. 62-63.
[21] Orozimbo Nonato, *Estudos*, cit., v. I, n. 166, p. 224.
[22] Pedro Batista Martins, *Comentários ao Código de Processo Civil*, v. III, n. 30, p. 46.

O Código Civil de 2002 não repetiu expressamente a necessidade, prevista no parágrafo único do art. 1.632 do Código Civil de 1916, de que as declarações do testador sejam feitas na *língua nacional*, por mostrar-se dispensável tal exigência, uma vez que, em nosso país, todos os atos públicos devem ser redigidos na língua portuguesa. Mesmo que assim não fosse, seria de exigir o emprego da língua nacional nos testamentos, em face da necessidade de as disposições testamentárias serem compreendidas pelas pessoas presentes ao ato.

Não se exige, porém, como observa WASHINGTON DE BARROS MONTEIRO, "que o disponente se mostre perfeito conhecedor do nosso idioma; basta que se exprima de maneira suficiente a se fazer entender pelo notário e pelas testemunhas. Redação errada, erros crassos de linguagem, expressões regionais, emprego de calão, mistura de vocábulos estrangeiros compreensíveis, nada disso prejudica o ato"[23].

O testamento, tradicionalmente, é escrito no livro de notas, de próprio punho, pelo tabelião ou por seu substituto legal. Todavia, o Código Civil de 2002, atento à evolução da tecnologia, permite também, no parágrafo único do art. 1.864, a utilização de meios mecânicos (máquina de escrever, computador). A tendência é que a utilização do microcomputador venha a preponderar, como se pode facilmente antever. Nesse caso, uma vez digitado o texto, será ele impresso e encartado no livro próprio, procedendo-se à leitura e às demais solenidades do ato.

Previu-se, ainda, no mesmo dispositivo, uma terceira modalidade de colheita da manifestação do testador: "*pela inserção da declaração de vontade em partes impressas de livro de notas, desde que rubricadas todas as páginas pelo testador, se mais de uma*".

Sua utilização, por certo, ficará limitada aos testamentos de menor extensão, cujo texto possa mais facilmente acomodar-se em espaços previamente reservados à manifestação do testador, de acordo com determinado padrão preestabelecido. A rubrica das páginas pelo testador não dispensa a assinatura do ato por ele, pelo tabelião e pelas testemunhas presentes (CC, art. 1.864, III)[24].

4.1.2. Leitura em voz alta na presença de duas testemunhas

Depois de escrito, o instrumento do testamento será lido "*em voz alta pelo tabelião ao testador e a duas testemunhas, a um só tempo; ou pelo testador, se o quiser, na presença destas e do oficial*" (CC, art. 1.864, II).

---

[23] *Curso*, cit., v. 6, p. 135.
[24] Caio Mário da Silva Pereira, *Instituições*, cit., v. VI, p. 232-233; Zeno Veloso, *Comentários*, cit., v. 21, p. 67.

A finalidade da leitura é possibilitar, tanto ao testador como às testemunhas, que verifiquem a coincidência entre a vontade por ele manifestada e o que foi lançado no livro pelo tabelião[25].

Embora a lei não exija menção de que as testemunhas tenham achado conforme aquilo que o tabelião escreveu sobre o que se passou, é certo que a leitura do testamento destina-se, efetivamente, a comprovar a correspondência entre a vontade manifestada pelo testador e o inserto no ato[26].

Assim, as testemunhas devem estar presentes do princípio ao fim, sem solução de continuidade, ou seja, *desde o momento em que o testador declara a sua vontade ao tabelião e este lavra o instrumento*, como entende a doutrina majoritária, malgrado essa exigência não apareça expressamente no inciso I do mencionado art. 1.864 do Código.

Se assim não for, não poderão, efetivamente, informar, em eventual ação declaratória de nulidade, se a vontade do testador foi respeitada pelo tabelião e se o teor do instrumento reflete ou não a sua real intenção. E a presença ao ato terá sido inútil. Não são elas chamadas para presenciar parte da solenidade, mas para ver, ouvir e compreender tudo o que se passa, do início ao fim do ritual procedimental.

Por esse motivo, não se nos afigura aceitável, *data venia*, a interpretação literal do emérito civilista Zeno Veloso no sentido de que "o art. 1.864, I, não mais considera requisito essencial que as testemunhas sejam presentes quando o testador transmite a sua última vontade ao tabelião, nem quando este redige o testamento. A presença das testemunhas vai ser requerida, já no inciso II do art. 1.864, para que assistam e ouçam a leitura do instrumento"[27].

A exigência de *cinco testemunhas*, feita no Código de 1916, constituía uma reminiscência da antiga divisão do povo romano em cinco classes, representando cada testemunha uma delas. O novo diploma procurou simplificar a elaboração dos testamentos, com redução do número de testemunhas, para duas na forma pública e cerrada, e três na forma particular.

Tudo indica, segundo Eduardo de Oliveira Leite, que o número de *duas* testemunhas tenha sido fixado com base em tradição histórica que nos foi legada pelo direito português. Dispunham as Ordenações Filipinas que, se os tabeliães não conheciam alguma das partes que queriam celebrar contratos, as escrituras não deveriam concretizar-se, salvo se as partes apresentassem duas testemunhas dignas de fé, que as identificassem[28].

---

[25] Silvio Rodrigues, *Direito civil*, cit., v. 7, p. 136.
[26] Washington de Barros Monteiro, *Curso*, cit., v. 6, p. 136.
[27] *Comentários*, cit., v. 21, p. 68.
[28] *Comentários*, cit., v. XXI, p. 339.

O número legal de testemunhas não pode ser reduzido. Pode, no entanto, ser aumentado, especialmente na hipótese do art. 1.865 do Código Civil, quando o testador não souber ou não puder assinar e, em vez de solicitar que uma das testemunhas instrumentárias assine a seu rogo, como determina o referido dispositivo legal, faz o pedido a outrem. A presença e a participação de uma terceira pessoa no ato trazem até mais segurança à lavratura.

A leitura do testamento *em voz alta* pelo tabelião ou pelo testador é exigida (deve sê-lo também de forma inteligível) para que possam os presentes verificar a correspondência entre a vontade do testador e o texto escrito, como já mencionado. O indivíduo "*inteiramente surdo, sabendo ler, lerá o seu testamento, e, se não o souber, designará quem o leia em seu lugar, presentes as testemunhas*" (art. 1.866).

Ao *cego* só se permite "*o testamento público, que lhe será lido em voz alta, duas vezes, uma pelo tabelião ou por seu substituto legal, e a outra por uma das testemunhas, designada pelo testador*", para resguardar a fidelidade da lavratura; "*fazendo-se de tudo circunstanciada menção no testamento*" (CC, art. 1.867).

O *analfabeto* também só pode testar de forma pública, pois não lhe é permitido fazer testamento cerrado (CC, art. 1.872) ou particular (art. 1.876, § 1º). Como o art. 1.864, I, do Código Civil exige que o testamento seja escrito de acordo com as *declarações* do testador, que deve ouvir a sua leitura em voz alta, feita ao final pelo tabelião, conclui-se que o *surdo-mudo* não pode testar por essa forma ordinária, ainda que saiba ler e escrever. Reforça essa convicção o fato de o art. 1.873 declarar expressamente que o surdo-mudo pode fazer testamento cerrado.

Em síntese, só não podem testar publicamente os mudos e os surdos-mudos, por não poderem fazer *declarações orais* ao tabelião (CC, art. 1.864, I). Podem fazê-lo: os surdos (que não sejam mudos), os alfabetizados em geral, os analfabetos (art. 1.865) e os cegos (art. 1.867).

4.1.3. Necessidade da presença das testemunhas durante todo o tempo

Não pode o tabelião fazer a leitura do instrumento ao testador e às testemunhas separadamente. A leitura precisa ser feita ao testador e às testemunhas "*a um só tempo*", como expressamente menciona o inciso II do art. 1.864 do Código Civil, "não sendo possível a leitura sucessiva, ao testador e, depois, às testemunhas, pois estaria violado o princípio da *unitas actus*, que, a partir da leitura, é requisito essencial do testamento público"[29].

Essa forma testamentária exige a unidade de contexto, a presença simultânea, conjunta e contínua do testador, do tabelião e das testemunhas. A leitura é, assim,

---

[29] Zeno Veloso, *Comentários*, cit., v. 21, p. 64.

"requisito a ser cumprido a um só tempo, simultaneamente, a todos os coparticipantes da solenidade, que devem estar presentes – e juntos – desde o momento da leitura até a assinatura e encerramento do ato, com os temperamentos que o bom senso admite. E o tabelião não pode limitar-se à leitura de partes ou trechos da escritura, ainda que lhe pareçam os mais importantes. É necessária a leitura do ato inteiro"[30].

Anota WASHINGTON DE BARROS MONTEIRO que "as testemunhas hão de estar presentes, do princípio ao fim, sem solução de continuidade. Não se permite que elas se afastem, ainda que por instantes. Exige-se-lhes a presença no mesmo cômodo em que se lavra o ato, não se condescendendo com sua permanência em outro local, embora contíguo"[31].

Assinala a propósito ITABAIANA DE OLIVEIRA que "as testemunhas devem estar presentes a todo o ato, isto é, desde o seu início até ao seu fim, sem poder ausentar-se um só instante que seja, para que possam tudo ver, ouvir e compreender. Elas devem saber a língua nacional para que, ouvindo as declarações do testador e a sua leitura, possam certificar-se de que a escritura testamentária é a vontade expressa do testador, conforme este se manifestou em presença das testemunhas"[32].

PONTES DE MIRANDA, por sua vez, considera essencial para a validade do testamento "ser escrito pelo oficial no livro de notas, ditado ou declarado pelo testador, na presença das testemunhas que devem permanecer, juntas e com o testador, até inteira feitura da cédula, *assistindo* (se uma delas desmaiou, por exemplo – deixou de assistir todo o tempo, como exige o art. 1.632, II)"[33].

Igualmente CARLOS MAXIMILIANO sustenta que a testemunha "precisa ouvir o que se diz, ver o que se escreve, apurar o adimplemento das formalidades extrínsecas, a lealdade do oficial, a veracidade das declarações inseridas no papel, e tudo autenticar por meio da sua firma, na ocasião do próprio depoimento, mais tarde, em caso de litígio sobre a validade do ato. Eis por que não servem surdos, nem analfabetos, não obstante o silêncio da lei a seu respeito"[34].

Em princípio, pois, é nulo o testamento se as testemunhas apenas assinaram a escritura sem terem assistido ao ato, ou mesmo se uma delas se afastou durante a sua realização[35].

Observa-se, entretanto, uma tendência da jurisprudência em afastar a idolatria ao formalismo exagerado, sempre que tal diretriz não comprometer a essência do

---

[30] Zeno Veloso, *Comentários*, cit., v. 21, p. 64.
[31] Curso, cit., v. 6, p. 136.
[32] *Tratado*, cit., v. II, p. 58.
[33] *Tratado dos testamentos*, cit., v. 2, p. 57.
[34] *Direito das sucessões*, cit., v. II, n. 538, p. 32.
[35] *RJTJSP*, 138/43; *RT*, 687/80.

ato e a fiel vontade manifestada pelo testador. Assim, já se decidiu que "a ausência temporária das testemunhas, durante a escrita do testamento, não interrompe o ato, porque a sua presença só é exigida, pela lei, para que vejam, ouçam e compreendam ao testador, certificando-se de que a escritura encerra a vontade manifestada"[36].

O rigorismo, com efeito, tem sido temperado, considerando-se não quebrada a unidade do ato se ocorrerem breves e momentâneas interrupções, para resolver uma emergência passageira, para o atendimento de um telefonema urgente ou para resolver uma necessidade corporal das testemunhas, do testador ou mesmo do tabelião.

Nessa esteira, proclamou o *Superior Tribunal de Justiça* que "o testamento é um ato solene que deve submeter-se a numerosas formalidades que não podem ser descuradas ou postergadas, sob pena de nulidade. Mas todas essas formalidades não podem ser consagradas de modo exacerbado, pois a sua exigibilidade deve ser acentuada ou minorada em razão da preservação dos dois valores a que elas se destinam – razão mesma de ser do testamento –, na seguinte ordem de importância: o primeiro, para assegurar a vontade do testador, que já não poderá mais, após o seu falecimento, por óbvio, confirmar a sua vontade ou corrigir distorções, nem explicitar o seu querer que possa ter sido expresso de forma obscura ou confusa. O segundo, para proteger o direito dos herdeiros do testador, sobretudo dos seus filhos"[37].

Oportuna a manifestação de ZENO VELOSO a esse respeito: "Louvamos a doutrina e jurisprudência que não fulminam de nulidade o testamento em que ocorreram breves e passageiras ausências das testemunhas, observadas, é claro, as circunstâncias de cada caso. Mas não vemos como aceitar a tese em prol da validade de um testamento em que as testemunhas não assistiram à redução a escrito (e já não tinham presenciado as declarações orais do testador!), sem que isto importe em flagrante desrespeito à expressa norma legal"[38].

Deve-se, pois, como solução ideal, examinar as circunstâncias de cada caso, apreciando com bom senso e razoabilidade a situação concreta *sub judice*.

---

[36] *JTJ*, Lex, 206/148. No mesmo sentido: "Tendo as testemunhas permanecido, durante a realização do ato, o tempo suficiente para atestar a autenticidade e validade das declarações, irrelevante se torna a ausência ligeira de algumas delas" (*RT*, 596/169). "Não há falar em nulidade do ato simplesmente porque se registraram rápidas ausências, quando da feitura material do testamento, ora de uma, ora de outra testemunha, desde que todas elas ouviram as declarações do testador, certificando-se, depois, presentes também à leitura do ato, de que fielmente respeitada foi a vontade manifestada" (*RF*, 143/363).

[37] *RSTJ*, 148/467. No mesmo sentido: "Não se deve alimentar a superstição do formalismo obsoleto, que prejudica mais do que ajuda. Embora as formas testamentárias operem como *jus cogens*, entretanto a lei da forma está sujeita a interpretação e construção apropriadas às circunstâncias" (STJ, *RT*, 673/168).

[38] *Testamentos*, p. 147.

A propósito, decidiu ainda o *Superior Tribunal de Justiça*: "O testamento é um ato solene que deve ser submetido a numerosas formalidades; caso contrário, pode ser anulado. Entretanto, todas as etapas formais não podem ser consideradas de modo exacerbado, pois a exigência delas deve levar em conta a preservação de dois valores principais: assegurar a vontade do testador e proteger o direito dos herdeiros do testador, sobretudo dos seus filhos. (...) O vício formal somente deve ser motivo de invalidação do ato quando comprometedor da sua essência, que é a livre manifestação da vontade do testador, sob pena de se prestigiar a literalidade em detrimento da outorga legal à disponibilização patrimonial pelo seu titular"[39].

4.1.4. Data e assinatura

Após a leitura, estando em ordem, o testamento será assinado pelo tabelião que o escrever, pelo testador e pelas testemunhas, seguidamente e em ato contínuo (CC, art. 1.864, III). Se *"o testador não souber, ou não puder assinar, o tabelião ou seu substituto legal assim o declarará, assinando, neste caso, pelo testador, e, a seu rogo, uma das testemunhas instrumentárias"* (art. 1.865).

Não constitui, todavia, nulidade assinatura a rogo por terceira pessoa, pois a participação de mais uma testemunha no ato traz mais segurança à lavratura. Somente após o lançamento de todas as assinaturas o testamento público estará perfeito.

O testador aporá a sua assinatura habitual, ou seja, o seu nome escrito de maneira particular, de acordo com a forma utilizada nos diversos atos que exigem essa formalidade, não bastando simples rubrica ou carimbo. Poderá até usar pseudônimo, se o tiver e for identificado por ele, uma vez que o art. 19 do Código Civil prescreve que *"o pseudônimo adotado para atividades lícitas goza da proteção que se dá ao nome"*. Nesse caso o tabelião, ao identificá-lo, deve mencionar o pseudônimo e o seu nome civil.

Se, depois de feitas as declarações ao tabelião, de ter sido redigido e lido o instrumento, falecer o testador, antes de apor a sua assinatura, o testamento não chegou a existir e não terá, assim, nenhum valor. Se o falecimento ocorrer depois de o disponente tê-lo assinado, devem os copartícipes lançar também as suas assinaturas, certificando o tabelião o ocorrido, salvando-se, dessa forma, o testamento que foi lido e aceito por seu autor. A morte de uma das testemunhas depois de assinado o testamento pelo testador não o invalida, devendo o tabelião certificar o ocorrido e a participação da aludida testemunha durante todo o ato[40].

---

[39] STJ, REsp 600.746, 4ª T., rel. Min. Aldir Passarinho Júnior, *DJE*, 15-6-2010.
[40] Zeno Veloso, *Comentários*, cit., v. 21, p. 66-67.
"Testamento público. Ausência de assinatura de uma das testemunhas instrumentárias. Nulidade. Inocorrência. Vício que autoriza o impedimento do seu registro, mas não a declaração

Omitiu-se o legislador pátrio no tocante à obrigatoriedade de menção, no testamento, do local e *data* da lavratura do testamento. A apuração desses dados é, sem dúvida, importante, se for questionada a capacidade do testador ou a competência do notário.

Embora, como regra, o ônus da prova da incapacidade do testador ou da incompetência de quem lavrou o ato caiba àquele que pretender invalidá-lo, muitos autores encarecem a necessidade da medida, anotando, porém, que a jurisprudência tem-se encaminhado no sentido mais liberal. Assim, malgrado a existência de algumas poucas opiniões discrepantes no sentido de que a falta da data nos testamentos acarreta nulidade do ato, ORLANDO GOMES[41], OROZIMBO NONATO[42], ARNOLDO WALD[43] e SÍLVIO VENOSA[44], entre outros, reconhecendo embora a importância da sua inserção na declaração de última vontade, concluem pela inexistência de nulidade.

Os que sustentam a nulidade do testamento em que faltar a data argumentam que se trata de um ato notarial equiparado à escritura pública, aplicando-se-lhe o disposto no art. 215, § 1º, I, do Código Civil, que exige a inserção "da data e local de sua realização". Segundo LACERDA DE ALMEIDA, o testamento público é, efetivamente, uma escritura pública, e requer todas as solenidades das escrituras públicas[45].

Todavia, os casos de nulidade são apenas os taxativamente enumerados na lei. E, diante da omissão do legislador, não há como sustentar a nulidade de um testamento público por ausência de data, com supedâneo no art. 166, V, do Código Civil.

Não há dúvida de que a inserção da data é da maior relevância para determinar qual testamento é anterior e qual é posterior, bem como para possibilitar a aferição da capacidade do testador no momento da lavratura do ato. Como todos os outros atos notariais, deve conter a data e o local de sua elaboração. Porém, como enfatiza PONTES DE MIRANDA, "daí dizer-se que são nulos, de pleno direito, os testamentos públicos, perfeitos, sem a data, ou com a data incompleta (Ferreira Alves, 104), importaria criar nulidades onde a lei não as aponta"[46].

---

da sua invalidade. Questão que não pode ser discutida no procedimento de registro, por ser este de jurisdição voluntária, sendo necessário remetê-la para a via contenciosa" (*RT*, 802/25).

[41] *Sucessões*, p. 108.

[42] *Estudos*, cit., v. I, n. 162, p. 216-217.

[43] *Direito das sucessões*, p. 113.

[44] *Direito civil*, v. VII, p. 223.

[45] *Sucessões*, p. 211.

[46] *Tratado dos testamentos*, cit., v. 2, n. 202, p. 32.

4.1.5. Menção da observância das formalidades legais

O Código Civil de 1916, no art. 1.634, fazia duas rigorosas exigências: que o tabelião especificasse, uma a uma, as formalidades, os requisitos essenciais do testamento público, e que portasse por fé que haviam sido observadas, e o parágrafo único fulminava de nulidade o testamento não apenas quando *faltasse* alguma solenidade substancial, mas também no caso em que o tabelião não *mencionasse* alguma delas.

O rigor formalista era, pois, excessivo, tendo sido abrandado pela jurisprudência, que entendia suficiente o cumprimento de todas as formalidades legais – o que poderia ser verificado pelo exame posterior do instrumento –, dispensada a certificação. Nesse caso, o testamento não seria declarado nulo[47].

O atual Código Civil não reproduziu o citado dispositivo, em razão da fé pública conferida por lei aos atos notariais. É dever inerente à função de notário descrever as formalidades do ato praticado e portá-las por fé (CC, art. 215, § 1º, V). Ao assinar o instrumento, o tabelião deixa implícito que todas as formalidades legais foram examinadas.

É comum fazerem os notários constar do instrumento estar o testador em pleno gozo de suas faculdades mentais. Embora a constatação do fato seja necessária, a sua menção não constitui, todavia, exigência legal, mesmo porque a omissão não o exime de impugnação sob esse fundamento.

O essencial, como observa Zeno Veloso, é que as formalidades legais tenham sido observadas, e isso se poderá concluir da própria leitura, da análise do testamento. O importante "é que a solenidade tenha existido, tenha sido cumprida, e não a menção de que existiu o que existiu"[48].

Note-se, ademais, prossegue o citado civilista: "mesmo que o tabelião tenha especificado o cumprimento de todas as solenidades essenciais, provando-se que tal atestação é falsa e inverídica, não há fé pública que possa prevalecer, e o testamento é nulo. Realmente, o testamento público está coberto pela fé pública do notário. Todas as declarações contidas no texto recebem a seu favor uma presunção de verdade. Mas presunção *juris tantum*. Para elidi-la, basta a prova convincente e irrecusável de que o que foi dito é mentira, que o tabelião fez uma afirmação falsa".

---

[47] "Quando o tabelião porta por fé que cumpriu todas as formalidades legais, se torna desnecessária a repetição da menção específica de cada uma delas" (*RT*, 242/642). "Não haverá nulidade do testamento, uma vez que se possa verificar que todas as formalidades foram obedecidas" (*RT*, 431/72).

[48] *Comentários*, cit., v. 21, p. 69-70.

É, por conseguinte, permitida prova contrária às afirmações do serventuário de justiça. Contudo, para que possa ser admitida, mister se torna seja perfeita e convincente[49].

4.2. Registro e cumprimento do testamento público

Sujeita-se o testamento a formalidades processuais para que se reconheça sua validade e se determine seu cumprimento, após o óbito do testador.

Preceitua o art. 736 do Código de Processo Civil que, "qualquer interessado, exibindo o traslado ou a certidão de testamento público, poderá requerer ao juiz que ordene o seu cumprimento, observando-se, no que couber, o disposto nos parágrafos do art. 735".

Assim, ultimado o testamento, o tabelião fornecerá ao testador o traslado desse documento, que é a primeira cópia do original, extraída do respectivo livro. As demais cópias denominam-se certidões.

Exibido o traslado, ou certidão, ao juiz competente para o processo de inventário (primeiro se registra o testamento; depois, abre-se o inventário), ordenará este o seu registro e cumprimento, exarando o *cumpra-se*.

Havendo dúvidas sobre a validade do testamento, "não pode o Juízo deixar de determinar seu registro e arquivamento, devendo ficar suspenso, apenas, o seu cumprimento até que haja decisão em processo contencioso sobre o vício desse documento público"[50].

Por outro lado, vetusto acórdão do *Supremo Tribunal Federal* proclamou: "A falta de assinatura de uma das testemunhas, constituindo omissão de formalidade extrínseca, cuja observância constitui requisito essencial para o testamento público, impede que se mande desde logo registrar, inscrever e cumprir esse ato de última vontade, cabendo ao juiz remeter os interessados aos meios contenciosos. Não é, assim, aceitável nesse processo que o magistrado determine a audiência do tabelião e de todas as testemunhas para suprir a falta"[51].

Nessa linha, decidiu o *Tribunal de Justiça de São Paulo*: "A ausência de assinatura de uma das testemunhas instrumentárias em testamento público é razão suficiente para impedir o seu registro por descumprimento da formalidade do

---

[49] *RT*, 266/836; TJSP, Ap. 279.541-1-SP, 3ª Câm. Dir. Priv., rel. Des. Alfredo Migliore, j. 11-3-1997, v. u.
[50] *RT*, 753/231.
[51] RE 13.913-PR, rel. Min. Ribeiro da Costa, j. 18-5-1949, v. u.

art. 1.632, IV, do CC. Sem embargo, tal vício não autoriza que seja declarada a nulidade do ato, pois, sendo o procedimento de registro de jurisdição voluntária, não cabe a discussão a respeito da sua validade, devendo esta ser remetida para a via contenciosa"[52].

5. TESTAMENTO CERRADO

Testamento *cerrado, secreto* ou *místico*, outrora também chamado de *nuncupação implícita*, é o escrito pelo próprio testador, ou por alguém a seu rogo e por aquele assinado, com caráter sigiloso, completado pelo instrumento de aprovação ou autenticação lavrado pelo tabelião ou por seu substituto legal, em presença do disponente e de duas testemunhas idôneas.

A vantagem que tal modalidade testamentária apresenta consiste no fato de manter em segredo a declaração de vontade do testador, pois em regra só este conhece o seu teor. Nem o oficial nem as testemunhas tomam conhecimento das disposições, que, em geral, só vêm a ser conhecidas quando o instrumento é aberto após o falecimento do testador.

Se o testador permitir, o oficial público poderá lê-lo e verificar se está de acordo com as formalidades exigidas. Mas isso é a exceção. O testador tem direito a esse segredo, que não lhe pode ser negado por aquele, a pretexto de que, para o aprovar, precisa lê-lo. Pode ser, como pondera PONTES DE MIRANDA, "que o disponente só pelo segredo tenha escolhido tal forma testamentária, que evita ódios e discórdias entre herdeiros legítimos ou parentes e estranhos esperançosos de heranças e legados"[53].

Por isso, embora não seja tão frequente como o testamento público, é a forma preferida para "evitar o espetáculo dos ódios e dissensões que deflagram no seio das famílias e amarguram os últimos dias do disponente, quando se sabem, com antecedência, os nomes dos preteridos e dos melhor aquinhoados"[54].

No testamento cerrado, diz PONTES DE MIRANDA, "há oportunidade, discreta, para a deserdação, ou perdão a indigno, clausulação de inalienabilidade ou de incomunicabilidade dos bens *ab intestato* ou *intestato*, nomeação de tutor ou curador, reconhecimento de filhos, medidas sobre funerais, esmolas e recomendações mais ou menos veladas"[55].

---

[52] *RT*, 802/215.
[53] *Tratado dos testamentos*, cit., v. 2, n. 282, p. 132.
[54] Carlos Maximiliano, *Direito das sucessões*, cit., v. I, n. 411, p. 469.
[55] *Tratado de direito privado*, v. 59, § 5.875, p. 77.

O testamento cerrado é escrito pelo próprio testador, ou por alguém a seu rogo, e *só tem eficácia após o auto de aprovação* lavrado por tabelião, na presença de duas testemunhas.

A intervenção do tabelião no testamento cerrado objetiva dar-lhe caráter de autenticidade exterior, somando-se essa participação à vantagem do segredo. Tal modalidade, todavia, apresenta o inconveniente de ser reputado revogado o testamento se apresentado em juízo com o lacre rompido, presumindo-se, até prova em contrário, ter sido aberto pelo próprio testador (CC, art. 1.972), além de poder desaparecer pela ação dolosa de algum herdeiro.

Por essa razão ZENO VELOSO recomenda que se adote vetusta prática, admitida há mais de um milênio por JUSTINIANO nas *Institutas*, de se fazer o testamento cerrado em duplicata, para prevenir a perda, ocultação, deterioração e outros males e riscos que possam atingir o instrumento. Assim, a cédula testamentária seria redigida em mais de uma via, com o mesmo conteúdo, cumprindo todas as exigências legais em cada exemplar e levando todos eles ao tabelião, para serem autenticados e confirmados pelo auto de aprovação. Os exemplares seriam guardados em lugares diversos. Falecendo o testador, apenas um deles será apresentado[56].

O grande inconveniente do testamento cerrado, como salienta EDUARDO DE OLIVEIRA LEITE, "continua sendo o excesso de detalhes, minúcias e formalidades que, inatendidas, acarretam sua nulidade. O não atendimento de seus requisitos e solenidades gera, inevitavelmente, imediata nulidade, o que explica o seu abandono em diversos países"[57].

5.1. Requisitos e formalidades

O art. 1.868 do Código Civil enumera os requisitos e formalidades do testamento cerrado:

"*O testamento escrito pelo testador, ou por outra pessoa, a seu rogo, e por aquele assinado, será válido se aprovado pelo tabelião ou seu substituto legal, observadas as seguintes formalidades:*

I – que o testador o entregue ao tabelião em presença de duas testemunhas;

II – que o testador declare que aquele é o seu testamento e quer que seja aprovado;

III – que o tabelião lavre, desde logo, o auto de aprovação, na presença de duas testemunhas, e o leia, em seguida, ao testador e testemunhas;

IV – que o auto de aprovação seja assinado pelo tabelião, pelas testemunhas e pelo testador.

---

[56] *Comentários*, cit., v. 21, p. 93-94.
[57] *Comentários*, cit., v. XXI, p. 357.

Parágrafo único. O testamento cerrado pode ser escrito mecanicamente, desde que seu subscritor numere e autentique, com a sua assinatura, todas as páginas".

Em síntese, pois, *os requisitos essenciais do testamento cerrado* são os seguintes: a) *cédula testamentária; b) ato de entrega; c) auto de aprovação; d) cerramento.*

5.1.1. Cédula testamentária

O testamento cerrado, como se pode verificar pela leitura do dispositivo retrotranscrito, compõe-se de duas partes: a *cédula testamentária*, com a manifestação de vontade, escrita pelo testador ou por alguém, a seu rogo, e o *auto de aprovação* (melhor seria "de autenticação"), exarado depois e redigido, necessariamente, pelo tabelião. Resulta, pois, de operação complexa de escritura particular e instrumento público de aprovação, abrangendo, destarte, duas solenidades.

O Código Civil de 1916, art. 1.638, I, permitia que o testamento cerrado fosse escrito pelo próprio testador, ou por outra pessoa, a seu rogo, devendo, porém, ser assinado pelo testador. Acrescentava o inciso III do aludido dispositivo que, se o testador não soubesse, ou não pudesse assinar, seria o testamento "assinado pela pessoa que lho escreveu".

O diploma em vigor, no entanto, no art. 1.868, *caput*, retrotranscrito, dispõe de forma diversa, estabelecendo que o testamento cerrado *deve ser assinado pelo testador*, quer ele mesmo escreva o documento, quer tenha a cédula sido escrita por outra pessoa, a seu rogo. A "escrita até pode ser feita por outrem, a rogo, mas a assinatura tem de ser do próprio testador, sempre"[58].

Estão inibidos de escrever a cédula testamentária a rogo do testador: o herdeiro instituído, ou legatário, o seu cônjuge ou companheiro, ou os seus ascendentes e irmãos (CC, art. 1.801, I).

O próprio tabelião pode escrever o testamento, a rogo do testador, quando este não souber, ou não o puder fazer pessoalmente, não ficando, por esse motivo, impedido de, posteriormente, lavrar o auto de aprovação (CC, art. 1.870).

Diante disso, nada obsta a que o testador se valha da ajuda ou assessoramento de um terceiro para elaborar o testamento, desde que o auxílio seja leal e desinteressado e não influa no conteúdo da vontade do testador. A propósito, já se decidiu: "Impõe-se, outrossim, o cumprimento da disposição se o assessoramento a quem está a testar não afeta a regularidade ou segurança do ato. Observadas, pois, as formalidades legais indispensáveis à garantia da liberalidade, não havendo captação

---

[58] Silvio Rodrigues, *Direito civil*, cit., v. 7, p. 162.

dolosa da vontade do testador ou incapacidade intelectual ou deficiência mental, válida é a cédula"[59].

Se, além de não saber escrever, o testador também não souber ler, não poderá fazer testamento cerrado, pois não terá meios de certificar-se, pela leitura, de que o terceiro que o redigiu a seu rogo seguiu-lhe fielmente as instruções. Dispõe, com efeito, o art. 1.872 do Código Civil:

"*Não pode dispor de seus bens em testamento cerrado quem não saiba ou não possa ler*".

Por conseguinte, mesmo que o testador não saiba ou não possa assinar, para elaborar, validamente, testamento cerrado, terá de saber e poder ler.

O *analfabeto*, destarte, só pode testar publicamente, o mesmo acontecendo com o *cego* (CC, art. 1.867). O *surdo-mudo* que souber escrever poderá fazer testamento cerrado, "*contanto que o escreva todo, e o assine de sua mão, e que, ao entregá-lo ao oficial público, ante as duas testemunhas, escreva, na face externa do papel ou do envoltório, que aquele é o seu testamento, cuja aprovação lhe pede*" (art. 1.873).

Em resumo, não podem fazer testamento cerrado os analfabetos, incluídos os surdos-mudos (CC, art. 1.872), bem como os cegos (art. 1.867).

A cédula testamentária pode ser escrita manualmente ou mecanicamente (datilografada), desde que seu subscritor, neste caso, "*numere e autentique, com a sua assinatura, todas as páginas*" (CC, art. 1.868, parágrafo único). Igualmente, é de admitir seja a cédula digitada em computador, e em seguida impressa, com a mesma cautela da autenticação.

A carta testamentária pode ser redigida "*em língua nacional ou estrangeira, pelo próprio testador, ou por outrem, a seu rogo*", como faculta o art. 1.871 do Código Civil, se o testador, ou o terceiro, expressar-se melhor na sua língua pátria, mesmo porque nem o tabelião nem as testemunhas precisam conhecer o seu conteúdo. *Aberta a sucessão, o testamento terá, porém, de ser vertido para o vernáculo, por tradutor juramentado (CPC/2015, art. 192, caput, e parágrafo único). Já se decidiu, no entanto, que "se dispensa a tradução, se o documento for em língua espanhola*"[60].

O *auto de aprovação* ou *autenticação* lavrado pelo tabelião, todavia, sendo um instrumento público, *deve ser escrito na língua nacional.*

Em regra, a inobservância dos requisitos ora mencionados acarreta a decretação da nulidade do testamento. A jurisprudência, no entanto, tem procurado

---

[59] *RF*, 256/293.
[60] STJ, *RT*, 756/125; *JTJ*, Lex, 213/239; *JTACSP*, 112/176.

amenizar o rigor da lei, com base no *favor testamenti*, visando assegurar e aproveitar, tanto quanto possível, a vontade do testador. Assim, deu-se por válido o testamento cerrado, conquanto não subscrito pelo testador o auto de aprovação[61]; decidiu-se não importar em nulidade do testamento cerrado "o fato de não haver sido consignado, na cédula testamentária, nem no auto de aprovação, o nome da pessoa que, a rogo do testador, o datilografou", porque inexistente "qualquer elemento probatório no sentido de que qualquer dos beneficiários haja sido o escritor do testamento, ou seu cônjuge, ou parente seu"[62].

5.1.2. Ato de entrega do testamento cerrado

De posse da cédula testamentária escrita, datilografada ou digitada em computador e impressa, o testador deve entregá-la, devidamente assinada, ao tabelião, em presença de duas testemunhas, como determina o inciso I do art. 1.868 do Código Civil, retrotranscrito.

Tem início, nesse momento, a atividade notarial, completando o ato complexo encetado pela vontade manifestada pelo testador. O procedimento de elaboração do testamento cerrado adquire, então, caráter publicístico.

Determina o Código que o testador entregue, pessoalmente, o seu testamento ao tabelião, na presença das duas testemunhas, que hão de assinar o auto de aprovação.

A entrega constitui *ato personalíssimo* do testador, não se admitindo, por isso, a utilização de portador, mandatário ou representante. Deve o testador afirmar que se trata de seu ato de última vontade e quer que seja aprovado. Essa declaração é indispensável, estando prevista, no inciso III do art. 1.868, como um dos requisitos essenciais do testamento cerrado. Nada obsta a que o tabelião pergunte ao disponente, para que ele responda, de modo claro e inequívoco, que o escrito contém o seu testamento e deseja aprová-lo, caso não tenha assim dito espontaneamente.

As testemunhas participam apenas da apresentação do testamento ao tabelião e não precisam conhecer o seu teor. Mas a sua presença é fundamental na formação do testamento cerrado. Devem assistir à entrega da cédula ao tabelião e ouvir a mencionada declaração feita necessariamente pelo testador, bem como observar que o auto de aprovação foi lavrado em seguida à apresentação, evidenciando-se a ligação entre os dois instrumentos, de cuja fusão resulta o testamento cerrado[63].

---

[61] REsp 223.799-SP, *LexSTJ*, 129/158.

[62] REsp 228-MG, *RSTJ*, 7/284.

[63] Zeno Veloso, *Comentários*, cit., v. 21, p. 99; Eduardo de Oliveira Leite, *Comentários*, cit., v. XXI, p. 363.

5.1.3. Auto de aprovação

Apresentado o testamento ao tabelião, este, em seguida, na presença das testemunhas, lavrará o *auto de aprovação* (na verdade, mera autenticação), após a última palavra do testador, declarando, sob sua fé, que o testador lhe entregou para ser aprovado na presença das testemunhas. Se não houver espaço na última folha escrita, colocará o seu sinal público e declarará, colando outra folha, a razão de seu procedimento.

Prescreve o art. 1.869 do Código Civil:

"O tabelião deve começar o auto de aprovação imediatamente depois da última palavra do testador, declarando, sob sua fé, que o testador lhe entregou para ser aprovado na presença das testemunhas; passando a cerrar e coser o instrumento aprovado.

Parágrafo único. Se não houver espaço na última folha do testamento, para início da aprovação, o tabelião aporá nele o seu sinal público, mencionando a circunstância no auto".

O tabelião aporá o seu sinal no instrumento, para maior autenticidade, e fará ao testador e às testemunhas a leitura do auto de aprovação, o qual será, em seguida, assinado por todos (tabelião, testador e testemunhas).

Toda a solenidade de aprovação deve ser feita sem interrupção (*uno contextu continuo*), procedendo-se à redação do auto, sua leitura e respectiva subscrição, tudo seguidamente. O inciso III do art. 1.868 diz que, recebido o testamento, o tabelião lavrará, *desde logo*, o auto de aprovação, na presença de duas testemunhas, lendo-o, *em seguida*, ao testador e testemunhas.

Isso não significa que se possa invalidar o testamento se ocorreu uma rápida interrupção do rito procedimental, para o atendimento de uma chamada telefônica, por exemplo, ou para a assinatura urgente de algum outro documento. O que se deve evitar é a descontinuidade, com interrupções demoradas da cerimônia, propiciando a substituição da cédula[64].

A exigência *uno contextu*, diz PONTES DE MIRANDA, "só se refere à parte de autenticação, similar do testamento público e proceder solene. Quanto à cédula, não: pode ser feita num tempo, e noutro levar-se-á à aprovação; fazer-se aos poucos, conforme for entendendo o testador, como ocorre à escritura do testamento particular"[65].

Embora o Código Civil não tenha exigido a colocação da *data*, tanto no testamento público como no cerrado e no particular, trata-se, como já foi dito, de

---

[64] Caio Mário da Silva Pereira, *Instituições*, cit., v. VI, p. 242-243.
[65] *Tratado dos testamentos*, cit., v. 2, n. 297, p. 149.

um dado importante para que se saiba, ante a apresentação de dois testamentos da mesma pessoa, qual o anterior e qual o posterior, tendo em vista que o posterior revoga o anterior naquilo que com ele conflita. Por meio da data poder-se-á verificar, ainda, se o testador era capaz ao tempo da sua manifestação de última vontade, e se o tabelião tinha competência para a lavratura do auto de aprovação. Todavia, ante a omissão do legislador, a falta da data da lavratura do testamento não acarreta a sua nulidade.

Para os efeitos legais, *a data do testamento é a data da aprovação*. Antes de ser apresentado ao tabelião e de ser lavrado o instrumento de aprovação, o testamento cerrado é um simples projeto. Só se tornará um ato completo e definitivo com a aprovação[66].

Preleciona a propósito PONTES DE MIRANDA: "Antes de aprovado o testamento, constitui ato jurídico perfeito – ainda não é um testamento. De tal imperfeição decorre que, no próprio caso de cédula datada, a sua data não será a da cédula, mas a do auto de aprovação. A partir da entrega até a conclusão do auto é que se procede à autenticação do escrito: a este ato, e não ao conteúdo da cédula, é que as testemunhas assistem e atestam e o oficial certifica. Das declarações testamentárias, nem aquelas nem este precisam ter conhecimento explícito"[67].

Expressiva corrente doutrinária entende que o testamento cerrado, nulo por erro insuperável no auto de aprovação, pode ser *aproveitado como testamento particular*, se estiverem preenchidas todas as formalidades exigidas para este último[68].

CARLOS MAXIMILIANO assevera, a propósito, que, "quando o ato de última vontade não preenche as condições de testamento *cerrado*, porém a *cédula* se reveste dos requisitos de testamento particular – escrito e assinado pelo testador etc. – prevalece como tal"[69].

Disposições nesse sentido são encontradas no Código Napoleão (art. 979); no Código Civil italiano (art. 607); no Código Civil argentino (art. 3.670) e no Código Civil espanhol (art. 715), entre outros.

5.1.4. Cerramento

A última fase é a do *cerramento*, em que, segundo a tradição, o tabelião, estando a cédula dobrada, costura-a com cinco pontos de retrós e lança pingos de lacre sobre cada um. A lacração, embora seja uma antiga praxe, que muito dificulta

---

[66] Zeno Veloso, *Comentários*, cit., v. 21, p. 101.
[67] *Tratado dos testamentos*, cit., v. 2, n. 299, p. 150-151.
[68] Pontes de Miranda, *Tratado de direito privado*, cit., v. 59, § 5.883, p. 127; Zeno Veloso, *Comentários*, cit., v. 21, p. 120-121.
[69] *Direito das sucessões*, cit., v. I, n. 473, p. 525-526.

as tentativas de adulteração, não constitui formalidade de que dependa a eficácia do testamento.

Preceitua o art. 1.874 do Código Civil:

"Depois de aprovado e cerrado, será o testamento entregue ao testador, e o tabelião lançará, no seu livro, nota do lugar, dia, mês e ano em que o testamento foi aprovado e entregue".

Efetuada a entrega pelo tabelião, deve o testamento, fechado e cosido, ser guardado, pelo testador ou pela pessoa que este designar, para ser apresentado em juízo por ocasião da abertura da sucessão. Até então, o documento deve permanecer inviolável; se, porventura, for aberto pelo testador, ou houver violação do lacre, ter-se-á como revogado[70], consoante o disposto no art. 1.972 do Código Civil:

"O testamento cerrado que o testador abrir ou dilacerar, ou for aberto ou dilacerado com seu consentimento, haver-se-á como revogado".

Trata-se de revogação tácita de testamento. Exige-se, porém, que a abertura ou dilaceração tenha sido feita *voluntariamente* pelo testador, ou por outrem, *com o seu consentimento*, visando àquele fim.

Não se tem, desse modo, por revogado o testamento cerrado se foi aberto por terceiro, ou pelo próprio testador, em razão de mero descuido, sem a intenção de revogar o ato. Em princípio, estando aberto ou dilacerado, o juiz deve considerá-lo revogado, salvo se os interessados demonstrarem, de forma convincente, que a abertura ou dilaceração foi feita contra a vontade do testador, ou por terceiro, acidental ou dolosamente.

5.2. Abertura, registro e cumprimento do testamento cerrado

Dispõe, por fim, o art. 1.875 do Código Civil:

"Falecido o testador, o testamento será apresentado ao juiz, que o abrirá e o fará registrar, ordenando seja cumprido, se não achar vício externo que o torne eivado de nulidade ou suspeito de falsidade".

Essa decisão equivale ao reconhecimento de que foram observadas as formalidades extrínsecas em sua elaboração.

A abertura, o registro e o cumprimento do testamento cerrado são regulados pelos arts. 735 a 737 do Código de Processo Civil.

Ao receber o testamento, diz o art. 735, "o juiz, se não achar vício externo que o torne suspeito de nulidade ou falsidade, o abrirá e mandará que o escrivão o leia em presença do apresentante". Aduz o § 1º: "Do termo de abertura

---

[70] Washington de Barros Monteiro, *Curso*, cit., v. 6, p. 140-141.

245

constarão o nome do apresentante e como ele obteve o testamento, a data e o lugar do falecimento do testador, com as respectivas provas, e qualquer circunstância digna de nota".

Conclusos os autos, o juiz ouvirá o representante do Ministério Público e, se não achar no testamento vício externo, que o torne suspeito de nulidade ou falsidade, mandará registrá-lo, arquivá-lo e cumpri-lo (CPC, art. 735, § 2º). O juiz "somente negará registro ao testamento se ele padecer de vício externo. Eventuais defeitos quanto à formação e manifestação de vontade do testador deverão ser apreciados ou no inventário ou em ação de anulação"[71].

Só é possível, porém, o pronunciamento da nulidade do testamento no curso do inventário se a eiva for tão evidente que não dependa de maior prova e a seu respeito não paire nenhuma dúvida.

Preleciona nessa linha CARLOS MAXIMILIANO: "Quando as nulidades não sejam evidentes, verificáveis de plano e em ponto substancial, o juiz põe o *cumpra--se* e *registre-se*; pois, desde que se necessita de novas provas, só mediante ação ordinária as partes obtêm que se anule o ato"[72].

Poderá o juiz, antes de lançar o *cumpra-se*, determinar que se faça perícia, em apenso ao termo de abertura, para que se registre, com precisão, o estado do testamento. Essa medida só se tornará necessária quando houver sinais veementes da intenção de revogar o testamento. Após a mencionada providência, ou se dispensada a prova técnica, "o juiz abrirá o testamento, ordenando que se lavre auto em que fará constar o estado em que se encontrava o instrumento, apensando-se, caso ocorra a hipótese, o laudo do perito. Esse termo servirá de base para os debates futuros sobre a violação do testamento e sua autoria, com assento no art. 1.972 do Código Civil"[73].

Em seguida, entregar-se-á cópia autêntica ao testamenteiro, para juntada ao processo de inventário (CC, art. 1.127, parágrafo único).

Uma vez determinado, por sentença, que se cumpra o testamento, "só pelos meios regulares de direito pode ser invalidado, no todo ou em parte. Efetivamente, encerrado o processo de registro e ordenado o cumprimento do ato, somente por ação ordinária pode o interessado reclamar-lhe a nulidade. Inadmissível reforma daquele despacho, mediante simples reclamação da parte"[74].

---

[71] *JTJ*, Lex, 157/197. No mesmo sentido: "Nos autos de apresentação do testamento cerrado não pode o juiz apreciar alegações de nulidade, dependentes de prova *aliunde*, devendo, portanto, remeter as partes às vias ordinárias" (*RF*, 235/189).

[72] *Direito das sucessões*, cit., v. I, n. 480, p. 532.

[73] Silvio Rodrigues, *Direito civil*, cit., v. 7, p. 164-165.

[74] Washington de Barros Monteiro, *Curso*, cit., v. 6, p. 141-142.

Em geral as nulidades arguidas concernem à *insanidade mental do testador* e à *captação de sua vontade*. A primeira, anota WASHINGTON DE BARROS MONTEIRO, escorado em repertório de jurisprudência, "tem de ser contemporânea à confecção do ato de última vontade e provada de modo concludente; em caso de dúvida, prevalecerá o ato, diante do princípio da capacidade presumida da pessoa; não tem valor de prova a confissão da parte contrária. A segunda, como motivo de anulação do testamento, exige rigorosa comprovação das manobras captatórias e do dolo com que se houver seu autor"[75].

6. TESTAMENTO PARTICULAR

Denomina-se *testamento particular* ou *hológrafo* o ato de disposição de última vontade escrito de próprio punho, ou mediante processo mecânico, assinado pelo testador, e lido por este a três testemunhas, que o subscreverão, com a obrigação de, depois da morte do disponente, confirmar a sua autenticidade.

Embora também se use a palavra *"ológrafo"* para designá-lo, mostra-se mais adequado o vocábulo *hológrafo*, que, etimologicamente, deriva de *holos*, palavra grega que significa inteiro, e *graphein*, escrever, ou seja, inteiramente escrito. O que caracteriza, com efeito, tal modalidade de testamento é o fato de ser inteiramente escrito (*autografia*) e assinado pelo testador, lido perante três testemunhas e por elas também assinado.

A vantagem desse meio de testar consiste na desnecessidade da presença do tabelião, tornando-se, assim, simples, cômodo e econômico para o testador. Todavia, é a forma menos segura de testar, porque depende de confirmação, em juízo, pelas testemunhas (que poderão faltar), após a abertura da sucessão.

Ademais, como assinala SILVIO RODRIGUES, "esse testamento, ainda mais facilmente que o cerrado, é suscetível de se extraviar, porque, contrariamente ao que ocorre com aquele, de sua existência não há qualquer registro em ofício público, e ela só será atestada pela memória das testemunhas. Mas, se o testamento não for encontrado, obviamente não pode ser cumprido, ainda que todas as testemunhas confirmem o fato de sua elaboração e atestem qual o seu conteúdo"[76].

O *testamento hológrafo simplificado*, apenas escrito, datado e assinado pelo testador, sem necessidade de testemunhas e quaisquer outras formalidades, não é admitido no ordenamento jurídico brasileiro, salvo quando elaborado em *circunstâncias excepcionais*, declaradas na cédula, e for aceito pelo juiz (CC, art. 1.879),

---

[75] *Curso*, cit., v. 6, p. 142-143.
[76] *Direito civil*, cit., v. 7, p. 166.

como inovação introduzida pelo Código de 2002. É, no entanto, espécie difundida e utilizada em diversos países, como França, Alemanha, Itália, Espanha, Áustria, Suíça, Argentina, México, Japão etc.

A fórmula simplificada, contrária à nossa tendência, excessivamente formalista e solene, impôs-se de tal maneira na França que é, hoje, a mais praticada naquele país. Segundo os autores franceses, apresenta ela vantagens evidentes: para quem sabe ler e escrever, o testamento particular é de extrema simplicidade. Permanece secreto e não custa um centavo. Faculta a qualquer pessoa testar onde e quando queira, mantido sigilo absoluto até sobre a existência do ato, que pode ficar ignorada. O testador pode facilmente modificar ou revogar suas disposições. O que o caracteriza é sua comodidade, rapidez, economia e simplicidade[77].

No dizer de SALEILLES, citado por CARLOS MAXIMILIANO[78], o tipo hológrafo constitui "a salvaguarda suprema da liberdade testamentária; desta é a mais forte expressão; surge no Direito de cada povo como um sinal de progresso; por isso, a todos se afigura ser a *forma do futuro*; porquanto a evolução se processa no sentido da simplicidade e da liberdade".

Entretanto, nem todas as vantagens enunciadas valem para o nosso país, por causa dos percalços da *leitura* às testemunhas e da *redução "post mortem"*. O próprio sigilo, tão enaltecido, fica comprometido entre nós, porque o testamento particular tem de ser assinado pelas testemunhas, que, pela sua feitura, ficam conhecendo o seu conteúdo.

Esses excessos levaram PONTES DE MIRANDA a endereçar exacerbada crítica ao testamento particular: "A lei brasileira cercou de tais cautelas, ameaçou de vida tão precária o testamento particular, que em verdade quase o proibiu. Raro se vê. Exigiu-lhe holografia e assinatura autógrafa, exigiu-lhe cinco testemunhas, exigiu-lhe leitura perante elas e assinaturas por todas elas. Tudo isso era razoável e bastava. Mas o legislador, que tão obstinado fora com o testamento cerrado, continuou em obstinado exigir, num como sonambulismo de perseguição; se morrerem três testemunhas, fica o dito pelo não dito, o testado pelo não testado. Lei absurda, lei inconsequente, lei má, lei que devolveria a herança a pessoa de quem o testador não cogitou, porque num desastre morreram ele e três testemunhas!"[79].

ZENO VELOSO, na condição de experiente e conceituado notário da cidade de Belém, além de eminente jurista e professor, nos dá o seu testemunho, dizendo que, embora o testamento cerrado seja mais frequente do que o particular, "porque

---

[77] Eduardo de Oliveira Leite, *Comentários*, cit., v. XXI, p. 381.
[78] *Direito das sucessões*, cit., v. I, n. 488, p. 539.
[79] *Tratado dos testamentos*, cit., v. 2, n. 341, p. 186-187.

o legislador brasileiro complicou de tal maneira o testamento hológrafo, exigindo o cumprimento de solenidades até depois da morte do testador, que esta forma praticamente não se usa. De nossa experiência, podemos informar que, de cada dez testamentos outorgados em nosso país, sete são públicos, dois cerrados, e um, apenas, hológrafo"[80].

O atual Código Civil baixou de cinco para três o número de testemunhas e procurou minorar o inconveniente acima apontado, estabelecido pelo diploma de 1916, de o testamento hológrafo perder eficácia se pelo menos três testemunhas não o confirmarem. Basta agora que uma o reconheça, se as outras duas faltarem, por morte ou ausência. A confirmação vai depender, todavia, do convencimento do juiz sobre a existência de prova suficiente da veracidade do testamento (art. 1.878, parágrafo único).

Entretanto, se faltarem as três testemunhas, o testamento estará irremediavelmente prejudicado e não serão cumpridas as disposições de última vontade manifestadas pelo testador. O destino dos bens regular-se-á pelos critérios estabelecidos para a sucessão legítima.

6.1. Requisitos e formalidades

Os requisitos e formalidades do testamento particular acham-se enumerados no art. 1.876 do Código Civil:

"O testamento particular pode ser escrito de próprio punho ou mediante processo mecânico.

§ 1º Se escrito de próprio punho, são requisitos essenciais à sua validade seja lido e assinado por quem o escreveu, na presença de pelo menos três testemunhas, que o devem subscrever.

§ 2º Se elaborado por processo mecânico, não pode conter rasuras ou espaços em branco, devendo ser assinado pelo testador, depois de o ter lido na presença de pelo menos três testemunhas, que o subscreverão".

O *testamento particular, entre nós, portanto, pode ser escrito de próprio punho* (*por la mano misma del testador*, como exprime o Código Civil argentino) ou mediante *processo mecânico*: máquina de escrever, computador ou outro equipamento. A tendência é a utilização de computador, uma vez que a máquina de escrever tornou-se um meio obsoleto, caindo em desuso. A confecção da *cédula* se fará, nesse caso, mediante impressão daquilo que a máquina captou.

Em qualquer das duas hipóteses – seja o testamento particular escrito de próprio punho pelo testador, seja datilografado, redigido no computador, ou com a utilização de qualquer outro meio mecânico –, precisa ser lido pelo próprio testador, na presença das testemunhas (três, no mínimo), que o assinarão, também[81].

---

[80] *Testamentos*, cit., p. 257.
[81] Zeno Veloso, *Comentários*, cit., v. 21, p. 130.

O art. 1.876, supratranscrito, estabelece os requisitos essenciais de cada uma das aludidas hipóteses. Assim, se o testamento foi escrito *de próprio punho*, deve ser lido e assinado pelo testador, na presença de pelo menos três testemunhas, que o devem subscrever (§ 1º). A exigência de leitura pelo próprio testador torna impossível a utilização dessa forma testamentária pelo mudo ou pelo surdo-mudo.

A presença de três testemunhas no caso de lavratura de testamento particular escrito de próprio punho é requisito indispensável, nos termos do art. 1.876, § 1º, do Código Civil, sob pena de nulidade, tendo em vista que ouvir a leitura do testamento e subscrevê-lo faz parte do próprio conceito de testamento particular. Assim proclamou o *Superior Tribunal de Justiça*, mantendo a invalidade do testamento reconhecida pelo *Tribunal de Justiça de São Paulo* ao fundamento de que "não foi explicado, de forma inequívoca e incontroversa, a razão da ausência de assinaturas e o motivo pelo qual as testemunhas, apesar de presenciarem a realização do testamento, não o assinaram nem o levaram ao notário ou trouxeram o oficial até a residência da testadora, uma vez que houve tempo para isso. Houvessem os herdeiros testamentários e legítimos apresentado, em conjunto, pedido de cumprimento ao testamento, demonstrando, em uníssono, a concordância, aí sim poderíamos, ao arrepio da lei, determinar seu cumprimento. Entretanto, se há reclamo quanto à inobservância de formalidade essencial e legal, não pode preponderar a vontade sobre a forma, porque, neste caso, a sucessão legítima predomina sobre a testamentária"[82].

A *holografia*, o ser inteiramente escrito pelo testador, é da própria essência do ato, constituindo requisito essencial exigido no dispositivo em apreço. *A redação do testamento particular é atividade personalíssima do disponente, que tem de agir sozinho. É vedada, assim, a possibilidade de outrem escrevê-lo a rogo. Daí reservar-se essa modalidade apenas àqueles que sabem escrever, isto é, que não sejam simplesmente alfabetizados. Cumpre que saibam expressar o pensamento e a vontade pela escrita.*

Se a pessoa, todavia, não possui as mãos ou os dedos, pode, validamente, valer-se dos dedos dos pés, ou da boca, se souber como utilizá-los. Há de existir uma atividade gráfica pessoal do indivíduo, mesmo que alguém o auxilie segurando a mão, se trêmula, ou amparando-o até no desenhar das letras[83].

O importante é que "todo o escrito seja produto consciente, autônomo, reflexivo e livre do testador, sendo a intervenção do terceiro solicitada pelo disponente e caracterizada por mera e simples assistência material. Se a participação do terceiro é maliciosa, influindo na vontade do disponente, guiando a sua mão

---

[82] A STJ, REsp 1.639.021. 3ª T., rel. Min. Villas Bôas Cueva, disponível na *Revista Consultor Jurídico* de 12-11-2017).

[83] Arnaldo Rizzardo, *Direito das sucessões*, p. 311.

impositivamente, de modo que o testador seja elemento passivo, e o manuscrito é produzido por ele, mas não resulta de uma operação livre e autêntica, o testamento é nulo"[84].

Hoje, os percalços decorrentes da falta das mãos ou dos dedos, por exemplo, são supríveis pelos *meios mecânicos*, uma vez que, nesse caso, a atuação do testador pode limitar-se a ditar a sua última vontade à pessoa que está manejando o computador. Como já visto, numa inovação importante, o § 2º do art. 1.876 permite que o testamento particular seja elaborado por processo mecânico. Mas não afirma que tenha de ser escrito *pessoalmente* pelo testador. Não se pode, com efeito, impor que a redação mecânica seja do testador, mesmo porque, se tal requisito fosse exigido, não se afiguraria possível realizar a prova da autoria.

É indispensável que o texto digitado seja impresso, não podendo apenas ficar arquivado em alguma pasta do computador, ou guardado em disquete ou "CD". Após o ditado feito pelo testador, a digitação e a impressão, deve a cédula ser dada ao conhecimento das testemunhas, por meio da leitura por ele feita. Depois de ouvida a leitura, seguem-se as assinaturas, a começar pelo testador, e concluindo-se pelas testemunhas, imediatamente após a última linha, pois são expressamente proibidos os "*espaços em branco*". Compondo-se de mais de uma folha, faz-se mister que todos lancem as rubricas em todas elas. Para a validade do ato não se impõe o reconhecimento das assinaturas, pois que nada ordena o Código a esse respeito[85].

Durante a vigência do Código Civil de 1916, os tribunais, numa primeira fase, interpretavam literalmente o disposto em seu art. 1.645, que não admitia a utilização de meios mecânicos, exigindo que o testamento particular fosse escrito de próprio punho pelo testador, sem admitir exceção a essa regra[86].

Posteriormente, a jurisprudência mostrou-se vacilante, tendo algumas decisões, inclusive do *Supremo Tribunal Federal*, admitido testamento particular datilografado, desde que pelo próprio testador[87].

O Código Civil de 2002, como consta do art. 1.876, *caput*, retrotranscrito, e já referido, admite, de modo expresso, que o testamento particular seja escrito de próprio punho "*ou mediante processo mecânico*". Nesse caso, "*não pode conter rasuras ou espaços em branco, devendo ser assinado pelo testador, depois de o ter lido na presença de pelo menos três testemunhas, que o subscreverão*" (§ 2º).

Antes mesmo do atual diploma o *Superior Tribunal de Justiça* já havia afastado a interpretação literal da lei, reconhecendo a validade de testamento escrito não

---

[84] Zeno Veloso, *Comentários*, cit., v. 21, p. 129.

[85] Arnaldo Rizzardo, *Direito das sucessões*, cit., p. 317.

[86] *RT*, 447/213.

[87] *RTJ*, 69/559 e 92/1234.

pelo próprio testador, mas sob seu ditado, na presença das testemunhas, que confirmaram o fato em juízo, assim como que o texto lhes foi lido, não havendo dúvida de que subscrito pelo autor das declarações[88].

O Código Civil de 2002 foi além: não só consignou a permissão para a utilização de processos mecânicos, sem exigir que o texto seja escrito pessoalmente pelo testador, como contemplou, no art. 1.879, significativa inovação, permitindo a confirmação, a critério do juiz, do testamento particular, escrito de próprio punho e assinado pelo testador, *sem testemunhas*, desde que "*em circunstâncias excepcionais declaradas na cédula*".

Nos países europeus, o testamento hológrafo tem de ser, em regra, escrito à mão, sendo considerado nulo se datilografado, valendo, porém, a forma *simplificada*, que dispensa a participação de testemunhas.

Entre nós, Zeno Veloso sempre defendeu a ideia da possibilidade do uso da mecanografia na manifestação da vontade no testamento particular, dizendo: "Basta registrar os fatos, e concluir que, no tempo em que vivemos, a escrita à mão, na atividade da pessoa, tornou-se exceção raríssima, e a utilização de meios mecânicos de escrita, a regra. Aliás, falar em datilografia, máquina de escrever, parece até ultrapassado, se já surgiram e estão sendo utilizados fartamente engenhos muito mais aperfeiçoados e sofisticados, como os gravadores de som, os aparelhos eletrônicos, os videoteipes, os computadores etc. A realidade palpável, da qual ninguém pode fugir, é de que em qualquer campo de atuação, em qualquer setor profissional, e mesmo na vida particular e doméstica, os meios mecânicos de escrita são utilizados, francamente"[89].

Nada impede que o testador se valha de minuta ou esboço redigido por terceiro, mais preparado, para escrever o testamento particular. Em muitos casos tal providência mostra-se até salutar e recomendável, em razão, *verbi gratia*, da pouco cultura ou dificuldade do disponente para expor com clareza o seu pensamento. O essencial é que o modelo retrate perfeitamente a sua vontade, numa redação precisa e escorreita.

Não é necessário que o testamento particular seja redigido num só momento, ininterruptamente. O testador pode escrevê-lo aos poucos, à medida que as suas

---

[88] *RSTJ*, 60/242. No mesmo sentido: "Testamento. Instrumento particular manuscrito pelo testador, mas datilografado por terceiro. Irrelevância. Demonstrada a real intenção do testador" (TJSP, *RT*, 724/289). "Testamento. Trabalho de datilografia a partir de ditado feito pela testadora. Invalidade não reconhecida. Inexistência de assistência intelectual, mas, apenas, material, sendo de muito rigor a desconsideração do testamento" (TJSP, Ap. 237.466-1/3-Guarujá, rel. Des. Brenno Marcondes, j. 3-9-1996).

[89] *Testamentos*, cit., p. 280.

ideias vão se concatenando e a vontade se formando. Não há falar, nessa fase, em unidade de contexto.

A doutrina, todavia, entende que, quando da apresentação da cédula às testemunhas, para a leitura do escrito e lançamento de assinaturas, estas devem estar presentes, em conjunto. *Tudo deverá acontecer num ato contínuo. Descumpre-se a lei, ficando o testamento eivado de nulidade, se a leitura não for feita às testemunhas em conjunto, mas separadamente, a cada testemunha, uma a uma*[90].

A tendência da jurisprudência, no entanto, é, como já salientado, procurar, com base no *favor testamenti*, aproveitar, tanto quanto possível, a vontade do testador, facilitando a confecção do testamento.

Nessa ordem de ideias, proclamou o *Superior Tribunal de Justiça*: "Não havendo dúvida quanto à autenticidade do documento de última vontade e conhecida, induvidosamente, no próprio, a vontade do testador, deve prevalecer o testamento particular, que as testemunhas ouviram ler e assinaram uma a uma, na presença do testador, mesmo sem que estivessem elas reunidas, todas, simultaneamente, para aquele fim. Não se deve alimentar a superstição do formalismo obsoleto, que prejudica mais do que ajuda. Embora as formas testamentárias operem como 'jus cogens', entretanto a lei da forma está sujeita a interpretação e construção apropriadas às circunstâncias"[91].

O testamento particular pode ser escrito em *língua estrangeira, contanto que as testemunhas a compreendam* (CC, art. 1.880).

Enquanto no testamento público é inadmissível o emprego de língua estrangeira, pois lavrado por tabelião em livro oficial, em se tratando de documento privado, como é o testamento particular, a regra é a mais absoluta liberdade de se expressar em língua que retrate fidedignamente a vontade do testador.

Todavia, não estando escrito o testamento na língua nacional, terá de ser vertido, para ser exequível após a morte do testador, para a língua portuguesa, que é o idioma oficial do País, por tradutor juramentado (CPC/2015, art. 192, *caput*, e parágrafo único).

Mesmo não havendo menção à *data* no art. 1.876, a sua indicação constitui elemento comum a todos os testamentos e serve para esclarecer se o testador era capaz no momento em que o redigiu, bem como qual dos testamentos é o posterior (o posterior revoga tacitamente o anterior, no que conflitarem), se dois forem apresentados para cumprimento.

---

[90] Zeno Veloso, *Comentários*, cit., v. 21, p. 131.

[91] REsp 1.422-RS, *RT*, 673/167.

6.2. Publicação e confirmação do testamento particular

A singularidade maior do testamento hológrafo está em que suas formalidades devem existir e ser apuradas não somente quando de sua elaboração, senão também quando de sua *execução*, após o falecimento do disponente. Há, então, requisitos de *validade* e requisitos de *eficácia*. As formalidades previstas para a fase de execução, de eficácia do testamento particular, realizam-se judicialmente, com a publicação e confirmação do testamento[92].

Dispõe a propósito o art. 1.877 do Código Civil:

"Morto o testador, publicar-se-á em juízo o testamento, com citação dos herdeiros legítimos".

As três testemunhas serão inquiridas em juízo, e, se pelo menos uma reconhecer a sua autenticidade, o juiz, a seu critério, o confirmará, se houver prova suficiente desta. Se todas as testemunhas falecerem ou estiverem em local ignorado, ou não o confirmarem, o testamento particular não será cumprido.

A publicação em juízo do testamento particular geralmente é feita pelo herdeiro instituído, pelo legatário ou pelo testamenteiro. Estes devem requerer a notificação das pessoas às quais caberia a sucessão legítima para virem, em dia, lugar e hora designados, assistir à inquirição das testemunhas instrumentais, que deverão ser intimadas a depor (CC, art. 1.877; CPC/2015, art. 737).

Os autores em geral criticam o fato de o dispositivo em análise prever apenas a citação dos herdeiros legítimos, na fase de publicação do testamento. O correto, como entende a jurisprudência, é determinar a citação de todos os interessados para o ato de publicação do testamento particular, considerando a possibilidade de haver outros, em alguns casos, por exemplo, o cônjuge sobrevivente, quando meeiro, embora não sendo herdeiro, ou os interessados num testamento anterior, havendo dúvida sobre sua revogação.

Presentes as pessoas notificadas, ou à sua revelia, proceder-se-á à inquirição das testemunhas sobre: "*a*) autenticidade de suas assinaturas; *b*) teor das disposições testamentárias; *c*) fato de o testamento lhes haver sido lido, por ocasião de sua elaboração; *d*) encontrar-se o testador em perfeito juízo, no momento de testar"[93].

O assunto é regulado no art. 1.878 do Código Civil, *in verbis*:

"Se as testemunhas forem contestes sobre o fato da disposição, ou, ao menos, sobre a sua leitura perante elas, e se reconhecerem as próprias assinaturas, assim como a do testador, o testamento será confirmado.

Parágrafo único. Se faltarem testemunhas, por morte ou ausência, e se pelo menos uma delas o reconhecer, o testamento poderá ser confirmado, se, a critério do juiz, houver prova suficiente de sua veracidade".

---

[92] Zeno Veloso, *Comentários*, cit., v. 21, p. 136.
[93] Silvio Rodrigues, *Direito civil*, cit., v. 7, p. 167.

É nesse dispositivo que se apresenta o enorme inconveniente do testamento particular. Se as testemunhas houverem falecido, ou estiverem em local ignorado, o testamento estará prejudicado, e a sucessão legítima regulará o destino dos bens do *de cujus*, ainda que não haja impugnação. A autenticidade do testamento depende da audiência das testemunhas instrumentárias.

Não é necessário que as testemunhas se recordem, com detalhes e minúcias, de todas as disposições. Mas as declarações devem harmonizar-se, no tocante aos pontos fundamentais, confirmando especialmente que o testamento foi de fato elaborado e que foram convocadas para testemunhá-lo. Devem, ainda, declarar, sem discrepâncias, que a leitura do instrumento foi feita perante elas e reconhecer as suas próprias assinaturas, assim como a do testador.

Uma só testemunha que contradiga o escrito invalida a disposição, salvo provando-se que foi subornada para contradizer a verdade. Nessa esteira, a lição de Orlando Gomes: "Pela disposição legal, as testemunhas devem ser contestes sobre o fato da disposição, ou, ao menos, sobre a sua leitura perante elas. Uma negativa seria bastante para tornar ineficaz o testamento. Entende-se, contudo, que, se o depoimento é falso, o testamento deve ser cumprido"[94].

Observe-se que, se pelo menos uma das testemunhas estiver viva e comparecer para depor, e se o seu depoimento confirmar a autenticidade do instrumento, o juiz poderá mandar cumprir o testamento, dependendo do seu convencimento sobre a existência de prova suficiente da sua veracidade.

No entanto, a *3ª Turma do Superior Tribunal de Justiça*, por maioria, compreendeu que é preciso flexibilidade para conciliar o cumprimento das formalidades legais com o respeito à última vontade do testador. Por conta disso, a Corte validou um testamento particular em que as testemunhas não foram capazes de confirmar em juízo a manifestação de vontade da testadora, a data em que o testamento foi elaborado, o modo como foi assinado e outros elementos relacionados ao ato[95].

A determinação do juiz para que o testamento seja cumprido baseia-se unicamente na constatação da inexistência de vícios externos, extrínsecos, que possam tornar o documento suspeito de falsidade ou eivado de nulidade. Está sujeito, todavia, a sofrer impugnação, no inventário mesmo, se a arguição não envolver questões de alta indagação e não depender de provas complexas a serem produzidas, ou em ação própria, destinada à discussão de questões mais profundas, envolvendo a validade intrínseca do testamento.

Destarte, havendo impugnação, baseada em elementos adequados, o juiz remeterá as partes às vias ordinárias, para que apurem a procedência da irresignação.

---

[94] *Sucessões*, cit., p. 129.

[95] REsp 2.080.530-SP, 3ª T., rel. Min. Nancy Andrighi, *DJe* 30-10-2023.

6.3. Confecção do testamento particular em circunstâncias excepcionais

O art. 1.879 do Código Civil, como já mencionado, apresenta uma importante inovação:

"Em circunstâncias excepcionais declaradas na cédula, o testamento particular de próprio punho e assinado pelo testador, sem testemunhas, poderá ser confirmado, a critério do juiz".

Tal dispositivo introduz em nosso direito a possibilidade excepcional de se admitir como testamento válido um simples escrito particular pelo qual o declarante dispõe de seus bens para depois de sua morte, sem observância das formalidades e tipos legais.

Mas esse testamento, como adverte SILVIO RODRIGUES, "com diminuição extrema de formalidades, só pode ser utilizado em circunstâncias excepcionais, que precisam ser declaradas no documento. Por 'circunstâncias excepcionais' pode-se considerar, por exemplo, estar o testador em lugar isolado, perdido, sem comunicação, ou ter ocorrido uma calamidade (terremoto, inundação, epidemia), ou achar-se o testador em risco iminente de vida"[96].

Trata-se, em verdade, de nova modalidade de testamento especial, na qual se exige que a excepcionalidade seja declarada na cédula. Não se admite que esta seja redigida por meios mecânicos, pois deve ser elaborado *"de próprio punho e assinado pelo testador".*

A doutrina em geral critica, com razão, o fato de o legislador não ter fixado um prazo de caducidade de tal testamento, entendendo que, se o testador sobrevive, as circunstâncias excepcionais desaparecem, e pode ser utilizada uma forma ordinária de disposição de última vontade.

A maioria das legislações, como o Código Napoleão (art. 987), Código Civil espanhol (art. 703), Código Civil suíço (art. 508), Código Civil italiano (art. 610), por exemplo, que admitem testamento hológrafo de forma simplificada nas hipóteses em que o testador se acha em perigo iminente de morte, ou em caso de epidemias, moléstias contagiosas, interceptação de comunicação etc., determina a perda da eficácia do testamento se passar algum tempo da cessação da causa que impediu o testador de valer-se de formas ordinárias.

Uma das características dos testamentos especiais, em nosso direito, por sinal, é a de que eles caducam se o testador não morrer em decorrência da circunstância excepcional, como sucede nos testamentos marítimo e aeronáutico (CC, art. 1.891).

---

[96] *Direito civil*, cit., v. 7, p. 168.

Deveria, assim, essa forma de testamento ser válida, entre nós, como o testamento nuncupativo, apenas se seguido da morte do autor da herança, que não teve oportunidade de fazê-lo por outro meio[97].

A responsabilidade de decidir se o testamento particular excepcional poderá ser confirmado ou não recai sobre o juiz. A ele compete decidir, na falta de previsão expressa do legislador, se tal testamento será cumprido e terá eficácia, ainda que o testador tenha falecido muito tempo depois da cessação da situação excepcional que justificou a utilização da forma simplificada, tendo desfrutado de tempo mais do que suficiente para testar de outra forma.

7. TESTEMUNHAS INSTRUMENTÁRIAS

As testemunhas desempenham relevante papel na elaboração do testamento. A sua atuação tem por escopo garantir a liberdade do testador e a veracidade de suas disposições. No testamento hológrafo, participam decisivamente da execução e atribuição de eficácia ao ato de última vontade, depois da morte do testador. Participam elas de todas as formas de testamento ordinário (duas, no testamento cerrado, e uma, no particular), exceto no testamento confeccionado em circunstâncias excepcionais, que dispensa qualquer testemunha.

A lei estabelece o número mínimo de testemunhas para cada modalidade de testamento. O comparecimento em número superior ao legal não constitui razão capaz de invalidar o ato, pois simplesmente vem reforçar a sua segurança.

Em princípio, todas as pessoas capazes podem ser testemunhas de negócios jurídicos, sendo excluídas apenas as que a lei expressamente menciona. O Código Civil enumera as pessoas que não podem ser admitidas como testemunhas no art. 228, colocado na Parte Geral:

"Não podem ser admitidos como testemunhas:

I – os menores de dezesseis anos;

II – aqueles que, por enfermidade ou retardamento mental, não tiverem discernimento para a prática dos atos da vida civil;

III – os cegos e surdos, quando a ciência do fato que se quer provar dependa dos sentidos que lhes faltam;

IV – o interessado no litígio, o amigo íntimo ou o inimigo capital das partes;

V – os cônjuges, os ascendentes, os descendentes e os colaterais, até o terceiro grau de alguma das partes, por consanguinidade, ou afinidade.

---

[97] Washington de Barros Monteiro, *Curso*, cit., v. 6, p. 146; Zeno Veloso, *Comentários*, cit., v. 21, p. 145-146; Sílvio Venosa, *Direito civil*, cit., v. VII, p. 240.

Parágrafo único. Para a prova de fatos que só elas conheçam, pode o juiz admitir o depoimento das pessoas a que se refere este artigo".

O dispositivo aplica-se aos atos e negócios jurídicos em geral, inclusive aos testamentos, uma vez que o Código Civil de 2002 não estabeleceu regras ou impedimentos especiais para as testemunhas testamentárias. O art. 1.650 do diploma de 1916, todavia, prescrevia que não podiam ser testemunhas em testamentos: "*I – os menores de dezesseis anos; II – os loucos de todo o gênero; III – os surdos-mudos e os cegos; IV – o herdeiro instituído, seus ascendentes e descendentes, irmãos e cônjuge; V – os legatários*".

Verifica-se que, dessas exclusões, as três primeiras eram mesmo ociosas, porque feitas anteriormente, na Parte Geral, quanto às pessoas impedidas de testemunhar em quaisquer negócios jurídicos da vida civil.

Não havia, pois, "necessidade de insistir o legislador, redundantemente, na mesma ideia, cujo conteúdo, aliás, vinha a ser de todo plausível. Tais pessoas, menos os cegos, eram e são incapazes e assim não podem intervir em negócio jurídico soleníssimo, que requer inteligência e discernimento"[98].

Enquanto a lei proibia, na Parte Geral, os cegos e os surdos de serem testemunhas em atos jurídicos, quando a ciência do fato que se queria provar dependesse dos sentidos que lhes faltassem, em matéria de testamento, dada a relevância e a complexidade desse ato, ela foi mais rigorosa, pois proibia sempre os cegos e os surdos-mudos de serem testemunhas.

O herdeiro instituído e seus parentes, bem como os legatários, mencionados nos incisos IV e V do art. 1.650, embora não fossem incapazes, não estavam legitimados a atuar como testemunhas apenas no testamento em que eram beneficiados. Podiam, porém, participar de qualquer outro testamento.

O Código Civil de 2002, como foi dito, não tem dispositivo semelhante ao aludido art. 1.650 do diploma de 1916. Aplicam-se, portanto, aos testamentos as normas para os negócios jurídicos em geral, estabelecidas no art. 228, I, II e III, uma vez que os incisos IV e V, que se referem a "interessado no litígio" e a "partes", têm caráter processual, não incidindo no campo material.

Os incisos I e II do art. 228 não admitem como testemunhas os menores de 16 anos e aqueles que, por enfermidade ou retardamento mental, não tiverem discernimento para a prática dos atos da vida civil. Como pessoas absolutamente incapazes (CC, art. 3º, I e II), não podem atuar como testemunhas.

O inciso III, por sua vez, refere-se aos cegos e surdos como impedidos de servir como testemunhas quando a ciência do fato que se quer provar dependa dos sentidos

---

[98] Washington de Barros Monteiro, *Curso*, cit., v. 6, p. 147.

que lhes faltam. Os sentidos que faltam ao cego (visão) e ao surdo (audição) são essenciais para participar dos testamentos, resultando daí o seu impedimento.

Quanto ao mudo, embora não seja incapaz de testemunhar – e a sua participação na elaboração do testamento não constitua, por si só, causa de nulidade do ato causa mortis –, não é aconselhável que venha a atuar como tal, mesmo que saiba ler, assinar e não seja surdo, pois estará prestando uma colaboração deficiente[99].

O analfabeto não pode ser testemunha dos testamentos, pois, em todas as suas formas, as testemunhas têm de assiná-los e podem, eventualmente, ser chamadas a assinar a rogo do testador (art. 1.865), a ler o testamento do cego quando por ele indicado (art. 1.867) e a reconhecer a assinatura do testador no testamento particular (art. 1.878). Apenas no testamento nuncupativo do art. 1.896 a doutrina admite a testemunha analfabeta.

Do mesmo modo, o que sabe, mas não pode assinar no momento da feitura do testamento, está inibido de testemunhá-lo.

Não há outras incompatibilidades. Nada impede, por exemplo, que sirvam de testemunhas testamentárias funcionários do cartório em que se lavra o ato, ou o testamenteiro nomeado pelo disponente e gratificado com a vintena, atribuída a título de remuneração pelos serviços prestados à testamentaria. Do mesmo modo, os parentes afins do testador, bem como os diretores e representantes das pessoas jurídicas eventualmente contempladas. As incompatibilidades são estritas e não se aplicam a situações não previstas[100].

Nada obsta, também, a que o amigo íntimo participe do testamento como testemunha. O inimigo capital do testador evidentemente não será convidado para participar da solenidade. Mas, se tal acontecer, a sua participação não terá o condão de invalidar o testamento.

O legislador de 2002, porém, proibiu que fossem nomeadas herdeiras ou legatárias pessoas que participaram de alguma forma do testamento (CC, art. 1.801). Quanto aos herdeiros e legatários nomeados no instrumento, se forem testemunhas do ato mortis causa, as disposições testamentárias feitas em favor deles é nula, pois, no caso, não têm legitimação para suceder (art. 1.801, II), e essa nulidade estende-se à disposição testamentária feita por interposta pessoa, presumindo-se pessoas interpostas os ascendentes, os descendentes, os irmãos e o cônjuge ou companheiro do não legitimado a suceder (art. 1.802).

---

[99] Silvio Rodrigues, Direito civil, cit., v. 7, p. 177.
[100] Washington de Barros Monteiro, Curso, cit., v. 6, p. 148-149. V. ainda: "Testamento particular. Testemunha. Dirigente de associação beneficente, sem fins lucrativos, beneficiada com legado. Admissibilidade. Interesse pessoal da testemunha inexistente. Validade do testamento" (RJTJSP, 134/343).

Capítulo IV

DOS CODICILOS

> *Sumário:* 1. Conceito. 2. Objeto do codicilo. 3. Redução do valor ou dos bens pelo juiz. 4. Requisitos do codicilo. 5. Espécies de codicilo. 6. Revogação do codicilo. 7. Execução do codicilo.

1. CONCEITO

Codicilo é ato de última vontade, destinado, porém, a disposições de pequeno valor ou recomendações para serem atendidas e cumpridas após a morte.

Segundo CARLOS MAXIMILIANO, "codicilo é um ato de última vontade que dispõe sobre assuntos de pouca importância, despesas e dádivas de pequeno valor"[1].

A palavra "codicilo" é de origem latina e tem o significado de epístola ou pequena carta. Entre os romanos era considerada diminutivo de *codex*, que se traduz por "código", porque o testamento era o *codex* grande, e o codicilo era como um pequeno testamento. Significa, portanto, pequeno escrito ou pequeno ato de última vontade.

A princípio nada mais eram os codicilos que declarações sem forma determinada, nas quais o testador prescrevia alguma coisa a seu herdeiro. E por isso dava-se-lhes a denominação de *epístolas* ou *cartas fideicomissárias*. Eram então utilíssimas, facilitavam certas disposições sem necessidade de recorrer às solenidades da feitura de um testamento, às quais só se recorria para instituir herdeiro[2].

Generalizado, porém, o uso dos codicilos, veio a necessidade de se adotar certa forma legal, menos solene que a dos testamentos. O instituto jurídico foi crescendo de

---

[1] *Direito das sucessões*, v. I, n. 513, p. 561.
[2] Lacerda de Almeida, *Sucessões*, § 55, p. 345.

importância, dilatando o raio do seu alcance. Nesse estado passou para as Ordenações, que mantiveram o critério distintivo do testamento adotado em Roma: "Codicilo é uma disposição de última vontade sem instituição de herdeiro"[3].

No que diz respeito às formalidades de que devem ser revestidos, os codicilos andam a par dos testamentos, pois não passam de testamentos sem o essencial do testamento. No Código Civil de 1916 a modalidade foi regulada nos arts. 1.651 a 1.655, que praticamente foram reproduzidos no diploma de 2002. Trata-se de instituto pouco utilizado na prática, sendo o Brasil um dos últimos países a admiti-lo.

Admite o legislador pátrio, portanto, ao lado do testamento, e também como instrumento hábil para transmitir bens *causa mortis*, o codicilo, "que se parece com o testamento, mas não é testamento". Pode ele conter, também, disposições de caráter não patrimonial[4].

2. OBJETO DO CODICILO

O art. 1.881 do Código Civil *encerra, além do objeto, a finalidade do codicilo.* Vejamos:

"Toda pessoa capaz de testar poderá, mediante escrito particular seu, datado e assinado, fazer disposições especiais sobre o seu enterro, sobre esmolas de pouca monta a certas e determinadas pessoas, ou, indeterminadamente, aos pobres de certo lugar, assim como legar móveis, roupas ou joias, de pouco valor, de seu uso pessoal".

Em complementação, estatui o art. 1.883:

"Pelo modo estabelecido no art. 1.881, poder-se-ão nomear ou substituir testamenteiros".

Como se verifica, o objeto do codicilo é limitado, de alcance inferior ao do testamento. Não é meio idôneo para instituir herdeiro ou legatário, efetuar deserdações, legar imóveis ou fazer disposições patrimoniais de valor considerável.

Pode o codicilo ser utilizado pelo autor da herança para as seguintes finalidades: a) fazer disposições sobre o seu enterro; b) deixar esmolas de pouca monta; c) legar móveis, roupas ou joias, de pouco valor, de seu uso pessoal (art. 1.881); d) nomear e substituir testamenteiros (art. 1.883); e) reabilitar o indigno (art. 1.818); f) destinar verbas para o sufrágio de sua alma (art. 1.998); g) reconhecer filho havido fora do matrimônio, uma vez que o art. 1.609, II, do Código Civil permite tal ato por "escrito particular", sem maiores formalidades.

---

[3] Carlos Maximiliano, *Direito das sucessões*, cit., v. I, n. 514, p. 562.
[4] Silvio Rodrigues, *Direito civil*, v. 7, p. 168.

Entendem alguns que o autor do codicilo não pode utilizá-lo para reconhecer filhos porque, com essa perfilhação, transpõe os limites traçados pelos arts. 1.881 e 1.883[5].

Temos, todavia, sustentado essa possibilidade[6], desde a entrada em vigor da Lei n. 8.560, de 29 de dezembro de 1992, que alterou a regra do art. 357 do Código Civil de 1916, o qual só admitia o reconhecimento voluntário da filiação debaixo de três formas: no próprio termo de nascimento, ou mediante escritura pública, ou por testamento. A referida lei permitiu o reconhecimento dos filhos havidos fora do casamento por escritura pública ou *escrito particular*, a ser arquivado em cartório. Posteriormente, o Código Civil de 2002, no art. 1.609, II, reproduziu a inovação trazida pela Lei n. 8.560/92.

Verificamos agora, com satisfação, que o ilustre professor Zeno Veloso[7], em comentários ao novo diploma, defende também essa possibilidade, com argumentos imbatíveis, baseados na necessidade de se dar ao tema interpretação "construtiva, teleológica, humanitária, pois o direito de ter revelada a ascendência biológica é substancial, e diz respeito à dignidade da pessoa humana, que é um dos fundamentos da República Federativa do Brasil (CF, art. 1º, III)". Assim, "o reconhecimento de filiação tem de ser incentivado, facilitado, e não dificultado, embaraçado, este é o ponto".

Malgrado o reconhecimento da filiação não esteja mencionado no art. 1.881, aduz Zeno Veloso, a possibilidade de ser realizado mediante codicilo "decorre de interpretação sistemática, considerando o todo orgânico do Código (ver, especialmente, o art. 1.609, II) e os princípios superiores de Direito de Família". Não obsta tal assertiva, enfatiza, o fato de o documento particular precisar "ser arquivado em cartório", pois o reconhecimento "só vai ter efeito com o falecimento do declarante, e, então, sem mais nada, o registro será feito".

Como se infere do art. 1.881 retrotranscrito, só valem, portanto, liberalidades em codicilo que tenham por objeto bens e valores de pouca monta. Como a lei não estabelece um critério para a aferição do pequeno valor, deve este ser considerado em relação ao montante do patrimônio deixado, segundo o prudente arbítrio do juiz. *Em muitos casos tem-se admitido a liberalidade que não ultrapasse 10% do valor do acervo hereditário*[8].

Não se deve, entretanto, adotar tal critério como inflexível, sendo melhor apreciar caso por caso.

---

[5] Washington de Barros Monteiro, *Curso*, cit., v. 6, p. 151-152.
[6] Carlos Roberto Gonçalves, *Direito das sucessões*, Coleção Sinopses Jurídicas, v. 4, p. 85.
[7] *Comentários ao Código Civil*, v. 21, p. 150-151.
[8] *RT*, 303/272, 327/240.

Em princípio, pode a deixa codicilar abranger bens móveis que ornamentam uma sala, desde que "de pouco valor", sempre em vista do montante do patrimônio deixado. Se forem valiosos, e conforme o caso, deverá restringir-se a uma peça do mobiliário. Pode compreender, também, utensílios domésticos, como televisores, refrigeradores, fogões etc. Se todos podem ser endereçados ao beneficiário, ou somente um deles, vai depender do valor do acervo hereditário. Se este, por exemplo, for constituído de móveis e imóvel residencial, inadmissível será a sua deixa por essa forma de disposição, devendo ser utilizado o testamento.

O art. 1.883 do Código Civil estabelece que a *nomeação* ou *substituição de testamenteiros* também pode ser objeto de codicilo. Desse modo, se o disponente nomeou, em testamento, testamenteiro para dar cumprimento às disposições de última vontade, e posteriormente mudou de ideia quanto à pessoa que escolheu, ou esta ficou impossibilitada de exercer o múnus, não se faz mister que aquele elabore novo testamento para substituí-la. A troca pode ser feita por codicilo, assim como a nomeação de alguém, como testamenteiro, se nada constou do testamento a esse respeito.

3. REDUÇÃO DO VALOR OU DOS BENS PELO JUIZ

Constitui questão controvertida, ante a omissão, tanto do Código anterior como do atual, saber se, em caso de as deixas ultrapassarem os limites legais, deixando de ser de pouca monta, será nulo o codicilo, ou o juiz poderá fazê-lo convalescer, reduzindo as disposições a montante módico e razoável.

A dúvida tem sido solucionada, na doutrina, pela extensão do *favor testamenti* aos codicilos, mediante o reconhecimento de que, sempre que possível, deve-se adotar o critério que dê eficácia às disposições de última vontade.

Nessa linha, preleciona CARLOS MAXIMILIANO: "A lei exige que as liberalidades consignadas em codicilos sejam de pouco valor; não fornece critério para aquilatar este; logo o assunto fica ao prudente arbítrio do juiz. Quando lhe parecem exageradas, ele não anula o ato, por isto; reduz proporcionalmente as esmolas e legados *ao que seja consentâneo* com o espírito da norma positiva"[9].

Não se admite que as esmolas sejam superiores a 10% do monte-mor, ou um percentual bem menor, se mais vultoso o patrimônio deixado. Nem que os legados atinjam considerável parcela das joias, ou dos móveis. Se o Código admitisse valores

---

[9] *Direito das sucessões*, cit., v. I, n. 520, p. 566.

exacerbantes, ou significativos, não usaria as expressões "esmolas" ou "de pouca monta". Ora, esmolas é um termo que exprime pequena quantia, algo de pouca significação, que não abala as economias de uma pessoa[10].

Pontes de Miranda, igualmente, admite a redução da deixa codicilar, obtemperando, no seu estilo característico: "Tudo isso serve para nos persuadir da necessidade, assim jurídica como consciencial, de evitar invalidações de codicilos, a respeito de cuja feitura, liberdade e autenticidade não há dúvidas. Ainda que os legados orcem pela décima parte da herança. Sempre que parecer exagerado, para a cédula codicilar, o de que se dispôs, e sendo possível, cumprirá o juiz, ouvidos os interessados, com o mesmo critério que adotou o legislador quanto às disposições testamentárias exageradas (art. 1.727, § 1º), – a redução proporcional das esmolas, ou, se isto mais se aproximar do que poderia ter querido, sabendo, o testador, a redução proporcional de todas as disposições, esmolas, legados, ou outras liberalidades. Com isto, observa o juiz o que lhe aconselha o art. 7º da Introdução, combinado com o art. 1.727, § 2º"[11].

Zeno Veloso[12], por sua vez, adota expressamente essa lição, propondo também a redução da deixa na hipótese mencionada, com fulcro no brocardo *ubi eadem ratio, ibi eadem legis dispositio* (onde houver a mesma razão, deve haver a mesma disposição legal). Como parâmetros aponta os arts. 1.967 (que, tratando das disposições testamentárias inoficiosas, permite que sejam elas reduzidas) e o 549 do Código Civil (que declara nula a doação somente na parte que *exceder* à de que o doador, no momento da liberalidade, poderia dispor em testamento).

Assim, conclui o citado jurista: "A critério do juiz, sob seu arbítrio – *arbitrium boni viri*, arbítrio de bom varão, a ser exercido com prudência, segundo a razão, e que nada tem que ver com arbitrariedade –, seguindo os ditames da equidade, ouvidos os interessados, salva-se o possível do codicilo imódico, aparando as liberalidades excessivas, reduzindo-as ao valor pertinente e permitido, colocando-as dentro da moldura que o art. 1.881 estabelece. E isso não só para respeitar e cumprir, razoavelmente, a cláusula mortuária que uma pessoa deixou gravada, como para atender às expectativas dos beneficiados, muitas vezes indivíduos carentes, pobres".

Urge frisar, a esta altura, que não mais existe em nosso direito a chamada *cláusula codicilar*, prestigiada pelo direito costumeiro, por via da qual consignava o testador que, se o testamento por ele feito não pudesse valer como tal (por ter um número de testemunhas inferior ao mínimo legal, por exemplo), aceito fosse,

---

[10] Arnaldo Rizzardo, *Direito das sucessões*, p. 338.
[11] *Tratado dos testamentos*, v. 2, n. 455, p. 317.
[12] *Comentários*, cit., v. 21, p. 153.

ao menos, como codicilo (*si non valeat jure testamenti, valeat jure codicillorum*). Em tais condições, tanto sob a vigência do Código de 1916 como do de 2002, anulado um testamento, também não poderá valer como codicilo[13].

4. REQUISITOS DO CODICILO

Estatui o art. 1.881 do Código Civil que toda pessoa *"capaz de testar"* poderá fazer disposições de pouca monta, por meio de codicilo. Quanto à *capacidade*, portanto, aplica-se o art. 1.860 do mesmo diploma, que regula a capacidade de testar.

Destarte, quem pode testar, pode fazer codicilo – e tudo o que foi dito sobre a capacidade testamentária tem aqui aplicação.

A *forma* do codicilo é a *hológrafa simplificada*. A cédula deve ser totalmente escrita, datada e assinada pelo seu autor. Por isso, o disponente tem de saber e poder escrever. Exige a lei, portanto, os mesmos requisitos essenciais que a maioria das legislações prevê para o testamento particular. "O que é testamento particular em muitos países, aqui é mero codicilo, observado o conteúdo limitado deste"[14].

Não se admite escrita ou assinatura a rogo no codicilo (*alografia*). A jurisprudência tem admitido codicilos datilografados, que devem, porém, ser datados e assinados pelo *de cujus*[15].

A escrita não precisa ser, necessariamente, "do próprio punho". Não está vedada, com efeito, a datilografia ou qualquer outro processo mecânico como a digitação eletrônica. O Código Civil de 2002 admitiu, francamente, a utilização de processo mecânico em todas as formas ordinárias de testamento. Se para o testamento comum é permitido o uso da escrita mecanizada, como a datilografia e a computação, com mais razão deve ser permitida para o codicilo, cujo conteúdo é limitado e tem por objeto bens menos valiosos que o testamento.

Entretanto, para evitar qualquer dúvida que a esse respeito possa existir, o Projeto de Lei n. 6.960/2002, atual Projeto de Lei n. 699/2011, propõe a inserção de parágrafo único com a seguinte redação: "O escrito particular pode ser redigido mecanicamente, desde que seu autor numere e autentique, com a sua assinatura, todas as páginas".

O fato de constar do art. 1.881 do Código Civil a forma particular não significa estar proibida alguma outra, como a pública. Se esta traz maior segurança e garantia,

---

[13] Washington de Barros Monteiro, *Curso*, cit., v. 6, p. 152.
[14] Zeno Veloso, *Comentários*, cit., v. 21, p. 149.
[15] *RT*, 46/351, 164/287, 327/240, 400/183; *RF*, 336/292.

não se vislumbra razão para excluí-la. PONTES DE MIRANDA[16] admite o codicilo por instrumento público ou cerrado, mas afirma que será *abundans cautela*. E observa que o próprio Código, no art. 1.655 (*CC/1916, correspondente ao art. 1.885 do CC/2002*), admite que seja fechado. O art. 1.885 do atual Código Civil dispõe que, "*se estiver fechado o codicilo, abrir-se-á do mesmo modo que o testamento cerrado*".

Entende o consagrado jurista que, todavia, o codicilo precisa ser hológrafo, ainda que cerrado, com aprovação do tabelião. Se não for hológrafo, aduz, "terá de ter todas as solenidades dos testamentos cerrados. Mas público, terá de ter o mesmo número de testemunhas que os testamentos? Aqui, a holografia não é possível. O oficial deve exigir as formalidades dos testamentos. Se for nulo, responde civil e criminalmente".

A *data* é explicitamente exigida. É, pois, requisito *essencial*; se falta, o documento não tem valor. Nesse ponto o repositório de normas afastou-se do sistema por ele adotado, uma vez que não a considerou essencial em documentos em que a sua enunciação teria maior utilidade, como os testamentos, salvo no testamento militar semelhante ao testamento cerrado[17].

Também a *assinatura* da cédula codicilar, ao final, pelo disponente é formalidade *ad solemnitatem*, indispensável. Sem a assinatura do próprio declarante, o documento equivale a uma minuta ou projeto, sem valor algum como manifestação de última vontade.

5. ESPÉCIES DE CODICILO

O codicilo pode assumir a forma de *ato autônomo*, tenha ou não o autor da herança deixado testamento, ou *complementar* deste. Prescreve o art. 1.882 do Código Civil:

"*Os atos a que se refere o artigo antecedente, salvo direito de terceiro, valerão como codicilos, deixe ou não testamento o autor*".

Percebe-se que o codicilo não é, necessariamente, acessório ou complemento do testamento, pois pode existir como disposição de vontade autônoma (codicilo *ab intestato*). Pode, outrossim, ser feito, tendo testamento o seu autor. Em geral, visa completá-lo, determinando o disponente providências para o seu enterro, destinando uma esmola de pouca monta aos pobres de certo lugar, ou fazendo o

---

[16] *Tratado dos testamentos*, cit., v. 2, n. 452, p. 315.
[17] Carlos Maximiliano, *Direito das sucessões*, cit., v. I, n. 517, p. 565.

legado de um bem de estimação e de pouco valor. Estabelece-se, nesse caso, uma convivência entre os dois documentos.

Todavia, se houver testamento posterior, que não confirma ou modifica o codicilo, este se considera revogado (CC, art. 1.884).

A ressalva dos direitos de terceiros, feita no art. 1.882, tem causado certa perplexidade; não se sabe ao certo a quem o legislador quis referir-se. Acredita-se que esteja protegendo os direitos dos herdeiros necessários. Contudo, como pondera PONTES DE MIRANDA[18], não era preciso dizê-lo. O art. 1.846 do Código Civil aplica-se a todas as disposições de última vontade.

6. REVOGAÇÃO DO CODICILO

A revogação do codicilo pode ser *expressa* ou *tácita*. É *expressa* quando o codicilo é revogado por outro codicilo, ou por outro testamento, com menção à intenção de revogá-lo. É *tácita* quando se dá pela elaboração de testamento posterior, de qualquer natureza, sem confirmá-lo, ou modificá-lo.

Dispõe o art. 1.884 do Código Civil:

"*Os atos previstos nos artigos antecedentes revogam-se por atos iguais, e conside-ram-se revogados, se, havendo testamento posterior, de qualquer natureza, este os não confirmar ou modificar*".

O codicilo pode, assim, ser revogado por outro codicilo, ou por um testamento posterior. Ou seja: a revogação do codicilo tanto se faz por outro ato da mesma natureza como por qualquer espécie de testamento.

Nem sempre, porém, o codicilo posterior revoga o anterior. Podem completar-se e trazer disposições diversas: num deles, por exemplo, consta esmola de pouca monta a determinada pessoa; noutro, disposições sobre o seu enterro. Após a morte do disponente, ambos serão cumpridos, se não tiverem sido revogados por outro modo, pois não há incompatibilidades entre as disposições de um e de outro.

O codicilo posterior somente revoga o anterior se contiver cláusula expressa nesse sentido, ou se as disposições forem incompatíveis. Quanto ao testamento posterior, se ele revogar expressamente o codicilo, este perderá a eficácia[19].

Pode ocorrer, no entanto, de o testamento posterior simplesmente silenciar e não fazer nenhuma referência ao codicilo. Nesse caso, não tendo confirmado ou

---

[18] *Tratado dos testamentos*, cit., v. 2, n. 462, p. 322.
[19] Zeno Veloso, *Comentários*, cit., v. 21, p. 155.

modificado o codicilo anterior, este será considerado tacitamente revogado, como proclama o mencionado art. 1.884, parte final.

O silêncio, nesse caso, será interpretado como manifestação de vontade, e entender-se-á que o codicilo está revogado, mesmo que o testamento posterior trate de assunto diverso do que se encontra nele regulado[20].

Testamento revoga codicilo, mas a recíproca não é verdadeira. Preleciona, nessa trilha, CARLOS MAXIMILIANO: "O codicilo não revoga o testamento; porém é por ele revogado"[21].

Comentando a primeira parte dessa afirmação, manifesta ZENO VELOSO o pensamento de que, "se o codicilo posterior ao testamento regula matéria inerente ao seu conteúdo possível (art. 1.881), revoga o que, sobre o mesmo assunto, ditava o testamento. Se, por exemplo, o testador lega seu relógio de algibeira (de pouco valor) a um amigo, e, depois, em codicilo, deixa o mesmo relógio ao sobrinho Luiz Augusto, é o sobrinho que fica com o relógio, após o decesso do autor da sucessão. O codicilo, nessa parte, porque a disposição é compatível, insere-se no seu conteúdo específico, e está conforme os limites possíveis, derroga o testamento. Seria absurdo, ilógico, no caso, que o relógio coubesse ao amigo e não ao sobrinho do *de cujus*"[22].

PONTES DE MIRANDA não discrepa desse entendimento, que também se nos afigura correto, asseverando que o codicilo pode revogar parcialmente o testamento anterior, "porque, nas coisas sobre as quais a lei lhe permite recair, não seria admissível duas validades – a do codicilo posterior, que é por lei válido, e a do testamento revogável pelo mesmo modo e forma, porque pode ser feito. Mas o codicilo é menos que um testamento! Menos na forma, menos na possibilidade de abrangência ou objeto, menos nas seguranças, que a solenidade confere aos testamentos. Mas a lei quer-lhe vida autônoma"[23].

O codicilo, prossegue o eminente jurista, "só pode tirar o que ele pode dar. Mas o que ele pode dar, claro que o pode tirar. Não se pode apagar com o codicilo a herança que se deixou em testamento. Nem deserdar. Mas duas validades, sobre o mesmo objeto, seriam absurdas: em tudo que podia consistir a disposição codicilar revoga-se o testamento, antes feito. Nem será preciso dizer que tudo mais subsiste: tudo mais não foi atingido. Só a declaração válida, em codicilo, risca a outra, sobre o mesmo assunto, que se fez no testamento".

---

[20] Zeno Veloso, *Comentários*, cit., v. 21, p. 156.

[21] *Direito das sucessões*, cit., v. I, n. 519, p. 565.

[22] *Comentários*, cit., v. 21, p. 157.

[23] *Tratado dos testamentos*, cit., v. 5, n. 2.018, p. 31-32.

7. EXECUÇÃO DO CODICILO

O codicilo é cumprido da mesma forma que o testamento particular. O testamenteiro, se existir, ou o parente, ou ainda qualquer pessoa que encontrar a cédula codicilar a encaminhará ao juiz. Este nomeará um testamenteiro, que velará pelo seu cumprimento. Formula-se um requerimento, acompanhado do original, com o pedido de abertura, caso se encontre fechado ou lacrado.

Dispõe o art. 1.885 do Código Civil, como já visto que, "se estiver fechado o codicilo, abrir-se-á do mesmo modo que o testamento cerrado".

Falecendo o disponente, a abertura do codicilo far-se-á como a do testamento cerrado: será aberto pelo juiz, que o fará registrar, ordenando que seja cumprido, se não achar vício externo que o torne eivado de nulidade ou suspeito de falsidade (CPC/2015, art. 735, *caput* e § 2º).

Capítulo V

DOS TESTAMENTOS ESPECIAIS

Sumário: 1. Introdução. 2. Testamento marítimo. 2.1. Conceito. 2.2. Requisitos do testamento marítimo. 2.3. Formas de testamento marítimo. 2.4. Caducidade do testamento marítimo e do aeronáutico. 3. Testamento aeronáutico. 3.1. Conceito. 3.2. Formas e requisitos do testamento aeronáutico. 4. Testamento militar. 4.1. Conceito. 4.2. Requisitos do testamento militar. 4.3. Formas de testamento militar. 4.4. Caducidade do testamento militar. 4.5. Disposições processuais. 5. Testamento vital.

1. INTRODUÇÃO

O Código Civil reconhece como testamentos *ordinários* unicamente *o público, o cerrado e o particular, não podendo ser utilizado nenhum outro, nem fazer combinações entre os existentes* (CC, arts. 1.862 e 1.863). *Só se considera testamento o negócio jurídico que for celebrado sob uma das formas indicadas na lei* (princípio da tipicidade).

Os testamentos *ordinários* são de livre escolha do disponente capaz e que tenha a legitimação exigida para a respectiva forma. Cada modalidade tem a sua própria regulamentação, como visto.

Mas, além das formas ordinárias, o Código Civil prevê também *formas especiais de testamento, que não são livremente escolhidas por qualquer pessoa, mas determinadas por circunstâncias e situações excepcionais em que se encontra aquele que pretende manifestar a sua última vontade e que justificam a diminuição de formalidades e exigências legais.*

Como obtempera CARLOS MAXIMILIANO, "circunstâncias extraordinárias impõem abrandamento de rigor, diminuição de formalidades, não só porque não há tempo nem meios de fazer vir oficial público, mas também porque o local não comporta a presença de juristas experimentados e as complicadas exigências legais

270

não se acham ao alcance de qualquer leigo em Direito. Por estes motivos as legislações de todos os países cultos admitem os testamentos *especiais*, muito fáceis de elaborar, porém só permitidos *como exceção*, em condições restritas e determinadas. Têm ainda outra característica – a efemeridade: a sua eficiência é limitada no tempo"[1].

A admissão de tais testamentos, que se caracterizam pela redução das formalidades legais, é criticada, no entanto, e com razão, por alguns doutrinadores, que os consideram mesmo inconvenientes, não se justificando a sua manutenção nos tempos modernos.

Na concepção de SILVIO RODRIGUES, "ao conferir ao particular a possibilidade de dispor de seus bens *causa mortis*, o legislador já lhe confere uma regalia. Todavia, para desfrutar de tal vantagem, deve o interessado recorrer a uma forma de testamento das mencionadas na lei, pois, caso contrário, seus bens irão a seus herdeiros legítimos. Para testar, na forma ordinária, tem a pessoa toda uma existência. Se, entretanto, por desinteresse ou negligência, descura de fazer seu testamento, não deve o legislador abrir exceção para proteger o negligente e o desinteressado, a fim de permitir-lhe que, à última hora, temeroso da proximidade da morte, faça um testamento que não quis fazer antes. Parece que é dar importância excessiva ao interesse individual"[2].

O Código Civil de 2002 regula três formas de testamentos especiais: *o marítimo, o aeronáutico e o militar* (arts. 1.886 a 1.896). E, no art. 1.887, declara peremptoriamente:

"*Não se admitem outros testamentos especiais além dos contemplados neste Código*".

O *testamento militar* já constava das Ordenações. O testamento marítimo, entretanto, foi inovação do diploma de 1916, inspirado no Código Civil francês (art. 988) e no Código Civil português de 1867 (art. 1.948). O testamento *aeronáutico* foi introduzido em nossa legislação pelo Código Civil de 2002 e já era previsto no Código Civil italiano (art. 616) e no Código Civil português de 1996 (art. 2.219).

Os testamentos especiais, malgrado a simplificação das formas, para atender a situações excepcionais, não derrogam os princípios do direito comum. Assim, além das regras específicas que orientam a realização dos testamentos especiais, a eles se aplicam todos os princípios que determinam a capacidade testamentária ativa (arts. 1.860 e 1.861), a proibição do testamento conjuntivo (art. 1.863), os preceitos referentes às disposições testamentárias em geral (arts. 1.897 a 1.900), os que tratam da capacidade para adquirir por testamento (arts. 1.799 a 1.801), o

---

[1] *Direito das sucessões*, v. II, n. 523, p. 17.
[2] *Direito civil*, v. 7, p. 170.

jus cogens da sucessão legítima, a ordem de vocação hereditária, o respeito à quota dos herdeiros necessários, os preceitos referentes aos defeitos da vontade etc."[3].

2. TESTAMENTO MARÍTIMO

2.1. Conceito

Segundo ITABAIANA DE OLIVEIRA, *"testamento marítimo é a declaração de última vontade, feita a bordo de navios de guerra ou mercantes, em viagem de alto-mar"*[4].

Tal definição era válida ao tempo do Código Civil de 1916, que empregava, no art. 1.656, a expressão "em viagem de alto-mar", porém não se amolda ao direito atual, uma vez que tal expressão foi suprimida pelo diploma de 2002, colocando um ponto final às indagações sobre se o testamento marítimo só poderia ser utilizado por pessoas que se encontrassem em alto-mar.

Dispõe, com efeito, o art. 1.888 do Código Civil:

"Quem estiver em viagem, a bordo de navio nacional, de guerra ou mercante, pode testar perante o comandante, em presença de duas testemunhas, por forma que corresponda ao testamento público ou ao cerrado.

Parágrafo único. O registro do testamento será feito no diário de bordo".

O *testamento marítimo* pode, assim, ser elaborado por passageiros e tripulantes ("gente do mar ou passageiro", na expressão de OROZIMBO NONATO[5]), nas viagens em alto-mar e em viagem fluvial ou lacustre, especialmente em lagos ou rios de grande dimensão, como os da bacia amazônica, diante do surgimento de algum risco de vida e da impossibilidade de desembarque em algum porto onde o disponente possa testar na forma ordinária.

Essa modalidade testamentária apresenta duas peculiaridades: a) não prevalece o testamento marítimo, se a embarcação estiver em pequeno cruzeiro, ou mesmo no curso de uma viagem, se ao tempo de sua confecção *"o navio estava em porto onde o testador pudesse desembarcar e testar na forma ordinária"* (CC, art. 1.892); b) caducará, como se verá adiante, *"se o testador não morrer em viagem nem nos noventa dias subsequentes ao seu desembarque em terra, onde possa fazer, na forma ordinária, outro testamento"* (art. 1.891).

---

[3] Eduardo de Oliveira Leite, *Comentários ao novo Código Civil*, v. XXI, p. 411; Zeno Veloso, *Comentários ao Código Civil*, v. 21, p. 162.

[4] *Tratado de direito das sucessões*, v. II, § 411, p. 76.

[5] *Estudos sobre sucessão testamentária*, v. I, n. 258, p. 314.

2.2. Requisitos do testamento marítimo

A validade do testamento marítimo requer:

a) que a viagem se realize em *navio nacional,* pois este é considerado extensão do território nacional, ainda que se encontre em águas territoriais ou portos de outros países;

b) que se trate de navio de *guerra* ou *mercante* – os navios de excursões turísticas e os que deslocam pessoas de um porto a outro enquadram-se como mercantes, pois o transporte de pessoas é mercancia;

c) que o testador esteja *a bordo* do navio, em viagem;

d) que a cédula testamentária seja *registrada em livro diário de bordo,* que todos os navios possuem – o registro fará referência ao autor do testamento, à data e a outros dados dignos de nota que ocorrerem;

e) que o testamento fique *sob a guarda do comandante,* que o entregará às autoridades administrativas do primeiro porto nacional (CC, art. 1.890).

2.3. Formas de testamento marítimo

O testamento, segundo se infere da parte final do art. 1.888 do Código Civil, pode revestir forma assemelhada ao *público* ou ao *cerrado.* No primeiro caso, é lavrado pelo comandante, a quem se atribui função notarial, na presença de duas testemunhas, fazendo-se o seu registro no livro diário de bordo (parágrafo único).

Se o testador não puder assinar, o comandante assim o declarará, assinando, nesse caso, pelo testador, e, a seu rogo, uma das testemunhas instrumentárias (CC, art. 1.865).

Não menciona o Código Civil o procedimento a ser seguido se o comandante pretender testar. Em alguns Códigos Civis, como o francês, o italiano, o espanhol e outros, consta que, nesse caso, o testamento será recebido pelo substituto do comandante. A mesma solução deve ser adotada no Brasil, mesmo porque o novo diploma, ao regular o testamento militar, estabelece que, se o testador for o oficial mais graduado, o testamento será escrito por aquele que o substituir (art. 1.893, § 3º).

O testamento que corresponda ao tipo cerrado (CC, art. 1.868) pode ser feito pelo próprio testador, que o assinará, ou ser escrito por outrem, que o assinará com a declaração de que o subscreve a rogo daquele. Deve ser entregue ao comandante perante duas testemunhas capazes de entender a vontade do testador, declarando este tratar-se de seu testamento o escrito apresentado, cuja aprovação requer.

O comandante certificará, abaixo do escrito, todo o ocorrido, datando e assinando com o testador e as testemunhas. Todos os partícipes (testador, comandante e testemunhas) devem estar reunidos, simultaneamente presentes (*uno contextu*), do início ao fim da solenidade.

As testemunhas, recrutadas de preferência entre os passageiros, devem ter capacidade de compreensão e ser idôneas, aplicando-se-lhes os mesmos impedimentos que atingem as testemunhas nas formas ordinárias de testamento. É mister que saibam assinar, pois o ato conferirá autenticidade ao testamento.

Aplicam-se ao *testamento marítimo* as proibições do art. 1.801 do Código Civil:

"*Não podem ser nomeados herdeiros nem legatários:*

I – a pessoa que, a rogo, escreveu o testamento, nem o seu cônjuge ou companheiro, ou os seus ascendentes e irmãos;

II – as testemunhas do testamento;

III – o concubino do testador casado, salvo se este, sem culpa sua, estiver separado de fato do cônjuge há mais de cinco anos;

IV – o tabelião, civil ou militar, ou o comandante ou escrivão, perante quem se fizer, assim como o que fizer ou aprovar o testamento".

A doutrina tece críticas ao novel legislador pelo fato de a parte final do art. 1.888 do Código Civil não ter especificado as formalidades a serem observadas para a elaboração do testamento marítimo, limitando-se a dizer que deve ele ser feito "*por forma que corresponda ao testamento público ou ao cerrado*".

Afirmam os críticos que essa redação causa perplexidade, se considerarmos que aquelas formas dizem respeito aos testamentos comuns e, por isso, vêm cercadas de formalidades e solenidades não compatíveis com os testamentos especiais, feitos em situações excepcionais e, por isso, de forma singela.

Aduzem, ainda, que, se a *ratio* de tal conduta foi o entendimento de que o testamento a bordo de navio não se reveste de suficiente excepcionalidade a justificar o emprego de forma especial de testar, bastaria que o atual Código Civil estendesse a aplicação do testamento público e cerrado aos testamentos feitos a bordo de navios, atuando o comandante como tabelião.

Desse modo, se a lei não faz distinção substancial, não haveria razão para o Código declarar, como o faz, que o testamento marítimo caducará se o testador não morrer na viagem, nem nos três meses subsequentes ao desembarque em terra, onde possa fazer, na forma ordinária, outro testamento[6].

Embora o Código Civil somente se refira à possibilidade de aquele que esteja a bordo de navio, em viagem, fazer testamento marítimo, nada obsta a que possa

---

[6] Zeno Veloso, *Comentários*, cit., v. 21, p. 166; Eduardo de Oliveira Leite, *Comentários*, cit., v. XXI, p. 415-417.

274

confeccionar testamento ordinário particular, que prescinde de tabelião. Tal modalidade pode ser elaborada em qualquer lugar, inclusive em um navio.

2.4. Caducidade do testamento marítimo e do aeronáutico

Dispõe o art. 1.891 do Código Civil:

"Caducará o testamento marítimo, ou aeronáutico, se o testador não morrer na viagem, nem nos noventa dias subsequentes ao seu desembarque em terra, onde possa fazer, na forma ordinária, outro testamento".

A caducidade, depois de certo tempo, é uma característica dos testamentos especiais, observada em todas as legislações alienígenas, variando apenas o prazo.

A perda da eficácia do testamento, se o testador não morrer em consequência do acontecimento excepcional que o levou a testar às pressas, nem depois do lapso de tempo estabelecido na lei, justifica-se plenamente, pois se trata de forma privilegiada, para atender a uma situação de emergência. Cessada esta, sem que o testador tenha morrido na viagem, nem nos noventa dias subsequentes ao seu desembarque em terra, onde pudesse fazer outro testamento comum, desaparece a razão para a subsistência do testamento especial.

O simples decurso do prazo de noventa dias não é suficiente para a perda da eficácia do testamento especial. É necessário que flua em terra, onde o testador possa fazer, na forma ordinária, outro testamento, não importando que o porto ou aeroporto não esteja localizado em território nacional. O aludido prazo começa a ser contado após o último desembarque, no fim da viagem. No último dia, o testamento perde a eficácia. O desembarque circunstancial, por pouco tempo, e posterior reembarque para prosseguimento do percurso, não dá início à contagem do prazo legal.

O Código Civil português, no n. 2 do art. 2.222, cuida da hipótese de, ao fim da jornada, o testador iniciar nova viagem marítima ou aérea (em virtude, por exemplo, de uma calamidade ou epidemia encontrada no local do desembarque), antes da expiração do prazo legal, prescrevendo: "Se no decurso deste prazo o testador for colocado de novo em circunstâncias impeditivas, o prazo é interrompido, devendo começar a contar-se por inteiro a partir da cessação das novas circunstâncias".

Se, porventura, após o derradeiro desembarque, o testador ficar impedido, em virtude de obstáculo invencível (agravamento do estado de saúde, por exemplo), de fazer novo testamento ordinário, os testamentos marítimo e aeronáutico não caducarão[7].

---

[7] Zeno Veloso, *Comentários*, cit., v. 21, p. 170-171; Eduardo de Oliveira Leite, *Comentários*, cit., v. XXI, p. 423-424.

3. TESTAMENTO AERONÁUTICO

3.1. Conceito

Preceitua o art. 1.889 do Código Civil:

"Quem estiver em viagem, a bordo de aeronave militar ou comercial, pode testar perante pessoa designada pelo comandante, observado o disposto no artigo antecedente".

A necessidade de elaborar o seu testamento pode surgir, para o autor da herança, em voos transcontinentais, de percursos muito longos (Brasil-Japão ou Brasil-Austrália, por exemplo), em casos de doença ou indisposição súbita e iminência de morte próxima.

O testamento aeronáutico constitui inovação do Código Civil de 2002, mas já era previsto, como mencionado, no Código Civil italiano (art. 616) e no Código Civil português. Estabelece o art. 2.219 deste último diploma que o disposto nos arts. 2.214 a 2.218 (concernentes ao testamento marítimo) "é aplicável, com as necessárias adaptações, ao testamento feito em viagem a bordo de aeronave".

O art. 1.889 do Código Civil brasileiro, retrotranscrito, determina que se observe "*o disposto no artigo antecedente*", o qual alude ao testamento marítimo, ou seja, "com as adaptações impostas pelas diferenças existentes entre a organização complexa de um navio e o ligeiro e improvisado equipamento de uma aeronave, onde o comandante não goza da liberdade de movimentos e da disponibilidade de tempo que pode ter o comandante de um navio"[8].

Daí a razão por que já não é o comandante do avião que redige o testamento ou o auto de aprovação. O interessado testará perante "*pessoa designada pelo comandante*", proclama o aludido dispositivo legal.

3.2. Formas e requisitos do testamento aeronáutico

Tendo o legislador determinado a observância do disposto no art. 1.888, que regula a forma e os requisitos do testamento marítimo, deve ser adotada, na confecção do testamento aeronáutico, modalidade que corresponda ao testamento *público* ou ao *cerrado*.

A ambiguidade da fórmula genérica do citado dispositivo e a crítica a ela feita pela doutrina já foram vistas no item 2.3, retro. Teria sido mais seguro, sem dúvida, se o legislador indicasse, desde logo, as solenidades simplificadas que devem ser observadas no testamento aeronáutico, de natureza especialíssima, em vez de fazer referência vaga aos requisitos dos testamentos público e cerrado.

---

[8] Eduardo de Oliveira Leite, *Comentários*, cit., v. XXI, p. 419.

Os requisitos do testamento aeronáutico são, portanto, os mesmos do testamento marítimo. Todavia, como referido, não pode o comandante, por estar envolvido na pilotagem, participar da elaboração do testamento. Designará, então, alguém para receber as informações do testador e lavrar o testamento.

A forma cerrada, dadas as circunstâncias, torna-se quase inviável. A maneira mais prática é o ditado da disposição de bens à pessoa designada pelo comandante e a leitura por ela feita, ao testador e a duas testemunhas, após a lavratura do instrumento, com a assinatura de todos (CC, art. 1.864). Se o testador estiver passando mal e não tiver condições de assinar, a pessoa que fizer as vezes do notário assim o declarará, assinando pelo testador, e a seu rogo, uma das testemunhas instrumentárias (art. 1.865).

Nada impede, também, que o testador se utilize do testamento particular, que terá, todavia, de ser por ele redigido (forma hológrafa), ou elaborado em microcomputador, que muitos passageiros carregam durante as viagens de longo percurso. Poderá valer-se, neste caso, do testamento particular elaborado em *"circunstâncias excepcionais"*, sem testemunhas, se houver dificuldade para conseguir a sua participação, por estarem preocupadas, por exemplo, com os problemas do voo.

Estatui ainda o art. 1.890:

"O testamento marítimo ou aeronáutico ficará sob a guarda do comandante, que o entregará às autoridades administrativas do primeiro porto ou aeroporto nacional, contra recibo averbado no diário de bordo".

E o art. 1.891, como já comentado no n. 2.4, declara que *"caducará o testamento marítimo ou aeronáutico"* se o testador não morrer na viagem, nem nos noventa dias subsequentes ao seu desembarque em terra, onde possa fazer, na forma ordinária, outro testamento.

4. TESTAMENTO MILITAR

4.1. Conceito

Testamento militar é o elaborado por militar e outras pessoas a serviço das Forças Armadas em campanha, como médicos, enfermeiros, engenheiros, capelães, telegrafistas etc., que estejam participando de operações de guerra, dentro ou fora do País.

Na primitiva Roma já eram permitidos os testamentos militares. O imperador Júlio César foi o primeiro a conceder franquia aos soldados para a confecção dos testamentos. A excepcionalidade da circunstância e a iminência da morte justificavam a sua aceitação.

As Ordenações Filipinas mantiveram, em suas linhas gerais, os preceitos do direito romano. No Brasil, tal modalidade constava do Código Civil de 1916, e foi mantida pelo diploma de 2002, cujo art. 1.893 estabelece:

"*O testamento dos militares e demais pessoas a serviço das Forças Armadas em campanha, dentro do País ou fora dele, assim como em praça sitiada, ou que esteja de comunicações interrompidas, poderá fazer-se, não havendo tabelião ou seu substituto legal, ante duas, ou três testemunhas, se o testador não puder, ou não souber assinar, caso em que assinará por ele uma delas.*

§ 1º Se o testador pertencer a corpo ou seção de corpo destacado, o testamento será escrito pelo respectivo comandante, ainda que de graduação ou posto inferior.

§ 2º Se o testador estiver em tratamento em hospital, o testamento será escrito pelo respectivo oficial de saúde, ou pelo diretor do estabelecimento.

§ 3º Se o testador for o oficial mais graduado, o testamento será escrito por aquele que o substituir".

A locução "militares" recebe interpretação extensiva na doutrina. Abrange não só os integrantes das Forças Armadas (Exército, Marinha e Aeronáutica), como também das Polícias Militares e outras forças auxiliares.

Alguns comentadores do Código Civil brasileiro, atendendo ao espírito da lei, à *ratio legis*, e vendo, no caso, menos uma norma feita para favorecer determinada classe do que uma regra que atende à peculiaridade das circunstâncias perigosas em que a parte se encontra, "têm entendido que podem recorrer ao testamento militar os civis que visitam parente no campo de batalha, embora a letra da lei a eles não se refira. Haveria a aplicação analógica da lei por ser idêntica a situação"[9].

4.2. Requisitos do testamento militar

Algumas formalidades são exigidas para a validade do testamento militar. Reclama-se:

a) Que a Força esteja "*em campanha*", mobilizada, tanto para a guerra externa quanto para a interna, dentro ou fora do País, assim como "*em praça sitiada*", ou que esteja de "*comunicações interrompidas*". Considera-se, igualmente, em campanha a Força Armada destacada para cumprir missões de paz, ou garantir segurança em territórios conflagrados, em nome de organismos internacionais, como a ONU, por exemplo.

Comenta ARNOLDO WALD que "a interpretação que a jurisprudência e a doutrina deram às normas sobre testamento militar é no sentido de o admitir

---

[9] Arnoldo Wald, *Direito das sucessões*, p. 123.

independentemente do estado de guerra, sempre que militares estejam trabalhando para a salvação pública, como pode ocorrer em caso de inundação, incêndio de grandes proporções etc. *Amplia a própria lei a faculdade de fazer testamento militar aos civis a serviço do exército*"[10].

b) Que o disponente se encontre participando da guerra, *em campanha ou em praça sitiada*, sem possibilidade de afastar-se das tropas ou do campo de batalha. Não precisa, necessariamente, estar envolvido nos combates e entrechoques; *basta que esteja envolvido em missão pública a favor da defesa da pátria, como numa missão de salvamento, por exemplo, impedido de se comunicar*. Admite-se que todas as pessoas que se agregam às Forças Armadas, como voluntários, diplomatas, correspondentes de guerra, capelães, médicos, enfermeiros etc., por estarem expostos aos mesmos riscos, perigos e dificuldades, podem fazer uso do testamento militar.

c) *Que não haja, no local, um tabelionato* em que o interessado em testar possa dispor de seus bens pela forma ordinária. Se, mesmo estando a cidade sitiada, houver a possibilidade de se servir do tabelião local para esse fim, ou de seu substituto legal, não se justifica a confecção de testamento militar.

d) Que *a situação de perigo seja real*, ante a possibilidade de não subsistir com vida após uma batalha ou até o término do conflito armado[11].

4.3. Formas de testamento militar

O testamento militar pode revestir três formas: a assemelhada ao testamento *público* (CC, art. 1.893), a correspondente ao testamento *cerrado* (art. 1.894), e a *nuncupativa* (art. 1.896).

No primeiro caso, o *comandante* atuará como tabelião, estando o testador em serviço na tropa, ou o *oficial de saúde*, ou o *diretor do hospital* em que estiver recolhido, sob tratamento. Será lavrado na presença de duas testemunhas e assinado por elas e pelo testador, ou por três, se o testador não puder, ou não souber assinar, caso em que assinará por ele uma delas. Se o testador for oficial mais graduado, o testamento será escrito por aquele que o substituir (CC, art. 1.893, § 3º).

Na forma semelhante ao testamento *cerrado*, o testador entregará a cédula ao auditor, ou ao oficial de patente que lhe faça as vezes nesse mister, aberta ou cerrada, escrita de seu punho ou por alguém a seu rogo, na presença de duas testemunhas. O auditor, ou o oficial a quem o testamento se apresente, notará, em qualquer parte dele, lugar, dia, mês e ano em que lhe for apresentado, nota essa que será assinada por ele e pelas testemunhas (CC, art. 1.894, parágrafo único). Em seguida, o devolverá ao apresentante.

---

[10] *Direito das sucessões*, cit., p. 123.
[11] Arnaldo Rizzardo, *Direito das sucessões*, p. 352.

O auditor é o militar encarregado da Justiça no acampamento, ou juiz militar que julga os soldados.

Observa-se que o legislador, nesse caso, diferentemente do tratamento dado aos demais, exige a menção à *data* da lavratura do testamento; e ainda que, tendo determinado que o testador escreva o testamento assemelhado ao cerrado *"de seu punho"*, afastou a possibilidade de confeccioná-lo mediante o uso da datilografia ou de outros meios mecânicos.

Nada impede que as pessoas legitimadas a fazer testamento militar, devido à situação em que se encontram, optem pela utilização do *testamento particular*, escrevendo e assinando o documento e lendo-o, depois, a três testemunhas, que também o assinam, como estabelece o art. 1.876 do Código Civil.

O testamento *nuncupativo* é o feito de viva voz perante duas testemunhas, por pessoas empenhadas em combate ou feridas. A propósito, dispõe o art. 1.896 do Código Civil:

"As pessoas designadas no art. 1.893, estando empenhadas em combate, ou feridas, podem testar oralmente, confiando a sua última vontade a duas testemunhas.

Parágrafo único. Não terá efeito o testamento se o testador não morrer na guerra ou convalescer do ferimento".

Pressupõe-se que a pessoa esteja exposta, em qualquer caso, a risco de vida, e impossibilitada de se utilizar da escrita. Finda a guerra, porém, ou convalescendo o testador, cessaram as razões e acabaram os motivos que a lei prevê para o testamento especial, realizado in articulo mortis.

A partir daí, segundo preleciona ZENO VELOSO, "mesmo que continue a guerra, o testador tem todas as condições, toda a possibilidade de renovar e ratificar as suas disposições de última vontade por uma forma escrita, utilizando uma das outras espécies de testamento militar (arts. 1.893 e 1.894), ou até mesmo do testamento hológrafo, e, se a guerra acabou, de qualquer forma ordinária"[12].

O testamento nuncupativo constitui exceção à regra de que o testamento é um negócio solene e deve ser celebrado por escrito. É também uma forma bastante criticada, por possibilitar facilmente a deturpação da vontade do testador.

Efetivamente, não oferece o testamento nuncupativo garantias suficientes, pois morta uma pessoa em batalha, não há nada que impeça o fato de algumas outras se mancomunarem para duas delas se apresentarem como testemunhas, declarando que o defunto testou nuncupativamente em favor de terceiro. Daí se poder afirmar que tal modalidade facilita a simulação e a fraude, promove

---

[12] *Comentários*, cit., v. 21, p. 186.

demandas e favorece, como mencionado, o dolo das testemunhas, que podem alterar a manifestação de última vontade do testador[13].

O Código Civil, como já observava Itabaiana de Oliveira no início do século passado, "não traça as regras a respeito do modo pelo qual devem proceder as testemunhas. As testemunhas, logo que possam, devem reduzir a escrito as declarações do testador e apresentá-las, depois de por elas assinadas, ao auditor. *Morto o testador, será reduzido à pública forma o testamento nuncupativo-militar, perante o juiz competente, com o depoimento das testemunhas e citação dos interessados*"[14].

A omissão, no entanto, é suprida pelo Código de Processo Civil de 2015, que, no art. 737, § 3º, prescreve que se aplica "o disposto neste artigo ao codicilo e aos testamentos marítimo, aeronáutico, militar e nuncupativo".

Desse modo, após a morte do testador, o testamento nuncupativo deve ser apresentado em juízo, para ser publicado, inquirindo-se as testemunhas às quais foi confiada a última vontade do testador, sendo intimados para a inquirição aqueles a quem caberia a sucessão legítima, o testamenteiro, os herdeiros e legatários que não tiverem requerido a publicação e o Ministério Público. Inquiridas as testemunhas, poderão os interessados, no prazo comum de cinco dias, manifestar-se sobre o testamento. Se as testemunhas forem contestes e não restarem dúvidas sobre a autenticidade do ato, sentenciará o juiz, mandando cumprir o testamento.

4.4. Caducidade do testamento militar

Proclama o art. 1.895 do Código Civil:

"Caduca o testamento militar, desde que, depois dele, o testador esteja, noventa dias seguidos, em lugar onde possa testar na forma ordinária, salvo se esse testamento apresentar as solenidades prescritas no parágrafo único do artigo antecedente".

Tal como sucede com o testamento marítimo e com o testamento aeronáutico, o testamento militar está, igualmente, sujeito a prazo de caducidade.

O prazo de noventa dias deve ser contado ininterruptamente, ainda que o testador passe algum tempo em diversos lugares, desde que em cada um deles pudesse ter feito outro testamento, na forma ordinária.

Caso contrário, como assinala Zeno Veloso, *"o testamento militar jamais caducaria, se o testador, depois da facção testamentária, estiver quinze dias numa cidade, em que possa testar pela forma ordinária, cinco a dez dias noutra, um mês noutra etc. (...) Se a situação excepcional que justificou o testamento militar já chegou ao fim, o testador voltou da guerra e se ocupa em viagens, sem jamais passar noventa dias seguidos*

---

[13] Silvio Rodrigues, *Direito civil*, cit., v. 7, p. 174.
[14] *Tratado*, cit., v. II, § 420, p. 80.

na mesma cidade, onde possa testar na forma ordinária, os prazos em que esteve em cada lugar são somados"[15].

O art. 1.895 prevê, todavia, hipótese de *testamento militar que não caduca, reportando-se ao parágrafo único do artigo antecedente, que cuida do testamento militar semelhante ao cerrado.* Pelo fato de ser escrito do próprio punho, datado e assinado pelo testador, obedecendo, ainda, a outras solenidades previstas naquele artigo, inclusive a homologação pelo auditor, ou oficial, com duas testemunhas, entendeu o legislador que ele representa uma disposição de última vontade segura e definitiva. Assim, não terá prazo de eficácia e, pois, não caducará, malgrado tratar-se de um testamento especial.

Tal exceção não logrou subtrair-se das críticas de CLÓVIS BEVILÁQUA, ao comentar o art. 1.662 do Código Civil de 1916, correspondente ao art. 1.895 do novo diploma, neste termos: "Não escapa essa exceção à crítica. Se o testamento militar é uma forma especial, se a forma especial somente se justifica pelas circunstâncias excepcionais em que se acha o testador, e que o impossibilitam de usar das formas ordinárias, cessando essas circunstâncias, desaparece a razão de ser da forma especial de testar. Por outro lado, se o testamento escrito pelo militar merece esse favor da lei, por que não concedê-lo, por igual, ao escrito a bordo dos navios nacionais?"[16].

4.5. Disposições processuais

O art. 737, § 3º, do Código de Processo Civil prevê que as disposições concernentes ao testamento particular aplicam-se ao testamento feito por militar ou pessoa em serviço militar, quando em campanha, praça sitiada ou que esteja com as comunicações cortadas.

Já vimos que o referido dispositivo proclama que também o testamento nuncupativo observará o procedimento estabelecido para a confirmação do testamento particular.

Impugnado o testamento, o processo tomará curso ordinário. Verificando a presença dos requisitos da lei, ouvido o Ministério Público, o juiz confirmará o testamento (CPC/2015, art. 737, § 2º).

5. TESTAMENTO VITAL

O denominado *testamento vital* ou *biológico* constitui uma declaração unilateral de vontade em que a pessoa manifesta o desejo de ser submetida a

---

[15] *Comentários*, cit., v. 21, p. 178-179.
[16] *Código Civil dos Estados Unidos do Brasil comentado*, v. VI, p. 122.

determinado tratamento, na hipótese de se encontrar doente, em estado incurável ou terminal, ou apenas declara que não deseja ser submetida a nenhum procedimento que evite a sua morte.

Enquanto capaz, a pessoa escolhe, por escrito, o tratamento médico que deseja receber ou manifesta o desejo de não se submeter a nenhum. Com esse documento, o paciente visa influir sobre a conduta médica e a limitar a atuação da família, caso a doença progrida e venha a se tornar impossibilitado de manifestar a sua vontade.

Não se trata, verdadeiramente, de um testamento ou ato *causa mortis*, uma vez que não se destina a produzir efeitos após a morte, mas sim antes desta, aos pacientes terminais. *Por essa razão, mostra-se mais adequada a expressão "Diretivas Antecipadas de Vontade", utilizada na Resolução n. 1.995/2012, do Conselho Federal de Medicina, cujo art. 1º dispõe que o referido Conselho resolve*:

"Definir diretivas antecipadas de vontade como o conjunto de desejos, prévia e expressamente manifestados pelo paciente, sobre cuidados e tratamentos que quer, ou não, receber no momento em que estiver incapacitado de expressar, livre e autonomamente, sua vontade".

A referida declaração de vontade tem por fundamento jurídico o princípio constitucional da *dignidade humana* e o art. 15 do Código Civil, segundo o qual *"ninguém pode ser constrangido a submeter-se, com risco de vida, a tratamento médico ou a intervenção cirúrgica". Não se pode obrigar uma pessoa a fazer tratamento contra a sua própria vontade.*

Faz-se mister, todavia, para que se possa aceitar a validade de aludida declaração unilateral de vontade, distinguir e estabelecer os limites entre *eutanásia* e *ortotanásia*. A primeira, etimologicamente, significa "boa morte", e se dá por meio de utilização de técnicas que precipitam a ocorrência da morte e, por isso, constitui ato ilícito (CP, art. 122). A *ortotanásia*, que significa, etimologicamente, "morte correta", é procedimento destinado a evitar que o paciente padeça de um sofrimento físico e psicológico, mediante o não emprego de técnicas terapêuticas inúteis de prolongamento da vida.

A distinção entre as duas técnicas se torna, muitas vezes, difícil na prática, embora necessária, *uma vez que o limite do testamento vital é a ortotanásia. Não se pode derivar para a eutanásia.*

Aguarda-se, portanto, com ansiedade, que a prática seja disciplinada por lei, uma vez que vários projetos de lei em tramitação no Congresso Nacional tratam do assunto. Um deles é o de n. 116, de 2000, de autoria do Senador Gerson Camata, que visa disciplinar a autorização para o procedimento da ortotanásia.

Na *V Jornada de Direito Civil, realizada pelo Conselho da Justiça Federal, aprovou-se o Enunciado n. 528, do seguinte teor:*

"*É válida a declaração de vontade, expressa em documento autêntico, também chamado 'testamento vital', em que a pessoa estabelece disposições sobre o tipo de tratamento de saúde, ou não tratamento, que deseja no caso de se encontrar sem condições de manifestar a sua vontade*".

Distanásia é o nome dado à prática de se prolongar a vida, mediante o uso de aparelhos ou fármacos, muitas vezes em prejuízo do conforto do paciente. A manutenção da vida passa a ser prioridade em relação à qualidade de vida. A longevidade é vista como o único fim. A *distanásia* representa o prolongamento do processo de morte.

Confira-se o paralelo entre *distanásia, ortotanásia* e *eutanásia*, estabelecido por CARLOS EDUARDO MARTINS, disponível em: http://conjur.com.br, de 18-9-2013. Na *primeira*, "prolonga-se a vida do paciente, independentemente do conforto. Faz-se uso de aparelhos e fármacos que contribuam para a longevidade do paciente, sem levar-se em consideração se este prolongamento está causando-lhe sofrimento ou não. Na *ortotanásia*, permite-se que a vida do paciente cesse naturalmente. Admitem-se cuidados paliativos, a fim de garantir ao paciente o maior conforto possível em seu tempo restante de vida. Não ocorre a ação de interromper a vida do paciente, mas sim a omissão em forçar sua manutenção. *E a eutanásia é a prática de interromper, ativamente, a vida do paciente, geralmente em estado irreversível, a fim de cessar seu sofrimento*".

O paciente que desiste da vida, preferindo morrer a se submeter à cirurgia, *tem, como já dito, a sua autonomia da vontade reconhecida na Resolução n. 1.995/2012, do Conselho Federal de Medicina*, retromencionada. O entendimento é que não se justifica prolongar um sofrimento desnecessário em detrimento da qualidade de vida do ser humano. Esse pensamento levou a *Primeira Câmara Cível do Tribunal de Justiça do Rio Grande do Sul* a confirmar decisão que garantiu a um idoso o direito de não se submeter à amputação do pé esquerdo, que viria a salvar sua vida. Assim, como o juízo de origem, o colegiado entendeu que o Estado não pode proceder contra a vontade do paciente, mesmo com o propósito de salvar sua vida. Veja-se a ementa do aludido aresto:

"APELAÇÃO CÍVEL. ASSISTÊNCIA À SAÚDE. BIODIREITO. ORTO-TANÁSIA. TESTAMENTO VITAL.

1. Se o paciente, *com o pé esquerdo necrosado*, se nega à amputação, preferindo, conforme laudo psicológico, morrer para 'aliviar o sofrimento'; e, conforme laudo psiquiátrico, se encontra em pleno gozo das faculdades mentais, o Estado não pode invadir seu corpo e realizar a cirurgia mutilatória contra a sua vontade, mesmo que seja pelo motivo nobre de salvar sua vida.

2. O caso se insere no denominado *biodireito*, na dimensão da *ortotanásia*, que vem a ser a morte no seu devido tempo, sem prolongar a vida por meios artificiais, ou além do que seria o processo natural.

3. O direito à vida garantido no art. 5º, *caput*, deve ser combinado com o princípio da dignidade da pessoa, previsto no art. 2º, III, ambos da CF, isto é, vida com dignidade ou razoável qualidade. A Constituição institui o *direito à vida*, não o *dever à vida*, razão pela qual não se admite que o paciente seja obrigado a se submeter a tratamento ou cirurgia, máxime quando mutilatória. Ademais, na esfera infraconstitucional, o fato de o art. 15 do Código Civil proibir tratamento médico ou intervenção cirúrgica quando há risco de vida, não quer dizer que, não havendo risco, ou mesmo quando para salvar a vida, a pessoa pode ser constrangida a tal.

4. Nas circunstâncias, a fim de preservar o médico de eventual acusação de terceiros, tem-se que o paciente, pelo quanto consta nos autos, fez o denominado *testamento vital*, que figura na Resolução n. 1.995/2012, do Conselho Federal de Medicina"[17].

As Testemunhas de Jeová costumam portar um documento denominado "Diretivas Antecipadas e Procuração para Tratamento de Saúde", que é apresentado à equipe médica e ao hospital quando de seu tratamento médico, ou quando necessário. Tal documento contém diretivas médicas antecipadas (recusa de transfusão de sangue e consentimento para outras opções médicas) e uma procuração para casos de inconsciência (mandato duradouro). Além disso, o paciente também poderá externar sua decisão sobre questões de fim de vida (testamento vital).

Ressalte-se que o objeto do documento portado pelas Testemunhas de Jeová não é a renúncia ao direito à vida, mas o direito de escolher antecipadamente o tipo de tratamento médico que deseja receber. A jurisprudência internacional tem reconhecido a validade do documento de diretivas antecipadas portado por pacientes seguidores dessa religião[18].

O Testamento Vital nada mais é do que um documento feito por alguém capaz, que ciente das informações, descreve os tratamentos pelos quais quer ou não se submeter. Já o mandato duradouro se dá pela nomeação de um procurador, que ficará responsável pelos seus cuidados de saúde, tendo como base a vontade do outorgante. O mandato duradouro é válido, inclusive em situações de debilidade temporária.

As diretivas antecipadas de vontade são um negócio jurídico, visto que se trata de uma declaração de vontade com a finalidade de produzir os efeitos que o declarante pretende, para quando não puder se expressar, tendo em vista seu estado

---

[17] TJ-RS, Ap. 70.054.988.266, 1ª Câm., rel. Des. Irineu Mariani, j. 20-11-2013.

[18] César Iotti, Recusa a transfusão por religião deve ser respeitada, disponível em: *Revista Consultor Jurídico*, de 6-11-2016.

terminal. É um ato unilateral, personalíssimo, gratuito e revogável. O documento é escrito e recomenda-se que seja feito por escritura pública por um sujeito capaz, a fim de manifestar suas vontades enquanto ainda é capaz de fazê-lo. O intuito por trás desse documento é garantir ao paciente que seu desejo seja atendido no momento de sua terminalidade de vida, bem como oferecer respaldo jurídico ao médico responsável pela tomada de decisão em situações delicadas[19].

---

[19] Diretivas antecipadas de vontade: um direito de decisão, Revista *Consultor Jurídico*, de 4 de out./2021.

Capítulo VI

DAS DISPOSIÇÕES TESTAMENTÁRIAS EM GERAL

> *Sumário:* 1. Introdução. 2. Interpretação dos testamentos. 2.1. Regras práticas estabelecidas pela doutrina e pela jurisprudência. 2.2. Normas interpretativas do Código Civil. 3. Regras proibitivas. 3.1. Nomeação de herdeiro a termo. 3.2. Instituição de herdeiro sob condição captatória. 3.3. Referência a pessoa incerta. 3.4. Favorecimento de pessoa incerta, a ser identificada por terceiro. 3.5. Delegação ao herdeiro, ou a outrem, da prerrogativa de fixar o valor do legado. 3.6. Favorecimento de pessoas a que se referem os arts. 1.801 e 1.802. 4. Regras permissivas. 4.1. Nomeação pura e simples. 4.2. Nomeação sob condição. 4.3. Nomeação com imposição de encargo. 4.4. Disposição motivada. 4.5. Nomeação a termo, nas disposições testamentárias. 4.6. Disposição com cláusula de inalienabilidade.

1. INTRODUÇÃO

O testamento, além da nomeação de herdeiro ou legatário, pode encerrar outras disposições. As de cunho *patrimonial* superam sobejamente as de natureza *pessoal*. Estas dizem respeito, em regra, *à nomeação de tutor para filho menor, ao reconhecimento de filho havido fora do casamento, à imposição de cláusula restritiva se houver justa causa, à educação de filho, à reabilitação do indigno, a recomendações sobre enterro e sobre sufrágios religiosos em benefício da própria alma* etc.

Após regulamentar as formalidades extrínsecas do testamento, o Código Civil trata de seu *conteúdo*, estabelecendo o que pode e o que não pode conter (regras *permissivas* e *proibitivas*) e como deve ser interpretada a vontade do testador (regras *interpretativas*).

287

Registre-se, *ab initio*, que as disposições testamentárias só podem beneficiar pessoas naturais ou jurídicas. Não podem ser contemplados animais, salvo indiretamente, pela imposição ao herdeiro testamentário do encargo de cuidar de um especificamente. Também estão excluídas as coisas inanimadas e as entidades místicas como os santos. Admitem-se, porém, disposições em favor de nascituros ou de prole eventual, bem como de pessoas jurídicas em formação[1].

A vontade de beneficiar deve ser *expressa*, embora indiretamente, algumas vezes, não se podendo deduzir direito sucessório de simples conselhos, recomendações e advertências, que podem gerar apenas deveres de consciência. Por outro lado, diferentemente do que sucedia no direito romano, não são exigidas, no direito moderno, fórmulas especiais para a nomeação de herdeiro ou legatário. Qualquer que seja a expressão usada, mesmo que áspera ou ofensiva, vale a *heredis institutio*, uma vez evidenciada a intenção de efetuar a liberalidade[2].

2. INTERPRETAÇÃO DOS TESTAMENTOS

A interpretação das cláusulas testamentárias – com o intuito de salvar, o mais possível, a vontade do testador – é, no dizer de PONTES DE MIRANDA, "o *nobile officium* do Juiz dos testamentos"[3].

A tarefa, prossegue, "consiste em encher os vazios; remediar os defeitos (*Seufferts Archiv*, 60, n. 98, 191 s.); investigar a verdadeira vontade; *suprir* no sentido da vontade do testador; penetrar em suas intenções para ver, lá dentro, o que no testamento o disponente quis. Nada de agarrar-se às palavras, como que a castigar o testador pelo que disse mal. No fundo da sua consciência, ele deve ter sempre a palavra de comando: Salve, se possível, a verba"!

A missão, todavia, complementa o mencionado jurista, "não é fácil, porque joga com toda a linguagem humana, cheia de imperfeições, máxime nos iletrados ou, pior, nos de meia-ciência, e com quase todas as figuras ou categorias do mundo jurídico".

Toda manifestação de vontade necessita de interpretação para que se saiba o seu significado e alcance. O contrato e o testamento originam-se de ato volitivo e, por isso,

---

[1] Washington de Barros Monteiro, *Curso de direito civil*, v. 6, p. 160.
[2] Orozimbo Nonato, *Estudos sobre sucessão testamentária*, v. II, p. 191; Caio Mário da Silva Pereira, *Instituições de direito civil*, v. VI, p. 260.
[3] *Tratado dos testamentos*, v. 3, p. 170.

requerem sempre uma interpretação. Não só a lei, com efeito, deve ser interpretada, mas também os negócios jurídicos em geral.

É mínima a diferença entre a interpretação dos contratos e a dos testamentos. Por isso, pode-se afirmar que as regras de interpretação dos primeiros aplicam-se também aos segundos, observadas algumas peculiaridades decorrentes do fato de os contratos serem negócios jurídicos bilaterais e os testamentos, unilaterais. Assim, aqueles decorrem de mútuo consentimento, enquanto nestes a vontade é unilateralmente manifestada, sendo personalíssima, não receptícia. Não há "conflito de interesses", nem "partes", só produzindo efeitos a declaração após a morte do testador.

Uma distinção importante concerne ao sentido que se deve dar às palavras empregadas. No contrato prevalece o sentido usual e comum no lugar em que foi celebrado; no negócio jurídico *mortis causa* prevalece o fator subjetivo, sobreleva o vocabulário pessoal do testador, seu modo peculiar de falar e empregar as palavras, considerando seu significado no local e no ambiente em que vivia. Ou seja: cogita-se mais da vontade, expressa ou presumida, do estipulante[4].

Com os temperamentos e limitações que tais diferenças ensejam, é de admitir, como foi dito, que as regras de interpretação dos contratos sejam aplicáveis aos testamentos.

Interpretar é perquirir e revelar qual o verdadeiro sentido e o alcance das disposições testamentárias. *É obra de discernimento e experiência, bom senso e boa-fé. Esforça-se o intérprete por fixar, em face de todas as circunstâncias, a vontade real, verdadeira, contida em cada disposição*[5].

Inúmeras vezes a redação mostra-se obscura e ambígua, em virtude das deficiências intelectuais do testador e das dificuldades próprias do vernáculo. A clareza do texto não afasta, todavia, a atividade interpretativa. O brocardo romano *in claris cessat interpretatio* não é, hoje, acolhido, pois até para afirmar que o contrato, ou o testamento, é claro é preciso interpretá-lo. Há, na verdade, interpretações mais simples, quando o texto é claro, e complexas, quando a disposição é de difícil entendimento.

Aplica-se aos negócios *causa mortis*, em princípio, o processo *filológico* ou *gramatical*, de hermenêutica. Procura-se compreender bem as expressões do estipulante, as palavras empregadas. Devem elas traduzir, implícita ou explicitamente, a intenção, revelando, com suficiente clareza, não só o intuito do testador de fazer uma liberalidade, senão também o objeto da dádiva e o respectivo beneficiário.

---

[4] Zeno Veloso, *Comentários ao Código Civil*, v. 21, p. 205.
[5] Carlos Maximiliano, *Direito das sucessões*, v. II, n. 597, p. 82.

Preceitua, destarte, o art. 675 do Código Civil espanhol que toda disposição testamentária deverá entender-se no sentido literal de suas palavras, a não ser que se conclua, claramente, que foi outra a vontade do testador, observando-se, em caso de dúvida, o que seja mais conforme à intenção do disponente, segundo o teor do próprio testamento.

Daí por que o processo *filológico* tem maior valor na exegese dos testamentos do que na interpretação da lei e dos contratos. Somente se o enunciado não é compreensível de plano, revelando ambiguidades e ensejando dúvidas, é que se perquire a real intenção do testador, mediante a utilização do método de interpretação *lógica*.

Tal preceito foi proclamado pelo jurisconsulto romano PAULO, nestes termos: "*Cum in verbis nulla ambiguitas est, non debet admitti voluntatis quaestio*" (Quando nas palavras nenhuma ambiguidade existe, não se deve admitir pesquisa da vontade).

Esse brocardo consolidou-se, no Brasil, com o advento do Código Civil de 1916, que dispunha, no art. 1.666: "Quando a cláusula testamentária for suscetível de interpretações diferentes, prevalecerá a que melhor assegure a observância da vontade do testador".

Tal regra desfruta de prestígio ainda, pois foi reproduzida no art. 1.899 do diploma de 2002. Em negócios jurídicos *causa mortis* há um só limite para o emprego dos elementos de hermenêutica: a pesquisa da verdade.

2.1. Regras práticas estabelecidas pela doutrina e pela jurisprudência

A doutrina[6] e a jurisprudência fornecem valiosos subsídios para a interpretação dos testamentos. Assim:

a) *Expressões masculinas abrangem o feminino; mas o inverso não se impõe, a recíproca não é verdadeira: contemplados filhos, netos, sobrinhos, tios ou primos, aplica-se a deixa às filhas, netas etc.; porém, se está escrito "lego às minhas sobrinhas", ninguém conclui participarem da liberalidade os sobrinhos também.*

b) Pontuação, letras maiúsculas e sintaxe auxiliam a exegese, embora em menor escala, em caráter complementar, subsidiário apenas, ou em falta de outros meios de hermenêutica. O intérprete assinala e corrige enganos relativos à pontuação e à gramática.

---

[6] Carlos Maximiliano, *Direito das sucessões*, cit., v. II, p. 90-175; Itabaiana de Oliveira, *Tratado de direito das sucessões*, v. II, § 525, p. 135; Washington de Barros Monteiro, *Curso*, cit., v. 6, p. 167-168; Zeno Veloso, *Comentários*, cit., v. 21, p. 216-220; Eduardo de Oliveira Leite, *Comentários ao novo Código Civil*, v. XXI, p. 445-459.

c) *In testamentis plenius voluntates testantium interpretantur* (Interpretam-se nos testamentos, de preferência e em toda a sua plenitude, as vontades dos testadores). Procura-se, destarte, por todos os meios de direito e com o emprego dos vários recursos da hermenêutica, a intenção real, efetiva, e não só aquilo que as palavras parecem exprimir.

d) Quando o estipulante beneficia *filhos*, cumpre distinguir: se constituem a prole de terceiro, incluem-se tanto os do sexo masculino como os do feminino, porém não os netos; se do próprio hereditando, toma-se a palavra como sinônima de *descendentes*; recebem os filhos e os netos – dos filhos do *de cujus*, se antes deste morreram os pais e avós dos segundos.

e) Se a disposição testamentária for ambígua, *deve-se interpretá-la no sentido que lhe dê eficácia, e não no que ela não tenha qualquer efeito.* O intérprete deve pender, sempre, para a alternativa que favorecer a validade e eficácia do testamento, atendendo ao princípio da conservação do ato, ou *favor testamenti*.

f) Para melhor aferir a vontade do testador, *faz-se mister apreciar o conjunto das disposições testamentárias, e não determinada cláusula que, isoladamente, ofereça dúvida.*

g) Quando o testador identifica o beneficiário pelo cargo ou função que exerce (o pároco de tal igreja, o prefeito de tal cidade, por exemplo), *entende-se que o beneficiado é a pessoa que exercer o cargo ou a função na época do falecimento do* de cujus.

h) O vocábulo "bens" designa tudo o que tem valor: móveis, imóveis, semoventes, dinheiro, títulos, créditos.

i) Quando o testador diz que deixa a determinado herdeiro o automóvel que possui, ou o dinheiro que tem em casa, compreendem-se os bens dessa natureza possuídos pelo estipulante ao tempo de sua morte.

j) Quando o testador contempla indeterminadamente certa categoria de pessoas, por exemplo, empregados e domésticos, entende-se que deseja beneficiar, tão somente, os que às suas ordens se encontravam ao se abrir a sucessão.

k) A expressão *"prole"* aplicar-se-á aos descendentes, filhos de sangue ou adotivos, indiferentemente[7].

---

[7] Itabaiana de Oliveira (*Tratado*, cit., v. II, § 525, p. 135-141) reproduz trinta regras de interpretação extraídas dos tratados, dentre as quais destacamos: a) a vontade do testador deve ser interpretada de modo mais amplo; b) nas condições do testamento convém que seja considerada antes a vontade do que as palavras; c) na dúvida, é melhor atender às palavras da lei; d) o que está escrito em último lugar presume-se conter a vontade na qual o testador perseverou nela, derrogando o que em contrário havia escrito; e) nos casos duvidosos, que se não possam resolver segundo as regras estabelecidas, decidir-se-á em favor da sucessão legítima; f) deve-se preferir a proposição mais benigna à mais rigorosa.

2.2. Normas interpretativas do Código Civil

Têm caráter eminentemente interpretativo os arts. 1.899, 1.902 e 1.904 a 1.908 do Código Civil. No capítulo seguinte, que trata dos legados, novamente se constata a preocupação do legislador em interpretar a vontade presumida do *de cujus*.

Malgrado a crítica de SILVIO RODRIGUES[8] à preocupação do legislador em interpretar a vontade presumida do *de cujus*, afirmando que cabe a este ser absolutamente claro se quiser que a sua vontade seja cumprida, a doutrina em geral a considera justificável, não só pelo fato de se tratar de praxe secular, como também em razão da natureza *causa mortis* do documento, que exige a necessidade de se descobrir a vontade oculta do testador para poder cumpri-la.

Dentre as regras *interpretativas*, destaca-se a do art. 1.899:

"Quando a cláusula testamentária for suscetível de interpretações diferentes, prevalecerá a que melhor assegure a observância da vontade do testador".

Trata-se de reiteração do princípio já constante do art. 112 do diploma civil, segundo o qual *"nas declarações de vontade se atenderá mais à intenção nelas consubstanciada do que ao sentido literal da linguagem".*

Em suma, *se a palavra escrita não for clara e ensejar várias interpretações, prevalecerá a que melhor assegure a observância da vontade do testador. Para poder aferi-la, torna-se necessário apreciar o conjunto das disposições testamentárias, e não determinada cláusula que, isoladamente, ofereça dúvida.*

Nessa linha, proclamou o *Tribunal de Justiça de Minas Gerais:*

"Nos termos do art. 1.899 do Código Civil (CC/2002), quando a cláusula testamentária for suscetível de interpretações distintas, deve prevalecer a que exprima a soberania da vontade do testador, nos termos dos artigos 112 e 1.899 do CC. Conforme entendimento do Colendo *STJ*, na interpretação dos testamentos, pode-se haurir a vontade soberana do testador mediante a adoção das seguintes premissas: I) naquelas hipóteses em que o texto escrito ensejar várias interpretações, deverá prevalecer a que melhor exprima a soberana vontade do testador; II) na busca pela real vontade do testador, deve ser adotada a solução que confira maior eficácia e utilidade à cláusula escrita; III) para se inferir a real vontade do testador, torna-se necessário apreciar o conjunto das disposições testamentárias, e, não, determinada cláusula que, isoladamente, ofereça dúvida (REsp 1.532.544-RJ, rel. Min. Marco Buzzi, 4ª T., j. 8-11-2016, *DJe* 30-11-2016). – Impõe-se a reforma da decisão que determinou que a fração do imóvel em discussão seja recolhida pelos herdeiros legítimos da falecida, eis que, de um

---

[8] *Direito civil*, v. 7, p. 180.

exame do conjunto das disposições contidas no testamento, é possível haurir que a real vontade da testadora era de que o bem fosse transmitido aos seus herdeiros legatários – Recurso provido"[9].

Se a intenção do testador é manifestada com clareza, podendo ser facilmente interpretada, e com segurança, não deve o intérprete ir além, buscando outro sentido ou efeito. Em sendo, porém, equívoca a disposição, indispensável se torna a pesquisa da real intenção do disponente, levando-se em conta, para tanto, "a pessoa do testador, sua idade, caráter, estado de saúde, nível cultural e intelectual, modo como se expressava, o ambiente em que vivia, suas relações familiares e afetivas; enfim, tem o intérprete – se é bom intérprete – de se colocar no lugar do testador, levando em conta as circunstâncias que o envolviam, quanto testou. A apuração da vontade, com tais providências, será mais segura, fidedigna. Mais humana, com certeza"[10].

De posse de todas essas informações, pode o intérprete entender melhor o que o falecido deixou consignado no ato testamentário. A vontade pesquisada não é uma vontade qualquer, mas a que está manifestada no instrumento. A solução deve emergir diretamente do testamento, não podendo, em princípio, ser buscada fora dele, exceção feita aos casos de erro na designação do herdeiro ou legatário, bem como da coisa legada, como o permite o art. 1.903 do Código Civil.

Em regra, portanto, só se admite a utilização de prova externa para a elucidação de contradição ou obscuridade sobre o herdeiro, o legatário ou a coisa legada.

Todavia, a utilização, com bastante cautela, dos meios estranhos ao texto do testamento, mas capazes de auxiliar a descoberta da vontade, não deve ser vedada naqueles casos em que não se consiga alcançá-la, apesar de todo o esforço interpretativo, com a utilização dos elementos internos.

O Código Civil não contém regra expressa a esse respeito, mas o retromencionado art. 1.903 declara que "*o erro na designação da pessoa do herdeiro, do legatário, ou da coisa legada anula a disposição, salvo se, pelo contexto do testamento, por outros documentos, ou por fatos inequívocos, se puder identificar a pessoa ou coisa a que o testador queria referir-se*".

Embora tal dispositivo mencione uma hipótese particular, a admissibilidade que ele confere à prova extratestamentária pode ser generalizada a todos os casos de interpretação dos testamentos, com muita cautela, como oportunamente doutrina ZENO VELOSO[11].

---

[9] TJMG, AgI 1.0000.20.443499-7/001-MG, rel. Des. Luís Carlos Gambogi, 5ª Câm. Cív., j. 3-12-2020.

[10] Zeno Veloso, *Comentários*, cit., v. 21, p. 211.

[11] *Comentários*, cit., v. 21, p. 214.

Como já se afirmou, o intérprete deve pender, sempre, para a alternativa que favorecer a validade e eficácia do testamento, atendendo ao princípio da conservação do ato, ou *favor testamenti*.

O *Código Civil português* disciplina essa questão de forma mais adequada. Depois de dizer, na primeira parte do art. 2.187, que, "na interpretação das disposições testamentárias, observar-se-á o que parecer mais ajustado com a vontade do testador, conforme o contexto do testamento", complementa, na segunda parte: "É admitida prova complementar, mas não surtirá qualquer efeito a vontade do testador que não tenha no contexto um mínimo de correspondência, ainda que imperfeitamente expressa".

De fato, o formalismo testamentário não é incompatível com o recurso a elementos externos ao testamento, efetuado não para buscar novas disposições, mas para apurar o sentido das lançadas no instrumento. Esses elementos extrínsecos podem consistir em cartas, manuscritos, anotações, bilhetes, papéis do testador, gravações em fita ou em vídeo, um contrato ou um testamento anterior, testemunhas etc.

A primeira parte do art. 1.903 do Código Civil reafirma o preceito do art. 171, II, do mesmo diploma, que considera *anulável* o negócio jurídico viciado por *erro, dolo, coação, estado de perigo, lesão ou fraude contra credores*. Segundo o art. 138, são anuláveis os negócios jurídicos, "*quando as declarações de vontade emanarem de erro substancial*", que se configura nas hipóteses do art. 139.

Desse modo, se o testador, por exemplo, deseja beneficiar o legatário com o prédio *A*, mas por engano lhe atribui o imóvel *B*, ocorre erro sobre o objeto principal da declaração (CC, art. 139, II). Todavia, se o erro vem a ser meramente acidental, relativo à circunstância de somenos importância e que não acarreta efetivo prejuízo, não ocorrerá a anulação. Assim, se o testador deixa um legado ao único filho de seu irmão, mas se equivoca ao declinar o nome exato do sobrinho, ou lhe atribui a qualidade de engenheiro, quando é arquiteto, a disposição não é invalidada, porque tais enganos têm natureza secundária e não afetam a eficácia da nomeação.

A segunda parte do aludido dispositivo ressalva que mesmo o erro substancial poderá deixar de ser causa de anulação do ato, se for possível "*identificar a pessoa ou coisa a que o testador queria referir-se*".

Se, *verbi gratia*, o testador deixa bens a pessoa que chamava de filha, e se prova que tal pessoa não era sua filha, *a disposição pode ser anulada por seus herdeiros legítimos*. Porém, se do próprio contexto do testamento se evidencia que o testador desejava instituir referida pessoa, que considerava como filha, embora soubesse não o ser, fica desfeito o equívoco e afastada a causa de anulabilidade[12].

---

[12] Silvio Rodrigues, *Direito civil*, cit., v. 7, p. 182.

Tem-se, em realidade, uma reprodução, no terreno sucessório, do disposto no art. 142 do mesmo diploma, segundo o qual "*o erro de indicação da pessoa ou da coisa, a que se referir a declaração de vontade, não viciará o negócio quando, por seu contexto e pelas circunstâncias, se puder identificar a coisa ou pessoa cogitada*".

As outras regras interpretativas do Código Civil são de fácil entendimento e até dispensáveis. O art. 1.902 procura suprir a omissão do testador na indicação precisa dos beneficiários, estabelecendo que a disposição geral em favor dos pobres ou de entidades particulares de caridade *entender-se-á relativa aos do lugar do seu domicílio ao tempo de sua morte, salvo se manifestamente constar que tinha em mente beneficiar os de outra localidade.*

Em caso de dúvida, as instituições particulares, por serem mais necessitadas, preferem às públicas.

O art. 1.904 dispensa qualquer explicação. Dispõe, com efeito, de forma bastante clara:

"*Se o testamento nomear dois ou mais herdeiros, sem discriminar a parte de cada um, partilhar-se-á por igual, entre todos, a porção disponível do testador*".

Se o autor da herança tem herdeiros necessários, só pode testar a porção disponível (arts. 1.846 e 1.857, § 1º). Atribuindo-a a dois ou mais herdeiros, sem especificar as quotas respectivas, efetuar-se-á a partilha por igual, entre todos.

Registra-se, entretanto, que, "por entender que o autor da herança tem o direito de organizar e estruturar a sucessão, a Terceira Turma do Superior Tribunal de Justiça (STJ) definiu que a parte indisponível do patrimônio, que cabe aos herdeiros necessários, pode constar em testamento, desde que isso não implique privação ou redução da parcela a eles destinada por lei"[13].

Estabelece, por sua vez, o art. 1.905:

"*Se o testador nomear certos herdeiros individualmente e outros coletivamente, a herança será dividida em tantas quotas quantos forem os indivíduos e os grupos designados*".

Aplica-se o dispositivo, por conseguinte, à hipótese de o testador nomear alguns herdeiros individualmente (Renata e Luciana, por exemplo) e outros coletivamente (os filhos de Wanda). Nesse caso, a herança será dividida em três partes: Renata e Luciana, indicadas individualmente, receberão uma quota cada uma, enquanto a dos filhos de Wanda será dividida entre todos eles, salvo se, comprovadamente, outra era a intenção do testador.

Segundo o art. 1.906 do Código Civil:

---

[13] STJ. Processo em segredo de justiça. Testamento pode tratar de todo o patrimônio, desde que respeite a parte dos herdeiros necessários. *Portal do STJ*, 27-6-2023. Disponível em: https://www.stj.jus.br/sites/portalp/Paginas/Comunicacao/Noticias/2023/27062023-Testamento-pode-tratar-de-todo-o-patrimonio-desde-que-respeite-a-parte-dos-herdeiros-necessarios.aspx.

"*Se forem determinadas as quotas de cada herdeiro, e não absorverem toda a herança, o remanescente pertencerá aos herdeiros legítimos, segundo a ordem da sucessão hereditária*".

Ocorrerá, nesse caso, a coexistência da sucessão testamentária com a legítima.

Nos termos do art. 1.907:

"*Se forem determinados os quinhões de uns e não os de outros herdeiros, distribuir-se-á por igual a estes últimos o que restar, depois de completas as porções hereditárias dos primeiros*".

As quotas determinadas serão, assim, atendidas primeiro, não podendo ser desfalcadas sob pretexto de haver outros herdeiros instituídos, sem quota determinada. A presunção legal é a de que a instituição destes últimos é para o que sobrar, sem prejuízo dos legados de coisa certa ou quantia certa. Se nada sobra, os herdeiros instituídos sem quota determinada, nada podem reclamar, porque a sua expectativa jurídica era, *ab initio*, residual[14].

Preceitua o art. 1.908 do estatuto civil:

"*Dispondo o testador que não caiba ao herdeiro instituído certo e determinado objeto, dentre os da herança, tocará ele aos herdeiros legítimos*".

Cuida o artigo de bem remanescente que o testador não quer que seja atribuído ao herdeiro instituído. A solução é a já prevista no art. 1.906: o bem pertencerá aos herdeiros legítimos, segundo a ordem de vocação hereditária.

E o art. 1.910 do Código Civil prescreve, ainda, que:

"*A ineficácia de uma disposição testamentária importa a das outras que, sem aquela, não teriam sido determinadas pelo testador*".

Em princípio, a ineficácia de uma disposição testamentária não se irradia às outras; pressupõe-se que haja independência entre elas. Mas, segundo o dispositivo supratranscrito, a ineficácia *lato sensu* (que inclui a invalidade e outras causas) de uma disposição vai contaminar as demais, se restar comprovado que, sem ela, não teriam estas sido determinadas pelo testador.

3. REGRAS PROIBITIVAS

3.1. Nomeação de herdeiro a termo

Conforme o previsto no art. 1.898 do Código Civil:

"*A designação do tempo em que deva começar ou cessar o direito do herdeiro, salvo nas disposições fideicomissárias, ter-se-á por não escrita*".

---

[14] Eduardo de Oliveira Leite, *Comentários*, cit., v. XXI, p. 483-484.

O dispositivo impede, portanto, a nomeação de herdeiro *a termo*. *Termo* é o dia ou momento em que começa ou se extingue a eficácia do negócio jurídico. Pode ser *inicial* ou suspensivo (*dies a quo*) e *final* ou resolutivo (*dies ad quem*).

O artigo transcrito, em verdade, reafirma o princípio da *saisine*, insculpido no art. 1.784 do Código Civil, segundo o qual, aberta a sucessão, a herança transmite-se, desde logo, aos herdeiros legítimos e testamentários.

Se, não obstante a proibição, o testador designa o tempo em que deve começar ou cessar o direito do herdeiro, a cláusula tem-se por não escrita, não ficando, destarte, prejudicada a instituição, que será havida como pura e simples. Desse modo, aberta a sucessão o herdeiro nada tem que aguardar, pois se transmite a ele, incontinenti, o direito sucessório.

Ressalva-se o caso específico de disposição fideicomissária, em que é perfeitamente cabível a instituição *"a certo tempo"* (CC, art. 1.951), como se verá adiante.

O escopo do dispositivo é óbvio, enfatiza EDUARDO DE OLIVEIRA LEITE: "Representando a pessoa do defunto, o herdeiro deve continuar a posse e a propriedade de seu patrimônio; deve, por uma abstração jurídica, continuar com ele, uma só pessoa, de modo que qualquer interrupção na titularidade daquele patrimônio é contrária à própria natureza da instituição do herdeiro"[15].

Ao proibir a nomeação de herdeiro a termo, o Código Civil não deixa de ser ilógico, pois permite ao testador, por outro lado, impor à liberalidade condição suspensiva ou resolutiva. Com efeito, a instituição condicional traz insegurança muito maior para o campo das relações jurídicas do que a instituição a termo, uma vez que, neste caso, o direito já é deferido (o termo inicial só suspende o exercício, mas não a aquisição do direito – art. 131), enquanto no de condição o direito é eventual, podendo haver ou não sua aquisição.

Para sermos lógicos, assevera Clóvis Beviláqua, "deveríamos considerar também como não escrita a condição resolutiva, que torna função temporária a instituição do herdeiro, que interrompe a representação do herdeiro na qualidade de continuador da pessoa do *de cujus*"[16].

Como o art. 1.898 somente se refere a *herdeiro*, tem-se admitido a nomeação de legatário a termo, sendo a assertiva reforçada pelo art. 1.924, que faz referência expressa a *"legado a prazo"*.

Compreende-se que na instituição de herdeiro, representando a pessoa do defunto, deve constituir com ele quase uma só pessoa, de modo que toda interrupção em tal representação é contrária à própria natureza da instituição de

---

[15] *Comentários*, cit., v. XXI, p. 444.
[16] *Código Civil comentado dos Estados Unidos do Brasil*, v. VI, p. 135.

herdeiro. Nos legados, porém, não subsiste a mesma razão, e por isso é permitido deixá-los, sob termo suspensivo ou resolutivo.

3.2. Instituição de herdeiro sob condição captatória

O art. 1.900 do Código Civil estabelece várias proibições. Considera *nula*, em primeiro lugar (inciso I) a disposição que "*institua herdeiro ou legatário sob a condição captatória de que este disponha, também por testamento, em benefício do testador, ou de terceiro*".

Não admite o nosso ordenamento nenhuma espécie de pacto sucessório. A lei proíbe expressamente contratos que tenham por objeto herança de pessoa viva (CC, art. 426). A sucessão contratual era também condenada no direito romano, porque pode representar um *votum captandae mortis*, encobrindo sentimentos menos nobres. Por isso, era chamada de *pacta corvina* – o que demonstra a repulsa provocada por semelhante estipulação.

A proibição imposta no inciso I do art. 1.900 do Código Civil acarreta, quando violada, a *nulidade absoluta* somente do benefício a que se refere a condição captatória, não prejudicando os demais, salvo se ocorrer a hipótese prevista no art. 1.910, segundo o qual a ineficácia da disposição importa a das outras que, sem aquela, não teriam sido determinadas pelo testador.

Não se confunde com a vedação genérica da captação dolosa, comentada no n. 7 do Capítulo II, *retro*, que torna *anulável*, com base no art. 171, II, do mesmo diploma, a cláusula testamentária eivada de um vício na manifestação da vontade, ou seja, do artifício ou expediente astucioso utilizado, caracterizando o *dolo*.

A captação da vontade, aqui tratada e que vicia o ato, é a que representa um induzimento, mediante nomeação e favorecimento de outrem, como herdeiro, para que este também inclua o captador, ou terceiro, em suas disposições testamentárias, como beneficiário.

O que o Código veda é a proposta de uma troca de favores, um pacto negocial. Não vale, assim, a cláusula pela qual o testador institui herdeiro determinado indivíduo se ele, em seu testamento, igualmente nomeá-lo seu sucessor. Por exemplo: "Lego tal quantia a João, se ele me contemplar em ato *causa mortis*". Ou: "Deixo a Pedro, que instituo meu herdeiro, o quanto ele me transmitir no seu testamento".

Tal espécie de cláusula restringe a liberdade de testar, que deve ser ampla.

Só se considera, porém, *captatória* a disposição quando o testador menciona a causa da mesma, de modo que fique claro que ele não teria instituído o beneficiado se este mantivesse propósito de o não contemplar em ato *causa mortis*.

298

A captação proibida é a que decorre de expedientes reprováveis, quando o agente consegue exercer influência na vontade de outrem, convencionando instituí-lo herdeiro ou legatário sob a condição de que ele disponha, também, por testamento, em benefício do testador, ou de terceiro.

No inciso I do art. 1.900, ora comentado, o legislador repete parcialmente o disposto no art. 1.863, que proíbe o testamento conjuntivo, seja simultâneo, seja recíproco ou correspectivo. Não é toda disposição testamentária recíproca, todavia, que configura a condição captatória. O amor, a simpatia, a amizade podem inspirar disposições testamentárias de uma pessoa em favor de outra, e vice-versa.

Quando apenas se nota a coincidência das recíprocas liberalidades, ou seja, quando uma pessoa contempla outra em testamento sem tornar o seu ato dependente de igual gesto do nomeado, e, por sua vez, este torna aquele seu herdeiro ou legatário, um e outro favor prevalecem.

Assim, quando, por exemplo, o marido testa, pura e simplesmente, a favor da mulher e esta em prol daquele, sem aludir um ao ato do outro, respeita-se a vontade de ambos. Valem *recíprocas* disposições, acentua CARLOS MAXIMILIANO, "quando *não conjuntivas*. O intuito de violar a lei ou a moral não se presume: *in dubio pro testamento*. Nada influi, sequer o sincronismo das intenções declaradas, o fato de terem a mesma data os dois testamentos"[17].

Nessa trilha, adverte PONTES DE MIRANDA que, "se o testador dispôs – depois de outrem ter disposto a seu favor – em benefício deste, então não houve a dependência. Demais, a reciprocidade das disposições é fato que ordinariamente acontece, pela qualidade do caráter recíproco das afeições. Por isto mesmo, não se há de presumir a reciprocidade intencional"[18].

Não é disposição captatória vedada pelo dispositivo em apreço, por exemplo, aquela pela qual o testador diz instituir determinada pessoa seu herdeiro porque ela testou em seu favor. O testamento, nesse caso, é posterior ao da outra pessoa citada pelo disponente, não havendo vínculo proibido entre as disposições. Decorre a reciprocidade naturalmente do sentimento de gratidão.

3.3. Referência a pessoa incerta

É nula também a cláusula que se refira a *"pessoa incerta, cuja identidade não se possa averiguar"* (CC, art. 1.900, II).

Sem a identificação do beneficiário, não há como cumprir a vontade do testador, salvo se a pessoa for determinável, como na hipótese, por exemplo, de a deixa beneficiar o melhor aluno de determinada classe. Não valem, todavia,

---

[17] *Direito das sucessões*, cit., v. II, n. 775, p. 248.
[18] *Tratado dos testamentos*, cit., v. 3, n. 828, p. 259.

disposições genéricas, que beneficiem "os amigos do testador", ou muito vagas, como "o mais digno da cidade".

O beneficiado pelo ato de última vontade deve ser *pessoa certa*, cuja designação se encontre no próprio testamento e em termos que tornem possível identificá-lo. Aconselha-se a máxima clareza, com a indicação do nome, sobrenome, domicílio, estado civil e outros qualificativos, de modo a arredar qualquer dúvida sobre a sua identidade.

Não é, entretanto, indispensável que se diga o nome da pessoa a que se quer deixar a herança ou o legado. Basta que se consignem caracteres pelos quais possa, objetivamente, ser distinguida das outras, como nas seguintes hipóteses: a) "Deixo ao filho de minha irmã Enid, que primeiro nascer após a minha morte"; b) "Lego tal imóvel a quem se consorciar com minha sobrinha Ana Beatriz"[19].

Se é incompleta a determinação, por vaga ou demasiado lacônica, ou ambígua, nada obsta a que se recorra a outros dados – extratestamentários ou do próprio testamento – para que se identifique o herdeiro ou legatário. Aplica-se à hipótese o retromencionado art. 112 do Código Civil, segundo o qual vale repetir, *"nas declarações de vontade se atenderá mais à intenção nelas consubstanciada do que ao sentido literal da linguagem"*[20].

Também o art. 1.901, I, do mesmo diploma declara valer a disposição *"em favor de pessoa incerta que deva ser determinada por terceiro, dentre duas ou mais pessoas mencionadas pelo testador, ou pertencentes a uma família, ou a um corpo coletivo, ou a um estabelecimento por ele designado"*.

O Código Civil não exige que a pessoa seja determinada ao tempo da confecção do testamento. Basta que o possa ser no futuro, ao tempo da abertura da sucessão. Nesse sentido o disposto nos arts. 1.798 e 1.799, que se referem às pessoas já concebidas e às ainda não concebidas, mas vivas ao abrir-se a sucessão[21].

3.4. Favorecimento de pessoa incerta, a ser identificada por terceiro

Considera-se ainda viciada a cláusula que favoreça a *"pessoa incerta, cometendo a determinação de sua identidade a terceiro"* (CC, art. 1.900, III).

A liberalidade, na hipótese, perderia o seu caráter *personalíssimo*, que lhe é essencial, passando a constituir ato de terceiro. O testamento é ato privativo do autor

---

[19] Carlos Maximiliano, *Direito das sucessões*, cit., v. II, n. 577, p. 64-65; Washington de Barros Monteiro, *Curso*, cit., v. 6, p. 170.

[20] Pontes de Miranda, *Tratado dos testamentos*, cit., v. 3, n. 830, p. 262.

[21] Eduardo de Oliveira Leite, *Comentários*, cit., v. XXI, p. 463.

da herança. Não se admite a sua feitura nem mesmo por procurador com poderes especiais. É, também, negócio jurídico *unilateral*, como já mencionado, isto é, aperfeiçoa-se com uma única manifestação de vontade do testador, que é declaração não receptícia. A consequência, pois, da inserção de tal disposição é a sua *nulidade*.

Proíbe-se, porém, apenas o arbítrio desenfreado. Valerá a disposição em favor de pessoa incerta que deva ser determinada por terceiro, dentre duas ou mais pessoas *"mencionadas pelo testador, ou pertencentes a uma família, ou a um corpo coletivo, ou a um estabelecimento por ele designado"* (CC, art. 1.901, I). Nessas hipóteses, previstas em caráter excepcional, a intervenção legal de um terceiro se dá apenas para completar a disposição.

3.5. Delegação ao herdeiro, ou a outrem, da prerrogativa de fixar o valor do legado

Não vale também a disposição que deixe *"a arbítrio do herdeiro, ou de outrem, fixar o valor do legado"* (CC, art. 1.900, IV).

Igualmente, nesse caso, a disposição deixa de ser ato exclusivo do testador. A razão em que se fundamenta a proibição é, pois, semelhante à em que se funda o inciso anterior. Como assinala Silvio Rodrigues, "se fosse lícito deferir a outrem a fixação do legado, seria este e não o testador quem estaria dispondo, pois o terceiro poderia fixar o benefício em cifra de tal modo elevada que absorveria a quase totalidade da herança"[22].

Cabe, pois, ao testador e a mais ninguém a prefixação do *quantum* do legado. Mas a proibição admite a exceção estabelecida no inciso II do art. 1.901 do mesmo diploma: valerá a disposição que deixe ao arbítrio do herdeiro, ou de outrem, determinar o valor do legado, quando instituído *"em remuneração de serviços prestados ao testador, por ocasião da moléstia de que faleceu".*

Observa Pontes de Miranda que "o Código só se refere ao legado; porém a própria herança não pode ficar sujeita a determinação por outrem. Seria nula a disposição 'A, B e C serão meus herdeiros, cada um com a porção que minha mulher decidir'"? E conclui, afirmando que "a determinação é quanto aos objetos *qualitativos* que hão de caber nas *quotas*, e as quotas serão, na dúvida, as do art. 1.671, ou 1.672 (*do CC/1916*)"[23].

O primeiro dispositivo corresponde ao art. 1.904 do novo diploma, que estatui: *"Se o testamento nomear dois ou mais herdeiros, sem discriminar a parte de cada um, partilhar-se-á por igual, entre todos, a porção disponível do testador".* E o

---

[22] *Direito civil*, cit., v. 7, p. 187.
[23] *Tratado dos testamentos*, cit., v. 3, n. 855, p. 291-292.

segundo corresponde ao art. 1.905 do novo Código, que dispõe: *"Se o testador nomear certos herdeiros individualmente e outros coletivamente, a herança será dividida em tantas quotas quantos forem os indivíduos e os grupos designados".*

3.6. Favorecimento de pessoas a que se referem os arts. 1.801 e 1.802

É nula, por fim, a disposição *"que favoreça as pessoas a que se referem os arts. 1.801 e 1.802"* (CC, art. 1.900, V).

O referido art. 1.801 determina que não podem ser nomeados herdeiros nem legatários: *"I – a pessoa que, a rogo, escreveu o testamento, nem o seu cônjuge ou companheiro, ou os seus ascendentes e irmãos; II – as testemunhas do testamento; III – o concubino do testador casado, salvo se este, sem culpa sua, estiver separado de fato do cônjuge há mais de cinco anos; IV – o tabelião, civil ou militar, ou o comandante ou escrivão, perante quem se fizer, assim como o que fizer ou aprovar o testamento".*

Quanto ao art. 1.802 prescreve a *nulidade das disposições testamentárias* em favor dessas pessoas, ainda quando simuladas sob forma de contrato oneroso ou feitas mediante interposta pessoa (ascendentes, descendentes, irmãos, cônjuge ou companheiro do não legitimado a suceder).

Este último artigo, portanto, ao proclamar a nulidade das disposições em favor das pessoas mencionadas no art. 1.801 torna repetitiva e despicienda a proclamação de nulidade constante do indigitado inciso V do art. 1.900 do Código Civil.

4. REGRAS PERMISSIVAS

As regras testamentárias *permissivas* encontram-se nos arts. 1.897 e 1.911 do Código Civil. Dispõe o primeiro:

"A nomeação de herdeiro, ou legatário, pode fazer-se pura e simplesmente, sob condição, para certo fim ou modo, ou por certo motivo".

Legatário não é o mesmo que *herdeiro*. Este sucede a título universal, pois a herança é uma universalidade; aquele, porém, sucede ao falecido a título singular, tomando o seu lugar em coisa certa e individuada.

Adverte PONTES DE MIRANDA que "o ato do testamento não é suscetível de termo ou de condição; as disposições é que podem ser afetadas de termos e condições". E prossegue: "expressões como 'este é o meu testamento, para o caso de morrer da operação que vou fazer', ou 'assim disponho, se não voltar da guerra', não são condições ou termos, mas motivos de testar no momento em que se testa, e sem efeito jurídico". Há um testamento, salienta, "ainda quando todas as vontades contidas se tornem ineficazes, ou pela impossibilidade, ou pela não verificação das condições, ou ausência das causas"[24].

Desse modo, o testamento válido terá eficácia ainda que o testador sobreviva à operação, ou volte da guerra, e morra por outra razão. Já as disposições testamentárias são suscetíveis de condições, encargos e certos motivos.

4.1. Nomeação pura e simples

A nomeação de herdeiro ou legatário, diz o art. 1.897 retrotranscrito, *"pode fazer-se pura e simplesmente"*.

É a forma mais comum. Ocorre quando o testador não impõe nenhuma condição, ônus ou qualquer limitação ao direito do beneficiário, e a estipulação produz seus efeitos logo que se abre a sucessão. Por exemplo: "instituo Edméa minha herdeira".

Entretanto, como observado no n. 3.3, *retro*, não é indispensável que se diga o nome da pessoa a que se quer deixar a herança ou o legado, nem que se use a palavra "herdeiro". Basta que se consignem caracteres pelos quais o contemplado possa, objetivamente, ser distinguido das demais pessoas e que se use vocábulo que revele claramente a vontade do testador.

Sendo a nomeação pura e simples, consequentemente, se o herdeiro, ou o legatário, falecer depois do testador, transmitem eles os direitos adquiridos a seus próprios sucessores. A posse do legado, porém, não se transmite de imediato ao legatário (CC, art. 1.923, § 1º). Não pode este entrar, por autoridade própria, na posse da coisa legada, que deverá ser pedida ao herdeiro, salvo se o testador, expressa ou tacitamente, lho facultar[25].

Prevalece como pura e simples a *disposição contumeliosa*, ou seja, a que institui legatário ou nomeia herdeiro sob crítica severa, injúria ou impropério, como já preconizava o Digesto, no Livro 28, Título V: *Illa institutio valet: filius meus impiissimus male de me meritus, heres esto*[26].

4.2. Nomeação sob condição

O art. 1.897 do Código Civil, ao dispor que a nomeação de herdeiro ou legatário pode ser feita *"sob condição, para certo fim ou modo"*, transpõe para o direito das sucessões a teoria dos elementos acidentais do negócio jurídico, que constituem

---

[24] *Tratado dos testamentos*, cit., v. 3, n. 584, p. 44.
[25] Itabaiana de Oliveira, *Tratado*, cit., v. II, § 446, p. 94.
[26] Caio Mário da Silva Pereira, *Instituições*, cit., v. VI, p. 261.

autolimitações da vontade e são admitidos nos atos de natureza patrimonial em geral, com algumas exceções, como na aceitação e renúncia da herança.

Admitida a condição no âmbito do testamento, são válidas todas as restrições contra ela estabelecidas no art. 123 do Código Civil.

Condição é o *acontecimento* futuro e incerto de que depende a eficácia do negócio jurídico. Da sua ocorrência depende o nascimento ou a extinção de um direito. Sob o aspecto formal, apresenta-se inserida nas disposições escritas do negócio jurídico *inter vivos* ou *causa mortis*, razão por que muitas vezes se define como *cláusula* que subordina o efeito do negócio jurídico a evento futuro e incerto. O vocábulo é empregado ora para designar a cláusula que contém a disposição, ora o próprio evento.

Considera-se condição, proclama o art. 121 do Código Civil, "*a cláusula que, derivando exclusivamente da vontade das partes, subordina o efeito do negócio jurídico a evento futuro e incerto*".

Malgrado o testamento, como negócio jurídico unilateral não tenha "*partes*", o art. 1.897, como mencionado, permite a nomeação de herdeiro, ou legatário, sob condição.

A frase "*derivando exclusivamente da vontade das partes*" afasta do terreno das condições em sentido técnico as impostas pela lei (condições legais ou *condiciones iuris*). Estas são pressupostos do negócio jurídico e não verdadeiras condições, mesmo quando as partes, ou o testador, de modo expresso lhes façam referência especial.

No âmbito dos contratos, cabe o seguinte exemplo de *conditio iuris*, inerente à natureza do ato: "se o comodato for gratuito". Nos testamentos, pode-se mencionar: "deixo minha casa a Marcelo, se ele tiver legitimação para suceder". Ou: "José Eduardo só herdará se me sobreviver".

Subordinada a deixa a uma *condição suspensiva*, a aquisição do direito pelo herdeiro, ou legatário, dependerá de seu implemento. Enquanto pendente, a situação jurídica do herdeiro instituído será a de titular de *direito eventual não deferido* (CC, art. 130), legitimado a praticar atos destinados a conservá-lo, podendo pedir caução que lhe garanta a entrega da coisa.

O implemento da condição suspensiva produz efeito retro-operante (*ex tunc*), considerando-se existente o direito desde a abertura da sucessão, nos termos do art. 126 do Código Civil[27]; frustrada, não se dá a aquisição deste. Se o herdeiro, ou legatário, vier a falecer antes de sua verificação, ocorrerá a *caducidade* da

---

[27] Itabaiana de Oliveira, *Tratado*, cit., v. II, § 472, p. 105.

disposição testamentária (CC, art. 1.943) e não haverá transmissão de direitos aos sucessores do beneficiado, porque este ainda não os adquirira[28].

Segundo CAIO MÁRIO DA SILVA PEREIRA, se a condição é *resolutiva*, o herdeiro adquire o direito desde a abertura da sucessão, como se fora pura e simples. Porém, se o evento futuro e incerto acontecer, operar-se-á sua perda, extinguindo-se a eficácia do negócio jurídico sem efeito retro-operante. A liberalidade fica sem efeito a partir do implemento da condição (*ex nunc*). Assim, os *frutos e rendimentos* pertencerão ao herdeiro condicional, que não terá de restituí-los, salvo disposição expressa em contrário[29].

A questão da retroatividade ou não da condição é, porém, controvertida e diz respeito aos efeitos *ex tunc* ou *ex nunc* da estipulação. Admitida a retroatividade, é como se o ato tivesse sido puro e simples desde a origem.

O Código Civil de 2002, assim como o de 1916, não adota uma regra precisa a respeito da retroatividade. No entanto, malgrado mantida a regra existente neste último, no sentido de que, com a superveniência da condição resolutiva, extingue-se o direito a que ela se opõe, o art. 128, que a prevê, abre uma exceção para a proteção de negócios jurídicos de execução continuada ou periódica.

Preceitua o aludido dispositivo:

"*Sobrevindo a condição resolutiva, extingue-se, para todos os efeitos, o direito a que ela se opõe; mas, se aposta a um negócio de execução continuada ou periódica, a sua realização, salvo disposição em contrário, não tem eficácia quanto aos atos já praticados, desde que compatíveis com a natureza da condição pendente e conforme aos ditames de boa-fé*".

Significa dizer que nos demais contratos, que não sejam de execução continuada ou periódica, de certo modo o atual Código firmou como regra a retroatividade, extinguindo-se para todos os efeitos o direito a que a condição se opõe, desde a conclusão do negócio.

O princípio da *retroatividade* das condições é reafirmado no art. 1.359 do Código Civil:

"*Resolvida a propriedade pelo implemento da condição ou pelo advento do termo, entendem-se também resolvidos os direitos reais concedidos na sua pendência, e o proprietário, em cujo favor se opera a resolução, pode reivindicar a coisa do poder de quem a possua ou detenha*".

---

[28] Maria Helena Diniz, *Curso de direito civil brasileiro*, v. 6, p. 277; Orlando Gomes, *Sucessões*, p. 154; Zeno Veloso, *Comentários*, cit., v. 21, p. 196; Francisco José Cahali e Giselda Maria Fernandes Novaes Hironaka, *Curso avançado de direito civil*, v. 6, p. 351; Caio Mário da Silva Pereira, *Instituições*, cit., v. VI, p. 261.

[29] *Instituições*, cit., v. VI, p. 262.

O sucessor *sob condição resolutiva* tem, com efeito, a propriedade restrita e resolúvel dos bens que lhe tocarem. Quem adquire domínio resolúvel está assumindo um risco, não podendo alegar prejuízo se advier a resolução. Em regra, extinguem-se os direitos constituídos *pendente conditione*, valendo apenas os atos de administração, bem como os de percepção dos frutos (CC, arts. 1.214 e s.).

Pela regra *resoluto jure dantis, resolvitur jus accipientis*, diz Itabaiana de Oliveira, "todos os direitos constituídos em favor de terceiros pelo proprietário condicional, sob condição resolutiva, resolvem-se e aniquilam-se"[30].

Zeno Veloso[31], por sua vez, menciona que o art. 646 do Código Civil italiano e o art. 2.242, I, do Código Civil português estabelecem o princípio da retroatividade quando ocorre a verificação da condição, suspensiva ou resolutiva, aduzindo que tal entendimento é majoritário em nosso país. A condição resolutiva, então – prossegue –, opera *ex tunc*, como se infere do art. 1.359 do novo diploma, que se estende ao direito sucessório.

Maria Helena Diniz, em perfeita síntese, igualmente, assinala que, realizada a condição resolutiva, a nomeação do herdeiro, ou legatário, "caducará (CC, arts. 127 e 128), com efeito retro-operante, ao tempo em que se deu a abertura da sucessão do *de cujus*, resolvendo-se os direitos constituídos pelo nomeado em favor de terceiros, sob condição resolutiva. O herdeiro ou legatário devolverá o bem deixado, porém os frutos e rendimentos lhe pertencerão; logo, não os restituirá, a não ser que haja cláusula testamentária que o obrigue, expressamente, a isso. Se vier a falhar a condição resolutiva, a instituição do beneficiado haver-se-á por feita pura e simplesmente, desde o princípio"[32].

Na pendência de condição resolutiva, podem os herdeiros legítimos, beneficiados com a sua verificação, exigir que o herdeiro condicional preste caução, denominada *muciana*, em homenagem ao seu autor Mucio Scevola, que assegure a restituição da coisa, salvo se o testador o dispensou.

Nem todas as condições, porém, são válidas. Para apreciar a validade da nomeação condicional feita pelo testador devem ser observados os arts. 121 a 130 do Código Civil, que são aplicáveis às disposições testamentárias, especialmente quanto à sua liceidade e possibilidade.

As condições hão de ser, efetivamente, *lícitas* e *possíveis*. Dispõe o art. 122, primeira parte, do Código Civil que são *lícitas*, em geral, "*todas as condições não contrárias à lei, à ordem pública ou aos bons costumes*". A contrario sensu, serão *ilícitas* todas as que atentarem contra proibição expressa ou virtual do ordenamento

---

[30] *Tratado*, cit., v. II, § 473, p. 106.
[31] *Comentários*, cit., v. 21, p. 195-196. Anote-se que o sistema contrário, da irretroatividade, foi implantado no Código Civil alemão, no suíço, no colombiano e outros.
[32] *Curso*, cit., v. 6, p. 278.

jurídico, a moral ou os bons costumes. Vigora, portanto, o princípio da liberdade de condicionar o nascimento ou a extinção dos direitos.

É *ilícita*, por exemplo, a cláusula que obriga alguém a mudar de religião, por contrariar a liberdade de credo assegurada na Constituição Federal, bem como a de alguém se entregar à prostituição ou viver na ociosidade. Em geral, as cláusulas que afetam a liberdade das pessoas só são consideradas ilícitas quando absolutas, como a que proíbe o casamento ou exige a conservação do estado de viuvez. Sendo relativas, como a de se casar ou de não se casar com determinada pessoa, não se reputam proibidas.

Quanto à cláusula de viduidade, preleciona SILVIO RODRIGUES, citando *Les Nouvelles*: "Se o marido faz doação à mulher, ou deixa-lhe legado cuja eficácia depende de manter-se ela viúva após sua morte, há que distinguir: se o seu propósito é altruísta, tendo em vista a educação dos filhos comuns, evitando que a atenção da mãe se disperse com o cuidado devido aos filhos de um segundo matrimônio, vale a condição, no caso, não considerada ilícita; se, entretanto, seu móvel é perverso, se o incita apenas o ciúme, a cláusula é imoral e não pode subsistir"[33].

Os autores em geral consideram válida a condição de abraçar determinada profissão, ou certo estado, como o sacerdócio, bem como a de nele não ingressar, assim como a de morar num determinado lugar, ou em companhia de certa pessoa, a menos que tal condição possa converter-se em exílio ou cativeiro[34].

O Código Civil, nos arts. 122 e 123, proíbe expressamente as condições que privarem de todo efeito o negócio jurídico (perplexas ou contraditórias); as que o sujeitarem ao puro arbítrio de uma das partes (puramente potestativas); e as física ou juridicamente impossíveis.

Condições *perplexas* ou *contraditórias* são as que não fazem sentido e deixam o intérprete perplexo, confuso, sem compreender o propósito da estipulação. Resultam na invalidade do próprio negócio, quer seja *inter vivos*, quer seja *mortis causa*, pela impossibilidade lógica nelas contidas, como prevê expressamente o art. 123, III, do Código Civil, *verbis*: "*Invalidam os negócios jurídicos que lhes são subordinados: (...) III – as condições incompreensíveis ou contraditórias*".

Potestativas são as condições que decorrem da vontade ou do poder de uma das partes. Dividem-se em *puramente potestativas* e *simplesmente potestativas*. Somente as *primeiras* são consideradas ilícitas pelo art. 122 do Código Civil, que as inclui entre as "*condições defesas*", por sujeitarem todo o efeito do ato "*ao puro arbítrio de uma das partes*", sem a influência de qualquer fator externo. É a cláusula conhecida no âmbito dos contratos como *si voluero* (se me aprouver), muitas vezes

---

[33] *Direito civil*, cit., v. 1, p. 249.
[34] Washington de Barros Monteiro, *Curso*, cit., v. 6, p. 163.

sob a forma de "se eu quiser", "se eu levantar o braço" e outras, que dependem de mero capricho.

No direito sucessório, defesa é, por exemplo, a nomeação de herdeiro, ou legatário, nos termos seguintes: "André será herdeiro, se minha mulher concordar".

Instituição sujeita ao *merum arbitrium* de outrem, assevera WASHINGTON DE BARROS MONTEIRO, "invalida a disposição". *Mutatis mutandis*, aduz, "esse também o motivo que leva o Código a cominar pena de nulidade para estipulação que deixe *ad libitum* do herdeiro, ou de outrem, a fixação do valor do legado (art. 1.900, n. IV)"[35].

O citado art. 123 do Código Civil faz ainda restrições às condições física e juridicamente impossíveis. *Fisicamente impossíveis* são as que não podem ser cumpridas por nenhum ser humano. Desde que a impossibilidade seja genérica, não restrita ao devedor, têm-se por inexistentes, quando *resolutivas* (CC, art. 124), isto é, serão consideradas não escritas. O que se reputa inexistente é a cláusula estipuladora da condição e não o negócio jurídico subjacente, cuja eficácia não fica comprometida.

Condição *juridicamente impossível* é a que esbarra em proibição expressa do ordenamento jurídico ou fere a moral ou os bons costumes, como a que veda a realização de negócio que tenha por objeto herança de pessoa viva (CC, art. 426).

Em razão do propósito de aproveitar ao máximo as disposições testamentárias (*in favore testamenti*), "têm-se por inexistentes as condições impossíveis, quando resolutivas, e as de não fazer coisa impossível" (CC, art. 124), que não contaminam a deixa. Preceitua, contudo, o art. 123 do estatuto civil que as condições "*física ou juridicamente impossíveis*" invalidam os negócios jurídicos que lhes são subordinados, "*quando suspensivas*" (inciso I). Assim, tanto o contrato como o testamento são nulos.

Quando a condição é suspensiva, a eficácia do contrato está a ela subordinada. Se o evento é impossível, o negócio jamais alcançará a necessária eficácia. Não poderão as partes, no contrato, e o herdeiro ou legatário, nos testamentos, pretender que ele se concretize, pois isso jamais acontecerá.

Dispõe ainda o art. 123, como já mencionado, que também contaminam os negócios que lhes são subordinados "*as condições ilícitas, ou de fazer coisa ilícita*" (inciso II), e "*as condições incompreensíveis ou contraditórias*" (inciso III).

4.3. Nomeação com imposição de encargo

Pode a herança ou legado vir subordinada a um *encargo* ou disposição *modal*, que o favorecido terá de cumprir, em decorrência natural da aceitação.

---

[35] *Curso*, cit., v. 6, p. 161-162.

O art. 1.897 do Código Civil alude a nomeação de herdeiro, ou legatário, "*para certo fim ou modo*". Para certo fim ou modo é a disposição submetida a encargo.

Encargo ou *modo* é uma determinação que, imposta pelo autor de liberalidade, a esta adere, restringindo-a. Trata-se de cláusula acessória às liberalidades (doações, testamentos), pela qual se impõe uma obrigação ao beneficiário. É admissível, também, em declarações unilaterais da vontade, como na promessa de recompensa. Não pode ser aposta em negócio a título oneroso, pois equivaleria a uma contraprestação[36].

Na nomeação mediante encargo o testador impõe um ônus ou obrigação ao beneficiário, como a de cuidar de certa pessoa ou animal ou a de assumir o pagamento dos estudos de alguém, por exemplo. A imposição é feita para ser cumprida após a abertura da sucessão, uma vez que só a partir desse instante o testamento produz efeitos. Não se admite que o ônus seja imposto, e aceito, para ser cumprido em vida do doador, porque caracterizaria um inaceitável pacto sucessório.

A disposição modal difere da *condição suspensiva* porque "*não suspende a aquisição nem o exercício do direito*", como proclama a primeira parte do art. 136 do Código Civil. Adquire o herdeiro, ou legatário, desde a abertura da sucessão, os bens que lhe foram deixados.

Distinguem-se, também, porque o encargo é *coercitivo*, pois o seu cumprimento pode ser exigido, enquanto ninguém pode ser forçado a cumprir uma condição. Embora coercitivo, o encargo não é suspensivo. A condição, ao contrário, é suspensiva, mas não coercitiva. O instituído sob condição, com efeito, não pode ser constrangido a cumpri-la, mesmo quando potestativa de sua parte[37].

Por fim, caracteriza-se a condição pela utilização da partícula *se*, enquanto o encargo é identificado pelas locuções "com a obrigação de", "para que", "a fim de que", "com o encargo de" etc. Se o herdeiro falecer antes de cumpri-lo, a deixa prevalece, ao contrário do que sucederia se se tratasse de condição.

Embora o encargo se assemelhe à *condição resolutiva*, dela difere pelo fato de exigir, em caso de descumprimento, a propositura de ação revocatória, enquanto aquela opera por sua própria força, acarretando automaticamente a perda do benefício.

Sustentam alguns doutrinadores a possibilidade de qualquer interessado promover a declaração de *ineficácia* da deixa testamentária, em razão do descumprimento do encargo. Caio Mário da Silva Pereira[38] e Orlando Gomes[39]

---

[36] Carlos Roberto Gonçalves, *Direito civil brasileiro*, v. 1, p. 416.

[37] Itabaiana de Oliveira, *Tratado*, cit., § 489, p. 113.

[38] *Instituições*, cit., v. VI, p. 263.

[39] *Sucessões*, cit., p. 158.

entendem, todavia, que isso não é possível, salvo se no testamento esta sanção tiver sido expressamente consignada. É que não há dispositivo específico para o caso de descumprimento de encargo imposto em testamento, como existe nas doações (CC, arts. 555 e 562).

A questão é altamente controvertida. Cumpre salientar que divergência existe somente no tocante à possibilidade de se obter a *declaração judicial de ineficácia do encargo*, por descumprimento, pois todos concordam que o *cumprimento do encargo* pode ser exigido, em ação judicial, por toda pessoa interessada em que se respeite a vontade do testador.

A exigibilidade do encargo, em ação judicial, segue a disciplina estabelecida para as doações onerosas (CC, art. 553). Quando o ônus beneficia determinada pessoa, pode esta exigir o seu cumprimento. Se imposto no interesse geral, legitimado estará o Ministério Público para exigir sua execução. Também estão legitimados o testamenteiro e toda pessoa que tenha legítimo interesse, econômico ou moral, em que se respeite a vontade do testador.

ORLANDO GOMES considera legitimados a propor tal ação: "*a*) qualquer dos coerdeiros; *b*) a pessoa em favor da qual se instituiu o encargo; *c*) o testamenteiro; *d*) aqueles que serão chamados à herança no caso de caducar a disposição por não ter sido cumprido o encargo no prazo determinado pelo testador, sob tal pena"[40].

Adota ORLANDO GOMES, todavia, outra postura, quando se trata de invalidação do encargo. Veja-se: "O inadimplemento da obrigação estabelecida como *encargo* não acarreta a resolução do direito do herdeiro, ou legatário. Resolve-se unicamente no caso de estar prevista a sua caducidade na própria disposição testamentária. O direito do beneficiário é limitado à pretensão de cumprimento específico, do encargo e, não sendo isso possível, à de ressarcimento dos prejuízos"[41].

É considerável, no entanto, o número de doutrinadores que opinam, como SILVIO RODRIGUES, no sentido de que, "descumprido o encargo, pode qualquer interessado promover a declaração de ineficácia da deixa testamentária, a fim de que os bens da herança, ou do legado, em virtude de sentença judicial, saiam do patrimônio do beneficiário inadimplente e passem a quem de direito"[42].

Nessa esteira, pondera PONTES DE MIRANDA: "A revogação pelo inadimplemento do *modus* é *ex nunc*; há de ser decretada pelo juiz, porque depende de violação. Apura-se a *mora solvendi* do onerado com o encargo"[43].

---

[40] *Sucessões*, cit., p. 157.
[41] *Sucessões*, cit., p. 158.
[42] *Direito civil*, cit., v. 7, p. 189.
[43] *Tratado dos testamentos*, cit., v. 3, p. 100.

CARLOS MAXIMILIANO, por sua vez, obtempera que o instituído perde o benefício, por não cumprir o encargo. Sobreleva a tudo a vontade do testador: se este previu a falta e dispensou o castigo da nulidade, ou fixou outra pena, a deixa prevalece. Pratica-se o determinado pelo *de cujus*[44].

Na sequência, assevera o mencionado autor que, "do não cumprimento do encargo não resulta, *ipso jure* – de pleno direito – a nulidade da cláusula respectiva; esta se torna *anulável*, apenas: é necessário que um interessado acione, e resulte sentença do juiz em processo regular, com audiência do onerado. A disposição não fica *nula*: *pode* ser anulada; isto mesmo só se permite, se o falecido não determinou o contrário e a incumbência é *expressa* e iniludível, constitui *fim* ou *modo* verdadeiro, não simples desejo, recomendação, pedido".

Concorda OROZIMBO NONATO que a disposição não se anula *ipso iure* pelo descumprimento do encargo. Faz-se necessária iniciativa judicial, afirma, "de um interessado, desenvolvendo o pleito regular com audiência do onerado". Escorado em lição de FERREIRA COELHO, conclui o citado doutrinador: "A não execução do encargo ou modo torna anulável a liberalidade, cabendo a ação de nulidade ao estipulante, a seus herdeiros ou ao terceiro a quem tiver de reverter nos termos do art. 1.181, parágrafo único (*do CC/1916*)"[45].

ZENO VELOSO igualmente admite que "os herdeiros do testador, ou quem apresente legítimo interesse, podem requerer em juízo a ineficácia da liberalidade, e a sentença opera *ex tunc*"[46].

Observa o mestre paraense que os Códigos italiano, francês e alemão admitem, se não for possível alcançar a execução do encargo, e ocorrer o seu inadimplemento, a revogação ou resolução da respectiva disposição testamentária.

Parece razoável entender, como preconiza OROZIMBO NONATO[47], que, se o testador guarda silêncio a propósito das consequências do descumprimento do encargo pelo onerado, o caso se equipara ao da condição irrealizada, mas com efeitos *ex nunc*. Anula-se o benefício sem restituição dos frutos e rendimentos anteriormente logrados, salvo disposição contrária do testador.

Se o testador fixa prazo para o cumprimento do encargo (por exemplo, dois anos após a abertura da sucessão), a mora do beneficiário se dá, automaticamente, pelo seu vencimento. Não havendo termo, começa ela desde a "*interpelação judicial ou extrajudicial*" (CC, art. 397 e parágrafo único), devendo ser fixado prazo razoável para a sua execução. Só depois de esgotado este, ou o fixado pelo testador, começa

---

[44] *Direito das sucessões*, cit., v. II, n. 842 e 843, p. 300-301.
[45] *Estudos*, cit., v. II, n. 597, p. 287.
[46] *Comentários*, cit., v. 21, p. 197-198.
[47] *Estudos*, cit., v. II, n. 596, p. 286.

a fluir o lapso prescricional para a propositura da ação para a resolução da liberalidade. A *força maior* afasta a mora, porque exclui a culpa, que lhe é elementar.

Não tem o valor de encargo e, portanto, não se observa obrigatoriamente a parte de uma cláusula que toma a forma de um desejo, conselho, recomendação ou súplica, que os romanos denominavam *nuda praecepta*[48].

O encargo pode ser imposto como condição suspensiva e com efeitos próprios desse elemento acidental, desde que tal disposição seja expressa (CC, art. 136, 2ª parte). Somente nesse caso terá o efeito de suspender a aquisição e o exercício do direito. Em caso de dúvida sobre a natureza da cláusula, deve-se interpretá-la como *modal*, por ser mais favorável ao beneficiário.

Orlando Gomes enfatiza esse aspecto, por serem falíveis os critérios de interpretação de palavras empregadas nas disposições testamentárias, dificultando a distinção entre o *legado modal* e o *legado condicional*. Aconselha-se, por isso, afirma, que, "em caso de dúvida, se considere *modal*, por ser o modo ou *encargo* mais favorável ao instituído do que a condição: *in dubiis quae est minimum sequimur*"[49].

Os interessados no cumprimento do *encargo* têm direito a reclamar do herdeiro ou do legatário garantia de que o cumprirão. Presta-se a garantia mediante a *caução muciana*, que pode, entretanto, ser dispensada pelo testador[50].

O encargo há de ser *lícito* e *possível*. Na dicção de Orozimbo Nonato, "se o encargo envolve ilicitude ou peleja contra lei de ordem pública ou adversa aos bons costumes, carreia nulidade à cláusula a que se opõe"[51].

Igualmente Pontes de Miranda assevera: "Não vale o encargo: quando for ilícito, ou impossível, o seu objeto. Exemplo: os encargos imorais, captatórios. Ou se a lei os vedar, como ocorreria na espécie do art. 1.667, II, III (*do CC/1916; CC/2002: art. 1.900*). Se *só* em parte for impossível, ilícito ou imoral, cumprir-se-á na parte indene, quando *separável*"[52].

Preenchendo lacuna do Código Civil de 1916, o atual Código disciplina o encargo *ilícito* ou *impossível*. Dispõe, com efeito, o art. 137:

"*Considera-se não escrito o encargo ilícito ou impossível, salvo se constituir o motivo determinante da liberalidade, caso em que se invalida o negócio jurídico*".

---

[48] Pontes de Miranda, *Tratado dos testamentos*, cit., v. 3, n. 656, p. 102; Carlos Maximiliano, *Direito das sucessões*, cit., v. II, n. 836, p. 295.

[49] *Sucessões*, cit., p. 157. No mesmo sentido: Itabaiana de Oliveira, *Tratado*, cit., v. II, § 487, p. 112-113; Caio Mário da Silva Pereira, *Instituições*, cit., v. VI, p. 264.

[50] Orlando Gomes, *Sucessões*, cit., p. 157. Na mesma trilha preleciona Itabaiana de Oliveira: "O herdeiro, ou o legatário *sub modo* é obrigado a prestamento da caução muciana se, assim, o exigirem os interessados no cumprimento do encargo" (*Tratado*, cit., v. II, § 492, p. 115).

[51] *Estudos*, cit., v. II, n. 601, p. 289.

[52] *Tratado dos testamentos*, cit., v. 3, n. 667, p. 114-115.

Verifica-se, assim, que o encargo deve ser lícito e possível. Se fisicamente impossível ou ilícito, tem-se como inexistente. Se o seu objeto constituir-se em razão determinante da liberalidade, o defeito contamina o próprio negócio, *inter vivos* ou *mortis causa*. Assim, por exemplo, se o legado de um imóvel é feito para que o beneficiário nele mantenha casa de prostituição (atividade ilícita), sendo esse o motivo determinante ou a finalidade específica da liberalidade, será esta invalidada.

Em regra, pois, se o cumprimento do encargo se tornar impossível, embora a impossibilidade seja jurídica, o beneficiado fica isento dele, salvo se a impossibilidade proveio por sua culpa. Se não puder ser licitamente cumprido pela forma por que o testador determinou, o encargo será, então, cumprido na parte lícita, considerando-se não escrito na parte ilícita[53].

Registre-se, por derradeiro, que não é válido o encargo que for aposto às legítimas dos herdeiros necessários, que são intangíveis (CC, arts. 1.846 e 1.857, § 1º). Por isso, tal ônus deve circunscrever-se aos bens da parte disponível[54].

4.4. Disposição motivada

Permite o retrotranscrito art. 1.897 do Código Civil que a nomeação do herdeiro ou legatário se faça *por certo motivo.*

O testador não é obrigado a dar as razões pelas quais favorece certa pessoa. Não obstante, muitas pessoas preferem consignar a causa pela qual gratificam determinado beneficiário. Algumas chegam a lançar pormenorizadas explicações a esse respeito. Mesmo que sejam inexatas, não invalidam a disposição, nem o herdeiro adstrito se acha a provar que elas são verdadeiras[55].

Cláusula nesse sentido é denominada *disposição motivada*, que não se confunde com a modal ou onerosa, pois se refere a fatos passados, enquanto esta diz respeito a encargo futuro[56].

Se, todavia, a causa for mencionada expressamente como *razão determinante* do ato e não corresponder à realidade, prejudicada estará a disposição. O *falso motivo* é tipificado no art. 140 do Código Civil como *erro*. Prescreve tal dispositivo:

"O falso motivo só vicia a declaração de vontade quando expresso como razão determinante".

---

[53] Itabaiana de Oliveira, *Tratado*, cit., v. II, § 491, p. 115.
[54] Zeno Veloso, *Comentários*, cit., v. 21, p. 98; Sílvio Venosa, *Direito civil*, v. VII, p. 258.
[55] Washington de Barros Monteiro, *Curso*, cit., v. 6, p. 165.
[56] Itabaiana de Oliveira, *Tratado*, cit., v. II, § 494, p. 116.

O art. 1.897 deve ser, pois, interpretado de acordo com esse preceito geral.

O Código Civil de 2002 corrigiu a impropriedade do art. 90 do diploma de 1916, substituindo *falsa causa* por *falso motivo*. O motivo do negócio, ou seja, as razões psicológicas que levam a pessoa a realizá-lo, não precisa ser referido pelas partes.

Motivos são as ideias, as razões subjetivas, interiores, consideradas acidentais e sem relevância para a apreciação da validade do negócio. Em uma compra e venda, por exemplo, os motivos podem ser diversos: a necessidade de alienação, investimento, edificação de moradia etc. São estranhos ao direito e não precisam ser mencionados.

O erro quanto ao objetivo colimado não vicia, em regra, o negócio jurídico, a não ser quando nele figurar expressamente, integrando-o, como sua razão essencial ou *determinante*, como preceitua o art. 140. Nesse caso, passam à condição de elementos essenciais do negócio.

Não prevalece, por exemplo, a nomeação de herdeiro testamentário não pertencente à família do testador, com expressa declaração deste de que assim procede porque teve notícias da morte de seu único filho, não tendo outros descendentes nem ascendentes. Apurado que o filho está vivo, caracteriza-se o falso motivo.

Configura-se, igualmente, o erro sobre a pessoa, tornando anulável a disposição testamentária, por exemplo, a instituição, pelo testador, de certa pessoa como seu herdeiro, em remuneração de determinado serviço que foi por outrem prestado, bem como a liberalidade pela qual o testador deixa um legado a determinada pessoa, declarando que assim procede porque esta lhe salvou a vida, apurando-se, posteriormente, o engano cometido.

Não viciará, entretanto, o ato a declaração da causa meramente *impulsiva*, assim considerada a não expressa como razão determinante do ato.

4.5. Nomeação a termo, nas disposições fideicomissárias

Como já comentado no n. 3.1, *retro*, o art. 1.898 do Código Civil proíbe a nomeação de herdeiro *a termo*. Cláusula dessa natureza *"ter-se-á por não escrita"*, de modo que o herdeiro nada tem a aguardar. Aberta a sucessão, é havido como sucessor, independentemente de qualquer ato.

Diz-se que a nomeação testamentária é feita *a termo* quando a sua eficácia fica subordinada a um evento futuro e *certo*, que em geral é uma determinada data. Só vale a designação do tempo em que deva começar ou cessar o direito do *herdeiro* nas *disposições fideicomissárias*. Não se tratando de fideicomisso, a designação será tida, como foi dito, por não escrita, e a disposição cumprida como se fora pura e simples.

Como o art. 1.898 do Código Civil, que proíbe a nomeação a termo, só se refere à instituição de *herdeiro*, nada impede a fixação do termo inicial ou final para a aquisição ou perda do direito pelo *legatário*, como se pode verificar pela leitura do art. 1.924, que se refere expressamente a legados "*a prazo*".

Nesse sentido, a doutrina de Caio Mário da Silva Pereira: "O Direito brasileiro faz uma distinção: proibindo a fixação do tempo em que deve começar ou cessar o direito do herdeiro (novo Código Civil, art. 1.898), abre ensancha à sua ocorrência nos legados, cuja propriedade o legatário adquire desde a abertura da sucessão, restando a faculdade de reclamar a sua entrega em suspenso até o vencimento do prazo"[57].

Preleciona, igualmente, Orlando Gomes: "É somente o direito do herdeiro que não comporta a sujeição a termo. Não se aplica o preceito ao direito do legatário; os *legados* podem ser deixados sob *termo inicial* ou *final*"[58].

4.6. Disposição com cláusula de inalienabilidade

O art. 1.911 do Código Civil permite a imposição, pelos testadores, de *ônus* ou *gravame* sobre os bens que integram a herança e compõem a *metade disponível*. O mais comum é o decorrente da cláusula de *inalienabilidade*, vitalícia ou temporária, que inclui automaticamente a impenhorabilidade e a incomunicabilidade dos bens.

Dispõe, com efeito, o aludido art. 1.911:

"*A cláusula de inalienabilidade imposta aos bens por ato de liberalidade, implica impenhorabilidade e incomunicabilidade*".

Embora se trate de cláusula permissiva, com as limitações do art. 1.848 do mesmo diploma, será estudada em item autônomo, em razão de sua importância, observando que a ela já foi dedicado o n. 3 (Cláusulas restritivas) do Capítulo II do Título II, *retro*, ao qual também nos reportamos.

A *cláusula de inalienabilidade* é a disposição imposta pelo autor de uma liberalidade determinando que o beneficiário não pode dispor da coisa recebida, transferindo-lhe, destarte, o domínio limitado, pois só terá a prerrogativa de usar, gozar e reivindicar a coisa, faltando-lhe, porém, o direito de dela dispor. Só pode ser estabelecida nas liberalidades, ou seja, nas doações e nos testamentos, porque ninguém, exceto na hipótese do bem de família, pode tornar inalienáveis e, em consequência, impenhoráveis os seus próprios bens[59].

O art. 1.911 reitera a hipótese de clausulação da legítima, tratada no art. 1.848 do mesmo diploma, dispositivo esse que não extinguiu a possibilidade de sua imposição, mas apenas a restringiu à hipótese de existência de *justa causa*,

---

[57] *Instituições*, cit., v. VI, p. 265.
[58] *Sucessões*, cit., p. 156.
[59] Silvio Rodrigues, *Direito civil*, cit., v. 7, p. 190.

dispondo: "*Salvo se houver justa causa, declarada no testamento, não pode o testador estabelecer cláusula de inalienabilidade, impenhorabilidade, e de incomunicabilidade, sobre os bens da legítima*".

Somente a clausulação da legítima está sujeita à demonstração da ocorrência de justa causa. Tal exigência não incide sobre a quota disponível, ficando livre o testador para dispor de sua metade, impondo as cláusulas restritivas que achar convenientes.

A inalienabilidade é contrária à natureza da propriedade porque gera a indisponibilidade do bem que não mais pode ser alienado nem a título oneroso, nem a título gratuito, transformando-se em bem *extra commercium*. Fica o herdeiro impedido de vender, doar, permutar ou dar em pagamento. Sobrevém a indisponibilidade total do bem, que fica, em consequência, também impenhorável e incomunicável[60].

Preleciona ORLANDO GOMES[61] que a proibição estende-se aos atos de *alienação eventual*, não sendo permitido ao beneficiário, por conseguinte, *hipotecá-los* ou dá-los em *penhor*, pois se encontra ínsita nos aludidos direitos reais de garantia a possibilidade de os bens serem excutidos – o que significa um começo de venda. Permite-se ao disponente, porém, aduz o mesmo autor, malgrado a questão seja controvertida, instituir outros direitos reais limitados, como o *usufruto*, o *uso* e a *habitação*, porque não implicam alienação.

Como o bem se encontra *extra commercium*, não se pode admitir a sua aquisição por terceiro, mediante *usucapião*, pois facílimas seriam a simulação e a fraude. Bastaria simular o abandono da propriedade, para permitir que outro possuidor, preenchendo o prazo legal, conseguisse a propriedade da coisa.

A imposição da cláusula de inalienabilidade *não impede a ação dos credores* por dívidas do *de cujus*; o ônus só atinge a herança propriamente dita e, onde há débitos, não existe herança. Só incidirá a cláusula no remanescente, após o pagamento dos credores. Decidiu o *Superior Tribunal de Justiça*, com efeito, que "a *cláusula testamentária de inalienabilidade não impede a penhora em execução contra o espólio*", enfatizando: "*Por força do art. 1.676 do Código Civil de 1916, as dívidas dos herdeiros não serão pagas com os bens que lhes foram transmitidos em herança, quando gravados com cláusulas de inalienabilidade e impenhorabilidade, por disposição de última vontade. Tais bens respondem, entretanto, pelas dívidas contraídas pelo autor da herança*"[62].

Salientou o relator, Min. HUMBERTO GOMES DE BARROS, que "não foi a intenção do legislador escancarar uma porta para as fraudes. Os gravames

---

[60] Eduardo de Oliveira Leite, *Comentários*, cit., v. XXI, p. 493.
[61] *Sucessões*, cit., p. 174.
[62] STJ, REsp 998.031-SP, 3ª T., rel. Min. Humberto Gomes de Barros, *DJU*, 19-12-2007, p. 1230.

instituídos pelo legislador atingem os bens deixados aos herdeiros, para que as dívidas destes não alcancem o quanto lhes fora transmitido por herança. Mas as dívidas do morto serão pagas com o patrimônio por ele deixado, independentemente de se terem gravados os bens com incomunicabilidade, inalienabilidade ou impenhorabilidade. Pagas as dívidas do morto, o que sobrar do patrimônio será dividido pelos herdeiros. Sobre o restante é que incidirão os gravames instituídos em testamento, para que não responda por dívidas próprias dos herdeiros".

Lícito é ao herdeiro, por outro lado, diante do gravame imposto, *renunciar à herança*. Mas "não pode fazê-lo em benefício de determinada pessoa, e sim, exclusivamente, em favor do próprio acervo. Neste caso, consumada a renúncia, vão os bens para outros herdeiros, suportando, naturalmente, a cláusula testamentária"[63].

Imposta a cláusula por testamento, só atinge o quinhão do herdeiro, gravando-o, quando corporificado pela *partilha*. Antes de sua efetivação não se sabe quais os bens do acervo que comporão cada quinhão e, por isso, não se encontra materializada a inalienabilidade. Nesse caso, a venda de bens no curso do inventário poderá ser deferida mediante simples alvará judicial, desde que se reservem bens suficientes para atender à disposição do testador.

O doador, enquanto estiver vivo, pode retirar os referidos ônus, se assim o desejar. Morto, a cláusula torna-se irretratável e não mais pode ser dispensada. Podem os bens gravados, contudo, ser *desapropriados*, e *alienados por conveniência econômica* do donatário ou do herdeiro, mediante *autorização judicial*, ou para fins de *sub-rogação do vínculo* (CC, arts. 1.848, § 2º, e 1.911, parágrafo único), *convertendo-se o produto arrecadado em outros bens* sobre os quais incidirão as restrições apostas aos primeiros.

Verifica-se, assim, que a própria lei abre exceção à sanção da inalienabilidade, quando no citado parágrafo único do art. 1.911 se refere à *desapropriação* e à *sub-rogação* (*"produto da venda"*) autorizada pelo juiz. A primeira exceção é determinada pelo interesse público, e a segunda atende à conveniência daquele que possui o bem clausulado.

A cláusula restritiva cede naturalmente ante a desapropriação decretada pelo Poder Público. Efetuada esta, porém, ficará *sub-rogado* no preço pago pelo expropriante o ônus que recaía sobre o bem expropriado, podendo ser ele aplicado na aquisição de outro imóvel ou outros bens, que ficarão clausulados, à semelhança do que determina o art. 1.409 do Código Civil com relação ao usufruto[64].

O legislador, na mesma linha do tratamento rigoroso dispensado à clausulação da legítima, controla as exceções apontadas, limitando o *"produto da venda"*

---

[63] Washington de Barros Monteiro, *Curso*, cit., v. 6, p. 179-180.
[64] Washington de Barros Monteiro, *Curso*, cit., v. 6, p. 181.

ou a indenização da desapropriação, quer quanto à alienação por conveniência econômica do donatário, quer em relação à desapropriação, à conversão em outros bens, *"sobre os quais incidirão as restrições apostas aos primeiros"*[65].

Não obstante a sub-rogação do vínculo se dê, comumente, nos casos de imposição aos bens da cláusula de *inalienabilidade*, nada obsta a que o mesmo critério seja observado no tocante às cláusulas de *incomunicabilidade* e *impenhorabilidade*, quando impostas isoladamente, provando-se a necessidade e conveniência de se substituírem bens incomunicáveis ou impenhoráveis.

Embora a hipótese não tenha sido expressamente mencionada no parágrafo único do citado art. 1.911, pode ocorrer, também, a alienação do bem clausulado em caso de *extinção do condomínio* (CC, art. 1.322). O produto da venda permanecerá em depósito judicial, até ser aplicado em outro bem, sobre o qual recairá o aludido ônus[66].

Permite o estatuto processual, nos arts. 719 e seguintes, a *sub-rogação do vínculo* da inalienabilidade, isto é, a transferência do gravame para outros bens livres, desde que se convença o juiz da sua necessidade e conveniência.

Será realizada a avaliação de ambos os bens, do gravado e do que se sub-rogará no ônus. Se o segundo tiver valor igual ou superior ao primeiro, será deferida a sub-rogação, ficando este desonerado. A sub-rogação tem sido admitida, mesmo havendo expressa proibição no ato de última vontade, quando comprovadamente necessária ou vantajosa.

O art. 725, II, do Código de Processo Civil, estabelece que se processará na forma estabelecida para os procedimentos especiais de jurisdição voluntária o pedido de sub-rogação. Os tribunais, por seu turno, considerando que, pelo art. 723, parágrafo único, o juiz não fica jungido ao critério de estrita legalidade, têm decidido que pode ele prescindir de hasta pública, se esta não lhe parecer conveniente, ou se houver transferência do vínculo para outro imóvel, assim como pode determinar que o produto da venda seja depositado em caderneta de poupança[67].

A jurisprudência, durante muito tempo, não admitia a dispensa do vínculo da inalienabilidade fora dos restritos casos mencionados. Ainda que o proprietário dos bens não tivesse herdeiros, ou que seu estado de saúde estivesse a reclamar recursos financeiros mais substanciais para o tratamento respectivo, não

---

[65] Eduardo de Oliveira Leite, *Comentários*, cit., v. XXI, p. 495.
[66] *RSTJ*, 92/99. No mesmo sentido: "Condomínio. Extinção. Alienação judicial. Imóvel com parte ideal clausulada. Cabimento da alienação, ficando o produto relativo a essa parte em depósito judicial até oportuna e conveniente aplicação" (TJSP, *JTJ*, Lex, 168/35).
[67] *RT*, 489/69, 508/104; *Bol. AASP*, 1.036/204.

podia o juiz deferir a liberação. A nulidade era a sanção aplicada pela violação do preceito.

Aos poucos, no entanto, o rigor foi sendo abrandado, ao fundamento de que, no entender da quase unanimidade dos estudiosos do direito civil, a discutível cláusula de inalienabilidade imposta pela vontade do testador "já deveria ter sido abolida de nosso ordenamento jurídico, por se constituir em odiosa restrição ao direito da livre disposição da propriedade, atingindo até a legítima dos herdeiros, e, outrossim, meio castrador da circulação da riqueza".

Assim entendendo, o *Tribunal de Justiça de São Paulo* autorizou o processamento de pedido para a alienação de parte ideal de imóvel que a autora recebera em herança, gravada com cláusula de inalienabilidade, "depositando-se para tanto a respectiva importância em conta judicial para posterior sub-rogação do vínculo"[68].

O *Tribunal de Justiça do Rio de Janeiro*, por sua vez, atendeu à pretensão de beneficiário, atingido pelo vírus da AIDS e em estágio avançado da doença, de liberar--se do gravame de inalienabilidade e impenhorabilidade vitalícia, alienando-se o bem e aplicando o numerário daí defluente no tratamento de sua saúde. A proteção do benefício, que era a vontade da testadora, afirmou o relator, "deixaria de ocorrer se, impossibilitado de vender o imóvel gravado, ficasse ele reduzido à miséria, sem recursos para minorar-lhe os sofrimentos nos últimos tempos de sua vida"[69].

O pedido, no caso em epígrafe, foi deferido, para que se efetuasse "o depósito do produto da venda em caderneta de poupança à disposição do Juízo, liberando--se gradualmente o numerário para custeio do tratamento", interpretando-se teleologicamente a cláusula restritiva.

O *Superior Tribunal de Justiça*, por sua vez, manteve decisão do *Tribunal de Justiça de Minas Gerais*, que atendera parcialmente ao pedido da requerente para abrandar as cláusulas restritivas de alienação de imóvel, por se tratar de mulher

---

[68] Ap. 280.869-Taubaté, rel. Des. Linneu Carvalho, j. 22-4-1997.

[69] *RT*, 724/417. *V.* ainda, do mesmo Tribunal: "O cancelamento da cláusula de inalienabilidade imposta pelo instituidor objetivando a proteção do patrimônio herdado, em regra, é vedado. Entretanto, se o gravame vem onerando aquele que, em tese, deveria ser protegido, é ilógica a sua manutenção. A hipótese é de imóvel recebido em sucessão que se tornou uma fonte de despesas e certamente de problemas ao agora proprietário. Ademais, em casos tais devem ser levados em conta, não somente o princípio da igualdade, como também a função social da propriedade, garantias de índole constitucional. Considerando que na aplicação da lei o juiz deve atender, igualmente, aos fins sociais e às exigências do bem comum – art. 5º, LINDB –, nada mais razoável do que acolher o pedido de cancelamento das cláusulas e, consequentemente, autorizar a venda do bem, o que, ainda que de forma transversa, poderá trazer os benefícios que o ascendente, instituidor do gravame, pretendeu proporcionar" (TJRJ, Ap. 2005.001.15131, 18ª Câm. Cív., rel. Des. Jorge Luiz Habib, reg. em 30-8-2005).

com mais de 40 anos de idade, divorciada e mãe de uma filha adolescente, desempregada havia dois anos e doente. Salientou a relatora, Min. Nancy Andrighi, que as cláusulas restritivas surgiram como forma de assegurar aos descendentes uma espécie de amparo financeiro perante as incertezas da vida econômica e social. No entanto, aduziu, "não parece razoável admitir que a sobrevivência e o bem-estar da recorrida sejam prejudicados em prol da obediência irrestrita às cláusulas de inalienabilidade, impenhorabilidade e incomunicabilidade"[70].

Não se admite, porém, a alienação de imóvel gravado para o pagamento de dívida comum. Confira-se: "O imóvel doado gravado com as cláusulas de incomunicabilidade, inalienabilidade e impenhorabilidade não pode ser vendido para atender a dívidas particulares"[71].

Indaga-se a respeito da eficácia da manifestação do testador, ao impor a cláusula de inalienabilidade, *proibindo a sub-rogação do vínculo*. Predomina, como supramencionado, o entendimento de que tal proibição deve ser recebida como simples exortação ou conselho, não podendo obstaculizar a sub-rogação, se presentes estiverem os pressupostos desta. A proibição absoluta se mostra, não raras vezes, injusta, lesiva de legítimos interesses.

Devem ser levadas em conta, portanto, as situações extremas e as particularidades de cada caso, deferindo-se a sub-rogação, malgrado a proibição, sempre que conveniente ou necessária[72].

O Código Civil atual, como já referido, não inibe a oneração da metade disponível pelo testador, mas autoriza a sua alienação por *conveniência econômica do herdeiro*, mediante autorização judicial e conversão em outros bens, sobre os quais incidirão as restrições apostas aos primeiros. Apenas procurou inibir a aplicação dos vínculos de inalienabilidade, impenhorabilidade e incomunicabilidade sobre a *legítima* dos herdeiros necessários. Mesmo assim, havendo *justa causa*, a pretensão pode ser deferida.

De acordo com a disciplina estabelecida no Código Civil de 1916, quando o vínculo da inalienabilidade era imposto por testamento, não havia como suprimi-lo. A lei permitia somente a sub-rogação, isto é, a transferência do vínculo para outros bens. A extinção só ocorria pelas formas estabelecidas na lei.

As severas críticas à possibilidade de gravar a legítima dos herdeiros necessários, sem qualquer justificativa, como as retrocitadas, levaram o legislador a

---

[70] STJ, REsp 1.158.679-MG, 3ª T., rel. Min. Nancy Andrighi. Disponível em: www.conjur.com.br. Acesso em: 28 abr. 2011.

[71] TAMG, Ap. 426.500-3, rel. Juiz Batista de Abreu, *DJE*, 13-8-2005.

[72] Washington de Barros Monteiro, *Curso*, cit., v. 6, p. 185; Sílvio Venosa, *Direito civil*, cit., v. VII, p. 181.

restringir, no Código de 2002, essa liberdade ilimitada do testador, dispondo, no art. 1.848, já estudado, que as cláusulas restritivas em apreço só poderão ser impostas "*se houver justa causa*". Sem esta, estão proibidas.

Não terá eficácia, no sistema inaugurado em janeiro de 2003, a imposição pura e simples dessas cláusulas, sem sua motivação declarada no testamento. Tal motivação poderá ser discutida depois da abertura da sucessão, pelos interessados, uma vez que se trata de um conceito aberto. À jurisprudência caberá a tarefa de interpretar e definir o que se entende por justa causa declinada pelo disponente.

Cabe ao testador, ao descrever a *justa causa*, erigida à condição de requisito legal, ser suficientemente claro. Fatos genéricos ou superficiais, como assinala Sílvio Venosa, "não terão o condão de sustentar a cláusula no futuro. Assim, por exemplo, não bastará dizer que o herdeiro seja um perdulário ou estroina e poderá dissipar seus bens. Devem ser apontados fatos concretos que possam ser sustentados na futura ação. Cabe ao disponente, por exemplo, dizer que impõe a cláusula porque o herdeiro é casado com pessoa condenada por crime contra o patrimônio, e isso poderá influenciar a alienação impensada dos bens. De qualquer modo, estará aberta a porta para uma discussão extravagante nessa ação, cujo bom critério, em última análise, será do juiz, ao analisar o caso concreto"[73].

Assevera, também, Zeno Veloso, ao atualizar a obra de Silvio Rodrigues[74]: "Não basta que o testador aponte a causa. Ela precisa ser justa, podendo-se imaginar a pletora de questões que essa exigência vai gerar, tumultuando os processos de inventário, dado o subjetivismo da questão. Se o testador explicou que impõe a incomunicabilidade sobre a legítima do filho porque a mulher dele não é confiável, agindo como caçadora de dotes; ou se declarou que grava a legítima da filha de inalienabilidade porque esta descendente é uma gastadora compulsiva, viciada no jogo, e, provavelmente, vai dissipar os bens, será constrangedor e, não raro, impossível concluir se a causa apontada é justa ou injusta".

Tais observações deixam patenteado que o Código de 2002, ao exigir a indicação de *justa causa*, desencoraja a imposição de cláusulas restritivas.

O art. 2.042 do referido Código estabelece uma regra de transição: aplica-se o art. 1.848, *caput*, quando a sucessão for aberta no prazo de um ano após a sua entrada em vigor, ainda que o testamento tenha sido feito na vigência do Código de 1916. Se, nesse prazo, o testador não aditar o testamento anterior, por meio de nova manifestação de última vontade, para declarar a justa causa de cláusula aposta à legítima, não subsistirá a restrição. Evidentemente, para as sucessões que se abrirem depois de um ano da entrada em vigor do novo diploma, aplica-se o que determina o *caput* do mencionado art. 1.848.

---

[73] *Direito civil*, cit., v. VII, p. 183.
[74] *Direito civil*, cit., v. 7, p. 127.

Cumpre salientar que o princípio de direito intertemporal *tempus regit actum* aplica-se apenas à *forma* do testamento, que deve obedecer aos requisitos previstos em lei na época em que foi praticado o ato *mortis causa*. A exigência de ser declarada a justa causa não é, todavia, uma questão de forma, mas de conteúdo intrínseco da deixa testamentária, regendo-se, assim, pela lei vigente ao tempo da abertura da sucessão.

Como se percebe, a finalidade do art. 2.042 foi conceder ao testador um tempo razoável para tornar possível a restrição da legítima, prevista em testamento por ele feito antes da vigência do novo diploma. Não tomando, no prazo assinalado, as providências exigidas, a limitação por ele imposta aos seus herdeiros necessários não terá validade, por falta de declaração de justa causa.

Justifica-se o caráter retroativo do citado art. 1.848 do Código Civil, tendo em vista que, enquanto não ocorrer a morte do testador, o testamento por ele feito anteriormente à vigência da nova lei não pode ser considerado perfeito. Por isso, poderá esta alterar a cláusula restritiva da legítima, concedendo ao testador, porém, o prazo de um ano para que faça o devido aditamento, declarando a causa que a justifica. Antes da abertura da sucessão, os herdeiros testamentários apenas têm expectativa de direito. Morto o *de cujus*, porém, passam a ter direito adquirido. Se, antes, como dito, não há direito adquirido, nem ato jurídico perfeito, a lei nova poderá alcançar aquela cláusula, dentro de certas condições nela mesma previstas[75].

A ação será movida, após a abertura da sucessão, pelo herdeiro onerado com a cláusula, figurando no polo passivo, conforme a situação, o espólio ou os demais herdeiros, e dela participando também o testamenteiro, incumbido de defender as disposições testamentárias, bem como o Ministério Público.

---

[75] Maria Helena Diniz, *Comentários ao Código Civil*, v. 22, p. 493-494.

Capítulo VII

DOS LEGADOS

Disposições gerais

Sumário: 1. Introdução. 2. Classificação. 2.1. Legado de coisas. 2.1.1. Legado de coisa alheia. 2.1.2. Legado de coisa comum. 2.1.3. Legado de coisa singularizada. 2.1.4. Legado de coisa localizada. 2.2. Legado de crédito ou de quitação de dívida. 2.3. Legado de alimentos. 2.4. Legado de usufruto. 2.5. Legado de imóvel.

1. INTRODUÇÃO

Legado é coisa *certa e determinada* deixada a alguém, denominado *legatário*, em testamento ou codicilo. Difere da herança, que é a totalidade ou parte ideal do patrimônio do *de cujus*. Herdeiro nomeado não se confunde, pois, com legatário.

Em nosso direito não há legados universais, como no direito francês, e, consequentemente, não há legatários universais. No direito pátrio todo legado constitui liberalidade *mortis causa* a título singular.

Igualmente no direito português os sucessores são herdeiros ou legatários, como proclama o art. 2.030 do Código Civil lusitano: "1. Os sucessores são herdeiros ou legatários. 2. Diz-se herdeiro o que sucede na totalidade ou numa quota do patrimônio do falecido e legatário o que sucede em bens ou valores determinados (...)".

Decidiu o *Tribunal de Justiça de São Paulo*:

"Agravo de Instrumento – Inventário – Testamento – Cláusulas restritivas de incomunicabilidade, inalienabilidade e impenhorabilidade – Pedido de afastamento de tais restrições que pode ocorrer nos mesmos autos, sem

323

necessidade de ação própria, pois todos os interessados participam do inventário – Recurso provido"[1].

No legado, enfatiza SILVIO RODRIGUES, "a liberalidade tem por objeto uma coisa determinada ou uma cifra em dinheiro, como no caso de o testador dispor que deixa a certa pessoa o prédio situado em tal lugar, ou a importância de cinco mil reais, ou seu automóvel, ou seu avião, caracterizados no testamento. Na herança, ao contrário, o herdeiro sucede o *de cujus*, por força da lei ou de testamento, em uma universalidade, quer no total de seu patrimônio, quer em parte dele"[2].

O herdeiro representa o defunto, para todos os efeitos patrimoniais, podendo-se dizer que continua a personalidade deste. O mesmo não sucede com o legatário; tanto que só responde pelas dívidas quando a herança é insolvente ou toda distribuída em legados válidos, ou quando a obrigação de atender ao passivo lhe é imposta pelo testador, expressamente.

O legado é o meio de que se vale o testador para cumprir deveres sociais: premiando o afeto e a dedicação de amigos e parentes, recompensando serviços, distribuindo esmolas, propiciando recursos a estabelecimentos de beneficência, contribuindo para a educação do povo, saneando localidades, amparando viúvas e órfãos, impedindo que jovens dignos da sua estima tomem na vida caminho errado, e auxiliando outros a realizar um ideal de cultura ou bem-estar[3].

Legado é peculiar à sucessão testamentária. Inexiste legado fora de testamento. A *testamentariedade dos legados*, como se exprime PONTES DE MIRANDA, sempre foi reconhecida no direito romano[4].

Qualquer pessoa, parente ou não, natural ou jurídica, simples ou empresária, pode ser contemplada com legado. Podem ser objeto do legado: coisas corpóreas (imóveis, móveis, semoventes), bens incorpóreos (títulos, ações, direitos), alimentos, créditos, dívidas, todas as coisas, enfim, que não estejam fora do comércio e sejam economicamente apreciáveis[5]. O objeto há de ser, ainda, lícito e possível, como sucede em todo negócio jurídico (CC, art. 104).

A instituição do herdeiro pode ser *tácita* em alguns casos, como na hipótese de serem determinadas as quotas de cada herdeiro testamentário e não absorverem

---

[1] TJSP, AgI 2194244-94.2020.8.26.0000-SP, 7ª Câm. Dir. Priv., rel. Des. Luis Mario Galbetti, j. 9-2-2021.

[2] *Direito civil*, v. 7, p. 197.

[3] Carlos Maximiliano, *Direito das sucessões*, v. II, n. 850, p. 307-308.

[4] *Tratado dos testamentos*, v. 3, n. 957, p. 387.

[5] Bens existentes em ambientes virtuais também podem integrar tanto o legado quanto o espólio, conforme o Enunciado nº 687 da IX Jornada de Direito Civil promovida pelo CJF: "O patrimônio digital pode integrar o espólio de bens na sucessão legítima do titular falecido, admitindo-se, ainda, sua disposição na forma testamentária ou por codicilo".

toda a herança, em que o remanescente pertencerá aos herdeiros legítimos; ou, ainda, quando existindo herdeiros necessários, o testador só em parte dispuser da sua metade disponível, caso em que se entenderá que instituiu os herdeiros legítimos no remanescente. *Não ocorre o mesmo com o legatário, cuja nomeação deve resultar sempre de uma designação explícita*[6].

Pouco importa o nome que no testamento se dê à liberalidade, ou seja, se o disponente designa o herdeiro com o nome de legatário ou se, vice-versa, chama o legado de herança. Não há palavras sacramentais. O que conta é a essência da declaração pela qual se qualifica a vontade testamentária relativamente a uma pessoa ou a uma coisa. Toda vez que se deixa certo objeto, não o acervo ou parte alíquota do mesmo, toda vez que a sucessão se verifica a título particular, é de legado que se trata[7].

Quando o legado é atribuído a herdeiro legítimo (que passa a cumular as qualidades de herdeiro e legatário), denomina-se *prelegado* (*praelegatum*) ou *legado precípuo* (*praecipuum*). Pode haver, portanto, como sujeito, além do testador e do legatário, a figura do *prelegatário* ou *legatário precípuo*, que recebe o legado e também os bens que integram o seu quinhão na herança.

O herdeiro encarregado de cumprir o legado é chamado de *onerado*. *Onerado* ou *gravado* é, pois, o que deve pagar o legado; *legatário*, ou *honrado*, o que recebe a dádiva ou liberalidade.

Se o mesmo objeto cabe a vários beneficiados, eles se denominam *colegatários*. Se a um legatário é imposta a entrega de outro legado, de sua propriedade, a este se denomina *sublegado*, e *sublegatário*, à pessoa a que o bem se destina. Por conseguinte, o *onerado* tanto pode ser um herdeiro como um legatário.

Verifica-se, assim, que o legatário é um credor prejudicial da herança, porém colocado depois dos outros, e o seu crédito pode ser pelos demais impugnado[8].

O Código Civil regula os legados nos arts. 1.912 a 1.940, num só capítulo, dividido em três seções: "*Disposições gerais*", "*Dos efeitos dos legados e do seu pagamento*" e "*Da caducidade dos legados*".

Na primeira seção predominam regras interpretativas, definindo o legislador o que se entende por legado de crédito, legado de alimentos, legado de usufruto etc., visando esclarecer a vontade do testador quando este não exprimir com clareza o seu pensamento.

---

[6] Itabaiana de Oliveira, *Tratado de direito das sucessões*, v. II, §§ 437 e 438, p. 89-90.
[7] Caio Mário da Silva Pereira, *Instituições de direito civil*, v. VI, p. 276; Carlos Maximiliano, *Direito das sucessões*, cit., v. II, n. 849, p. 306.
[8] Carlos Maximiliano, *Direito das sucessões*, cit., v. II, n. 850, p. 308.

2. CLASSIFICAÇÃO

As várias modalidades de legado podem ser classificadas, quanto ao *objeto*, em: a) legado de coisas; b) legado de crédito ou de quitação de dívida; c) legado de alimentos; d) legado de usufruto; e) legado de imóvel; f) legado de dinheiro; g) legado de renda ou pensão periódica; e h) legado alternativo.

O Código Civil regula as três últimas espécies na seção concernente aos efeitos dos legados e seu pagamento.

O *legado de coisas* subdivide-se em: a) legado de coisa alheia; b) de coisa do herdeiro ou do legatário; c) de coisa móvel que se determine pelo gênero ou pela espécie; d) de coisa comum; e) de coisa singularizada; f) de coisa ou quantidade localizada e de coisa incerta. Esta última está regulamentada na seção referente aos efeitos dos legados.

2.1. Legado de coisas

2.1.1. Legado de coisa alheia

Em atenção ao princípio geral de que ninguém pode dispor de mais direitos do que tem, proclama o art. 1.912 do Código Civil:

"É ineficaz o legado de coisa certa que não pertença ao testador no momento da abertura da sucessão".

O direito romano admitia o legado de coisa alheia, envolvendo a obrigação imposta ao herdeiro de adquiri-la para o respectivo cumprimento. Baseado na regra contida nas *Institutas* (Livro II, Título XX, § 4º), os nossos civilistas, no direito pré-codificado, distinguiam as duas hipóteses seguintes: a) o testador sabia que a coisa legada pertencia a outrem; b) o testador ignorava que a coisa legada não lhe pertencia.

No primeiro caso era válido o legado, cabendo ao herdeiro a obrigação de adquirir a coisa alheia, por conta do espólio, para entregá-la ao legatário, porque se presumia que essa era a intenção do testador, quando não estivesse expressa no testamento. Na segunda hipótese, era nulo o legado, porque ninguém pode dispor do que lhe não pertence.

O Código Civil de 1916, no art. 1.678, visando evitar possíveis e previsíveis divergências, declarava, pondo termo a dúvidas, *nulo o legado de coisa alheia*, acrescentando que a aquisição ulterior produziria efeito retro-operante, convalidando-o, como se ela fora sua desde o momento da disposição testamentária.

Essa orientação, como salienta ITABAIANA DE OLIVEIRA, justifica-se plenamente, por evitar as complicadas questões e as dificuldades inerentes à prova do

326

conhecimento, ou da ignorância do testador, no ato de testar, sobre o domínio próprio ou alheio[9].

Entre nós, pois, é vedado o legado de coisa alheia, bastando provar que o objeto do legado não pertence ao testador para invalidar-se a disposição.

O Código Civil de 2002, mediante fórmula mais sintética e objetiva, evitando o equívoco da nulidade, refere-se à *ineficácia* do legado de coisa certa que não pertença ao testador *no momento da abertura da sucessão*. Não se opera a ineficácia de todo o testamento, mas tão só da disposição relativa à coisa não pertencente ao *de cujus*.

Ao referir-se à propriedade dos bens *"no momento da abertura da sucessão"* o art. 1.912 deixa implícito que, embora a coisa legada não pertença ao testador à época do testamento, valerá o legado se este, posteriormente, vier a adquiri-la, não só porque é no momento da abertura da sucessão que o testamento ganha eficácia como título traslativo da propriedade, como também porque deve-se interpretar o comportamento do testador, adquirindo a coisa legada e mantendo intocado o testamento, como revelador de sua vontade de efetivamente beneficiar o legatário. Como este produz efeitos somente após a abertura da sucessão, nessa ocasião estaria o testador dispondo de coisa própria.

Assim, exemplifica SILVIO RODRIGUES, "o testador determinou que caberá à sua sobrinha o apartamento em que ela reside, e o dito apartamento não é de propriedade do testador, mas alugado; depois de fazer o testamento, entretanto, o testador adquiriu o citado imóvel, e nele vivia quando morreu. O legado é válido e eficaz, pois a coisa, no momento da abertura da sucessão, pertencia ao *de cujus*"[10].

Por outro lado, é ineficaz o legado de coisa que no momento da abertura da sucessão já tenha sido alienada pelo testador[11].

A regra expressa no mencionado art. 1.912 do Código Civil comporta, entretanto, duas exceções:

a) A primeira, quando se trata de *legado de coisa do herdeiro, ou do legatário*. Configura-se a hipótese quando o testador ordena *"que o herdeiro ou legatário entregue coisa de sua propriedade a outrem"*, sob pena de entender-se *"que renunciou à herança ou ao legado"* (CC, art. 1.913).

A disposição é *condicional*: o beneficiário só receberá a herança, ou o legado, se entregar a coisa de sua propriedade. A presunção de renúncia é *juris et de jure*. É válida a cláusula pela qual o testador, expressa e condicionalmente, determina que a coisa alheia seja adquirida pelo herdeiro, para ser entregue ao legatário.

---

[9] *Tratado*, cit., v. II, § 538, p. 148.
[10] *Direito civil*, cit., v. 7, p. 200.
[11] Enneccerus, Kipp e Wolff, *Tratado de derecho civil*, v. II, § 107.

O terceiro gratificado denomina-se *sublegatário*, e *sublegado* o bem a ser-lhe entregue, pelo herdeiro ou legatário, por determinação do testador. O herdeiro ou legatário que cumprir a disposição testamentária, entregando coisa de sua propriedade a outrem, terá direito de *"regresso contra os coerdeiros, pela quota de cada um, salvo se o contrário expressamente dispôs o testador"* (CC, art. 1.935).

No caso concreto, a questão será resolvida conforme o valor que tenha a herança ou o legado e a coisa, de propriedade do herdeiro ou do legatário, a ser transferida. Se esta tiver valor muito superior àquele, dificilmente o beneficiário irá cumprir a determinação do falecido, de entregar coisa de sua propriedade bem mais valiosa do que a sua quota hereditária, malgrado o aludido direito regressivo a que teria direito.

Vale ressaltar que o testador não pode impor a obrigação ou o encargo previsto no art. 1.913 a herdeiro necessário, quanto à legítima deste, pois a quota do herdeiro reservatário (descendente, ascendente, cônjuge) é intangível, não pode ser diminuída. Se o herdeiro legítimo se recusar a cumprir o que foi *ordenado* pelo testador, renuncia à parte disponível (arts. 1.789, 1.845, 1.846, 1.847, § 1º)[12].

b) A segunda exceção ocorre quando há legado de coisa que se determine pelo *gênero ou espécie* (legado de *coisa genérica*, como dez sacas de café, por exemplo). Segundo dispõe o art. 1.915 do Código Civil, deve ser *"cumprido, ainda que tal coisa não exista entre os bens deixados pelo testador"*. É que o gênero não pertence a ninguém. Embora as coisas legadas não se encontrem no patrimônio do testador, não se acham, tampouco, em patrimônio alheio. Por outro lado, é evidente que uma deixa dessa natureza revela o propósito de o testador impor um *encargo*.

Se o testador, por exemplo, deixa ao legatário um cavalo (gênero), cumpre-se o legado ainda que não se encontre nenhum animal entre os bens deixados pelo falecido, cabendo ao testamenteiro comprar um, com recursos financeiros do espólio, a fim de satisfazer a disposição testamentária.

Apólices ou ações sem individuação constituem gênero. Nessas condições, preleciona Washington de Barros Monteiro, se o testador, no ato de última vontade, não se refere ao seu número, emissão, ou outro elemento qualificativo, o legado não caduca pela inexistência de apólices ou ações no espólio. Compete ao testamenteiro, em tal conjuntura, adquirir títulos, com os recursos do acervo, e assim atender à disposição. Mas, se as apólices, ou as ações, foram devidamente identificadas pelo testador (natureza, quantidade, emissão, número etc.) e não encontradas, caducará o legado[13].

O art. 1.681 do Código de 1916, que corresponde ao atual art. 1.915, referia-se, ao disciplinar o legado de coisa genérica, somente a *coisa móvel*. Não havendo essa

---

[12] Zeno Veloso, *Comentários ao Código Civil*, v. 21, p. 237; Sílvio Venosa, *Direito civil*, v. VII, p. 267.
[13] *Curso de direito civil*, v. 6, p. 193.

limitação no novo diploma, pode o testador deixar para alguém uma quantidade de sacas de arroz ou feijão, ou legar para determinado parente um apartamento de até cem mil reais, por exemplo, se o permitirem as forças da herança.

Cabe a escolha ao devedor, que no caso é o herdeiro, quando a hipótese é de legado de coisa incerta, determinada apenas pelo gênero e quantidade, se outra coisa não constar do testamento. Mas não poderá dar a coisa pior, nem será obrigado a prestar a melhor, como prescreve o art. 244 do Código Civil.

Como se verá a seguir, algumas regras que se encontram no presente capítulo são corolários do princípio da ineficácia do legado de coisa alheia.

2.1.2. Legado de coisa comum

Se a coisa legada for comum, pertencendo somente em parte ao testador, só em parte valerá o legado, porque, no restante, ela será alheia, e é ineficaz o legado de coisa certa que não pertença ao devedor. Assim preceitua o art. 1.914 do Código Civil:

"Se tão somente em parte a coisa legada pertencer ao testador, ou, no caso do artigo antecedente, ao herdeiro ou ao legatário, só quanto a esta parte valerá o legado".

Permanece presente a regra geral em matéria de legados: a parte da coisa que não pertence ao testador, nem ao legatário, será de coisa alheia, e, pois, o legado é inválido. O mesmo ocorre na hipótese do artigo anterior: se o testador ordena ao herdeiro, ou legatário, que entregue a outrem coisa que só em parte lhe pertence, apenas quanto a essa parte recairá a obrigação.

Cumpre, porém, distinguir: "Se o testador mostra saber que a coisa legada lhe pertence apenas em parte, e não obstante a lega por inteiro, o legado vale para o todo, ficando, por isso mesmo, o onerado obrigado a adquirir a parte pertencente a outrem, para entregá-lo ao legatário, ou a entregar-lhe o justo preço. Do mesmo modo, válido por inteiro será o legado se a parte que não lhe pertencia, por ocasião da feitura do testamento, foi pelo testador adquirida posteriormente, fazendo parte do seu patrimônio por ocasião de seu falecimento"[14].

Somente terá eficácia o legado de coisa certa feito pelo cônjuge casado pelo regime da comunhão universal de bens se não vier a ser atribuído ao cônjuge sobrevivente, a seu pedido, na partilha. Caso contrário, terá incidido sobre coisa alheia.

2.1.3. Legado de coisa singularizada

Se o testador especificar a coisa por suas características, singularizando-a, individualizando-a dentre todas as coisas que existam no mesmo gênero

---

[14] Carvalho Santos, *Código Civil brasileiro interpretado*, v. 23, p. 363.

(determinado quadro ou determinado imóvel, por exemplo), só terá eficácia o legado se a coisa for encontrada ou ainda pertencer ao *de cujus* ao tempo de sua morte (CC, art. 1.916, 1ª parte). Se ainda existir, mas em quantidade inferior à do legado, este só será eficaz quanto à existente (art. 1.916, 2ª parte).

Cuida-se ainda de aplicação da mencionada regra geral, segundo a qual ninguém pode dispor de mais do que tem. Na hipótese em tela, o legado reduz-se ao existente e possível. Se, por exemplo, o testador legou vinte bois de sua fazenda, ou trinta mil reais que estão depositados em sua conta corrente em determinado banco, e, quando morre, só restam dez bois no pasto e apenas quinze mil na conta, o legado é eficaz quanto aos bois remanescentes e ao dinheiro que sobrou[15].

Cumpre salientar que não se vendem bens do espólio para recompor a quantidade primitiva, entregando-se ao legatário o que existir, isto é, o remanescente. Não pode o legatário pretender que sejam completadas as quantidades indicadas no testamento. É a mesma solução que se dá para o caso de a coisa legada só em parte pertencer ao testador (CC, art. 1.914). Se vários forem os beneficiários, far-se-á o rateio.

2.1.4. Legado de coisa localizada

O legado de coisa que deva encontrar-se em certo lugar só terá eficácia se nele for achada, "*salvo se removida a título transitório*" (CC, art. 1.917).

A validade do legado não depende, assim, da situação material da coisa ao tempo da morte do testador, mas da acidentalidade ou não da remoção.

Trata o dispositivo, à evidência, de coisas que devam estar, *habitual* e *permanentemente*, no lugar designado pelo testador, como os móveis de determinado cômodo. Se eram vários, mas só existia um ao tempo da morte do testador, o legado só valerá no tocante a este, isto é, ao de fato encontrado, salvo se ficar demonstrado que os demais foram removidos provisoriamente ou retirados de forma dolosa por outrem.

Prevalece o legado quanto a coisas removidas temporariamente de um lugar e que a ele devem retornar oportunamente, como o gado de determinada fazenda, transferido por certo período de tempo para que se efetuem reparos nas cercas. Todavia, a disposição testamentária se torna ineficaz se a remoção da coisa feita pelo testador é deliberada e definitiva.

Perde eficácia o legado se o testador, *verbi gratia*, dispõe em seu testamento que lega as ações de sua propriedade, as joias e o dinheiro que se encontram em

---

[15] Zeno Veloso, *Comentários*, cit., v. 21, p. 239; Eduardo de Oliveira Leite, *Comentários ao novo Código Civil*, v. XXI, p. 510.

um cofre bancário, mas se apura, por ocasião de sua morte, que tais bens haviam sido por ele removidos, dois ou três anos antes, para o cofre existente em sua residência, com ânimo definitivo, demonstrado pela rescisão do contrato de locação do cofre bancário. Para manter a liberalidade deveria o testador ter refeito seu testamento, depois da remoção dos bens por ele efetuada.

2.2. Legado de crédito ou de quitação de dívida

Pode o legado ter por objeto um crédito (*legatum nominis*) ou a quitação de uma dívida (*legatum liberationis*), tendo "*eficácia somente até a importância desta, ou daquele, ao tempo da morte do testador*" (CC, art. 1.918). Cumpre-se este legado "*entregando o herdeiro ao legatário o título respectivo*" (§ 1º).

No *legado de crédito*, o devedor é terceiro, caracterizando-se verdadeira *cessão*, em que o legatário substitui o testador e primitivo credor e pode promover a respectiva cobrança. O espólio do devedor não responde, todavia, pela exigibilidade do crédito, nem pela solvência ou insolvência do devedor. Se este for o próprio legatário, o legado será de *quitação de dívida*, operando-se como autêntica *remissão* (CC, art. 386), pois o herdeiro devolver-lhe-á o título.

Dispõe o § 2º do aludido art. 1.918, explicando a vontade do testador, que "*esse legado não compreende as dívidas posteriores à data do testamento*" – o que é evidente, uma vez que estas não existiam na ocasião e, *ipso facto*, não poderiam ser objeto da liberalidade. Não há empeço, entretanto, a que o testador inclua, no legado, os débitos posteriores, de modo expresso. Nesse caso, morto o disponente, o legatário nada terá de pagar, nem mesmo as dívidas contraídas após a data do testamento, pois assim determinou o testador.

Salvo disposição em contrário, ao total do crédito se incorporam os juros não pagos, pois *accessorium sequitur suum principale*.

O art. 1.919, por sua vez, cuida da hipótese de o testador ser devedor do legatário, e estatui, interpretando a vontade do testador:

"*Não o declarando expressamente o testador, não se reputará compensação da sua dívida o legado que ele faça ao credor*".

A regra, pois, é a prevalência da liberalidade, sem prejuízo da dívida que tem o testador para com o legatário. Significa dizer que este recebe duplamente, ou seja: conserva o legado e pode cobrar o crédito da herança (CC, art. 1.997). Salvo, portanto, expressa ressalva feita pelo testador, o herdeiro terá de pagar ao legatário o crédito que este tinha contra o espólio e ainda entregar-lhe o legado.

Se ocorrer *compensação*, em decorrência da menção expressa do testador e pelo fato de o legatário ter aceitado a proposta, só se concretizará o legado naquilo em que a coisa legada exceder ao valor da dívida. Até à concorrente quantia não há realmente liberalidade, mas apenas pagamento daquilo que o legatário tinha o direito de exigir[16].

O confuso parágrafo único do art. 1.919, em comentário, preceitua que *"subsistirá integralmente o legado, se a dívida lhe foi posterior, e o testador a solveu antes de morrer".* Assim, não fica o legado prejudicado se, depois, o testador contraiu dívida com o legatário, que foi paga antes de o testador morrer. Aliás, diz oportunamente ZENO VELOSO, "essa regra nem precisava ter constado no Código. O legado não tem relação com a dívida posterior que o testador, em vida, quitou"[17].

2.3. Legado de alimentos

Dispõe o art. 1.920 do Código Civil:

"O legado de alimentos abrange o sustento, a cura, o vestuário e a casa, enquanto o legatário viver, além da educação, se ele for menor".

Alimentos, segundo a precisa definição de ORLANDO GOMES[18], são prestações para satisfação das necessidades vitais de quem não pode provê-las por si. A aludida expressão tem, no campo do direito, uma acepção técnica de larga abrangência, compreendendo não só o indispensável ao sustento, como também o necessário à manutenção da condição social e moral do alimentando.

Embora os *alimentos* constituam matéria própria do direito de família, é neste capítulo do direito das sucessões que encontramos a única referência ao seu *conteúdo*: abrangem o indispensável ao sustento, vestuário, habitação, assistência médica, instrução e educação.

O testador é quem deve fixar o valor da pensão alimentícia. Se não o fizer, a tarefa cabe ao juiz, que agirá *cum arbitrio boni viri,* levando em conta as forças da herança, a condição social e a necessidade do legatário.

Tal como ocorre no direito de família, os alimentos podem ser legados *in natura* ou em dinheiro. O testador pode, com efeito, determinar a um herdeiro que forneça hospedagem e sustento ao gratificado. Trata-se de uma forma altamente inconveniente, que deve ser evitada. Compete ao juiz, se as circunstâncias o exigirem, fixar a forma de cumprimento da prestação, como determina o parágrafo único do art. 1.701 do Código Civil, uma vez que não se pode constranger pessoas a coabitarem, se existe situação de incompatibilidade entre elas.

Se não houve disposição expressa quanto ao período que abrange o legado de alimentos, entende-se que são vitalícios. As prestações devidas em cumprimento

---

[16] Eduardo de Oliveira Leite, *Comentários,* cit., v. XXI, p. 519.
[17] *Comentários,* cit., v. 21, p. 241.
[18] *Direito de família,* p. 427.

do dever de educação e de instrução têm a duração necessária para que se eduque e instrua o beneficiado, tendo em vista a profissão escolhida. Na esteira da jurisprudência estabelecida para os alimentos do direito de família, devem-se estender até o término da formação universitária.

Os alimentos testamentários não se confundem com os legais, não se lhes aplicando os princípios destes. Assim, sejam fixados pelo testador ou pelo juiz, não se alteram em razão da modificação das circunstâncias e da situação econômica do beneficiado.

Malgrado a posição contrária de WASHINGTON DE BARROS MONTEIRO[19], que entende não prevalecer, no caso de legado de alimentos, a incapacidade testamentária passiva a que se referem os arts. 1.801 e 1.802 do Código Civil, sob o fundamento de que "os casos de proibição legal não podem ser sobrepostos ao direito à vida", entendemos que as referidas pessoas não têm legitimidade para usufruir de qualquer disposição testamentária.

Assim, se o testador deixar como único herdeiro filho havido com sua esposa, não poderá ser este compelido a pagar legado de alimentos em favor da concubina de seu pai, que é homem casado, pois a lei, proibindo ser nomeada legatária a concubina do testador casado, não abriu exceção para o legado de alimentos[20].

2.4. Legado de usufruto

Segundo o conceito clássico, originário do direito romano, *usufruto* é o direito real de usar uma coisa pertencente a outrem e de perceber-lhe os frutos, ressalvada sua substância.

O legislador somente se referiu ao *legado de usufruto* para fixar o tempo de sua duração quando o testador não o houver feito. O art. 1.921 do Código Civil declara que, nesse caso, "*entende-se deixado ao legatário por toda a sua vida*", ou seja, entende-se que é *vitalício*.

Se, no entanto, o legado de usufruto tem como beneficiária pessoa jurídica, e o testador não determinou o tempo de duração da benesse, esta perdurará por trinta anos, a não ser que, antes, ocorra a extinção da pessoa jurídica em favor de quem o usufruto foi constituído (CC, art. 1.410, III).

Com a morte do legatário, consolida-se o domínio do nu-proprietário, que pode ser um herdeiro ou terceiro. Se o testador não faz a indicação, entende-se que beneficiou o herdeiro com a nua-propriedade.

Legado conjuntamente a duas ou mais pessoas, o direito de acrescer será regulado pelo art. 1.946 do Código Civil.

---

[19] *Curso*, cit., v. 6, p. 197.
[20] Silvio Rodrigues, *Direito civil*, cit., v. 7, p. 207; Sílvio Venosa, *Direito civil*, cit., v. VII, p. 271.

2.5. Legado de imóvel

Nos termos do art. 1.922 do Código Civil:

"Se aquele que legar um imóvel lhe ajuntar depois novas aquisições, estas, ainda que contíguas, não se compreendem no legado, salvo expressa declaração em contrário do testador.

Parágrafo único. Não se aplica o disposto neste artigo às benfeitorias necessárias, úteis ou voluptuárias feitas no prédio legado".

O princípio adotado é que o legado abrange a coisa com os acessórios. Só não se compreendem nele as ampliações ou acréscimos externos ao imóvel não classificados como benfeitorias. Estas, sejam necessárias, úteis ou voluptuárias, sendo bens acessórios, aderem ao imóvel legado. Do mesmo modo, se no terreno o testador ergue uma construção, revela o propósito de aditá-la ao legado.

As construções são denominadas *"acessões industriais"*. São obras que criam *coisas novas*, como a edificação de uma casa, sendo um dos modos de aquisição da propriedade imóvel. Têm regime jurídico diverso do estabelecido para as benfeitorias. Estas são obras ou despesas feitas em bem *já existente*.

Apesar de acarretarem consequências diversas, benfeitorias e acessões industriais são bens acessórios e estão jungidos ao princípio de que o acessório segue o destino do principal. A jurisprudência, por isso, vem reconhecendo o direito de retenção ao possuidor também no caso de acessões industriais, malgrado a legislação o tenha previsto somente para a hipótese de ter sido feita alguma benfeitoria necessária ou útil (CC, art. 1.219).

Releva, *in casu*, a intenção do testador, que deve ser perquirida. Assim, se no terreno legado, o testador, depois de fazer o seu testamento, erguer um edifício, sua intenção foi beneficiar o legatário. Nesse sentido o exemplo elucidativo de PONTES DE MIRANDA: "Lego a meus filhos A e B as casas *a* e *b*, e a meu filho C o terreno *c*, onde poderá construir. Se o testador construir a casa, havemos de entender que teve tempo de fazê-lo por si, e juntar o edifício ao terreno"[21].

---

[21] *Tratado de direito privado*, v. 55, p. 216.

Dos efeitos do legado e do seu pagamento

Sumário: 1. Aquisição dos legados. 2. Efeitos dos legados quanto às suas modalidades. 2.1. Frutos da coisa legada. Legado de dinheiro. 2.2. Legado de renda ou pensão periódica. 2.3. Legado de coisa incerta. 2.4. Legado alternativo. 3. Responsabilidade pelo pagamento do legado.

1. AQUISIÇÃO DOS LEGADOS

Pelo princípio da *saisine*, acolhido no art. 1.784 do Código Civil, aberta a sucessão, o *herdeiro*, legítimo ou testamentário, adquire *desde logo* a *propriedade e a posse* da herança.

O mesmo não ocorre no tocante ao *legatário*. Este adquire apenas a *propriedade* de coisa *certa*, existente no acervo, salvo se o legado estiver sob condição suspensiva. Se se tratar de coisa *incerta*, fungível, só a adquire com a partilha.

No que tange à *posse*, a abertura da sucessão confere ao legatário somente o *direito de pedi-la* aos herdeiros instituídos, não podendo obtê-la por sua própria autoridade, sob pena de incorrer no crime de exercício arbitrário das próprias razões.

O princípio que norteia a produção de *efeitos dos legados* gira em torno da ideia central de realizarem a transmissão de bens a *título singular*. O legatário não sucede *in universum ius defuncti*, mas recebe coisa certa ou direito determinado. Não sendo um continuador da pessoa do *de cujus*, não se imite *ex propria auctoritate* na posse da coisa legada. Não obstante, adquire direito sobre o bem, se de coisa *certa* se tratar, desde a abertura da sucessão. Na execução da deixa, terá de pedir a sua entrega, salvo se o testador dispuser diversamente[22].

Preceitua, com efeito, o art. 1.923, *caput*, do Código Civil:

"Desde a abertura da sucessão, pertence ao legatário a coisa certa, existente no acervo, salvo se o legado estiver sob condição suspensiva".

Acrescenta o § 1º:

"Não se defere de imediato a posse da coisa, nem nela pode o legatário entrar por autoridade própria".

Há uma aparente contradição entre o *caput* do dispositivo em apreço, que declara pertencer ao legatário a coisa certa legada, desde a morte do testador, e o seu § 1º, que exige pedido do legatário ao herdeiro, sendo-lhe expressamente vedado entrar na posse dela, por sua exclusiva autoridade.

Para resolver a aparente contradição, doutrina SILVIO RODRIGUES, "faz-se preciso recorrer à distinção entre posse direta e indireta. O legatário, no momento da morte do testador, adquire o domínio da coisa certa legada, bem como a posse indireta dela (CC, art. 1.923). A posse direta, entretanto, só será por ele

---

[22] Caio Mário da Silva Pereira, *Instituições*, cit., v. VI, p. 282-283.

adquirida no momento em que o herdeiro lhe entregar o objeto do legado (CC, art. 1.923, § 1º). Até esse momento, cabe-lhe o direito de reclamar a entrega daquilo que se tornou seu por força do testamento, e cuja propriedade resultou da morte do testador"[23].

Em síntese, pois, desde o momento em que ocorre o falecimento do *de cujus*, o *herdeiro*, legítimo ou testamentário, adquire o domínio e a posse da herança independentemente de qualquer ato seu, salvo a aceitação. No tocante ao *legatário*, porém, diversa é a situação: "*a*) quanto ao *domínio*, ele o adquire com a abertura da sucessão, se se trata de coisa infungível; *b*) a aquisição só se opera com a partilha, se fungível a coisa legada. Quanto à *posse*, apenas com a partilha nela se investe o legatário, exceto se anteriormente obteve a entrega dos bens legados"[24].

O herdeiro não é obrigado a cumprir desde logo o legado, devendo antes verificar se o espólio é solvente. Isso porque se o passivo o absorver integralmente, podem os legatários ser obrigados a concorrer para o resgate dos débitos.

O pedido de entrega do legado deve ser formulado no inventário. Se todos concordarem, poderá ser deferido desde logo. Se a coisa legada se encontra em poder de terceiro, contra este cabe a ação reivindicatória.

Havendo discordância dos interessados, o legatário terá de aguardar a partilha, na qual será contemplado (CPC/2015, art. 647).

Antes da entrega da coisa, compete tão somente ao herdeiro, ou ao inventariante, a defesa judicial da posse do bem legado.

Esses são os efeitos do legado *puro e simples* (CC, art. 1.923). Todavia, a deixa pode ser, ainda, *condicional, a termo ou modal*.

No legado sob *condição suspensiva*, o legatário só pode reclamar a coisa após o *implemento da condição*. Enquanto não advier o evento futuro e incerto, a que está subordinada a eficácia da benesse, o legatário tem apenas uma expectativa de direito. Nesse sentido, estatui o art. 1.924, segunda parte, do Código Civil que o direito de pedir o legado não se exercerá, "*nos legados condicionais, ou a prazo, enquanto esteja pendente a condição ou o prazo não se vença*". Se o legatário falecer antes, caduca o legado (art. 1.943).

Se *a termo* o legado, o legatário só pode reclamá-lo com o advento do *dies a quo*, malgrado adquira o domínio dos bens infungíveis com a morte do testador.

O legado *modal* ou *com encargo* funciona como puro e simples, pois não impede a aquisição do domínio e o direito de pedir, desde logo, a sua entrega aos herdeiros. Sujeita o legatário, entretanto, ao seu cumprimento. Dispõe o art. 1.938 do Código Civil que "*nos legados com encargo, aplica-se ao legatário o disposto neste Código quanto às doações de igual natureza*".

---

[23] *Direito civil*, cit., v. 7, p. 208.
[24] Washington de Barros Monteiro, *Curso*, cit., v. 6, p. 198.

Entendem alguns autores que só poderá ser revogada a deixa testamentária por descumprimento do encargo mediante aplicação analógica do art. 562, se tal possibilidade tiver sido expressamente prevista pelo testador. Mas a questão é controvertida, sendo considerável, por outro lado, o número de doutrinadores, entre os quais nos incluímos, que opinam no sentido de que, descumprido o encargo, pode qualquer interessado promover a declaração de ineficácia da deixa testamentária, a fim de que os bens da herança, ou do legado, em virtude de sentença judicial, saiam do patrimônio do beneficiário inadimplente e passem a quem de direito (*v.* n. 4.3 – Nomeação com imposição de encargo – do Capítulo VI, *retro*, ao qual nos reportamos).

Prescreve ainda o art. 1.924, primeira parte, do Código Civil que "*o direito de pedir o legado não se exercerá, enquanto se litigue sobre a validade do testamento*", uma vez que, se o testamento for anulado, o legado se extinguirá. Tal restrição só atinge o legatário, não se referindo a herdeiros instituídos ou testamentários, entre os quais se torna possível a partilha, embora se litigue sobre a validade do testamento[25].

Embora o legatário não receba o legado se pendente a ação anulatória, isso não o impede de requerer providências acautelatórias tendentes ao resguardo ou incremento do legado, por exemplo, a venda para atender a excepcional valorização[26].

2. EFEITOS DOS LEGADOS QUANTO ÀS SUAS MODALIDADES

2.1. Frutos da coisa legada. Legado de dinheiro

Malgrado o legatário tenha de pedir o legado ao herdeiro no inventário, o domínio deste a ele se transmite com a abertura da sucessão. Por essa razão, pertencem-lhe os frutos *desde a morte do testador*, exceto se dependente de condição suspensiva, ou de termo inicial, excluídos os colhidos anteriormente.

Como prevê o § 2º do citado art. 1.923 do Código Civil, "*o legado de coisa certa existente na herança transfere também ao legatário os frutos que produzir, desde a morte do testador, exceto se dependente de condição suspensiva, ou de termo inicial*".

Não pertencem ao legatário, portanto, os frutos colhidos anteriormente ao falecimento do *de cujus*. O herdeiro entrega-lhe a coisa tal como se ache no momento da abertura da sucessão, com os acréscimos sobrevindos.

Há, no entanto, algumas exceções:

a) O *legado em dinheiro* só vence juros "*desde o dia em que se constituir em mora a pessoa obrigada a prestá-lo*" (CC, art. 1.925). O legatário terá de interpelar

---

[25] *RF*, 78/307.
[26] *RF*, 109/411.

o herdeiro ou testamenteiro, pois somente a partir de tal ato vencem-se os juros. Regra semelhante encontra-se no art. 2.271, segunda parte, do Código Civil português. Se o legado for reclamado mediante ação contenciosa, serão eles devidos a partir da citação inicial para a causa, que constitui a mais enérgica das interpelações, segundo a jurisprudência.

b) No *legado condicional* ou *a termo*, o legatário só terá direito aos frutos após o implemento da condição ou o advento da data estipulada. Até então, pertencerão ao espólio, ou aos seus herdeiros.

c) Excluem-se os frutos desde a morte do testador no *legado de coisa incerta* ou *não encontrada* entre os bens por ele deixados. Injusto seria onerar o herdeiro com pagamento de frutos, uma vez que tais bens, enquanto não localizados, não são exigíveis.

2.2. Legado de renda ou pensão periódica

Os arts. 1.926 a 1.928 do Código Civil têm natureza interpretativa. Nesses dispositivos cuida o legislador de legados cujo pagamento deve ser feito em prestações periódicas, fixando o momento em que o direito do legatário se efetiva, a sua extensão e o momento em que se torna exigível.

Dispõe o art. 1.926:

"Se o legado consistir em renda vitalícia ou pensão periódica, esta ou aquela correrá da morte do testador".

Renda vitalícia é a que deve ser prestada pelo herdeiro ao legatário enquanto este viver. Tanto esse benefício como o de concessão de pensão periódica têm finalidade assistencial e, por essa razão, são regulados conjuntamente. Entrega-se certo capital, em imóveis ou dinheiro, ao herdeiro encarregado de satisfazer o legado em prestações.

A determinação de que a renda vitalícia ou a pensão periódica correm *desde a morte do testador* corresponde, na visão do legislador, à vontade presumida do testador. E a solução vale, quer seja de anos, quer de meses ou de dias o período por ele fixado. Se o *de cujus*, todavia, fixou outro momento para o início do pagamento da renda vitalícia ou pensão periódica, sua ordem será obedecida[27].

A determinação legal significa que, embora o legatário atrase um ou dois anos para pedir a entrega do legado, terá o direito de receber a renda ou pensão vencida desde a morte do testador, uma vez que não haja deixado prescrever seu direito permanecendo inerte por mais de três anos (CC, art. 206, § 3º, II)[28].

Por seu turno, estabelece o art. 1.927:

---

[27] Eduardo de Oliveira Leite, *Comentários*, cit., v. XXI, p. 538-539; Zeno Veloso, *Comentários*, cit., v. 21, p. 254.

[28] Silvio Rodrigues, *Direito civil*, cit., v. 7, p. 211.

"*Se o legado for de quantidades certas, em prestações periódicas, datará da morte do testador o primeiro período, e o legatário terá direito a cada prestação, uma vez encetado cada um dos períodos sucessivos, ainda que venha a falecer antes do termo dele*".

O dispositivo em tela fixa a extensão do direito do legatário. A prestação periódica é devida por inteiro desde o primeiro dia de cada período. Assim, no dia do falecimento do testador, o legatário tem direito a toda a pensão relativa ao primeiro período, que pode ser mensal ou anual. Iniciado o período seguinte, o legatário tem direito, desde logo, à segunda prestação inteira; e assim por diante.

Exemplifica CARVALHO SANTOS: "O testador ordena ao herdeiro que dê a José R$ 500,00 todos os meses e morre no dia 10 de fevereiro. Neste mesmo dia José adquire o direito de haver a primeira prestação de R$ 500,00; em 10 de março, e todos os meses sucessivamente, em igual data, adquire o direito a igual quantia. Mas, se o legatário morre, por exemplo, em 9 de outubro, a mesada que devia ser paga a 10 deste mês não é devida aos herdeiros de José, precisamente porque tendo morrido antes de iniciado o período, o legado desta mesada, assim como das sucessivas, se extinguiu definitivamente"[29].

Registre-se que o art. 1.927 ora comentado estabelece, para a renda constituída *causa mortis*, regime diverso do fixado pelo art. 811 para a renda constituída *inter vivos*, cujo direito o credor adquire dia a dia.

Por derradeiro, prescreve o art. 1.928 do Código Civil:

"*Sendo periódicas as prestações, só no termo de cada período se poderão exigir.*

Parágrafo único. Se as prestações forem deixadas a título de alimentos, pagar-se-ão no começo de cada período, sempre que outra coisa não tenha disposto o testador".

Embora, como visto, o legatário adquira o direito à prestação periódica logo que se inicia o período correspondente, só poderá exigir o efetivo pagamento ao final de cada período.

Em princípio, pois, as prestações são exigíveis a final, *salvo no caso de alimentos*, que pagar-se-ão no começo de cada período, dado o seu objetivo, sempre que outra coisa não disponha o testador. A natureza do legado de alimentos impõe que sejam pagos adiantadamente, uma vez que se destinam à subsistência do gratificado.

2.3. Legado de coisa incerta

Se o testador deixou coisa certa e determinada, deve esta ser entregue ao legatário, que não é obrigado a receber outra, ainda que mais valiosa (CC, art. 313).

Contudo, se limitou-se a determinar o *gênero* ou a *espécie*, deixando, portanto, *coisa incerta*, ao *herdeiro*, que é o devedor, "*tocará escolhê-la, guardando, porém, o meio-termo entre as congêneres da melhor e pior qualidade*" (CC, art. 1.929).

---

[29] *Código Civil brasileiro interpretado*, cit., v. 23, p. 454.

Sujeito ao critério do valor médio, o herdeiro não pode entregar a pior coisa que encontrar no espólio, dentre as do mesmo gênero ou espécie, nem está obrigado a escolher a de melhor qualidade. A referida regra constitui reiteração da já estabelecida no art. 244 do mesmo diploma, que também segue o critério da qualidade média ou intermediária. Aqui, porém, o legatário é credor, e o herdeiro, devedor da obrigação de entregar um legado definido apenas pelo gênero e pela quantidade.

Determina o art. 1.930 do Código Civil que a mesma regra se aplica também às hipóteses em que a escolha é *"deixada ao arbítrio de terceiro"*, ou passa *"ao juiz"*, em razão de aquele não querer, ou não poder aceitar a incumbência, caso em que também será guardado o meio-termo entre as congêneres da melhor e pior qualidade (*nec optimus nec pessimus*).

A escolha cabe ao herdeiro se o testador silenciou a esse respeito. Nesse caso, o legado chama-se *electionis*. Pode ele, no entanto, deixar a opção ao arbítrio de terceiro ou do legatário. Na última hipótese, denomina-se *optionis* e poderá o gratificado escolher, dentre as coisas do mesmo gênero, a melhor que existir na herança.

Se não existir coisa de tal espécie, o herdeiro terá, então, de adquiri-la, voltando a ter aplicação a última parte do art. 1.929, que impõe o critério do valor médio. O legatário, nesse caso, terá de contentar-se com o meio-termo (art. 1.931).

2.4. Legado alternativo

Obrigação alternativa é a que compreende dois ou mais objetos e extingue-se com a prestação de apenas um. No art. 1.932 do Código Civil o legislador disciplina o legado alternativo dizendo que, nessa espécie, *"presume-se deixada ao herdeiro a opção"*.

Trata-se de disposição redundante, pois o aludido diploma já havia regulado a obrigação alternativa, cujos princípios se aplicam também ao direito sucessório, no tocante ao pagamento dos legados.

Legado alternativo é aquele que tem por objeto uma coisa ou outra, dentre as quais só uma deverá ser entregue ao legatário. Em tal hipótese, a opção cabe ao herdeiro, por ser o devedor, salvo se o testador houver estipulado de forma diversa, atribuindo-a a terceiro ou ao legatário. É o mesmo critério do art. 252, concernente às obrigações alternativas, como já referido.

Se o herdeiro ou legatário a quem couber a opção *"falecer antes de exercê-la, passará este poder aos seus herdeiros"* (CC, art. 1.933). Todavia, se o legatário morre antes do testador, o legado caduca (art. 1.939, V). Uma vez feita a opção, porém, torna-se ela irrevogável. O que era determinável foi determinado, com a individualização da coisa, não podendo, por isso, haver retratação. Mas a irretratabilidade da escolha não significa que ela não possa ser judicialmente anulada, se realizada em desacordo com os ditames legais[30].

3. RESPONSABILIDADE PELO PAGAMENTO DO LEGADO

Em princípio, o encargo de pagar o legado compete ao herdeiro. Compete a este retirar do acervo hereditário incorporado ao seu patrimônio os bens que constituíram objeto de legados, entregando-os aos legatários. "*No silêncio do testamento, o cumprimento dos legados incumbe aos herdeiros e, não os havendo, aos legatários, na proporção do que herdaram*" (CC, art. 1.934, *caput*).

Se o testador, no entanto, encarregar da execução somente certos herdeiros, por isso chamados de *onerados*, apenas estes por ela responderão, ficando os demais exonerados do gravame (parágrafo único do art. 1.934). Entende-se que o testador quis gravar de ônus a quota dos nomeados. Se instituído um único herdeiro, obviamente só a ele incumbe o cumprimento do legado.

Se o testador, valendo-se da permissão contida no art. 1.913, ordenar a entrega ao legatário de *coisa pertencente a um dos herdeiros ou a um dos legatários*, cumpre-lhe entregá-la ao sublegatário, "*com regresso contra os coerdeiros, pela quota de cada um, salvo se o contrário expressamente houver disposto o testador*" (CC, art. 1.935). Se o onerado não cumprir a ordem do testador, entender-se-á que renunciou à herança ou ao legado. Washington de Barros Monteiro bem sintetiza as diversas alternativas: "*a*) em regra cabe ao próprio testador designar, dentre os herdeiros nomeados, aquele ou aqueles que devam responder pela entrega do legado; *b*) se o testador for omisso, silenciando a respeito, responderão pelo legado, proporcionalmente, todos os herdeiros instituídos; *c*) se instituído um único herdeiro, a este caberá, evidentemente, a satisfação do encargo; *d*) se a coisa legada pertencer ao herdeiro ou legatário, só a este caberá entregá-la ao sublegatário, com direito de regresso contra os demais coerdeiros, pela quota de cada um, salvo se o contrário expressamente dispôs o testador"[31].

As *despesas*, como o recolhimento do imposto de transmissão *causa mortis*, depósito, transportes etc., bem como os *riscos da entrega do legado*, "*correm à conta do legatário*" ou gratificado, se não dispuser diversamente o testador (CC, art. 1.936).

A coisa legada "*entregar-se-á, com seus acessórios, no lugar e estado em que se achava ao falecer o testador, passando ao legatário com todos os encargos que a onerarem*" (CC, art. 1.937).

---

[30] Zeno Veloso, *Comentários*, cit., v. 21, p. 257-258.
[31] *Curso*, cit., v. 6, p. 205.

Preleciona ITABAIANA DE OLIVEIRA que por acessórios da coisa legada "entende-se tudo aquilo que, sem ser a própria coisa, tem com ela tal ligação, que se não deve separar, mas, antes, deve segui-la. Assim, devem ser entregues, com a coisa legada e por serem acessórios dela, os títulos e as chaves dos prédios legados, os animais necessários à exploração de uma propriedade agrícola, os utensílios de uma fábrica, o jardim dependente de uma casa legada etc."[32].

Constitui tal regra uma reiteração do secular princípio geral de direito segundo o qual o acessório acompanha o principal em seu destino (*accessorium sequitur suum principale*).

Da caducidade dos legados

Sumário: 1. Introdução. 2. Causas objetivas. 2.1. Modificação substancial da coisa legada. 2.2. Alienação da coisa legada. 2.3. Perecimento ou evicção da coisa legada. 3. Causas subjetivas. 3.1. Indignidade do legatário. 3.2. Premorte do legatário. 3.3. Renúncia do legatário. 3.4. Falecimento do legatário antes do implemento da condição suspensiva. 3.5. Falta de legitimação do legatário.

1. INTRODUÇÃO

O legado pode deixar de produzir os efeitos mencionados na seção anterior em razão da nulidade do testamento, ou de sua ineficácia decorrente da revogação e da caducidade.

Na *revogação* ou *adenção* (*ademptio*), o testador revoga o legado, no mesmo testamento ou em posterior, expressa ou tacitamente.

Caducidade vem a ser a ineficácia, por causa ulterior, de disposição testamentária válida[33]. Não se confunde com nulidade, em que o testamento já nasce inválido, por inobservância das formalidades legais ou em razão da incapacidade do agente.

O legado válido pode caducar por causa superveniente, de ordem *objetiva* (falta do objeto do legado) ou *subjetiva* (falta do beneficiário). Em qualquer desses casos, volta ele à massa hereditária, beneficiando os herdeiros, nos termos do art. 1.788, última parte, do Código Civil.

---

[32] *Tratado*, cit., v. II, § 621, p. 182-183.
[33] Para Itabaiana de Oliveira, "caducidade é a ineficácia de um legado por causa posterior a sua instituição" (*Tratado*, cit., v. II, § 623, p. 183).

As causas de caducidade vêm enumeradas no art. 1.939 do mesmo diploma, que assim prescreve:

"*Caducará o legado:*

I – se, depois do testamento, o testador modificar a coisa legada, ao ponto de já não ter a forma nem lhe caber a denominação que possuía;

II – se o testador, por qualquer título, alienar no todo ou em parte a coisa legada; nesse caso, caducará até onde ela deixou de pertencer ao testador;

III – se a coisa perecer ou for evicta, vivo ou morto o testador, sem culpa do herdeiro ou legatário incumbido do seu cumprimento;

IV – se o legatário for excluído da sucessão, nos termos do art. 1.815;

V – se o legatário falecer antes do testador".

As duas primeiras causas (incisos I e II) constituem, na realidade, causas de *revogação tácita.* A modificação da coisa, a sua alienação e a evicção ou perecimento (incisos I a III) afetam o *objeto* do legado. A exclusão por indignidade e a pré-morte do legatário (incisos IV e V) relacionam-se à *falta do beneficiário.*

Além destas, podem ser incluídas outras causas de ordem subjetiva, como a renúncia, o falecimento do legatário antes do implemento da condição, e a falta de legitimação quando da abertura da sucessão, nos termos dos arts. 1.802 e 1.943 do Código Civil.

2. CAUSAS OBJETIVAS

Caducará o legado em razão das causas de *ordem objetiva* (falta do objeto) a seguir estudadas.

2.1. Modificação substancial da coisa legada

Dispõe o inciso I do art. 1.939 do Código Civil que o legado caducará se, depois de haver elaborado o testamento, o testador modificar a coisa legada a ponto de não mais ter a forma nem lhe caber a denominação que tinha.

Dois são os requisitos para que ocorra a caducidade: a modificação deve ser *substancial* e feita pelo *próprio testador.* Como exemplo de modificação substancial pode ser lembrada a transformação de uma mobília em lenha. Não basta alterar o nome ou o modelo do objeto, se mantida a forma ou a destinação.

Transformações, ainda que radicais, feitas por *terceiros,* à revelia do testador, ou *acidentais,* decorrentes de caso fortuito ou força maior, como o derretimento de ouro ou prata num incêndio, não acarretam a caducidade.

343

A justificativa para a caducidade, quando as modificações substanciais são efetuadas pelo *testador*, repousa no entendimento de que elas demonstram a intenção de revogar o legado.

Como claramente observa Silvio Rodrigues, "se a modificação se revela tão profunda a ponto de não mais lhe caber a denominação que possuía, é manifesto que a coisa objeto da liberalidade não mais existe como tal. Se, por exemplo, o testador legou um faqueiro de prata e depois ordenou que fosse fundido em barras, o objeto do legado desapareceu, pois não mais existe faqueiro no patrimônio do testador"[34].

Se a modificação, entretanto, não é fundamental a ponto de alterar a substância da coisa, prossegue, "prevalece o legado. Se a fazenda de cultivo se modifica em fazenda de criação, ou se as ações ao portador são convertidas em ações nominativas, o legado não caduca, pois a propriedade agrícola continua a ser uma fazenda, e os títulos legados continuam a ser ações de sociedade anônima".

Malgrado alguns entendimentos contrários, prevalece o de que não caduca o legado de um terreno no qual, posteriormente ao testamento, o testador levantou construção, pois essa conduta revela a sua intenção de beneficiar o legatário, e não de revogar a liberalidade, como já expusemos no n. 2.5 da Seção I, *retro*. Ademais, a construção é acessório do terreno e assim, salvo estipulação expressa em contrário, deve acompanhar o destino deste.

Do mesmo modo não haverá transformação, capaz de acarretar a caducidade do legado, no caso de demolição do prédio deixado ao legatário e edificação de outro em seu lugar, bem como sua simples reconstrução[35].

2.2. Alienação da coisa legada

A alienação da coisa legada, pelo testador, por qualquer título, no todo ou em parte, produzirá a caducidade do legado, até onde ela deixar de pertencer ao testador (CC, art. 1.939, II).

Cuida-se de alienação a qualquer título, oneroso ou gratuito, feito a *terceiro*. Demonstra a intenção do testador de revogar a liberalidade, sendo absoluta a presunção gerada nesse sentido. A feita ao *próprio legatário*, a *título gratuito*, acarreta a caducidade, conforme entendimento generalizado. Considera-se que houve, nesse caso, uma *antecipação da liberalidade*.

Na verdade, se o testador transfere gratuitamente a coisa legada ao próprio legatário, o legado converte-se em doação.

A questão se mostra, todavia, controvertida, quando a alienação é feita a *título oneroso* ao próprio legatário. Nesse caso, segundo uma corrente doutrinária,

---

[34] *Direito civil*, cit., v. 7, p. 216.
[35] Washington de Barros Monteiro, *Curso*, cit., v. 6, p. 209.

a este assiste direito ao preço que pagou, uma vez que a manutenção da deixa pelo testador indica que persistiu no intuito de beneficiar o legatário. E, em matéria testamentária, dadas as peculiaridades do ato de última vontade, o que deve prevalecer é a vontade do testador.

Outra corrente sustenta que a questão deve ser resolvida com base no art. 1.912 do Código Civil, que declara ineficaz o legado de coisa certa que não pertença ao testador no momento da abertura da sucessão. A argumentação é reforçada com a alegação de que o Código Civil de 2002 não manteve a disposição constante do art. 1.684 do diploma anterior, que fazia distinção entre alienações a título gratuito e a título oneroso ao próprio legatário, e que tanta polêmica causou. Aduz-se que o art. 1.939, II, do novo Código dispõe que caducará o legado se o testador, *"por qualquer título"*, alienar a coisa legada.

Não há, é certo, como arredar a regra peremptória estatuída no art. 1.912 do Código Civil, aqui repetida: *"É ineficaz o legado de coisa certa que não pertença ao testador no momento da abertura da sucessão".*

A alienação, feita em vida do testador ao próprio legatário, a título gratuito ou oneroso, subtrai a coisa ao patrimônio do disponente, uma vez que passa a pertencer ao legatário adquirente. Desse modo, se mantida a deixa, será esta ineficaz no momento da abertura da sucessão, pois caracterizará uma proibida alienação de coisa alheia.

Se a alienação a terceiro é *parcial*, caduca o legado até onde a coisa deixou de pertencer ao testador. Só a *voluntária* é causa de caducidade, não a involuntária, como a decorrente de *desapropriação*. No entanto, por ter, nesse caso, desaparecido o objeto do litígio, que passou para o domínio do expropriante, a deixa perde a sua eficácia, por configurar um legado de coisa alheia, salvo se readquirido pelo testador, como na hipótese de retrocessão (CC, art. 519).

Mesmo que o testador venha a readquirir a coisa alienada *voluntariamente*, a caducidade já estará consumada, não ficando restaurado o legado. Só mediante novo testamento poderá este ser revitalizado.

Ainda que a alienação venha a ser *anulada*, não se revigora o legado, pois a intenção do testador em revogar a liberalidade ficou evidenciada, salvo se a causa da invalidação se filiar a uma razão que afete diretamente a vontade do alienante, como na hipótese, por exemplo, de sua alienação mental ou outra semelhante[36].

Assinala, a propósito, Zeno Veloso que, "no âmbito dos testamentos, o que deve prevalecer é a intenção do testador. E, não há dúvida, embora nula ou anuladamente tenha alienado a coisa que havia legado no testamento, sua vontade de infirmar o legado exsurge, induvidosa"[37].

---

[36] Silvio Rodrigues, *Direito civil*, cit., v. 7, p. 217.

[37] *Comentários*, cit., v. 21, p. 272.

Não só a alienação definitiva do objeto do legado revoga a liberalidade, senão também a *promessa irretratável de venda*. Ainda, todavia, que o compromisso de compra e venda não seja irretratável e irrevogável – o que, hoje em dia, é raro – revoga ele a liberalidade, pois a mera circunstância de o testador dar outro destino à coisa legada revela que não manteve o propósito de contemplar o legatário.

2.3. Perecimento ou evicção da coisa legada

Também caduca o testamento, segundo dispõe o inciso III do art. 1.939 do Código Civil, "*se a coisa perecer ou for evicta, vivo ou morto o testador, sem culpa do herdeiro ou legatário incumbido do seu cumprimento*".

Se a coisa *perece*, o legado fica sem objeto, qualquer que seja a causa do perecimento: destruição do veículo, incêndio do prédio, morte do animal, por exemplo. Em qualquer desses casos, resolve-se o legado, não assistindo ao legatário direito de reclamar pagamento do valor da coisa, pois se presume que o testador apenas pretendeu deixar a própria coisa e não o seu valor.

Verificada a *evicção*, caduca o legado, visto que o seu objeto pertence a outrem. Decorrendo a evicção de sentença judicial que proclama pertencer a coisa ao reivindicante e não ao testador, torna-se incontestável ser alheio o objeto da liberalidade. Como já mencionado, é ineficaz o legado de coisa alheia[38].

Se apenas parcial o perecimento ou a evicção, subsiste o legado no remanescente. Por conseguinte, no caso de prédio que venha a ser destruído por incêndio, por exemplo, subsiste o legado quanto ao terreno em que foi edificado[39].

O dispositivo em estudo ressalva, no entanto, expressamente, o pressuposto de não ter havido culpa do herdeiro ou legatário incumbido do cumprimento do legado. Caso contrário, isto é, se ela for comprovada, o *beneficiário* estará autorizado a postular o ressarcimento. A solução será a mesma se a coisa perecer por caso fortuito ou força maior, estando o herdeiro ou legatário em mora de entregá-la, salvo se provar que o dano sobreviria ainda quando a obrigação fosse oportunamente desempenhada (CC, art. 399).

Todavia, se o perecimento ocorrer por culpa de terceiro, *antes da morte do testador*, somente este ou seus herdeiros podem pleitear o ressarcimento, jamais o legatário. O beneficiário só tem direito ao ressarcimento, se a coisa legada se perde por culpa do herdeiro ou do legatário que deveriam dar cumprimento ao legado[40].

---

[38] Silvio Rodrigues, *Direito civil*, cit., v. 7, p. 219.
[39] Washington de Barros Monteiro, *Curso*, cit., v. 6, p. 211.
[40] Washington de Barros Monteiro, *Curso*, cit., v. 6, p. 211.

No entanto, se a coisa pereceu *depois da morte do testador*, pereceu quando o legatário já era dono. Assim, se houve culpa de herdeiro ou de terceiro, pode o legatário, como proprietário, ingressar com ação de perdas e danos.

Registre-se a impropriedade técnica da expressão "*vivo ou morto o testador*", constante do citado inciso III do art. 1.939. Com efeito, se a coisa legada perece, após a confecção do testamento, mas estando vivo o testador, não há, em rigor, caducidade do legado, e sim *impossibilidade física*, inexistência do legado. Se, porém, a coisa legada perece depois do falecimento do *de cujus*, não é correto dizer que o legado caducou, pois a coisa legada, mesmo que o legatário contemplado ainda não tivesse a posse direta, já era de sua propriedade, desde o dia da morte do testador (CC, art. 1.923)[41].

Desse modo, se a coisa legada perece, por caso fortuito ou força maior, após o falecimento do autor de herança, o legado já surtira efeito, ainda que materialmente a posse não estivesse com o beneficiado. O direito do legatário, como titular do domínio, se desvanece, pois, nos termos do art. 1.275, IV, do Código Civil, perde-se o direito de propriedade perecendo o objeto. Aplica-se à hipótese a regra *res perit domino*[42].

O inciso III em apreço refere-se a perecimento ou evicção, quando o legado é de coisa certa, determinada. Não se pode, contudo, falar em perecimento quando a hipótese é de *legado genérico* (dez sacas de café, por exemplo, sem especificação da qualidade), pois o gênero nunca perece (*genus nunquam perit*). Ainda que tal coisa não exista entre os bens deixados pelo testador, subsiste o legado, devendo os herdeiros adquiri-la, para entregá-la ao legatário (CC, art. 1.915).

Preceitua o art. 1.940 do Código Civil que, "*se o legado for de duas ou mais coisas alternativamente, e algumas delas perecerem, subsistirá quanto às restantes; perecendo parte de uma, valerá, quanto ao seu remanescente, o legado*".

Na primeira parte do dispositivo não há, propriamente, caducidade do legado, mas mero efeito da obrigação alternativa. Na segunda parte, temos simples repetição do que já havia sido regulado no art. 1.916, segunda parte.

3. CAUSAS SUBJETIVAS

Caducará, também, o legado em razão das causas de *natureza subjetiva* a seguir enumeradas.

---

[41] Zeno Veloso, *Comentários*, cit., v. 21, p. 278-279.
[42] Silvio Rodrigues, *Direito civil*, cit., v. 7, p. 219.

3.1. Indignidade do legatário

O art. 1.939 prevê, ainda, no inciso IV, a caducidade do legado por *indignidade do legatário*, nos termos do art. 1.815 do mesmo diploma.

Nessas condições, caduca o legado, excluindo-se da sucessão os herdeiros ou legatários: "*I – se houverem sido autores, coautores ou partícipes de homicídio doloso, ou tentativa deste, contra a pessoa de cuja sucessão se tratar, seu cônjuge, companheiro, ascendente ou descendente; II – que houverem acusado caluniosamente em juízo o autor da herança ou incorrerem em crime contra a sua honra, ou de seu cônjuge ou companheiro; III – que, por violência ou meios fraudulentos, inibirem ou obstarem o autor da herança de dispor livremente de seus bens por ato de última vontade*" (art. 1.814).

Presume-se, nesse caso, que o testador não desejaria que a coisa legada ficasse com quem se mostrou indigno, praticando atentado contra a sua vida, sua honra ou sua liberdade de testar. Desse modo, torna-se ineficaz a cláusula testamentária que beneficia o legatário se algum interessado provar que ele, após o testamento, praticou um dos atos suprarrelacionados.

No entanto, se o fato é anterior ao testamento, o legado implica perdão tácito ao legatário (art. 1.818, parágrafo único).

A *remissão* ao art. 1.815 mostra que a caducidade da liberalidade não ocorre automaticamente, *pleno iure*. A exclusão do legatário, em qualquer dos casos previstos no art. 1.814, será declarada por sentença.

3.2. Premorte do legatário

Finalmente, o inciso V do art. 1.939 declara que caducará o legado "*se o legatário falecer antes do testador*".

Na hipótese ora tratada, desaparece o sujeito da liberalidade. O testamento, como já comentado, embora válido desde o momento em que é elaborado, só tem eficácia com a morte do testador, quando se abre a sucessão. Se ocorre a *premoriência* do legatário, o legado fica sem sujeito e não pode subsistir, vindo a caducar.

Sendo a liberalidade feita *intuitu personae*, o legado não é transmitido aos herdeiros do gratificado, na hipótese de premorte deste. Presume-se que a intenção do testador é beneficiá-lo pessoalmente. Não se pode cogitar do direito de representação, incabível na sucessão testamentária por constituir instituto peculiar à sucessão legítima. Nada impede, porém, que o disponente institua os referidos herdeiros substitutos do gratificado.

Caducando o legado pela morte antecipada do legatário, o bem a ele deixado permanece no acervo hereditário, passando aos herdeiros legítimos. Subsiste, todavia, o legado, se houver direito de acrescer (que será estudado no capítulo seguinte) entre colegatários (CC, art. 1.942).

348

3.3. Renúncia do legatário

Outros casos de caducidade existem, além dos elencados no citado art. 1.939 do Código Civil, como a *renúncia* do legatário, mencionada no art. 1.943. Em razão da semelhança da matéria, aplicam-se aos legados, no que couber, as normas dos arts. 1.804 e seguintes, relativas à renúncia da herança.

Assim, não pode a renúncia do legado jamais ser parcial: ou o legatário aceita totalmente o legado ou a ele renuncia integralmente (art. 1.808, *caput*). Nada obsta, no entanto, que renuncie ao legado e aceite a herança, ou vice-versa, mas sempre por inteiro (art. 1.808, § 1º).

3.4. Falecimento do legatário antes do implemento da condição suspensiva

Preceitua o art. 1.943 do Código Civil que, "*se a condição sob a qual foi instituído*" o colegatário não se realizar, o seu quinhão acrescerá à parte dos colegatários conjuntos.

Desse modo, se ocorrer o falecimento *antes do implemento da condição suspensiva* a que estava subordinada a eficácia da gratificação, não terá o legatário adquirido o direito.

Conforme expusemos no n. 4.2 do Capítulo VI, *retro*, o implemento da condição suspensiva produz efeito retro-operante (*ex tunc*), considerando-se existente o direito desde a abertura da sucessão, nos termos do art. 126 do Código Civil; frustrada, não se dá a aquisição deste. Se o herdeiro, ou legatário, vier a falecer antes de sua verificação, ocorrerá a *caducidade* da disposição testamentária (CC, art. 1.943) e não haverá transmissão de direitos aos sucessores do beneficiado, porque este ainda não os adquirira.

3.5. Falta de legitimação do legatário

Verifica-se também a ineficácia do legado quando o legatário, no momento da abertura da sucessão, for incapaz de receber o legado ou não tiver legitimação, nos termos dos arts. 1.801 e 1.802 do Código Civil.

A propósito do tema, reportamo-nos aos comentários feitos sobre os que não podem ser nomeados herdeiros nem legatários, no n. 3 do Capítulo III do Título I, *retro*.

Capítulo VIII

DO DIREITO DE ACRESCER ENTRE HERDEIROS E LEGATÁRIOS

Sumário: 1. Conceito. 2. Princípios fundamentais. 3. Requisitos do direito de acrescer. 4. Espécies de disposições conjuntas. 5. Direito de acrescer entre coerdeiros. 6. Direito de acrescer entre colegatários. 7. Direito de acrescer no legado de usufruto.

1. CONCEITO

Dá-se o *direito de acrescer* quando o testador contempla vários beneficiários (coerdeiros ou colegatários), deixando-lhes a mesma herança, ou a mesma coisa determinada e certa, *em porções não determinadas,* e um dos concorrentes vem a faltar.

A disciplina de tal direito, que só se verifica na *sucessão testamentária*, encontra-se nos arts. 1.941 a 1.946 do Código Civil. Todavia, não é privativo do direito das sucessões; pode ocorrer também no direito das coisas e no direito das obrigações.

No direito das coisas, prescreve o art. 1.411 do aludido *Codex*, com efeito, que, "*constituído o usufruto em favor de duas ou mais pessoas, extinguir-se-á a parte em relação a cada uma das que falecerem, salvo se, por estipulação expressa, o quinhão desses couber ao sobrevivente*". O direito de acrescer entre usufrutuários conjuntos depende, pois, de estipulação expressa.

Igualmente, no direito das obrigações, o art. 812, inserido no capítulo relativo à constituição de renda, permite que, morto um dos beneficiários, recolham os sobreviventes a parte do que morreu, se assim se estipulou no respectivo ato. E o art. 551 dispõe que, "*salvo declaração em contrário, a doação em comum a mais de uma pessoa entende-se distribuída entre elas por igual. Se os donatários, em tal caso, forem marido e mulher, subsistirá na totalidade a doação para o cônjuge sobrevivo* (parágrafo único).

Na *sucessão legítima*, o direito de representação impede a aplicação do direito de acrescer, salvo na hipótese de renúncia, prevista no art. 1.810 do Código Civil.

A propósito da matéria, estabelece o art. 1.941:

"*Quando vários herdeiros, pela mesma disposição testamentária, forem conjuntamente chamados à herança em quinhões não determinados, e qualquer deles não puder ou não quiser aceitá-la, a sua parte acrescerá à dos coerdeiros, salvo o direito do substituto*".

Poderá ocorrer também, entre *colegatários*, o direito de acrescer, "*quando nomeados conjuntamente a respeito de uma só coisa, determinada e certa, ou quando o objeto do legado não puder ser dividido sem risco de desvalorização*" (CC, art. 1.942).

O art. 1.943 menciona as hipóteses em que o nomeado não pode ou não quer recolher a herança: *premorte; exclusão por indignidade* (art. 1.814) ou *falta de legitimação*, nos casos do art. 1.801; não verificação da *condição* sob a qual foi instituído; e *renúncia*.

A parte do que faltar será recolhida pelo *substituto* designado pelo testador se este, prevendo o acontecimento, tiver feito a nomeação. Caso contrário, *acrescerá* ao quinhão dos coerdeiros ou legatários, acréscimo que não ocorrerá, entretanto, se o testador, ao fazer a nomeação conjunta, *especificou o quinhão* de cada um (por exemplo, a metade, um terço etc.). Entende-se que, nesse caso, a intenção do testador foi beneficiar cada qual somente com a porção especificada. Por essa razão, a quota vaga do contemplado que vier a faltar será devolvida aos *herdeiros legítimos* do testador.

Nesse sentido dispõe o art. 1.944, *caput*, do Código Civil:

"*Quando não se efetua o direito de acrescer, transmite-se aos herdeiros legítimos a quota vaga do nomeado*".

Do exposto, verifica-se que, se em uma disposição testamentária, em vez de ser um o beneficiário, vários são os herdeiros ou os legatários, a renúncia ou exclusão de um deles, bem como a caducidade do legado em relação a um só, faz com que o quinhão, *devidamente especificado*, do herdeiro excluído seja dividido entre os herdeiros legítimos; o do legatário renunciante se incorpora ao patrimônio do herdeiro, que só deve pagar o quinhão aos demais colegatários e não ao legatário que renunciou.

Prescreve a propósito o parágrafo único do art. 1.944:

"*Não existindo o direito de acrescer entre os colegatários, a quota do que faltar acresce ao herdeiro ou ao legatário incumbido de satisfazer esse legado, ou a todos os herdeiros, na proporção dos seus quinhões, se o legado se deduziu da herança*".

As soluções preconizadas no art. 1.944, *caput*, e parágrafo único, todavia, não ocorrem em duas hipóteses: a) se houver designação de *substituto*, pois em tal caso este recolhe o quinhão do excluído ou do renunciante; b) se houver *direito de acrescer* entre os herdeiros e legatários, *por não serem determinados os quinhões*, pois nessa hipótese a parte que competiria ao renunciante ou excluído, em vez de ser devolvida ao herdeiro legítimo, ou ao encarregado de pagar o legado, *acresce* ao quinhão dos seus coerdeiros ou colegatários[1].

Para que ocorra o direito de acrescer são necessários, portanto, os seguintes requisitos: a) nomeação de coerdeiros, ou colegatários, na mesma disposição testamentária (não necessariamente na mesma frase); b) deixa dos mesmos bens ou da mesma porção de bens; c) ausência de quotas hereditárias determinadas. Presume-se que o testador nomeia herdeiros para toda a herança ou deixa a vários legatários a mesma coisa ou parte dela.

2. PRINCÍPIOS FUNDAMENTAIS

O direito de acrescer obedece a alguns princípios básicos, assim enunciados:

a) O direito de acrescer é decorrência da vontade presumida do testador; este, pela mesma disposição testamentária, nomeia herdeiros para toda a herança, ou para uma quota-parte dela, sem determinar a porção de cada um; ou, então, deixa a vários legatários a mesma coisa, ou parte dela. Em tais casos presume a lei que o testador desejava instituir o direito de acrescer para os demais coerdeiros, ou colegatários, caso um deles viesse a faltar, embora não fizesse alusão ao *jus accrescendi* no ato de última vontade.

b) Nos casos em que ocorre o direito de acrescer, reputa-se o acréscimo como forçado; é o fundamento econômico do mencionado direito, que procura coibir, quanto possível, o fracionamento da propriedade.

c) O direito de acrescer verifica-se quer entre coerdeiros, quer entre colegatários, pois o Código não distingue a herança e o legado, em relação ao *jus accrescendi*.

d) Havendo instituições distintas e não conjuntas, os coerdeiros não podem ver acrescidas suas quotas com a parte do herdeiro premorto[2].

3. REQUISITOS DO DIREITO DE ACRESCER

Para que ocorra o direito de acrescer são necessários, portanto, os seguintes requisitos:

a) nomeação de coerdeiros, ou colegatários, na mesma disposição testamentária (não necessariamente na mesma frase);

---

[1] Silvio Rodrigues, *Direito civil*, v. 7, p. 221.
[2] Washington de Barros Monteiro, *Curso de direito civil*, v. 6, p. 216-217.

b) deixa dos mesmos bens ou da mesma porção de bens;

c) ausência de quotas hereditárias determinadas.

Presume-se que o testador nomeia herdeiros para toda a herança ou deixa a vários legatários a mesma coisa ou parte dela.

4. ESPÉCIES DE DISPOSIÇÕES CONJUNTAS

De acordo com a tradição romana, acolhida pelo nosso ordenamento, distinguem-se três espécies de disposições conjuntas:

a) *Conjunção real* (*re tantum*), quando os diversos instituídos são chamados, por *frases distintas*, a suceder na mesma coisa, *sem discriminação dos quinhões*. Exemplo: "deixo tal imóvel a José" e, mais adiante, "deixo tal imóvel (o mesmo anteriormente descrito) a João". Nessa instituição os dois legatários são conjuntos *re*, porque contemplados com a mesma coisa, mas não conjuntos *verbis*, porque efetivados os legados por meio de disposições diferentes, embora constantes do mesmo testamento.

b) *Conjunção mista* (*re et verbis*), quando o testador, na mesma frase, designa vários herdeiros ou legatários para a mesma coisa (uma universalidade de bens ou uma coisa certa), *sem distribuição de partes*. Exemplo: "deixo tal imóvel a José e a João". Há uma conjunção verbal, tendo em vista que a deixa testamentária conjunta se encontra em uma mesma cláusula do testamento, e uma conjunção real, pois há unidade do objeto: portanto, *conjunctio re et verbis*.

c) *Conjunção verbal* (*verbis tantum*), quando o testador, na mesma disposição, designa herdeiros ou legatários *especificando o quinhão de cada um*. Exemplo: "deixo tal imóvel a José e a João, metade para cada um".

As conjunções real e mista geram o direito de acrescer. O mesmo não sucede com a verbal, em que o testador especifica os quinhões, expressando a sua vontade de que cada um receba a quota por ele determinada.

As regras acima referidas, tanto no direito romano como no direito moderno, são interpretativas da vontade dos interessados e só aplicáveis quando não for ela clara e precisa.

5. DIREITO DE ACRESCER ENTRE COERDEIROS

Esse direito é regulado pelo art. 1.941 do Código Civil, que prescreve verificar-se o direito de acrescer entre coerdeiros quando estes, pela mesma disposição, são "*conjuntamente chamados à herança em quinhões não determinados, e qualquer deles não puder ou não quiser aceitá-la*".

353

É necessário, assim, em primeiro lugar, para que se configure o direito de acrescer, que ocorra nomeação conjunta dos herdeiros pela mesma disposição testamentária. Note-se que se tem, na hipótese, repetição da regra romana a respeito da conjunção *re et verbis*, estudada no item anterior, no qual foi dito que, seja nessa espécie de conjunção, seja na *re tantum*, verificar-se-á direito de acrescer, ou seja, se um dos coerdeiros vem a faltar, sua quota aumentará a do sobrevivo.

Faz-se mister, em segundo lugar, que a deixa verse sobre os mesmos bens, ou sobre a mesma porção de bens, sem discriminação das quotas pertencentes a cada coerdeiro.

E, por fim, se houver especificação da quota de cada um, não haverá direito de acrescer. Considera-se feita a distribuição das partes, ou quinhões, pelo testador, quando este especifica a cada um dos nomeados a sua quota, ou o objeto, que lhe deixa, ou usa da expressão "em partes iguais" ou palavras equivalentes.

O art. 1.943 do Código Civil complementa a regra ao declarar que, se um dos herdeiros nomeados morrer antes do testador ou antes de verificada a condição, renunciar ou for excluído da herança, seu quinhão acrescerá à parte dos coerdeiros conjuntos. Exceção haverá, como já mencionado, quando o testador houver dado *substituto* ao herdeiro premorto, renunciante ou excluído, pois em tal caso a vontade do falecido é manifesta em sentido oposto ao acrescimento[3].

Proclama o parágrafo único do art. 1.943:

"Os coerdeiros ou colegatários, aos quais acresceu o quinhão daquele que não quis ou não pôde suceder, ficam sujeitos às obrigações ou encargos que o oneravam".

Trata-se de aplicação do princípio *portio portioni adcrescit, non personae.* Excluem-se somente os encargos personalíssimos, como na hipótese de legado deixado para que o beneficiário se case. Em tal hipótese, se o legado acresce ao de outro colegatário, desaparece o encargo, não se podendo cogitar de sua transmissão ao favorecido com o acrescimento[4].

Se um dos herdeiros aliena a sua quota e, posteriormente, outro coerdeiro vem a faltar, entendem alguns doutrinadores, dentre eles WASHINGTON DE BARROS MONTEIRO, que o adquirente será favorecido pelo direito de acrescer, pois o fenômeno é idêntico ao da aluvião, que se verifica em favor daquele que possui o imóvel aumentado. Investe-se este em todos os direitos do alienante, especialmente se a transferência foi feita sem qualquer ressalva[5].

A questão, entretanto, não é pacífica. Entendem outros, com maior razão, que a alienação restringe-se à porção hereditária tal qual existia no momento da

---

[3] Caio Mário da Silva Pereira, *Instituições de direito civil*, v. VI, p. 326-327; Silvio Rodrigues, *Direito civil*, cit., v. 7, p. 225.

[4] Washington de Barros Monteiro, *Curso*, cit., v. 6, p. 219.

[5] *Curso*, cit., v. 6, p. 220.

alienação. Há de se presumir, com efeito, como argumenta Sílvio Venosa, que, se o cedente não tinha conhecimento do acréscimo, transferiu somente sua porção originária, mesmo porque sua intenção de alienação poderia não existir, se soubesse do acréscimo, e o preço pedido deveria ser maior[6].

Se um dos herdeiros conjuntos for incapaz de receber por testamento (CC, art. 1.801), os herdeiros capazes não devem ser prejudicados. Deve-se reconhecer, nesse caso, o direito de acrescer, uma vez que o art. 1.943, enumerando os casos de caducidade, contempla também os que foram excluídos da herança, expressão que compreende, sem dúvida, o incapaz de herdar[7].

Não pode o beneficiário do acréscimo repudiá-lo separadamente da herança ou do legado que lhe caiba, "*salvo se o acréscimo comportar encargos especiais impostos pelo testador; nesse caso, uma vez repudiado, reverte o acréscimo para a pessoa a favor de quem os encargos foram instituídos*" (CC, art. 1.945).

Como assevera Zeno Veloso, "a aquisição da parte acrescida dá-se de pleno direito, não podendo o beneficiário do acréscimo repudiá-lo separadamente da herança ou do legado que lhe caiba. O coerdeiro ou colegatário só pode repudiar o que acresceu se renunciar também à herança ou legado. Mas o beneficiário pode repudiar somente a parte acrescida, se esta contiver encargos especiais impostos pelo testador, e, nesse caso, uma vez repudiado o acréscimo, ele reverte para a pessoa a favor de quem os encargos foram instituídos (cf. art. 2.306 do Código Civil português)"[8].

Assim, por exemplo, se o testador nomear conjuntamente dois herdeiros, gravando a herança de um deles com o encargo de prestar alimentos a terceiro, e se o onerado renunciar, ao beneficiário do direito de acrescer caberá a escolha entre aceitar toda a herança, renunciá-la por inteiro ou, por fim, repudiar apenas o acréscimo. Nesta última hipótese, a quota vaga reverterá ao credor da prestação alimentícia[9].

6. DIREITO DE ACRESCER ENTRE COLEGATÁRIOS

Também quanto ao direito de acrescer entre os legatários valeu-se o legislador da secular regra que disciplina a conjunção *re et verbis*, estabelecendo no art. 1.942 que aos legatários competirá igualmente esse direito, "*quando nomeados*

---

[6] *Direito civil*, v. VII, p. 294.
[7] Carlos Maximiliano, *Direito das sucessões*, v. II, n. 1.102, p. 520; Carvalho Santos, *Código Civil brasileiro interpretado*, v. 24, p. 13; Washington de Barros Monteiro, *Curso*, cit., v. 6, p. 219-220.
[8] *Comentários ao Código Civil*, v. 21, p. 291.
[9] Eduardo de Oliveira Leite, *Comentários ao novo Código Civil*, v. XXI, p. 587; Caio Mário da Silva Pereira, *Instituições*, cit., v. VI, p. 328-329.

conjuntamente a respeito de uma só coisa, determinada e certa, ou quando o objeto do legado não puder ser dividido sem risco de desvalorização".

Substituiu-se o requisito da *indivisibilidade* e possibilidade de o bem *se deteriorar*, exigido pelo art. 1.710, parágrafo único, do Código de 1916, por outro mais amplo – *"quando o objeto do legado não puder ser dividido sem risco de desvalorização"* –, harmonizando-se a dicção com a norma do art. 87, interpretada *a contrario sensu*, do novo diploma.

Para que se verifique, portanto, o direito de acrescer entre colegatários faz-se necessário: a) que exista disposição testamentária conjunta em favor de dois ou mais legatários; b) que a coisa legada seja uma só, determinada e certa, ou que se não possa dividir, sem risco de se desvalorizar; c) que um dos colegatários venha a faltar, em virtude de renúncia, exclusão, premoriência ou incapacidade, ou se a condição sob a qual foi instituído não se verificar[10].

Não há direito de acrescer no legado de dinheiro, que é coisa genérica. O aludido art. 1.942 limita o direito de acrescer aos legados que tenham por objeto coisa certa e determinada. A fungibilidade do dinheiro o exclui da mencionada regra.

Como visto no item anterior, faltando um dos colegatários, sem que o testador lhe tenha dado substituto, a sua quota acresce à dos remanescentes, sujeita aos mesmos encargos e obrigações que a oneravam (CC, art. 1.943, parágrafo único). Não existindo, porém, direito de acrescer entre os colegatários, a quota do que faltar acresce ao herdeiro ou legatário incumbido de satisfazer esse legado, ou a todos os herdeiros, na proporção dos seus quinhões, se o legado se deduziu da herança (art. 1.944, parágrafo único).

O *Tribunal de Justiça de São Paulo* aplicou corretamente os dispositivos em apreço ao decidir: "A testadora declarou a intenção de deixar seus bens 'para seus irmãos e sucessores, em partes iguais (...)'. Nos termos do art. 1.943 do CC, tendo havido o falecimento de um dos herdeiros testamentários antes do testador, a parte a ele cabente acrescerá à dos demais, salvo o direito do substituto. Ora, a alusão aos sucessores dos irmãos só pode ser compreendida atribuindo-se a eles qualidade de substitutos do pré-morto. A autora do testamento não deixou os bens apenas aos irmãos, mas aos irmãos e sucessores, fazendo entender que, na falta de um irmão, a parte dele caberia aos respectivos sucessores. O testamento não fala em 'irmãos sucessores', mas em irmãos e sucessores. O uso da conjunção aditiva faz crer que os sucessores não poderiam ser os próprios irmãos, mas os sucessores destes, nomeados em substituição para a hipótese de pré-morte de alguns deles"[11].

---

[10] Washington de Barros Monteiro, *Curso*, cit., v. 6, p. 221.

[11] TJSP, AI 2222909-57.2019.8.26.0000-Guarujá, 6ª Câm. Dir. Priv., rel. Des. Marcus Vinicius Rios Gonçalves, j. 23-10-2019.

7. DIREITO DE ACRESCER NO LEGADO DE USUFRUTO

No legado de usufruto o disponente transfere ao usufrutuário o direito de usar e gozar da coisa alheia, por certo tempo ou vitaliciamente. Haverá direito de acrescer entre os colegatários se a nomeação for conjunta, sem especificação de quotas.

Dispõe a esse respeito o art. 1.946 do Código Civil:

"Legado um só usufruto conjuntamente a duas ou mais pessoas, a parte da que faltar acresce aos colegatários.

Parágrafo único. Se não houver conjunção entre os colegatários, ou se, apesar de conjuntos, só lhes foi legada certa parte do usufruto, consolidar-se-ão na propriedade as quotas dos que faltarem, à medida que eles forem faltando".

Existindo, portanto, disposição conjunta de usufruto, em favor de duas ou mais pessoas, haverá direito de acrescer, desde que se verifique algum dos casos de caducidade, em relação a qualquer dos usufrutuários, diferentemente do que sucede no usufruto constituído por ato *inter vivos*. Neste, segundo estabelece o art. 1.411 do mesmo diploma, havendo usufrutuários simultâneos, o usufruto vai se extinguindo paulatinamente, consolidando-se a propriedade de forma gradativa, conforme vá falecendo cada usufrutuário, salvo se, por estipulação expressa, o quinhão desses couber ao sobrevivente.

No usufruto instituído *mortis causa*, haverá conjunção mista (*re et verbis*), se a determinação constar da mesma cláusula testamentária, ou conjunção real (*re tantum*), se o mesmo usufruto for deixado a mais de um usufrutuário, em mais de uma disposição de última vontade.

Se não houve, entretanto, disposição conjunta, ou se, apesar de conjuntos, houve distribuição do usufruto em partes certas entre os beneficiários, não haverá acrescimento, mas consolidação da propriedade, se um deles vem a faltar. E assim sucessivamente, até que se extinga completamente o direito real.

Extingue-se, assim, o usufruto com a morte de todos os legatários, se outro prazo não se estipulou. A morte do nu-proprietário, porém, não extingue o direito do usufrutuário.

Se um legatário ficou com o usufruto de metade ideal de um imóvel e nele residir, deverá pagar metade do aluguel ao nu-proprietário, uma vez que só usufrui da metade ideal e este último é titular pleno da outra metade[12].

---

[12] Sílvio Venosa, *Direito civil*, cit., v. VII, p. 296.

Capítulo IX
DAS SUBSTITUIÇÕES

> *Sumário*: 1. Conceito. 2. Espécies de substituição. 3. Substituição vulgar. 4. Substituição fideicomissária. 5. Substituição compendiosa. 6. Direitos e deveres do fiduciário. 7. Direitos e deveres do fideicomissário. 8. Caducidade do fideicomisso. 9. Nulidade do fideicomisso. 10. Fideicomisso por ato *inter vivos*. 11. Fideicomisso e usufruto.

1. CONCEITO

A lei confere à pessoa capaz o direito de dispor de seus bens por ato de última vontade, respeitada a legítima dos herdeiros necessários. Neste capítulo do Código Civil o legislador concede ao testador direito mais amplo: o de não só instituir herdeiro ou legatário em primeiro grau, como também de lhes indicar substituto. Este receberá a liberalidade na falta do herdeiro ou legatário nomeados, ou após estes a haverem recebido, ou ao fim de certo termo.

Permite, ainda, que o testador determine que seus bens, ou parte deles, se transmitam, por sua morte, a um primeiro beneficiário, que os passará, ao fim de certo tempo, a um substituto[1].

O Código Civil admite a designação de substitutos tanto para herdeiros instituídos como para legatários. Dispõe, a esse respeito, o art. 1.947:

"O testador pode substituir outra pessoa ao herdeiro ou ao legatário nomeado, para o caso de um ou outro não querer ou não poder aceitar a herança ou o legado, presumindo-se que a substituição foi determinada para as duas alternativas, ainda que o testador só a uma se refira".

Substituição vem a ser, pois, a indicação de certa pessoa para recolher a herança, ou legado, se o nomeado faltar, ou alguém consecutivamente a ele. Para

---

[1] Silvio Rodrigues, *Direito civil*, v. 7, p. 239.

358

ITABAIANA DE OLIVEIRA, "é a disposição, mediante a qual o testador chama, em lugar do herdeiro ou legatário, um outro, que se diz substituto, para que venha fruir, no todo ou em parte, as mesmas vantagens e encargos, quando, por qualquer causa, a sua vocação cesse"[2].

CLÓVIS BEVILÁQUA, por sua vez, define a substituição testamentária como "uma instituição subsidiária e condicional, feita para o caso em que a primeira não produza, ou já tenha produzido o seu efeito"[3].

Trata-se, realmente, de *instituição subsidiária*, no sentido de que a instituição principal é a do substituído; de *instituição condicional*, porque só atua se o substituído não quiser ou não puder recolher a sucessão (*substituição vulgar*); ou se o fideicomissário sobreviver ao fiduciário (*substituição fideicomissária*). Justifica-se a parte final da definição porque o substituto só é chamado a suceder caso o substituído não recolha a herança; ou então após resolver-se o direito deste, que a recolheu[4].

A *renúncia* é o exemplo característico de o gratificado *não querer* ficar com a herança ou o legado. Configuram hipóteses de *não poder* o contemplado aceitar a herança ou o legado: premoriência, exclusão por indignidade ou falta de legitimação e não implemento da condição imposta pelo testador.

2. ESPÉCIES DE SUBSTITUIÇÃO

No direito romano várias eram as espécies de substituição. Havia, na época, a *substituição pupilar*, pela qual o *pater familias* designava herdeiro para seu filho, se este falecesse impúbere (*pupillus*).

Na época de JUSTINIANO, surgiu a *substituição quase pupilar* (também denominada *exemplar* ou *justinianeia*), em que o ascendente nomeava herdeiro para o descendente que sofresse das faculdades mentais, e morresse no estado de alienação.

Tais espécies de substituição eram previstas também nas Ordenações Filipinas. No Livro IV, Tomo 87, § 7º, constava: "Substituição pupilar é a que o pai faz a seu filho pupilo, que tem debaixo de seu poder, nesta forma: *Se meu filho Pedro falecer dentro da pupilar idade seja meu herdeiro Paulo*". Expirava a aludida instituição quando o filho varão completasse 14 anos e a filha, 12.

No § 11 dos mencionados Tomo e Livro diziam as citadas Ordenações que a *substituição exemplar* é a que um ascendente faz ao seu descendente, o qual não

---

[2] *Tratado de direito das sucessões*, v. II, § 625, p. 187.
[3] *Código Civil dos Estados Unidos do Brasil comentado*, obs. 1 ao art. 1.729.
[4] Silvio Rodrigues, *Direito civil*, cit., v. 7, p. 240.

pode fazer testamento, por causa de algum impedimento natural e perpétuo, como no caso de o descendente ser furioso, mentecapto, surdo e mudo de nascimento[5].

O Código Civil de 1916 não tratou das substituições pupilar e quase pupilar. O diploma de 2002, igualmente, delas não cogitou. Restaram, no direito pátrio, somente as seguintes espécies de substituição: a) a *vulgar* (ou ordinária), que se divide em *simples* (ou singular), *coletiva* (ou plural) e *recíproca*; b) a *fideicomissária*, que pode ser *compendiosa* quando combinada com a vulgar.

3. SUBSTITUIÇÃO VULGAR

Dá-se a *substituição vulgar* quando o testador designa uma ou mais pessoas para ocupar o lugar do herdeiro, ou legatário, que não quiser ou não puder aceitar o benefício. Foi assim denominada em virtude de sua frequência no direito romano, sendo também conhecida como *substituição direta*, pelo fato de inexistir intermediário entre o testador e o substituto, diferentemente do que se verifica na substituição fideicomissária.

A substituição vulgar é a modalidade prevista no art. 1.947, retrotranscrito. Constitui instituição *condicional*, estabelecida para o caso de o beneficiário não querer ou não poder recolher a herança ou o legado. Trata-se, também, de disposição *subsidiária*, como já mencionado, porque só terá aplicação se a disposição principal não produzir efeito. Estabelece a *vocação direta*, porque o substituto herda diretamente do *de cujus*, de quem é sucessor (e não do substituído). Não há dois sucessores sucessivos, pois ou herda o nomeado ou, à falta deste, o substituto designado.

Além da morte do herdeiro, que é a causa mais comum e mais importante, outras podem ocorrer, como a renúncia, ou sua exclusão por indignidade ou falta de legitimação, ou o não implemento da condição imposta pelo testador.

Sendo a sucessão testamentária *intuitu personae*, a pré-morte do herdeiro, ou do legatário, ao testador torna caduca a disposição testamentária. Em tal caso, se não houver direito de acrescer, os bens objeto do testamento vão para os herdeiros legítimos do falecido, salvo se este indicou substituto para o nomeado. A substituição vulgar surge, portanto, como expediente para beneficiar o substituto, se a liberalidade não puder gratificar o substituído[6].

Consoante a segunda parte do art. 1.947, não se exige que o testador se refira especificamente ao fato de o herdeiro, ou legatário, nomeado em primeiro lugar, não querer ou não poder suceder. Presume-se que a substituição foi determinada

---

[5] Zeno Veloso, *Comentários ao Código Civil*, v. 21, p. 294-295.
[6] Silvio Rodrigues, *Direito civil*, cit., v. 7, p. 240.

para as duas alternativas, ainda que o testador só a uma se refira. Assim, haverá substituição mesmo que o testador se tenha referido somente à hipótese de o legatário não poder suceder, e este renuncia o benefício.

A substituição vulgar pode favorecer um estranho, um parente sucessível, um herdeiro legítimo. Não se admite a nomeação de substituto para *herdeiro necessário*. Pelo princípio da intangibilidade da legítima, se um herdeiro necessário não quiser ou não puder aceitar a herança, esta se transfere para as pessoas indicadas na lei. A substituição vulgar somente alcançaria o herdeiro necessário na parte excedente de sua quota reservatária, como no caso de lhe ser deixada a meação *disponível* do testador, com designação de substituto, sem prejuízo de sua legítima[7].

Dispõe o art. 1.948 do Código Civil:

"Também é lícito ao testador substituir muitas pessoas por uma só, ou vice-versa, e ainda substituir com reciprocidade ou sem ela".

Por conseguinte, a substituição vulgar pode ser *simples* ou *singular*, quando é designado um só substituto para um ou muitos herdeiros ou legatários instituídos; *coletiva* ou *plural*, quando há mais de um substituto, a serem chamados simultaneamente; e *recíproca*, quando são nomeados dois ou mais beneficiários, estabelecendo o testador que reciprocamente se substituam.

No caso de haver substituição recíproca, e os herdeiros terem sido contemplados com partes iguais, os substitutos recolherão em igualdade a cota do que vier a faltar. No entanto, se forem desiguais os quinhões, os substitutos exercerão seus direitos na mesma proporção estabelecida na nomeação daqueles. A proporção entre as quotas fixadas na primeira instituição se presume também repetida na substituição.

Se, todavia, for incluído mais alguém como substituto, além dos que já haviam sido primitivamente instituídos, não haverá mais a possibilidade de manter a proporção fixada na primeira disposição. A solução encontrada pelo legislador, no art. 1.950, segunda parte, foi dividir o quinhão vago em partes iguais.

Na substituição coletiva ou plural, em que há mais de um substituto, não são eles convocados sucessivamente, um depois do outro, mas sim simultaneamente, em conjunto, uma vez que o art. 1.959 do Código Civil proíbe substituição além do segundo grau. Não pode o testador, assim, dizer que deixa determinado legado a *A* e que na sua falta herdará *B*, que será, depois, substituído por *C*, e este, por *D*, primeiro um e depois outro.

Admite-se, no entanto, que o testador designe mais de um substituto sucessivo, para o herdeiro instituído *em primeiro lugar*; se o substituto não aceitar, será substituído por um terceiro, a assim *in infinitum*. A substituição, nesse caso, ocorrerá

---

[7] Caio Mário da Silva Pereira, *Instituições de direito civil*, v. VI, p. 293; Zeno Veloso, *Comentários*, cit., v. 21, p. 294.

uma só vez. Caducará a nomeação do primeiro substituto se o herdeiro aceitar a benesse; e a dos demais substitutos, se o primeiro recolher a gratificação.

De acordo com o art. 1.949 do Código Civil:

"O substituto fica sujeito à condição ou encargo imposto ao substituído, quando não for diversa a intenção manifestada pelo testador, ou não resultar outra coisa da natureza da condição ou encargo".

O substituto assume, assim, o lugar do substituído, com os mesmos direitos e deveres. Sujeita-se à condição ou encargo imposto ao substituído, mas somente se o testador não manifestar intenção diversa, ou não resultar outra coisa da natureza da condição ou do encargo, como ocorre nos gravames de natureza estritamente pessoal.

Desse modo, não passarão para o substituto todos os ônus impostos ao substituído em duas hipóteses: a) se assim determinar o testador; b) se os encargos impostos ao substituído são estritamente pessoais, por exemplo, a incumbência a um pintor de fazer determinado retrato. Tal encargo não se transmite do substituído para o substituto, dada a natureza inteiramente pessoal da disposição testamentária[8].

Consoante a lição de Washington de Barros Monteiro, a substituição vulgar caduca nos seguintes casos: *"a)* quando o primeiro nomeado (herdeiro ou legatário) aceita a herança ou o legado; *b)* quando o substituto falece antes do instituído ou do testador; *c)* quando não se verifica a condição suspensiva imposta à substituição; *d)* quando o substituto se torna incapaz de receber por testamento, ou vem a renunciar a herança ou o legado"[9].

4. SUBSTITUIÇÃO FIDEICOMISSÁRIA

Verifica-se a substituição fideicomissária quando o testador nomeia um favorecido e, desde logo, designa um substituto, que recolherá a herança, ou legado, depois daquele. Estabelece-se uma *vocação dupla*: *direta*, para o herdeiro ou legatário instituído, que desfrutará do benefício por certo tempo estipulado pelo *de cujus*; e *indireta* ou *oblíqua*, para o substituto. Os contemplados são, assim, nomeados em ordem sucessiva.

Tal modalidade de substituição é prevista no art. 1.951, *verbis*:

"Pode o testador instituir herdeiros ou legatários, estabelecendo que, por ocasião de sua morte, a herança ou o legado se transmita ao fiduciário, resolvendo-se o direito deste, por sua morte, a certo tempo ou sob certa condição, em favor de outrem, que se qualifica de fideicomissário".

---

[8] Washington de Barros Monteiro, *Curso de direito civil*, v. 6, p. 225.
[9] *Curso*, cit., v. 6, p. 225-226.

Verifica-se que há, no fideicomisso, três personagens: a) o *fideicomitente*, que é o testador; b) o *fiduciário* ou gravado, em geral pessoa de confiança do testador, chamado a suceder em primeiro lugar para cuidar do patrimônio deixado; c) o *fideicomissário*, último destinatário da herança, ou legado, e que os receberá por morte do fiduciário, ou realizada certa condição, ou se decorreu o tempo estabelecido pelo disponente.

É o testador quem fixa a duração do fideicomisso: por toda a vida do fiduciário, por certo tempo ou até que se verifique determinada condição resolutiva do direito deste. Tem-se, assim, três modalidades de fideicomisso: a) *vitalício*, em que a substituição ocorre com a morte do fiduciário; b) *a termo*, quando ocorre no momento prefixado pelo testador; e c) *condicional*, se depender do implemento de condição resolutiva.

O fideicomisso chama-se *universal* quando sua instituição disser respeito à totalidade da herança ou a uma quota ideal desta, e *particular* quando incide sobre coisa certa e determinada do acervo hereditário.

A substituição *fideicomissária* distingue-se da *vulgar* porque o fiduciário recebe a liberalidade, ocupando efetivamente o lugar de sucessor, exercendo os respectivos direitos, e, posteriormente, por ocasião de sua morte, ou ao fim de certo tempo, ou, ainda, realizada certa condição, a transmite ao fideicomissário, havendo, assim, *vocações sucessivas*. Os dois beneficiários ordinariamente se tornam titulares da herança (vocação dupla), mas em momentos diversos.

A substituição vulgar, todavia, estabelece a *vocação direta*, visto que o substituto herda diretamente do *de cujus*, de quem é sucessor, e não do substituído, quando este não possa ou não queira aceitar a herança, ou o legado.

Em síntese: verifica-se a substituição fideicomissária quando há dupla disposição, uma após outra, em ordem sucessiva. Se não existe dupla liberalidade, mas apenas uma, ou seja, se um dos beneficiados só recolhe a benesse no lugar de outro, a substituição é vulgar.

Na substituição fideicomissária, portanto, o testador impõe a um herdeiro, ou legatário, chamado fiduciário, a obrigação de, por sua morte, a certo tempo, ou sob certa condição, transmitir a outro, que se qualifica de fideicomissário, a herança ou legado. Na maioria das vezes prevê-se a transmissão ao fideicomissário com a morte do fiduciário, sendo raras as hipóteses de fideicomissos condicionais e a termo.

Alguns autores chamam a substituição *fideicomissária também de compendiosa*. Outros, distinguem as duas espécies, afirmando, com razão, que "esta substituição chama-se *compendiosa*, porque compreende a *substituição vulgar* e a *substituição fideicomissária*; mas a substituição pode ser fideicomissária, sem que seja compendiosa. Assim acontece se o testador dá substituto ao herdeiro instituído, quando este falecer depois de ter aceitado a herança; e não para o caso de não querer, ou de não poder, o herdeiro instituído aceitar a herança"[10].

Em realidade, como se verá no item seguinte, a substituição compendiosa constitui misto de substituição vulgar e de substituição fideicomissária.

O fideicomisso só pode ser instituído sobre a *metade disponível*. Não pode comprometer a legítima, que a lei assegura aos herdeiros necessários, e só pode ser clausulada se houver justa causa, como dispõe o art. 1.848 do estatuto civil[11].

O fideicomisso é instituto que tem, através dos tempos, provocado larga celeuma, sendo por isso vigorosamente combatido. Conhecido dos romanos, adquiriu extraordinário relevo durante a Idade Média. Para manter intacto o poder econômico das famílias abastadas, para conservar a força dos senhores feudais, recorria-se às substituições fideicomissárias com caráter perpétuo.

Tais substituições foram expressamente abolidas pela Revolução Francesa, porque se constituíam num dos esteios do feudalismo e fator de desigualdade dentro das próprias famílias. No direito moderno, todavia, figura nas legislações mais expressivas, tendo figurado, entre nós, no Código Civil de 1916, que permitia a substituição em favor de qualquer pessoa legitimada a suceder[12].

O aludido diploma não admitia, no entanto, ao contrário do direito pré--codificado, a constituição de fideicomisso em codicilo, mas somente em testamento. Tal orientação foi mantida no Código Civil de 2002, que estabeleceu, porém, ser a referida estipulação somente permitida *"em favor dos não concebidos ao tempo da morte do testador"* (art. 1.952).

A utilidade do instituto está justamente em possibilitar a deixa testamentária a pessoas ainda não existentes, como a *prole eventual*. Constitui ele o meio adequado para o testador, por exemplo, contemplar a prole eventual de um de seus descendentes, ou filho seu no caso do art. 1.597, III a V, ou de outras pessoas de sua estima, sem prejudicar os herdeiros diretos[13].

Exigem os arts. 1.951 e 1.952 do diploma civil, pois, quatro requisitos para a configuração da substituição fideicomissária: a) dupla vocação; b) ordem sucessiva; c) instituição em favor de pessoas não concebidas ao tempo da morte do testador; d) obrigação de conservar para depois restituir.

A dupla vocação é característica básica e elementar do instituto da substituição fideicomissária: *direta*, para o herdeiro ou legatário instituído, que

---

[10] Teixeira de Freitas, *Consolidação das leis civis*, nota 33 ao art. 978, apud Silvio Rodrigues, *Direito civil*, cit., v. 6, p. 26, nota de rodapé n. 22.

[11] STF, *RTJ*, 105/315.

[12] Washington de Barros Monteiro, *Curso*, cit., v. 6, p. 226-227.

[13] Washington de Barros Monteiro, *Curso*, cit., v. 6, p. 227.

desfrutará do benefício por certo tempo estipulado pelo *de cujus*, como já foi dito; e *indireta*, ou *oblíqua*, para o substituto. Os contemplados são, assim, nomeados *em ordem sucessiva*.

Em primeiro lugar, portanto, recebe o fiduciário, que se comporta como autêntico proprietário, com todos os direitos e prerrogativas que a lei assegura a este (CC, art. 1.228). A sua propriedade, no entanto, é restrita e resolúvel (art. 1.953). Desse modo, até que se opere a substituição, o fiduciário assume a condição de proprietário sob condição resolutiva, enquanto o fideicomissário o é sob condição suspensiva. Enquanto não ocorram os fatos que determinam a substituição, tem o fideicomissário um direito meramente eventual sobre os bens fideicomitidos.

O terceiro requisito do fideicomisso, com a fisionomia mais restrita que lhe foi dada pelo Código Civil em vigor, é que o fiduciário não tenha ainda sido concebido ao tempo da morte do autor da herança. Pela substituição fideicomissária, podem ser chamados a suceder os filhos ou netos de pessoas designadas pelo testador, ainda não concebidos no momento da abertura da sucessão. Utilizando-se dessa substituição, pode o testador nomear fiduciário já existente, e indicar como fideicomissária a prole que vier a ter.

Se o fideicomissário já houver nascido quando morrer o testador, adquirirá "*a propriedade dos bens fideicomitidos, convertendo-se em usufruto o direito do fiduciário*" (art. 1.952, parágrafo único).

A principal obrigação do fiduciário, erigida à condição de quarto requisito para a configuração da substituição fideicomissária, é a de bem conservar o que recebeu, para futura entrega ao fideicomissário. Daí proclamar o parágrafo único do art. 1.953 que "*o fiduciário é obrigado a proceder ao inventário dos bens gravados, e a prestar caução de restituí-los se o exigir o fideicomissário*".

Preleciona WASHINGTON DE BARROS MONTEIRO que a própria palavra "fideicomisso" "etimologicamente significa que a substituição compreende ordem explícita do fideicomitente ao fiduciário: *fideitua committo*, quer dizer, confio em tua lealdade, entrego à tua boa-fé"[14].

De fato, aduz o mencionado civilista, "repousa o fideicomisso na confiança, na *fiducia*, que o testador deposita no fiduciário, a quem entrega os bens, com obrigação de transmiti-los ao fideicomissário. Se não existe essa obrigação de conservar para depois restituir, se o fideicomitente, de modo expresso, permite sua alienação por parte do fiduciário, impossível se torna a *restitutio hereditatis*, vindo assim a desaparecer o fideicomisso".

---

[14] *Curso*, cit., v. 6, p. 230.

5. SUBSTITUIÇÃO COMPENDIOSA

Como comentado no item anterior, alguns autores chamam a substituição fideicomissária também de *compendiosa*.

Esclarece WASHINGTON DE BARROS MONTEIRO, no entanto, que "a substituição compendiosa é assim chamada porque, sob compêndio de palavras, abrange várias substituições de natureza diferente (*sub compendio verborum, continebat plures substitutiones*)"[15].

Na verdade, acrescenta o aludido jurista, "ela constitui misto de substituição vulgar e de substituição fideicomissária. Medite-se no exemplo de BARTOLO, referido por DEGNI: instituo herdeiro meu filho *et quantocumque decesserit substituo ei Titium*. Nessa fórmula, como se percebe, compreendem-se duas hipóteses distintas: *a*) o filho morre antes do testador; *b*) o filho morre depois. Contemplam-se então duas substituições: uma vulgar, relativa à primeira hipótese, outra fideicomissária, referente à segunda. Nessas condições, se o filho morre antes do testador, Tício substitui-o vulgarmente; se falece depois, a substituição se processa fideicomissariamente".

Igualmente CAIO MÁRIO DA SILVA PEREIRA obtempera: "Não é, porém, vedado conciliar o fideicomisso com a substituição vulgar, designando um substituto para o caso de o fideicomissário não poder ou não querer aceitar. Esta conjugação das duas espécies (vulgar e fideicomissária) é o que na linguagem dos autores se designava, e ainda pode denominar-se *substituição compendiosa*, por encerrar num só ato o resumo ou compêndio de ambas"[16].

Não é defeso, assim, conciliar o fideicomisso com a substituição vulgar, designando substituto para o caso de o fideicomissário, ou o fiduciário, não poder ou não querer aceitar o benefício. Caracteriza-se, nessa hipótese, a *substituição compendiosa* ora em estudo, que não ofende o disposto no art. 1.959 do Código Civil porque continua sendo do segundo grau. O substituto só herdará se o fideicomissário não puder ou não quiser aceitar a herança, que passará, então, diretamente do fiduciário àquele.

Nessa linha o entendimento do *Superior Tribunal de Justiça*:

"4. De acordo com o art. 1.959 do Código Civil, 'são nulos os fideicomissos além do segundo grau'. A lei veda a substituição fiduciária além do segundo grau. O fideicomissário, porém, pode ter substituto, que terá posição idêntica à do substituído, pois o que se proíbe é a sequência de fiduciários, não a substituição vulgar do fiduciário ou do fideicomissário.

---

[15] *Curso*, cit., v. 6, p. 237-238.
[16] *Instituições*, cit., v. VI, p. 299.

5. A *substituição fideicomissária é compatível com a substituição vulgar e ambas podem ser estipuladas na mesma cláusula testamentária*. Dá-se o que a doutrina denomina *substituição compendiosa*. Assim, é válida a cláusula testamentária pela qual o testador pode dar substituto ao fideicomissário para o caso deste vir a falecer antes do fiduciário ou de se realizar a condição resolutiva, com o que se impede a caducidade do fideicomisso. É o que se depreende do art. 1958, c.c. 1955, parte final, do Código Civil"[17].

Frise-se, ainda, que pode o testador instituir fiduciário, autorizando-o a alienar os bens deixados, determinando que apenas o *remanescente* seja transferido ao fideicomissário. Essa modalidade especial é denominada fideicomisso de *resíduo* (*de eo quod supererit*) ou *residual*, criticada por alguns doutrinadores por descaracterizar o instituto, já que deixa ao arbítrio do gravado a quantidade de bens a ser passada ao substituto. Essa possibilidade insere-se, no entanto, no âmbito da vontade do testador, que deve ser expressa[18].

6. DIREITOS E DEVERES DO FIDUCIÁRIO

O fiduciário é o primeiro herdeiro ou legatário instituído, e o único substituído, que transmite por sua morte, a certo tempo, ou sob certa condição, a herança ou o legado ao fideicomissário. Deve ter a capacidade testamentária passiva, que se regula pela lei em vigor ao tempo da abertura da sucessão[19].

Nada obsta a nomeação plúrima de *fiduciários conjuntos*. O direito de acrescer entre eles é regulado pelos mesmos princípios da instituição direta.

O fiduciário tem o *direito* de:

a) *Ser titular de propriedade restrita e resolúvel*. Dispõe o art. 1.953 do Código Civil que "*o fiduciário tem a propriedade da herança ou legado, mas restrita e resolúvel*". Com a sua morte, a coisa fideicomitida será recolhida pelo fideicomissário, esteja em poder de quem quer que seja, uma vez que se resolve o domínio do adquirente, que se transfere ao fideicomissário. Na pluralidade de fiduciários conjuntos, somente a extinção de todos implicará a substituição, salvo, evidentemente, disposição testamentária expressa em contrário[20].

b) *Exercitar todos os direitos inerentes ao domínio*. Embora tenha a obrigação de conservar os bens gravados, para depois restituí-los, o fiduciário adquire todos

---

[17] STJ, REsp 1.221.817-PE, 4ª T., rel. Min. Maria Isabel Gallotti, j. 10-12-2013.
[18] Washington de Barros Monteiro, *Curso*, cit., v. 6, p. 231.
[19] Itabaiana de Oliveira, *Tratado*, cit., v. II, § 644, p. 196.
[20] Caio Mário da Silva Pereira, *Instituições*, cit., v. VI, p. 303.

os direitos assegurados pelo art. 1.228 do Código Civil, podendo aliená-los, hipotecá-los ou empenhá-los, salvo se imposta, conjuntamente, a cláusula de *inalienabilidade*. Quando o testador realmente deseja que os bens fideicomitidos cheguem às mãos do fideicomissário, deve impor a cláusula de inalienabilidade.

Tendo o fiduciário, na condição de proprietário, todas as prerrogativas do *dominus*, ou seja, o direito de usar, gozar, dispor e reivindicar a coisa, pode, consequentemente, gravá-la ou vendê-la. Todavia, como o seu domínio é resolúvel, torna-se ineficaz, resolve-se, quando se abre a substituição, *ex vi* da regra *resoluto jure concedentis, resolvitur jus concessum*, consagrada no art. 1.359 do Código Civil.

Nesse caso, o fideicomissário, em cujo favor se opera a resolução do direito do fiduciário, pode reivindicar a coisa em poder de quem a detenha. Excetuam-se as disposições de bens para a satisfação das necessidades pessoais do fiduciário e as que são feitas de acordo com as determinações do testador, ou para solução de encargos da herança[21].

Por essa razão, dificilmente o fiduciário encontrará terceiro que se interesse pela aquisição do bem nessas circunstâncias. O fiduciário é, como já dito, proprietário sob condição resolutiva, enquanto o fideicomissário vem a sê-lo sob condição suspensiva.

c) *Receber indenização pelas benfeitorias úteis e necessárias* que aumentarem o valor da coisa fideicomitida, podendo exercer, pelo valor delas, o direito de retenção (CC, art. 1.219). Embora não lhe assista direito ao reembolso das despesas de conservação dos bens, enquanto se encontrarem em sua guarda, pode, no entanto, como possuidor de boa-fé, reembolsar-se dos acréscimos e melhoramentos que realizar na coisa sob a forma de benfeitorias necessárias e úteis.

Tais benfeitorias representam o produto de sua atividade e gastos, e seria injusto que o fideicomissário delas se apropriasse, em detrimento do fiduciário. Não assim quanto às benfeitorias *voluptuárias*, porque estas não têm utilidade econômica e, portanto, a sua apropriação pelo fideicomissário não representa um enriquecimento. Este só as pagará se quiser e, se não quiser, é lícito ao fiduciário levantá-las, caso o possa fazer sem detrimento da coisa a que estiverem unidas[22].

d) *Renunciar expressamente ao fideicomisso*, por termo judicial ou escritura pública, pois não está obrigado a aceitar a liberalidade. Repudiando a herança ou o legado, o domínio passa ao fideicomissário, a quem se defere o poder de aceitar. Nesse sentido preceitua o art. 1.954 do Código Civil: "*Salvo disposição em contrário do testador, se o fiduciário renunciar a herança ou o legado, defere-se ao fideicomissário o poder de aceitar*".

---

[21] Itabaiana de Oliveira, *Tratado*, cit., v. II, § 648, p. 197.
[22] Itabaiana de Oliveira, *Tratado*, cit., v. II, § 648, p. 198.

e) *Sub-rogar o fideicomisso para outros bens*, desde que haja prévio consentimento do fideicomissário, na forma prevista no art. 725, II, do Código de Processo Civil, sendo competente o juízo do inventário[23].

f) *Ajuizar todas as ações que competem ao herdeiro*, inclusive a de petição de herança.

Por outro lado, o fiduciário tem os *deveres* de:

a) *Proceder ao inventário dos bens gravados*. Nos termos do parágrafo único, primeira parte, do art. 1.953 do Código Civil, "*o fiduciário é obrigado a proceder ao inventário dos bens gravados*". A principal obrigação do fiduciário é a de bem conservar o que recebeu, para sua futura entrega ao fideicomissário. Daí os deveres mencionados no dispositivo supratranscrito.

O inventário, que é sempre judicial, não pode ser dispensado, não só por ser obrigação legal, como porque é o meio de caracterizar o objeto do fideicomisso. O encargo decorre da própria abertura da sucessão, sendo condição, inclusive, para o fiduciário receber a herança ou o legado. O inventário relaciona e descreve as coisas fideicomitidas, servindo de referência às eventuais reclamações do fideicomissário.

b) *Prestar caução de restituir os bens fideicomitidos*, se lho exigir o fideicomissário (CC, art. 1.953, parágrafo único, 2ª parte), para assegurar a restituição. Não obstante seja obrigatório o inventário dos aludidos bens, a *caução* depende de exigência do fideicomissário e pode ser por ele dispensada.

O legislador de 2002 reproduziu, no parágrafo único em apreço, a disposição que constava do art. 1.734, parágrafo único, do Código de 1916, olvidando-se do fato de ter restringido o fideicomisso a pessoa não concebida. "Não sendo possível que um beneficiário *nondum conceptus* exija alguma coisa, e não existindo na lei palavras inúteis, o parágrafo do art. 1.953 deve entender-se no sentido de que a caução pode ser exigida por quem tenha a guarda dos interesses do fideicomissário em expectativa", como sublinha Carlos Roberto Barbosa Moreira, atualizador da obra de Caio Mário[24].

c) *Responder pelas despesas do inventário* e pelo *pagamento do imposto* de transmissão *causa mortis*[25].

d) *Responder pelas deteriorações da coisa* que provierem de sua *culpa ou dolo*. Não tem de indenizar, todavia, as decorrentes de seu uso regular[26].

---

[23] Maria Helena Diniz, *Curso de direito civil brasileiro*, v. 6, p. 405.

[24] *Instituições*, cit., v. VI, p. 304.

[25] Itabaiana de Oliveira, *Tratado*, cit., § 648, p. 197; Caio Mário da Silva Pereira, *Instituições*, cit., v. VI, p. 303; Maria Helena Diniz, *Curso*, cit., v. 6, p. 405; Arnaldo Rizzardo, *Direito das sucessões*, p. 503.

[26] Caio Mário da Silva Pereira, *Instituições*, cit., v. VI, p. 302.

e) *Conservar e administrar o bem sujeito ao fideicomisso* e sob sua guarda. Esta é a principal obrigação do fiduciário. Cumpre-lhe conservar o que recebeu sob condição resolutiva, para futura entrega ao fideicomissário.

f) *Restituir a coisa fideicomitida, no estado em que se achar,* quando da substituição, em consequência de uma administração regular, não respondendo, no entanto, como já dito, pelas deteriorações devidas ao uso regular, caso fortuito ou força maior, embora deva indenizar as oriundas de sua culpa ou dolo[27].

7. DIREITOS E DEVERES DO FIDEICOMISSÁRIO

Conforme o ensinamento de ITABAIANA DE OLIVEIRA, "o fideicomissário é o segundo herdeiro, ou legatário, instituído e o primeiro e *único substituto*, que recebe a herança, ou o legado, por morte do fiduciário, ou realizada a condição resolutória do direito deste último"[28].

O fideicomissário é, pois, um herdeiro, ou legatário, acrescenta o mencionado autor, "instituído sob a condição suspensiva de receber e para quem a expectativa do direito (*spes debitum iri*) sobre a herança, ou o legado, só se cristaliza, em realidade, com o advento do termo ou da condição que faz cessar o direito do fiduciário".

São *direitos* do fideicomissário:

a) *Ajuizar medidas cautelares,* de *conservação dos bens,* antes de verificada a substituição. A sua condição, nessa fase, é a de *titular de direito eventual,* tendo apenas uma expectativa de direito (*spes debitum iri*). E o art. 130 do Código Civil permite ao titular de direito eventual, nos casos de condição suspensiva ou resolutiva, o exercício de atos destinados a conservá-lo.

Só com a abertura do fideicomisso entra o fideicomissário na posse dos bens. Só então lhe assiste o direito de reivindicar os bens acaso alienados pelo fiduciário (CC, art. 1.359), bem como o de pleitear a reparação dos danos devidos à culpa. Em consequência, enquanto não recebe os bens, não corre contra ele qualquer prescrição, porquanto não pode propor, até então, ação alguma. Sua intervenção em juízo só se legitimará para requerimento de medidas conservatórias, inclusive contra o próprio fiduciário[29].

b) *Exigir,* correlatamente ao dever do fiduciário, que este proceda ao *inventário* dos bens gravados e preste *caução* de restituí-los (art. 1.953, parágrafo único), salvo, neste último caso, se dispensado pelo testador.

---

[27] Itabaiana de Oliveira, *Tratado,* cit., § 648, p. 198; Caio Mário da Silva Pereira, *Instituições,* cit., v. VI, p. 302; Maria Helena Diniz, *Curso,* cit., v. 6, p. 406.

[28] *Tratado,* cit., v. II, § 649, p. 199.

[29] Washington de Barros Monteiro, *Curso,* cit., v. 6, p. 229-230.

c) Receber, se aceitar a herança, ou legado, a parte que ao fiduciário, em qualquer tempo, *acrescer*. Quando o testador nomeia dois ou mais herdeiros ou legatários *conjuntos*, haverá entre eles o direito de acrescer. Desse modo, somente depois de extinto o direito do último fiduciário é que os bens passarão ao poder do fideicomissário, com os respectivos acréscimos.

Nesse sentido, preceitua o art. 1.956 do Código Civil: "*Se o fideicomissário aceitar a herança ou o legado, terá direito à parte que, ao fiduciário, em qualquer tempo acrescer*". Afinal, o fideicomissário é sucessor, herdeiro ou legatário, do testador, com todos os direitos e vantagens dessa situação.

Segundo Pontes de Miranda[30], boa interpretação aconselha que se dê à regra toda a extensão que lhe manda atribuir a própria natureza das coisas. Isso significa que, além de passar, desde logo, a ter a propriedade da herança ou legado, em virtude de renúncia do fiduciário, o fideicomissário terá, ainda, direito de acrescer, para o futuro, nas seguintes hipóteses:

"I – Ao que advier ao fiduciário pela pré-morte, repúdio ou indignidade de algum ou de todos os coerdeiros (arts. 1.942 e 1.943). Se o fideicomisso for de legado, ao que acrescer ao fiduciário como legatário (art. 1.946);

II – Se o testador fez o fiduciário substituto de outro coerdeiro, ou legatário, o fideicomissário terá direito, também, a esta parte;

III – Se o testador, com herdeiros legítimos, a um deles dá fideicomisso ('deixo a B o fideicomisso da quota do meu sobrinho mais velho', 'deixo aos meus herdeiros legítimos, sendo fiduciário do mais moço B', ou se *construtivos* os fiduciários), o que advier em virtude dos arts. 1.906 e 1.944, entende-se devido ao fideicomissário;

IV – Se o legado ou *modus* imposto ao fiduciário cai (por exemplo, parágrafo único do art. 1.944) aproveita isto ao fideicomissário".

d) Recolher a herança ou o legado, como *substituto do fiduciário*, se este falecer antes do testador, renunciar a sucessão, ou dela for excluído, ou se a condição sob a qual o mesmo fiduciário foi nomeado não se verificar (CC, art. 1.943).

e) *Renunciar* a herança ou legado e, com isso, acarretar a caducidade do fideicomisso. Segundo o art. 1.955 do Código Civil, "*o fideicomissário pode renunciar a herança ou o legado, e, neste caso, o fideicomisso caduca, deixando de ser resolúvel a propriedade do fiduciário, se não houver disposição contrária do testador*". A renúncia da herança deve constar expressamente de "*instrumento público ou termo judicial*" (art. 1.806).

Registre-se que, se o fideicomitente, antevendo a possibilidade de uma renúncia por parte do fideicomissário, indicar-lhe um substituto, não se opera a caducidade do fideicomisso.

---

[30] *Tratado dos testamentos*, v. 4, n. 1.632, p. 241.

f) *Aceitar* a herança ou o legado, se o fiduciário renunciá-los, salvo disposição em contrário do testador, conforme estabelece o art. 1.954 do Código Civil (*v.* n. 6, *d, retro*).

g) Recolher, findo o fideicomisso, o *valor do seguro* ou o *preço da desapropriação* no qual se sub-roga o bem fideicomitido, ocorrendo desapropriação ou destruição ocasionada por sinistro[31].

Por outro lado, constituem *deveres* do fideicomissário:

a) Responder pelos *encargos* da herança que o fiduciário não pode satisfazer e que ainda restarem ao sobrevir a sucessão. Dispõe o art. 1.957 do Código Civil que, "*ao sobrevir a sucessão, o fideicomissário responde pelos encargos da herança que ainda restarem*".

A regra constitui consequência do princípio segundo o qual o herdeiro responde pelos encargos da herança, dentro das forças desta. O fideicomissário, como proprietário e possuidor da herança, também responde pelos encargos desta, mas não pelos assumidos pelo fiduciário, cuja propriedade era restrita e resolúvel. É a este, ou aos seus herdeiros, que cumpre cumpri-los ou pagá-los[32].

b) Indenizar o fiduciário pelas benfeitorias *necessárias* e *úteis*, que aumentarem o valor da coisa fideicomitida (CC, art. 1.219), correlatamente ao dever deste de pagá-las.

8. CADUCIDADE DO FIDEICOMISSO

A caducidade do fideicomisso resulta de certas causas, em consequência das quais a disposição testamentária, ainda que válida, não produz efeito: ou pela recusa ou falta de legitimação do fideicomissário, ou pela perda da coisa legada. A vontade do testador, portanto, nenhuma influência exerce sobre as causas da caducidade, porque elas ocorrem em virtude de fatos posteriores ao testamento[33].

Caduca, assim, a substituição fideicomissária nos seguintes casos[34]:

---

[31] Carlos Maximiliano, *Direito das sucessões*, v. III, n. 1.273, p. 125; Caio Mário da Silva Pereira, *Instituições*, cit., v. VI, p. 304.

[32] Zeno Veloso, *Comentários*, cit., v. 21, p. 304.

[33] Itabaiana de Oliveira, *Tratado*, cit., v. II, § 654, p. 202.

[34] Armando Dias de Azevedo, citado por Orozimbo Nonato (*Estudos sobre sucessão testamentária*, v. III, n. 815, p. 204), menciona nove hipóteses de *caducidade* do fideicomisso: 1) quando o fideicomissário renuncia ao seu direito (art. 1.735 do Código Civil); 2) quando o *fiduciário* renuncia ao seu direito (art. 1.581); 3) quando o fideicomissário morre antes do testador (art. 1.708, n. 5); 4) quando o fideicomissário morre antes do fiduciário ou antes do termo prefixado ou da realização da condição resolutória do direito do fiduciário (art. 1.738); 5)

a) *Se faltar o fideicomissário*, por *morrer* depois do testador, mas antes do fiduciário, ou antes do advento do *termo* ou da realização da *condição resolutória* do direito deste último. Nesse caso, diz o art. 1.958 do Código Civil, "*a propriedade consolida-se no fiduciário, nos termos do art. 1.955*".

O direito do fideicomissário era eventual (*spes debitum iri*), dependente de um acontecimento futuro ou do esgotamento de um prazo. Vindo a falecer antes disso, frustrou-se para ele e para seus herdeiros a mera expectativa de direito que então existia, consolidando-se o domínio na pessoa do fiduciário, que ficará sendo o proprietário definitivo do bem.

b) Se, igualmente, *faltar o fideicomissário*, pela *falta de legitimação* (CC, art. 1.801), *exclusão por indignidade* (art. 1.814) ou pela *morte* deste antes do testador. O fideicomissário deve estar legitimado a suceder no momento da abertura da sucessão. Se, nesse momento, falta-lhe essa condição, a substituição caduca, como igualmente sucede se se torna indigno, visto que a indignidade pode ser motivada por atos praticados posteriormente à morte do testador[35].

Em qualquer dessas duas hipóteses, bem como quando o fideicomissário morre antes do testador, fica o fiduciário sem ter a quem transmitir os bens fideicomitidos, por falta de sucessor do segundo grau, que seria o fideicomissário. Nesses casos, tais bens se tornam propriedade plena do fiduciário, consolidando-se o domínio na sua pessoa, salvo disposição contrária do testador.

No sistema do atual Código Civil, levando em conta a norma de seu art. 1.952 e o requisito ali estabelecido, a hipótese de exclusão do fideicomissário por indignidade soa bastante remota, como argutamente observa CARLOS ROBERTO BARBOSA MOREIRA, atualizador da obra de CAIO MÁRIO, "somente sendo concebível se ele, ao tempo da abertura da sucessão, já estiver vivo (caso do parágrafo único) e em idade suficiente para a prática de qualquer dos atos descritos no art. 1.814"[36].

c) *Se faltar a coisa*, em caso de *perecimento*, sem culpa do fiduciário. Subsistirá o fideicomisso, no entanto, sobre o remanescente, se parcial o perecimento. Neste caso, o fideicomissário receberá a parte subsistente, extinguindo-se o fideicomisso na parte que perecer, sem dolo ou culpa do fiduciário, e desde que não ocorra sub-rogação no valor do seguro estipulado sobre a coisa.

---

quando o fiduciário ou o fideicomissário é incapaz; 6) quando o fiduciário ou o fideicomissário é julgado indigno antes de receber (art. 1.595); 7) quando perece por completo o objeto, sem culpa do fiduciário (art. 1.734); 8) quando a devolução se torna irrealizável; 9) em caso de nulidade da cláusula que o instituiu ou do testamento onde estava contida". Os dispositivos citados são do Código Civil de 1916.

[35] Itabaiana de Oliveira, *Tratado*, cit., v. II, § 655, p. 202-203.

[36] *Instituições*, cit., v. VI, p. 306.

d) *Se houver renúncia do fideicomissário*, caso em que a herança se consolida também no fiduciário, salvo se não puder recebê-la por algum motivo a ele pertinente ou disposição contrária do testador. A renúncia da substituição não pode ser feita senão depois que ela se abre, porque, para renunciar um direito, é necessário que ele exista. A renúncia, como prescreve o art. 1.806 do Código Civil, "*deve constar expressamente de instrumento público ou termo judicial*".

e) *Se houver renúncia ou não aceitação da herança pelo fiduciário*. Nessa hipótese não chega a ocorrer a aquisição da herança pelo fiduciário, sucedendo o fideicomissário como se fosse um substituto vulgar. Dispõe o art. 1.954 do Código Civil que, "*salvo disposição em contrário do testador, se o fiduciário renunciar a herança, ou o legado, defere-se ao fideicomissário o poder de aceitar*".

O processo de extinção do fideicomisso é regulado pelos arts. 719 a 725 do Código de Processo Civil, com citação de todos os interessados.

Se o fideicomisso foi instituído *a termo* e o fiduciário falecer antes de escoado o prazo, transmitem-se os bens aos seus herdeiros, até o momento estabelecido pelo testador, quando então passarão ao fideicomissário. Também se transmitem aos seus herdeiros se o falecimento ocorrer antes do implemento da *condição resolutiva* de seu direito.

Se o fideicomisso é *vitalício*, ou seja, instituído por toda a vida do fiduciário, a morte deste acarreta automaticamente a resolução do domínio em favor do fideicomissário. Havendo pluralidade de fiduciários conjuntos, somente a extinção de todos operará a substituição, salvo disposição testamentária em contrário, como já mencionado.

Se o fiduciário não quiser ou não puder receber a herança, os bens, como foi dito, passam diretamente para o fideicomissário, como se se tratasse de substituição vulgar, deixando de existir o fideicomisso. A consequência será a mesma se o fiduciário falecer antes do testador. O fideicomissário poderá reclamar a herança imediatamente após a abertura da sucessão, por não haver intermediário.

9. NULIDADE DO FIDEICOMISSO

São nulos os fideicomissos instituídos sobre a *legítima*, bem como os que ultrapassam o *segundo grau*. Com efeito, declara o art. 1.959, peremptoriamente: "*São nulos os fideicomissos além do segundo grau*".

A instituição não pode, pois, ir além da pessoa do fideicomissário. Não se permite ao testador determinar que este entregue os bens a terceira pessoa. Se tal ocorrer, *nulo será somente o excesso*, ou seja, a instituição além do segundo grau, valendo o fideicomisso até esse ponto. O caso é de nulidade, propriamente dita, e não de mera anulabilidade, cabendo ao juiz decretá-la de ofício quando tomar conhecimento do ato de última vontade[37].

O fideicomissário receberá a herança, ou o legado, como se inexistisse a determinação de transmiti-la a outrem, isto é, *"sem o encargo resolutório".* É o que estabelece o art. 1.960 do Código Civil, *verbis: "A nulidade da substituição ilegal não prejudica a instituição, que valerá sem o encargo resolutório".*

Justifica-se a proibição pelo fato de o fideicomisso além do segundo grau permitir ao testador continuar regendo, por tempo demasiadamente longo após sua morte, os bens que foram de sua propriedade, bem como por deixá-los, de modo inconveniente, por amplo período, fora do comércio.

Se o fideicomisso abranger mais de dois graus, como no caso de o testador determinar que seus bens passarão a B, que por sua morte os transmitirá à prole de C, que por sua vez os deixará para a prole de D, nem por isso a cláusula é totalmente nula. A primeira substituição, assinala SILVIO RODRIGUES, "é válida, sendo nula somente a segunda, pois *utile per inutile non vitiatur,* ou seja, o fiduciário B passará os bens para o fideicomissário (prole de C), que os receberá em plena propriedade, não tendo de passá-los ao terceiro beneficiário"[38].

Igualmente CARLOS MAXIMILIANO reconhece que domina, na hipótese, "a parêmia *utile per inutile non vitiatur,* ou seja, 'o útil não é prejudicado pelo inútil', o perfeito pelo viciado. Exemplo: 'Deixo a minha fortuna a Pedro; quando ele falecer, caberá o patrimônio a Silvio, que entregará a Martinho ao completar este 25 anos'. Pedro herda; depois Silvio, que não pode ser *segundo fiduciário,* e, por isso, nada restitui. É nula só a parte final da verba testamentária; considera-se *não escrita* a referência a Martinho"[39].

Não é vedada, porém, a instituição de fideicomissários conjuntos. Se um deles falece antes do fiduciário, caduca o fideicomisso na parte que lhe concerne. Somente quanto a ela consolida-se a propriedade.

Não é defeso, também, como já foi dito, conciliar o fideicomisso com a substituição vulgar, designando substituto para o caso de o fideicomissário, ou o fiduciário, não poder ou não querer aceitar o benefício. Caracteriza-se, nessa hipótese, a *substituição compendiosa,* estudada no item 5, *retro,* que não ofende o disposto no art. 1.595 do Código Civil porque continua sendo do segundo grau. O substituto só herdará se o fideicomissário não puder ou não quiser aceitar a herança, que passará, então, diretamente do fiduciário àquele.

---

[37] Orozimbo Nonato, *Estudos,* cit., v. III, n. 825, p. 214.

[38] *Direito civil,* cit., v. 7, p. 249.

[39] *Direito das sucessões,* cit., v. III, n. 1.288, p. 142-143.

10. FIDEICOMISSO POR ATO *INTER VIVOS*

Mostra-se controvertida a possibilidade de se constituir o fideicomisso por ato *inter vivos*, como a doação, em que o doador faz a liberalidade em favor de determinada pessoa, para que esta, após certo tempo, a transmita a outrem, desde logo indicado.

Inclinam-se alguns pela negativa, ao fundamento de tratar-se de matéria peculiar ao direito das sucessões. Prevalece, no entanto, a corrente que sustenta a compatibilidade do instituto com os atos *inter vivos*, por inexistir motivo legal que justifique a vedação. A substituição constituída por negócios dessa natureza não configura cláusula proibida nem encerra pacto sucessório[40].

O Código Civil não fala em fideicomisso quando trata de doação. Todavia, o fato de não se achar prevista no aludido diploma uma instituição jurídica não basta, por si, para configurar sua ilegalidade, desde que as condições essenciais à instituição se encontrem em suas disposições genéricas.

Assinala, por isso, OROZIMBO NONATO que "a cláusula fideicomissária cabe dentro no grande princípio da liberdade de contratar, não apresentando as marcas de ilicitude, imoralidade ou impossibilidade. Como observa PAULO DE LACERDA, 'não há razão para admitir o fideicomisso exclusivamente no legado e não na doação *inter vivos*, uma vez que aquele e esta têm substância idêntica, variando apenas no acidente de ser o mesmo ato exercido por testamento ou por escritura entre vivos. Em ambos os casos, há uma doação verdadeira e própria, à qual se acrescenta a cláusula fideicomissária, isto é, da transmissão do objeto doado'"[41].

Faz-se, porém, a ressalva de que, no caso da doação, o fideicomisso reger-se-á pelos dispositivos do direito das obrigações e não deverá ter esse nome. Será, na realidade, uma liberalidade *semelhante* ao fideicomisso.

11. FIDEICOMISSO E USUFRUTO

Malgrado a inegável semelhança entre fideicomisso e usufruto, decorrente do fato de existirem em ambos dois beneficiários ou titulares, são institutos que não se confundem. Contudo, muitos dos efeitos que se procura obter com o fideicomisso são suscetíveis de ser alcançados pelo usufruto. A utilização de linguagem menos técnica, pelo testador, dificulta a identificação, fazendo, muitas vezes, com que sejam confundidos.

---

[40] Washington de Barros Monteiro, *Curso*, cit., v. 6, p. 233.
[41] *Estudos*, cit., v. III, n. 796, p. 168.

As situações realmente se assemelham na prática, pois em ambos os casos o detentor atual dos bens, seja usufrutuário, seja fiduciário, conserva-os em seu poder, auferindo deles a fruição natural[42].

Dentre outras, as diferenças mais evidentes são as seguintes:

a) o usufruto é *direito real* sobre coisa alheia, enquanto o fideicomisso constitui espécie de *substituição testamentária;*

b) no usufruto, o domínio se desmembra, cabendo *a cada titular certos direitos* (ao usufrutuário, os de usar e gozar; ao nu-proprietário, os de dispor e reaver), ao passo que no fideicomisso *cada titular tem a propriedade plena;*

c) o usufrutuário e o nu-proprietário exercem *simultaneamente* os seus direitos; o fiduciário e o fideicomissário exercem-nos *sucessivamente;*

d) no usufruto, só podem ser contempladas *pessoas certas e determinadas,* enquanto o fideicomisso permite que se beneficie a *prole eventual;*

e) no fideicomisso, o fiduciário *faz seus os frutos* a título de acessão, ao passo que, no usufruto, o usufrutuário só os adquire pela separação e apreensão, isto é, *pela percepção,* pertencendo *ao nu-proprietário os que estiverem pendentes* quando ocorrer a extinção do direito real.

Não se faz mister, para a instituição do fideicomisso, que o testador use esse vocábulo, uma vez que, na prática, são confundidas as duas expressões. Mas é indispensável seja bem caracterizado. Ainda que o testador fale em usufruto, a verba testamentária envolverá *fideicomisso* sempre que os beneficiários sejam chamados *sucessivamente* a receber os bens[43].

Nesse sentido a lição de TEIXEIRA DE FREITAS, citada por CARLOS MAXImiliano: "Em casos de dúvida sobre ter-se constituído *fideicomisso* ou *usufruto,* entender-se-á constituição de fideicomisso, sempre que o constituidor ordenar passagem dos bens a outrem POR MORTE DO PRIMEIRO NOMEADO, embora em relação a este fale em *usufruto*"[44].

Assim também já se decidiu: "O que caracteriza o fideicomisso é a obrigação imposta ao primeiro nomeado (fiduciário) de passar, transmitir, por sua morte, ao segundo nomeado (fideicomissário) determinado bem, pouco importando que o testador tenha usado a palavra 'usufruto'"[45].

Por outro lado, haverá usufruto toda vez que o disponente, embora usando a palavra "fideicomisso", "desmembrar o domínio, outorgando a um dos

---

[42] Caio Mário da Silva Pereira, *Instituições,* cit., v. VI, p. 307.
[43] Caio Mário da Silva Pereira, *Instituições,* cit., v. VI, p. 308.
[44] *Direito das sucessões,* cit., v. III, n. 1.258-A, p. 105-106.
[45] TJRJ, *RF,* 183/224.

beneficiários a nua-propriedade, a substância da coisa, e a outro, o *jus utendi et fruendi*, a faculdade de retirar da coisa todos os frutos e utilidades"[46].

Se, em virtude da obscuridade e imprecisão da linguagem utilizada, houver dúvida sobre a instituição feita pelo testador, deve-se interpretar a sua vontade no sentido da *constituição de um usufruto*, considerando-se que, neste, a propriedade já se transmite desde logo ao seu destinatário, dependendo da eventualidade futura apenas a consolidação, num só titular, dos poderes que lhe são inerentes. O direito adveniente é definitivo e não eventual, o que é preferível para a segurança da vida civil[47].

---

[46] Washington de Barros Monteiro, *Curso*, cit., v. 6, p. 232.
[47] Caio Mário da Silva Pereira, *Instituições*, cit., v. VI, p. 308; Washington de Barros Monteiro, *Curso*, cit., v. 6, p. 232.

378

Capítulo X
DA DESERDAÇÃO

Sumário: 1. Conceito. 2. Distinção entre deserdação e indignidade. 3. Requisitos de eficácia da deserdação. 4. Causas de deserdação. 5. Efeitos da deserdação.

1. CONCEITO

Deserdação é o ato unilateral pelo qual o testador exclui da sucessão *herdeiro necessário*, mediante disposição testamentária motivada em uma das *causas* previstas em lei. Para excluir da sucessão os parentes colaterais não é preciso deserdá-los; *"basta que o testador disponha do seu patrimônio sem os contemplar"* (CC, art. 1.850).

Herdeiro necessário é o que tem direito à legítima correspondente à metade da herança. Ostentam tal condição *"os descendentes, os ascendentes e o cônjuge"* (CC, art. 1.845). Como vimos, a lei restringe a liberdade de testar de quem tenha tais herdeiros, impedindo-o de dispor de mais da metade da herança (art. 1.789), pois a outra metade a eles pertence de pleno direito, *"constituindo a legítima"* (art. 1.846).

Somente em casos excepcionais e expressos permite a lei que o autor da herança prive seus herdeiros necessários não só da porção disponível como até mesmo da legítima, deserdando-os por meio de testamento, que é a única forma admitida[1].

Historicamente, a deserdação é uma instituição que vem de remotas eras, pois se encontra no Código de Hammurabi, que data de 2000 anos antes de Cristo, e pelo qual o pai podia deserdar o filho indigno, dependendo, porém, o seu ato da confirmação do juiz. A legislação moderna sobre a deserdação procede

---

[1] Silvio Rodrigues, *Direito civil*, v. 7, p. 253-254.

379

do direito romano, principalmente da Novela 115 de JUSTINIANO, que deu lugar, depois dos glosadores, a vivas controvérsias sobre a invalidade da instituição de herdeiro, em caso de deserdação injustificada[2].

O direito moderno contempla o instituto da deserdação, embora não seja unânime a doutrina a seu respeito. CLÓVIS BEVILÁQUA, por exemplo, na elaboração do seu Projeto, o abolira como odioso e inútil, exclamando: "Odioso porque imprime à última vontade do indivíduo a forma hostil do castigo, a expressão da cólera, e inútil porque os efeitos legais da indignidade são suficientes para privar da herança os que, realmente, não a merecem"[3].

Na mesma trilha manifesta-se OROZIMBO NONATO, afirmando que o instituto da deserdação reflete, de certo modo, a dureza dos costumes antigos e arma o autor da herança de poderes para impingir castigos e anátemas que não deveriam partir de quem "passa da vida presente e cujos pensamentos se devem purificar no crisol das grandes renúncias e do perdão"[4].

Malgrado as críticas que lhe foram endereçadas, o instituto da deserdação sobreviveu no Código Civil de 1916, considerando que não se deve privar o testador do direito de recusar os seus bens ao que haja praticado contra ele atos ofensivos e indignos. Idêntica orientação seguiu o diploma de 2002.

O legislador brasileiro inspirou-se, basicamente, para sistematizar o instituto da deserdação, no direito lusitano, que lhe dedicou inúmeras disposições. As Ordenações do Reino contêm várias hipóteses de deserdação, contemplando não só as atualmente consignadas no Código, como outras hoje inadmitidas.

Os autores portugueses sempre dedicaram estudos ao aludido instituto, considerando-o de importante serventia. CUNHA GONÇALVES, *verbi gratia*, tomando a sua defesa, assevera que a deserdação encontra justificativa na necessidade de fortalecer a família, revigorar as noções de respeito, gratidão, solidariedade, reprimir os maus instintos e as suas explosões entre ascendentes e descendentes[5].

Embora a deserdação constitua instituto jurídico bastante polêmico, não admitido em diversas legislações, é, todavia, acolhido pela legislação civil de Portugal, Espanha, Suíça, Áustria, Alemanha, Argentina, Uruguai, Paraguai, Peru, Chile, Colômbia, Macau, além da brasileira, como mencionado.

Não se deve, pois, retirar a possibilidade de uma pessoa deserdar herdeiro seu, como assinala ZENO VELOSO, acrescentando: "Pode haver necessidade e ser de inteira justiça que essa providência extrema tenha de ser tomada. Não se olvide que a

---

[2] Itabaiana de Oliveira, *Tratado de direito das sucessões*, v. II, § 365, p. 42.
[3] *Código Civil dos Estados Unidos do Brasil comentado*, v. VI, p. 217.
[4] *Estudos sobre sucessão testamentária*, v. II, n. 499, p. 144.
[5] *Tratado de direito civil*, v. 10, p. 189.

privação da legítima só é possível se o acusado praticou algum ato ignóbil, previsto na lei como ensejador da medida. Jamais ocorre por puro arbítrio do testador"[6].

Igualmente CAIO MÁRIO DA SILVA PEREIRA considera não ser arbitrário privar o herdeiro necessário de sua legítima, nem quanto à deliberação do testador, nem quanto ao fundamento. Calcado há de ser este (como a indignidade), aduz, "no descumprimento de deveres por parte do herdeiro necessário ou na 'ingratidão conspícua' cometida pelos filhos"[7].

2. DISTINÇÃO ENTRE DESERDAÇÃO E INDIGNIDADE

Deserdação não se confunde com *indignidade*, como vimos no n. 3 do Capítulo V do Título I, *retro*, embora ambas tenham a mesma finalidade, qual seja, excluir da sucessão quem praticou atos condenáveis contra o *de cujus*.

Em realidade, há semelhanças e traços comuns entre os dois institutos. O art. 1.961 do Código Civil dispõe que:

"Os herdeiros necessários podem ser privados de sua legítima, ou deserdados, em todos os casos em que podem ser excluídos da sucessão".

Os arts. 1.962 e 1.963 acrescentam outras causas delituosas de deserdação, quer de descendente quer de ascendente.

Ambos os institutos têm o mesmo fundamento – a vontade do *de cujus* –, com a diferença que, para a indignidade, o fundamento é vontade *presumida*, enquanto a deserdação só pode fundar-se na vontade *expressa* do testador.

Não obstante as semelhanças apontadas, indignação e deserdação não se confundem. Têm pontos de coincidência nos efeitos, mas diferem na sua estrutura. Distinguem-se basicamente:

a) *Pela sua causa eficiente.* A indignidade decorre da lei, que prevê a pena somente nos casos do art. 1.814 do Código Civil. Na deserdação, é o autor da herança quem pune o responsável, em testamento, nos casos previstos no aludido dispositivo, bem como nos constantes do art. 1.962.

b) *Pelo seu campo de atuação.* O Código Civil de 2002 continua a tratar a deserdação como um instituto da sucessão testamentária. Assim, pode-se afirmar que a *indignidade* é instituto da sucessão legítima, malgrado possa alcançar também o legatário, enquanto a *deserdação* só pode ocorrer na sucessão testamentária, pois depende de testamento, com expressa declaração de causa (art. 1.964). Aquela pode atingir todos os sucessores, legítimos e testamentários, inclusive legatários,

---

[6] *Comentários ao Código Civil*, v. 21, p. 308-309.
[7] *Instituições de direito civil*, v. VI, p. 330-331.

enquanto esta é utilizada pelo testador para afastar de sua sucessão *os herdeiros necessários* (descendentes, ascendentes e cônjuge), também chamados reservatários ou legitimários, aos quais a lei assegura o direito à legítima. Somente a deserdação pode privá-los desse direito.

Malgrado a deserdação continue a ser tratada, formalmente, como instituto da sucessão testamentária, poderia fazer parte da sucessão legítima, se considerada a sua substância, uma vez que a sua consequência consiste em privar da quota necessária os herdeiros obrigatórios ou legitimários.

Anote-se que, se o testamento for nulo, e por isso a deserdação não se efetivar, poderão os interessados pleitear a exclusão do sucessor por indignidade, se a causa invocada pelo testador for causa também de indignidade.

c) *Pelo modo de sua efetivação.* A exclusão por indignidade é postulada por terceiros interessados em ação própria e obtida mediante *sentença judicial* (CC, art. 1.815). A deserdação, todavia, como foi dito, se dá por testamento, com expressa declaração da causa (art. 1.964).

3. REQUISITOS DE EFICÁCIA DA DESERDAÇÃO

Dispõe o art. 1.964 do Código Civil:

"*Somente com expressa declaração de causa pode a deserdação ser ordenada em testamento*".

Combinando esse dispositivo com o art. 1.961, retrotranscrito, pode-se afirmar que a efetivação da deserdação exige a concorrência dos seguintes pressupostos:

a) *Existência de herdeiros necessários* (CC, art. 1.961). A lei assegura a estes a legítima, ou reserva. A deserdação constitui, pois, exceção a essa garantia que a lei confere aos descendentes, ascendentes e cônjuge, sendo o único meio legal de afastá-los da sucessão. Para excluir os demais herdeiros, no entanto, como já dito, basta o testador dispor de seu patrimônio sem os contemplar (art. 1.850).

b) *Testamento válido* (CC, art. 1.964), não produzindo a deserdação efeito quando determinada em testamento nulo, revogado ou caduco. O testamento é o único meio legal admitido para a deserdação de herdeiro necessário. Não pode ser substituído por escritura pública, instrumento particular autenticado, termo judicial ou codicilo.

A deserdação deve ser expressa, embora não se exijam expressões sacramentais, não se admitindo a implícita. Ainda que o pai amaldiçoe o filho, como exemplifica Washington de Barros Monteiro, "não se poderá vislumbrar em sua imprecação o desejo de deserdar o descendente execrado"[8].

Pode ser concedido perdão ao deserdado somente em novo testamento. A simples reconciliação do testador com o deserdado não invalida a pena. Como a sanção é imposta no ato de última vontade, só será relevada pela via adequada da revogação testamentária. Testamento posterior que não reitere a deserdação determinada no anterior revoga-o nessa parte, significando perdão implícito[9].

c) *Expressa declaração de causa prevista em lei.* As causas da deserdação estão enumeradas nos arts. 1.962 e 1.963 do Código Civil, cujo rol é taxativo (*numerus clausus*). Não se admite nenhuma outra, nem mesmo mediante o emprego da analogia. Não quis, com efeito, o legislador deixar ao arbítrio do testador a decisão quanto às hipóteses em que o herdeiro se revela ingrato, pois, se isso lhe fosse facultado, como assinala Silvio Rodrigues, "poderia aquele incluir, entre referidas hipóteses, ofensas sem maior gravidade, ou mesmo supostos agravos, a fim de afastar de sua sucessão o descendente ou ascendente menos querido"[10].

Torna-se essencial que o testador mencione no testamento a causa que o leva a deserdar seu herdeiro. A deserdação tem de ser fundamentada e a causa há de ser expressamente estabelecida pelo legislador. Nula é a cláusula do testamento pela qual o testador deserda filha, por exemplo, sem declarar a causa da deserdação, porque tal pena não pode ser imposta por simples declaração, mas com expressa menção da causa e motivos legais[11].

d) *Propositura de ação ordinária.* Não basta a exclusão expressa do herdeiro no testamento, para que seja deserdado. É necessário, ainda, que o herdeiro instituído no lugar do deserdado, ou aquele a quem aproveite a deserdação (outros herdeiros legítimos, na ordem legal, inclusive o Município, se estes não existirem), promova *ação ordinária* e prove, em seu curso, a veracidade da causa alegada pelo testador, como o exige o art. 1.965 do Código Civil, nestes termos: "*Ao herdeiro instituído, ou àquele a quem aproveite a deserdação, incumbe provar a veracidade da causa alegada pelo testador*"[12].

Sem essa comprovação é ineficaz a deserdação, não ficando prejudicada a legítima do deserdado. O direito de provar a causa da deserdação por meio da

---

[8] *Curso de direito civil*, v. 6, p. 244.

[9] Caio Mário da Silva Pereira, *Instituições*, cit., v. VI, p. 331.

[10] *Direito civil*, v. 7, cit., p. 256.

[11] *RT*, 263/135.

[12] "Deserdação. Prova da veracidade da causa. Ônus que cabe ao herdeiro que se beneficiou com a deserdação. Impossibilidade, no entanto, no âmbito do inventário. Comprovação a ser feita em ação própria. Recurso não provido" (*JTJ*, Lex, 252/369).

referida ação extingue-se no prazo decadencial "*de quatro anos, a contar da data da abertura do testamento*", como prescreve o parágrafo único do art. 1.965. Se o interessado não a propõe, pode o próprio deserdado tomar a iniciativa e exigir, por meio de ação de obrigação de fazer, que a promova.

Malgrado o Código Civil de 2002 não tenha reproduzido a regra do diploma de 1916, que permitia ao próprio deserdado tomar a iniciativa para *impugnar* a deserdação, provando, por exemplo, que a causa invocada é falsa, ou não foi prevista em lei, nada obsta a que assim proceda atualmente, uma vez que "aos sucessíveis preteridos haverá sempre de facultar-se a possibilidade de impugnarem contenciosamente a existência da causa da deserdação invocada pelo testador"[13].

Se o testador porventura deserdar todos os seus herdeiros, por serem todos coautores do fato determinante, e o testador não distribuir os bens em legados, o Município será o destinatário dos bens (CC, art. 1.844), a ele competindo a legitimação para a ação de deserdação[14].

A finalidade da exigência legal imposta àquele a quem aproveita a deserdação, de ajuizar a ação de deserdação no prazo decadencial de quatro anos, "é evitar que o testador articule fato não verdadeiro contra seu herdeiro necessário, a fim de, afastando-o da sucessão, libertar-se da restrição à sua liberdade de testar. Representa, ademais, elemento de segurança oferecido aos descendentes e ascendentes, que só poderão ser privados de sua legítima se efetivamente se provar, em juízo, em ação em que terão ampla liberdade de defesa, que eles, herdeiros necessários, realmente praticaram um dos atos compendiados pelo legislador como gravemente ofensivos à pessoa ou à honra do testador"[15].

4. CAUSAS DE DESERDAÇÃO

O art. 1.961 do Código Civil proclama, como já comentado, que os herdeiros necessários podem ser privados de sua legítima, ou deserdados, em todos os casos em que podem ser excluídos da sucessão por *indignidade*.

Corresponde a dizer que os herdeiros necessários sujeitam-se à deserdação em todos os casos enumerados no art. 1.814 do mesmo diploma, que se resumem a atentado contra a vida, a honra e a liberdade de testar do *de cujus*.

Assim dispõe o art. 1.814:

---

[13] Pires de Lima e Antunes Varela, *Código Civil anotado*, v. VI, p. 272, apud Zeno Veloso, *Comentários*, cit., v. 21, p. 338.
[14] Caio Mário da Silva Pereira, *Instituições*, cit., v. VI, p. 331.
[15] Silvio Rodrigues, *Direito civil*, cit., v. 7, p. 257.

"São excluídos da sucessão os herdeiros ou legatários:

I – que houverem sido autores, coautores ou partícipes de homicídio doloso, ou tentativa deste, contra a pessoa de cuja sucessão se tratar, seu cônjuge, companheiro, ascendente ou descendente;

II – que houverem acusado caluniosamente em juízo o autor da herança ou incorrerem em crime contra a sua honra, ou de seu cônjuge ou companheiro;

III – que, por violência ou meios fraudulentos, inibirem ou obstarem o autor da herança de dispor livremente de seus bens por ato de última vontade".

Além dessas causas, autorizam também a deserdação as previstas nos arts. 1.962 e 1.963 do estatuto civil. O primeiro dispositivo estabelece as causas que autorizam a deserdação dos *descendentes* por seus ascendentes, e o segundo, a dos *ascendentes* pelos descendentes, sendo comuns as duas primeiras.

Estatui, efetivamente, o art. 1.962 do Código Civil:

"Além das causas mencionadas no art. 1.814, autorizam a deserdação dos descendentes por seus ascendentes:

I – ofensa física;

II – injúria grave;

III – relações ilícitas com a madrasta ou com o padrasto;

IV – desamparo do ascendente em alienação mental ou grave enfermidade".

O Código Civil de 2002, na esteira da Constituição Federal, confere a todos os filhos, qualquer que seja a natureza da filiação, os mesmos direitos e deveres, a todos estendendo os efeitos da indignidade e da deserdação, se presentes os requisitos legais. Mas, incompreensivelmente, como será comentado adiante, não prevê a deserdação do cônjuge, a quem conferiu a condição de herdeiro necessário.

No tocante à *ofensa física*, caracteriza-se a causa de deserdação ainda que tenha acarretado somente lesões corporais de natureza leve e independentemente de condenação criminal, uma vez que o art. 935 do Código Civil estabelece a independência entre a responsabilidade civil e a criminal. Mas a violência real, o contato físico, se faz necessário, sendo inerente ao preceito.

Não bastam, com efeito, as ameaças, as intimidações, a promessa de agressão futura, amedrontando e assustando o parente, malgrado possam tais fatos, em certas circunstâncias, tipificar a injúria grave, prevista no inciso II do dispositivo em apreço[16].

A ofensa física ou sevícia demonstra falta de afetividade, de carinho e de respeito, legitimando por isso a deserdação. Não se exige a reiteração. Basta uma única ofensa física que um filho cometa contra seu pai, ou uma filha contra sua mãe, por exemplo, para que a hipótese de deserdação seja cogitada.

---

[16] Zeno Veloso, *Comentários*, cit., v. 21, p. 330.

Aplicam-se ao caso as excludentes da ilicitude do ato, como a legítima defesa, por exemplo, exercida pelo filho para reprimir imoderação, violência e excessivo castigo físico imposto pelo ascendente.

Relativamente à *injúria grave*, deve ser dirigida *diretamente* contra o testador. Não se justifica a deserdação quando a ofensa atinge somente os seus familiares, ainda que se trate de entes muito queridos, como seus filhos ou pais. O Código de 2002, todavia, como inovação, estabelece que a injúria dirigida ao cônjuge ou companheiro do testador pode servir de fundamento à deserdação (art. 1.814, II).

Não basta qualquer injúria, pois o adjetivo "grave" exige que tenha atingido seriamente a dignidade do testador e contenha o *animus injuriandi*. Compete ao juiz apreciar a gravidade da injúria no caso concreto, segundo o seu prudente arbítrio, não deixando, porém, de levar em conta as características pessoais dos envolvidos, como formação moral, nível social e cultural da família, bem como o ambiente em que vivem. Configurada a ofensa à dignidade do testador, a deserdação por ele imposta punitivamente ao ofensor será mantida.

A *injúria grave* constitui ofensa moral à honra, dignidade e reputação da vítima, sendo praticada por palavras ou escritos, como cartas, bilhetes, telegramas, bem como por meio de gestos obscenos e condutas desonrosas. Muitas vezes o comportamento ultrajante e afrontoso de um filho pode magoar e insultar de forma mais profunda o pai do que palavras ofensivas.

WASHINGTON DE BARROS MONTEIRO[17] cita, a propósito, interessantes interpretações extraídas dos anais de jurisprudência: "*a*) pedido de interdição do testador, formulado pelo herdeiro, não configura injúria grave, capaz de acarretar-lhe o castigo; *b*) também não a autoriza o uso regular de ação, embora ao articular os fatos qualificativos do pedido, o autor venha a exceder-se magoando o testador, e vindo afinal a decair, por não haver comprovado sua intenção; *c*) não constitui motivo para deserdação ter-se insurgido o herdeiro contra doação efetuada pelo testador e contra este proposto ação; *d*) de modo idêntico, ser o herdeiro de idade avançada, cego e portador de alienação mental; *e*) haver requerido destituição do testador do cargo de inventariante, bem como a entrega de certo legado; *f*) mas, concubinato em que viva o descendente pode constituir injúria grave aos pais da pessoa amada, capaz de justificar-lhe a exclusão".

Esta última hipótese ainda encontra aplicação, tendo em vista que o Código em vigor distingue união estável de concubinato, que pressupõe relacionamento entre pessoas impedidas de casar (art. 1.727).

---

[17] *Curso*, cit., v. 6, p. 241-242.

As *relações ilícitas com a madrasta ou com o padrasto*, que figuram no art. 1.962 do Código Civil como terceira causa de deserdação, justificam o castigo imposto ao descendente por criarem um ambiente prejudicial à paz familiar, de desrespeito e falta de pudor.

Observe-se que o inciso em tela não exige que haja relações sexuais, cópula ou adultério. A expressão "relações ilícitas" abrange, também, outros comportamentos lascivos, que envolvem namoro, libidinagem, intimidade, luxúria e concupiscência. O envolvimento amoroso e intimidades sexuais da filha com o marido de sua mãe, por exemplo, ainda que não tenha havido coito ou cópula carnal, sem dúvida se mostra repugnante, asqueroso e ofensivo aos sentimentos mais nobres da genitora.

O vigente Código não incluiu relações ilícitas do descendente com o *companheiro ou companheira* do ascendente como causa de deserdação, diferentemente do tratamento dispensado à deserdação do ascendente pelo descendente. Como se cuida de penalidade, e severa, o dispositivo, no entender de ANA CRISTINA DE BARROS MONTEIRO FRANÇA PINTO, atualizadora da obra de seu pai, WASHINGTON DE BARROS MONTEIRO, "não comporta interpretação extensiva, de modo que a hipótese há de ser excluída"[18].

ZENO VELOSO[19], porém, entende que o filho que mantém relações ilícitas com a companheira do pai pode ser deserdado, sem que seja necessário recorrer à analogia para admitir tal fato, mas fazendo uma interpretação compreensiva, teleológica do sistema, considerando que a referida causa faz parte da regra legal porque o art. 1.595 do Código Civil edita que o liame jurídico da afinidade se estabelece entre cada companheiro e os parentes do outro.

Lembra ainda ZENO VELOSO que o § 2º do citado dispositivo acrescenta que, na linha reta, a afinidade não se extingue com a dissolução da união estável, que a originou, concluindo que melhor teria ficado, todavia, se o art. 1.962, III, tivesse mencionado o caso expressamente.

Pode-se invocar, em abono a tal entendimento, o secular princípio segundo o qual a solução de direito deve ser a mesma para situações que têm a mesma razão de existir (*ubi eadem ratio, ibi eadem jus*).

De qualquer modo, pondera ZENO VELOSO, "ainda que não estivesse debaixo da disposição do art. 1.962, III, se o fato indecente e aviltante ocorrer, não fica impune o filho, ou a filha, que perpetrou tamanha traição, introduzindo-se com lascívia e excessiva sensualidade no laço amoroso de seu ascendente, formando um triângulo sibilino e indecoroso. Quem haverá de negar que, diante

---

[18] *Curso*, cit., v. 6, p. 242.
[19] *Comentários*, cit., v. 21, p. 334.

das circunstâncias, tal atitude constitui injúria grave e gravíssima? Inaplicável o art. 1.962, III (se fosse o caso), o descendente poderá ser deserdado, com base no art. 1.962, II".

A quarta causa de deserdação – *desamparo do ascendente em alienação mental ou grave enfermidade* – pode abranger a falta de assistência material, espiritual ou moral. Não se caracteriza a primeira quando o herdeiro não tem possibilidade de fornecer os recursos necessários. Já se decidiu, com efeito, que a internação do testador como indigente num hospital durante grave enfermidade não autoriza a deserdação, se não se prova que o filho tinha recursos para custear o tratamento[20].

Na hipótese de desamparo do ascendente em *alienação mental*, a deserdação será possível se o desassistido recuperar o juízo, uma vez que a deserdação somente pode ser determinada em testamento válido. Como tal convalescimento constitui fato raro, muito dificilmente se efetivará a deserdação, nessas circunstâncias[21].

Assim como os ascendentes podem deserdar os descendentes, também os *descendentes podem deserdar seus ascendentes*, ocorrendo qualquer das causas enumeradas no art. 1.963 do Código Civil:

"*Além das causas enumeradas no art. 1.814, autorizam a deserdação dos ascendentes pelos descendentes:*

I – ofensa física;

II – injúria grave;

III – relações ilícitas com a mulher ou companheira do filho ou a do neto, ou com o marido ou companheiro da filha ou o da neta;

IV – desamparo do filho ou neto com deficiência mental ou grave enfermidade".

As causas aqui mencionadas correspondem às do art. 1.962, já comentadas, com poucas diferenças, que serão a seguir apontadas.

No tocante aos incisos I e II, observa-se a reprodução *ipsis litteris* dos incisos de igual número do art. 1.962, sendo de acrescentar apenas que deverá o juiz encarar com menor rigor eventual ofensa física ou moral praticada pelo ascendente, detentor do poder familiar, contra o descendente, muitas vezes efetivadas com o escopo de educar e corrigir, desde que moderadamente, do que a levada a efeito por este contra aquele.

O inciso III é mais completo do que o seu correspondente no art. 1.962, porque menciona relações ilícitas com a mulher ou *companheira* do filho ou a do neto, ou com o marido ou *companheiro* da filha ou da neta.

---

[20] *RT*, 51/497.

[21] Zeno Veloso, *Comentários*, cit., v. 21, p. 334.

E o inciso IV ganhou redação aperfeiçoada, mais condizente com a moderna psiquiatria, usando a expressão *"deficiência mental"* no lugar de "alienação mental". Sem dúvida, o desamparo diante da deficiência mental ou grave enfermidade de um descendente, cometida pelo ascendente, em geral possuidor de maiores recursos financeiros, revela-se mais grave e repulsivo do que a idêntica conduta omissiva do descendente.

O Código Civil de 2002 excluiu do rol das causas de deserdação dos descendentes a "desonestidade da filha que vive na casa paterna", prevista no art. 1.744, III, do Código Civil de 1916 e fruto de vetusta e odiosa discriminação.

Erigido à condição de *herdeiro necessário* (CC, art. 1.845), também o *cônjuge* deveria, consequentemente, sujeitar-se à pena de deserdação. Todavia não previu o legislador nenhuma causa especial que permita a sua punição pelo testador.

CARLOS ROBERTO BARBOSA MOREIRA, atualizador da obra de CAIO MÁRIO DA SILVA PEREIRA[22], atribuindo a omissão a um evidente "cochilo" do legislador, observa que a natureza restritiva das normas sobre deserdação impede sua aplicação analógica (*odiosa restringenda*), tornando inadmissível a invocação dos motivos dos arts. 1.962 e 1.963 para que se promova a imposição da pena ao cônjuge. Se o fato se enquadrar em qualquer das hipóteses do art. 1.814, afirma, "o cônjuge, como qualquer sucessor, poderá ser excluído por indignidade, sendo, em tal caso, desnecessária a prévia manifestação do testador".

Na sequência, preleciona: "Convém que o legislador, advertido da lacuna, harmonize o capítulo correspondente com a norma do art. 1.845. É isso, aliás, o que pretende fazer o Projeto de Lei n. 6.960 (atual PL 699/2011), de cuja aprovação (ou de projeto que o substitua) resultará a inserção do art. 1.963-A, com a expressa previsão das seguintes causas de deserdação do cônjuge (além daquelas que igualmente autorizam a exclusão por indignidade): prática de ato que importe grave violação dos deveres do casamento ou que determine a perda do poder familiar; recusar-se, injustificadamente, a dar alimentos ao outro cônjuge ou descendente comum com deficiência mental ou grave enfermidade".

O *companheiro sobrevivente*, não sendo herdeiro necessário, não está sujeito à penalidade da deserdação. Pode ocorrer, todavia, que o autor da herança pretenda excluí-lo da sucessão, invocando os mesmos motivos que autorizam tal sanção. A hipótese seria, no entanto, de *indignidade*, com base no art. 1.814 do Código Civil, uma vez que a deserdação pressupõe a existência da legítima e da condição de herdeiro necessário do que recebe a punição[23].

---

[22] *Instituições*, cit., v. VI, p. 333-334.
[23] Washington de Barros Monteiro, *Curso*, cit., v. 6, p. 243-244.

5. EFEITOS DA DESERDAÇÃO

Dispõe o art. 1.816, *caput*, primeira parte, do Código Civil que são *pessoais* os efeitos da *exclusão* por indignidade. Por conseguinte, ela só atinge o culpado, não podendo alcançar terceiros, estranhos à falta cometida. O excluído, acrescenta a segunda parte do dispositivo, será excluído da sucessão, como se morto fosse antes de sua abertura.

Além disso, o parágrafo único do artigo retira do *indigno* o direito ao usufruto, à administração e à eventual sucessão dos bens que em tal circunstância couberem a seus sucessores.

O Código Civil, todavia, não faz referência, no capítulo concernente à *deserdação*, a esse efeito previsto para os casos de indignidade.

O fato de tais efeitos não serem previstos para os casos de deserdação levou alguns autores, especialmente durante a vigência do diploma de 1916, que tinha idêntica orientação, a sustentar que os efeitos da *deserdação* atingem os descendentes. Não só o apenado é excluído, como também os seus descendentes.

A questão era controvertida, mas acabou prevalecendo o entendimento de que os efeitos da *deserdação*, ante a idêntica natureza da penalidade imposta nos casos de indignidade, hão de ser também *pessoais*, não podendo ir além da pessoa que se portou de forma tão reprovável: *nullum patris delictum innocenti filio poena est.*

De fato, se os sucessores do deserdado não são expressamente excluídos da sucessão, se os efeitos colaterais decorrentes da indignidade são previstos no parágrafo único do art. 1.816, pertinentes apenas à indignidade, os sucessores do deserdado sucedem em seu lugar, tal como ocorre com o indigno[24].

Nesse sentido a lição de Silvio Rodrigues, que considera justificável e de maior conveniência a citada posição dominante. *Justificável*, diz o eminente civilista, "porque constitui a mera aplicação de um princípio geral de direito, que impede a punição do inocente, consagrando a ideia da personalização da pena. No direito privado pode-se invocar, embora ela se dirija mais ao direito criminal, a garantia constitucional de que nenhuma pena passará da pessoa do delinquente (CF, art. 5º, XLV). *Conveniente* porque, sendo a deserdação um instituto enormemente combatido, deve-se restringir, em vez de aumentar, o seu alcance"[25].

Igualmente Caio Mário da Silva Pereira assevera que, embora não contando com a unanimidade das opiniões civilistas, tem-se entendido que a deserdação não se estenderá aos descendentes do excluído. Para assim raciocinar, aduz, "argumenta-se que o legislador, mesmo invocando as causas atinentes à indignidade, admite a sua invocação para fundamentar a deserdação: e é de

---

[24] Washington de Barros Monteiro, *Curso*, cit., v. 6, p. 247.
[25] *Direito civil*, cit., v. 7, p. 261-262.

princípio que a declaração de indignidade é personalíssima. O argumento é corroborado por este outro, de que a deserdação, como pena civil que é, não pode ultrapassar a pessoa do delinquente"[26].

A jurisprudência segue a mesma diretriz, como se pode verificar em aresto prolatado pelo *Tribunal de Justiça de São Paulo*: "Sucessão. Deserdação de herdeira necessária. Castigo não incidente sobre os sucessores. Circunstância em que não se admite a pena além da pessoa do delinquente"[27].

Procurando afastar qualquer dúvida, o Projeto de Lei n. 6.960/2002, atual Projeto de Lei n. 699/2011, propõe o acréscimo de novo parágrafo ao art. 1.965 do Código de 2002, com a seguinte redação: "São pessoais os efeitos da deserdação: os descendentes do herdeiro deserdado sucedem, como se ele morto fosse antes da abertura da sucessão. Mas o deserdado não terá direito ao usufruto ou à administração dos bens que a seus sucessores couberem na herança, nem à sucessão eventual desses bens".

Indaga-se a respeito da posse dos bens do *de cujus*, cujo testamento contém a cláusula deserdativa, até que passe em julgado a sentença que confirma a privação da herança do herdeiro necessário excluído, ou lhe defere a sucessão.

A dúvida é levantada em razão do princípio da *saisine* consagrado no art. 1.784 do Código Civil, que estabelece adquirir o herdeiro, com a morte do *de cujus* e a abertura da sucessão, desde logo, a posse e a propriedade da herança. Mas, se a ação de deserdação for julgada procedente, os seus efeitos retroagirão até esse momento. Daí a preocupação em preservar a integridade do monte para entregá-lo ao herdeiro instituído, ou aos outros beneficiados com a deserdação, se esta for confirmada em juízo, ou ao próprio deserdado, se for ele vencedor na referida demanda.

A doutrina e a jurisprudência dominantes têm entendido que os bens devem ser deixados com o *inventariante*, ou *depositário judicial*, se necessário e onde houver, minorando-se, com isso, os riscos apontados, uma vez que só se concretizaria, nesse caso, a pretensão do deserdado após a sentença definitiva[28].

Se o testamento é nulo a deserdação também o é. Sendo nula a deserdação, o deserdado deixa de sê-lo, mantendo sua posição de herdeiro necessário, já que todas as disposições que o testador fez tornam-se ineficazes[29].

---

[26] *Instituições*, cit., v. VI, p. 335-336. Nesse sentido o posicionamento de Carlos Maximiliano (*Direito das sucessões*, v. III, n. 1.308, p. 160); Orozimbo Nonato (*Estudos*, cit., v. II, n. 514, p. 163); Itabaiana de Oliveira (*Tratado*, cit., v. II, § 349, p. 27); Pontes de Miranda, *Tratado dos testamentos*, v. 4, n. 1.784, p. 309-310; Orlando Gomes, *Sucessões*, n. 188, p. 230; Eduardo de Oliveira Leite, *Comentários ao novo Código Civil*, v. XXI, p. 636.

[27] *RT*, 691/89.

[28] Silvio Rodrigues, *Direito civil*, cit., v. 7, p. 261; Eduardo de Oliveira Leite, *Comentários*, cit., v. XXI, p. 637-638.

[29] Eduardo de Oliveira Leite, *Comentários*, cit., v. XXI, p. 638.

Capítulo XI

DA REDUÇÃO DAS DISPOSIÇÕES TESTAMENTÁRIAS

Sumário: 1. Conceito. 2. Origem do instituto. 3. Redução nas doações inoficio-sas. 4. Ordem das reduções. 5. Redução em legado de bem imóvel. 6. Ação de redução.

1. CONCEITO

Como já mencionado, a liberdade de testar é relativa, pois os herdeiros necessários não podem ser privados de seu direito sucessório. São eles sucessores obrigatórios, que sucedem ainda contra a vontade do *de cujus*.

Havendo *herdeiros necessários*, isto é, descendentes, ascendentes e cônjuge, o testador só poderá dispor da metade da herança (CC, art. 1.789), pois a outra constitui a *legítima*, àqueles assegurada no art. 1.846; não havendo, plena será a sua liberdade de testar, podendo afastar da sucessão os herdeiros colaterais simplesmente dispondo de seu patrimônio sem os contemplar (art. 1.850).

Se o testador for casado no regime da comunhão universal de bens, o patrimônio do casal será dividido em duas meações, e só poderá dispor, em testamento, integralmente, da sua, se não tiver herdeiros necessários, e da metade, ou seja, de um quarto do patrimônio do casal, se os tiver.

Para assegurar a intangibilidade da legítima, impedindo que a quota disponível deixada a terceiros ultrapasse o limite de 50%, a lei confere aos interessados o *direito de redução das disposições testamentárias* (CC, arts. 1.966 a 1.968), pelo qual se cerceiam as liberdades excessivas, efetuadas pelo testador em detrimento da legítima, restringindo-as aos limites legais, às suas justas proporções[1].

---

[1] Washington de Barros Monteiro, *Curso de direito civil*, v. 6, p. 248.

V. a jurisprudência: "Testamento. Testador que doa metade dos seus bens disponíveis. Legalidade, desde que preservado o equilíbrio entre a doação e a legítima" (*RT*, 779/296).

Dá-se a redução das disposições testamentárias, por conseguinte, quando exce-derem a quota disponível do testador. Não se anula o testamento, ou a cláusula testamentária; procede-se apenas a uma transferência de bens da quota disponível para a legítima. Em defesa do interesse dos herdeiros necessários, dá-lhes a lei a prerrogativa de pleitearem a redução das disposições testamentárias, a fim de que integralizem a reserva que, de pleno direito, lhes pertence[2].

O instituto da redução da liberalidade visa, portanto, preservar a integridade desta.

Muito embora a matéria esteja disciplinada no direito das sucessões, as suas regras aplicam-se também à *partilha em vida*, permitida pelo art. 2.018 do Código Civil, *"contanto que não prejudique a legítima dos herdeiros necessários"*. Se tal acon-tecer, isto é, se a legítima de um herdeiro necessário for lesada pela liberalidade excessiva concedida a outro herdeiro, ou a um legatário, o prejudicado tem ação contra o beneficiado com o *plus*, a fim de reduzir a deixa ao limite legal.

A mesma solução é assegurada em casos de *doações feitas em vida* pelo *de cujus* que venham a afetar a legítima de seus herdeiros necessários, pois o art. 549 do Código Civil considera nula a doação quanto *"à parte que exceder a de que o doador, no momento da liberalidade, poderia dispor em testamento"*.

A redução pode ser efetuada nos próprios autos do inventário, corrigindo na partilha a desigualdade das legítimas, se houver acordo entre os interessados. Não havendo, somente se fará dessa forma se o excesso mostrar-se evidente e a questão não for de alta indagação. Podem os herdeiros necessários, seus sucessores ou credores, ou ainda os cessionários de seus direitos, intentar *ação de redução* para recompor a legítima com os bens que excedem a quota disponível. Falta qualidade para agir, todavia, ao que deixa de aceitar a herança.

Preceitua, com efeito, o art. 1.967, *caput*, do Código Civil:

"As disposições que excederem a parte disponível reduzir-se-ão aos limites dela, de conformidade com o disposto nos parágrafos seguintes".

Somente, porém, os interessados que ingressarem em juízo serão alcançados pela sentença que determinar a redução testamentária. Se a ação for intentada por alguns dos herdeiros, os demais serão havidos como tendo acatado a vontade do extinto.

2. ORIGEM DO INSTITUTO

O direito à redução remonta ao direito romano, mais precisamente aos tempos da República, uma vez que plena era a liberdade de testar à época do

---

[2] Silvio Rodrigues, *Direito civil*, v. 7, p. 231-232.

Império. Neste período, o testador podia deixar seus bens a quem desejasse, sem que o seu direito sofresse qualquer limitação.

Com o passar do tempo, todavia, os sentimentos decorrentes do vínculo de parentesco levaram os romanos a olhar com severidade os que ignoravam ou preteriam parentes próximos no ato de última vontade, passando a rescindir o testamento inoficioso, então considerado *officium pietatis* (contra os deveres morais), por meio das *querela inofficiosi testamenti*, pelas quais se invalidavam atos de última vontade que, sem motivo, ou injustamente, excluíam os parentes[3].

Numa segunda fase da evolução, a reforma introduzida na matéria por JUS-TINIANO, e levada a efeito pela Novela 115, proibiu a exclusão dos descendentes, a menos que motivada em um grave ato de ingratidão devidamente comprovado. Eram quatorze os atos de ingratidão indicados e que autorizavam a exclusão de um descendente.

Surgiu, assim, paulatinamente, a noção da legítima, apontando a jurisprudência quais pessoas tinham direito de pleitear o benefício e qual a parte a elas reservada. Fixou-se, então, terem direito à reserva os descendentes, os ascendentes e, com muitos limites, os colaterais; e, quanto à legítima, entendeu-se carecer de ação o herdeiro daquelas classes que recebia por testamento pelo menos a quarta parte do que receberia se houvesse sucedido *ab intestato*[4].

3. REDUÇÃO NAS DOAÇÕES INOFICIOSAS

A proteção da legítima dos herdeiros se dá, como já referido, não apenas pela redução das disposições testamentárias que excedem a quota disponível, como também nas chamadas *doações inoficiosas*, assim consideradas as que excederem o que o doador, *"no momento da liberalidade, poderia dispor em testamento"*, na dicção do art. 549 do Código Civil.

O aludido dispositivo declara *"nula"* somente a parte que extravasar tal limite, e não toda a doação. Havendo herdeiros necessários, o testador só poderá dispor da metade de seus bens, pois a outra *"pertence de pleno direito"* aos referidos herdeiros (CC, art. 1.846).

O art. 549 visa preservar, pois, a *"legítima"* dos herdeiros necessários. Só tem liberdade plena de testar e, portanto, de doar quem não tem herdeiros dessa espécie, a saber: descendentes, ascendentes e cônjuge.

Não paira nenhuma dúvida a respeito do momento em que se deve calcular o valor da liberalidade, visto que o art. 549 ordena expressamente que tal apuração

---

[3] Washington de Barros Monteiro, *Curso*, cit., v. 6, p. 248-249.
[4] Silvio Rodrigues, *Direito civil*, cit., v. 7, p. 235.

seja feita tendo em vista o *momento da liberalidade*. Desse modo, se na data da concessão da benesse o doador era homem abastado e a doação foi de valor inferior à metade de seus bens, o negócio é absolutamente lícito, e eficaz, mesmo que se haja empobrecido posteriormente e morrido na miséria.

O sistema da lei brasileira, como observa SILVIO RODRIGUES[5], embora possa resultar menos favorável para os herdeiros necessários, consulta melhor aos interesses da sociedade, pois não deixa inseguras as relações jurídicas, dependentes de um acontecimento futuro e incerto, tal o eventual empobrecimento do doador.

Igualmente CARLOS MAXIMILIANO considera justa a providência do direito brasileiro, afirmando que "visa a norma concreta impedir antecipada fraude à *reserva*; transgride a lei quem, a título gratuito, se desfaz de mais da metade dos seus haveres; logo, deve-se tomar por base do cômputo o patrimônio existente e o respectivo valor, na época da doação. Quem empobreceu depois, não violou conscientemente os textos protetores da *legítima*; errou quanto ao futuro, porém de boa-fé; apenas foi infeliz"[6].

Constitui, no entanto, *vexata quaestio* a concernente ao momento em que a ação de redução deve ser proposta. Quando o excesso resulta de *disposição testamentária*, a referida ação só pode ser ajuizada após a abertura da sucessão. Não se pode litigar a respeito de herança de pessoa viva. A questão, todavia, mostra-se controvertida quando se trata de liberalidade excessiva cometida por ato *inter vivos*. Indaga-se se é lícito, nesse caso, aos herdeiros prejudicados insurgirem-se desde logo contra o exagero, ou se devem aguardar a abertura da sucessão.

Sustenta uma corrente contrária ao imediato ajuizamento da ação que o direito do reclamante advém da herança, além do que é contra os princípios de direito litigar a respeito de herança de pessoa viva. Outra facção, porém, argumenta que o art. 549 do Código Civil, ao tratar das doações inoficiosas, declara-as nulas desde logo.

Inclina-se a doutrina pela possibilidade de tal ação ser ajuizada desde logo, não sendo necessário aguardar a morte do doador, porque o excesso é declarado *nulo*, expressamente, pela lei.

Dispõe o art. 168 do Código Civil que as nulidades "*podem ser alegadas por qualquer interessado, ou pelo Ministério Público, quando lhe couber intervir*", acrescentando o parágrafo único que "*devem ser pronunciadas pelo juiz*", de ofício. Ademais, a ação tem por objeto contratos entre vivos e se reporta ao "*momento da liberalidade*". A redução do excesso nada tem que ver com a sucessão hereditária, pois o legislador apenas utilizou o mesmo parâmetro que determinou para o testador.

---

[5] *Direito civil*, cit., v. 7, p. 233.
[6] *Direito das sucessões*, v. III, n. 1.201, p. 40.

O pedido é feito para que, anulado o ato, os bens retornem ao patrimônio do doador. Se forem feitas várias doações, tomar-se-á por base a primeira, isto é, o patrimônio então existente, para o cálculo da inoficiosidade. Caso contrário, o doador continuaria doando a metade do que possui atualmente, e todas as doações seriam legais, até extinguir todo o seu patrimônio. A redução, nesse caso, deve alcançar somente as inoficiosas, a começar pela última. Não são consideradas as doações feitas ao tempo em que o doador não tinha herdeiros necessários; mas somam-se os valores das que se fizeram em todo o tempo em que o doador tinha herdeiros necessários[7].

A jurisprudência segue a mesma trilha, como se pode verificar: "O herdeiro necessário que se julgar prejudicado com a doação efetivada pelos ascendentes aos demais descendentes, sem o consentimento, poderá pleitear a redução da liberalidade, se a doação for além da metade disponível para garantir a intangibilidade de sua quota legitimária"[8].

Entende SILVIO RODRIGUES[9] que a afirmação constante do art. 549 do Código Civil, de que é *nula* a doação inoficiosa, constitui uma imprecisão de linguagem do legislador, pois a liberalidade é apenas anulável em seu excesso. Seria inconcebível que uma doação excessiva fosse imprescritível e pudesse ser declarada nula cinquenta anos mais tarde, por iniciativa dos herdeiros necessários. Por isso, a ação deve ser intentada no prazo de quatro anos, aduz, previsto no art. 178 do mesmo diploma para os casos de vícios do consentimento e de incapacidade relativa.

Tal entendimento contraria, todavia, a tese majoritária, firme na concepção de *nulidade* da doação *ultra vires*.

As doações feitas aos *descendentes* estão sujeitas à colação pelos valores que tiverem à data da liberalidade (CC, art. 2.004), para o fim de se obter o nivelamento das legítimas, salvo se o testamento dispensar os donatários de trazê-las. Os excessos serão, então, corrigidos, igualando-se a quota dos herdeiros legitimários.

A colação, no entanto, não se confunde com a *redução* das doações. Esta tem por finalidade fazer com que as liberalidades se contenham dentro da metade disponível do doador, quer beneficie algum herdeiro não descendente, quer favoreça um estranho, sendo de ordem pública. Traduz a nulidade do excedente, podendo alcançar em parte apenas a liberalidade, ou fulminá-la totalmente. A colação assenta-se em tese na vontade presumida do falecido, consistindo em mera conferência de valores como antecipação de legítima, para o fim de serem igualados os quinhões, completando-se as quotas hereditárias dos que tenham sido prejudicados pelas doações do falecido[10].

---

[7] Carlos Roberto Gonçalves, *Direito civil brasileiro*, v. 3, p. 300.

[8] STJ, *RT*, 754/239, 539/65.

[9] *Direito civil*, cit., v. 7, p. 23.

[10] Caio Mário da Silva Pereira, *Instituições de direito civil*, v. VI, p. 353-354.

4. ORDEM DAS REDUÇÕES

Opera-se a redução testamentária consoante a ordem estabelecida no art. 1.967 e parágrafos do Código Civil, que determinam:

"As disposições que excederem a parte disponível reduzir-se-ão aos limites dela, de conformidade com o disposto nos parágrafos seguintes:

§ 1º Em se verificando excederem as disposições testamentárias a porção disponível, serão proporcionalmente reduzidas as quotas do herdeiro ou herdeiros instituídos, até onde baste, e, não bastando, também os legados, na proporção do seu valor.

§ 2º Se o testador, prevenindo o caso, dispuser que se inteirem, de preferência, certos herdeiros e legatários, a redução far-se-á nos outros quinhões ou legados, observando-se a seu respeito a ordem estabelecida no parágrafo antecedente".

Não haverá, portanto, redução, se as liberalidades couberem inteiras na metade disponível. Quando o testador só em parte dispuser de sua metade disponível, o remanescente pertencerá aos herdeiros legítimos (CC, art. 1.966).

Cumpre apurar, assim, primeiro, o valor do monte, a extensão da massa hereditária deixada pelo finado, a fim de que se determinem definitivamente a porção disponível e a legítima – o que se faz pela avaliação realizada no inventário.

O critério para tal verificação é estabelecido na lei. Calcula-se a *legítima* sobre o valor dos bens existentes na abertura da sucessão, abatidas as dívidas e as despesas do funeral, adicionando-se, em seguida, o valor dos bens sujeitos a colação (CC, art. 1.847). As dívidas constituem o passivo do *de cujus* e devem ser abatidas do monte para que se apure o patrimônio líquido e real transmitido aos herdeiros. Se absorvem todo o acervo, não há herança. As despesas de funeral constituem dispêndios desta (art. 1.998), que devem ser atendidas de preferência aos herdeiros e legatários.

O patrimônio líquido é dividido em duas metades, correspondendo, uma delas, à legítima, e a outra, à quota disponível. Ambas, em princípio, têm o mesmo valor. O da primeira, no entanto, pode eventualmente superar o da segunda se o testador tiver feito doações aos seus descendentes, as quais devem vir à colação. Esta tem por fim, como já visto, conferir e igualar a legítima dos herdeiros necessários.

A operação é simplificada se inexistir cônjuge supérstite, por ser o *de cujus* solteiro, viúvo, separado judicialmente ou divorciado, ou sendo o casamento em regime de separação de bens. Nesses casos divide-se o monte partível em duas porções, sendo uma delas a legítima e a outra, a quota disponível.

Se as disposições testamentárias ultrapassarem a metade disponível, serão as liberalidades reduzidas proporcionalmente, até onde baste, ou seja, até o necessário para obter perfeito equilíbrio entre a porção disponível e a quota legitimária, seguindo-se a ordem de precedência instituída no art. 1.967 e parágrafos, retrotranscritos.

Em primeiro lugar, é atingido o *herdeiro instituído*, cujo quinhão é reduzido até obter-se a recomposição da legítima, ainda que se esgote totalmente. Haverá redução proporcional das quotas dos herdeiros instituídos, se forem vários (§ 1º).

A redução é feita ao quinhão do herdeiro instituído, porque este, sucedendo a título universal, substitui a pessoa do *de cujus,* e em tese só lhe cabe o domínio do remanescente da herança, ou seja, daquilo de que o finado podia dispor, que é o seu patrimônio líquido, depois de deduzidas as dívidas que o oneram.

Se essa redução não bastar, passar-se-á aos *legados,* na proporção do seu valor, até que se complete a legítima dos herdeiros necessários. Os legados não serão reduzidos enquanto não desaparecer toda a herança deixada pelo testador ao herdeiro instituído sem que a legítima ainda esteja integrada.

O legatário, como esclarece Silvio Rodrigues, goza de preferência em relação ao herdeiro "porque, sendo o legado como que uma doação *causa mortis*, entende-se que o testador ordenou ao herdeiro que a efetivasse. Contudo, como o testador só pode gratificar até o montante de sua quota disponível, é inegável que, se os legados a ultrapassam, devem ser reduzidos. O propósito liberal do testador encontra barreira na lei"[11].

Se ainda assim não se inteirar a porção legitimária, recorrer-se-á à *redução das doações* (CC, art. 549), começando pelas mais novas. Se da mesma data, a redução será proporcional.

Ao estabelecer a ordem em que se deve verificar a redução, o legislador pressupôs apenas que aquela fosse a vontade do testador, que fez a liberalidade a todos, sem ter preferência por nenhum beneficiário. Entretanto, como isso pode não ser verdadeiro, admite o § 2º do aludido art. 1.967 que o testador, prevenindo o caso, disponha de modo diferente sobre a redução, inclusive escolhendo certos quinhões e preservando outros. Assim, os herdeiros e legatários por ele indicados ficam dispensados da redução, completando-se a legítima desfalcada com a redução nos *outros* quinhões hereditários ou legados, observando-se a seu respeito a ordem estabelecida no § 1º, qual seja: primeiro, reduzem-se as heranças; em segundo lugar, os legados.

---

[11] *Direito civil,* cit., v. 7, p. 236-237. No mesmo sentido a jurisprudência: "Testamento. Ato que excede a metade disponível. Redução proporcional das cotas do herdeiro ou dos herdeiros instituídos que se impõe, até onde baste, e, não bastando, redução também dos legados na proporção do seu valor" (*RT*, 793/354).

A própria ordem das reduções previstas no citado art. 1.967 não é de ordem pública. Por conseguinte, lícito se torna ao testador dispor de forma diversa, por exemplo, que sofram a redução, primeiro, os legatários, depois os herdeiros, ou, ainda, que todos eles, sem distinção, suportem simultaneamente os descontos necessários. Trata-se, em suma, de matéria em que predomina a vontade individual[12].

Anota ZENO VELOSO que, se a redução dos *outros* quinhões hereditários ou legados não for suficiente para preencher a legítima dos herdeiros necessários, a solução será reduzir os quinhões dos herdeiros dativos e os legados que o testador havia liberado. O princípio, aduz, "é o de que as legítimas não podem ser diminuídas; e este é um princípio de ordem pública no direito brasileiro"[13].

5. REDUÇÃO EM LEGADO DE BEM IMÓVEL

Estabelece o art. 1.968 do Código Civil:

"*Quando consistir em prédio divisível o legado sujeito a redução, far-se-á esta dividindo-o proporcionalmente.*

§ 1º Se não for possível a divisão, e o excesso do legado montar a mais de um quarto do valor do prédio, o legatário deixará inteiro na herança o imóvel legado, ficando com o direito de pedir aos herdeiros o valor que couber na parte disponível; se o excesso não for de mais de um quarto, aos herdeiros fará tornar em dinheiro o legatário, que ficará com o prédio.

§ 2º Se o legatário for ao mesmo tempo herdeiro necessário, poderá inteirar sua legítima no mesmo imóvel, de preferência aos outros, sempre que ela e a parte subsistente do legado lhe absorverem o valor".

Procura o legislador, com o dispositivo em epígrafe, evitar a comunhão, que é fonte de atritos. Destaca-se, inicialmente, a situação do *prédio divisível*. Se o imóvel puder ser fracionado sem alteração na sua substância, diminuição considerável de valor, ou prejuízo do uso a que se destina (CC, art. 87), a redução far-se-á de modo simples, ou seja, dividindo-se proporcionalmente o bem.

Se, todavia, o imóvel em que vai incidir a redução é *indivisível*, cumpre verificar, primeiro, o montante da redução. Na hipótese de o excesso ser de mais de um quarto do valor do prédio (por exemplo, o prédio vale sessenta mil e a redução necessária é de vinte mil), o legatário o deixará inteiro na herança e receberá do herdeiro o restante do valor, em dinheiro. Solução diversa só será admitida com a anuência deste.

---

[12] Washington de Barros Monteiro, *Curso*, cit., v. 6, p. 251.
[13] *Comentários ao Código Civil*, v. 21, p. 342.

No caso de o excesso não ser de mais de um quarto do valor do prédio, fica o legatário com o imóvel e entrega, em dinheiro, aos herdeiros, a quantia correspondente à diferença.

Se o legado inoficioso tiver beneficiado *herdeiro necessário*, permite o Código que ele possa inteirar sua legítima no mesmo imóvel, de preferência aos outros herdeiros necessários, sempre que tal legítima e a parte subsistente do legado lhe absorverem o valor. Explicando a situação, exemplifica CLÓVIS BEVILÁQUA: "O prédio legado vale dez contos; a redução sofrida é de quatro; a legítima do herdeiro é de seis. Somando a legítima com a parte subsistente do legado, fica absorvido o valor do prédio. O herdeiro, sem prejuízo da porção que lhe falta para complemento da sua legítima, tem preferência aos outros, para ficar com o prédio legado"[14].

6. AÇÃO DE REDUÇÃO

Ação de redução é a conferida ao herdeiro necessário para reclamar a integração de sua legítima hereditária, quando esta se houver desfalcado, por liberalidades efetuadas pelo *de cujus*, quer por meio de atos entre vivos, quer por disposição de última vontade[15].

A redução da doação inoficiosa já foi estudada no n. 3, *retro*, quando vimos que o art. 549 do Código Civil considera nula somente a parte que exceder a de que o doador, no momento da liberalidade, poderia dispor em testamento. Como o excesso é declarado *nulo*, expressamente, por lei, inclina-se a doutrina pela possibilidade de a ação ser ajuizada desde logo, não sendo necessário aguardar a morte do doador.

Quando, no entanto, o excesso resulta de *disposição testamentária*, a referida ação só pode ser ajuizada após a abertura da sucessão, porque só nesse instante o testamento pode ser cumprido e produzir efeitos.

Nos dois casos, cabe ao herdeiro provar a inoficiosidade. Em caso de doação, sublinha SILVIO RODRIGUES, "essa prova é mais penosa, máxime se contar com o antagonismo do doador. Em caso de disposição testamentária excessiva, a prova é banal e decorre evidente do próprio processo de inventário. Aliás, isso pode ocorrer igualmente em hipótese de doação inoficiosa, quando a ação for proposta após a morte do doador"[16].

---

[14] *Código Civil dos Estados Unidos do Brasil comentado*, v. VI, p. 197.
[15] Silvio Rodrigues, *Direito civil*, cit., v. 7, p. 238.
[16] *Direito civil*, cit., v. 7, p. 238.

A ação destinada a reduzir disposição testamentária pode ser promovida pelo herdeiro necessário lesado em sua legítima, por seus sucessores ou credores, ou ainda pelos cessionários de seus direitos. Os credores do falecido (do acervo hereditário) não têm ação para reduzir as disposições inoficiosas, "até porque a herança responde pelo pagamento das dívidas do falecido, e os credores têm preferência para receber o que lhes é devido. Os sucessores só exercem os seus direitos depois de pagar as dívidas"[17].

Qualquer herdeiro, que tenha aceitado a herança, pode manejar isoladamente a referida ação, porque ela é de natureza *divisível*, como em geral sucede com as ações hereditárias. Mas a sentença, se favorável, só beneficiará o autor. Com efeito, só os que ingressarem em juízo serão alcançados por seus efeitos, presumindo-se que os demais quiseram respeitar a última manifestação de vontade do finado.

Carlos Maximiliano destaca esse aspecto, assinalando: "A ação de redução é *divisível*: não se faz mister proporem-na cumulativamente todos os interessados; pode agir até um só, na arena judiciária. Neste caso, a sentença condena os sucessores testamentários apenas quanto à parte que cabe ao litigante. Pressupõe-se optarem os outros pelo acatamento à vontade do hereditando, e esse nobre gesto produz o efeito colimado[18].

---

[17] Zeno Veloso, *Comentários*, cit., v. 21, p. 340-341.
[18] *Direito das sucessões*, cit., v. III, n. 1.199, p. 38-39.

Capítulo XII

DA REVOGAÇÃO DO TESTAMENTO

> *Sumário*: 1. Conceito. 2. Formas de revogação do testamento. 3. Revogação por testamento ineficaz. 4. Revogação do testamento revogatório.

1. CONCEITO

A *revogação, o rompimento, a caducidade e a nulidade, absoluta ou relativa*, são as causas que obstam a que o testamento produza seus efeitos jurídicos.

Constitui a *revogação* do testamento o ato pelo qual se manifesta a vontade consciente do testador, com o propósito de torná-lo ineficaz. A mesma vontade, que é apta a produzir efeitos *post mortem disponentis*, é igualmente hábil a cancelá-los, invalidando a emissão anterior[1].

Uma das características do testamento, proclamada nos arts. 1.858 e 1.969 do Código Civil, é ser essencialmente *revogável*. Pode o testador revogar o ato que contém a sua última manifestação de vontade quando lhe aprouver, até a hora de sua morte, sem necessidade de declinar o motivo. Mesmo que por mero capricho, assiste-lhe o direito de alterar ou revogar o ato de última vontade, a todo tempo, porquanto, segundo máxima de ULPIANO, *ambulatoria est voluntas defuncti usque ad vitae supremum exitum*[2].

Inoperante é a cláusula pela qual se declare irrevogável o testamento, ou se obrigue o testador a não alterá-lo, pois a liberdade de testar é de ordem pública e não admite limitações. Preleciona nesse sentido CARLOS MAXIMILIANO: "É de *ordem pública* o direito de tornar ineficazes determinações próprias, *causa mortis*: ninguém pode aliená-lo ou renunciá-lo". Considera-se não escrita, aduz, "a cláusula

---

[1] Caio Mário da Silva Pereira, *Instituições de direito civil*, v. VI, p. 339.
[2] Washington de Barros Monteiro, *Curso de direito civil*, v. 6, p. 254.

derrogatória, isto é, a declaração, inserida em um testamento, de ficarem insusce-tíveis de revogação uma, algumas, ou todas as disposições do mesmo"[3].

Dispõe o art. 2.311 do Código Civil português que "o testador não pode renunciar à faculdade de revogar, no todo ou em parte, o seu testamento", acres-centando, na segunda parte: "tem-se por não escrita qualquer cláusula que contrarie a faculdade de revogação".

Anota ZENO VELOSO que, todavia, nem o Código Civil brasileiro de 1916 nem o de 2002 "apresentam norma expressa considerando nula ou sem efeito a cláusula em que o testador se compromete a não revogar o testamento. Mas a proibição existe, implicitamente, e vigora no ordenamento pátrio como regra jurídica fundamental. Este Código enuncia a característica de o testamento ser ato essencialmente revogável, afirmando que ele pode ser mudado a qualquer tempo, nos termos do artigo que está sendo comentado (art. 1.858), e o art. 1.969 menciona a forma pela qual se pode exercer essa faculdade. O princípio da revo-gabilidade do testamento é inderrogável"[4].

Há, no entanto, uma *exceção* ao aludido princípio, prevista no art. 1.609, III, do Código Civil: é irrevogável o testamento na parte em que o testador reconhecer filho havido fora do casamento.

E proclama o art. 1.610 do mencionado diploma que "*o reconhecimento não pode ser revogado, nem mesmo quando feito em testamento*". Tal disposição, que so-brevive à revogação do testamento que a continha, não é, rigorosamente, *mortis causa*, e, pela sua natureza, torna-se irretratável logo que enunciada.

2. FORMAS DE REVOGAÇÃO DO TESTAMENTO

Segundo o art. 1.969 do Código Civil, "*o testamento pode ser revogado pelo mesmo modo e forma como pode ser feito*".

Não se deve entender que o segundo instrumento terá a mesma forma do que está sendo revogado. Um testamento público tanto pode ser revogado por outro público como por um cerrado, particular, marítimo, aeronáutico ou militar, e vice-versa.

O que se quer dizer é que não importa a forma do testamento que revogue o anterior. Feita por testamento, não é necessário que a revogação seja efetuada em testamento da mesma modalidade. O aludido dispositivo não determina que

---

[3] *Direito das sucessões*, v. III, n. 1.316, p. 168.
[4] *Comentários ao Código Civil*, v. 21, p. 7.

se revogue pelo mesmo modo e forma por que *foi feito*, mas pelo mesmo modo e forma por que *pode ser feito* o testamento[5].

Quanto à sua *extensão*, a revogação pode ser total ou parcial. *Total*, quando retira a inteira eficácia do testamento; *parcial*, quando atinge somente algumas cláusulas, permanecendo incólumes as demais.

Dispõe a propósito o art. 1.970 do Código Civil:

"*A revogação do testamento pode ser total ou parcial.*

Parágrafo único. Se parcial, ou se o testamento posterior não contiver cláusula revogatória expressa, o anterior subsiste em tudo que não for contrário ao posterior".

Se o novo testamento dispuser apenas sobre alguns bens, os demais terão o destino que lhes foi dado pelo testamento anterior, não revogado nessa parte. O simples fato de existir um testamento posterior não significa que estará revogado o anterior. Podem ambos coexistir, desde que se não contradigam, como previsto no parágrafo único supratranscrito. Se houver incompatibilidade, o mais novo elimina o mais vetusto.

Assim, conciliáveis que sejam as disposições do último testamento com as do anterior, o juiz deve dar-lhes cumprimento, respeitando a vontade do testador, pois as disposições compatíveis se somam, integram e completam, formando um todo conjunto, uma disposição de última vontade, afinal, que se formou em vários atos testamentários. O problema crucial, neste passo, é o da interpretação da vontade testamentária[6].

Quanto à *forma* utilizada, a revogação pode ser expressa, tácita ou presumida. *Expressa* é a que resulta de declaração inequívoca do testador manifestada em novo testamento. Não se exige o emprego de palavras sacramentais ou consagradas. Nada obsta a que o testador declare, apenas, que fica sem efeito o testamento anterior.

Não se admite outra forma de revogação, como declaração verbal, escritura pública[7], codicilo ou outro ato autêntico, nem que seja provada por testemunhas, salvo na hipótese de ficar demonstrado, por essa prova, que o testador tinha o firme

---

[5] Eduardo de Oliveira Leite, *Comentários ao novo Código Civil*, v. XXI, p. 659; Zeno Veloso, *Comentários*, cit., v. 21, p. 349.

[6] Caio Mário da Silva Pereira, *Instituições*, cit., v. VI, p. 343-344; Silvio Rodrigues, *Direito civil*, cit., v. 7, p. 265.

[7] "Testamento. Revogação por escritura pública. Inadmissibilidade. O Código Civil deixa claro que o testamento só se revoga por outro testamento. Sentença confirmada" (*RT*, 464/84). "Testamento público. Revogação do ato mediante manifestação posterior do testador por outras formas que não as ordinárias. Inadmissibilidade. Pretensão que para ser válida e eficaz e produzir efeitos deve ser realizada pelo mesmo modo e forma em que se deu o testamento. Voto vencido" (*RT*, 799/355).

propósito de tornar sem efeito o seu testamento, mas não chegou, todavia, a fazê-lo em virtude de impedimento decorrente de dolo ou violência de terceiros.

Ao não permitir a revogação do ato de última vontade por *escritura pública* o nosso direito afastou-se do direito francês (CC, art. 1.035), do direito português (CC, art. 2.312) e do direito italiano (CC, art. 680), que expressamente admitem tal forma, exercida perante o notário.

No direito brasileiro a revogação só se dá por um novo testamento, como igualmente sucede no direito alemão (CC, art. 2.254), no direito suíço (CC, art. 509), no direito espanhol (CC, art. 738), no direito argentino (CC, art. 3.827) e em muitos outros.

Em regra, o *codicilo* não pode revogar o testamento, mas poderá alterá-lo naquilo que for próprio de disposição codicilar, ou seja, para disposições de pequeno valor e ainda para nomeação ou substituição de testamenteiro. Por conseguinte, se o testamento continha disposições sobre o enterro do testador, esmolas de pouca monta ou continha legados de móveis, roupas ou joias de pouco valor – o que constitui objeto próprio do codicilo (CC, art. 1.881) – e se um codicilo vem regular, posteriormente, essas liberalidades, traçando regras sobre o destino desses bens, o testamento fica revogado nessa parte.

A revogação pode também ser *tácita*, em duas hipóteses. A primeira se configura quando o testador não declara que revoga o anterior, mas há *incompatibilidade* entre as disposições deste e as do novo testamento. Aquelas, como já foi dito, subsistem em tudo que não for contrário às do posterior (CC, art. 1.970, parágrafo único).

A incompatibilidade das disposições acarreta a revogação das antigas. Se o testador se desdisse, ou manifestou propósitos que conflitam com os anteriormente exteriorizados, de tal modo que não possam ambas as declarações ser executadas, prevalece a mais recente, ficando tacitamente revogada a anterior. Torna-se essencial, nesse caso, precisar a data de elaboração dos testamentos, para determinar, no divórcio das disposições, qual a mais nova[8].

Se, porém, aparecerem dois testamentos da mesma pessoa, *com a mesma data* e *incompatíveis* entre si, sem que seja possível estabelecer qual o anterior e qual o posterior, não haverá meio de se dar efeito à vontade do testador. Nesse caso, a solução ditada pela lógica e pelo bom senso, e que os autores abonam, é haver-se por não escritas em ambos as disposições contraditórias, como preceitua o art. 2.313, n. 2, do Código Civil português, sem similar no direito brasileiro[9].

Não obstante já se tenha decidido que, decretada a separação judicial, fica sem efeito testamento pelo qual um dos cônjuges institui o outro seu herdeiro[10],

---

[8] Caio Mário da Silva Pereira, *Instituições*, cit., v. VI, p. 343.
[9] Zeno Veloso, *Comentários*, cit., v. 21, p. 355.
[10] *RF*, 173/243; *RT*, 261/204.

o *Supremo Tribunal Federal* já teve a oportunidade de proclamar, em outro caso, que o "*desquite não revoga o testamento feito pelo marido à mulher, mormente se o testador, após o desquite, mantinha relação de amizade e de demonstração de estima à esposa*"[11].

Esta, sem dúvida, é a melhor orientação, pois, se quisesse, o marido teria, após a separação judicial, confeccionado novo testamento, revogando aquele em que beneficiara a ex-esposa, uma vez que, como já mencionado, o testamento é ato essencialmente revogável.

A segunda hipótese de *revogação tácita* ocorre em caso de *dilaceração* ou *abertura* do testamento *cerrado*, pelo testador, ou por outrem, com o seu consentimento. Dispõe o art. 1.972 do Código Civil:

"*O testamento cerrado que o testador abrir ou dilacerar, ou for aberto ou dilacerado com seu consentimento, haver-se-á como revogado*".

Considera-se, assim, revogado tacitamente pelo testador o testamento cerrado, por ele ou por outrem inutilizado, mas com o seu consentimento, ou por ele aberto, sendo apresentado em juízo com o lacre violado, bem como o não encontrado, por estar desaparecido.

Entretanto, não se tem por revogado o testamento se foi aberto por terceiro em razão de mero descuido. Em princípio, estando aberto ou dilacerado o testamento cerrado, o juiz deve considerá-lo revogado, salvo se os interessados demonstrarem, de forma convincente, que a abertura ou dilaceração foi feita contra a vontade do testador, ou por terceiro, acidental ou dolosamente.

O Código Civil português tem regra expressa nesse sentido. Dispõe seu art. 2.315, primeira parte: "Se o testamento cerrado aparecer dilacerado ou feito em pedaços, considerar-se-á revogado, excepto quando se prove que o fato foi praticado por pessoa diversa do testador ou que este não teve intenção de o revogar ou se encontrava privado do uso da razão".

Apesar de o citado art. 1.972 do Código Civil referir-se apenas ao testamento cerrado, não há dúvida de que o *testamento particular* ou *hológrafo* também pode ser dilacerado, implicando tal fato, igualmente, revogação[12].

Cumpre registrar que essa forma revogatória não se aplica ao testamento público, que vale pelo contexto no livro notarial, não tendo tal efeito a dilaceração do traslado ou a eliminação de qualquer parte sua[13].

Por fim, a revogação *presumida, ficta* ou *legal*, também chamada *ruptura*, é a que decorre de um fato que a lei considera relevante e capaz de alterar a

---

[11] *RTJ*, 45/469.

[12] Clóvis Beviláqua, *Código Civil dos Estados Unidos do Brasil comentado*, v. VI, p. 226; Zeno Veloso, *Comentários*, cit., v. 21, p. 360-361.

[13] Caio Mário da Silva Pereira, *Instituições*, cit., v. VI, p. 345.

manifestação de vontade do testador, como a superveniência de descendente sucessível, por exemplo, regulada pelo Código Civil, nos arts. 1.973 a 1.975, como forma de *rompimento do testamento*, como se verá adiante (Capítulo XIII).

3. REVOGAÇÃO POR TESTAMENTO INEFICAZ

O importante para que ocorra a revogação é que o novo testamento seja válido, no fundo e na forma. Não valerá a revogação se for *anulado* por omissão ou infração de solenidades essenciais ou por vícios intrínsecos, como a incapacidade decorrente de alienação mental, por exemplo.

Todavia, valerá o ato revogatório se o testamento posterior vier a *caducar* por exclusão, incapacidade, renúncia ou pré-morte do herdeiro nomeado ou por não ter cumprido a condição que lhe foi imposta, pois o testamento caduco é originariamente válido e só não pode ser cumprido devido à falta do beneficiário ou da coisa.

Nos termos do art. 1.971 do Código Civil:

"A revogação produzirá seus efeitos, ainda quando o testamento, que a encerra, vier a caducar por exclusão, incapacidade ou renúncia do herdeiro nele nomeado; não valerá, se o testamento revogatório for anulado por omissão ou infração de solenidades essenciais ou por vícios intrínsecos".

Nas três hipóteses de caducidade mencionadas o testamento é válido. A manifestação de última vontade do *de cujus* só não alcança plena eficácia por circunstância posterior à sua feitura. Vale, porém, a revogação, que ela contém, do testamento anterior, ainda que o posterior não seja executável, porque a vontade revogatória permanece intacta, como expressão pura da intenção do testador. Nesse caso, a quota do herdeiro instituído e o objeto destinado ao legatário, um e outro afastados da sucessão pelo ato revocatório, devem ser recebidos pelos herdeiros legítimos do *de cujus*[14].

O mesmo, contudo, não sucede quando o testamento revogatório tem a nulidade declarada, ou é decretada a sua anulação por omissão ou infração de solenidades essenciais, ou por vícios intrínsecos. Inválido o testamento posterior, não produzirá o efeito revocatório pretendido pelo *de cujus*.

O *testamento*, como vimos, é negócio jurídico *solene*: só terá validade se forem observadas todas as formalidades essenciais prescritas na lei (*ad solemnitatem*).

---

[14] Carlos Maximiliano, *Direito das sucessões*, cit., v. III, n. 1.323, p. 173; Silvio Rodrigues, *Direito civil*, cit., v. 7, p. 266; Caio Mário da Silva Pereira, *Instituições*, cit., v. VI, p. 341-342; Zeno Veloso, *Comentários*, cit., v. 21, p. 354.

Visam estas assegurar a autenticidade do ato, bem como conferir-lhe seriedade, para que haja mais segurança e certeza de sua autenticidade. Se não forem observadas, faltará um requisito essencial de validade do ato praticado pelo testador.

Do mesmo modo, se o ato for anulado em razão da incapacidade do disponente, que não se encontrava em seu perfeito juízo ou não tinha pleno discernimento no momento da confecção do testamento; ou, ainda, se for ineficaz por vício de consentimento.

Em todos esses casos, o testamento posterior não produz o efeito de revogar o anterior, que remanesce íntegro. Não provada, porém, a incapacidade, pelos meios ordinários, prevalecerá a revogação.

4. REVOGAÇÃO DO TESTAMENTO REVOGATÓRIO

Pode o testador, depois de elaborar novo testamento tornando inoperante o primitivo, mudar de ideia e revogar o testamento revogatório. Indaga-se se, nesse caso, o testamento anterior fica automaticamente revigorado ou não.

Em princípio, o testamento revogado não se restaura pelo simples fato de ter sido revogado também o que o revogou. Para que ocorra a repristinação das disposições revogadas é necessário que o novo testamento expressamente as declare restauradas.

Não é esse, no entanto, o critério adotado em outros países. No direito alemão (BGB, art. 2.258, al. 2) e no direito italiano (CC, art. 681), por exemplo, revogada a revogação, repristinam-se as disposições revogadas, sem necessidade de o testador repetir as disposições que pretende restaurar. Se o testamento posterior for revogado, será, na dúvida, eficaz o testamento anterior, como se não tivesse sido revogado.

Nos sistemas espanhol (CC, art. 739, 2ª parte) e português, a repristinação não é automática. Estatui a segunda parte do art. 2.314 do Código Civil lusitano que "testamento anterior recobra, todavia, a sua força, se o testador, revogando o posterior, declarar ser sua vontade que revivam as disposições do primeiro".

Malgrado a inexistência, no direito brasileiro, de norma legal sobre a matéria, predomina o entendimento de que, revogada a revogação, não se restaura, automaticamente, o testamento primitivo. Não obstante, revogando o testamento posterior, pode o testador determinar que se revigorem as disposições do anterior, ocorrendo, então, a repristinação, mas por força do mandamento expresso do disponente.

A retratação da revogação não tem o poder, por si só, de revalidar o testamento anterior. A repristinação automática não pode ocorrer por falta de uma regra imperativa, como a contida no Código Civil alemão.

Admite-se, todavia, que, pelos princípios gerais de direito, possa o testador revogar o segundo testamento e manifestar a sua vontade no sentido de que o anterior recobre a sua força. Tal qual a lei que revoga a lei revogadora somente restaura a lei revogada quando contenha disposição nesse sentido, assim é de se considerar a revogação testamentária[15].

Preleciona WASHINGTON DE BARROS MONTEIRO que "a restauração do testamento primitivo efetua-se repetindo o testador, uma a uma, as antigas disposições, ou então, simplesmente, reportando-se a ele de modo sintético no novo"[16].

Em realidade, para haver a repristinação do testamento primitivo não há necessidade de o testador reproduzir, uma a uma, as disposições que ele continha; basta que, genericamente, confirme tais disposições, manifeste a sua vontade, inequivocamente, no sentido de tê-las como restauradas. Se o último testamento, para repristinar o anteriormente revogado, tivesse de repetir as disposições deste, reproduzir as cláusulas que ele continha, não se trataria, em rigor, de repristinação[17].

---

[15] Zeno Veloso, *Comentários*, cit., v. 21, p. 357; Caio Mário da Silva Pereira, *Instituições*, cit., v. VI, p. 342; Washington de Barros, *Curso*, cit., v. 6, p. 256; Silvio Rodrigues, *Direito civil*, cit., v. 7, p. 267.

[16] *Curso*, cit., v. 6, p. 256.

[17] Zeno Veloso, *Comentários*, cit., v. 21, p. 358-359.

Capítulo XIII

DO ROMPIMENTO DO TESTAMENTO

> *Sumário*: 1. Conceito. 2. Superveniência de descendente sucessível. 3. Surgi-
> mento de herdeiros necessários ignorados, depois do testamento. 4. Subsis-
> tência do testamento se conhecida a existência de herdeiros necessários.

1. CONCEITO

Dá-se a ruptura do testamento nos casos em que há a superveniência de uma circunstância relevante, capaz de alterar a manifestação de vontade do testador, como, *verbi gratia*, o surgimento de um herdeiro necessário. O rompimento do testamento é, então, determinado pela lei, na presunção de que o testador não teria disposto de seus bens em testamento se soubesse da existência de tal herdeiro.

De maneira diversa do Código Civil de 1916, que disciplinava a revogação e o rompimento do testamento em um único capítulo, o diploma de 2002 cuida separadamente de tais assuntos, dedicando-lhes capítulos próprios, considerando o fato de se tratar de matérias substancialmente distintas.

Com efeito, a revogação pressupõe a mudança da vontade do testador, que não mais deseja prevaleçam as disposições testamentárias antes estabelecidas. O rompimento, no entanto, independe da vontade do testador; é determinado pela lei. Como esclarece PONTES DE MIRANDA, as regras concernentes à matéria "não são regras de interpretação: são imperativas, contêm revogação *ipso iure*"[1].

Na mesma linha, preleciona CARLOS MAXIMILIANO: "A lei estabelece a presunção *juris et de jure* de que o falecido não contemplaria com a sua herança a terceiros, se soubesse da existência, atual ou em futuro próximo, de pessoa ligada a ele pelos mais estreitos vínculos de sangue"[2].

---

[1] *Tratado dos testamentos*, v. 5, n. 2.075, p. 94.
[2] *Direito das sucessões*, v. III, n. 1.343 e 1.345, p. 188-190.

Assinala ainda esse autor que a origem do preceito legal encontra-se no direito romano. Segundo informam CÍCERO e VALÉRIO MÁXIMO, um pai, julgando o seu filho único morto na guerra, inutilizou o próprio testamento e instituiu outro herdeiro. Aberta a sucessão, apareceu o mancebo, que apenas fora prisioneiro do inimigo, e reclamou a herança perante o conselho dos centúnviros, os quais lhe deram ganho de causa".

2. SUPERVENIÊNCIA DE DESCENDENTE SUCESSÍVEL

Dispõe o art. 1.973 do Código Civil:

"*Sobrevindo descendente sucessível ao testador, que não o tinha ou não o conhecia quando testou, rompe-se o testamento em todas as suas disposições, se esse descendente sobreviver ao testador*".

O artigo em apreço contém a denominada *revogação presumida*, fundada na presunção de que o testador certamente não teria disposto de seus haveres se tivesse descendente, ou já conhecesse o existente.

Enquadram-se no citado preceito legal três hipóteses: "a) o nascimento posterior de filho, ou outro descendente (neto ou bisneto); b) o aparecimento de descendente, que o testador supunha falecido, ou cuja existência ignorava; c) o reconhecimento voluntário ou judicial do filho, ou a adoção, posteriores à lavratura do ato *causa mortis*"[3].

A primeira hipótese de ruptura ou rompimento do testamento, pois, é a do *de cujus* que, ao testar, não tinha nenhum descendente e posteriormente vem a tê-lo, havido do casamento ou não. Hoje, já não se admite a antiga classificação dos filhos em legítimos e ilegítimos. Pela atual Constituição Federal (art. 227, § 6º), todos têm iguais direitos, desde que reconhecidos. O reconhecimento pode ser voluntário ou por meio da ação de investigação de paternidade (forçado ou coativo).

Pelos mesmos motivos, dá-se, ainda, a ruptura do testamento em caso de *adoção*, não mais subsistindo as dúvidas que pairavam a esse respeito antes da atual Carta Magna. Todavia, se o testador já tem um filho, adotivo ou não, e adota, posteriormente, outro filho, o testamento não se rompe[4].

A superveniência de descendente sucessível, com efeito, só é causa de rompimento do testamento quando o autor da herança não tinha nenhum herdeiro dessa classe. Se, entretanto, já tem um e testa, a superveniência de outro descendente

---

[3] Carlos Maximiliano, *Direito das sucessões*, cit., n. 1.346, p. 190; Washington de Barros Monteiro, *Curso de direito civil*, v. 6, p. 259.
[4] *RTJ*, 84/597.

não acarreta a ruptura do testamento. Não se rompe a disposição testamentária, nesse caso, com o nascimento do *outro*: ambos dividirão entre si a legítima.

Nesse sentido a lição de Washington de Barros Monteiro: "O testamento só se rompe com a superveniência de filhos quando o testador não os tinha anteriormente; se os possuía, quando testou, o nascimento de outro não provoca a *ruptio testamenti*"[5].

De fato, o art. 1.973 retrotranscrito declara rompido o testamento quando sobrevém descendente sucessível ao testador que "*não o tinha*". Já proclamou o Supremo Tribunal Federal, na espécie, que "se o testador já tinha descendente, quando testou, o fato de surgir outro descendente não revoga o testamento, na melhor interpretação do art. 1.750 do Código Civil (*de 1916; CC/2002: art. 1.973*)"[6].

Pode ocorrer ainda a hipótese de o testador *ignorar*, ao testar, a concepção e existência de um filho, ou imaginar, enganadamente, que um seu descendente houvesse morrido. A descoberta posterior acarreta o rompimento automático, *ex vi legis*, do testamento, sem necessidade de que se o revogue. Presume-se que a ciência de tais fatos o faria testar de forma diferente da que o fez.

No entanto, se o testador souber da existência de herdeiro necessário e mesmo assim dispuser de sua quota disponível, o testamento é válido e deve ser cumprido, como estatui o art. 1.975 do Código Civil, adiante comentado.

Washington de Barros Monteiro, embora reconhecendo que alguns sustentam o inverso, manifesta o seu entendimento no sentido de que o "reconhecimento forçado do filho, a partir de sentença proferida em ação de investigação de paternidade, induz rompimento do ato de última vontade, nos termos do art. 1.973, que também prevê a hipótese de o testador não conhecer o filho quando testou"[7].

Silvio Rodrigues, por sua vez, adota posição intermédia, afirmando que, se "a ação é posterior à morte do investigado e se ficar comprovada sua ignorância da existência daquele filho, o testamento se rompe". No entanto, quando a ação investigatória é proposta em vida do investigado, "a vitória do investigante não pode romper o testamento que o não contempla. A posição de filho, reconhecida da sentença, dá-lhe direito à legítima. Mas a própria atitude hostil, ou mesmo indiferente de seu pai, revela o propósito de não alterar seu testamento, para proporcionar-lhe excessivo benefício"[8].

Em realidade, na questão do reconhecimento de filiação ocorrido após o testamento, tudo se resume, como assinala Zeno Veloso, a uma questão de prova,

---

[5] *Curso*, cit., v. 6, p. 259.
[6] *RTJ*, 45/469.
[7] *Curso*, cit., v. 6, p. 259.
[8] *Direito civil*, v. 7, p. 270.

isto é, a "apurar se o disponente, quando testou, *sabia ou não sabia* da existência do filho". Se não sabia, aduz, aplica-se o art. 1.973. O rompimento ocorre, inexoravelmente, *ope legis*. Se, porém, "sabia da existência do filho, e, mesmo assim, não o contempla nem o menciona, não há como aplicar o art. 1.973. Revogação ficta do testamento não haverá"[9].

Não destoa desse entendimento a jurisprudência, como se pode verificar: "Testamento. Rompimento. *Inadmissibilidade*. Exclusão de filho reconhecido a partir de ação de investigação de paternidade, após a morte do testador. Prova de que o *de cujus* conhecia a existência daquele filho quando testou. Omissão que significa manifestação de vontade de não contemplação naquela metade disponível"[10].

"Segundo o art. 1.793 do CC, sobrevindo descendente sucessível ao testador, que não o tinha ou não o conhecia quando testou, rompe-se o testamento em todas as suas disposições, se esse descendente sobrevier ao testador. Contudo, não se rompe testamento, se o testador, mesmo tomando conhecimento da existência de outro herdeiro necessário após ter testado, não modifica suas disposições testamentárias. Interpretação dos arts. 1.974 e 1.975 do Código Civil. Precedentes. No caso dos autos, o autor, em investigatória de paternidade, foi declarado filho do testador após a lavratura do testamento e antes da morte dele. O testador teve oportunidade de revogar o testamento, mas não o fez. Logo, deve ser respeitada sua vontade expressa ao testar sua parte disponível, resguardando a legítima dos herdeiros necessários"[11].

No tocante ao *nascituro*, é relevante, igualmente, apurar se o testador, ao tempo em que outorgou o ato de disposição de última vontade, sabia ou não que seu descendente estava concebido. Se *não sabia*, rompe-se o testamento.

O disponente pode saber ou não saber que sua mulher concebeu e aguarda um filho; ou que a mulher de um filho ou neto premorto está, ou não, grávida. A ruptura se dá com o nascimento do herdeiro, quer póstumo, quer em vida do autor da herança. Mas, como mencionado, "é fundamental, para que se opere o rompimento do testamento, que o testador ignorasse o fato"[12].

Nessa trilha, assinala CLÓVIS BEVILÁQUA que o rompimento do testamento pela superveniência de algum descendente só ocorre se o descendente não existia, ou se sua existência fosse ignorada pelo testador ao tempo em que dispõe na previsão da morte, exemplificando: "Se o testador conhecia o estado de gravidez de sua mulher, e, não obstante, dispôs em testamento de todos os seus bens, apenas

---

[9] *Comentários ao Código Civil*, v. 21, p. 369-370.
[10] *RT*, 759/330.
[11] TJRS, AC 70.076.179.043-RS, 8ª Câm. Cív., rel. Des. Rui Portanova, j. 28-6-2018.
[12] Zeno Veloso, *Comentários*, cit., v. 21, p. 372. No mesmo sentido: *RT*, 352/107.

se reduzem as disposições, para ressalvar-se a legítima; quanto couber na metade disponível será mantido"[13].

Já decidiu o *Supremo Tribunal Federal* que, *se o testador sabe que a mulher está grávida e o filho nasce, posteriormente, o testamento não se rompe*[14].

Para o testamento ser revogado nas hipóteses apontadas é fundamental que o descendente superveniente ou ignorado sobreviva ao testador, ou deixe descendência que o represente. A razão é óbvia e independe de maiores comentários. Como observa EDUARDO DE OLIVEIRA LEITE: "Se, no momento da abertura da sucessão já não existe o descendente, não se pode verificar conflito algum entre o direito deste e o da pessoa beneficiada no testamento. E, se não há conflito, não há razão para se invocar qualquer rompimento"[15].

Observe-se, por fim, que, em qualquer das hipóteses mencionadas, não se torna ineficaz unicamente a parte disponível, mas todo o testamento, no pressuposto de que, havendo descendente, a ele o testador deixaria todo o patrimônio. Em outras palavras, o rompimento torna ineficaz *todo o testamento*, restaurando-se, integralmente, a sucessão legítima.

A decisão que declara rompido o testamento porque após a sua elaboração sobrevém um filho ao testador pode ser proferida nos próprios autos de inventário, independentemente de ação própria[16].

Proclama o *Enunciado n. 643 da VIII Jornada de Direito Civil do Conselho da Justiça Federal*:

"O rompimento do testamento (art. 1.793 do Código Civil) se refere exclusivamente às disposições de caráter patrimonial, mantendo-se válidas e eficazes as de caráter extrapatrimonial, como o reconhecimento de filho e o perdão ao indigno".

3. SURGIMENTO DE HERDEIROS NECESSÁRIOS IGNORADOS, DEPOIS DO TESTAMENTO

Prescreve o art. 1.974 do Código Civil:

"*Rompe-se também o testamento feito na ignorância de existirem outros herdeiros necessários*".

O dispositivo analisado no item anterior aplica-se à hipótese de se descobrir a existência de outro herdeiro necessário, que o testador não conhecia, mas restrita

---

[13] *Código Civil dos Estados Unidos do Brasil comentado*, v. VI, p. 229.
[14] *RTJ*, 83/677.
[15] *Comentários ao novo Código Civil*, v. XXI, p. 674-675.
[16] *RT*, 639/71, 352/107, 344/144.

a descendentes. Agora, estende-se a possibilidade de ruptura também no caso dos *ascendentes* e do *cônjuge*.

Assim, por exemplo, se o filho, ao testar, ignora a existência do ascendente, que supunha estar morto, rompido estará o testamento, uma vez descoberto o erro.

O dispositivo em apreço tem aplicação, pois, ao caso do testador que supõe morto o pai, e o ascendente estava vivo, sobrevivendo ao filho; ou do testador que dispõe de seus bens pensando que não tinha avós, aparecendo, depois, um avô. Ou, numa hipótese bastante rara, citada por Zeno Veloso, se o testador acreditava "que seu cônjuge tinha falecido, mas está vivo, como, por exemplo, se estava num avião, foi dado como morto, mas escapou, e aparece, passado algum tempo"[17].

Note-se, sublinha o citado autor, que só há rompimento do testamento se o testador imaginava que não tinha *ascendente algum*, nem *cônjuge*. Diferentemente, "se o testador sabe que tem mãe viva, e testa, surgindo, depois, seu pai, que ele pensava que já havia falecido, não há rupção do testamento, ocorrendo o mesmo se o testador sabe que tem um avô, aparecendo-lhe, posteriormente, outro avô".

Se ele tem ascendente, aduz, "e sabe que tem, outorgando o testamento, tal testamento não se rompe se aparece, depois, outro ascendente. O que, por sinal, também acontece, no caso do art. 1.973, se a aparição for de outro descendente".

O rompimento representa no caso, tal como sucede na hipótese regulada no art. 1.973, homenagem prestada à vontade presumida do testador, supondo-se que, se soubesse da existência de herdeiros necessários, não teria feito o testamento, ou o teria outorgado de outra maneira, não os excluindo.

4. SUBSISTÊNCIA DO TESTAMENTO SE CONHECIDA A EXISTÊNCIA DE HERDEIROS NECESSÁRIOS

Finalmente, proclama o art. 1.975 do Código Civil:

"*Não se rompe o testamento, se o testador dispuser da sua metade não contemplando os herdeiros necessários de cuja existência saiba, ou quando os exclua dessa parte*".

Se o testador se limita a dispor de sua metade disponível, a exclusão dos herdeiros necessários não implica ruptura do testamento.

Como em vários artigos o Código Civil declara que a legítima é intangível e pertence de pleno direito aos herdeiros necessários, o dispositivo em tela é considerado ocioso e redundante pela doutrina.

---

[17] *Comentários*, cit., v. 21, p. 381-382.

A hipótese aqui tratada é diversa daquela constante no art. 1.973. Neste dispositivo cuida o legislador da situação em que o testador dispõe de seu patrimônio, e de forma integral, com comprometimento da legítima, porque *não tinha ou não sabia da existência de herdeiros necessários*. Presume o legislador que, se o soubesse, não teria disposto daquela forma e, por isso, ato contínuo, impõe o rompimento do testamento, em favor dos herdeiros necessários.

Na hipótese do art. 1.975, em comentário, não há incidência de presunção em favor dos herdeiros, porque o testador sabe da existência deles, mas, assim mesmo, não os quer contemplar. Nesse caso, não se rompe o testamento, porque ciente da existência dos herdeiros necessários, ou, mesmo prevendo a possibilidade da existência ou superveniência de filhos, ainda assim dispõe soberanamente, de acordo com sua vontade, mesmo sabedor de que a forma escolhida implicará sacrifício dos direitos destes.

O testamento, como assevera Eduardo de Oliveira Leite, "continua válido, apenas se sujeitando a ser modificado no que concerne à legítima dos herdeiros, reduzindo-se o que excede da metade disponível aos limites dela"[18].

De fato, se o testador, ao dispor livremente de seus bens, avançou na legítima do herdeiro necessário, de cuja existência tinha conhecimento, o testamento não se rompe, mas reduz-se a liberalidade, para o efeito de restaurar por inteiro a quota legalmente reservada.

---

[18] *Comentários*, cit., v. XXI, p. 677-678.

Capítulo XIV

DO TESTAMENTEIRO

> *Sumário:* 1. Conceito. 2. Natureza jurídica. 3. Espécies de testamenteiro. 4. Nomeação do testamenteiro. 5. Aceitação do encargo pelo testamenteiro. 6. Atribuições do testamenteiro. 7. Responsabilidade do testamenteiro. 8. Remuneração do testamenteiro. 9. Cessação da testamentaria.

1. CONCEITO

Testamenteiro é o executor do testamento. É a pessoa encarregada de cumprir as disposições de última vontade do testador[1].

A lei faculta ao testador encarregar pessoa de sua confiança de cumprir as disposições de sua última vontade. Pode nomear, em *testamento* ou *codicilo* (CC, art. 1.883), um ou mais testamenteiros, conjuntos ou separados, aos quais incumbe "cumprir as obrigações testamentárias e prestar contas em juízo do que recebeu e despendeu, observando-se o disposto em lei" (CPC/2015, art. 735, § 5º).

Dispõe a propósito o art. 1.976 do Código Civil:

"O testador pode nomear um ou mais testamenteiros, conjuntos ou separados, para lhe darem cumprimento às disposições de última vontade".

Diz-se que os testamenteiros são *conjuntos* quando lhes cumpre atuar ao mesmo tempo, cumulando as funções; *separados,* quando devam exercer a testamentaria uns em falta dos outros. Pode ainda ocorrer que, embora conjuntos, tenham os vários testamenteiros funções distintas, especialmente determinadas pelo testador.

O testamento, por conter a derradeira vontade da pessoa, há de ser respeitado. Em princípio, incumbiria ao herdeiro a execução do testamento, como em realidade

---

[1] Clóvis Beviláqua, *Código Civil dos Estados Unidos do Brasil comentado,* obs. 1 ao art. 1.753 do Código Civil de 1916.

foi no direito romano. Pode acontecer, entretanto, que o testador não tenha herdeiros, ou receie que os existentes possam, após sua morte, deixar seu testamento descumprido, total ou parcialmente, visando alguma vantagem. Talvez convenha aos sucessores que o próprio testamento seja julgado ineficaz, pois podem beneficiar-se com a sucessão legítima[2].

Em virtude disso, originou-se a faculdade de designar o disponente uma pessoa de sua exclusiva confiança, encarregada de fazer cumprir o seu testamento. Foi na Idade Média que a instituição do *executor do testamento* adquiriu consistência. E o nosso antigo direito o conheceu, dando-lhe o nome de *testamenteiro*[3].

Denomina-se *testamentaria* o conjunto de funções que se enfeixam na pessoa do testamenteiro, constituindo o estatuto deste, seu complexo de direitos e obrigações[4].

2. NATUREZA JURÍDICA

A natureza jurídica da testamentaria é plena de controvérsias. Várias teorias procuram explicá-la, vislumbrando semelhanças com outros institutos. Destacam-se as do mandato, da tutela, da representação, do ofício privado e a do instituto *sui generis*.

A teoria do *mandato* é a tradicional, defendida por grande número de doutrinadores, que consideram ter o testamenteiro recebido um mandato do testador com poderes bastantes para fiscalizar o cumprimento de seu testamento. Tal ponto de vista não tem, todavia, consistência, pois o mandato cessa com a morte do mandante (CC, art. 682, III), enquanto o exercício da testamentaria tem início justamente com o óbito do testador, suposto mandante.

Diante disso, procuraram os adeptos dessa teoria afastar a objeção, argumentando que se trata de espécie peculiar de mandato, que não se extingue com a morte do mandante, um mandato *post mortem* ou mandato sem representação. Ora, o mandato só pode resultar de ato *inter vivos*. E ainda que o nosso direito admitisse o mandato *post mortem*, sem representação, teria de resultar de um contrato[5].

Segundo Carlos Maximiliano, "o testamenteiro não é mandatário do testador, muito menos o será dos herdeiros, porquanto fiscaliza a conduta dos

---

[2] Silvio Rodrigues, *Direito civil*, v. 7, p. 273-274.
[3] Caio Mário da Silva Pereira, *Instituições de direito civil*, v. VI, p. 312.
[4] Washington de Barros Monteiro, *Curso de direito civil*, v. 6, p. 261.
[5] Orlando Gomes, *Sucessões*, p. 251; Washington de Barros Monteiro, *Curso*, cit., v. 6, p. 262.

mesmos em relação ao espólio, aciona-os, até por dívidas e pela posse do acervo, e defende contra eles a validade do testamento"[6].

Não colhe também a teoria da *tutela*, pois esta se caracteriza como um *munus* público, enquanto na testamentaria o interesse que prevalece é o particular. Assim, na tutela o tutor só pode repelir a nomeação se tiver escusa legítima, ao passo que, na testamentaria, o testamenteiro pode recusá-la sem qualquer restrição, silenciando mesmo sobre as razões de sua recusa[7].

Por sua vez, a teoria da *representação*, defendida entre nós por CAIO MÁRIO DA SILVA PEREIRA[8], funda-se na ideia de que o testamenteiro, nomeado pelo testador ou pelo juiz, é um representante que não é mandatário, porém investido de poderes que, em linhas gerais, lhe vêm da lei, apenas acrescidos ou alterados pela vontade do testador, com aspectos supletivos. É a vontade do testador que ele cumpre, procedendo em nome dele, sob supervisão judicial.

O conceito de representação, todavia, não se ajusta às funções do testamenteiro, porque supõe ação em nome e no interesse do representado. Se o testamenteiro é representante do testador, cujos interesses conflitam, muitas vezes, com os do herdeiro, como explicar o fato de este último poder ser nomeado executor testamentário?

Para a teoria do *ofício privado*, a testamentaria é considerada um conjunto de poderes atribuídos em lei a determinada pessoa e que se apresentam, do mesmo modo, como deveres. O testador exerce, em suma, verdadeiro *munus*, oriundo de negócio unilateral, em nome próprio, com poderes e deveres peculiares. Contudo, não está obrigado a aceitá-lo. Seria, em resumo, um ofício de *assunção facultativa*, o que acertadamente ORLANDO GOMES considera uma anomalia[9].

Parece, no entanto, desnecessária a preocupação de procurar filiar a testamentaria a outros institutos. Trata-se, em realidade, de instituição autônoma, *sui generis*, regida por normas peculiares e próprias, que não se confunde com outras conhecidas, embora tenha com elas algumas semelhanças. Constitui um encargo imposto a alguém, em quem se confia, para que este fiscalize o cumprimento do ato de última vontade do testador, vindo a ser o agente de execução dessa vontade, para que o disponente sobreviva à própria extinção[10].

Nessa linha, pondera CARLOS MAXIMILIANO que a testamentaria não é um mandato, mas um instituto *sui generis*, ao qual por *analogia* se aplicam os preceitos

---

[6] *Direito das sucessões*, v. III, n. 1.361, p. 205.

[7] Silvio Rodrigues, *Direito civil*, cit., v. 7, p. 275.

[8] *Instituições*, cit., v. VI, p. 316-317.

[9] *Sucessões*, cit., p. 252.

[10] Washington de Barros Monteiro, *Curso*, cit., v. 6, p. 262; Silvio Rodrigues, *Direito civil*, cit., v. 7, p. 275.

concernentes ao mandato civil. Trata-se de "um cargo de ordem privada e de natureza toda especial, inconfundível com qualquer convenção sinalagmática, pois no Brasil não se admite nenhum contra *causa mortis*"[11].

3. ESPÉCIES DE TESTAMENTEIRO

Levando em consideração o modo como é indicado, o testamenteiro chama-se *instituído* quando nomeado pelo testador. O nomeado pelo juiz denomina-se *dativo*.

Estatui o art. 735, § 4º, do Código de Processo Civil que, se não houver testamenteiro nomeado, estiver ele ausente ou não aceitar o encargo, "o juiz nomeará testamenteiro dativo, observando-se a preferência legal". Esta é a determinada no art. 1.984 do Código Civil: a execução testamentária será deferida a um dos cônjuges, e, em falta destes, ao herdeiro ou a pessoa estranha.

Testamenteiro *universal* é aquele a quem se confere a posse e a administração da herança ou de parte dela; *particular* é o que não desfruta desses direitos, por não tê-los ou havê-los perdido. Neste caso, cabe-lhe exigir dos herdeiros os meios necessários para cumprir as disposições testamentárias, recorrendo às medidas judiciais, se necessário.

O art. 1.977, *caput*, do Código Civil faculta ao testador a prerrogativa de conceder ao testamenteiro, que nomear, a posse e a administração da herança, ou de parte dela. Dispõe:

"*O testador pode conceder ao testamenteiro a posse e a administração da herança, ou de parte dela, não havendo cônjuge ou herdeiros necessários*".

A ideia é facilitar ao nomeado desvencilhar-se da incumbência, pois mais fácil lhe será pagar legados e executar encargos tendo a posse da herança do que se isso não ocorrer[12].

Todavia, a faculdade concedida ao testador não é irrestrita, pois só pode ele conferir a posse da herança ao testamenteiro, como consta do dispositivo supratranscrito, se não houver cônjuge sobrevivente, descendentes e ascendentes, ou se estes não a quiserem ou não puderem exercê-la, pois cabe a eles, preferencialmente, a posse e a administração da herança.

Confira-se, nesse sentido, decisão do *Tribunal de Justiça de São Paulo*: "Testamento. Posse e administração da herança e, em consequência, da função de inventariante. Cláusula de concessão ao testamenteiro. Inadmissibilidade. Existência de viúva-meeira e herdeiros necessários. O testador só pode conceder ao

---

[11] *Direito das sucessões*, cit., v. III, n. 1.361, p. 205-206.
[12] Silvio Rodrigues, *Direito civil*, cit., v. 7, p. 277.

testamenteiro a posse e administração da herança, ou de parte dela, se não haja cônjuge meeiro nem herdeiro necessário. Inexistência de conflito com o art. 990 do CPC (de 1973; CPC/2015, art. 617)"[13].

Preleciona a esse respeito PONTES DE MIRANDA: "Se o cônjuge supérstite não é meeiro, mas há herdeiros necessários, é nula, de nulidade absoluta, pronunciável em ofício, a cláusula que atribua ao testamenteiro a posse e administração da herança. Se o testador nomeou testamenteiro e lhe deu posse e administração dos bens, havendo cônjuge meeiro ou herdeiro necessário, vale a cláusula de nomeação e é nula a de atribuição da posse e administração ao testamenteiro que cônjuge não é nem herdeiro (...) 'Se há cônjuge meeiro ou herdeiro necessário, somente na falta acidental deles pode ter validade a cláusula de posse e administração do testamenteiro'"[14].

O art. 1.977 do Código Civil estabelece que, se houver herdeiros necessários, ou seja, descendentes, ascendentes ou cônjuge sobrevivente, de quem o *de cujus* não estava separado, ou, ainda, companheiro, nas mesmas condições, aos últimos cabe, até o compromisso do inventariante, a posse e a administração da herança.

A restrição imposta à liberdade do testador no citado art. 1.977, *caput*, do estatuto civil é ainda mais ampla, como se observa do disposto no parágrafo único do aludido dispositivo, segundo o qual os herdeiros, parentes colaterais do *de cujus*, ou instituídos no testamento, podem requerer partilha imediata, ou devolução da herança, entrando na posse efetiva dos bens hereditários, desde que habilitem o testamenteiro com os meios necessários para o cumprimento dos legados, ou dando caução de prestá-los.

A justificativa da regra, segundo SILVIO RODRIGUES, é óbvia. "Se a posse da herança foi concedida ao testamenteiro, em detrimento do herdeiro, para facilitar àquele o cumprimento dos legados, a razão não mais incide quando o herdeiro fornece, ou garante fornecer, ao testamenteiro, os meios bastantes para pagar os legados. Isso ocorrendo, atende-se ao interesse dos herdeiros, que são os donos do espólio, deferindo-lhes a imediata partilha, ou a devolução dos bens, porque se assegurou ao testamenteiro os meios para desincumbir-se de sua tarefa"[15].

Segundo o art. 1.978 do Código Civil:

"*Tendo o testamenteiro a posse e a administração dos bens, incumbe-lhe requerer inventário e cumprir o testamento*".

Compete-lhe, assim, na dupla qualidade de inventariante, se também para esse cargo for nomeado, e testamenteiro, iniciando o inventário, prestar primeiras

---

[13] *RJTJSP*, 136/363.
[14] *Tratado de direito privado*, t. 56, § 5.589, n. 2, p. 35-36, e n. 6, p. 47.
[15] *Direito civil*, cit., v. 7, p. 278.

e últimas declarações, cobrar dívidas ativas, propor ações em nome do espólio, pedir venda de bens, defender a validade do testamento, contratar advogado, pagar débitos, recolher impostos etc.[16].

4. NOMEAÇÃO DO TESTAMENTEIRO

Qualquer pessoa natural, homem ou mulher, solteira ou casada, desde que idônea e capaz, pode ser nomeada testamenteira. Não podem exercer esse *munus* privado, por conseguinte, os menores, os absoluta ou relativamente incapazes, mesmo representados ou assistidos pelos seus representantes legais, e os interditos. A mulher casada não precisa da autorização do marido para aceitar o encargo.

A responsabilidade não pode, entretanto, ser deferida a pessoa jurídica, por ser personalíssima. Ao dispor que a testamentaria é *indelegável*, o art. 1.985 do Código Civil ressalta o seu cunho *intuitu personae*. Nada impede, contudo, como dispõe o aludido artigo, que o testamenteiro faça-se "*representar em juízo e fora dele mediante mandatário com poderes especiais*".

A nomeação do testamenteiro pelo testador é feita, em regra, no *próprio testamento*. Mas pode constar, igualmente, de *codicilo* (CC, art. 1.883).

O exercício da testamentaria pode ser cometido a um ou mais testamenteiros, "*conjuntos ou separados*", como prescreve o art. 1.976 do Código Civil. Nomeados mais de um, importa saber se o foram solidária, conjunta ou sucessivamente. Se houver *solidariedade*, pode cada nomeado agir como bem entender, respondendo todos por seus atos. Se devem atuar *conjuntamente*, nenhum deles tem o direito de exercer sozinho o encargo. Sendo a nomeação em *ordem sucessiva*, deve assumi-lo o primeiro designado, chamando-se o segundo, se não aceitou, e assim por diante[17].

Embora alguns autores considerem não obrigatória a nomeação de testamenteiro, consistindo apenas em faculdade outorgada ao testador, que poderá dela valer-se, ou dispensá-la para, por exemplo, não pagar a remuneração devida, impõe a lei tal nomeação, como se infere do art. 1.984 do Código Civil, que proclama:

"*Na falta de testamenteiro nomeado pelo testador, a execução testamentária compete a um dos cônjuges, e, em falta destes, ao herdeiro nomeado pelo juiz*".

O legislador, quando se referiu *a um dos cônjuges*, quis por óbvio dizer *cônjuge sobrevivente*. O juiz deve cogitar de nomeá-lo, em primeiro lugar, ou, numa interpretação extensiva do texto, de nomear o *companheiro*, se o *de cujus* vivia em união

---

[16] Washington de Barros Monteiro, *Curso*, cit., v. 6, p. 265.
[17] Orlando Gomes, *Sucessões*, cit., p. 252.

estável. Só na falta de cônjuge ou companheiro é que pode atribuir o encargo a qualquer herdeiro.

Se não houver pessoa nessas condições, a investidura caberá a um estranho, apelidado de *testamenteiro dativo*, uma vez que as disposições testamentárias não podem ficar sem executor testamentário, designado pelo juiz, na falta de nomeação pelo próprio disponente[18].

Preceitua, ainda, o retrotranscrito art. 735, § 4º, *in fine*, do Código de Processo Civil de 2015 que, se, porventura, não houver testamenteiro nomeado ou se ele estiver ausente ou não aceitar o encargo, cabe ao juiz nomear *testamenteiro dativo*, recaindo a preferência em quem estiver em condições de ser inventariante.

Não pode desempenhar o encargo quem, a rogo do testador, escreveu o testamento, estendendo-se a proibição a seu descendente, ascendente, cônjuge, companheiro e irmão. Embora alguns admitam a investidura, nesse caso, se o nomeado renunciar à vintena, em nenhuma hipótese, todavia, se deve aceitá-la. Tolerá-la seria indiretamente sancionar a irregularidade da nomeação[19].

5. ACEITAÇÃO DO ENCARGO PELO TESTAMENTEIRO

A pessoa nomeada para exercer a testamentaria pode, livremente, aceitar ou recusar a nomeação. Ao contrário da tutela, que é encargo público, a testamentaria é *munus privatum*, como já foi dito, função que ninguém é obrigado a exercer, senão por anuência livre.

A aceitação será *expressa* quando o nomeado o declare; *tácita*, quando inicia a execução testamentária sem algum pronunciamento; *presumida*, se aceita legado a ele feito para esse fim[20].

Normalmente, a *recusa* não precisa ser justificada, nem obedece à forma determinada. Uma vez, porém, aceita a testamentaria, a *renúncia* tem de ser motivada. Malgrado a lei não enuncie as *escusas*, é admissível que só possa o testamenteiro deixar o encargo justificadamente[21].

Preceitua o art. 735 do Código de Processo Civil que a aceitação da testamentaria deve constar de um termo, subscrito pelo juiz e pelo testamenteiro, que deve ser intimado pelo escrivão a comparecer em cartório e assiná-lo. O testamenteiro deverá cumprir as disposições testamentárias e prestar contas em juízo do que recebeu e despendeu, observando-se o disposto em lei.

---

[18] Washington de Barros Monteiro, *Curso*, cit., v. 6, p. 263.
[19] Orlando Gomes, *Sucessões*, cit., p. 252-253.
[20] Caio Mário da Silva Pereira, *Instituições*, cit., v. VI, p. 313.
[21] Orlando Gomes, *Sucessões*, cit., p. 253.

6. ATRIBUIÇÕES DO TESTAMENTEIRO

Ao testamenteiro incumbe, em síntese, a execução do testamento, mediante o exercício das atribuições conferidas pelo testador. Quando não especificadas no ato de última vontade, cumpre-lhe praticar os atos que a lei menciona destacadamente como próprios da testamentaria.

Deve, primeiro, *apresentar em juízo* o testamento, para serem cumpridas as formalidades de abertura ou publicação, registro e ordem de cumprimento. Se o instrumento estiver em poder de outra pessoa, pode requerer ao juiz que ordene a sua intimação para que o exiba em juízo (CC, art. 1.979).

Deve o testamenteiro, ainda, em segundo lugar, registrado o testamento, *dar execução às suas disposições* em cento e oitenta dias, contados da aceitação da testamentaria, se o testador não lhe concedeu mais prazo ou não ocorreu a sua prorrogação por *"motivo suficiente"* (CC, art. 1.983 e parágrafo único).

É intuitivo que o mencionado prazo deverá ser dilatado se porventura instaurar-se litígio acerca da herança. Nesse caso, os seis meses começarão a fluir da data em que findar o pleito judicial. Pode ainda o juiz prorrogar o termo, desde que complexos os interesses ligados à herança e não tenha sido possível ao testamenteiro solucioná-los no prazo concedido[22].

Em terceiro lugar, compete ao testamenteiro *defender a validade do testamento*. Preceitua o art. 1.981 do Código Civil: *"Compete ao testamenteiro com ou sem o concurso do inventariante e dos herdeiros instituídos, defender a validade do testamento".*

Se os herdeiros se desinteressam em defender o testamento, cumpre ao testamenteiro fazê-lo. Os termos imperativos da lei evidenciam que tem ele de defender o testamento, com a *legitimatio ad causam* para propugnar seu cumprimento, e passiva para sustentar sua validade total ou parcial, contra qualquer investida[23].

Cumpre-lhe, pois, não importam as circunstâncias, pugnar pela subsistência do testamento, não lhe sendo lícito transigir acerca da validade do ato. Falece-lhe qualidade para confessar a sua nulidade ou pleitear o seu não cumprimento. Quem não está disposto a sustentar a validade do testamento, por não sentir a necessária convicção, "não pode continuar no cargo de testamenteiro", como afirma PONTES DE MIRANDA[24]. Deve, assim, renunciar.

Nas ações de nulidade, de anulação e de ineficácia do testamento, é indispensável a citação, além dos herdeiros testamentários e dos legatários, também do testamenteiro, sob pena de nulidade do processo. Já se decidiu, porém, ser

---

[22] Washington de Barros Monteiro, *Curso*, cit., v. 6, p. 265.
[23] Caio Mário da Silva Pereira, *Instituições*, cit., v. VI, p. 319.
[24] *Tratado dos testamentos*, v. 5, n. 2.230, p. 238.

424

desnecessária, na ação de petição de herança, a citação dos herdeiros e do testamenteiro, desde que o inventariante não seja dativo, pois representa o espólio[25].

Se o testamenteiro é universal, o que lhe garante a posse e a administração da herança, poderá agir de forma isolada, independentemente da participação dos herdeiros instituídos. Poderá, assim, figurar como autor ou réu, assistente ou oponente, apresentar-se em qualquer estado da causa, tanto na primeira como na segunda instância, intervir em quaisquer incidentes, como o de habilitação de herdeiros contra o disposto no testamento, recorrer da sentença de partilha contra a vontade do testador, podendo contratar advogado no desempenho dessa atribuição por conta do espólio[26].

Em quarto lugar, incumbe ao testamenteiro *exercer as funções de inventariante*, quando lhe forem concedidas a posse e a administração da herança, ou não haja cônjuge nem herdeiros necessários. Nesse mister, encarrega-se do pagamento dos legados e do cumprimento dos demais encargos da herança. Cumpre as determinações do testador, com os recursos da herança em seu poder, e em seu próprio nome. Havendo necessidade de vender bens do espólio, para fazer face aos encargos da testamentaria, faz-se necessário obter prévia autorização do juiz, sendo, contudo, lícito ao herdeiro provê-lo do numerário, e adjudicar o bem.

Em nenhuma hipótese o testamenteiro vende bens do acervo, por alvedrio próprio. Embora tenha a posse e administração do espólio, até mesmo quando pretende pagar legados de dinheiro, se este não existe em quantidade suficiente no monte partível, o executor de última vontade requer ao juiz que lhe faculte alienar o indispensável para cumprir a testamentaria, ouvidos os herdeiros. Se não é inventariante, limita-se o testamenteiro a promover a venda[27].

O testamenteiro deve ser citado para o inventário e ouvido em todos os atos e termos do processo (CPC/2015, art. 735, § 3º). Poderá demitir-se do cargo, alegando ao juiz causa legítima, mas não pode adquirir bens da herança nem em hasta pública (CC, art. 497, I).

É o testamenteiro obrigado, igualmente, em quinto lugar, a *prestar contas da testamentaria*, submetendo-as ao juiz em forma contábil, com a inscrição das despesas a débito da herança e os haveres e rendimentos recebidos ao respectivo crédito (CC, art. 1.980).

Para cumprir o testamento e prestar contas da testamentaria, terá o executor, como mencionado, cento e oitenta dias, contados da aceitação da testamentaria, se lhe não for concedido maior prazo pelo testador ou não for prorrogado por motivo suficiente (CC, art. 1.983 e parágrafo único).

---

[25] *RT*, 177/275.
[26] Eduardo de Oliveira Leite, *Comentários ao novo Código Civil*, v. XXI, p. 694.
[27] Carlos Maximiliano, *Direito das sucessões*, cit., v. III, n. 1.382, p. 227.

As contas serão apresentadas em forma mercantil, especificando-se as receitas e a aplicação das despesas, bem como o respectivo saldo; e serão instruídas com os documentos justificativos, como determina o art. 917 do diploma processual civil.

Não se pode exigir que o testamenteiro desembolse dinheiro seu para bem exercer as funções testamentárias. Todas as despesas efetuadas no exercício de suas atribuições serão satisfeitas pelo acervo hereditário, podendo levá-las ao seu crédito, inclusive as decorrentes dos honorários que pagou ao advogado contratado para intervir no processo e pugnar pela subsistência do testamento.

Ao juiz compete apreciar a prestação de contas, glosando despesas ilegalmente feitas e que não se achem devidamente justificadas. Pode o testamenteiro inclusive ser removido, perdendo o prêmio deixado pelo testador, se houver glosa de verbas despendidas irregularmente.

O saldo apurado contra o testamenteiro na prestação de contas será reclamado nos próprios autos, como nas execuções de sentenças (CPC/2015, art. 552).

Para a *3ª Turma do Superior Tribunal de Justiça*, o herdeiro não precisa especificar, detalhadamente, as razões pelas quais exige as contas, fundamentando que: "Em se tratando de inventário, é desnecessária a propositura de ação autônoma de exigir contas, pois o próprio CPC estabeleceu um regime próprio, incidentalmente ao inventário, diante da existência de um dever legal de prestar contas imposto ao inventariante, sendo despiciendo investigar, previamente, se existe ou não o dever de prestar as contas"[28]. *Compete ao testamenteiro, por fim, velar pela conservação e aproveitamento dos bens da herança.*

Além das atribuições até agora mencionadas, cabe ao testamenteiro mais "*as que lhe conferir o testador, nos limites da lei*" (CC, art. 1.982).

Desse modo, pode o testamenteiro estar investido de faculdades ou deveres estabelecidos pelo falecido, como os referentes ao custeio de educação dos filhos do disponente, ou outros. A aceitação do testamento, nesses casos, envolve as respectivas incumbências, de que tem de dar contas também[29].

7. RESPONSABILIDADE DO TESTAMENTEIRO

Preceitua o art. 1.980 do Código Civil que o testamenteiro é obrigado a cumprir as disposições testamentárias, no prazo marcado pelo testador, "*subsistindo sua responsabilidade enquanto durar a execução do testamento*".

---

[28] STJ, REsp 1.931.806-RJ, 3ª T., rel. Min. Nancy Andrighi, *DJe* 15-12-2023.
[29] Caio Mário da Silva Pereira, *Instituições*, cit., v. VI, p. 320-321.

Como encarregado de cumprir a vontade manifestada pelo testador e fazê-la produzir os efeitos almejados, o testamenteiro tem deveres, que implicam responsabilidade, a cumprir.

Em relação aos *herdeiros*, elas sobressaem quando se trata de testamenteiro universal, pelo fato de serem mais amplas as suas obrigações. Responde, assim, o testamenteiro pelos haveres a ele entregues, pelos danos causados por culpa sua, e ainda pelos prejuízos decorrentes de sua omissão, como no caso de direitos que deixou prescrever, créditos de cuja cobrança se omitiu etc.

Em relação aos *legatários*, a sua responsabilidade está ligada ao cumprimento dos legados, envolvendo desde as diligências necessárias a identificar e encontrar os favorecidos, até a efetiva entrega do objeto[30].

Responde ainda o testamenteiro por perdas e danos que causar aos herdeiros e legatários, na forma do direito comum, pelos abusos que cometer[31].

8. REMUNERAÇÃO DO TESTAMENTEIRO

O testamenteiro tem direito a um prêmio, que se denomina *vintena*, pelos serviços prestados. O seu montante é fixado livremente pelo testador. Se não o taxar, será arbitrado pelo juiz, entre os limites de 1% a 5% sobre toda *a herança líquida*, ou seja, sobre o saldo remanescente depois de pagas todas as despesas, conforme a importância dela e a maior ou menor dificuldade na execução do testamento, salvo disposição testamentária em contrário, sendo deduzido da metade disponível quando houver herdeiros necessários.

Dispõe, efetivamente, o art. 1.987 do Código Civil:

"Salvo disposição testamentária em contrário, o testamenteiro, que não seja herdeiro ou legatário, terá direito a um prêmio, que, se o testador não o houver fixado, será de um a cinco por cento, arbitrado pelo juiz, sobre a herança líquida, conforme a importância dela e maior ou menor dificuldade na execução do testamento.

Parágrafo único. O prêmio arbitrado será pago à conta da parte disponível, quando houver herdeiro necessário".

A testamentaria é, pois, função remunerada. Somente o herdeiro, ou legatário, a exercerá desinteressadamente, mas o testador poderá, se o desejar, fixar remuneração para o herdeiro instituído, ou legatário.

O herdeiro a que se refere o art. 1.987 do Código Civil é o *instituído*, pois o legítimo tem direito à vintena na medida em que recebe a herança por determinação legal, não estando obrigado a exercer gratuitamente o cargo. O herdeiro instituído e o legatário, ao contrário, não podem reclamar a vintena porque se presume que

---

[30] Caio Mário da Silva Pereira, *Instituições*, cit., v. VI, p. 321.
[31] Enneccerus, Kipp e Wolff, *Derecho de sucesiones*, v. II, § 118.

a deixa testamentária lhes foi concedida justamente para retribuir os esforços realizados na execução do testamento[32].

Estabelece o art. 1.988 do Código Civil que "*o herdeiro ou o legatário nomeado testamenteiro poderá preferir o prêmio à herança ou ao legado*".

Como esclarece SILVIO RODRIGUES, "pode ocorrer que, em virtude do vulto da herança e da modéstia do legado, ao testamenteiro mais convenha renunciar a este para pleitear o prêmio. Nada obsta que, antes da renúncia, solicite ao juiz que fixe a taxa da vintena, para depois declarar se prefere esta ou o legado. É possível, por exemplo, que, fixada em um por cento a vintena, prefira o testamenteiro o legado, abrindo mão da vintena; por outro lado, se o juiz fixar a vintena em cinco por cento, é provável que o testamenteiro prefira recebê-la, abrindo mão do legado"[33].

Mesmo que as dívidas absorvam todo o acervo, o testamenteiro não ficará sem remuneração, pois esta sairá do monte e será, assim, suportada pelos credores.

Prescreve o art. 1.989 do Código Civil que "*reverterá à herança o prêmio que o testamenteiro perder, por ser removido ou por não ter sido cumprido o testamento*".

O testamenteiro é removido quando faz despesas ilegais, ou não conformes ao testamento; quando é negligente ou prevaricador; e quando não ultima, por culpa sua, o inventário no prazo que lhe for marcado. O prêmio reverte à herança, mas o substituto terá direito à remuneração pelo trabalho prestado[34].

A vintena é perdida em casos de: a) remoção, por terem sido glosadas as despesas por ilegais ou não conformes ao testamento; b) remoção por negligência, em razão de não ter sido cumprido o testamento (CC, art. 1.989); c) não promoção da inscrição da hipoteca legal (art. 1.497); d) incapacidade superveniente, como a interdição.

9. CESSAÇÃO DA TESTAMENTARIA

A testamentaria termina[35]:

a) pela conclusão do encargo, quando encerram-se as suas funções, comprovando-se o seu cabal cumprimento mediante a prestação de contas;

b) pelo esgotamento do prazo, salvo prorrogação "*se houver motivo suficiente*" (CC, art. 1.983, parágrafo único);

---

[32] Silvio Rodrigues, *Direito civil*, cit., v. 7, p. 280-281.

[33] *Direito civil*, cit., v. 7, p. 282.

[34] Eduardo de Oliveira Leite, *Comentários*, cit., v. XXI, p. 708.

[35] Caio Mário da Silva Pereira, *Instituições*, cit., v. VI, p. 324.

c) pela morte do testamenteiro, uma vez que o *munus* tem caráter personalíssimo, sendo indelegável e intransferível aos sucessores (art. 1.985);

d) pela renúncia, em ocorrendo motivo justo e aceito pela autoridade judiciária;

e) pela superveniência de motivo que incapacite o testamenteiro para a testamentaria;

f) pela anulação do testamento;

g) pela destituição por decreto judicial, nos casos em que tenha cabimento.

Os casos em que tem cabimento a *destituição do testamenteiro* por decreto judicial não são mencionados expressamente no Código Civil, salvo a hipótese do art. 1.989. Mas há ainda os seguintes casos, em que se justifica a *destituição*[36]:

a) se ao testamenteiro forem glosadas as despesas por ilegais ou em discordância com o testamento;

b) se o testamenteiro não cumprir as disposições testamentárias;

c) se promover interesses contrários aos do espólio, por exemplo, aceitando procuração e iniciando contra este ação de cobrança;

d) por incapacidade superveniente, como a interdição.

A destituição é decretada a requerimento dos interessados, inclusive do Ministério Público, podendo dar-se ainda *ex officio*. Da decisão proferida cabe recurso de apelação fundado no art. 1.009 do estatuto processual de 2015.

---

[36] Washington de Barros Monteiro, *Curso*, cit., v. 6, p. 272.

Título IV

DO INVENTÁRIO E DA PARTILHA

Capítulo I

DO INVENTÁRIO

Sumário: 1. Introdução. 2. Conceito de inventário. 3. Bens que não se inventariam. 4. Abertura do inventário judicial. 5. Espécies de inventário. 6. Inventário negativo. 7. Inventariança. 7.1. Nomeação do inventariante. 7.2. Atribuições do inventariante. 7.3. Remoção e destituição do inventariante. 8. Processamento do inventário. 8.1. Foro competente. 8.2. Pedido de abertura. 8.3. Prestação das primeiras declarações. 8.4. Citação dos interessados. 8.5. Fase das impugnações. Questões de alta indagação. 8.6. Avaliação dos bens inventariados. 8.7. Últimas declarações do inventariante. 8.8. Liquidação dos impostos. 9. Fase da partilha. 10. Arrolamento sumário. 10.1. Conceitos e requisitos. 10.2. Fases processuais. 10.3. Eliminação de termos e dispensa de avaliação. 11. Arrolamento comum. 11.1. Conceito e requisitos. 11.2. Plano de partilha. 12. Inventário administrativo. 12.1. Introdução. 12.2. Caráter facultativo do procedimento administrativo. 12.3. Dispensa de homologação judicial da partilha. 12.4. Partes interessadas. 12.5. Lavratura de escritura pública por tabelião de notas. 12.6. Assistência de advogado. 12.7. Sobrepartilha pela via administrativa. 12.8. Inventário negativo. 12.9. Alvará para levantamento ou recebimento de valores.

1. INTRODUÇÃO

Tendo em vista que os procedimentos do inventário e do arrolamento encontram-se disciplinados no Código de Processo Civil, o estatuto civil, para evitar a superposição do tema, limitou-se a proclamar em um só artigo, o de n. 1.991, no

430

capítulo intitulado "Do Inventário": *"Desde a assinatura do compromisso até a homologação da partilha, a administração da herança será exercida pelo inventariante".*

Este último título do Livro V, concernente ao direito das sucessões, contém sete capítulos: I – Do Inventário; II – Dos Sonegados; III – Do Pagamento das Dívidas; IV – Da Colação; V – Da Partilha; VI – Da Garantia dos Quinhões Hereditários; VII – Da Anulação da Partilha.

Destacam-se em importância os capítulos atinentes aos sonegados e às colações.

2. CONCEITO DE INVENTÁRIO

Aberta a sucessão, a herança transmite-se, desde logo, aos herdeiros legítimos e testamentários (CC, art. 1.784), malgrado os bens imóveis permaneçam ainda em nome do *de cujus* no Registro de Imóveis. É necessário, então, proceder-se ao inventário, isto é, à relação, descrição e avaliação dos bens deixados, e à subsequente partilha, expedindo-se o respectivo formal.

A palavra "inventário" deriva do latim *inventarium*, de *invenire*, que significa achar, encontrar, sendo empregada no sentido de relacionar, descrever, enumerar, catalogar o que "for encontrado", pertencente ao morto, para ser atribuído aos seus sucessores[1].

Embora os herdeiros adquiram a propriedade desde a abertura da sucessão, os seus nomes passam a figurar no Registro de Imóveis somente após o registro do formal de partilha. Tal registro é necessário para manter a *continuidade* exigida pela Lei dos Registros Públicos (Lei n. 6.015, de 31-12-1973, art. 195).

A abertura da sucessão instaura entre os herdeiros um verdadeiro condomínio sucessório, um estado de comunhão, relativamente aos bens do acervo hereditário, que só cessará com a partilha. A tão só constatação dessa realidade é suficiente a revelar a importância capital do processo de inventário, que tende a pôr fim à situação de indivisão do espólio, considerada fonte de litígio e de permanente tensão[2].

Ninguém, todavia, pode ser obrigado a permanecer em estado de indivisão, porque esta, além de repugnar ao princípio da justiça, é antieconômica e atentatória da harmonia social. Por essa razão, ITABAIANA DE OLIVEIRA realça a importância social do inventário e da partilha, dizendo que "individualizam o direito de domínio, desembaraçam as transações de ordem civil, impedem as discórdias e dificultam os litígios"[3].

---

[1] Caio Mário da Silva Pereira, *Instituições de direito civil*, v. VI, p. 369.
[2] Eduardo de Oliveira Leite, *Comentários ao novo Código Civil*, v. XXI, p. 712.
[3] *Tratado de direito das sucessões*, v. III, § 772, p. 9-10.

No inventário, apura-se o patrimônio do *de cujus*, cobram-se as dívidas ativas e pagam-se as passivas. Também avaliam-se os bens e pagam-se os legados e o imposto *causa mortis*. Após, procede-se à partilha.

Inventário, pois, no sentido restrito, é o rol de todos os haveres e responsabilidades patrimoniais de um indivíduo; na acepção ampla e comum no foro, ou seja, no sentido sucessório, é o processo no qual se descrevem e avaliam os bens de pessoa falecida, e partilham entre os seus sucessores o que sobra, depois de pagos os impostos, as despesas judiciais e as dívidas passivas reconhecidas pelos herdeiros[4].

Em suma, o inventário tratado no presente capítulo é o processo judicial tendente à relação, descrição, avaliação e liquidação de todos os bens pertencentes ao *de cujus* ao tempo de sua morte, para distribuí-los entre seus sucessores[5].

Dispõe o art. 610 do Código de Processo Civil: "Havendo testamento ou interessado incapaz, proceder-se-á ao inventário judicial". Aduz o § 1º: "Se todos forem capazes e concordes, o inventário e a partilha poderão ser feitos por escritura pública, a qual constituirá documento hábil para qualquer ato de registro, bem como para levantamento de importância depositada em instituições financeiras".

O inventário judicial constitui processo de caráter contencioso e deve ser instaurado no domicílio do autor da herança (CPC/2015, art. 48). Afastou-se o legislador da classificação do diploma processual de 1939, onde a matéria era considerada como de jurisdição voluntária. A regra, hoje, é a contenciosidade, em razão da possibilidade de haver litígio entre os interessados na herança, tanto na primeira fase, de declaração dos bens, quanto nas subsequentes, de habilitação dos herdeiros, avaliação dos bens e partilha dos quinhões, exigindo julgamento e não simples homologação judicial, malgrado possam as partes transigir e realizar partilha amigável, desde que sejam maiores e capazes.

O inventário, segundo o escólio de Euclides de Oliveira e Sebastião Amorim, constitui "processo judicial de caráter contencioso, em que são interessados o cônjuge supérstite (ou o companheiro), herdeiros, sucessores por testamento (herdeiros e legatários), contemplados em codicilos, o Ministério Público (quando houver testamento, incapazes, ausentes ou Fundação), o testamenteiro, a Fazenda Pública, credores, bem como outras pessoas jurídicas e naturais que, de qualquer forma, possam ter direitos em relação ao espólio"[6].

O inventário, judicial ou administrativo, é indispensável mesmo que o falecido tenha deixado um único herdeiro. Nessa hipótese não se procede à partilha, mas apenas à *adjudicação* dos bens a este.

---

[4] Carlos Maximiliano, *Direito das sucessões*, v. III, n. 1.424, p. 268.

[5] Maria Helena Diniz, *Curso de direito civil brasileiro*, v. 6, p. 420; Silvio Rodrigues, *Direito civil*, v. 7, p. 285; Itabaiana de Oliveira, *Tratado*, cit., v. III, § 775, p. 10.

[6] *Inventários e partilhas*, p. 337-338.

Dispõe o art. 659 do Código de Processo Civil, na Seção IX, que cuida do *arrolamento*:

"Art. 659. A partilha amigável, celebrada entre partes capazes, nos termos da lei, será homologada de plano pelo juiz, com observância dos arts. 660 a 663.

§ 1º O disposto neste artigo aplica-se, também, ao pedido de adjudicação, quando houver herdeiro único.

§ 2º Transitada em julgado a sentença de homologação de partilha ou de adjudicação, será lavrado o formal de partilha ou elaborada a carta de adjudicação e, em seguida, serão expedidos os alvarás referentes aos bens e às rendas por ele abrangidos, intimando-se o fisco para lançamento administrativo do imposto de transmissão e de outros tributos porventura incidentes, conforme dispuser a legislação tributária, nos termos do § 2º do art. 662".

Conforme proclamou o *Tribunal de Justiça de Minas Gerais*, "Nos termos do art. 672 do Código de Processo Civil, é lícita a cumulação de inventários para a partilha de heranças de pessoas diversas. No presente caso, justifica-se o pedido de cumulação de inventários, visto que os *de cujus* eram cônjuges, possuem a mesma linha sucessória e os mesmos bens a inventariar"[7].

3. BENS QUE NÃO SE INVENTARIAM

Para o levantamento de pequenas quantias deixadas pelo falecido, como saldos bancários, por exemplo, pode ser requerido *alvará judicial*.

Os depósitos derivados do Fundo de Garantia do Tempo de Serviço (FGTS) e do Plano de Integração Social/Programa de Formação do Patrimônio do Servidor Público (PIS/PASEP) não recebidos em vida pelos seus respectivos titulares, cadernetas de poupança, restituição de tributos, saldos bancários e investimentos de pequeno valor poderão ser levantados administrativamente pelos dependentes do falecido, desde que não haja outros bens sujeitos a inventário (Lei n. 6.858, de 24-11-1980). Dispõe expressamente o art. 666 do Código de Processo Civil: "Independerá de inventário ou arrolamento o pagamento dos valores previstos na Lei n. 6.858, de 24 de novembro de 1980".

No entanto, se o falecido não deixou dependentes habilitados perante a Previdência Social, o levantamento daqueles depósitos caberá aos sucessores, mediante a expedição de alvará judicial[8].

---

[7] TJMG, AgI 1.0471.10.001163-7/001-MG, rel. Des. Fábio Torres de Sousa, j. 4-2-2020.

[8] "Os montantes das contas individuais do FGTS e do Fundo de Participação PIS-PASEP, não recebidos em vida pelos respectivos titulares, devem ser liberados aos dependentes habilitados,

Proclama a *Súmula 161 do Superior Tribunal de Justiça que* "é da competência da Justiça Estadual autorizar o levantamento dos valores relativos ao PIS/PASEP e FGTS, em decorrência do falecimento do titular da conta".

A escritura pública, introduzida pela Lei n. 11.441/2007 e reproduzida no art. 610 do Código de Processo Civil, tem eficácia idêntica à do alvará judicial, impondo às instituições financeiras e a outros órgãos, públicos e privados, o respeito ao que nela estiver contido. Dispõe expressamente o art. 14 da Resolução n. 35/2007 do Conselho Nacional de Justiça: "Para as verbas previstas na Lei n. 6.858/80, é também admissível a escritura pública de inventário e partilha".

Se houver necessidade de outorgar escritura definitiva relativa a imóvel vendido em vida pelo *de cujus*, não poderá a obrigação ser cumprida mediante simples alvará independente, ainda que inexistam outros bens, porque é preciso regularizar a representação legal do espólio. Assim, deve ser aberto inventário, a requerimento dos herdeiros ou do próprio adquirente, para a exclusiva finalidade de, nomeado inventariante, expedir-se alvará para o fim mencionado. Trata-se de hipótese de inventário negativo, que será comentado no n. 6, *infra*, pela inexistência de bens a partilhar. Admite-se também inventário negativo pelo procedimento extrajudicial (*escritura pública*) instituído pela Lei n. 11.441/2007.

Tal pedido deve ser instruído com certidão de óbito do alienante e documento comprobatório da transação, bem como da integral satisfação do débito. Não tendo sido integralizado o preço, subsistindo saldo após a morte do alienante, constará do inventário a declaração do crédito a partilhar[9].

Há, ainda, outros bens que não estão sujeitos a inventário, como os que estiverem na posse de um ou alguns dos herdeiros ou de terceiros, já tendo se escoado o prazo para a consumação da usucapião em favor dos possuidores. Haverá, nessa hipótese, obstáculo para a efetivação da partilha, sendo necessário que, antes disso, sejam reivindicados pelo herdeiro.

A *Súmula 237 do Supremo Tribunal Federal*, todavia, estabelece que "o usucapião pode ser arguido em defesa", permitindo, assim, que o reconhecimento do direito do usucapiente afaste a procedência da reivindicatória e obste à realização da partilha.

---

independentemente de inventário ou arrolamento; o levantamento só depende de autorização judicial se não houver dependentes habilitados, hipótese em que serão recebidos pelos sucessores previstos na lei civil, mediante alvará a ser requerido ao juízo competente para o inventário ou arrolamento" (STJ, 1ª Seção, CComp 15.367-SC, rel. Min. Ari Pargendler, *DJU*, 4-12-1995, p. 42073).

[9] Euclides de Oliveira e Sebastião Amorim, *Inventários e partilhas*, cit., p. 491.

"Inventário. Alvará. Bem imóvel. Tratando-se de herdeiros maiores e capazes que comparecerão à lavratura da escritura, dispensável é a exigência de depósito judicial do produto obtido com a venda do bem" (STJ, REsp 470.944-SP, 4ª T., rel. Min. Barros Monteiro, *DJU*, 30-5-2005).

Na lição de Clóvis Beviláqua, "a ação para pedir a partilha da herança, *familiae erciscundae*, procede do estado de indivisão, em que se acham os herdeiros. Diz-se imprescritível esta ação, aduz, "porque dura enquanto subsiste a comunhão"[10].

Acrescenta o mencionado jurista que, quando, no entanto, desaparece, de fato, a comunhão, porque alguns herdeiros se acham na posse de certos bens do espólio, durante o prazo necessário à consumação da usucapião, contado desde a morte do *de cujus*, "extingue-se a ação de partilha", pois o decurso do prazo "faz cessar, de direito, a comunhão que, de fato, não existia".

Tal se dará independentemente do fato de o art. 2.013 do Código Civil dispor que "*o herdeiro pode sempre requerer a partilha, ainda que o testador o proíba, cabendo igual faculdade aos seus cessionários e credores*".

Igualmente o *bem de família convencional* não está sujeito a inventário, nem a partilha, enquanto continuar a residir nele o cônjuge sobrevivente ou filho de menor idade. Preceitua, efetivamente, o art. 20 do Decreto-Lei n. 3.200, de 19 de abril de 1941, conhecido como Estatuto da Família, que, "por morte do instituidor, ou de seu cônjuge, o prédio instituído em bem de família não entrará em inventário, nem será partilhado, enquanto continuar a residir nele o cônjuge sobrevivente ou filho de menor idade. Num e noutro caso, não sofrerá modificação a transcrição".

O instituto do *bem de família* foi introduzido no direito brasileiro pelo Código Civil de 1916, que dele cuidava em quatro artigos (70 a 73), no Livro II, intitulado "Dos Bens". Os arts. 20 a 23 do Decreto-Lei n. 3.200/41 complementavam o Código Civil, disciplinando o modo de instituição e de extinção do bem de família, bem como os procedimentos necessários.

Posteriormente, adveio nova modalidade de bem de família, imposta pelo próprio Estado, por norma de ordem pública (Lei n. 8.009, de 29-3-1990), em defesa da entidade familiar. Surgiu assim o bem de família *obrigatório*, também denominado *involuntário* ou *legal*.

Sobreveio, finalmente, o Código Civil de 2002, que deslocou a matéria para o direito de família, no título referente ao direito patrimonial (arts. 1.711 a 1.722), disciplinando somente o bem de família *voluntário* ou *convencional*. Permanece em vigor, todavia, a norma procedimental do Decreto-Lei n. 3.200/41, não revogada expressa ou tacitamente.

O novel diploma deixou de incorporar em seu texto a repercussão que o bem de família involuntário ou legal, regulado pela Lei n. 8.009/90, trouxe em benefício das entidades familiares, malgrado a ressalva, feita no art. 1.711, de serem "*mantidas as regras sobre a impenhorabilidade do imóvel residencial estabelecida em lei especial*".

---

[10] *Código Civil dos Estados Unidos do Brasil comentado*, v. VI, p. 264.

Diante disso, coexistem na legislação civil, atualmente, *duas espécies de bem de família*, ambas incidindo sobre bens imóveis e móveis àqueles vinculados: a) o *voluntário*, decorrente da vontade dos cônjuges, companheiros ou terceiro; e b) o *involuntário* ou *obrigatório*, resultante de estipulação legal (Lei n. 8.009/90).

O primeiro só se verifica quando o proprietário tem dois ou mais imóveis residenciais e deseja optar por um deles, para mantê-lo protegido, e o faz mediante escritura pública ulteriormente registrada. Toda a minuciosa regulamentação do instituto no novo diploma pouca aplicação prática tem, pois concerne apenas ao bem de família *voluntário*, que raramente é instituído[11].

Por conseguinte, poucas vezes ocorrerá a hipótese de o bem de família não ser inventariado, uma vez que o art. 20 do Decreto-Lei n. 3.200/41 não se aplica ao bem de família *legal* ou *obrigatório*, concebido pela Lei n. 8.009/90, visto que aquele diploma refere-se a "instituidor", e inexiste tal figura neste último.

Nessa esteira anotam EUCLIDES DE OLIVEIRA e SEBASTIÃO AMORIM: "Não há previsão de inalienabilidade para o bem de família legal, assim considerado o imóvel que serve de residência à entidade familiar, nos termos da Lei n. 8.009, de 29.03.90, que apenas lhe assegura a impenhorabilidade em resguardo a certas espécies de dívidas. Assim, parece-nos que, diversamente do exposto em anterior edição desta obra, o bem de família legal não se exime de inclusão em inventário no caso de falecimento de seu titular, muito embora continue com as características de bem protegido contra dívidas, enquanto de uso residencial e familiar dos sucessores do falecido"[12].

Não são, também, inventariados os bens doados a marido e mulher, uma vez que "*subsistirá na totalidade a doação para o cônjuge sobrevivo*" (CC, art. 551, parágrafo único), bem como os valores existentes nas contas conjuntas que os bancos abrem para duas ou mais pessoas, estabelecendo uma solidariedade ativa que permite a qualquer delas sacar todo o numerário depositado. O *Supremo Tribunal Federal* já decidiu que, falecendo um dos titulares de conta bancária conjunta, pode o outro "levantar o depósito a título de credor exclusivo e direto e não a título de sucessor e comproprietário"[13].

Na mesma situação encontram-se os cofres de segurança locados pelos bancos, quando permitida a sua utilização e abertura a qualquer dos interessados, individualmente.

---

[11] Carlos Roberto Gonçalves, *Direito civil brasileiro*, v. 6, p. 590.

[12] *Inventários e partilhas*, cit., p. 321.

[13] *RT*, 215/469. A ementa do referido *decisum* é a seguinte: "Depósito bancário. Conjunto. Falecimento de um dos correntistas. Levantamento do saldo pelo sobrevivente. Direito. Aplicação do artigo 898 do Código Civil (*de 1916*). Nas contas conjuntas que os bancos abrem a duas ou mais pessoas, falecendo uma delas, pode a outra ou uma das outras, levantar o depósito a título de credor exclusivo direto e não a título de sucessor e comproprietário" (STF, RE 16.736-SP, 2ª T., rel. Min. Edgard Costa, j. 21-11-1950, *DJU*, 12-8-1952, v. u.).

4. ABERTURA DO INVENTÁRIO JUDICIAL

A abertura do inventário deve ser requerida no prazo de sessenta dias, a contar do falecimento do *de cujus*, e estar encerrado dentro dos doze meses subsequentes. O art. 1.796 do Código Civil prevê apenas o prazo de abertura.

Dispõe, no entanto, o art. 611 do Código de Processo Civil: "O processo de inventário e partilha deve ser instaurado dentro de 2 (dois) meses, a contar da abertura da sucessão, ultimando-se nos 12 (doze) meses subsequentes, podendo o juiz prorrogar esses prazos, de ofício ou a requerimento de parte".

Se, portanto, houver retardamento por motivo justo, o juiz poderá dilatar esses prazos.

O inventariante somente será punido pelo atraso, com a remoção do cargo, a pedido de algum interessado e se demonstrada a sua culpa, pois não há remoção *ex officio*. Nesse caso, se for testamenteiro, perderá o prêmio (CC, art. 1.989).

A Lei n. 14.010, de 10 de junho de 2020, trata do *"Regime Jurídico Emergencial e Transitório das Relações Jurídicas de Direito Privado (RJET) no período da pandemia do coronavírus (Covid-19)"* e dispõe, no art. 16:

"O prazo do art. 611 do Código de Processo Civil para sucessões abertas a partir de 1º de fevereiro de 2020 terá seu termo dilatado para 30 de outubro de 2020.

Parágrafo único. O prazo de 12 (doze) meses do art. 611 do Código de Processo Civil, para que seja ultimado o processo de inventário e de partilha, caso iniciado antes de 1º de fevereiro de 2020, ficará suspenso a partir da entrada em vigor desta Lei até 30 de outubro de 2020".

Dispõe o art. 615, *caput*, do Código de Processo Civil: "O requerimento de inventário e de partilha incumbe a quem estiver na posse e na administração do espólio, no prazo estabelecido no art. 611". Acrescenta o parágrafo único que "o requerimento será instruído com a certidão de óbito do autor da herança". Deve ser juntada, também, procuração outorgada ao advogado, com poderes para prestar compromisso de inventariante.

Incumbe, assim, *prioritariamente*, a quem estiver na posse e administração do espólio requerer o inventário e a partilha, no prazo de sessenta dias. Os arts. 613 e 614 do Código de Processo Civil referem-se ao *administrador provisório* como o encarregado da herança até que haja a nomeação do inventariante, que passará então a representar a massa hereditária (art. 75, VII).

Antes da abertura do inventário e até a nomeação do inventariante cabe, pois, ao *administrador provisório* a representação ativa e passiva do espólio. A provisoriedade e a urgência caracterizam e legitimam o encargo de administrador provisório[14].

---

[14] *RJTJSP*, 113/214.

Aduz o art. 616 do mesmo diploma que têm, contudo, *legitimidade concorrente*: "I – o cônjuge ou companheiro supérstite; II – o herdeiro; III – o legatário; IV – o testamenteiro; V – o cessionário do herdeiro ou do legatário; VI – o credor do herdeiro, do legatário ou do autor da herança; VII – o Ministério Público, havendo herdeiros incapazes; VIII – a Fazenda Pública, quando tiver interesse; IX – o administrador judicial da falência do herdeiro, do legatário, do autor da herança ou do cônjuge ou companheiro supérstite".

Já se decidiu que, no prazo do citado art. 983 (CPC/2015, art. 611), "a iniciativa para requerer o inventário é privativa de quem estiver na posse e administração dos bens do espólio, com base no art. 987 (CPC/73), *caput*, retrotranscrito. Só após decorrido, *in albis*, o prazo legal podem requerer o inventário as pessoas enumeradas no art. 988 (CPC/73)[15].

A inércia do responsável, que está na posse e administração do espólio, poderá ensejar a atuação de outro interessado na herança, cuja legitimidade é concorrente (CPC/2015, art. 616), ou providência judicial *ex officio*.

Se o falecimento do *de cujus*, que tenha deixado bens, chegar ao conhecimento do juiz, sem que os legitimados tenham promovido a instauração do inventário no prazo legal, deve a referida autoridade iniciar o processo de ofício, mesmo que com isso contrarie o princípio *ne procedat iudex ex officio*. A obrigação imposta pela lei ao magistrado, em caráter excepcional, demonstra que há um interesse público em que as situações de direito hereditário, sendo transitórias, perdurem o menor espaço de tempo possível[16].

O requerimento de abertura do inventário, feito fora do prazo legal, não implica, no entanto, indeferimento do pedido, pois os dispositivos legais que estabelecem o aludido prazo são desprovidos de qualquer sanção. Mas cada Estado pode instituir multa, como pena pela não observância desse prazo. Proclama a *Súmula 542 do Supremo Tribunal Federal*: "Não é inconstitucional a multa instituída pelo Estado-membro, como sanção pelo retardamento do início ou da ultimação do inventário".

No Estado de São Paulo, o imposto é calculado com acréscimo da multa de 10%, além dos juros da mora, nos inventários não requeridos dentro do prazo de sessenta dias da abertura da sucessão, e de 20%, se o atraso for superior a cento e oitenta dias (Lei n. 10.705, de 28-12-2000).

Instaurado o processo, segue o inventário até final partilha, não podendo ser extinto por abandono ou inércia do inventariante. Nesse caso deve o juiz

---

[15] *RJ*, 279/109, apud Theotonio Negrão e José Roberto Ferreira Gouvêa, *Código de Processo Civil e legislação processual em vigor*, nota 1a ao art. 988.

[16] Clóvis do Couto e Silva, *Comentários ao Código de Processo Civil*, v. XI, t. I, p. 290.

determinar o regular prosseguimento do feito, se necessário com remoção do inventariante e sua substituição por outro interessado na herança ou por inventariante dativo. Só se extingue o inventário se ficar comprovada a inexistência de bens a inventariar, uma vez que nessa hipótese a ação perderá seu objeto[17].

Será distribuído por dependência o inventário do cônjuge que vier a falecer antes da partilha do consorte premorto. As duas heranças serão inventariadas e partilhadas em conjunto, com a nomeação de um só inventariante, desde que comuns os herdeiros, conforme estatui o art. 672 do Código de Processo Civil.

5. ESPÉCIES DE INVENTÁRIO

O estatuto processual de 2015 prevê, nos arts. 610 a 667, três espécies de inventário judicial, de ritos distintos:

a) o inventário pelo *rito tradicional* e *solene*, de aplicação residual e regulado nos arts. 610 a 658;

b) o inventário pelo rito de *arrolamento sumário*, abrangendo bens de qualquer valor, para a hipótese de todos os interessados serem capazes e concordarem com a partilha, que será homologada de plano pelo juiz mediante a prova de quitação dos tributos, na forma do art. 659, aplicável também ao pedido de adjudicação quando houver herdeiro único;

c) o inventário pelo rito de *arrolamento comum*, previsto no art. 664, para quando os bens do espólio sejam de valor igual ou inferior a 1.000 salários mínimos.

O inventário *extrajudicial* ou *administrativo* foi introduzido no Código de Processo Civil de 1973 pela Lei n. 11.441, de 4 de janeiro de 2007, e reafirmado nos §§ 1º e 2º do art. 610 do atual diploma processual.

6. INVENTÁRIO NEGATIVO

O inventário negativo não é previsto na legislação pátria. Entretanto, tem sido admitido pelos juízes em situações excepcionais, em que há necessidade de comprovar a inexistência de bens a inventariar. Tal modalidade torna-se, em alguns

---

[17] Euclides de Oliveira e Sebastião Amorim, *Inventários e partilhas*, cit., p. 329. No mesmo sentido: *JTJ*, Lex, 227/77.
V. ainda: "Não é viável a extinção do processo de arrolamento, antes do julgamento da partilha, para que outro inventário possa ser iniciado. Por outro lado, não podem existir dois processos distintos de inventário, quando são os mesmos os bens a serem conferidos aos herdeiros, no caso de dupla sucessão" (*RT*, 677/120).

casos, necessária, especialmente para evitar a imposição de certas sanções com que o Código Civil pune a infração de algumas disposições.

A finalidade do inventário negativo é, na maioria das vezes, evitar a incidência da causa suspensiva prevista no art. 1.523, I, do Código Civil, que exige inventário e partilha dos bens aos herdeiros, a cargo do viúvo, ou viúva, que pretende casar-se novamente, sob pena de tornar-se obrigatório o regime da separação de bens. O viúvo, ou viúva, que pretender casar-se em outro regime de bens deverá requerer a abertura de inventário negativo, para comprovar que não está sujeito àquela causa suspensiva de casamento.

Em igual situação encontra-se o divorciado que se casar antes de homologar ou decidir a partilha dos bens do casal (CC, art. 1.523, II). Para que se celebrem as novas núpcias no regime da comunhão, não basta o simples inventário, sendo necessário se homologue a respectiva partilha.

O parágrafo único do art. 1.523 permite aos nubentes solicitar ao juiz que não lhes sejam aplicadas as causas suspensivas do casamento, provando a inexistência de prejuízo para o herdeiro. Uma das formas de efetuar essa prova é exatamente o inventário negativo.

Pode haver interesse do sucessor, ainda, na realização de inventário negativo para comprovar que o falecido não deixou bens, nem numerário suficiente, para responder por suas dívidas. Tal demonstração se mostra relevante pelo fato de o herdeiro somente responder *intra vires hereditatis*, ou seja, até o limite das forças da herança (CC, art. 1.792).

É admissível inventário negativo por escritura pública, como dispõe o art. 28 da Resolução n. 35 do Conselho Nacional de Justiça, de 24 de abril de 2007, que disciplina a aplicação da Lei n. 11.441/2007 pelos serviços notariais e de registro.

7. INVENTARIANÇA

7.1. Nomeação do inventariante

Ao despachar a inicial de abertura de inventário pelo rito tradicional e solene o juiz nomeará o *inventariante*, a quem caberá a administração e a representação ativa e passiva da herança até que se ultime a partilha.

A nomeação é feita segundo a ordem preferencial estabelecida no art. 617 do Código de Processo Civil, salvo casos especiais. Essa ordem não é absoluta, podendo ser alterada se houver motivos que aconselhem a sua inobservância[18].

---

[18] *RTJ*, 101/667. No mesmo sentido: "A ordem de nomeação não é absoluta. O fato de não se observar a ordem não implica ofensa ao art. 990. Caso em que a nomeação do inventariante

Só podem exercer esse cargo pessoas capazes, que não tenham, de algum modo, interesses contrários aos do espólio. Herdeiro menor não pode, assim, ser inventariante. Eventualmente, à falta de outros interessados na herança, pode ser investido no cargo, como dativo, o representante legal do incapaz[19].

Em primeiro lugar, na aludida ordem, figuram o *cônjuge ou companheiro sobrevivente*, desde que estivesse convivendo com o outro ao tempo da morte deste.

Admite-se a preferência do cônjuge supérstite ainda que a união tenha se realizado no regime da separação convencional de bens, em que não existe meação, uma vez que poderá ele ser herdeiro em concorrência com os descendentes, como prevê o art. 1.829, I, do Código Civil.

O múnus ou encargo é pessoal, sendo incabível a nomeação de ambos os cônjuges, ao mesmo tempo, como inventariantes[20].

Se não houver cônjuge, mas *companheiro*, este desfrutará da mesma preferência, inclusive em face da Constituição Federal (art. 226, § 3º). A demonstração dessa condição pode ser feita nos autos do inventário com a juntada de documentos, a comprovação da existência de filho comum, o convívio no mesmo endereço etc. Assim decidiu o *Tribunal de Justiça de São Paulo*, que também rechaçou o pedido de participação de herdeiras na administração da sociedade da qual o autor da herança era sócio, tendo em vista que a sociedade foi constituída antes do convívio comum – o que afasta a transmissão do direito em prol da companheira. Acrescentou o aresto que a mera condição de herdeiras não garante às agravantes, ao menos até a ultimação da partilha e ajuste societário, o imediato ingresso na sociedade[21].

Na falta ou impedimento do cônjuge ou companheiro supérstite, será nomeado *o herdeiro que se achar na posse e administração dos bens do espólio* (CPC/2015, art. 617, II). Se nenhum preencher esse requisito, atribuir-se-á a inventariança a *qualquer herdeiro* (inciso III), legítimo ou testamentário, a critério do juiz[22].

Quando concorrem pessoas mencionadas no mesmo inciso, o juiz optará por uma delas, de acordo com o seu prudente arbítrio.

Em seguida (IV), consta o *herdeiro menor, por seu representante legal.*

---

dativo se deveu à necessidade de eliminar as discórdias atuais e prevenir outras" (STJ, REsp 88.296-SP, 3ª T., rel. Min. Nilson Naves, *DJU*, 8-2-1999, p. 275).

[19] *RT*, 490/102.

[20] *JTJ*, Lex, 165/201.

[21] TJSP, AI 213.0812-43.2016.8.26.0000, 8ª Câm. Dir. Priv., rel. Des. Grava Brasil, j. 14-10-2016.

[22] "Para a nomeação de inventariante, a lei não distingue entre herdeiro legítimo e testamentário" (*RT*, 503/103).

Em quinto lugar figura o *testamenteiro*, se lhe foram atribuídas a posse e a administração dos bens, nos termos do art. 1.977 do Código Civil (*testamenteiro universal*), bem como se toda a herança estiver distribuída em legados. Relembre-se que a posse e a administração da herança cabem, preferencialmente, ao cônjuge e aos herdeiros necessários. Só podem ser conferidas ao testamenteiro, pelo testador, se aqueles não existirem, não quiserem ou não puderem exercê-las. O testamenteiro só prefere aos colaterais.

Em sexto lugar aparece "*o cessionário do herdeiro ou do legatário*".

Vem, em seguida, o *inventariante judicial* (VII), que é figura em desuso, "se houver", ou seja, se tal cargo estiver previsto na lei de organização judiciária local. Não o havendo, o juiz nomeará (inciso VIII) *pessoa estranha idônea* (inventariante dativo), que desempenhará todas as funções inerentes à inventariança, mas não poderá representar ativa e passivamente a herança.

Dispõe, com efeito, o art. 75, § 1º, do estatuto processual civil que, nesse caso, todos os herdeiros e sucessores do falecido participarão, como autores ou réus, nas ações em que o espólio for parte.

O inventariante não tem direito à remuneração pelos encargos da herança, salvo se for dativo. Neste caso, faz jus a uma remuneração pelos serviços prestados, que será arbitrada, por analogia, de acordo com a regra do art. 1.987 do Código Civil, que trata da vintena do testamenteiro. Não havendo a lei estabelecido critério para se determinar o prêmio devido ao inventariante dativo, fica ao prudente arbítrio do juiz a sua fixação, devendo ser remunerado ao termo do processo, e não por ocasião da nomeação[23].

Consoante dispõe o art. 672, do Código de Processo Civil, se o inventário for conjunto, por falecer o cônjuge meeiro supérstite antes da partilha dos bens do premorto, haverá um só inventariante para os dois inventários.

Depois de nomeado, o inventariante será intimado e prestará, dentro de cinco dias, o compromisso de bem e fielmente desempenhar o cargo (CPC, art. 617, parágrafo único). Objetivando, porém, simplificar o processamento de inventários sob o rito de arrolamento, o estatuto processual, em boa hora, eliminou a necessidade de o inventariante assinar termo de compromisso, estando ele investido no cargo apenas com a nomeação.

Certas situações incompatibilizam a pessoa para o exercício do cargo, como a posição de credor ou de devedor do espólio, de titular de interesse contrário a este, de excluído do rol de herdeiros etc. *O cessionário de direitos* só pode ser inventariante na falta de herdeiros.

---

[23] JTJ, Lex, 168/236; RJTJSP, 130/159.

7.2. Atribuições do inventariante

Alguns grupos sociais, malgrado possuam características peculiares à pessoa jurídica, carecem de requisitos imprescindíveis à personificação. Reconhece-se-lhes o direito, contudo, na maioria das vezes, da representação processual. É o que sucede, *verbi gratia*, com a massa falida, com o condomínio, com o espólio e outros. Não obstante não sejam dotados de personalidade jurídica, são representados em juízo, ativa e passivamente, pelas pessoas indicadas no art. 75, I a IX, do Código de Processo Civil.

O aludido diploma determina a representação processual do *espólio* pelo inventariante (inciso VII). Constitui tal ente o complexo de direitos e obrigações do falecido, abrangendo bens de toda natureza. Essa massa patrimonial não personificada surge com a abertura da sucessão, sendo representada de início, ativa e passivamente, pelo administrador provisório, até a nomeação do inventariante (CPC/2015, arts. 614 e 75, VII), sendo identificada como uma unidade até a partilha, com a atribuição dos quinhões hereditários aos sucessores (CPC, arts. 618 e 655).

Com o julgamento da partilha cessa a comunhão hereditária, desaparecendo a figura do espólio, que será substituída pelo herdeiro a quem coube o direito ou a coisa. Segue-se daí que o espólio não tem legitimidade para propor ação, depois de julgada a partilha[24].

Além de "representar o espólio ativa e passivamente, em juízo ou fora dele" (CPC/2015, art. 618, I), incumbe ao inventariante "administrar o espólio, velando-lhe os bens com a mesma diligência como se seus fossem" (inciso II).

Além dessas tarefas próprias da função de administrador e representante do espólio, lista o artigo outras atribuições que se constituem em deveres do inventariante: "III – prestar as primeiras e últimas declarações pessoalmente ou por procurador com poderes especiais; IV – exibir em cartório, a qualquer tempo, para exame das partes, os documentos relativos ao espólio; V – juntar aos autos certidão do testamento, se houver; VI – trazer à colação os bens recebidos pelo herdeiro ausente, renunciante ou excluído; VII – prestar contas de sua gestão ao deixar o cargo ou sempre que o juiz lhe determinar; VIII – requerer a declaração de insolvência (CPC/2015, art. 618)".

Não obstante as declarações prestadas pelo inventariante gozem de presunção de verdade, incumbe-lhe exibir em cartório, para exame das partes, quando solicitado, os documentos relativos ao espólio.

---

[24] *RT*, 632/141. Julgada a partilha, já não existe espólio (*RJTJSP*, 101/266, 102/221), que por isso não pode recorrer (*JTACSP*, 101/104), não sendo mais cabível ajuizar ação em nome deste (*JTACSP*, Lex, 146/241).

Compete, ainda, ao inventariante, ouvidos os interessados e com autorização do juiz, nos termos do art. 619 e incisos I a IV do Código de Processo Civil: "I – alienar bens de qualquer espécie; II – transigir em juízo ou fora dele; III – pagar dívidas do espólio; IV – fazer as despesas necessárias com a conservação e o melhoramento dos bens do espólio".

7.3. Remoção e destituição do inventariante

O inventariante poderá ser removido, a requerimento de qualquer interessado, nas hipóteses alinhadas no art. 622 do Código de Processo Civil:

"I – se não prestar, no prazo legal, as primeiras ou as últimas declarações;

II – se não der ao inventário andamento regular, se suscitar dúvidas infundadas ou se praticar atos meramente protelatórios;

III – se, por culpa sua, bens do espólio se deteriorarem, forem dilapidados ou sofrerem dano;

IV – se não defender o espólio nas ações em que for citado, se deixar de cobrar dívidas ativas ou se não promover as medidas necessárias para evitar o perecimento de direitos;

V – se não prestar contas ou se as que prestar não forem julgadas boas;

VI – se sonegar, ocultar ou desviar bens do espólio".

A enumeração é meramente exemplificativa, podendo o inventariante ser removido por outras causas ou faltas que o incompatibilizem com o exercício do cargo. Tem-se decidido, com efeito, que "não é exaustiva a enumeração do art. 995 do CPC (de 1973), nada impedindo que outras causas que denotem deslealdade, improbidade, ou outros vícios, sejam válidas para a remoção do inventariante"[25].

Admite-se que a remoção seja determinada *ex officio* pelo juiz ou a pedido de qualquer interessado, máxime havendo interesse de incapazes ou de herdeiros ausentes. Nessa linha a diretriz traçada pelo *Superior Tribunal de Justiça*: "O inventariante pode ser removido de ofício pelo juiz, independentemente de requerimento dos herdeiros"[26].

Nesses casos, deverá o inventariante ser intimado para, no prazo de quinze dias, defender-se e produzir provas (CPC/2015, art. 623), correndo o incidente em apenso aos autos do inventário (parágrafo único). O despacho de remoção deve ser fundamentado[27].

---

[25] *RTJ*, 94/738; *JTJ*, Lex, 192/205.
[26] REsp 163.741-BA, 3ª T., rel. Min. Waldemar Zveiter, *DJU*, 10-4-2000, p. 83. No mesmo sentido: *RJTJSP*, 132/309; *RTJ*, 109/751.
[27] "O despacho de remoção deve ser fundamentado; e o juiz deve obedecer ao disposto no art. 996, ordenando a intimação do inventariante para oferecer defesa e indicar as provas que pretende produzir. É inadmissível a remoção de plano" (*RT*, 514/100; *RF*, 260/259).

Releva salientar que a simples demora na terminação do inventário não justifica a remoção. Em caso de indevida paralisação do processo, não se admite arquivamento nem decreto extintivo, sendo inaplicável, na espécie, a regra do art. 485, II e III, do estatuto processual de 2015. Incumbirá ao juiz, com fundamento no art. 139 do mesmo diploma, ordenar as medidas para promover o andamento do inventário, podendo remover e substituir o inventariante relapso, se necessário. Para tanto é preciso que a demora tenha por causa a culpa do inventariante[28].

Se o juiz remover o inventariante, nomeará outro, observada a ordem do art. 617 (CPC/2015, art. 624). O inventariante removido entregará imediatamente ao substituto os bens do espólio; deixando de fazê-lo, será compelido mediante mandado de busca e apreensão, ou de imissão de posse, conforme tratar-se de bem móvel ou imóvel (art. 625).

Permite o art. 627 do Código de Processo Civil que as partes, no prazo comum de quinze dias para dizerem sobre as primeiras declarações, reclamem "contra a nomeação do inventariante" (inciso II). Se acolher o pedido, o juiz destituirá o que se encontra no exercício do cargo e nomeará outro em seu lugar.

A remoção é espécie do gênero *destituição*. Esta é mais ampla e pode ocorrer sem que haja ato culposo ou doloso do inventariante. Ambas, no entanto, implicam perda do cargo de inventariante. Mas a remoção é determinada em consequência de uma falta, no exercício do cargo, relacionada ao inventário, enquanto a destituição é determinada em razão de um fato externo ao processo.

Como prelecionam EUCLIDES DE OLIVEIRA e SEBASTIÃO AMORIM, para haver a destituição "basta que se configure impedimento legal ou falta de legitimação para o exercício daquele encargo". A reclamação contra a nomeação do inventariante, aduzem, "pode ter origem inclusive na eventual inobservância da ordem de preferência para o exercício da inventariança, conforme a enumeração do artigo 990 do mesmo Código" (de 1973, atual art. 617)[29].

A jurisprudência do *Superior Tribunal de Justiça* é firme no sentido de que cabe agravo de instrumento contra a decisão proferida em incidente de remoção do inventariante, porque não põe termo ao inventário. Do mesmo modo a que resolve sobre reclamação contra a nomeação do inventariante[30].

Outros julgamentos emanados da mesma Corte proclamaram que as decisões são agraváveis, mas não existe erro grosseiro na interposição de apelação, aplicando, por isso, o princípio da fungibilidade dos recursos[31].

---

[28] *RT*, 479/97; *Bol. AASP*, 877/273.

[29] *Inventários e partilhas*, cit., p. 351.

[30] *RSTJ*, 59/175; STJ, *RT*, 709/206.

[31] *RSTJ*, 83/193; REsp 69.830-PR, 3ª T., rel. Min. Eduardo Ribeiro, *DJU*, 19-5-1997; REsp 337.374-BA, 4ª T., rel. Min. Barros Monteiro, *DJU*, 27-5-2002.

8. PROCESSAMENTO DO INVENTÁRIO

8.1. Foro competente

O inventário é aberto no *foro do último domicílio* do finado, ainda que todos os interessados residam em localidades diversas (CC, arts. 1.785 e 1.796; CPC/2015, art. 48). Tem-se entendido, todavia, que a incompetência de foro diverso, *in casu*, é meramente relativa e, pois, prorrogável e insuscetível de ser conhecida *ex officio*.

Nessa trilha a jurisprudência dominante nos tribunais: "Não é absoluta a competência definida no art. 96, do *Código de Processo Civil (de 1973, atual art. 48)*, relativamente à abertura do inventário, ainda que existente interesse de menor, podendo a ação ser ajuizada em foro diverso do domicílio do inventariado"[32].

Dispõe o art. 48 do Código de Processo Civil:

"O foro do domicílio do autor da herança, no Brasil, é o competente para o inventário, a partilha, a arrecadação, o cumprimento de disposições de última vontade, a impugnação ou anulação de partilha extrajudicial e para todas as ações em que o espólio for réu, ainda que o óbito tenha ocorrido no estrangeiro.

Parágrafo único. Se o autor da herança não possuía domicílio certo, é competente:

I – o foro de situação dos bens imóveis;

II – havendo bens imóveis em foros diferentes, qualquer destes;

III – não havendo bens imóveis, o foro do local de qualquer dos bens do espólio".

Se o *de cujus* teve diversos domicílios, todos seriam, em princípio, hábeis a determinar a competência para o processamento do inventário. Nesse caso será ela estabelecida pela prevenção, considerando-se competente o foro onde foi primeiro requerido.

Assim, tem-se decidido: "Determina-se a competência, por prevenção, do juiz que primeiro conheceu do inventário, quando, ante a existência de duplo domicílio do autor da herança, com bens em vários municípios de diferentes Estados, com óbito verificado em comarca diversa da dos domicílios e de situação dos bens, se conflitam positivamente os juízes dos dois domicílios do falecido"[33].

---

[32] Súmula 58 do TFR; STJ, CComp 15.227-GO, 2ª Seção, rel. Min. Costa Leite, *DJU*, 20-5-1996, p. 16660; *RT*, 766/242, 797/324; *JTJ*, Lex, 167/186; *RJTJSP*, 103/267. No mesmo sentido: "A competência para o processo sucessório é relativa, não podendo ser arguida de ofício" (STJ, CComp 13.646-6-PR, 2ª Seção, rel. Min. Ruy Rosado de Aguiar, *DJU*, 25-9-1995, p. 31059).

[33] STJ, CComp 6.539-RO, 2ª Seção, rel. Min. Dias Trindade, *DJU*, 11-4-1994, p. 7584.

Se os juízes em conflito tomaram conhecimento da inicial no mesmo dia, "prevalece a competência do juízo onde primeiro foi prestado o compromisso de inventariante"[34].

Em sendo interdito o autor da herança, "o foro competente para o inventário é o do seu curador, *ex vi* dos arts. 36 do Código Civil e 48 do Código de Processo Civil de 2015, não admitida prova em contrário, sendo irrelevante o lugar da situação dos bens ou da sua residência ou do óbito"[35].

Determinada a competência de *foro*, caberá definir o juízo do inventário, de acordo com as normas locais de organização judiciária. Não obstante em razão da *vis attractiva* do inventário (CPC/2015, art. 48) as ações propostas contra o espólio devam correr no foro do seu processamento, não são por ele atraídas as causas referidas na parte final do art. 47, *caput* e § 1º, que são de competência do foro da situação do imóvel, ainda que o espólio seja réu.

No âmbito da competência internacional, dispõe o art. 23 do Código de Processo Civil:

"Compete à autoridade judiciária brasileira, com exclusão de qualquer outra:

I – conhecer de ações relativas a imóveis situados no Brasil;

II – em matéria de sucessão hereditária, proceder à confirmação de testamento particular e ao inventário e à partilha de bens situados no Brasil, ainda que o autor da herança seja de nacionalidade estrangeira ou tenha domicílio fora do território nacional;

III – em divórcio, separação judicial ou dissolução de união estável, proceder à partilha de bens situados no Brasil, ainda que o titular seja de nacionalidade estrangeira ou tenha domicílio fora do território nacional".

Observa-se que o interesse do legislador circunscreve-se aos bens aqui situados. Por isso, na sucessão *mortis causa*, "o juízo do inventário e partilha não deve, no Brasil, cogitar de imóveis sitos no estrangeiro"[36]. Serão estes inventariados e partilhados no país em que estão localizados. Se porventura for aberto, em país estrangeiro, processo de inventário e partilha dos bens situados no Brasil, a sentença aqui não terá validade, nem induzirá litispendência (CPC/2015, art. 24).

O *Supremo Tribunal Federal* teve a oportunidade de proclamar, a propósito da pluralidade de juízos sucessórios: "Partilhados os bens deixados em herança no estrangeiro, segundo a lei sucessória da situação, descabe à Justiça brasileira computá-los na cota hereditária a ser partilhada no País, em detrimento do princípio da pluralidade dos juízos sucessórios, consagrada pelo art. 89-II do CPC" (de 1973, atual art. 23, II)[37].

---

[34] TFR, CComp 7.487-PA, 1ª Seção, rel. Min. Milton Luiz Pereira, *DJU*, 3-5-1989, p. 6735.

[35] *RSTJ*, 75/309; STJ, *RT*, 713/224.

[36] *RSTJ*, 103/243.

[37] *RTJ*, 110/750.

8.2. Pedido de abertura

O requerimento de abertura do inventário será instruído obrigatoriamente com a certidão de óbito do *de cujus* (CPC/2015, art. 615, parágrafo único) e com a procuração outorgada ao advogado que assinar a petição (art. 36). O requerente juntará, também, quaisquer outros documentos comprobatórios de interesse processual, como a cédula testamentária, certidão de casamento do viúvo-meeiro, certidões de nascimento dos herdeiros etc.

Embora não obrigatória a apresentação de prova da condição de viúvo e da qualidade de herdeiros, assim como da aquisição de bens, uma vez que se presumem verdadeiras as declarações do inventariante devidamente compromissado, é recomendável a exibição de tais documentos para evitar possíveis dúvidas ou reclamações de terceiro interessado e eventuais erros na partilha. No caso de haver impugnação às declarações, a comprovação documental é de rigor, para ensejar a decisão judicial[38].

De qualquer modo, incumbindo ao inventariante, dentre outros deveres, "exibir em cartório, a qualquer tempo, para exame das partes, os documentos relativos ao espólio" (CPC/2015, art. 618, IV); e podendo o juiz, de ofício ou a requerimento dos interessados, exigir as provas necessárias à instrução do processo, inclusive ordenando que a parte exiba documento ou coisa que se ache em seu poder (arts. 370, 396 e 421), cabe-lhe a prerrogativa de, na direção do processo e sempre que entender necessário, determinar que os documentos sejam exibidos em cartório para seu exame e dos interessados.

Ao despachar a petição inicial, o juiz nomeará inventariante, que prestará o compromisso e, em vinte dias, as *primeiras declarações*. Se houver testamento, determinará a referida autoridade se junte ao inventário cópia autêntica.

Como já comentado, o art. 660 do atual Código de Processo Civil, procurando simplificar o processamento de inventários sob o rito de arrolamento, eliminou a necessidade de o inventariante assinar termo de compromisso, estando ele investido no cargo apenas com a nomeação.

8.3. Prestação das primeiras declarações

Preceitua o art. 620 do Código de Processo Civil que o inventariante deverá prestar as primeiras declarações dentro de vinte dias, contados da data em que prestou o compromisso. No termo, assinado pelo juiz, escrivão e inventariante, serão exarados:

---

[38] Euclides de Oliveira e Sebastião Amorim, *Inventários e partilhas*, cit., p. 340.

"I – o nome, o estado, a idade e o domicílio do autor da herança, o dia e o lugar em que faleceu e se deixou testamento;

II – o nome, o estado, a idade, o endereço eletrônico e a residência dos herdeiros e, havendo cônjuge ou companheiro supérstite, além dos respectivos dados pessoais, o regime de bens do casamento ou da união estável;

III – a qualidade dos herdeiros e o grau de parentesco com o inventariado;

IV – a relação completa e individualizada de todos os bens do espólio, inclusive aqueles que devem ser conferidos à colação, e dos bens alheios que nele forem encontrados (...)".

Os bens serão descritos com individuação e clareza, assim como os alheios encontrados na herança.

Dispõe o mencionado inciso IV, em complementação, que serão descritos: "a) os imóveis, com as suas especificações, nomeadamente local em que se encontram, extensão da área, limites, confrontações, benfeitorias, origem dos títulos, números das matrículas e ônus que os gravam; b) os móveis, com os sinais característicos; c) os semoventes, seu número, suas espécies, suas marcas e seus sinais distintivos; d) o dinheiro, as joias, os objetos de ouro e prata e as pedras preciosas, declarando-se-lhes especificadamente a qualidade, o peso e a importância; e) os títulos da dívida pública, bem como as ações, as quotas e os títulos de sociedade, mencionando-se-lhes o número, o valor e a data; f) as dívidas ativas e passivas, indicando-se-lhes as datas, os títulos, a origem da obrigação, e os nomes dos credores e dos devedores; g) direitos e ações; h) o valor corrente de cada um dos bens do espólio".

Mesmo que os imóveis não estejam registrados em nome do *de cujus* no registro de imóveis, devem ser descritos no inventário, se lhe pertenciam e se encontravam em sua posse. Os bens pertencentes ao *de cujus* em comunhão com o seu cônjuge devem ser relacionados integralmente, e não apenas a parte ideal que lhe pertencia.

Como se verifica, o diploma processual é bastante explícito e minucioso quanto às declarações exigidas e sobre o seu conteúdo, objetivando, assim, uma perfeita individualização e caracterização dos bens, bem como a correta e completa indicação dos herdeiros, demais sucessores, credores e devedores.

Em virtude da obrigação legal de averbação das alterações feitas em imóveis, é legítima a decisão judicial que condiciona o prosseguimento da ação de inventário à regularização, perante o cartório competente, dos bens[39] que compõem o acervo

---

[39] Inclusive, em homenagem à autonomia entre o direito de propriedade e o direito de posse, em demanda sobre bens imóveis não escriturados (em situação irregular por razão distinta da má-fé), se reconhece o prosseguimento da ação de inventário no sentido de apurar a extensão

submetido à partilha. A condição não representa obstáculo ao direito de exercício da ação, mas principalmente o cumprimento de condicionantes estabelecidas pelo próprio sistema legal.

Assim entendendo, ponderou o *Superior Tribunal de Justiça que*: "A imposição judicial para que sejam regularizados os bens imóveis que pertenciam ao falecido, para que apenas a partir deste ato seja dado adequado desfecho à ação de inventário, é, como diz a doutrina, uma 'condicionante razoável', especialmente por razões de ordem prática – a partilha de bens imóveis em situação irregular, com acessões não averbadas, dificultaria sobremaneira, senão inviabilizaria, a avaliação, a precificação, a divisão ou, até mesmo, a eventual alienação dos referidos bens imóveis. A averbação de alterações feitas em imóveis é ato de natureza obrigatória, conforme estipulam os artigos 167 e 169 da Lei de Registros Públicos. De acordo com os dispositivos, devem ser averbadas modificações como edificações, reconstruções e demolições, além de desmembramento e loteamento de imóveis"[40].

Observa-se, no tocante aos bens alheios que se acharem no espólio, referidos no inciso IV do art. 620 do Código de Processo Civil, que devem ser relacionados, com a menção a seus proprietários, quando conhecidos, para que possam ser destacados da partilha. O inventariante mencionará, igualmente, as penhoras, os sequestros, litígios e ônus a que os bens da herança estejam sujeitos.

Aduz o § 1º do mencionado art. 620: "O juiz determinará que se proceda: I – ao balanço do estabelecimento, se o autor da herança era empresário individual; II – à apuração de haveres, se o autor da herança era sócio de sociedade que não anônima".

Para a confecção do balanço, no caso de autor da herança que era comerciante em nome individual, o juiz nomeará perito, nos termos do parágrafo único do art. 630 do Código de Processo Civil. Se o autor da herança era sócio de sociedade não anônima, somente haverá a apuração dos haveres do falecido no caso de a morte do sócio não acarretar a liquidação da sociedade. O contrato social costuma ser expresso, determinando a maneira pela qual se processa a apuração de haveres e como se solverá a quota do sócio falecido. No caso de sociedade simples, liquida-se a quota do sócio morto, nos termos do art. 1.028 do Código Civil[41].

---

e os limites dos direitos possessórios. STJ, REsp n. 1.984.847/MG, 3ª T., rel. Min. Nancy Andrighi, j. 21.06.2022.

[40] STJ, 3ª T., rel. Min. Nancy Andrighi, disponível em: *Revista Consultor Jurídico*, de 21-5-2018.

[41] Euclides de Oliveira e Sebastião Amorim, *Inventários e partilhas*, cit., p. 358; Washington de Barros Monteiro, *Curso de direito civil*, v. 6, p. 280.

8.4. Citação dos interessados

Reduzidas *a termo* as primeiras declarações, com observância do disposto no art. 620 do Código de Processo Civil, o juiz mandará citar os interessados no inventário e partilha, quais sejam, o cônjuge, o companheiro, os herdeiros e os legatários e intimar a Fazenda Pública, o Ministério Público, se houver herdeiro incapaz ou ausente, e o testamenteiro, se houver testamento (CPC/2015, art. 626).

Serão citados por mandado, "conforme o disposto nos arts. 224 a 230, somente as pessoas domiciliadas na comarca por onde corre o inventário ou que aí forem encontradas, e por edital, com o prazo de vinte a sessenta dias, os residentes foram dela", no Brasil e no estrangeiro (CPC/2015, art. 626, § 1º). A carta precatória é, portanto, substituída pelo edital.

Será dispensada a citação se os interessados já estiverem representados nos autos ou se comparecerem espontaneamente, uma vez que tal fato supre a citação, como acontece no processo comum. Dispõe o art. 671 do estatuto processual de 2015 que o juiz nomeará curador especial ao ausente, se o não tiver, e ao incapaz, se concorrer na partilha com o seu representante, desde que exista colisão de interesses.

A Fazenda Pública a ser citada é a Fazenda Estadual, por seu interesse no recolhimento do imposto de transmissão *causa mortis*. Será, todavia, também citada a Fazenda Municipal, se houver renúncia translativa onerosa, ou partilha com quinhões diferenciados, com reposição em dinheiro, devido à incidência do imposto de transmissão *inter vivos*.

Em regra, é dispensada a citação do cônjuge do herdeiro, assim como é considerada suficiente a outorga unilateral de procuração pelo herdeiro, tendo em vista ser o objeto do inventário o recebimento de bens por sucessão *mortis causa*, máxime se o regime de bens no casamento exclui a comunicação da herança[42].

A participação do cônjuge é facultativa, por lhe faltar título hereditário. Se houver comunicação dos bens herdados, tratar-se-á de relação não hereditária, mas concernente ao regime de bens no casamento[43].

Haverá, no entanto, necessidade de citação do cônjuge, ou de sua representação no processo, em caso de disposição de bens, como renúncia, partilha diferenciada e quaisquer atos que dependam de outorga uxória[44].

---

[42] *RT,* 712/152; *JTJ,* Lex, 166/186.
[43] *RT,* 639/67; *RJTJSP,* 51/222.
[44] Euclides de Oliveira e Sebastião Amorim, *Inventários e partilhas,* cit., p. 364.

8.5. Fase das impugnações. Questões de alta indagação

Concluídas as citações, abrir-se-á vista às partes, em cartório e pelo prazo comum de quinze dias, para dizerem sobre as primeiras declarações. Cabe à parte, segundo estatui o art. 627 do Código de Processo Civil:

"I – arguir erros e omissões;

II – reclamar contra a nomeação de inventariante;

III – contestar a qualidade de quem foi incluído no título de herdeiro".

Se o juiz, ouvidos os interessados, e colhidas as provas, julgar procedente a impugnação referida no inciso I, mandará retificar as declarações prestadas. Acolhendo o pedido de que trata o inciso II, deverá nomear outro inventariante, observando a preferência legal. Se verificar que a questão sobre a qualidade de herdeiro (inciso III) constitui matéria de alta indagação, remeterá a parte para os meios ordinários e sobrestará, até o julgamento final da ação a ser proposta, na entrega do quinhão que couber na partilha ao herdeiro admitido (CPC/2015, art. 627, §§ 1º, 2º e 3º).

Não tendo impugnado, nessa oportunidade, a qualidade de herdeiro, não mais poderão fazê-lo os interessados. Se impugnarem, poderá o juiz decidir de plano a impugnação, caso encontre elementos no próprio inventário. Questões de direito, mesmo intrincadas, e questões de fato documentadas resolvem-se no juízo do inventário, e não na via ordinária[45].

Dispõe, com efeito, o art. 612 do Código de Processo Civil que "o juiz decidirá todas as questões de direito desde que os fatos relevantes estejam provados por documento, só remetendo para as vias ordinárias as questões que dependerem de outras provas".

Já se decidiu que questão de alta indagação "não é uma intrincada, difícil e debatida questão de direito, mas o fato incerto que depende de prova *aliunde*, isto é, de prova a vir de fora do processo, a ser colhida em outro feito"[46].

Verificando, porém, tratar-se de fato de matéria de alta indagação, o juiz remeterá as partes para os meios ordinários, como referido. Podem ser mencionados como exemplos de questões dessa natureza, surgidas em inventário: a admissão de herdeiro que envolva investigação de paternidade ou maternidade; eventual prejuízo da legítima, em face de doação feita pelo pai aos filhos, ainda em vida, se houver fatos a provar; a anulação de testamento (não sua nulidade, ou sua inexistência, que podem ser flagrantes); a questão relativa aos bens, no regime da comunhão parcial, ou da separação legal, consistente em apurar se foram adquiridos antes ou depois do casamento; a arguição de falsidade de escritura de imóvel arrolado no inventário etc.

---

[45] STJ, REsp 114.524-RJ, 4ª T., rel. Min. Sálvio de Figueiredo, *DJU*, 23-6-2003, p. 371.
[46] *JTJ*, Lex, 171/197. No mesmo sentido: *JTJ*, Lex, 211/98; *RT*, 603/63.

Como se tem decidido, é possível o reconhecimento de união estável nos próprios autos do inventário, desde que suficientemente provada por documentos e não se tratando de questão de alta indagação, em atendimento ao princípio da instrumentalidade do processo[47], quando os herdeiros e interessados na herança, maiores e capazes, estejam de acordo[48].

Nessa linha, decidiu o *Tribunal de Justiça de São Paulo*: "Estando devidamente demonstrada a união estável, esta deve ser reconhecida nos próprios autos do inventário, não havendo motivo para proposição de uma ação autônoma com o objetivo de provar o que já foi comprovado. Ademais, remeter a interessada no reconhecimento da união estável às vias ordinárias seria mera superfetação"[49].

Constou do aresto que "o fato de os herdeiros conhecidos serem menores não justifica, por si só, a remessa da requerente às vias ordinárias para buscar o reconhecimento de que era ela, de fato, companheira do finado, o que – repita-se – já está perfeitamente demonstrado nos autos do arrolamento". É que, aduziu-se, "não parece crível que os filhos da agravante se voltassem contra a própria mãe, caso tivessem capacidade para manifestar eventual oposição. Demais disso, mesmo que representados por quem de direito, não haveria motivo algum para impugnar a pretensão da recorrente".

Quem se julgar preterido poderá demandar a sua admissão no inventário, enquanto não efetivada a partilha. Ouvidas as partes no prazo de dez dias, o juiz decidirá. Se não acolher o pedido, "remeterá o requerente para os meios ordinários, mandando reservar, em poder do inventariante, o quinhão do herdeiro excluído, até que o litígio seja decidido" (CPC/2015, art. 628, *caput* e §§ 1º e 2º).

O *Superior Tribunal de Justiça* deixou assentado, todavia, que, "no inventário, o pedido de reserva de bens de que trata o art. 1.001 do CPC (de 1973), atual art. 628) tem as características de uma medida cautelar, exigindo para seu deferimento a presença dos pressupostos do *periculum in mora* e do *fumus boni juris*"[50].

8.6. Avaliação dos bens inventariados

Decididas as questões suscitadas nessa primeira fase, segue-se a *avaliação* dos bens inventariados, que servirá de base de cálculo do imposto de transmissão *causa mortis* e possibilitará uma correta partilha dos bens.

---

[47] TJMS, Ap. 1404741-30.2019.812.0000, 4ª Câm. Cív., rel. Des. Alexandre Bastos, *DJe* 29-5-2019.
[48] *JTJ*, Lex, 183/179.
[49] *RT*, 807/250.
[50] *RT*, 747/209. No mesmo sentido: "O simples trâmite da ação movida pelo herdeiro excluído não gera o direito de reserva de bens em poder do inventariante, porque sempre se fará necessária a conjugação dos requisitos da relevância do direito e do perigo na demora, apesar de remetida a parte à via ordinária" (STJ, REsp 423.192-SP, 3ª T., rel. Min. Nancy Andrighi, *DJU*, 28-10-2002, p. 311).

Preceitua o art. 630 do Código de Processo Civil que, "findo o prazo previsto no art. 627 sem impugnação ou decidida a impugnação que houver sido oposta, o juiz nomeará, se for o caso, perito para avaliar os bens do espólio, se não houver na comarca avaliador judicial".

Acrescenta o parágrafo único que, "na hipótese prevista no art. 620, § 1º, o juiz nomeará perito para avaliação das quotas sociais ou apuração dos haveres".

A avaliação é dispensável, do ponto de vista fiscal, quando já houver prova do valor dos bens cadastrados pelo Poder Público municipal para fins de cobrança de IPTU – Imposto sobre a Propriedade Territorial Urbana (valor venal) ou pelo INCRA – Instituto Nacional de Colonização e Reforma Agrária (imóveis rurais), bem como se os herdeiros forem capazes e a Fazenda Pública concordar com o valor atribuído nas primeiras declarações (CPC/2015, art. 633).

Tem-se decidido que a Fazenda Pública não pode requerer avaliação se foi feita a prova do valor fiscal ou cadastral dos bens inventariados e os herdeiros concordaram com esse valor[51].

Bens situados fora da comarca são avaliados por precatória, salvo se forem de pequeno valor ou perfeitamente conhecidos do perito nomeado, conforme estabelece o art. 632 do mencionado diploma processual.

Entregue o laudo de avaliação, o juiz mandará que as partes se manifestem sobre ele no prazo de quinze dias, que correrá em cartório (CPC/2015, art. 635). Se a impugnação versar sobre o valor dado pelo perito, o juiz deverá decidir de plano, levando em consideração os elementos do processo (§ 1º). Se julgar procedente a impugnação, determinará que o perito retifique a avaliação, observando este os fundamentos da decisão (§ 2º).

Em realidade, a avaliação se justifica sempre que haja discordância entre os herdeiros ou em caso de partilha diferenciada envolvendo incapazes. O seu escopo principal é alcançar, na partilha, a igualdade dos quinhões. Para efeito de partilha, deve ser renovada se, pelo decurso de longo tempo, tiver ocorrido grande alteração dos valores atribuídos inicialmente aos bens[52].

Da mesma forma, como tem proclamado o *Superior Tribunal de Justiça*, para o cálculo do imposto *causa mortis* é cabível a realização de nova avaliação dos bens inventariados, se os valores atribuídos já se encontram defasados[53].

---

[51] *RT*, 492/104; *RJTJSP*, 37/145.
[52] *RTJ*, 110/416.
[53] REsp 14.880-0-MG, 1ª T., rel. Min. Demócrito Reinaldo, *DJU*, 19-6-1995, p. 18636.

8.7. Últimas declarações do inventariante

Aceito o laudo, ou resolvidas as impugnações suscitadas a seu respeito, lavrar-se-á em seguida o termo de *últimas declarações*, no qual o inventariante poderá emendar, aditar ou complementar as primeiras (CPC/2015, art. 636).

É a oportunidade para a descrição de bens que foram esquecidos ou omitidos por alguma falha ou até mesmo desconhecimento, para retificar as primeiras declarações e fornecer elementos que possam facilitar a partilha dos bens. As últimas declarações devem ser prestadas, ainda que para apenas informar que nada há a acrescentar ou corrigir.

As partes serão ouvidas sobre as últimas declarações no prazo comum de quinze dias (CPC/2015, art. 637), podendo arguir a sonegação de bens, pelo inventariante, somente após a declaração por ele feita de não existirem outros a inventariar (CPC, art. 621), ou por algum herdeiro, depois de declarar que não os possui (CC, art. 1.996).

Por essa razão, é recomendável que o inventariante, *ad cautelam*, proteste por trazer ao inventário, a qualquer tempo, declaração da existência de outros bens eventualmente omitidos sem sua culpa, ou qualquer outro esclarecimento destinado a possibilitar e facilitar a atribuição dos bens inventariados[54].

8.8. Liquidação dos impostos

Após a manifestação das partes sobre as últimas declarações, procede-se ao cálculo do imposto *causa mortis* (CPC/2015, art. 637), sobre o qual serão ouvidas todas as partes, inclusive o representante do Ministério Público, se houver interesse de menores ou incapazes, e a Fazenda Pública. Homologado por sentença, são expedidas guias para o pagamento, encerrando-se o inventário.

O art. 654 do Código de Processo Civil exige prova de quitação dos demais tributos incidentes sobre os bens do espólio, como imposto territorial e predial, taxas de águas e esgotos, ITR (Imposto Territorial Rural), INSS (Instituto Nacional do Seguro Social) e suas rendas (imposto de renda), como condição para julgamento da partilha.

Tanto a Prefeitura do Município de São Paulo como a Secretaria da Receita Federal deliberaram fornecer as certidões negativas de débitos e tributos e contribuições via Internet, para agilizar o sistema e facilitar a obtenção junto ao público. A consulta nos respectivos *sites* possibilita a verificação da autenticidade da certidão, não se podendo, como decidiu o *Tribunal de Justiça de São Paulo*, atravancar o progresso que essa via introduziu, indeferindo a providência solicitada[55].

---

[54] Euclides de Oliveira e Sebastião Amorim, *Inventários e partilhas*, cit., p. 371.

[55] AgI 329.005-4/7-Guarulhos, 9ª Câm. Dir. Priv., rel. Des. Alberto Tedesco, j. 17-2-2004. No mesmo sentido: "Inventário. Certidão negativa de débitos federais obtida na Internet. Recusa

O imposto *causa mortis* tem incidência específica sobre a herança. Por herança entende-se a parte dos bens do falecido que é transmitida aos sucessores legítimos ou testamentários, tanto nos casos de morte como de ausência. Não se considera o total dos bens, denominado monte-mor, se houver cônjuge ou companheiro sobrevivente com direito a meação, uma vez que esta decorre do regime de bens no casamento ou da união estável, não constitui transmissão por via hereditária e por isso não se sujeita à incidência do imposto de renda[56].

Diferentemente, as custas processuais não incidem apenas sobre o valor da parte transmissível dos bens, mas sobre o monte-mor, isto é, sobre o valor total dos bens a partilhar, incluindo-se no acervo a parte do cônjuge supérstite, para a subsequente paga da meação, desde que casado em comunhão de bens.

Embora essa questão se mostre controvertida, afigura-se-nos mais correto, preservadas as opiniões contrárias, o entendimento de que "a taxa judiciária no inventário deve ser recolhida, inclusive, sobre a meação do cônjuge supérstite, uma vez que o valor da causa, base de cálculo, compreende a totalidade dos bens a serem inventariados"[57].

Embora a partilha tenha caráter meramente declaratório para o cônjuge supérstite, há necessidade de abertura de inventário para se obter a declaração judicial. As custas representam a retribuição por esse serviço judiciário necessário.

Segundo proclama a *Súmula 112 do Supremo Tribunal Federal*, "o imposto de transmissão *causa mortis* é devido pela alíquota vigente ao tempo da abertura da sucessão". Por outro lado, o aludido imposto, calculado sobre o valor encontrado na avaliação, deve ser corrigido monetariamente[58].

Se a Fazenda do Estado e todos os interessados concordarem com o cálculo do imposto, não há necessidade de ser feito outro pelo contador do juízo, ainda que haja herdeiro menor[59].

Quando houver, no espólio, bem compromissado à venda pelo finado, o imposto será calculado sobre o crédito existente, ou seja, sobre o preço a receber e cujo valor será transmitido aos herdeiros. Dispõe nesse sentido a *Súmula 590 do*

---

pelo Juízo *a quo*. Descabimento. Não há que se negar a validade a documento adquirido no endereço eletrônico da própria Secretaria da Fazenda Federal, mormente quando tal serviço se encontra regulamentado pela IN/SRF n. 93, de 23.11.2001, justamente para abrandar a onerosidade e morosidade na obtenção de tais expedientes. Recurso provido" (*JTJ*, Lex, 267/385).

[56] Euclides de Oliveira e Sebastião Amorim, *Inventários e partilhas*, cit., p. 399.

[57] TJSP, AgI 99.082-4-Ribeirão Preto, 4ª Câm. Dir. Priv., rel. Des. José Osório, j. 12-10-1998; AgI 272.563.4/3-Santos, 3ª Câm. Dir. Priv., rel. Des. Carlos Roberto Gonçalves.

[58] STJ, REsp 17.132-0-PR, 2ª T., rel. Min. Américo Luz, *DJU*, 20-3-1995, p. 1604.

[59] *Bol. AASP*, 1.399/247.

Supremo Tribunal Federal: "Calcula-se o imposto de transmissão *causa mortis* sobre o saldo credor da promessa de compra e venda de imóvel, no momento da abertura da sucessão do promitente vendedor".

Incide o imposto de transmissão *inter vivos* sobre o valor dos imóveis que, na partilha, forem atribuídos ao cônjuge supérstite, a qualquer herdeiro, legatário ou cessionário, acima da respectiva meação ou quinhão.

9. FASE DA PARTILHA

Passa-se, em seguida, à fase da partilha. O juiz facultará às partes a formulação, no prazo de quinze dias, de pedido de quinhão e, após, proferirá o *despacho de deliberação* da partilha, que é *irrecorrível*, resolvendo as solicitações e designando os bens que devam constituir o quinhão de cada herdeiro e legatário (CPC/2015, art. 647)[60].

O partidor organizará o esboço de acordo com a decisão do juiz. Contra a sentença que julga a partilha cabe recurso de apelação.

Nada obsta a que os interessados, sendo capazes, façam "*partilha amigável*, por escritura pública, termo nos autos do inventário, ou escrito particular, homologado pelo juiz", na dicção do art. 2.015 do Código Civil (*v.* "Da partilha", Capítulo V, *infra*).

O procedimento será obrigatoriamente judicial se o *de cujus* deixou testamento. Somente neste caso a partilha amigável *post mortem* será homologada pelo juiz. Sempre que os herdeiros maiores concordarem com a partilha amigável e buscarem a via administrativa, a escritura pública de partilha valerá, por si só, como título hábil para o registro imobiliário (Lei n. 11.441, de 4-1-2007, art. 1º; CPC/2015, art. 610, § 1º).

10. ARROLAMENTO SUMÁRIO

10.1. Conceitos e requisitos

O arrolamento sumário constitui forma simplificada de inventário-partilha, permitida quando todos os herdeiros são capazes e convierem em fazer partilha amigável dos bens deixados pelo falecido, qualquer que seja o seu valor.

Dispõe o art. 659, *caput*, do Código de Processo Civil que "a partilha amigável, celebrada entre partes capazes, nos termos da lei, será homologada de plano pelo juiz, com observância dos arts. 660 a 663".

---

[60] É irrecorrível o despacho de deliberação de partilha (*RT*, 506/123; *RJTJSP*, 103/153).

Os interessados, escolhendo essa espécie de procedimento, apresentarão a partilha amigável, por escritura pública, termo nos autos do inventário, ou escrito particular (CC/2002, art. 2.015, correspondente ao art. 1.773 do Código revogado), que será simplesmente homologada, de plano, pelo juiz, provada a quitação dos impostos.

Basta que os interessados, portanto, elejam essa espécie de procedimento, constituindo procurador e apresentando para homologação a partilha amigável, por instrumento público ou particular. Pode ser utilizado também para homologar pedido de adjudicação, quando houver herdeiro único, como prevê o § 1º do art. 659 do diploma processual.

A participação na herança de herdeiros incapazes constitui empeço à adoção do mencionado procedimento simplificado, assim como a existência de interessado ausente, que deva ser citado e não seja localizado. É nulo o processo de arrolamento se não requerido por todos os interessados, que, além do mais, devem ser capazes[61].

Se houver testamento, exigem-se os mesmos requisitos, ou seja, poderão os interessados propor a partilha amigável por meio do arrolamento sumário, desde que capazes, mas sob a fiscalização do testamenteiro e do representante do Ministério Público.

Os herdeiros casados deverão juntar também a procuração outorgada pelos respectivos cônjuges, em razão do caráter negocial da partilha amigável, máxime se a divisão dos bens não for igualitária[62].

Denunciado o acordo por uma das partes, antes de homologada em juízo a partilha amigável, esta juridicamente não existe e, por isso, não constitui título executivo judicial[63].

Em razão da possibilidade, criada pela Lei n. 11.441, de 4 de janeiro de 2007 e reproduzida pelos §§ 1º e 2º do art. 610 do atual Código de Processo Civil, de se realizar o inventário e a partilha administrativamente, mediante escritura pública, que não precisa ser homologada em juízo, o procedimento judicial de arrolamento sumário fica reservado aos casos em que o falecido deixou testamento, ou em que, mesmo não havendo manifestação de última vontade, as partes preferirem essa via, em face do caráter opcional da celebração de inventário por escritura pública.

---

[61] *RT*, 607/167.
[62] Euclides de Oliveira e Sebastião Amorim, *Inventários e partilhas*, cit., p. 457-458.
[63] *JTJ*, Lex, 192/208.

10.2. Fases processuais

Preceitua o art. 660 do Código de Processo Civil:

"Na petição de inventário, que se processará na forma de arrolamento sumário, independentemente da lavratura de termos de qualquer espécie, os herdeiros:

I – requererão ao juiz a nomeação do inventariante que designarem;

II – declararão os títulos dos herdeiros e os bens do espólio, observado o disposto no art. 630;

III – atribuirão o valor dos bens do espólio, para fins de partilha".

Na petição, portanto, os herdeiros deverão requerer a nomeação do inventariante por eles próprios indicado e apresentar o rol de herdeiros e a relação de bens, atribuindo-lhes o valor sumário, para fins de partilha. Além da partilha, a inicial deve estar instruída com a certidão de óbito e com certidões negativas dos tributos relativos aos bens do espólio[64]. É importante, também, estarem todos os interessados representados nos autos, para que o procedimento tenha a rapidez desejada.

Para fins fiscais, toma-se por base o valor atribuído aos bens pelos interessados. Não se apreciam questões relativas ao imposto *causa mortis* e à taxa judiciária, ressalvado ao fisco o direito de cobrar administrativamente eventuais diferenças (CPC/2015, art. 662, §§ 1º e 2º).

Dispensa-se por isso a citação da Fazenda, que não intervém no arrolamento sumário em vista da homologação de plano da partilha. Deverá, no entanto, ser cientificada da sentença homologatória, mediante publicação pela imprensa, em razão do seu interesse no recolhimento do imposto *causa mortis*, sendo-lhe facultado exigir eventual diferença na via administrativa, mediante lançamento complementar, uma vez que não fica adstrita aos valores dos bens do espólio atribuídos pelos herdeiros[65].

---

[64] Reforçado pela tese firmada no Tema Repetitivo 1074: "No arrolamento sumário, a homologação da partilha ou da adjudicação, bem como a expedição do formal de partilha e da carta de adjudicação, não se condicionam ao prévio recolhimento do imposto de transmissão causa mortis, devendo ser comprovado, todavia, o pagamento dos tributos relativos aos bens do espólio e às suas rendas, a teor dos arts. 659, § 2º, do CPC/2015 e 192 do CTN". Disponível em: https://processo.stj.jus.br/repetitivos/temas_repetitivos/pesquisa.jsp?novaConsulta=true&tipo_pesquisa=T&cod_tema_inicial=1074&cod_tema_final=1074. Acesso em: jun. 2023.

[65] "Não se dá vista, no arrolamento, à Fazenda Pública. Qualquer questão fiscal deve ser tratada na esfera administrativa" (*RF*, 286/275). "Imprimindo ao feito o rito sumário do arrolamento, é defesa a intervenção da Fazenda Pública, a teor do disposto no art. 1.034 e §§ do CPC" (Theotonio Negrão, *Código de Processo Civil*, cit., nota 1 ao art. 1.034). "No arrolamento não cabe o conhecimento e apreciação sobre pretendida isenção de taxas judiciárias ou tributos incidentes sobre a transmissão da propriedade dos bens do espólio" (*Bol. AASP*, 2.380/3171).

Dispõe, com efeito, o § 2º do art. 662 do Código de Processo Civil de 2015 que "o imposto de transmissão será objeto de lançamento administrativo, conforme dispuser a legislação tributária, não ficando as autoridades fazendárias adstritas aos valores dos bens do espólio atribuídos pelos herdeiros".

Todavia, "mesmo em se tratando de arrolamento sumário, a expedição do formal de partilha e do alvará requerido fica condicionada ao pagamento dos impostos devidos à Fazenda Pública Estadual"[66].

Se incabível o arrolamento, deve ser convertido em inventário, feitas as devidas adaptações. Inversamente, o inventário pode a todo tempo ser convertido em arrolamento, se este for cabível[67].

10.3. Eliminação de termos e dispensa de avaliação

O art. 660 do Código de Processo Civil dispensa, expressamente, a lavratura de termos de qualquer espécie. Desse modo, ao contrário do que sucede no inventário, não se lavram, no arrolamento sumário, os termos das declarações iniciais e o de partilha. Também se desobriga o inventariante de prestar compromisso nos autos, desburocratizando, assim, o procedimento.

Não se procede, também, à *avaliação* dos bens do espólio. Prescreve o art. 661 do Código de Processo Civil que, "ressalvada a hipótese prevista no parágrafo único do art. 663, não se procederá à avaliação dos bens do espólio para qualquer finalidade".

A estimativa feita pelo inventariante, no caso dos imóveis, não pode ser, entretanto, inferior à dos lançamentos fiscais relativos ao ano do óbito do *de cujus*, pois o § 2º do art. 659 do diploma processual exige que o pedido de arrolamento seja instruído com prova da quitação dos tributos relativos aos bens do espólio e às suas rendas, para fins de homologação da partilha.

O parágrafo único do art. 663 do aludido Código requer, porém, a avaliação, se houver credores do espólio com direito a reserva de bens suficientes para o pagamento da dívida e estes impugnarem a estimativa. Nesse caso, a reserva não será feita pelo valor estimado pelos interessados, mas pelo da avaliação.

A partilha é homologada de plano pelo juiz, mediante prova da quitação dos impostos. Será dispensada e substituída pela *adjudicação* se houver um único herdeiro. Decorrido o prazo para recurso, é expedido o formal de partilha ou a carta de adjudicação.

---

[66] *RT*, 810/221.
[67] *RT*, 599/65; *RJTJSP*, 107/243.

11. ARROLAMENTO COMUM

11.1. Conceito e requisitos

O arrolamento será comum quando o valor dos bens não exceder a 1.000 (mil) salários mínimos (CPC/2015, art. 664).

Tal modalidade constitui também forma simplificada de inventário de bens, porém específico para os de pequeno valor, até o limite de valor mencionado. Difere do arrolamento *sumário* porque neste é condição básica a concordância de partes capazes, enquanto no *comum* basta o reduzido valor da herança, sendo obrigatória a sua adoção, ainda que não representados todos os herdeiros e mesmo que haja ausentes ou incapazes, ou testamento. Nestes casos, haverá intervenção do Ministério Público.

11.2. Plano de partilha

O inventariante nomeado apresentará as suas *declarações* independentemente da assinatura de termo de compromisso, com a *estimativa* do valor dos bens do espólio e o *plano de partilha*. Se o valor atribuído aos bens for impugnado, far-se-á a *avaliação*. Apresentado o laudo, em dez dias, pelo avaliador nomeado, o juiz deliberará sobre a partilha decidindo de plano todas as reclamações e mandando pagar as dívidas não impugnadas (CPC/2015, art. 664 §§ 1º e 2º).

O esboço ou plano de partilha deve conter os respectivos orçamentos e folhas de pagamento a cada parte, com os dados completos, de modo a possibilitar o oportuno registro, com relação aos imóveis, e a prevenir problemas futuros com aditamentos ou retificações. Os interessados, devidamente citados, poderão impugnar o plano apresentado, propondo novo esboço, a exigir deliberação judicial.

Desde que os bens admitam divisão cômoda, a partilha será feita atendendo-se à perfeita igualdade dos quinhões. Não sendo isso possível, ficarão eles indivisos, fazendo-se a partilha em partes ideais, na proporção dos quinhões.

Aplica-se à hipótese, no que couber, o disposto no art. 662 do mesmo diploma, que não permite discussão sobre o imposto *causa mortis* devido, ressalvando à Fazenda a cobrança, via administrativa, de eventual diferença.

Provada a quitação dos tributos relativos aos bens do espólio e às suas rendas, o juiz julgará a partilha (CPC/2015 art. 664, § 5º). Após o julgamento será recolhido o imposto *causa mortis*, expedindo-se o competente *formal* ou *carta de adjudicação*.

12. INVENTÁRIO ADMINISTRATIVO

12.1. Introdução

Visando racionalizar os procedimentos e simplificar a vida dos cidadãos, bem como desafogar o Poder Judiciário, a Lei n. 11.441, de 4 de janeiro de 2007, oferece à coletividade um outro procedimento além do judicial, possibilitando a realização de inventário e partilha amigável por escritura pública, quando todos os interessados sejam capazes e não haja testamento.

O inventário deixou de ser procedimento exclusivamente judicial. Embora a partilha, que é uma das etapas do inventário, já pudesse ser efetuada pela via administrativa, mediante escritura pública, os seus efeitos ficavam condicionados à homologação judicial.

A citada inovação, referendada pelo atual Código de Processo Civil (art. 610, §§ 1º e 2º), permite a realização de inventário e partilha mediante escritura pública lavrada pelo notário, independentemente de homologação judicial, quando todos os interessados forem capazes e não houver testamento. Não segue, pois, os princípios do direito processual civil, mas do procedimento notarial, extrajudicial. Efetivou-se com a alteração do art. 982 do Código de Processo Civil de 1973, atual art. 610, §§ 1º e 2º, que tem a seguinte redação:

"Art. 610. Havendo testamento ou interessado incapaz, proceder-se-á ao inventário judicial.

§ 1º Se todos forem capazes e concordes, o inventário e a partilha poderão ser feitos por escritura pública, a qual constituirá documento hábil para qualquer ato de registro, bem como para levantamento de importância depositada em instituições financeiras.

§ 2º O tabelião somente lavrará a escritura se todas as partes interessadas estiverem assistidas por advogado ou por defensor público, cuja qualificação e assinatura constarão do ato notarial".

O Conselho Nacional de Justiça, no julgamento do Pedido de Providências n. 0001596.43.2023.2.00.0000, aprovou alterações na Resolução n. 35/2007, dando nova interpretação ao dispositivo do CPC, supracitado.

Entre as alterações que merecem destaque está aquela que autoriza o inventário extrajudicial, ainda que haja herdeiros menores ou testamento, desde que preenchidos determinados requisitos. Com efeito, dispõem os arts. 12-A e 12-B da Resolução que:

"Art. 12-A. O inventário poderá ser realizado por escritura pública, ainda que inclua interessado menor ou incapaz, desde que o pagamento do seu quinhão hereditário ou de sua meação ocorra em parte ideal em cada um dos bens inventariados e haja manifestação favorável do Ministério Público.

§ 1º Na hipótese do caput deste artigo é vedada a prática de atos de disposição relativos aos bens ou direitos do interessado menor ou incapaz.

§ 2º Havendo nascituro do autor da herança, para a lavratura nos termos do caput, aguardar-se-á o registro de seu nascimento com a indicação da parentalidade, ou a comprovação de não ter nascido com vida.

§ 3º A eficácia da escritura pública do inventário com interessado menor ou incapaz dependerá da manifestação favorável do Ministério Público, devendo o tabelião de notas encaminhará o expediente ao respectivo representante.

§ 4º Em caso de impugnação pelo Ministério Público ou terceiro interessado, o procedimento deverá ser submetido à apreciação do juízo competente.

Art. 12-B. É autorizado o inventário e a partilha consensuais promovidos extrajudicialmente por escritura pública, ainda que o autor da herança tenha deixando testamento, desde que obedecidos os seguintes requisitos:

I – os interessados estejam todos representados por advogado devidamente habilitado;

II – exista expressa autorização do juízo sucessório competente em ação de abertura e cumprimento de testamento válido e eficaz, em sentença transitada em julgado;

III – todos os interessados sejam capazes e concordes;

IV – no caso de haver interessados menores ou incapazes, sejam também observadas as exigências do artigo 12-A desta Resolução;

V – nos casos de testamento invalidado, revogado, rompido ou caduco, a invalidade ou ineficácia tenha sido reconhecida por sentença judicial transitada em julgado na ação de abertura e cumprimento de testamento.

§ 1º Formulado o pedido de escritura pública de inventário e partilha nas hipóteses deste artigo, deve ser apresentada, junto com o pedido, a certidão do testamento e, constatada a existência de disposição reconhecendo filho ou qualquer outra declaração irrevogável, a lavratura de escritura pública de inventário e partilha ficará vedada e o inventário deverá ser feito obrigatoriamente pela via judicial.

§ 2º Sempre que o tabelião tiver dúvidas quanto ao cabimento da escritura de inventário e partilha consensual, deverá suscitá-la ao juízo competente em matéria de registros públicos".

12.2. Caráter facultativo do procedimento administrativo

A redação conferida ao retrotranscrito § 1º do art. 610 do Código de Processo Civil, com a utilização do verbo "poderão", indica o caráter *facultativo* do procedimento administrativo. A escolha fica a critério das partes. Entende-se, pois, que a criação do procedimento administrativo do inventário e partilha extrajudiciais, mediante escritura pública, não obsta à utilização da via judicial correspondente.

Há, efetivamente, situações que justificam o interesse em promover o arrolamento judicial, não obstante estejam as partes concordes com a partilha, como, *v.g.*, quando haja necessidade de prévio levantamento de dinheiro ou de venda de bens deixados pelo *de cujus*, para a obtenção de numerário destinado ao recolhimento de impostos em atraso, bem como ao atendimento dos encargos do processo.

O art. 2º da Resolução n. 35, de 24 de abril de 2007, do Conselho Nacional de Justiça, proclama ser "facultada aos interessados a opção pela via judicial ou extrajudicial, podendo ser solicitada, a qualquer momento, a suspensão, pelo prazo de 30 dias, ou a desistência da via judicial, para promoção da via extrajudicial".

12.3. Dispensa de homologação judicial da partilha

O art. 659 do Código de Processo Civil, dizendo que a partilha amigável "será homologada de plano pelo juiz", transmite a falsa impressão de que o procedimento judicial seria sempre exigível.

Entretanto, o procedimento judicial, como já mencionado, fica reservado aos casos em que o falecido deixou testamento, ou em que, mesmo não havendo manifestação de última vontade, as partes optarem por essa via.

Ante a inequívoca redação dada ao § 1º do art. 610 do Código de Processo Civil de 2015, sempre que as partes maiores e capazes, estando concordes com a partilha, procurarem a via administrativa, a escritura pública lavrada pelo notário, de partilha amigável, valerá por si, como título hábil para o registro imobiliário, dispensando a exigência de homologação judicial.

Além de constituir título hábil para o registro imobiliário, que é o seu efeito principal, a escritura de partilha amigável serve também para outros fins, como autorizar o levantamento, pelos herdeiros, de valores que se acham depositados em instituições financeiras em conta do falecido, sem necessidade de exibição de alvará judicial, bem como a transferência da propriedade de veículos no DETRAN e outras providências, decorrentes da partilha, perante a Junta Comercial, o Registro Civil de Pessoas Jurídicas, as companhias telefônicas etc.

Nessa linha dispõe o art. 3º da Resolução n. 35 do Conselho Nacional de Justiça:

"Art. 3º As escrituras públicas de inventário e partilha, divórcio, declaração de separação de fato e extinção da união estável consensuais não dependem de homologação judicial e são títulos hábeis para o registro civil e o registro imobiliário, para a transferência de bens e direitos, bem como para promoção de todos os atos necessários à materialização das transferências de bens e levantamento de valores (DETRAN, Junta Comercial, Registro Civil das Pessoas Jurídicas, instituições financeiras, companhias telefônicas etc.)".

12.4. Partes interessadas

Consideram-se partes interessadas na lavratura da escritura pública de inventário e partilha: a) o cônjuge sobrevivente; b) o companheiro sobrevivente; c) os herdeiros legítimos; d) eventuais cessionários; e e) eventuais credores.

As partes e respectivos cônjuges devem estar, na escritura, nomeados e qualificados, mencionando-se: nacionalidade, profissão, idade, estado civil, regime de bens, data do casamento, pacto antenupcial e seu registro imobiliário, número do documento de identidade, número de inscrição no CPF/MF, domicílio e residência.

A cessão de direitos hereditários efetiva-se também por escritura pública (CC, art. 1.793). Pode ser total ou parcial, conforme o interesse dos herdeiros. O cessionário comparece ao inventário judicial ou à escritura pública em substituição ao herdeiro cedente, assumindo a posição de parte.

O inventário extrajudicial pode ser promovido por *cessionário* de direitos hereditários, mesmo na hipótese de cessão de parte do acervo, desde que todos os herdeiros estejam presentes e concordes (Res. CNJ n. 35/2007, art. 16).

"Os cônjuges dos herdeiros deverão comparecer ao ato de lavratura da escritura pública de inventário e partilha quando houver *renúncia* ou algum tipo de *partilha* que *importe em transmissão*, exceto se o casamento se der sob o regime da separação absoluta.

No inventário extrajudicial, o convivente sobrevivente é herdeiro quando reconhecida a união estável pelos demais sucessores, ou quando for o único sucessor e a união estável estiver previamente reconhecida por sentença judicial, escritura pública ou termo declaratório, desde que devidamente registrados. A meação do convivente pode ser reconhecida na escritura pública, desde que todos os herdeiros e interessados na herança, absolutamente capazes estejam de acordo ou, havendo menor ou incapaz, estejam cumpridos os requisitos do artigo 12-A" (Res. CNJ n. 35/2007, arts. 17 a 19).

Compete aos herdeiros indicar não só o ativo, mas também o passivo do espólio, discriminando as dívidas e apontando os respectivos credores, bem como a forma de seu pagamento. É obrigatória a nomeação de interessado, na escritura pública de inventário e partilha, para representar o espólio, com poderes de inventariante, no cumprimento de obrigações *ativas* ou *passivas* pendentes, ou seja, em situações que exijam atividades externas à escritura (como, p. ex., o levantamento de depósitos bancários, recebimento ou outorga de escritura em nome do espólio, transferência de bens em órgãos públicos etc.), sem necessidade de seguir a ordem prevista no art. 617 do Código de Processo Civil.

O *credor* do espólio poderá receber diretamente o pagamento de seus direitos mediante acordo com os herdeiros, ou figurar na escritura pública para oportuno recebimento de seu crédito. Ainda que não indicados ou nomeados expressamente, os credores terão sempre ressalvados os seus direitos, podendo exigir o seu reconhecimento em ação própria contra os herdeiros, na proporção dos quinhões que lhes forem atribuídos na partilha.

Desse modo, a existência de credores do espólio não impedirá a realização do inventário e partilha, ou adjudicação, por escritura pública (Res. CNJ n. 35/2007, art. 27).

12.5. Lavratura de escritura pública por tabelião de notas

Para a lavratura dos atos notariais de que tratam a Lei n. 11.441/2007 e o Código de Processo Civil é livre a escolha do tabelião de notas, *não se aplicando as regras de competência* do Código de Processo Civil.

A competência é uma medida da jurisdição, que é monopólio do Poder Judiciário – e o tabelião não tem poderes jurisdicionais. Por essa razão, podem os interessados promover a lavratura da escritura no cartório da localidade que lhes for mais conveniente, independentemente do domicílio do autor da herança, da situação dos bens e de serem ali domiciliados ou não.

Proclama, efetivamente, o art. 1º da Resolução n. 35 do *Conselho Nacional de Justiça* que, "Para a lavratura dos atos notariais relacionados a inventário, partilha, divórcio, declaração de separação de fato e extinção de união estável consensuais por via administrativa, é livre a escolha do tabelião de notas, não se aplicando as regras de competência do Código de Processo Civil".

A competência para escrituras de inventário e partilha no Brasil restringe-se aos bens situados no território nacional. Essa regra, prevista nos arts. 23 e 48 do Código de Processo Civil, concernente ao inventário judicial, aplica-se também ao inventário extrajudicial ou administrativo. Os bens situados no estrangeiro devem ser objeto de procedimento autônomo, no país em que se encontram.

Preceitua, com efeito, o art. 29 da Resolução n. 35/2007 do Conselho Nacional de Justiça: "É vedada a lavratura de escritura pública de inventário e partilha referente a bens localizados no exterior".

Admite-se a delegação da prática do ato por escrevente habilitado, sob a necessária orientação e integral responsabilidade do notário, como dispõe a Lei n. 8.935, de 18 de novembro de 1994, que regulamentou o art. 236 da Constituição Federal, concernente aos serviços notariais e de registro.

O tabelião é responsável por eventuais desvios e atos praticados contra expressa disposição legal. Por essa razão, poderá se negar a lavrar a escritura de inventário ou partilha se houver fundados indícios de fraude, simulação ou em caso de dúvidas sobre a declaração de vontade de algum dos herdeiros e/ou inventariante, fundamentando a recusa por escrito (Res. CNJ n. 35/2007, art. 32, § 2º).

A escritura pública de inventário e partilha pode ser lavrada *a qualquer tempo*, cabendo ao tabelião fiscalizar o recolhimento de eventual multa, conforme previsão em legislação tributária estadual e distrital específicas. O recolhimento dos tributos incidentes deve anteceder a lavratura da escritura (Res. CNJ n. 35/2007, arts. 14 e 31).

A escritura pública pode ser *retificada*, desde que haja o consentimento de todos os interessados. Os erros materiais poderão ser corrigidos, de ofício ou mediante requerimento de qualquer das partes, ou de seu procurador, por averbação à margem do ato notarial ou, não havendo espaço, por escrituração própria lançada no livro das escrituras públicas e anotação remissiva (Res. CNJ n. 35/2007, art. 13).

A *gratuidade* prevista na Lei n. 11.441/2007 compreende as escrituras de *inventário, partilha, divórcio, separação de fato e extinção da união estável consensuais".* Para a obtenção da gratuidade pontuada, basta a simples declaração dos interessados de que não possuem condições de arcar com os emolumentos, ainda que as partes estejam assistidas por advogado constituído (Res. CNJ n. 35/2007, arts. 6º e 7º).

12.6. Assistência de advogado

Preceitua o § 2º do art. 610 do Código de Processo Civil, que "o tabelião somente lavrará a escritura pública se todas as partes interessadas estiverem assistidas por advogado ou por defensor público, cuja qualificação e assinatura constarão do ato notarial".

Cumpre salientar que assistência não é simples presença formal do advogado ao ato para sua autenticação, mas de efetiva participação na orientação dos interessados, esclarecendo as dúvidas de caráter jurídico e redigindo ou revisando a minuta do acordo para a partilha amigável.

O advogado comparece ao ato e subscreve a escritura como assistente das partes, não havendo necessidade de procuração. Com efeito, os arts. 103 e 104 do Código de Processo Civil exigem a procuração somente para que o advogado venha a "postular em juízo" – o que não é o caso. Diferente a situação quando os interessados não se encontram presentes ao ato notarial, mas representados por terceiro, advogado ou não. O representante deverá, então, apresentar-se munido de procuração. Se o interessado for advogado, poderá participar do ato notarial nessa qualidade e na de advogado assistente, sem a necessidade da presença de outro advogado.

Dispõe o art. 9º da Resolução n. 35 do Conselho Nacional de Justiça ser "vedada ao tabelião a indicação de advogado às partes, que deverão comparecer para o ato notarial acompanhadas de profissional de sua confiança. Se as partes não dispuserem de condições econômicas para contratar advogado, o tabelião deverá recomendar-lhes a Defensoria Pública, onde houver, ou, na sua falta, a Seccional da Ordem dos Advogados do Brasil".

12.7. Sobrepartilha pela via administrativa

Dispõe o art. 2.022 do Código Civil que *"ficam sujeitos a sobrepartilha os bens sonegados e quaisquer outros bens da herança de que se tiver ciência após a partilha".*

Os casos previstos no art. 669 do Código de Processo Civil são aqueles em que a herança contiver bens remotos do lugar do inventário, litigiosos, ou de liquidação morosa ou difícil, bem como os bens sonegados e os de que tiverem ciência os herdeiros após a partilha.

Pode a sobrepartilha ser feita também pela via extrajudicial, ou seja, por escritura pública. Faz-se a sobrepartilha, assim, pela mesma forma que a partilha, isto é, por outra escritura pública, desde que todos os herdeiros sejam capazes e concordes. Caso haja alguma discordância, a sobrepartilha deverá ser efetuada mediante inventário judicial. Mesmo que o inventário tenha se processado judicialmente, a sobrepartilha poderá ser realizada administrativamente, e vice-versa.

É admissível a sobrepartilha por escritura pública, ainda que referente a inventário e partilha judicial já findos, mesmo que o herdeiro, hoje maior e capaz, fosse menor ou incapaz ao tempo do óbito ou do processo judicial (Res. CNJ n. 35/2007, art. 25). Todavia, a incapacidade superveniente constitui empeço à realização da sobrepartilha pela via administrativa, mesmo que o inventário anterior tenha observado essa forma (CPC/2015, art. 610, 1ª parte).

Lavrada a escritura pública de sobrepartilha, deve o notário anotar o fato na escritura de partilha, se lavrada em seu cartório, ou fazer a devida comunicação ao Juízo ou ao cartório onde se promoveu o inventário primitivo, para a respectiva anotação.

Se houver um só herdeiro, maior e capaz, com direito à totalidade da herança, lavrar-se-á a escritura de inventário e adjudicação dos bens, em vez de partilha.

12.8. Inventário negativo

Como mencionado no item 6 *retro*, o inventário negativo, embora não previsto na legislação pátria, tem sido admitido pelos juízes em situações excepcionais, quando há necessidade de comprovar a inexistência de bens a inventariar. Tal modalidade torna-se, em alguns casos, necessária, especialmente para evitar a imposição de certas sanções com que o Código Civil pune a infração de algumas disposições.

É admissível inventário negativo também por escritura pública, como enfatiza o art. 28 da Resolução n. 35/2007, do Conselho Nacional de Justiça. Nesse caso, a escritura deverá conter todos os dados de identificação do *de cujus*, do cônjuge sobrevivente e dos sucessores, que herdariam caso houvesse patrimônio, a declaração da data e do local do óbito, bem como de inexistência de bens a partilhar, comparecendo ao ato todas as partes interessadas.

12.9. Alvará para levantamento ou recebimento de valores

Se a herança estiver limitada a ativos financeiros em instituições bancárias ou a créditos específicos junto a órgãos públicos ou privados, pode acontecer de se exigir dos sucessores apenas um *alvará* judicial para a liberação dos valores.

Realizado, porém, o inventário e a partilha pela via administrativa, a liberação de valores ou créditos não depende de alvará, sendo hábil para tanto a escritura pública lavrada pelo notário.

Efetivamente, a escritura pública mencionada no § 1º do art. 610 do Código de Processo Civil tem a mesma eficácia do alvará judicial, impondo às instituições financeiras e a outros órgãos, públicos e privados, o respeito ao que nela estiver contido. Assim, podem os interessados, no pressuposto de serem preenchidos todos os demais requisitos para tanto, promover a destinação daqueles valores por meio de escritura pública, a título de partilha ou adjudicação, com a mesma eficácia do alvará judicial[68].

Especificamente para as verbas mencionadas na Lei n. 6.858/80, dispõe o art. 14 da Resolução n. 35/2007 do Conselho Nacional de Justiça: "Para as verbas previstas na Lei n. 6.858/80, é também admissível a escritura pública de inventário e partilha".

A respeito de expedição de alvará, decidiu o *Tribunal de Justiça de Mato Grosso do Sul*:

"Inventário. Pedido de expedição de alvará para transferência de bens alienados pelo *de cujus* antes do seu falecimento. Possibilidade de análise pelo Juízo do inventário. Art. 612 do Código de Processo Civil.

1. Não há impossibilidade de apreciação do pedido de expedição de alvará judicial de escritura definitiva de compra e venda nos próprios autos do inventário, tendo em vista a dicção do artigo 612 do CPC.

2. Tratando-se de matéria de direito comprovada por prova documental, faz-se dispensável a instauração de nova demanda para a apreciação do pedido"[69].

---

[68] Francisco José Cahali et al. *Escrituras públicas:* Separação, divórcio, inventário e partilha consensuais, p. 88.

[69] TJMS, AgI 1413907-52.2020.8.12.000-MS, 2ª Câm. Cív., rel. Des. Fernando Mauro Moreira Marinho, j. 18-4-2021.

Capítulo II

DOS SONEGADOS

Sumário: 1. Introdução. 2. Conceito. 3. Quem está sujeito à pena de sonegados. 4. Pressuposto subjetivo. 5. Pena cominada. 6. Momento em que se caracteriza a sonegação. 7. Ação de sonegados.

1. INTRODUÇÃO

Aberta a sucessão e iniciado o inventário, incumbe ao *inventariante* apresentar as declarações preliminares, das quais se lavrará termo circunstanciado em que será lançada relação completa e individuada de todos os bens do espólio e dos alheios que nele forem encontrados (CPC/2015, art. 620).

Também os *herdeiros* devem declarar e restituir bens do espólio que têm em seu poder, e indicar os que saibam encontrarem-se em mãos de terceiros. Estão obrigados, ainda, a conferir o valor das doações que em vida receberam do *de cujus*, trazendo-os à colação para igualar a legítima dos herdeiros necessários, como o exige o art. 2.002 do Código Civil.

Se, todavia, o inventariante deixar de cumprir esse dever, omitindo ou não descrevendo, intencionalmente, qualquer bem ou valor, de modo a desfalcar o ativo do espólio; ou se o herdeiro, dolosamente, não descrever no inventário os bens que estejam em seu poder, ou, com o seu conhecimento, no de outrem, ou que os omitir na colação, ou que, ainda, deixar de restituí-los, *cometerá o delito civil de sonegação, sujeitando-se às penas determinadas nos arts. 1.992 e 1.993 do Código Civil.*

Vestígios do instituto da sonegação foram encontrados no direito romano, no qual era punido o herdeiro que desviasse coisas da sucessão (*si aliquid ex haereditate amoverit*). A sanção era restrita, porém, aos herdeiros necessários.

Nas Ordenações de Portugal e no direito brasileiro pré-codificado era prevista a pena de sonegados nos inventários em que houvesse interesse de menores.

470

Posteriormente, com o advento do Código Civil de 1916, essa restrição deixou de existir, estendendo-se o preceito à partilha entre maiores.

2. CONCEITO

Sonegar é ocultar bens que devem ser inventariados ou levados à colação.

No entender de CARLOS MAXIMILIANO, "*sonegado* é tudo aquilo que deveria entrar em partilha, porém foi ciente e conscientemente omitido na descrição de bens pelo inventariante, não restituído pelo mesmo ou por sucessor universal, ou doado a herdeiro e não trazido à colação pelo beneficiado com a liberdade". A falta propositada, aduz, "constitui ato de má-fé; por isto, a lei a fulmina com especial penalidade"[1].

Basta, para caracterizar a infração, a fraude incidente sobre um único objeto, não se exigindo que abranja vários bens.

Dispõe o art. 1.992 do Código Civil:

"*O herdeiro que sonegar bens da herança, não os descrevendo no inventário quando estejam em seu poder, ou, com o seu conhecimento, no de outrem, ou que os omitir na colação, a que os deva levar, ou que deixar de restituí-los, perderá o direito que sobre eles lhe caiba*".

Acrescenta o art. 1.993:

"*Além da pena cominada no artigo antecedente, se o sonegador for o próprio inventariante, remover-se-á, em se provando a sonegação, ou negando ele a existência dos bens, quando indicados*".

As disposições concernentes aos sonegados colimam dupla finalidade: assegurar aos herdeiros a integridade dos seus direitos sobre o acervo sucessório, e, aos credores, o direito de se pagarem com o produto da venda de bens do espólio.

3. QUEM ESTÁ SUJEITO À PENA DE SONEGADOS

A sonegação de bens no inventário constitui infração que pode ser praticada pelo *inventariante*, quando omite, intencionalmente, bens ou valores, ao prestar as primeiras e as últimas declarações, afirmando não existirem outros por inventariar, ou pelo *herdeiro* que não indica bens em seu poder, ou sabidamente de terceiros, ou ainda omite os doados pelo *de cujus* e sujeitos à colação (CC, art. 1.992).

---

[1] *Direito das sucessões*, v. III, n. 1.543, p. 400.

Além dessas pessoas, o *testamenteiro* sujeita-se igualmente a incorrer na pena de sonegados se exercer também a inventariança.

Da combinação dos arts. 1.992 e 1.993 do Código Civil resulta que arguidos de sonegação podem ser: "*a*) o herdeiro que sonega bens da herança, não os descrevendo no inventário, quando em seu poder; *b*) o herdeiro que não denuncia a existência de bens do acervo, que, com ciência sua, se encontrem em poder de outrem; *c*) o herdeiro que deixa de conferir no inventário bens sujeitos a colação; *d*) o inventariante que não inclui ou omite, nas declarações prestadas, efeitos pertencentes ao espólio; *e*) finalmente, o cessionário do herdeiro, quando declara que não possui bens hereditários"[2].

Para que tenha cabimento a ação de sonegados não é preciso que o sonegador negue a restituição dos bens; é bastante que não os descreva, estando em seu poder, ou mesmo no de outrem, mas com ciência sua. Pratica sonegação o inventariante que voluntariamente deixa de declarar no inventário o direito de crédito do *de cujus*, na conformidade do respectivo título[3].

Em diversas situações ocorre sonegação de bens. Constitui sonegado, por exemplo: "a) falsificar escrita, para diminuir o ativo; b) ocultar créditos, aquisições etc.; c) disfarçar doação ou dádiva; d) encobrir dívida de herdeiro para com o espólio; e) realizar, até mesmo em vida do inventariado e manter depois de sua morte, alienação fictícia de coisas pertencentes a ele; ou nada declarar sobre compra fraudulenta efetuada por terceiro; f) extraviar, de propósito, ou ocultar títulos de propriedade ou de dívida; g) simular ou falsificar aquisição de bens do *de cujus* por ele, sonegador; h) utilizar-se, diretamente ou por meio de interposta pessoa, de um crédito inexistente ou falso, contra a sucessão, a fim de baixar o monte-mor ou prejudicar herdeiro ou credor"[4].

A simples apresentação de um testamento falso não constitui sonegado. Se o herdeiro é autor ou cúmplice de semelhante fraude, sofre as penas civis ou criminais instituídas para os delitos de tal natureza[5].

4. PRESSUPOSTO SUBJETIVO

Sonegar é o mesmo que ocultar, como já dissemos, além de desviar, omitir. Tais expressões pressupõem a existência do dolo. Em princípio, pois, não oculta, não

---

[2] Washington de Barros Monteiro, *Curso de direito civil*, v. 6, p. 295-296.

[3] *RT*, 324/123, 589/109, 704/111.

[4] Carlos Maximiliano, *Direito das sucessões*, cit., v. III, n. 1.554, p. 409-410.

[5] Planiol e Ripert, *Traité pratique de droit civil français*, v. IV, n. 294.

sonega, quem não descreve no inventário determinado bem por esquecimento ou simples omissão decorrente de erro ou ignorância. Decidiu, com efeito, o *Superior Tribunal de Justiça* que "*A renitência do meeiro em apresentar os bens no inventário não configura dolo, sendo necessário, para tanto, demonstração inequívoca de que seu comportamento foi inspirado pela fraude. Não caracterizado o dolo de sonegar, afasta-se a pena na perda dos bens (CC, art. 1.992)*"[6].

Todavia, se o inventariante declara, peremptoriamente, após as últimas declarações, inexistirem outros bens a inventariar, incumbe-lhe o ônus de demonstrar, na ação de sonegados, que a omissão não ocorreu com dolo, máxime se já fora ventilada incidentalmente no inventário e não suprida.

A incorreta declaração feita pelo inventariante, ao encerrar as últimas declarações, de inexistirem outros bens, faz presumir ter havido malícia e, por conseguinte, a sonegação. Tal ilação resultará do fato da ocultação. O dolo na sonegação existe *in re ipsa*, no próprio ato de ocultar, desviar, omitir. Contudo, trata-se de presunção vencível, *juris tantum*, competindo-lhe provar que não houve dolo de sua parte.

A interpelação destinada a constituir em mora o sonegador, embora aconselhável, não é indispensável. Consoante a lição de CARLOS MAXIMILIANO, "do simples fato de ocultar um objeto ou valor, ou subtraí-lo à partilha, ressalta a malícia – *dolus pro facto est*; neste caso, incumbe ao faltoso provar a boa-fé"[7].

É evidente, no entanto, que, se o faltoso é intimado, no curso do próprio inventário, a descrever ou trazer à colação certo bem, sob pena de sonegados, e silencia ou recusa o atendimento, fica patenteada a malícia, que servirá de motivo à ação.

5. PENA COMINADA

A pena de sonegados tem caráter civil e consiste, para o *herdeiro*, na perda do direito sobre o bem sonegado (CC, art. 1.992), que é devolvido ao monte e partilhado aos outros herdeiros, como se o sonegador nunca tivesse existido.

Se o sonegador escondeu todos os bens hereditários, não recebe coisa alguma. Ocultou toda a herança, perde a herança inteira, sujeitando-se, ainda, às sanções criminais que lhe forem cabíveis. O castigo do sonegador é, portanto, severo: ele perde o direito que lhe cabia sobre os bens que ocultou ou escondeu e terá de restituí-los ao acervo, com seus frutos e rendimentos[8].

---

[6] STJ, REsp 1.267.264-RJ, 3ª T., rel. Min. João Otávio de Noronha, j. 19-5-2015.
[7] *Direito das sucessões*, cit., v. III, n. 1.549, p. 406.
[8] Zeno Veloso, *Comentários ao Código Civil*, v. 21, p. 398.

Com relação ao objeto da fraude, decai o sonegador do direito que tinha, "não só na qualidade de herdeiro, mas também por qualquer outro motivo – como donatário ou legatário, por exemplo: a lei não distingue; ao contrário, reclama, sob a mesma pena, descrever e conferir a coisa pelo sucessor detida ou a ele dada ou doada. Outrossim, o culpado restitui o objeto da sonegação e até os frutos e rendimentos, como possuidor de má-fé, além dos juros da mora, salvo quanto às duas últimas penalidades, se o objeto da fraude não produzia frutos nem renda (se era uma joia, por exemplo). A pena assemelha-se à de talião"[9].

Se o bem sonegado não mais se encontrar em seu patrimônio, o sonegador será responsável pelo seu valor, mais as perdas e danos (CC, art. 1.995). Mesmo que haja restituído o bem que ocultou e sofrido a pena prevista nos arts. 1.992 e 1.994, terá de indenizar os danos que, com o ato ilícito praticado, veio a causar, na conformidade das regras gerais da responsabilidade civil.

Quando o sonegador for o *inventariante*, a pena de sonegados limitar-se-á à remoção da inventariança, se não for herdeiro nem meeiro. Se o for, perderá também o direito ao bem sonegado, como se infere da combinação dos arts. 1.992 e 1.993 do Código Civil.

Há uma corrente que sustenta não se aplicar ao cônjuge meeiro que exerce a inventariança a pena de perda de direitos ao bem sonegado, interpretando isoladamente o art. 1.992 do Código Civil, que alude exclusivamente a *herdeiro*. Tal corrente, no entanto, não conta com o apoio da doutrina majoritária, que adota posição diametralmente oposta, combinando o disposto nos citados arts. 1.992 e 1.993. Este último refere-se ao *inventariante* acoimado de sonegador, sem distinguir entre *inventariante-herdeiro* e inventariante despido de semelhante título, como sucede, em alguns casos, com o cônjuge sobrevivente.

Nesse sentido a lição de WASHINGTON DE BARROS MONTEIRO: "Portanto, a pena de sonegados, no seu duplo aspecto (remoção da inventariança e perda do direito sobre os bens sonegados), tem toda aplicação ao inventariante que não seja herdeiro. A simples destituição do cargo não constituiria penalidade à altura da gravidade da infração. Nem podia ser de outra forma, porque, em muitos inventários, é o cônjuge sobrevivente que exerce tais funções; sujeitá-lo a simples remoção, poupando-se-lhe a inibição do direito sobre os bens, eliminaria ou estancaria, certamente, poderoso estímulo, a jungi-lo ao caminho da probidade e do dever. A mesma conclusão se aplica ao companheiro que participe da herança ou exerça o cargo de inventariante"[10].

---

[9] Carlos Maximiliano, *Direito das sucessões*, cit., v. III, n. 1.557, p. 412.

[10] *Curso*, cit., v. 6, p. 297.

"Sonegados. Ocultação dolosa de bens pelo herdeiro inventariante. Sua sujeição a perdas e

O *testamenteiro* está sujeito, igualmente, à pena de perda da inventariança, bem como da vintena (CC, art. 1.993), se a sonegação disser respeito a bens testados[11].

Observa EDUARDO DE OLIVEIRA LEITE que é raríssimo aplicarem-se as penas civis por meio de sonegados. Em regra, os interessados arguem, no próprio inventário, a falta de certos bens, que deveriam ser descritos. O responsável pelo destino dos mesmos apresenta-os e justifica-se, ou demonstra, de plano, a improcedência da reclamação, cessando o debate. Quando, porém, "a justificativa é improcedente ou insuficiente, desencadeia-se a sonegação. E a pena civil – seja a remoção, seja a perda do direito ao bem sonegado – é imposta por sentença, ao responsável pela sonegação"[12].

6. MOMENTO EM QUE SE CARACTERIZA A SONEGAÇÃO

Só se pode arguir de sonegação o *inventariante* depois de encerrada a descrição dos bens, "*com a declaração, por ele feita, de não existirem outros por inventariar e partir*" (CC, art. 1.996, 1ª parte; CPC/2015, art. 621).

É comum o inventariante, nessa ocasião, protestar pela apresentação de outros bens que venham a aparecer para não ser acoimado de sonegador. Cabe ao interessado, então, interpelá-lo para que os apresente, apontando-os. Havendo recusa ou omissão, caracteriza-se a intenção maliciosa e punível.

Ao *herdeiro*, contudo, a lei não fixa prazo para declarar se sabe ou não da existência de outros bens. Pode caracterizar-se a má-fé, portanto, ao se manifestar sobre as primeiras declarações, ao concordar com o esboço de partilha em que não figuram bens que deveria ter trazido à colação ou ao praticar qualquer ato que revele o propósito incontestável de ocultar, em benefício próprio, bens do espólio.

Se o herdeiro estiver na posse da coisa, ou esta estiver com outra pessoa, mas com ciência sua, a ação será precedida de interpelação para que a apresente.

7. AÇÃO DE SONEGADOS

Preceitua o art. 1.994 do Código Civil:

"*A pena de sonegados só se pode requerer e impor em ação movida pelos herdeiros ou pelos credores da herança.*

---

danos, bem assim a perder os que omitira. Se a prova convence que a omissão de declaração de bens é ocultação dolosa do inventariante herdeiro, sujeita-se este à reparação de perdas e danos, e perda de direito sobre os bens omitidos" (*RT*, 465/100, 777/51).

[11] Caio Mário da Silva Pereira, *Instituições de direito civil*, v. VI, p. 397.

[12] *Comentários ao novo Código Civil*, v. XXI, p. 722.

Parágrafo único. A sentença que se proferir na ação de sonegados, movida por qualquer dos herdeiros ou credores, aproveita aos demais interessados".

A simples destituição do inventariante pode ser decretada nos próprios autos do inventário, se neles houver elementos comprobatórios da sonegação. Igualmente a perda da vintena pelo testamenteiro inventariante. No entanto, a *perda do direito aos bens* pelo herdeiro ou inventariante-meeiro acusados de sonegação só pode ser decretada por *sentença* proferida em *ação ordinária,* por se tratar de questão de alta indagação.

A *ação de sonegados* prescreve em dez anos (CC, art. 205) e deve ser ajuizada no foro do inventário, estando legitimados ativamente os herdeiros legítimos ou testamentários e os credores do espólio. Podem propô-la, assim: a) qualquer herdeiro, contra o inventariante; b) o inventariante ou outro herdeiro, se por herdeiro for praticada a omissão fraudulenta; c) o credor do monte, no caso de a ocultação dos bens lhe causar prejuízo (art. 1.994).

A Fazenda Pública pode cobrar os seus direitos fiscais sobre os bens sonegados. Assiste-lhe o direito de, para esse fim, reclamá-los no inventário e de propor a ação, se a tanto for preciso chegar, "não se aplicando, porém, a pena de sonegados, inadmissível quando não se descrevem os bens, com o beneplácito dos herdeiros, a fim de diminuir o montante do imposto *causa mortis*"[13].

O aludido prazo prescricional começa a fluir do momento em que o inventariante declara não existirem outros bens a inventariar, ou, no caso de sonegação pelo herdeiro, a partir de sua manifestação no inventário, afirmando não possuir os bens sonegados. Se, neste caso, não houver manifestação formal do herdeiro, o *dies a quo* será a data do vencimento do prazo estipulado na sua interpelação. Somente a partir desse momento poder-se-á falar em *pretensão,* nos termos do art. 189 do Código Civil[14].

Nada impede que se alegue sonegação após encerrado o inventário e mesmo ultimada a partilha, desde que o herdeiro interessado venha a obter informação da ocultação dolosa, observado, naturalmente, o prazo prescricional. A sonegação de bens não anula nem rescinde a partilha: corrige-se-a na sobrepartilha, como dispõe o art. 2.022 do Código Civil[15].

---

[13] Washington de Barros Monteiro, *Curso,* cit., v. 6, p. 299.
[14] Eduardo de Oliveira Leite, *Comentários,* cit., v. XXI, p. 728-729; Caio Mário da Silva Pereira, *Instituições,* cit., v. VI, p. 398.
[15] Euclides de Oliveira e Sebastião Amorim, *Inventários e partilhas,* p. 360; Eduardo de Oliveira Leite, *Comentários,* cit., v. XXI, p. 726.

Capítulo III

DO PAGAMENTO DAS DÍVIDAS

> *Sumário:* 1. Introdução. 2. Responsabilidade do espólio e dos herdeiros. 3. Habilitação dos créditos. Reserva e separação de bens. 4. Despesas funerárias. 5. Herdeiro devedor do espólio.

1. INTRODUÇÃO

O princípio da responsabilidade patrimonial foi consagrado, inicialmente, na *Lex Poetelia Papiria*, de 428 A.C., que aboliu a execução das obrigações sobre a pessoa do devedor, deslocando-a para os bens do devedor, realçando o seu caráter patrimonial.

Essa transformação foi observada no *Corpus Iuris Civilis*, do século VI de nossa era, que concebia a obrigação como provinda da vontade, sujeitando o devedor a uma prestação, garantida por seu patrimônio.

O direito moderno conservou essa noção, consagrada no Código Napoleão, do direito francês, cujo art. 2.093 dispõe que *"les biens du débiteur sont le gage commun de ses creanciers"* ("os bens do devedor são a garantia comum de seus credores").

É o patrimônio do devedor que responde, assim, por suas dívidas. Proclama, com efeito, o art. 391 do Código Civil: *"Pelo inadimplemento das obrigações respondem todos os bens do devedor"*. Sendo a herança o acervo de bens que constitui o patrimônio do falecido, responde ela, consequentemente, por seus débitos, como dispõem os arts. 1.997 do Código Civil e 796 do Código de Processo Civil.

Enquanto vivia, o patrimônio do devedor representava a garantia genérica dos credores. Se morre o devedor, não se consideram, só por isso, pagas e quitadas as suas dívidas. O direito dos credores remanesce no acervo que ele deixou. Os credores acionarão o espólio e receberão da herança o que lhes for devido[1].

---

[1] Zeno Veloso, *Comentários ao Código Civil*, v. 21, p. 402.

De acordo com a teoria da *continuação da pessoa*, a do herdeiro substitui a do *de cujus* em todas as relações jurídicas das quais ele era titular. O princípio dominante na matéria é que se supõe prosseguir na morte, em relação aos credores, a mesma situação patrimonial que vigorava em vida. Destarte, os credores que tinham sobre os bens do devedor um direito genérico de garantia exercem-no sobre o acervo que ele deixar[2].

Dentro dos seus recursos, deve a herança, portanto, suportar a solução do passivo existente. O patrimônio transmissível aos herdeiros do finado, todavia, é apenas o saldo entre o seu ativo e o seu passivo, neste incluídos os impostos sucessórios. Por essa razão, para se apurar o montante que será objeto da sucessão, faz-se necessário, em primeiro lugar, apurar o montante de suas dívidas, para saldá--las. Se estas absorverem todo o ativo, os herdeiros nada recebem. São herdeiros sem herança.

2. RESPONSABILIDADE DO ESPÓLIO E DOS HERDEIROS

Os *créditos* do espólio devem ser cobrados pelos meios regulares para serem partilhados entre os sucessores. A respeito das *dívidas* do falecido, dispõe o citado art. 1.997, *caput*, do Código Civil:

"A herança responde pelo pagamento das dívidas do falecido; mas, feita a partilha, só respondem os herdeiros, cada qual em proporção da parte que na herança lhe coube".

A ultimação da partilha não pode frustrar o direito dos credores, que só se extingue pelo pagamento ou pela prescrição. Portanto, mesmo depois de sua efetivação podem os credores exigir dos herdeiros, proporcionalmente, o pagamento dos créditos que tenham contra o falecido, como prevê a segunda parte do dispositivo retrotranscrito.

Constituem encargos da herança: a) despesas funerárias (CC, art. 1.998); b) vintena do testamenteiro (art. 1.987, parágrafo único); c) dívidas do falecido; d) cumprimento dos legados.

Só serão partilhados os bens ou valores que restarem depois de pagas as dívidas, isto é, depois de descontado o que, de fato, pertence a outrem. Se estas ultrapassarem as forças da herança, os herdeiros não responderão pelo excesso, pois toda aceitação é feita *em benefício do inventário*. Prevalece, com efeito, no direito pátrio, o princípio da irresponsabilidade *ultra vires hereditatis*, consagrado no art. 1.792 do Código Civil.

---

[2] Eduardo de Oliveira Leite, *Comentários ao novo Código Civil*, v. XXI, p. 731; Caio Mário da Silva Pereira, *Instituições de direito civil*, v. VI, p. 391-392.

"O patrimônio herdado por representação, nem mesmo por ficção legal, jamais integra o patrimônio do descendente pré-morto e, por isso, não pode ser alcançado para pagamento de suas dívidas. Para tanto, limita-se a responsabilidade patrimonial dos sucessores de devedor às forças da herança por ele deixada"[3].

Os legados, porém, podem ser atingidos e absorvidos pelo pagamento das dívidas quando o monte não for suficiente para liquidar o passivo. Se, mesmo assim, permanecer o excesso, o inventariante requererá a declaração de insolvência do espólio (CPC, art. 618, VIII). Sendo este dividido em legados, faz-se o rateio entre os legatários, na proporção dos benefícios.

A partilha dos bens aos herdeiros é feita na presunção de que os bens partilhados pertencem ao espólio, pois não há mais dívidas. Se, no entanto, remanesceram débitos a ser resgatados, o dever de saldá-los se transmite aos herdeiros, que, em tese, representam a pessoa do finado.

É possível, todavia, que, após a partilha, algum dos herdeiros se haja tornado insolvente. Tal fato, segundo preleciona SILVIO RODRIGUES, "não pode agravar a condição dos coerdeiros, de modo que, se aparecessem dívidas não cobradas, e que o não possam ser na sua totalidade, em virtude da citada insolvência de um herdeiro, o prejuízo eventual deve ser sofrido pelo credor, cuja negligência em cobrar-se celeremente justifica a perda por ele experimentada, exceto em caso de dívida indivisível"[4].

3. HABILITAÇÃO DOS CRÉDITOS. RESERVA E SEPARAÇÃO DE BENS

A cobrança das dívidas faz-se, em regra, pela *habilitação* do credor no inventário, nos termos do art. 642 e parágrafos do Código de Processo Civil, devendo ser requerida antes da liquidação, para possibilitar, se aceita, a inclusão do crédito no passivo do espólio, deduzindo-se-lhe o valor no cálculo do imposto.

A Fazenda Pública não se habilita, porque a partilha não pode ser homologada sem prova da quitação tributária de todos os bens do espólio e de suas rendas, sendo requisitada a prova da quitação junto à Receita Federal (CTN, art. 192). O credor hipotecário igualmente não depende de prévia habilitação, dadas as garantias reais inerentes ao crédito e que lhe asseguram direito de sequela[5].

Pode o credor, todavia, optar pela *ação de cobrança* ou pela *execução* contra devedor solvente, se munido de título hábil, requerendo, nesse caso, a penhora no rosto dos autos do inventário.

---

[3] STJ, REsp 1.627.110-GO, 3ª T., rel. Min. Marco Aurélio Bellizze, *DJe*, 15-9-2017.
[4] *Direito civil*, v. 7, p. 332.
[5] Washington de Barros Monteiro, *Curso de direito civil*, v. 6, p. 302.

Os credores, embora possam a todo tempo acionar os herdeiros, e deles receber *pro rata* o que a cada qual corresponde nos débitos do finado, têm o direito de garantia sobre o conjunto patrimonial deixado. Deverão, portanto, ser pagas pelo monte as seguintes dívidas:

"I. Em primeiro plano, aquelas que gozam de privilégio geral, na ordem legalmente estabelecida (novo Código Civil, art. 965), a saber: a) o crédito por despesas com o funeral, feito segundo a condição do finado e o costume do lugar; b) as custas judiciais e despesas com a arrecadação e liquidação da massa; c) os gastos com o luto do cônjuge e dos filhos; d) o crédito por despesas com a doença de que faleceu o devedor, no semestre anterior à sua morte; e) o crédito pelos gastos de mantença do devedor falecido e sua família, no trimestre anterior ao falecimento; f) o crédito pelos salários devidos aos empregados e mais pessoas de serviço doméstico do devedor, nos seus derradeiros meses de vida; g) os demais créditos de privilégio geral.

II. As dívidas contraídas em vida pelo falecido, e que se transmitem por sua morte aos herdeiros"[6].

Não sendo impugnada a habilitação de dívida vencida e exigível, o juiz declarará habilitado o credor e mandará que se faça a *separação* de dinheiro ou, na sua falta, de bens suficientes para seu pagamento. Se houver separação de bens, o juiz mandará aliená-los em hasta pública se o credor não preferir que lhe sejam adjudicados. A adjudicação, no entanto, depende da concordância de todas as partes (CPC/2015, art. 642 e § 2º).

Havendo impugnação, as partes serão remetidas às vias ordinárias. Nesse caso, o juiz mandará, porém, *reservar* em poder do inventariante bens suficientes para pagar o credor, quando a dívida constar de documento que comprove suficientemente a obrigação e a impugnação não se fundar em quitação, como estabelece o art. 643 do estatuto processual civil[7].

---

[6] Caio Mário da Silva Pereira, *Instituições*, cit., v. VI, p. 393.

[7] "O pedido de habilitação de crédito em inventário enseja a condenação em honorários desde que haja resistência do promovido" (STJ, REsp 578.943, 4ª T., rel. Min. Cesar Asfor Rocha, *DJU*, 4-10-2004, p. 320). "Se a dívida está em nome de terceira pessoa, e não do espólio, não é de se admitir a reserva de bens prevista no art. 1.018, par. ún., do CPC" (STJ, REsp 209.653-SP, 3ª T., rel. Min. Nancy Andrighi, *DJU*, 25-6-2001, p. 170). "São incabíveis honorários de advogado em incidente de habilitação de crédito em inventário que seja extinto por objeção de alguma parte interessada, porquanto não resolvido nenhum litígio pelo juiz, não se podendo falar em vencedor e vencido. Somente com a abertura da via ordinária é que será efetiva e definitivamente resolvido o litígio verificado no plano material acerca do direito do credor em face do espólio, oportunidade em que, aí sim, serão fixados os respectivos honorários". REsp n. 2.045.640/GO, relator Ministro Marco Aurélio Bellizze, Terceira Turma, julgado em 25/4/2023, DJe de 28/4/2023.

A hipótese é detalhadamente regulada nos §§ 1º e 2º do art. 1.997 do Código Civil, segundo os quais, se os credores, antes da partilha, requererem ao juízo do inventário o pagamento de dívidas, vencidas e exigíveis, documentalmente comprovadas, e houver impugnação, que não se funde na alegação, também devidamente comprovada, de que o pagamento já foi efetivado, o juiz, como medida cautelar, mandará reservar, em poder do inventariante, bens hereditários suficientes para solução do débito, e sobre os quais recairá, oportunamente, a execução.

O credor, nesse caso, é remetido às vias ordinárias, e a reserva de bens perderá a eficácia se ele não apresentar a ação de cobrança em trinta dias.

Verifica-se, portanto, que *separação de bens* não se confunde com *reserva*. Esta ocorre quando a dívida é impugnada, e aquela quando não o é.

Não havendo o juiz acolhido, no processo de inventário, habilitação pretendida pelo credor, compete a este promover a cobrança pelos meios regulares (CPC/2015, art. 643). Reconhecido, porém, o débito em sua maior parte, não há motivo para recusar-lhe a habilitação em inventário, até a quantia admitida pelos interessados.

Mesmo a dívida *não vencida* pode ser cobrada no inventário, se líquida e certa. Concordando as partes com o pedido, o juiz, ao julgar habilitado o crédito, mandará que se faça separação de bens para o futuro pagamento (CPC/2015, art. 644, parágrafo único).

O art. 2.000 do Código Civil faz a distinção entre credor do *de cujus* (do espólio) e credor do herdeiro, estabelecendo preferência em favor do primeiro sobre o credor do herdeiro, que tem direito apenas ao que sobejar.

O *legatário será parte legítima para manifestar-se sobre as dívidas do espólio: a) quando toda a herança for dividida em legados; b) quando o reconhecimento das dívidas importar redução dos legados (CPC/2015, art. 645).*

Efetivada a partilha, os credores cobrarão os seus créditos não mais do espólio, mas dos herdeiros, na proporção da parte que lhes couber na herança, como já mencionado. Entre eles não há solidariedade. No entanto, se a dívida for indivisível, o que pagar tem direito regressivo contra os outros, dividindo-se a parte do coerdeiro insolvente entre os demais (CC, art. 1.999).

Ocorrerá o mesmo com o herdeiro a quem couber um imóvel hipotecado, sem dedução do valor do encargo, e que tiver pago o débito.

Se em virtude de *evicção* um dos herdeiros vier a perder bens que lhe haviam sido adjudicados na divisão, os demais o indenizarão, na proporção de suas quotas, por força do art. 2.024 do Código Civil, tomando como base para cálculo da indenização o valor do bem ao tempo da partilha, para que seja mantida a igualdade determinada no art. 2.017, salvo convenção em contrário entre os herdeiros, ou se a evicção decorrer de culpa do evicto ou de fato posterior à partilha (art. 2.025).

4. DESPESAS FUNERÁRIAS

Dispõe o art. 1.998 do Código Civil:

"As despesas funerárias, haja ou não herdeiros legítimos, sairão do monte da herança; mas as de sufrágios por alma do falecido só obrigarão a herança quando ordenadas em testamento ou codicilo".

Despesas funerárias são as que se realizam em virtude do óbito do *de cujus* e de seu ulterior sepultamento. Gozam de privilégio geral, segundo estabelece o art. 965, I, transcrito no item anterior, desde que realizado o funeral sem pompa, segundo a condição do morto e o costume do lugar.

Compartilham dessa natureza, segundo Washington de Barros Monteiro: *"a)* dispêndios com o tratamento médico e hospitalar, concernentes à última enfermidade do falecido; *b)* despesas com a obtenção do terreno para inumação; *c)* gastos com o enterro propriamente dito, inclusive publicações e convite; *d)* despesas com a edificação de túmulo, desde que não excessivas, faustosas ou suspeitas, assim como os gastos com aquisição de terreno ou jazigo em cemitério. Como diz Troplong, exigem-se decência e comedimento no funeral; o excesso, a ostentação e o luxo constituem quase uma impiedade; *e)* parcelas despendidas com o luto, desde que moderadas; *f)* honorários do advogado do procurador do inventariante, sobre os quais não incide o imposto de transmissão causa mortis (Súmula n. 115)"*[8].

Não obstante as despesas funerárias não constituam, propriamente, dívidas do *de cujus*, foram, todavia, efetuadas em razão de sua morte e da necessidade de dar destino a seu corpo, com dignidade. Por essa razão, determina a lei que devem ser pagas pelo monte hereditário, como dívidas póstumas, e privilegiadas.

No entanto, as despesas feitas em sufrágio da alma do finado, como missas e outros atos religiosos, só obrigarão a herança quando ordenadas em testamento ou codicilo, como prescreve a segunda parte do citado art. 1.998.

5. HERDEIRO DEVEDOR DO ESPÓLIO

Nos termos do art. 2.001 do Código Civil:

"Se o herdeiro for devedor ao espólio, sua dívida será partilhada igualmente entre todos, salvo se a maioria consentir que o débito seja imputado inteiramente no quinhão do devedor".

Esclarece Zeno Veloso que a dívida do herdeiro ao espólio "é, por óbvio, um crédito da herança, que deve ser partilhado igualmente entre os herdeiros, do

---

[8] *Curso*, cit., v. 6, p. 306-307.

mesmo modo como ocorreria se o débito fosse de pessoa estranha à sucessão. Mas, se o herdeiro-devedor quiser, e com isso concordar a maioria, o débito será imputado inteiramente no quinhão do devedor"[9].

O dispositivo em apreço evita que o herdeiro experimente um benefício em face de seus coerdeiros. SILVIO RODRIGUES[10] figura a hipótese de uma sucessão, composta de três herdeiros, em cujo ativo se encontrassem dois débitos, um devido por certo herdeiro, e o outro por devedores insolváveis.

Imputado o débito no quinhão do herdeiro devedor, numa espécie indireta de compensação, este, segundo o mencionado autor, "em tese haveria recebido o seu quinhão inteiro, porque a dívida que o onerava era por ele mesmo devida e devia de qualquer modo ser resgatada. Enquanto seus coerdeiros receberiam um crédito irresgatável, ou seja, muito menos do que o primeiro herdeiro teria recebido".

---

[9] *Comentários*, cit., v. 21, p. 404.
[10] *Direito civil*, cit., v. 7, p. 336.

Capítulo IV

DA COLAÇÃO

> *Sumário:* 1. Conceito. 2. Fundamento da colação. 3. Pessoas sujeitas à colação.
> 4. Dispensa da colação. 5. Modos de efetuar a conferência. 6. Doação feita por
> ambos os cônjuges.

1. CONCEITO

Colação é o ato pelo qual os herdeiros descendentes que concorrem à sucessão do ascendente comum declaram no inventário as doações que dele em vida receberam, sob pena de sonegados, para que sejam conferidas e igualadas as respectivas legítimas (CC, arts. 2.002 e 2.003). É dever imposto ao herdeiro, pois a doação de ascendentes a descendentes "*importa adiantamento do que lhes cabe por herança*" (CC, art. 544).

Ensina CAIO MÁRIO DA SILVA PEREIRA que, "no direito sucessório moderno, o princípio dominante é o da igualdade dos quinhões. O monte partível se dividirá em tantas quotas iguais quantos são os herdeiros. Quando o ascendente beneficia um descendente, seja com uma doação, seja com a constituição de um dote, seja com a provisão de fundos com que pagar suas dívidas, estará rompendo aquela *par conditio* e desfalcando o monte em detrimento dos demais, mesmo que não haja ultrapassado a metade assegurada aos herdeiros. Presume-se que a liberalidade teve caráter de antecipação de seu quinhão, salvo declaração expressa, em contrário, da parte do doador"[1].

E prossegue o mencionado autor: "Com o fito de restabelecer a igualdade rompida, criou o Direito Romano a *collatio bonorum* e a *collatio dotis*, de elaboração pretoriana, de quem provém a colação no direito moderno (*collazione* no italiano,

---

[1] *Instituições de direito civil*, v. VI, p. 404.

484

rapport no francês, *colación* no espanhol, *Kollation* no germânico). Consiste ela na restituição, ao monte, das liberalidades recebidas em vida, para obter-se a igualdade dos quinhões hereditários, ao se realizar a partilha".

Comenta Nelson Pinto Ferreira que é praticamente uniforme a conceituação doutrinária apontada pelos estudiosos das diversas legislações que adotam o instituto da colação. As divergências de ordem conceitual do instituto, aduz, em termos de estudo comparado, como regra, "são irrelevantes, notadamente porque os pontos não coincidentes são decorrentes da norma própria de cada um dos Estados que regula a colação e, em especial, quanto aos sujeitos e objetos da mesma, que se diferenciam entre as diversas legislações"[2].

Pode-se afirmar que predomina nos diversos países o entendimento de que a colação procura manter, dentro do possível, a igualdade entre os herdeiros legitimados. É, portanto, a *igualdade* das quotas hereditárias legítimas, dentro da regulamentação de cada Estado, a base conceitual do instituto da colação.

Mencione-se como exemplo, valendo por todos, o conceito de Washington de Barros Monteiro: "A colação vem a ser a restituição ao acervo hereditário dos valores recebidos pelos herdeiros, a título de doação, para subsequente inclusão na partilha, a fim de que esta se realize com igualdade"[3].

2. FUNDAMENTO DA COLAÇÃO

Se o conceito de colação é praticamente uniforme na doutrina, diversa é a situação no que tange ao seu fundamento. Várias são as teorias, seguramente inconciliáveis, que procuram, desde a admissão legal desse instituto, após o período pós-clássico do direito romano, notadamente a partir de Justiniano, justificar a exigência legal da conferência de bens no inventário.

Destacam-se os seguintes fundamentos: a) a vontade presumida do ascendente; b) o interesse superior da família; c) a compropriedade familiar; d) a igualdade entre os descendentes; e) a antecipação da herança[4].

Sustenta, todavia, a doutrina contemporânea que a *collatio bonorum*, desde a sua origem, no direito romano, assenta o seu fundamento jurídico no princípio da *equidade*. Washington de Barros Monteiro dá ênfase à observação de Cunha Gonçalves de que a colação tem, "ainda hoje, seu histórico fundamento: a equidade, a igualdade das legítimas", acrescentando que tal instituto funda-se,

---

[2] *Da colação no direito civil brasileiro e no direito civil comparado*, p. 29.
[3] *Curso de direito civil*, v. 6, p. 309.
[4] Orlando Gomes, *Sucessões*, p. 286.

ainda, "na vontade presumida do *de cujus*, no sentido de manter entre os filhos perfeita igualdade de tratamento"[5].

E Silvio Rodrigues salienta: "O histórico do instituto revela que seu nascimento e sua evolução tiveram por causa, sempre, o propósito de buscar a igualdade entre os descendentes"[6].

Pode-se afirmar, portanto, que a doutrina contemporânea considera ter a colação como escopo a *equidade* e a *igualdade* das legítimas, fundando-se na *vontade presumida* do finado. Comprova a veracidade dessa concepção o fato de o doador necessitar, se desejar realmente gratificar o donatário, colocando-o em posição vantajosa em relação aos demais descendentes, declarar expressamente essa intenção, dispensando da colação o beneficiário, como prevê o art. 2.005, *caput*, do Código Civil.

Não se objetiva, com a exigência legal de colacionar os bens recebidos em doação, aumentar a parte disponível, mas apenas igualar as legítimas dos herdeiros, trazendo para o acervo hereditário os valores por eles recebidos, para subsequente partilha, em igualdade de condições, a todos os interessados.

A matéria está vinculada às disposições sobre o direito dos herdeiros necessários à metade dos bens. O Código Civil, no art. 1.846, assegura aos herdeiros necessários a metade dos bens da herança, que constitui a legítima. Calcula-se esta adicionando-se à metade dos bens do testador o valor das liberalidades por ele feitas aos descendentes, que ficam, assim, sujeitas à colação (art. 1.847).

3. PESSOAS SUJEITAS À COLAÇÃO

O herdeiro beneficiado pela liberalidade em vida terá de conferi-la. O Código Civil obriga à colação apenas os *descendentes* em relação às doações recebidas dos ascendentes. Estes, porém, estão dispensados de conferir os bens que receberam em vida dos descendentes. Não só os ascendentes, mas também os colaterais e os estranhos não estão sujeitos à colação.

O estatuto civil proclama, no art. 2.003, que a colação tem por fim igualar "*as legítimas dos descendentes e do cônjuge sobrevivente*". Todavia, no art. 2.002 declara que só os descendentes estão obrigados a conferir o valor das doações. Há uma nítida contradição entre os dois dispositivos citados, como sucede igualmente no direito português que, a despeito de haver colocado o cônjuge entre os herdeiros necessários, deixou de impor-lhe, explicitamente, a obrigação de colacionar.

---

[5] *Curso*, cit., v. 6, p. 309.
[6] *Direito civil*, v. 7, p. 308.

Tal omissão não inibiu, no entanto, a doutrina lusitana de reputá-lo também sujeito à conferência como os descendentes, como noticia OLIVEIRA ASCENSÃO: "Nada nos permite detectar uma intenção de excluir o cônjuge da colação. A lacuna preenche-se nos termos gerais do direito. Neste caso, por analogia, uma vez que se verifica, perante o cônjuge, que há as mesmas razões de decidir"[7].

No nosso direito, observa-se do art. 544 do Código Civil que "a doação de ascendentes a descendentes, ou de um cônjuge a outro, importa adiantamento do que lhes cabe por herança". Assim, deve o cônjuge contemplado com a liberalidade trazer à colação o valor do bem doado. Para dar sentido ao disposto nesse artigo, sendo a doação de um cônjuge a outro considerada adiantamento da legítima, não há como fugir da conclusão, numa interpretação sistemática, compreensiva, que o cônjuge deve trazer à colação o valor da doação que, em vida, recebeu do outro cônjuge[8].

Releva observar que o dever de colacionar, quanto ao cônjuge, restringe-se à hipótese em que deva concorrer com descendentes. Havendo restrição quanto ao regime de bens, o cônjuge sobrevivente só deverá colacionar os bens recebidos por doação de seu consorte quando concorrer à sucessão, nos casos previstos nos arts. 1.829, I, e 1.832, do diploma civil. Não está ele sujeito à colação quando participa sozinho, pois não faria sentido, nem quando concorre com ascendentes, já que estes também não estão.

Também os netos devem colacionar, quando representarem seus pais na herança do avô, o mesmo que seus pais teriam de conferir. Nesse sentido dispõe o art. 2.009 do Código Civil: "*Quando os netos, representando os seus pais, sucederem aos avós, serão obrigados a trazer à colação, ainda que não o hajam herdado, o que os pais teriam de conferir*".

Esclarece SILVIO RODRIGUES que a regra se inspira na ideia de que o representante recebe tudo o que o representado receberia, mas apenas o que ele receberia (CC, art. 1.854). E prossegue: "Ora, se o neto ficasse dispensado de conferir as doações recebidas por seu pai apenas porque estas não lhe vieram às mãos, seu quinhão, na herança do avô, excederia ao cabente a seu pai, o que destoa do princípio acima proclamado, de que ao representante só cabe o que caberia ao representado"[9].

Adverte, todavia, ZENO VELOSO que nem todos os descendentes estão sujeitos à colação, mas somente os que, ao tempo da doação, seriam chamados à

---

[7] *Direito civil: sucessões*, p. 546.
[8] Silvio Rodrigues, *Direito civil*, cit., v. 7, p. 311; Orlando Gomes, *Sucessões*, cit., p. 289-290; Washington de Barros Monteiro, *Curso*, cit., v. 6, p. 316; Caio Mário da Silva Pereira, *Instituições*, cit., v. VI, p. 406; Zeno Veloso, *Comentários ao Código Civil*, v. 21, p. 409-412; Eduardo de Oliveira Leite, *Comentários ao novo Código Civil*, v. XXI, p. 759-760; Euclides de Oliveira e Sebastião Amorim, *Inventários e partilhas*, p. 376-377.
[9] *Direito civil*, cit., v. 7, p. 309.

sucessão na qualidade de herdeiros necessários (arts. 2.002 e 2.005, parágrafo único). Pelo exposto, aduz, "se o avô faz doação ao neto, estando vivo o pai deste, não está obrigado o neto a trazer o valor da doação à colação, se, futuramente, for chamado à sucessão do avô, pois, no momento da doação, o herdeiro necessário era o filho do doador, não o neto. Pela mesma razão, se o avô fez doação diretamente ao neto, o pai deste, quando vier à sucessão do ascendente, não precisa conferir o valor da doação"[10].

Embora o retrotranscrito art. 2.009 só faça referência aos netos, é certo que a disposição é aplicável a bisnetos, trinetos etc., como explica CARVALHO SANTOS: "A razão está em que a representação em linha reta é ilimitada e à colação está obrigado qualquer descendente que represente um ascendente intermédio e donatário do autor da herança"[11].

Ainda que tenha *renunciado à herança*, ou dela tenha sido *excluído por indignidade*, não se exime o herdeiro de repor a parte inoficiosa, com relação às liberalidades que houve do doador. Preceitua, de fato, o art. 2.008 do Código Civil: "*Aquele que renunciou a herança ou dela foi excluído, deve, não obstante, conferir as doações recebidas, para o fim de repor o que exceder o disponível*".

Assim também dispõe o art. 640 do Código de Processo Civil, cujo § 1º permite que o donatário escolha, dos bens doados, tantos quantos bastem para perfazer a legítima e a metade disponível, entrando na partilha o excedente, para ser dividido entre os demais herdeiros.

As doações feitas ao *cônjuge do herdeiro* poderão ser ou não sujeitas à colação, na dependência do regime de bens no casamento: *se for o da comunhão universal, conferem-se; mas, se for de comunhão parcial ou de separação, não se colacionam*. Daí a afirmação de PLANIOL, RIPERT e BOULANGER de que a colação pelo cônjuge do herdeiro está em função do regime de bens, não da doação em si mesma[12].

O princípio geral de que, para igualar as legítimas, os descendentes devem conferir o valor das doações que receberam em vida do ascendente é enunciado, como visto, no art. 2.002 do Código Civil. Todavia, estabelece o parágrafo único do art. 2.005 do mesmo diploma que "*presume-se imputada na parte disponível a liberalidade feita a descendente que, ao tempo do ato, não seria chamado à sucessão na qualidade de herdeiro necessário*".

Em suma, não estão sujeitas à colação as liberalidades feitas a descendente que não era herdeiro necessário, na data em que foram feitas. Assim é que a doação

---

[10] *Comentários*, cit., v. 21, p. 428.

[11] *Código Civil brasileiro interpretado*, v. 25, p. 40.

[12] *Traité élémentaire de droit civil*, v. III, n. 2.772 e s., apud Caio Mário da Silva Pereira, *Instituições*, cit., v. VI, p. 407.

feita ao filho adotivo é sujeita a ser conferida. Mas a que foi feita antes do ato de adoção não o é, porque na data da liberalidade ele não seria chamado a suceder na qualidade de herdeiro necessário. Pelo mesmo motivo, o filho natural, que tiver recebido doação antes do reconhecimento, seja este espontâneo ou judicial, não é obrigado a trazê-la à colação, porque somente o reconhecimento lhe confere o *status* que o qualifica na condição de herdeiro necessário[13].

Do mesmo modo, se o doador contemplou no passado filho incestuoso, que, à época da liberalidade, não poderia ser chamado à sucessão respectiva na qualidade de herdeiro necessário, tal doação deve ser contabilizada na parte disponível[14].

O art. 2.007 do Código Civil estabelece que "*são sujeitas à redução as doações em que se apurar excesso quanto ao que o doador poderia dispor, no momento da liberalidade*".

A doação feita a descendentes e ao cônjuge sujeita-se à colação, para igualar as legítimas, como preceitua o citado art. 2.002 do Código Civil. Se a doação é feita a qualquer herdeiro ou a pessoa estranha, não pode exceder ao que o doador, no momento da liberalidade, poderia dispor em testamento, como prevê o artigo supratranscrito, bem como serão reduzidas as disposições testamentárias que excederem à parte disponível do testador (CC, art. 1.967).

Dispõe, efetivamente, o art. 549 do mesmo diploma que "*nula é também a doação quanto à parte que exceder à de que o doador, no momento da liberalidade, poderia dispor em testamento*".

Estão sujeitas, assim, à redução, nos termos do art. 1.967, as doações imoderadas, inoficiosas, cujos valores extrapolam o que o doador poderia dispor, no momento da liberalidade. O excesso será apurado com base no valor que os bens doados tinham, nesse momento (art. 2.007, § 1º).

4. DISPENSA DA COLAÇÃO

O doador pode dispensar o donatário da colação, determinando que a liberalidade saia de sua metade disponível, contanto que a doação não exceda o valor da quota disponível, computado o seu valor ao tempo da doação (CC, arts. 549 e 2.004, caput). Preceitua, nessa direção, o art. 2.005, caput, do Código Civil:

"*São dispensadas da colação as doações que o doador determinar saiam da parte disponível, contanto que não a excedam, computado o seu valor ao tempo da doação*".

---

[13] Carlos Roberto Barbosa Moreira, atualizador da obra de Caio Mário da Silva Pereira, *Instituições*, cit., v. VI, p. 408.

[14] Washington de Barros Monteiro, *Curso*, cit., v. 6, p. 315.

Verifica-se, pois, que as normas que impõem a colação não são cogentes: podem ser afastadas pela *vontade do autor da liberalidade*, desde que a doação não seja inoficiosa, bem como *por força de disposição legal*.

Se o testador pode deixar a porção disponível a um descendente, pode também beneficiá-lo com a dispensa da colação, desde que o faça expressamente no próprio título constitutivo da liberalidade ou por testamento. Nesse sentido dispõe o art. 2.006 do Código Civil:

"*A dispensa da colação pode ser outorgada pelo doador em testamento, ou no próprio título de liberalidade*".

Preleciona CARLOS MAXIMILIANO que "a dispensa de colação há de ser *expressa*. Não basta a presumida, nem a virtual: por exemplo, a decorrente do fato de ser a liberalidade manual, ou efetuada por meio de interposta pessoa. Entretanto, não se exigem expressões sacramentais; basta ficar evidente o intuito de libertar da obrigação de *conferir*"[15].

Como comentado no item anterior, o parágrafo único do art. 2.005 do Código Civil presume imputada na parte disponível a liberalidade feita a descendente que, ao tempo do ato, não seria chamado à sucessão na qualidade de herdeiro necessário.

PONTES DE MIRANDA considera equívoca a expressão "dispensa da colação", pois em verdade "não se pré-exclui o dever de colacionar. O que se permite é que se explicite ter-se posto na metade disponível aquilo que excede a cota do herdeiro necessário, ou que lhe foi doado, ou dado em dote, em vida do *de cujus*". Não há dispensa, afirma: "há inclusão no quanto disponível do que teria de ser colacionado"[16].

A dispensa da colação pode constar da própria *escritura de doação* ou em *testamento*, em que o *de cujus* declara que deve ser incluído na sua quota disponível o que doou em vida ao ascendente. Sendo um ato formal, será ineficaz se praticado por outro modo.

A dispensa da colação, quando feita por uma das duas formas admitidas em lei, destrói a presunção de que o doador pretendia fazer, simplesmente, uma antecipação da herança ao donatário, pois evidencia-se, com tal liberação, que a sua intenção é gratificar melhor o aludido herdeiro, destinando-lhe maior porção que aos outros[17].

A disposição, todavia, só valerá, como mencionado, dentro dos limites da quota disponível, pois, se a liberalidade exceder os extremos da metade de que o

---

[15] *Direito das sucessões*, n. 1.585, p. 441.
[16] *Tratado de direito privado*, v. 55, p. 312.
[17] Zeno Veloso, *Comentários*, cit., v. 21, p. 424.

ascendente podia livremente dispor, deve ela ser reduzida a esse montante, cabendo ao beneficiário conferir o restante[18].

A lei desobriga também de colação certos gastos do ascendente com o descendente menor, como prescreve o art. 2.010 do Código Civil, *verbis*:

"Não virão à colação os gastos ordinários do ascendente com o descendente, enquanto menor, na sua educação, estudos, sustento, vestuário, tratamento nas enfermidades, enxoval, assim como as despesas de casamento, ou as feitas no interesse de sua defesa em processo-crime".

Tais dispêndios não constituem propriamente liberalidade, mas, antes de tudo, obrigações naturais, cumprimento de um dever, especialmente os efetuados com a educação, estudos, alimentos, vestuário e tratamento nas enfermidades de filho menor.

A dispensa só se refere, efetivamente, aos descendentes menores. Nessa consonância, as filhas solteiras que vivem com os pais e por eles são sustentadas, ou os varões que após os 18 anos não trabalham, devem trazer à colação, no inventário do ascendente, as despesas com seu sustento, por ele efetuadas após a maioridade[19].

Reiterada jurisprudência tem, contudo, afirmado a não cessação da obrigação alimentar paterna diante da simples maioridade do filho, determinando a manutenção do encargo até o limite de 24 anos deste – limite este extraído da legislação sobre o imposto de renda –, enquanto estiver cursando escola superior, salvo se dispuser de meios próprios para sua manutenção[20].

As despesas com o *casamento* do descendente, concernentes a enxoval, convites, festa nupcial, e as feitas no interesse de sua defesa em *processo-crime*, estão igualmente dispensadas da colação. Não mais se exige que o descendente tenha sido absolvido no processo-crime, para que as respectivas despesas sejam dispensadas da conferência, como o fazia, injustificadamente, o art. 1.793 do diploma de 1916.

---

[18] Silvio Rodrigues, *Direito civil*, cit., v. 7, p. 313.

[19] Washington de Barros Monteiro, *Curso*, cit., v. 6, p. 315; Silvio Rodrigues, *Direito civil*, cit., v. 7, p. 314.

[20] "Pensão alimentícia. Maioridade do filho, que é estudante regular de curso superior e não trabalha. Impossibilidade de exclusão da responsabilidade do pai quanto a seu amparo financeiro para o sustento e os estudos" (*RT*, 814/220). "A maioridade do filho, que é estudante e não trabalha, a exemplo do que acontece com as famílias abastadas, não justifica a exclusão da responsabilidade do pai quanto a seu amparo financeiro para o sustento e estudos. Assim, têm direito a alimentos os filhos maiores, até 24 anos, quando ainda estejam cursando estabelecimento de ensino superior, salvo a hipótese de possuírem rendimentos próprios" (*RJTJSP*, Lex, 18/201; *RT*, 727/262).

O citado art. 2.010 menciona que os gastos têm de ser *ordinários*, comuns, que fazem parte, naturalmente, da obrigação de criar, educar e sustentar os filhos menores. Os gastos extraordinários que o pai teve de suportar, representados, por exemplo, pelo ressarcimento do prejuízo causado por filho menor a terceiro, em virtude da prática de ato ilícito, poderão ir à colação[21].

Prescreve ainda o art. 2.011:

"*As doações remuneratórias de serviços feitos ao ascendente também não estão sujeitas a colação*".

A razão para a dispensa, como esclarece SILVIO RODRIGUES, é que "tais doações, em rigor, não são liberalidades, mas contraprestação, fornecida pelo doador, em paga de favores recebidos do donatário. Se o filho maior, vivendo a expensas do pai, compensa os favores recebidos com uma assistência cotidiana, amparando-o em sua velhice, socorrendo-o em suas enfermidades, acompanhando-o em seus inseguros passos, um favor se compensa com outro, e se pode entender que os alimentos recebidos apenas retribuem os serviços prestados"[22].

Doações dessa natureza constituem, efetivamente, retribuição de serviços prestados ao doador. Assim como não se revogam por ingratidão do donatário (CC, art. 564, I), também isentam o beneficiário da colação respectiva[23].

Em suma, não estão sujeitos à conferência colacional, por força de lei:

a) as despesas *ordinárias* que os pais fizerem com os filhos, enquanto menores, para seus alimentos (inclusive sob a forma de mesadas e pensões), educação, tratamento de enfermidade; enxoval e despesas com o casamento, inclusive festa nupcial; as feitas no interesse de sua defesa em processo-crime (CC, art. 2.010);

b) as doações remuneratórias de serviços feitos ao ascendente, nos termos do art. 2.011 do estatuto civil;

c) as benfeitorias acrescidas aos bens doados;

d) os frutos e rendimentos desses bens, até a data do falecimento do autor da herança[24].

Assevera CARLOS MAXIMILIANO que, de fato, "*frutos* e *rendimentos* do objeto da liberalidade, quer os percebidos antes, quer os colhidos ou recebidos depois do óbito, assim como os móveis ou imóveis adquiridos com a renda dos bens dados ou doados, *não se conferem*, não entram no cômputo da *legítima* geral". E prossegue: "Benfeitorias acrescidas após a entrega de doação, dádiva ou dote

---

[21] Carlos Roberto Gonçalves, *Responsabilidade civil*, p. 249.

[22] *Direito civil*, cit., v. 7, p. 314-315.

[23] Washington de Barros Monteiro, *Curso*, cit., v. 6, p. 315.

[24] Euclides de Oliveira e Sebastião Amorim, *Inventários e partilhas*, cit., p. 380-381; Caio Mário da Silva Pereira, *Instituições*, cit., v. VI, p. 410.

pertencem ao beneficiado: não entram no cômputo da *legítima*, nem da metade disponível. Não se conferem, porquanto a avaliação do bem concedido à prole se efetua relativamente à época da liberalidade"[25].

Ademais, as benfeitorias, os frutos e os rendimentos, sendo acessórios do principal, pertencem ao herdeiro. Dispõe o § 2º do art. 2.004 do Código Civil: *"Só o valor dos bens doados entrará em colação; não assim o das benfeitorias acrescidas, as quais pertencerão ao herdeiro donatário, correndo também à conta deste os rendimentos ou lucros, assim como os danos e perdas que eles sofrerem".*

Obtempera PONTES DE MIRANDA[26] que, no entanto, estão sujeitos à colação "os valores dos rendimentos dos bens do pai ou da mãe de que tinha uso o herdeiro (*e.g.*, os alugueres do apartamento que residia gratuitamente)". NELSON PINTO FERREIRA[27] igualmente entende cabível a colação quanto ao usufruto gratuito, o uso e a habitação cedida aos filhos, uma vez que "constituem outros casos de doação, porque esta supõe a transferência de bens, ou vantagens, em caráter definitivo, sem transferência da coisa. À toda evidência, portanto, que ocorrendo concessão de usufruto gratuito por parte do ascendente em favor do descendente, quer ocorrendo comodato, seja para habitação ou exploração agropastoril, agrícola, pecuária ou industrial, doação houve e o valor correspondente ao rendimento ou fruto que o bem produziria será objeto de colação. É que nos exemplos mencionados existiu vantagem em favor do descendente, sem que tenha ocorrido a transferência de propriedade".

Segundo o magistério de CAIO MÁRIO DA SILVA PEREIRA, "se a coisa recebida em doação perece sem culpa do beneficiado, não está sujeito a conferir-lhe o valor no inventário do donante, vigorando a *preaesumptio* de que ocorreria ainda que a doação se não tivesse cumprido. Mas, se culposa a perda, subsiste a obrigação de colacionar o valor da coisa ou a sua estimativa"[28].

Por fim, cumpre reproduzir interessante observação feita por EUCLIDES DE OLIVEIRA e SEBASTIÃO AMORIM[29], quanto à possibilidade de fraude à legítima por meio da transmissão disfarçada de bens a certos herdeiros na forma societária. Constitui ato abusivo, dizem, "a constituição de sociedade com atribuição de cotas ou ações em favor de herdeiros sem o efetivo ingresso de capital por parte deles. Exemplo: o pai constitui uma sociedade comercial com dois dos seus três filhos, e somente ele faz aportes reais ao patrimônio da entidade. Manifesto será o prejuízo do herdeiro excluído, quando da participação na herança do genitor, pois receberá

---

[25] *Direito das sucessões*, cit., n. 1.599 e 1.600, p. 455-456.

[26] *Tratado*, cit., v. 55, p. 349.

[27] *Da colação*, cit., p. 183.

[28] *Instituições*, cit., v. VI, p. 410-411.

[29] *Inventários e partilhas*, cit., p. 381.

apenas seu quinhão proporcional, enquanto os demais filhos acumularão seus quinhões hereditários com as cotas antes auferidas na sociedade aparente. Será cabível, em tais circunstâncias, desconsiderar a personalidade jurídica da sociedade, para que se reintegre o herdeiro prejudicado na plenitude dos seus direitos legitimários na herança".

5. MODOS DE EFETUAR A CONFERÊNCIA

As normas procedimentais sobre colação encontram-se nos arts. 639 a 641 do Código de Processo Civil.

Os herdeiros contemplados com liberalidades em vida do *de cujus* têm o dever de conferir, no curso do inventário, os respectivos valores após a abertura da sucessão. A oportunidade para efetuar essa conferência, por termo nos autos, é o prazo de quinze dias aberto aos herdeiros para dizerem sobre as primeiras declarações, segundo estabelece o art. 639 do estatuto processual.

O herdeiro que não apresente espontaneamente o objeto recebido será intimado a fazê-lo, sob pena de se tornar incurso na pena de sonegados. Se o herdeiro negar o recebimento dos bens, ou a obrigação de os conferir, procede-se à instrução, com colheita de provas, salvo se a matéria for de alta indagação, quando as partes serão remetidas às vias ordinárias.

Julgada improcedente a oposição, o herdeiro será intimado a fazer a conferência, no prazo de quinze dias, sob pena de sequestro dos bens (CPC/2015, art. 641 e parágrafos).

Muito já se discutiu sobre se os bens devem ser conferidos em *substância*, ou por sua *estimativa* ao tempo da liberalidade ou da abertura da sucessão. No direito pré-codificado, as Ordenações (Livro IV, Título 97, § 13) determinavam ao herdeiro que trouxesse à colação os "bens de raiz recebidos". A colação se fazia, pois, em substância.

O Código Civil de 1916, por sua vez, mandava conferir as doações e os dotes em substância (art. 1.786), devendo o herdeiro, pois, colacionar o próprio bem doado; se, porventura, já não o possuísse, traria à colação o seu valor (art. 1.787). O aludido diploma adotava como regra, em suma, a colação em substância; excepcionalmente, admitia também colação pelo valor estimativo, se o donatário já alienara os bens doados.

Posteriormente, o Código de Processo Civil de 1973, reforçando esse entendimento, dispôs de modo expresso que o herdeiro obrigado à colação conferirá por termo nos autos os bens que recebeu ou, se já os não possuir, trar-lhes-á o valor (art. 1.014).

O atual Código Civil regula a matéria no art. 2.002, *caput*, que assim dispõe:

"*Os descendentes que concorrerem à sucessão do ascendente comum são obrigados, para igualar as legítimas, a conferir o valor das doações que dele em vida receberam, sob pena de sonegação*".

Acrescenta o seu parágrafo único que "*para cálculo da legítima, o valor dos bens conferidos será computado na parte indisponível, sem aumentar o disponível*".

A conferência não será feita, portanto, em substância, mas pelo "*valor das doações*". O parágrafo único reforça a ideia de conferência pelo "*valor dos bens*".

Estatui, porém, o parágrafo único do art. 2.003:

"*Se, computados os valores das doações feitas em adiantamento de legítima, não houver no acervo bens suficientes para igualar as legítimas dos descendentes e do cônjuge, os bens assim doados serão conferidos em espécie, ou, quando deles já não disponha o donatário, pelo seu valor ao tempo da liberalidade*".

Por sua vez, proclama o art. 2.004:

"*O valor de colação dos bens doados será aquele, certo ou estimativo, que lhes atribuir o ato de liberalidade*".

Resta concluir, diante desse quadro, que a regra no direito brasileiro, passou a ser a da *colação em valor* (arts. 2.002 e 2.004), podendo ser *em substância* na hipótese do parágrafo único do art. 2.003, ou seja, quando os bens remanescentes no patrimônio do *de cujus* forem insuficientes para assegurar a igualdade das legítimas dos descendentes e do cônjuge[30].

Preceitua, por sua vez, o parágrafo único do art. 639, do Código de Processo Civil de 2015, que "os bens a serem conferidos na partilha, assim como as acessões e as benfeitorias que o donatário fez, calcular-se-ão pelo valor que tiverem ao tempo da abertura da sucessão".

Se no ato de doação não constar valor certo, nem houver estimação feita na data da liberalidade, os bens serão conferidos, na partilha, pelo valor que tivessem ao tempo da liberalidade, o que se terá de calcular, como salienta ZENO VELOSO[31].

Prossegue o mencionado autor: "O juiz, no processo de inventário, ordenará a avaliação do bem, estabelecendo-se o seu valor. Não o valor contemporâneo, mas o valor que tinha na época em que a doação foi feita. A avaliação, portanto, é retrospectiva. Mas o art. 2.004 devia ter previsto a atualização monetária do valor dos bens doados, na época da abertura da sucessão".

A atualização monetária mostra-se, *in casu*, realmente indispensável, para evitar que o donatário, conferindo o bem recebido pelo valor antigo, da época da liberalidade, experimente, em consequência da inflação, uma brutal e indevida

---

[30] Caio Mário da Silva Pereira, *Instituições*, cit., v. VI, p. 412; Washington de Barros Monteiro, *Curso*, cit., v. 6, p. 311.

[31] *Comentários*, cit., v. 21, p. 420.

vantagem. Por essa razão, sugerem EUCLIDES DE OLIVEIRA e SEBASTIÃO AMORIM que seja afastada qualquer interpretação literal do dispositivo em apreço e se considere que, embora adotado "o valor ao tempo da liberalidade, deve ser feita a sua atualização monetária pelos índices próprios de correção até a data da abertura da sucessão"[32].

A jurisprudência, considerando exatamente os surtos inflacionários, já se pronunciou nesse sentido, minimizando os efeitos do art. 1.792 do Código Civil de 1916, estabelecendo que o valor do bem colacionado devia ser atualizado monetariamente, na data da abertura da sucessão. Nesse sentido, assentou o *Superior Tribunal de Justiça*: "Em ciclo inflacionário, na conferência, se o bem doado já fora vendido antes da abertura da sucessão, seu valor há de ser atualizado na data desta"[33].

O precedente citado poderá ser muito útil para que se adote o mesmo posicionamento em face do art. 2.004 do Código Civil de 2002.

Não se perca de vista, adverte WASHINGTON DE BARROS MONTEIRO, "que a colação só se legitima nos casos de doação, nos termos do art. 2.002 do Código Civil de 2002 e não na hipótese de partilha em vida"[34].

De acordo com o *Enunciado n. 644 da VIII Jornada de Direito Civil do Conselho da Justiça Federal*:

"I – Os arts. 2.003 e 2.004 do Código Civil e o art. 639 do CPC devem ser interpretados de modo a garantir a igualdade das legítimas e a coerência do ordenamento.

II – O bem doado, em adiantamento de legítima, será colacionado de acordo com seu valor atual na data da abertura da sucessão, se ainda integrar o patrimônio do donatário.

III – Se o donatário já não possuir o bem doado, este será colacionado pelo valor do tempo de sua alienação, atualizado monetariamente".

6. DOAÇÃO FEITA POR AMBOS OS CÔNJUGES

Quando a doação é feita por apenas um dos cônjuges, só no seu inventário se deve conferir a benesse. Todavia, quando é realizada por ambos os cônjuges, no inventário de cada um se conferirá por metade, considerando-se que foi o que cada qual, em realidade, doou.

---

[32] *Inventários e partilhas*, cit., p. 378.
[33] *RSTJ*, 37/405.
[34] *Curso*, cit., v. 6, p. 314.

Dispõe, com efeito, o art. 2.012 do Código Civil:

"*Sendo feita a doação por ambos os cônjuges, no inventário de cada um se conferirá por metade*".

A justificativa para a regra é que se presume ter cada um dos ascendentes efetuado metade da doação. Embora feita por ambos ao descendente comum, trata-se, na verdade, de duas liberalidades antecipatórias da herança: a paterna e a materna.

Presume-se que cada doador efetuou a gratificação com relação à metade do bem. Por essa razão, no inventário de cada um dos cônjuges se conferirá o que for doado por metade. É a solução que se acha em muitos Códigos Civis, como noticia Zeno Veloso: "francês, art. 850; alemão, art. 2.054; espanhol, art. 1.046; português, art. 2.117; macauense, art. 1.958"[35].

Não padece dúvida, em face do estabelecido no art. 226, § 3º, da Constituição Federal, e dos arts. 1.723 e seguintes do Código Civil, que o dispositivo em apreço é aplicável à hipótese de a doação ser feita ao descendente por ambos os companheiros, se a família é constituída por união estável.

---

[35] *Comentários*, cit., v. 21, p. 432.

Capítulo V

DA PARTILHA

Sumário: 1. Conceito. 2. Espécies de partilha. 3. Partilha em vida. 4. Regras sobre a partilha. 5. Sobrepartilha.

1. CONCEITO

Terminado o inventário, *partilham-se* os bens entre os herdeiros e cessionários, separando-se a meação do cônjuge supérstite.

Segundo o magistério de CARLOS MAXIMILIANO, "*partilha* é a divisão do espólio entre os sucessores do falecido. Também a definem como operação jurídica por meio da qual se confere uma quota exclusiva e concreta aos que possuem em comum uma sucessão e na mesma têm apenas uma quota ideal"[1].

Para PONTES DE MIRANDA, "partilha é a operação processual pela qual a herança passa do estado de comunhão *pro indiviso*, estabelecido pela morte e pela transmissão por força da lei, ao estado de quotas completamente separadas, ou ao estado de comunhão *pro indiviso*, ou *pro diviso*, por força da sentença"[2].

Com a partilha desaparece o caráter transitório da indivisão do acervo hereditário determinado pela abertura da sucessão. Cessa, com o seu advento, a comunhão hereditária, desaparecendo a figura do espólio, que será substituída pelo herdeiro a quem coube o direito ou a coisa objeto da causa[3].

Por isso se diz que a partilha tem como principal efeito a extinção da comunhão hereditária que se estabeleceu, por força da lei, com o falecimento do *de cujus* (CC, arts. 1.784 e 1.791).

---

[1] *Direito das sucessões*, v. III, n. 1.461, p. 318.

[2] *Tratado de direito privado*, v. 60, p. 223.

[3] *RF*, 282/266. No mesmo sentido: *RT*, 643/67, 759/231.

Na maior parte das vezes ocorre a discriminação material do que compõe cada quinhão hereditário, realizando-se a divisão dos bens pertencentes ao espólio. Pode haver, no entanto, partilha sem divisão, quando, por exemplo, o bem é indivisível ou, sendo divisível, os herdeiros preferem que permaneça em comum, passando a reger-se a comunhão, como ato *inter vivos*, pelas normas do direito das coisas (CC, arts. 1.314 e s.)[4].

Se houver um único herdeiro, faz-se-lhe a *adjudicação* dos bens. A situação se simplifica, pois não haverá partilha nem divisão, podendo ser utilizado o inventário simplificado, na forma de arrolamento sumário, como previsto no art. 659, § 1º, do Código de Processo Civil[5].

Preceitua o art. 2.013 do Código Civil:

"*O herdeiro pode sempre requerer a partilha, ainda que o testador o proíba, cabendo igual faculdade aos seus cessionários e credores*".

O Código Civil facilita a extinção do condomínio, que é tido por escritores antigos e modernos como fonte de atritos e desavenças. Esse preconceito contra o condomínio, fruto de séculos de tradição, baseia-se na convicção de ser impossível um harmonioso funcionamento da comunhão. *Communio est mater discordiarum*, eis o aforismo consagrado pela jurisprudência romana.

É por essa razão, certamente, que o aludido diploma dispõe, no art. 1.320, que "*a todo tempo será lícito ao condômino exigir a divisão da coisa comum*"; e, no art. 1.320, §§ 1º e 2º, que a cláusula de indivisão convencionada pelos condôminos, ou imposta pelo doador ou testador, valerá apenas por cinco anos.

Pelo mesmo motivo estabelece o Código Civil, no citado art. 2.013, o princípio de que nenhum condômino pode ser obrigado a permanecer na comunhão. Cada um deles tem o direito de requerer, a todo tempo, que se divida a coisa comum. Ressalva-se o prazo prescricional de quinze anos, previsto no art. 1.238 do aludido diploma, para que o possuidor obste à partilha do bem mediante invocação da usucapião.

Não impede a realização da partilha o fato de um ou mais herdeiros, ou terceiro, estar na posse de certos bens do espólio, salvo se da morte do proprietário houver decorrido quinze anos, pois, neste caso, ter-se-á consumado em favor do possuidor, ainda que não tenha justo título nem boa-fé, usucapião

---

[4] Silvio Rodrigues, *Direito civil*, v. 7, p. 293.

[5] "Havendo um só herdeiro, com direito à totalidade da herança, não há o que partilhar, e o juiz proferirá sentença adjudicando os bens ao único herdeiro (v. art. 1.031, § 1º, e LRP, 167-I-25)" (Theotonio Negrão, *Código de Processo Civil e legislação processual em vigor*, nota 4 ao art. 1.022, p. 961).

extraordinária. Todavia, para que a posse do herdeiro, ou de terceiro, represente obstáculo legal à partilha, é necessário que ela se exerça com exclusão dos demais coerdeiros[6].

A convivência condominial mostra-se, em regra, incompatível com a prescrição aquisitiva. O herdeiro que administrar sem oposição dos outros presume-se representante comum (CC, art. 1.324). A jurisprudência tem, todavia, admitido tal modalidade aquisitiva do domínio em casos especiais, ou seja, desde que a posse do condômino ou herdeiro tenha sido exclusiva sobre o bem usucapiendo e com ânimo de dono, caracterizada por atos exteriores que demonstrem a vontade de impedir a posse dos demais condôminos ou herdeiros, como se proprietário único do imóvel fosse[7].

A natureza da partilha é meramente *declaratória* e não atributiva da propriedade. O herdeiro adquire o domínio e a posse dos bens não em virtude dela, mas por força da abertura da sucessão. A sentença que a homologa retroage os seus efeitos a esse momento, tendo, portanto, efeito *ex tunc*.

Esse aspecto é bem sintetizado por WASHINGTON DE BARROS MONTEIRO: "No direito romano, a partilha era translativa da propriedade; o herdeiro tornava-se proprietário do quinhão respectivo no momento da partilha, como se nesse instante o tivesse adquirido aos demais coerdeiros. Perante a nossa lei, porém, ela é simplesmente declarativa e não atributiva de direitos; o herdeiro adquire a propriedade, não em virtude da partilha, mas por força da abertura da sucessão. O próprio *de cujus*, por ficção, investe seu sucessor no domínio e posse da herança"[8].

Findo o inventário, o juiz facultará às partes, no prazo comum de dez dias, que formulem o pedido de quinhão e, em seguida, proferirá, em igual prazo, o despacho de *deliberação da partilha*, resolvendo os pedidos das partes e designando os bens que devam constituir quinhão de cada herdeiro e legatário (CPC/2015, art. 647).

No aludido despacho o juiz declarará quem são os sucessores, como devem suceder, quais os bens que irão ser partilhados, resolverá os pedidos das partes e dará solução a todos os incidentes que tenham surgido no decorrer do processo.

---

[6] Silvio Rodrigues, *Direito civil*, cit., v. 7, p. 294; Washington de Barros Monteiro, *Curso de direito civil*, v. 6, p. 320.

[7] *JTJ*, Lex, 177/252.

[8] *Curso*, cit., v. 6, p. 319.

2. ESPÉCIES DE PARTILHA

A partilha pode ser *amigável* ou *judicial*. A primeira resulta de acordo entre interessados capazes, enquanto a judicial é aquela realizada no processo de inventário, por deliberação do juiz, quando não há acordo entre os herdeiros ou sempre que um deles seja menor ou incapaz.

Dispõe o art. 2.015 do Código Civil:

"Se os herdeiros forem capazes, poderão fazer partilha amigável, por escritura pública, termo nos autos do inventário, ou escrito particular, homologado pelo juiz".

Essa partilha é negócio jurídico plurilateral e resulta da vontade concordante de todos os herdeiros, que manifestam seu propósito de dividir o espólio da maneira constante do instrumento. Trata-se de negócio solene, que só vale se efetivado após a morte do autor da herança, visto não ser eficaz contrato que tenha por objeto herança de pessoa viva (CC, art. 426).

A lei faculta a realização dessa modalidade de partilha por três modos diferentes: a) escritura pública; b) termo nos autos do inventário; e c) o instrumento particular, ao depois homologado pelo juiz[9].

Os herdeiros só podem valer-se da solução extrajudicial *se forem maiores e capazes, uma vez que todo negócio jurídico implica a capacidade das partes. Se algum for incapaz, ainda que relativamente, não pode fazê-lo, mesmo que assistido por seu representante legal. A lei exige que a partilha, então, se processe judicialmente, para que a atribuição de quinhões seja acompanhada e conferida pelo Ministério Público e fiscalizada pelo juiz[10].*

Preceitua, efetivamente, o art. 2.016 do Código Civil:

"Será sempre judicial a partilha, se os herdeiros divergirem, assim como se algum deles for incapaz".

Na *partilha judicial*, de caráter obrigatório, sempre que os herdeiros divergirem ou se algum deles for menor ou incapaz, as partes formularão pedido de quinhão, e o juiz resolverá as pretensões no *despacho de deliberação*, que constitui, segundo alguns, uma decisão judicial passível de ser atacada por agravo de instrumento. A jurisprudência dominante, contudo, é em sentido oposto, tendo-o como irrecorrível[11].

---

[9] De acordo com a nova redação do art. 982 do Código de Processo Civil, dada pela Lei n. 11.441/2007, sempre que as partes maiores e capazes, estando concordes com a partilha, procurarem a via administrativa, a escritura pública lavrada pelo notário, de partilha amigável, valerá por si, como título hábil para o registro imobiliário, dispensando a exigência de homologação judicial.

[10] Silvio Rodrigues, *Direito civil*, v. 7, p. 295.

[11] "É irrecorrível o despacho de deliberação de partilha" (*RT*, 474/79, 506/123; *RJTJSP*, 92/277, 103/153).

O partidor organizará o esboço de partilha de acordo com essa deliberação, observando nos pagamentos a seguinte ordem: a) dívidas atendidas; b) meação do cônjuge; c) meação disponível; d) quinhões hereditários, a começar pelo coerdeiro mais velho (CPC/2015, art. 651).

O esboço é, praticamente, uma preparação da partilha a ser efetivada. Também se denomina *"plano de partilha"*, sobre o qual se manifestarão as partes, no prazo comum de quinze dias. Resolvidas eventuais reclamações, será a partilha lançada nos autos (CPC/2015, art. 652), em um instrumento chamado "auto de partilha", que levará as assinaturas do juiz e do escrivão e terá o conteúdo especificado no art. 653 do estatuto processual civil[12].

O monte partível é a herança líquida, depois de deduzidos do acervo os legados, o imposto *causa mortis* e as dívidas. Ouvidas as partes sobre o esboço e resolvidas as reclamações, a partilha será lançada nos autos (CPC/2015, art. 652), como retromencionado. Pago o imposto de transmissão e juntada aos autos certidão ou informação negativa de dívida para com a Fazenda Pública, o juiz a julgará por *sentença* (art. 654).

O imposto de transmissão *causa mortis* deve ser recolhido antes da sentença de partilha, como determina o aludido art. 654. Já se decidiu que "a admissão do pagamento apenas quando o formal é levado a registro constitui mera liberalidade que, quando não adotada, não implica em violação de direito"[13].

O *Superior Tribunal de Justiça* veio a proclamar, certa feita, que o benefício da justiça gratuita isenta os herdeiros do pagamento do imposto de transmissão *causa mortis*[14]. Parece-nos, no entanto, que a dispensa do pagamento do tributo devido depende sempre de expressa previsão legal (CTN, art. 176). O art. 3º da lei que regula a assistência judiciária (Lei n. 1.060, de 5-2-1950) declara expressamente as isenções permitidas, como taxas judiciárias, emolumentos, custas e outras despesas, não incluindo nesse rol a dívida tributária.

Nesse sentido decidiu o *Tribunal de Justiça de São Paulo*: "Imposto de transmissão *causa mortis*. Recolhimento determinado pelo juízo *a quo*. Assistência judiciária assegurada constitucionalmente àqueles que comprovarem insuficiência de recursos que não compreende a isenção do imposto em causa. Dispensa do pagamento do tributo devido, outrossim, que depende sempre de expressa previsão legal (art. 176 do CTN), inexistente na espécie. Agravo não provido"[15].

---

[12] Euclides de Oliveira e Sebastião Amorim, *Inventários e partilhas*, p. 440-441.
[13] *Revista Trimestral de Jurisprudência dos Estados*, 134/204.
[14] REsp 238.161-SP, 2ª T., rel. Min. Eliana Calmon, *DJU*, 9-10-2000, p. 133.
[15] *JTJ*, Lex, 259/254.

Transitando em julgado a sentença, receberá o herdeiro os bens que integram o seu quinhão, por meio de um documento denominado *formal de partilha*, que pode ser substituído por simples *certidão* do pagamento do quinhão hereditário quando este não exceder cinco vezes o salário mínimo vigente na sede do juízo, nela transcrevendo-se a sentença de partilha transitada em julgado (CPC/2015, art. 655, parágrafo único).

Ambos, o formal de partilha e a certidão, são títulos executivos judiciais, como prescreve o art. 515, IV, do Código de Processo Civil, tendo força executiva contra o inventariante, os demais herdeiros e seus sucessores, a título universal ou singular.

A partilha amigável não é julgada por sentença, mas simplesmente homologada. O recurso cabível contra a referida sentença é o de apelação.

A partilha, mesmo depois de passar em julgado a sentença, pode ser *emendada* nos mesmos autos do inventário, convindo todas as partes, quando tenha havido *erro de fato na descrição dos bens*; poderá o juiz, de ofício ou a requerimento da parte, a qualquer tempo, corrigir-lhe as *inexatidões materiais* (CPC/73, art. 1.028; CPC/2015, art. 656)[16].

Tem a jurisprudência admitido a instituição de *usufruto* em partilha amigável, inclusive por termo nos autos, como se pode verificar: "O usufruto é destacável da nua propriedade, como direito autônomo. Tanto a viúva-meeira como os herdeiros possuem partes ideais no todo. Portanto, nada obsta a que se concretizem essas partes pela forma avençada na partilha"[17].

Nessa mesma linha, decidiu o *Superior Tribunal de Justiça que, sendo os herdeiros proprietários, pelo droit de saisine, "não subsiste qualquer empecilho para gravarem os bens com usufruto vitalício em favor de sua mãe, assinalando que a escritura pública exigida resta substituída pelo termo nos autos, o qual (...) dá segurança e formalidade ao ato"*[18].

3. PARTILHA EM VIDA

A partilha por ato *inter vivos*, ou partilha em vida, é feita pelo pai ou qualquer ascendente, por escritura pública ou testamento, não podendo prejudicar

---

[16] "Pode ser processado nos próprios autos do inventário o pedido de retificação da partilha, para nela constar o nome do atual confrontante, sucessor daquele que figurava na matrícula do imóvel partilhado, conforme prova fornecida pelo Registro de Imóveis" (STJ, REsp 35.873-SP, 4ª T., rel. Min. Ruy Rosado de Aguiar, *DJU*, 29-5-1995, p. 15518).

[17] *RT*, 606/106; *RJTJSP*, 37/31.

[18] REsp 88.681-96-SP, 4ª T., rel. Min. Sálvio de Figueiredo Teixeira, j. 30-4-1998.

a legítima dos herdeiros necessários. Regula a espécie o art. 2.018 do Código Civil, *verbis*:

"*É válida a partilha feita por ascendente, por ato entre vivos ou de última vontade, contanto que não prejudique a legítima dos herdeiros necessários*".

O ascendente exerce faculdade que é inerente ao direito de propriedade. Quando feita por ato entre vivos, denomina-se partilha-doação (*divisio parentum inter liberos*); efetuada por ato de última vontade, chama-se partilha-testamento (*testamentum parentum inter liberos*). Por qualquer desses meios, o ascendente distribui os bens entre os herdeiros necessários, definindo o quinhão de cada um[19].

Não pode a partilha em vida ser efetuada por eventuais herdeiros, visto não se permitir, como foi dito, pactos sucessórios. O nosso ordenamento só admite, com efeito, duas formas de sucessão *causa mortis*: a legítima e a testamentária. O art. 426 afasta a sucessão *contratual*. A partilha *inter vivos*, feita pelo ascendente sob a forma de doação, pode ser considerada exceção à norma do aludido dispositivo legal, por corresponder a uma sucessão antecipada.

A partilha em vida constitui, realmente, sucessão ou inventário antecipado, com o objetivo de dispensar os descendentes da feitura do inventário comum ou arrolamento, afastando-se a colação. Pode haver, no entanto, a redução dos quinhões, no caso de ser ofendida a legítima de algum herdeiro necessário, bem como a participação do companheiro, se for o caso. Realizada por testamento, não faz com que os herdeiros percam essa qualidade, representando apenas concretização do quinhão de cada um.

A partilha em vida, quando feita por testamento, evita o inconveniente lembrado pela doutrina, responsável pela pouco acolhida entre nós dessa modalidade, de que ela pode suscitar ingratidões por parte dos filhos de má formação, que abandonam os genitores assim que se veem aquinhoados.

Preleciona ARNOLDO WALD que os bens assim partilhados não estão sujeitos a inventário, "pois a partilha em vida é inventário antecipado", nem são trazidos à colação no momento da morte do hereditando, podendo haver, quando muito, a redução dos quinhões no caso de não ter sido atendida a legítima de algum herdeiro[20].

Prescreve o art. 2.014 do Código Civil:

"*Pode o testador indicar os bens e valores que devem compor os quinhões hereditários, deliberando ele próprio a partilha, que prevalecerá, salvo se o valor dos bens não corresponder às quotas estabelecidas*".

---

[19] Zeno Veloso, *Comentários ao Código Civil*, v. 21, p. 437.
[20] O regime jurídico da partilha em vida, *RT*, 622/7-15.

O testador pode, portanto, especificar os bens que integrarão os quinhões hereditários, com o objetivo de evitar eventuais conflitos que poderiam surgir entre os descendentes a respeito da formação e composição das respectivas quotas. Essa determinação concreta dos bens não transforma o herdeiro em legatário. Ele continua herdeiro, porque assim estabelece a lei, malgrado tenham sido particularizados os que comporão a parte do herdeiro.

Respeitada a legítima dos herdeiros necessários, não precisa o testador ser justo na distribuição dos quinhões, que podem ser desiguais, contanto que o testamento declare que as eventuais desigualdades serão imputadas em sua quota disponível. Sendo lícito ao testador dispor livremente de metade de seus bens, nada impede que gratifique um de seus herdeiros mais do que os outros, embora sejam todos necessários, contanto que lhes não prejudique a legítima[21].

O ascendente que pretender efetivar a partilha, por ato entre vivos, da integralidade de seu patrimônio deverá, todavia, fazer a reserva de bens suficientes, que assegurem a sua subsistência, nos termos do art. 548 do Código Civil, salvo se tiver renda que a garanta.

4. REGRAS SOBRE A PARTILHA

Deve ser observada, na partilha, a maior *igualdade* possível. Nesse sentido, dispõe o art. 2.017 do Código Civil:

"No partilhar os bens, observar-se-á, quanto ao seu valor, natureza e qualidade, a maior igualdade possível".

Justo, portanto, se aquinhoem os herdeiros em toda a sorte de bens, no bom e no ruim, no certo e no duvidoso. Não é bem elaborada a partilha, assinala WASHINGTON DE BARROS MONTEIRO, "que atribua a um herdeiro os melhores bens do acervo e a outro impute o pior, embora aritmeticamente possam coincidir os valores de ambos os quinhões"[22].

A exigência legal de que se observe, na partilha, a maior igualdade possível, não obriga a que todos os herdeiros fiquem com uma parte ideal em cada bem, permanecendo todos *pro indiviso*. Ao contrário, deve ser evitado, tanto quanto possível, o condomínio, sabidamente fonte de discórdias e de demandas, constituindo mesmo, segundo ITABAIANA DE OLIVEIRA, a *discordiarum nutrix*[23].

---

[21] Silvio Rodrigues, *Direito civil*, cit., v. 7, p. 297.

[22] *Curso*, cit., v. 6, p. 326.

[23] *Tratado de direito das sucessões*, v. III, § 916, p. 102.

A partilha deve consultar, também, a *comodidade dos herdeiros* e, tanto quanto o permitir a igualdade a ser observada, *evitar litígios futuros*. No primeiro caso, se algum dos herdeiros tiver um prédio contíguo a outro pertencente à herança, deve este lhe ser deixado, com preferência a qualquer outro; se, por exemplo, um deles reside em prédio do espólio, deverá receber em pagamento esse mesmo imóvel. Tudo isso pode ser feito sem prejuízo da exata igualdade da partilha.

Para evitar demandas futuras, recomenda-se não só evitar a indivisão, como já dito, senão também declarar, com a possível exatidão, as confrontações dos imóveis; se couberem a dois ou mais coerdeiros, é indispensável, também, que se regulamente o uso de eventual servidão.

Prescreve o art. 2.019 do Código Civil:

"Os bens insuscetíveis de divisão cômoda, que não couberem na meação do cônjuge sobrevivente ou no quinhão de um só herdeiro, serão vendidos judicialmente, partilhando-se o valor apurado, a não ser que haja acordo para serem adjudicados a todos.

§ 1º Não se fará a venda judicial se o cônjuge sobrevivente ou um ou mais herdeiros requererem lhes seja adjudicado o bem, repondo aos outros, em dinheiro, a diferença, após avaliação atualizada.

§ 2º Se a adjudicação for requerida por mais de um herdeiro, observar-se-á o processo da licitação".

A adjudicação ao herdeiro, ao cessionário ou ao cônjuge sobrevivente prefere, portanto, à venda judicial no condomínio derivado da herança. Pode ela ser requerida a qualquer tempo, enquanto não realizada a praça. Para essa adjudicação, torna-se *desnecessário* o assentimento dos demais herdeiros. No entanto, se mais de um a pleitear, impor-se-á a licitação[24].

A lei confere hipoteca *"ao coerdeiro, para garantia do seu quinhão ou torna da partilha, sobre o imóvel adjudicado ao herdeiro reponente"* (CC, art. 1.489, IV).

5. SOBREPARTILHA

Ficam sujeitos à sobrepartilha os bens que, por alguma razão, não tenham sido partilhados no processo de inventário. Trata-se de uma complementação da partilha, destinada a suprir omissões desta, especialmente pela descoberta de outros bens.

Prescreve o art. 669 do Código de Processo Civil que devem ser sobrepartilhados os bens: "I – sonegados; II – da herança descobertos após partilha; III

---

[24] Washington de Barros Monteiro, *Curso*, cit., v. 6, p. 328.

– litigiosos, assim como os de liquidação difícil ou morosa; IV – situados em lugar remoto da sede do juízo onde se processa o inventário".

Se os herdeiros preferirem relegar os bens mencionados nos incisos III e IV do art. 669 do estatuto processual à *sobrepartilha*, ficarão sob a guarda e administração do mesmo inventariante ou de outro que indicarem (parágrafo único). O imposto de transmissão *causa mortis* referente a tais bens será recolhido por ocasião daquela. Não se justifica, realmente, que possam ser instados ao pagamento do tributo enquanto não conseguirem apurar os valores respectivos.

Na hipótese de haver bens sujeitos à sobrepartilha por serem litigiosos ou por estarem situados em lugar remoto da sede do juízo onde se processa o inventário, o espólio permanecerá existindo, ainda que transitada em julgado a sentença que homologou a partilha dos demais bens a ele pertencentes[25].

O Código Civil contém dispositivo semelhante ao do estatuto processual, qual seja, o art. 2.021:

"Quando parte da herança consistir em bens remotos do lugar do inventário, litigiosos, ou de liquidação morosa ou difícil, poderá proceder-se, no prazo legal, à partilha dos outros, reservando-se aqueles para uma ou mais sobrepartilhas, sob a guarda e a administração do mesmo ou diverso inventariante, e consentimento da maioria dos herdeiros".

A existência de bens nas situações descritas pode comprometer o bom andamento e finalização da partilha. Procede-se, então, no prazo legal, à partilha dos outros bens, reservando-se aqueles para uma ou mais partilhas, adiando-se a divisão dos bens que, por diversos motivos, apresentam liquidação complicada, ficando estes sob a guarda e administração do mesmo ou diverso inventariante, conforme o aprazamento da maioria dos herdeiros[26].

Preceitua, ainda, o art. 2.022 do Código Civil:

"Ficam sujeitos a sobrepartilha os bens sonegados e quaisquer outros bens da herança de que se tiver ciência após a partilha".

Os bens sonegados e os que se descobrirem depois da partilha constituem um novo acervo de bens que deixou de ser inventariado e partilhado com os outros. E como a partilha já se encerrou, faz-se a distribuição deles em sobrepartilha[27].

---

[25] STJ, REsp 284.669-SP, 3ª T., rel. Min. Nancy Andrighi, *DJU*, 13-8-2001.

[26] Zeno Veloso, *Comentários*, cit., v. 21, p. 439.

[27] Eduardo de Oliveira Leite, *Comentários ao novo Código Civil*, v. XXI, p. 812. *V*. ainda: "Partilha. Bens não arrolados. Hipótese que não justifica a rescisória, devendo-se proceder à sobrepartilha" (STJ, REsp 95.452-BA, rel. Min. Eduardo Ribeiro, *DJU*, 26-8-1996, p. 29684).

Dispõe, por fim, o art. 670 do Código de Processo Civil que "na sobrepartilha dos bens observar-se-á o processo de inventário e de partilha", sendo realizada nos autos do inventário do autor da herança (parágrafo único).

A sobrepartilha correrá, portanto, nos autos do inventário do autor da herança, prevalecendo a representação processual das partes e a atuação do inventariante em exercício, salvo se requerida a sua substituição. Repetem-se as fases procedimentais de declaração dos bens, eventual avaliação, cálculo e recolhimento do imposto *causa mortis*, juntada de negativas fiscais e partilha[28].

Assinale-se que é admissível a sobrepartilha por escritura pública lavrada por tabelião de notas entre interessados maiores e capazes, que com ela estejam concordes, com base no art. 610, § 1º, do CPC/2015.

---

[28] Euclides de Oliveira e Sebastião Amorim, *Inventários e partilhas*, cit., p. 450.

Capítulo VI

DA GARANTIA DOS QUINHÕES HEREDITÁRIOS

Sumário: 1. Efeito declaratório da partilha. 2. Responsabilidade pela evicção.

1. EFEITO DECLARATÓRIO DA PARTILHA

Nos termos do art. 2.023 do Código Civil:

"Julgada a partilha, fica o direito de cada um dos herdeiros circunscrito aos bens do seu quinhão".

Já foi mencionado no capítulo anterior (n. 1) que a partilha tem como principal efeito a extinção da comunhão hereditária que se estabeleceu, por força da lei, com o falecimento do *de cujus* (CC, art. 2.013). Esse efeito é de natureza meramente declaratória e não constitutiva, não atributiva da propriedade.

O herdeiro, assim, adquire o domínio e a posse dos bens não em virtude da partilha, mas por força da abertura da sucessão. A sentença que a homologa retroage os seus efeitos, por *ficção*, a esse momento, tendo, portanto, efeito *ex tunc*. O que era direito a uma quota ideal, abstrata (direito à sucessão aberta) do patrimônio deixado pelo finado, passa a ser, com a partilha, um direito concreto e exclusivo sobre os bens incluídos no quinhão de cada herdeiro[1].

Para a teoria da *ficção da lei*, realizada a partilha supõe-se que o herdeiro recebeu seu quinhão, tal como ficou constituído, diretamente do falecido, sem a menor ingerência por parte dos demais coerdeiros. Mas, em se tratando de uma ficção, só a partir da partilha é que seu direito passa a recair exclusivamente sobre os bens que compõem o seu quinhão.

---

[1] Zeno Veloso, *Comentários ao Código Civil*, v. 21, p. 440.

A teoria da *condição resolutiva* melhor se ajusta, todavia, à nossa sistemática jurídica. Admite ela que cada herdeiro tem um direito condicional sobre todos os bens componentes do acervo hereditário. A condição é a de que os bens se incluam em seu quinhão. Ultimada a divisão, resolve-se o direito do herdeiro sobre os bens imputados nos quinhões dos coerdeiros.

O art. 1.791 do Código Civil abona a tese ao editar que "*a herança defere-se como um todo unitário, ainda que vários sejam os herdeiros*". Complementa o parágrafo único, afirmando que "*até a partilha, o direito dos coerdeiros, quanto à propriedade e posse da herança, será indivisível, e regular-se-á pelas normas relativas ao condomínio*".

Sobrevindo o julgamento da partilha, cada herdeiro se investe no quinhão respectivo, ficando assim definido e materializado seu direito.

Do efeito meramente declarativo da partilha, resultam, segundo resume WASHINGTON DE BARROS MONTEIRO, as seguintes consequências de ordem prática: "*a*) o herdeiro não precisa permanecer à espera da divisão para a outrem ceder seus direitos. Só pode fazê-lo, porém, de modo abstrato e ideal, sem especialização dos direitos cedidos. Mas não necessita, em compensação, da aquiescência dos demais herdeiros, que terão primazia, porém, na respectiva aquisição; *b*) a alienação de determinado bem, concretamente individuado e indicado (*res certa*), é ineficaz; *c*) se, antes da partilha, o herdeiro constitui hipoteca sobre um dos imóveis do espólio, tornar-se-á sem efeito a garantia se o bem gravado se atribui a outro herdeiro"[2].

A sentença que julgar a partilha prevalece entre os interessados e seus sucessores, em relação aos bens inventariados, enquanto não anulada ou rescindida. O formal de partilha, ou a certidão, quando forem partilhados bens imóveis, serão registrados no Registro de Imóveis (Lei n. 6.015, de 31-12-1973, art. 167, item I, n. 23).

2. RESPONSABILIDADE PELA EVICÇÃO

Edita o art. 2.024 do Código Civil:

"*Os coerdeiros são reciprocamente obrigados a indenizar-se no caso de evicção dos bens aquinhoados*".

O dispositivo visa assegurar a igualdade na partilha. Se determinado bem do acervo hereditário, que passou a integrar o quinhão do herdeiro, sofrer evicção, ou seja, se for reconhecido em sentença judicial que não pertencia ao *de cujus*, mas

---

[2] *Curso de direito civil*, v. 6, p. 332.

a terceiro, que é proclamado seu legítimo proprietário, a perda não pode ser sofrida apenas pelo herdeiro a quem coube o aludido bem.

Como tal fato abalaria o princípio fundamental da igualdade, imposto no art. 2.017 do Código Civil, os demais herdeiros são convocados para participar de um rateio, com o próprio herdeiro desfalcado, dividindo-se entre todos os prejuízos. Em vez de anular a partilha, procura o legislador apenas corrigir o defeito, impondo aos herdeiros, e na proporção de seus quinhões, o dever de indenizarem o evicto[3].

Para a apuração dos prejuízos resultantes da evicção, a indenização deve ser calculada segundo o valor do bem ao tempo da sentença que julgou a partilha, e não à época em que o herdeiro foi vencido na reivindicatória promovida pelo verdadeiro proprietário, aplicando-se à hipótese o disposto no parágrafo único do art. 450 do Código Civil, segundo o qual o preço, seja a evicção total ou parcial, *"será o do valor da coisa, na época em que se evenceu".*

Estatui o art. 2.025 do Código Civil:

"Cessa a obrigação mútua estabelecida no artigo antecedente, havendo convenção em contrário, e bem assim dando-se evicção por culpa do evicto, ou por fato posterior à partilha".

Em três casos, portanto, exclui-se a obrigação decorrente da evicção:

a) quando houver, na partilha, ou em documento separado, *convenção em contrário*, estipulada em termos expressos ou genéricos, porém inequívocos;

b) ocorrendo a evicção por *culpa do herdeiro evicto*; se este, por exemplo, poderia ter invocado usucapião e não o fez, vindo a perder por isso o bem herdado, só pode queixar-se da própria inércia, não tendo direito de reclamar dos coerdeiros o ressarcimento dos prejuízos que sofreu;

c) se a evicção se deu por *fato posterior à partilha*, por exemplo, força maior, falência, apreensão por motivos sanitários ou fiscais etc.[4].

Por fim, estatui o art. 2.026 do estatuto civil:

"O evicto será indenizado pelos coerdeiros na proporção de suas quotas hereditárias, mas, se algum deles se achar insolvente, responderão os demais na mesma proporção, pela parte desse, menos a quota que corresponderia ao indenizado".

De conformidade com esse dispositivo, a composição do prejuízo do evicto far-se-á *em proporção* às cotas hereditárias dos demais compartilhantes. A *proporcionalidade* ressalta como um consectário lógico da comunhão igualitária antes existente.

---

[3] Zeno Veloso, *Comentários*, cit., v. 21, p. 441; Silvio Rodrigues, *Direito civil*, v. 7, p. 301.
[4] Washington de Barros Monteiro, *Curso*, cit., v. 6, p. 333.

Em segundo lugar, se algum herdeiro for *insolvente*, responderão os demais, na mesma proporção, pela parte deste, menos a quota que corresponderia ao indenizado. Desse modo, o herdeiro evicto não deixa de participar também do rateio da parte que seria paga pelo insolvente.

A ação a que faz jus o herdeiro evicto é de natureza pessoal e prescreve em dez anos (CC, art. 205). O *dies a quo* do prazo prescricional é o da sentença que reconheceu a evicção. A indenização é paga em dinheiro; não se procede a nova partilha, nem se dá ao evicto novo bem[5].

---

[5] Eduardo de Oliveira Leite, *Comentários ao novo Código Civil*, v. XXI, p. 820.

Capítulo VII

DA ANULAÇÃO DA PARTILHA

> *Sumário*: 1. Anulabilidade da partilha. 2. Rescindibilidade da partilha. 3. Nulidade da partilha. 4. Correção de erro de fato e de inexatidões materiais.

1. ANULABILIDADE DA PARTILHA

O Código Civil de 2002 corrigiu o título do capítulo em análise, que se denominava "Da Nulidade da Partilha" no diploma de 1916, passando a chamar-se "Da Anulação da Partilha", por referir-se à eivada de vícios.

Dispõe, com efeito, o art. 2.027 do referido diploma:

"A partilha, uma vez feita e julgada, só é anulável pelos vícios e defeitos que invalidam, em geral, os negócios jurídicos.

Parágrafo único. Extingue-se em um ano o direito de anular a partilha".

Depreende-se desse dispositivo que a partilha deve obedecer aos requisitos de validade dos negócios jurídicos em geral. É meramente anulável quando relativamente incapaz o agente, ou estiver eivada de vícios ou defeitos mencionados no art. 171 do Código Civil, que proclama:

"Além dos casos expressamente declarados na lei, é anulável o negócio jurídico:

I – por incapacidade relativa do agente;

II – por vício resultante de erro, dolo, coação, estado de perigo, lesão ou fraude contra credores".

O art. 2.027, supratranscrito, é o único dispositivo do presente capítulo e o derradeiro das regras permanentes do Código Civil. Observa-se, então, que somente foi prevista a hipótese de a partilha ser anulável, estabelecendo-se o prazo de um ano para que o direito de anulá-la seja exercido.

513

O Código de Processo Civil é mais minucioso no tocante à invalidade da partilha, distinguindo a *partilha amigável*, homologada pelo juiz, que pode ser objeto de *ação anulatória* (art. 657) no prazo decadencial de um ano, da *partilha judicial*, decidida por sentença, que é passível de *ação rescisória* (art. 658) no prazo decadencial de dois anos, contados do trânsito em julgado da decisão (art. 975).

Segundo dispõe o art. 657 do Código de Processo Civil, *a partilha amigável*, lavrada em instrumento público, reduzida a termo nos autos do inventário ou constante de escrito particular *homologado pelo juiz*, "pode ser anulada por dolo, coação, erro essencial ou intervenção de incapaz observado o disposto no § 4º do art. 966". Acrescenta o parágrafo único que extingue-se em um ano o direito de propor ação anulatória, contado esse prazo: "I – no caso de coação, do dia em que ela cessou; II – no caso de erro ou dolo, do dia em que se realizou o ato; III – quanto ao incapaz, do dia em que cessar a incapacidade".

O art. 996, § 4º, do Código de Processo Civil, cuja hermenêutica há de ser conjugada com os arts. 657 e 658 do mesmo diploma, prescreve que "Os atos de disposição de direitos, praticados pelas partes ou por outros participantes do processo e homologados pelo juízo, bem como os atos homologatórios praticados no curso da execução, estão sujeitos à anulação, nos termos da lei".

2. RESCINDIBILIDADE DA PARTILHA

Preceitua o art. 658 do Código de Processo Civil:

"É rescindível a partilha julgada por sentença:

I – nos casos mencionados no artigo 657;

II – se feita com preterição de formalidades legais;

III – se preteriu herdeiro ou incluiu quem não o seja".

A partilha pode ser, pois, anulada ou rescindida. A *amigável*, simplesmente homologada, é *anulável* pelos vícios e defeitos que invalidam, em geral, os atos e negócios jurídicos, como erro, dolo, coação etc., sendo de *um ano* o prazo para a propositura da ação, como visto (CPC/2015, art. 657). A propósito, decidiu o *Superior Tribunal de Justiça*: "Ação declaratória de reconhecimento de união estável. Pedido de anulação de partilha. Quanto ao direito de anular a partilha, verifica-se que o prazo decadencial de um ano previsto no art. 178, § 6º, inciso V, do CC/16 (*correspondente ao art. 2.027, parágrafo único, do CC/2002*) é contado tão somente a partir do momento em que aquele que pretende a anulação atinge, por decisão transitada em julgado, a condição de herdeiro, legatário ou sucessor do falecido"[1].

A *partilha judicial*, por sua vez, julgada por sentença, é *rescindível*: a) tendo havido erro essencial, dolo, coação ou intervenção de incapaz; b) se feita com preterição de formalidades legais; c) se preteriu herdeiro ou incluiu quem não o era (CPC/2015, art. 658)[2].

A *ação anulatória* da partilha segue o rito ordinário e se processa no mesmo juízo do inventário. A *ação rescisória* prevista no art. 658, no entanto, processa-se perante o tribunal, devendo ser ajuizada no prazo de *dois anos* (CPC/2015, arts. 966 e 975).

É preciso, entretanto, como observam EUCLIDES DE OLIVEIRA e SEBASTIÃO AMORIM, atentar para a existência de situações "de sentença meramente homologatória, ainda que não decorrente de partilha amigável, isto é, quando a sentença limita-se a julgar os termos do esboço organizado, inocorrendo litigiosidade entre os sucessores. Nesse caso, a rescisão a que alude o artigo 1.030 do Código de Processo Civil (de 1973, atual 658) nada tem a ver com a rescisória propriamente dita, mas diz respeito à anulação do ato homologado, regrando-se de forma símile às hipóteses do precitado artigo 1.029, ou seja, no mesmo prazo e perante o mesmo juízo"[3].

Desse modo, quando a sentença se limita a julgar os termos do esboço organizado, sem que haja litigiosidade entre os herdeiros, não passa de homologatória, não estando sujeita à rescisória. Esta é reservada às hipóteses de *sentença de mérito*, com impugnação ao seu conteúdo decisório, em situações como as de partilha contenciosa, direcionamento de quinhões em disputa, exclusão de herdeiros etc.[4]

Nesse sentido a jurisprudência: "A ação para anular a partilha amigável, embora judicial, é a anulatória, quando se dirige ao ato homologado, e não propriamente à sentença homologatória"[5].

---

[1] STJ, REsp 1.015.975-SP, 3ª T., rel. Min. Nancy Andrighi, j. 13-5-2008.

[2] "Tratando-se de partilha judicial onde herdeiro necessário que integrou o feito não foi incluído nas últimas declarações e na sentença final, rescinde-se o julgado por violação literal ao disposto no art. 1.030, III, do CPC" (TJRN, AR 1998.000992-8, Pleno, rel. Des. Osvaldo Cruz, *DJe*, 24-6-2005).

[3] *Inventários e partilhas*, p. 444-445.

[4] *RTJ*, 113/273; *RJTJSP*, 73/116.

[5] *RJTJSP*, 94/378. No mesmo sentido: "Quando há incidentes e controvérsias judiciais no processo de inventário, cabe a ação rescisória da partilha, e não a ação anulatória, porque a

Em suma: quando se impugna *o próprio ato negocial* em seu conteúdo ou na efetividade da vontade livremente manifestada, são adequadas as chamadas *vias ordinárias* apontadas pelos arts. 966, § 4º, e 657 do Código de Processo Civil, ou seja, ter-se-á um processo de conhecimento da competência do juízo de primeiro grau de jurisdição, tal como se dá sempre para o pleito de anulação dos atos negociais em geral.

Quando se trata, porém, de atacar *o ato homologador,* que é jurisdicional, o caminho é a *ação rescisória.* Impõe-se esta sempre que a parte não esteja a alegar *vícios internos do ato,* mas a sustentar que ele não deveria ter sido homologado porque para tanto faltaria algum requisito[6].

3. NULIDADE DA PARTILHA

Os *terceiros,* que não participaram direta ou indiretamente do processo em que houve a partilha, podem ajuizar ação de *nulidade da partilha,* cumulada com *petição de herança,* no prazo geral de dez anos (CC, art. 205)[7].

Observa ZENO VELOSO que "a jurisprudência já se pacificou no entendimento de que, independentemente da forma em que a partilha foi feita – amigável ou judicialmente –, se houver exclusão de herdeiro (que não participou do inventário), está a partilha eivada de nulidade absoluta, e o herdeiro prejudicado não fica adstrito à ação de anulação, nem à rescisória, e seus respectivos prazos de decadência, podendo utilizar-se da *querela nullitatis,* da ação de nulidade ou de petição de herança, que decisões do STF (RE 97.546-2) e do STJ (REsp 45.693-2) afirmam estar sujeita a prazo de prescrição *longi temporis,* de vinte anos, devendo ser observado que, por este Código, o prazo máximo de prescrição é de dez anos (art. 205)"[8].

Tem-se decidido, com efeito, que "quem não figurou como parte no processo que deu origem à rescisória não tem legitimidade 'ad causam' para nesta última figurar"[9]. Assim, "só os herdeiros ou o cônjuge sobrevivente têm legitimidade para propor a ação de anulação de partilha e a ação rescisória de partilha"[10].

---

sentença então proferida não é meramente homologatória" (STF, *RT,* 597/233). "Somente a partilha amigável, suscetível que é de mera homologação, é objeto de ação de anulação, ao passo que a judicial, aquela que por sentença é julgada, comporta ação rescisória" (*RT,* 721/99).

[6] Cândido Dinamarco, *Fundamentos do processo civil moderno,* t. II, p. 1067-1069.

[7] *RT,* 567/235.

[8] *Comentários ao Código Civil,* v. 21, p. 443.

[9] *RSTJ,* 12/25.

[10] *RSTJ,* 130/217.

A procedência da ação de investigação de paternidade, cumulada com petição de herança, *dispensa*, segundo jurisprudência consolidada, *propositura de nova ação* para a decretação da nulidade da partilha e reivindicação dos bens, uma vez que disso resulta, lógica e automaticamente, a nulidade da partilha realizada sem a presença e participação do autor vitorioso, afigurando-se dispensável a propositura de ação específica que tenha por objeto apenas vê-la reconhecida expressamente[11].

4. CORREÇÃO DE ERRO DE FATO E DE INEXATIDÕES MATERIAIS

A partilha, ainda depois de passar em julgado a sentença, pode ser *emendada* nos mesmos autos do inventário, concordando todas as partes, quando tenha havido *erro de fato* na descrição dos bens, como foi dito no n. 2 do Capítulo V, *retro*.

O juiz, nesse caso, de ofício ou a requerimento da parte, poderá, a qualquer tempo, corrigir-lhe as *inexatidões materiais,* nos termos do art. 656 do Código de Processo Civil de 2015.

Em geral são formulados simples pedidos de retificação do auto de partilha ou de adjudicação, com o subsequente aditamento do formal ou da carta de adjudicação, ou ainda da certidão do pagamento, se já expedidos.

Cabe agravo de instrumento contra decisão que determina retificação de partilha em inventário e autoriza sobrepartilha de bens[12].

---

[11] *RTJ*, 52/193; STJ, *RT*, 738/250; *RSTJ*, 74/2004; *RTJE*, 150/233; *Ajuris*, 76/655.
[12] *RT*, 472/98; *RJTJSP*, 102/180.

BIBLIOGRAFIA

ALMADA, Ney de Mello. *Direito das sucessões*. v. I. 2. ed. São Paulo: Brasiliense, 1991.

ALMEIDA, José Luiz Gavião de; AZEVEDO; Álvaro Villaça (Coord.). *Código Civil comentado*. v. XVIII. São Paulo: Atlas, 2003.

AMORIM, Sebastião Luiz; OLIVEIRA, Euclides Benedito de. *Inventários e partilhas*. 19. ed. São Paulo: Editora Universitária de Direito, 2005.

ASCENSÃO, José de Oliveira. *Direito civil:* sucessões. Coimbra: Coimbra Ed., 1989.

BARREIRA, Dolor. *Sucessão legítima*. Rio de Janeiro: Borsoi, 1970.

BARROS MONTEIRO, Washington de. *Curso de direito civil*. v. 6. 35. ed. atual. São Paulo: Saraiva, 2003.

BARROS MONTEIRO, Washington de. *Curso de direito civil*. v. 2. 37. ed. atual. São Paulo: Saraiva, 2004.

BEVILÁQUA, Clóvis. *Código Civil dos Estados Unidos do Brasil*. Rio de Janeiro: Ed. Rio, 1958.

BEVILÁQUA, Clóvis. *Código Civil dos Estados Unidos do Brasil comentado*. v 6. 3. ed. Rio de Janeiro: Francisco Alves, 1935.

BEVILÁQUA, Clóvis. *Direito das sucessões*. 4. ed. Rio de Janeiro: Freitas Bastos, 1945.

BITTAR, Carlos Alberto. *Direito das sucessões*. Rio de Janeiro: Forense Universitária, 1992.

CAHALI, Francisco José; HIRONAKA, Giselda Maria Fernandes Novaes. *Curso avançado de direito civil*. v. 6. São Paulo: Revista dos Tribunais, 2000.

CAHALI, Francisco José; HIRONAKA, Giselda Maria Fernandes Novaes et al. *Escrituras públicas:* separação, divórcio, inventário e partilha consensuais. São Paulo: Revista dos Tribunais, 2007.

CAHALI, Yussef Said. A comunhão dos aquestos no regime da separação de bens. *In:* CAHALI, Yussef Said (coord.). *Família e casamento:* doutrina e jurisprudência. São Paulo: Saraiva, 1988.

CARVALHO SANTOS, J. M. de. *Código Civil brasileiro interpretado*. v. 23, 24 e 25. Rio de Janeiro: Freitas Bastos, 1960.

CICU, Antonio. *Successioni per causa di morte*. v. I. Milano: Giuffrè, 1954.

COLIN, Ambroise; CAPITANT, H. *Cours élémentaire de droit civil français*. t. III. 9. ed. Paris: Dalloz, 1945.

COULANGES, Fustel de. *La cité antique*. 18. ed. Paris: [s. n.], 1903.

COUTO E SILVA, Clóvis do. *Comentários ao Código de Processo Civil*. v. XI, t. I. São Paulo: Revista dos Tribunais, 1977.

CUNHA GONÇALVES, Luís da. *Tratado de direito civil*. v. 9 e 10. 2. ed. São Paulo: Max Limonad, 1968.

DELGADO, Mário Luiz. Posso renunciar à herança em pacto antenupcial. *Revista Brasileira de Direito de Família*, Porto Alegre: Síntese/IBDFAM, p. 19-20, jan.-fev. 2019.

DINAMARCO, Cândido Rangel. *Fundamentos do processo civil moderno*. t. II. 3. ed. São Paulo: Malheiros, 2000.

DINIZ, Maria Helena; AZEVEDO, Antônio Junqueira de (Coord.). *Comentários ao Código Civil*. v. 22. São Paulo: Saraiva, 2003.

DINIZ, Maria Helena. *Curso de direito civil brasileiro*: direito de família. v. 5. 34. ed. São Paulo: Saraiva, 2020.

DINIZ, Maria Helena. *Curso de direito civil brasileiro*: direito das sucessões. v. 6. 34. ed. São Paulo: Saraiva, 2020.

ENNECCERUS, Ludwig; KIPP, Theodor; WOLFF, Martin. *Tratado de derecho civil*: derecho de sucesiones. v. I e II. Tradução da 8. ed. alemã. Barcelona: Bosch, 1951.

FARIAS, Cristiano Chaves de. Incidentes à transmissão da herança: aceitação, renúncia, cessão de direitos hereditários e petição de herança. *In*: HIRONAKA, Giselda Maria Fernandes Novaes; PEREIRA, Rodrigo Cunha (coord.). *Direito das sucessões e o novo Código Civil*. Belo Horizonte: Del Rey, 2004.

FERREIRA, Nelson Pinto. *Da colação no direito civil e no direito civil comparado*. São Paulo: Ed. Juarez de Oliveira, 2002.

FIUZA, Ricardo. *O novo Código Civil e as propostas de aperfeiçoamento*. São Paulo: Saraiva, 2004.

GIORGIS, José Carlos Teixeira. Os direitos sucessórios do cônjuge sobrevivo. *Revista Brasileira de Direito de Família*, Porto Alegre: Síntese/IBDFAM, v. 29, abr.-maio 2005.

GOMES, Orlando. *Direito de família*. 14. ed. atual. por Humberto Theodoro Júnior. Rio de Janeiro: Forense, 2002.

GOMES, Orlando. *Sucessões*. 12. ed. atual. por Mário Roberto Carvalho de Faria. Rio de Janeiro: Forense, 2004.

GONÇALVES, Carlos Roberto. *Direito civil brasileiro – Parte geral*. v. 1. 17. ed. São Paulo: Saraiva, 2019.

GONÇALVES, Carlos Roberto. *Direito civil brasileiro – Parte geral*. v. 1. 18. ed. São Paulo: Saraiva, 2020.

GONÇALVES, Carlos Roberto. *Direito civil brasileiro – Contratos*. v. 3. 16. ed. São Paulo: Saraiva, 2019.

GONÇALVES, Carlos Roberto. *Direito das sucessões*. v. 4. 20. ed. São Paulo: Saraiva, 2019 (Coleção Sinopses Jurídicas)

GONÇALVES, Carlos Roberto. *Direito civil brasileiro – Direito de família*. v. 6. 17. ed. São Paulo: Saraiva, 2020.

GONÇALVES, Carlos Roberto. *Principais inovações no Código Civil de 2002*. São Paulo: Saraiva, 2002.

GONÇALVES, Carlos Roberto. *Responsabilidade civil*. 18. ed. São Paulo: Saraiva, 2019.

GOZZO, Débora. *Comentários ao Código Civil brasileiro*. v. XVI. Rio de Janeiro: Forense, 2004.

HIRONAKA, Giselda Maria Fernandes Novaes. *Comentários ao Código Civil.* v. 20. São Paulo: Saraiva, 2003.

HIRONAKA, Giselda Maria Fernandes Novaes. Herdeiros necessários e direito de representação. *In*: HIRONAKA, Giselda Maria Fernandes Novaes; PEREIRA, Rodrigo Cunha (coord.). *Direito das sucessões e o novo Código Civil.* Belo Horizonte: Del Rey, 2004.

HIRONAKA, Giselda Maria Fernandes Novaes. Ordem de vocação hereditária. *In*: HIRONAKA, Giselda Maria Fernandes Novaes; PEREIRA, Rodrigo Cunha (coord.). *Direito das sucessões e o novo Código Civil.* Belo Horizonte: Del Rey, 2004.

HIRONAKA, Giselda Maria Fernandes Novaes. O sistema de vocação concorrente do cônjuge e/ou do companheiro com os herdeiros do autor da herança, nos direitos brasileiro e italiano. *Revista Brasileira de Direito de Família*, Porto Alegre: Síntese/ IBDFAM, v. 29, abr.-maio 2005.

ITABAIANA DE OLIVEIRA, Arthur Vasco. *Tratado de direito das sucessões.* v. I a III. 3. ed. Rio de Janeiro: Livr. Jacintho, 1936.

LACERDA DE ALMEIDA, Francisco de Paula. *Sucessões.* Rio de Janeiro: J. Ribeiro dos Santos, Editor, 1915.

LARENZ, Karl. *Derecho de obligaciones.* t. I. Tradução espanhola de Jaime Santos Briz. Madrid: Revista de Derecho Privado, 1958.

LEITE, Eduardo de Oliveira. *Comentários ao novo Código Civil.* v. XXI. 3. ed. Rio de Janeiro: Forense, 2003.

MADALENO, Rolf. Renúncia de herança no pacto antenupcial. *Revista Brasileira de Direito de Família*, Porto Alegre: Síntese/IBDFAM, p. 50, maio-jun. 2018.

MARTINS, Pedro Batista. *Comentários ao Código de Processo Civil.* v. III. Rio de Janeiro: Forense, [s.d.].

MARTY, G.; RAYNAUD, P. *Les personnes.* Paris: Sirey, 1976.

MAXIMILIANO, Carlos. *Direito das sucessões.* v. I e III. 2. ed. Rio de Janeiro: Freitas Bastos, 1942.

MORAES, Walter. *Teoria geral e sucessão legítima.* São Paulo: Revista dos Tribunais, 1980.

NEGRÃO, Theotonio; GOUVÊA, José Roberto Ferreira. *Código de Processo Civil e legislação processual em vigor.* 37. ed. São Paulo: Saraiva, 2005.

NONATO DA SILVA, Orozimbo. *Do testamento.* [s.l.]: Impressora Diocesana, 1932.

NONATO DA SILVA, Orozimbo. *Estudos sobre sucessão testamentária.* v. I. Rio de Janeiro: Forense, 1957.

OLIVEIRA, Carolina Ramires de. Direito real de habitação do cônjuge supérstite: há possibilidade de limitá-lo? *Revista Consultor Jurídico*, 9 mar. 2020.

OLIVEIRA, Euclides Benedito de. Concorrência sucessória e a nova ordem da vocação hereditária. *Revista Brasileira de Direito de Família*, Porto Alegre: Síntese/IBDFAM, v. 29, abr.-maio 2005.

OLIVEIRA, Euclides Benedito de. *Direito de herança:* a nova ordem da sucessão. São Paulo: Saraiva, 2005.

PEREIRA, Caio Mário da Silva. *Instituições de direito civil.* v. VI. 15. ed. Atualização de Carlos Roberto Barbosa Moreira. Rio de Janeiro: Forense, 2005.

PEREIRA, Caio Mário da Silva. *Instituições de direito civil.* v. I. 19. ed. São Paulo: Saraiva, 2002.

PEREIRA, Rodrigo da Cunha. *Equiparação de cônjuge e companheiro na sucessão ainda gera polêmica e promove o debate.* Assessoria de Comunicação do IBDFAM. Disponível em: http://www.ibdfam.org.br. Acesso em: 14 nov. 2018.

PLANIOL, Marcel. *Traité élémentaire de droit civil français.* t. III. 7. ed. Paris: [s.n.], 1915.

PLANIOL, Marcel; RIPERT, Georges. *Traité pratique de droit civil français.* v. 1 e 4. Paris: [s.n.], 1926.

PONTES DE MIRANDA, Francisco Cavalcanti. *Tratado de direito de família.* v. 3. São Paulo: Max Limonad [s.d.].

PONTES DE MIRANDA, Francisco Cavalcanti. *Tratado de direito privado.* v. 55. 3. ed. São Paulo: Revista dos Tribunais, 1983.

PONTES DE MIRANDA, Francisco Cavalcanti. *Tratado de direito privado.* v. 56. 3. ed. Rio de Janeiro: Borsoi, 1972.

PONTES DE MIRANDA, Francisco Cavalcanti. *Tratado de direito privado.* v. 59 e 60. 3. ed. Rio de Janeiro: Borsoi, 1973.

PONTES DE MIRANDA, Francisco Cavalcanti. *Tratado dos testamentos.* v. 1 a 5. Rio de Janeiro: Livraria, Papelaria e Litho-Typographia Pimenta de Mello, 1930.

PORTO, Mário Moacyr. Ações de investigação de paternidade ilegítima e petição de herança. *RT,* 645/10.

PORTO, Mário Moacyr. *Teoria da aparência e herdeiro aparente.* Ação de responsabilidade civil e outros estudos. São Paulo: Revista dos Tribunais, 1966.

REALE, Miguel. *O Projeto do novo Código Civil.* 2. ed. São Paulo: Saraiva, 1999.

RÉGIS, Mário Luiz Delgado. Controvérsias na sucessão do cônjuge e do convivente. *Revista Brasileira de Direito de Família,* Porto Alegre: Síntese/IBDFAM, v. 29, abr.-maio 2005.

RIZZARDO, Arnaldo. *Direito das sucessões.* 2. ed. Rio de Janeiro: Forense, 2005.

RODRIGUES, Silvio. *Direito civil.* v. 7. 25. ed. atual. São Paulo: Saraiva, 2002.

RODRIGUES, Silvio. *Direito civil.* v. 1. 32. ed. São Paulo: Saraiva, 2002.

RUGGIERO, Roberto de; MAROI, Fulvio. *Istituzioni di diritto privato.* v. 1. 8. ed. Milano: Principato, 1955.

SIMÃO, José Fernando *et al. Código Civil comentado, doutrina e jurisprudência.* São Paulo: GEN/Forense, 2020.

TARTUCE, Flávio; SIMÃO, José Fernando. *Direito civil.* v. 6. São Paulo: Método, 2008. (Série Concursos Públicos)

TRABUCCHI, Alberto. *Instituciones de derecho civil.* v. II. Trad. de Luiz Martinez-Calcerrada. Madrid: Revista de Derecho Privado, 1967.

VELOSO, Zeno. *Comentários ao Código Civil.* v. 21. São Paulo: Saraiva, 2003.

VELOSO, Zeno. *Novo Código Civil comentado.* São Paulo: Saraiva, 2002.

VELOSO, Zeno. Sucessão do cônjuge no novo Código Civil. *Revista Brasileira de Direito de Família,* Porto Alegre: Síntese/IBDFAM, v. 17, abr.-maio 2003.

VELOSO, Zeno. *Testamentos.* 2. ed. Belém: CEJUP, 1993.

VENOSA, Sílvio de Salvo. *Direito civil.* v. VII. 5. ed. São Paulo: Atlas, 2005.

WALD, Arnoldo. *Direito das sucessões.* 12. ed. São Paulo: Saraiva, 2002.

WALD, Arnoldo. O regime jurídico da partilha. *RT,* 622/7-15.